上教心理学教材系列

Principles of Community Psychology:
Perspectives and Applications (Third Edition)

江苏高校品牌专业“应用心理学”建设工程基金项目成果

社区心理学原理：观点与应用（第三版）

[美] 默里·莱文（Murray Levine）
道格拉斯·D. 珀金斯（Douglas D. Perkins）
戴维·V. 珀金斯（David V. Perkins） 著
杨莉萍 译

上海教育出版社
SHANGHAI EDUCATIONAL
PUBLISHING HOUSE

中译版前言

我们很高兴与中国的学者、教授和同学们分享《社区心理学原理:观点与应用》这本书。社区心理学在全球范围内已经走过了50多年的发展历程(Perkins, 2009)。对于中国这样一个人口几乎占到世界五分之一的大国,有必要了解社区心理学在其他国家的研究、应用和发展情况,并创立属于自己的、具有中国特色的社区心理学品牌,以便能在特定社会历史和文化背景下成功应对城乡广泛存在的各种社区心理问题。

西方学者对中国社区心理学最早的认识出现于莱文(Murray Levine)的《社区心理学在亚洲》(*Community psychology in Asia*)一文(Levine, 1989)。虽然那时中国应用心理学关注的重点还局限在教育与发展心理学领域(Dewei, 1989),对更大范围的环境影响还缺乏清醒的认知,或者说,还没有像本书这样涵盖较大的制度体系和社区层面,但坦白地说,那种针对儿童以预防为主的方案同样也是20世纪80年代美国社区心理学研究的共同特点(见本书第八章)。

然而,不幸的是,在那之后的18年中,再未看到有关中国社区心理学的研究文献发表。[①]直到2007年,北京大学的邓世英教授(Deng Shiying)与美国社区心理学家鲁萨(Mark Roosa)合作,在《美国社区心理学杂志》(*American Journal of Community Psychology*)发表文章,探讨家庭对中学生犯罪行为及社会性发展的影响,那似乎意味着中国大陆心理学向国际社区心理学大家庭的回归,尽管该文重点关注的问题仍是微观系统对儿童个体发展的影响(见本书第三章和第四章)。

此后连续多年,每年至少有一篇有关中国问题的论文在重要的英文社区心理学杂志发表。这些论文的议题非常广泛。2008年,北京师范大学的刘力(Liu Li)教授发表了一份质性研究报告,探讨中国人生活质量的社会表征。其中对于尊祖敬宗(rootedness)、人际互惠(connectedness)、社会参与(participation)和自由权(freedom)等概念的讨论与本书内容高度相关。2009年,西南政法大学的刘建宏(Liu Jianhong)教授和他的美国同事探讨了另一个贯穿本书多章内容的话题(事实上我们在美国也做同一类研究),即犯罪恐惧与当代城市社会生活背景之间的关联性。2010年,徐庆文等人(Xu, Perkins, & Chow, 2010)基于对某个具有代表性的城乡样本的调查研究,发表了《社区意识、邻里和社会资本对于参与地方政治的预测性》一文。2011年,又见《中国农民工的社会资本和社区参与研究》发表(Palmer, Perkins, & Xu, 2011)。我们很高兴看到中国社区心理研究者更多参与国际合作,也期盼看到你们更多的成果!

---

① 下文出现的中文人名均来自英文音译。译者已尽可能通过多种方式作了核查,但仍恐存在疏漏和错误。如果误译,谨向相关人员表达歉意!——译者注

我们相信社区心理学在中国有着巨大的发展潜力。2012年，杨莉萍和珀金斯（Yang & Perkins, 2012）在《华东师范大学学报（教育科学版）》发文，深入分析了中国社区心理学未来发展的机遇和各种阻碍。他们认为，中国社区心理学的未来发展取决于正反两种力量之间的博弈。现在看来，中国心理学会社区心理学专业委员会于2015年10月成立，足以慰藉作者当初的乐观。这一具有里程碑意义的事件之所以能够发生，得益于中国著名心理学家黄希庭教授等人的远见卓识，以及一大批关注中国社会现实问题的心理学家的积极努力。与此同时，杨莉萍和珀金斯在文中描述的那些障碍并未消失。社区心理学在中国的普及与发展仍面临很大阻力，可谓任重而道远。尽快创办属于社区心理学专业委员会自己的刊物，将社区心理学、社区心理健康和应用社会心理学等课程纳入研究生教学计划等举措，将有助于促进该领域的研究进展。我们欢迎中国社区心理学家更多参与国际交流，更多在国际社区心理学刊物如《全球视野中的社区心理学》（*Community Psychology in Global Perspective*）、《全球社区心理学实践杂志》（*Global Journal of Community Psychology Practice*）上发表你们的研究成果。此外，社会科学引文索引（*SSCI*）中被摘引的社区心理学专业刊物有《美国社区心理学杂志》（*American Journal of Community Psychology*）、《社区心理学杂志》（*Journal of Community Psychology*），以及《社区与应用社会心理学杂志》（*Journal of Community and Applied Social Psychology*）等。总之，社区心理学专业委员会的成立具有历史意义，为中国心理学家在该领域开展学术活动提供了重要资源。

同中国内地一样，中国香港的社区心理研究也开始于20世纪80年代末期（Lam & Ho, 1989），自那以后一直热度不减。例如，有研究者针对香港妇女中心做过一项案例研究，反映了社区研究中的女性主义视角（Cheung, 1989）。香港教育学院心理学与老年学教授郑相德（Sheung-Tak Cheng）先后发表过100多篇论文，让我们见识到一位热忱而勤奋的研究者如何积极推动了社区（和老年）心理学的发展。他在1993年发表的一篇文章中报告了一项以香港老年住宅产业的发展为背景的社区心理研究（见本书第四章）。他与同事于2004年通过对健康老年人的研究，分析和报告了香港老年人的生活质量。他和马克在2007年描述和总结了香港不断变化着的社区心理学环境，以此丰富了国际社区心理学的成果。香港还有其他一些重要的社区心理学家。例如，马克和他的同事（Mak et al., 2009）研究过社区意识、社区特征与居民幸福感之间的关系。2014年，吴等人（Ng & Madyaningrum, 2014）发表了一项通过社区教育计划启动社会转型的研究。由于中国的最新政策鼓励发展社区教育和建设学习型社区，这篇文章与中国当前的社会现实相关度较高，具有参考和借鉴价值（Zhang & Perkins, 2016）。鉴于中国内地和中国香港地区的文化和语言的同宗同源，以及政治、经济一体化的加速发展，两地心理学家都将受益于更多的互助意识和合作实践。

正如你们将在本书第十三章读到的，社区心理学已在全球范围内获得稳步发展（Hanitio & Perkins, 2017; Perkins, 2009; Reich et al., 2007）。国际社区心理学会从10

年前已开始定期召开会议，而在那之前，北美洲、拉丁美洲、欧洲和大洋洲已多次召开各大洲范围内的国际社区心理学研讨会。社区心理学中包含邻里支持、社会资本（第五章）、社会支持网络（第七章）与互助（第九章）等基本原理。我们相信，世界其他国家的社区心理学家已经准备好与中国同行合作，支持和促进社区心理学在中国的发展。这种发展可能产生于某些学术机构或心理学内部，也可能像其他国家那样，得益于跨学科合作。与社区心理学密切相关的其他学科通常包括社区发展（Hanitio & Perkins, 2017）、教育（Zhang & Perkins, 2016）、政治学、公共行政、社会工作（Xu, Perkins, & Chow, 2010）、公共卫生、人类学和其他领域的研究等（Maton et al., 2006; Perkins & Schensul, 2016）。

最后，我们要向几位中国同行表达诚挚的谢意！首先，感谢本书的译者杨莉萍教授。没有她长达数年坚持不懈的努力，不会有眼前这个中文版。我们相信本书的译介能有助于中国社区心理学的发展。杨莉萍教授曾在美国范德堡大学访学一年。2013 年，她邀请珀金斯（Douglas Perkins）教授到她工作的南京师范大学讲学，并安排和陪同珀金斯教授前往社区参观，以此促进了中美社区心理学研究的交流。

我们还要感谢华东师范大学的张永（Zhang Yong）教授！张永教授致力于将社区心理学与正在不断发展的中国社区教育联系起来。他曾作为中美富布莱特研究学者访问范德堡大学一年，并于 2017 年 5 月邀请珀金斯及家人访问中国。促成珀金斯教授那次访问的其他学者还有华东师范大学教育学部职业教育与成人教育研究所所长石伟平（Shi Wei-Ping）教授，上海纽约大学全球社会工作硕士项目主任徐庆文（Xu Qingwen）教授，以及杭州市职业教育与成人教育研究室汪国新（Wang Guoxin）主任。在此一并向他们致谢！

珀金斯教授于 2007 年首次访问中国。当时他带领来自美国范德堡大学的 12 名大学生到达中国广西，与当地高校的教师和同学合作开展行动研究。该项目的中国地区负责人是广西工学院的陈耀东（Chen Yaodong）教授。借此机会也向他表达感谢（见 Robinson & Perkins, 2009）！

我们对中国社区心理学的兴趣始于本书第一作者莱文 1987 年对中国的那次访问。他受邀去中国讲学和参观，正是与中国教师和校长的座谈使他开始关注中国的社区心理学研究。感谢北京师范学院教育科学研究所时任所长林传鼎（Lin Chuan-Ting）教授以及该院的李德伟（Li Dewei）老师等！我们将这个中文版献给所有曾经合作过的中国同事，以及将来有志于在社区心理学领域从事研究和实践的中国学生和从业者！

参考文献

Cheng, S.T. (1993). The social context of Hong Kong's booming elderly home industry. *American Journal of Community Psychology*, *21*(4), 449—467.

Cheng, S.T., Chan, A.C.M., & Phillips, D.R. (2004). Quality of Life in Old Age: An Investigation of Well Older Persons in Hong Kong. *Journal of Community Psychology*, *32*(3), 309—326.

Cheng, S.T., & Mak, W.S. (2007). Community psychology in a borrowed place with borrowed time: The case of Hong Kong. In S.M.Reich, M.Riemer, I.Prilleltensky, & M.Montero(Eds.), *International community psychology: History and theories*. New York: Springer.

Cheung, F.M. (1989). The Women's Center: A community approach to feminism in Hong Kong. *American Journal of Community Psychology*, *17*(1), 99—107.

Deng, S., & Roosa, M.W. (2007). Family influences on adolescent delinquent behaviors: Applying the social development model to a Chinese sample. *American Journal of Community Psychology*. *40*(3—4), 333—344.

Dewei, L. (1989). The effect of role change on intellectual ability and on the ability self-concept in Chinese children. *American Journal of Community Psychology*, *17*(1), 73—81.

Hanitio, F., & Perkins, D.D. (2017). Predicting the Emergence of Community Psychology and Community Development in 91 Countries with Brief Case Studies of Chile and Ghana. *American Journal of Community Psychology*, *59*, 200—218.

Lam, D.J., & Ho, D.Y. (1989). Community psychology in Hong Kong: Past, present, and future. *American Journal of Community Psychology*, *17*(1), 83—97.

Levine, M. (1989). Community psychology in Asia. *American Journal of Community Psychology*, *17*(1), 67—71.

Liu, J., Messner, S.F., Zhang, L., & Zhuo, Y. (2009). Socio-Demographic Correlates of Fear of Crime and the Social Context of Contemporary Urban China. *American Journal of Community Psychology*, *44*(1—2), 93—108.

Liu, L. (2008). To Have and To Be: Towards the Social Representation of Quality of Life in China. *Journal of Community and Applied Social Psychology*, *18*, 233—252.

Mak, W.S., Cheung, R.Y.M., & Law, L.S.C. (2009). Sense of Community in Hong Kong: Relations with Community-Level Characteristics and Residents' Well-Being. *American Journal of Community Psychology*, *44*(1—2), 80—92.

Maton, K., Perkins, D.D., Altman, D.G., Gutierrez, L., Kelly, J.G., Rappaport, J., & Saegert, S. (2006). Community-based interdisciplinary research: Introduction to the special issue. *American Journal of Community Psychology*, *38*, 1—7.

Ng, E.C.W., & Madyaningrum, M.E. (2014). Initiating transformative process through community education program: Two cases from Asia. *Journal of Community Psychology*, *42*(5), 609.

Palmer, N., Perkins, D.D., & Xu, Q. (2011). Social capital and community participation by migrant workers in China. *Journal of Community Psychology*, *39*(1), 89—105.

Perkins, D.D. (2009). International community psychology: Development and challenges. *American Journal of Community Psychology*, *44*, 76—79.

Perkins, D.D., & Schensul, J.J. (2016). Interdisciplinary contributions to community psychology and transdisciplinary promise. In M.A.Bond, C.B.Keys, & I.Serrano-García(Eds.), *Handbook of Community Psychology* (2nd Edition)(pp.189—209). Washington, DC: American Psychological Association.

Reich, S.M., Riemer, M., Prilleltensky, I., & Montero, M. (Eds.)(2007). *International community psychology: History and theories*. New York: Springer.

Robinson, J., & Perkins, D.D. (2009). Social development needs assessment in China: Lessons from an international collaborative field school in Guangxi Zhuang Autonomous Region. *China Journal of Social Work*, *2*(1), 34—51.

Xu, Q., Perkins, D.D., Chow, J.C. (2010). Sense of Community, Neighboring, and Social Capital as Predictors of Local Political Participation in China. *American Journal of Community Psychology*, *45*(3—4), 259—271.

Yang, L.P., & Perkins, D.D. (2012).中国大陆社区心理学发展的现状、困难与机遇/The development of Community Psychology in the People's Republic of China: Challenges and opportunities. *Journal of East China Normal University*, *30*(2), 48—56.

Zhang, Y., & Perkins, D.D. (2016).美国社区教育的缘起、演进与启示/Origin, Evolution and Implications of American Community Education(Chinese). *Global Education*, *45*(11), 58—66.

原版推荐序

本书第二版揭示了社区在美国是什么、有哪些困难、它们做了什么而又未能改变什么等问题所蕴含的显而易见或不那么显而易见的心理学意义。这种揭示，无论就广度还是深度而言，均无可比肩。第三版使这一点更加清楚，即我们所谓的"社区"具有明显的渗透性：在现代高科技的、充满流动性的世界中，社区受到那些距其边界或远或近的心理、社会、经济、政治和法律事件的影响。是的，这是一本由心理学家写的专业著作，但与同类著作相比，它吸收了大量社会科学领域的研究成果。较之于先前的版本，这一特点在第三版中尤为突出，以至于我很想说，这不仅是一本有关美国社区的书，更是一本有关美国的书。它一方面作为一部专业著作名副其实，另一方面并不枯燥、晦涩。做到这一点实非易事，已然是不小的成就。由第一章("生活是一出肥皂剧")开始，各章内容既线索清晰，又充满刺激；引用的文献资料既丰富，又紧扣所阐释的主题。这绝不是一本索然无趣的书，而是一本生趣盎然、充满活力的书。它不仅是一部社区心理学导论，社会心理学、发展心理学和治疗心理学的研究者都能从中获益，因为本书的出版(虽未曾明言)对那些打着"专家"的幌子而掩盖其内容大量抄袭、粘贴重复之实(不幸这一事实又被长期忽略)的所谓"专业著作"而言，颇具嘲讽意味。

西摩・萨拉森(Seymour B.Sarason)

美国康涅狄格州，斯特拉特福德(Stratford, Connecticut)

原版前言

本书新版(第三版)反映了社区心理学在过去八年中的进步,也是对第二版内容的重大拓展。其中,每一章都吸纳和回顾了最近几年的文献资料,具体而言,更新了参考文献,介绍了最新的实证研究,并深入讨论了当前面临的问题、最近发生的事件,以及由这些问题或事件引发的政策性争议。

首先,扩充了引言的内容。在有关社区心理学"是什么"和"不是什么"、社区心理学的基本原理和价值取向,以及全书各章内容的组织等方面增添了新的内容,以进一步夯实全书的理论基础。基于2000年美国人口普查的数据、现有各项社会指标,以及多项全国性调查的结果,更新了第一章"生活是一出肥皂剧"中的各项人口统计参数。用新的更具说服力的专栏取代了第二版中相对而言已经有些陈旧的部分内容。第一章中"对健康问题的心理社会适应:生殖器疱疹案例"便是其中一例。

第二章更新了社区心理学的历史。新版不仅介绍了作为社区心理学起源的社区心理卫生运动,还讨论了应用社会心理学和反贫困之战对社区心理学的影响,并针对无家可归者及相关研究增加了一个新的专栏。第三章基于多伦温德情境化的压力模型(Barbara Dohrenwend model)以及部分新的参考文献,描述了一个对全书内容起着支撑作用的概念框架。第四章增加了新的专栏"比利时吉尔的行为-环境适应",旨在阐释有关生存与适应的生态学原理。这一部分内容在第二版中略显松散,焦点不够突出。这次修订并补充了一些新的资料。

第五章围绕第二版中有关环境的三个心理学构念——主观社会气氛、行为背景和社会角色,大幅度扩充和重新组织了原有的内容,以说明社会和物理环境对人的行为和幸福感的影响,以及行为背景如何作为社会和物理环境的结合。其中,社会环境包括社会气氛和社会角色,并将社会资本这一重要概念纳入,后者又包括公民参与和赋权、社区感和邻里关系等。这些概念目前在社区心理学中已有广泛研究,但前一版对此讨论得似乎不够充分。至于专栏5-1中的经典社会实验"费尔韦瑟旅舍",修订后更加清晰地解释和说明了专栏所涉及的相关概念。

第六章有关标签理论和偏常社会学,同样更新了原有内容,新增了如何利用司法减少污名这部分内容。第七章介绍了以适应、危机、应对与社会支持等问题为核心开展的一系列研究及其发现。其中,新增专栏"波丽安娜与快乐游戏"介绍了一种应对方式。这种方式在以往有关应对的研究文献中鲜有提及,但十分奏效。

第八章更新了对艾滋病的预防部分以及有关抢步计划的专栏,并以预防虐童事件为例,探讨了误报问题(problem of false positives)。此次修订还新增了一个专栏,介绍一场成功的学校改革。另外还增补了如何将学校作为重点预防场所,以及基于社区的健康促进等内容。此外，还同步更新和修订了第九章中有关自助/互助团体的内容。

第十章“变革问题”更新了两部分内容，一部分内容关注组织的变革、发展和学习，另一部分内容关注国家层面的计划性变革，聚焦了美国教育变革的“得克萨斯教育奇迹”。第十一章将学校废除种族隔离视为一项社会层面的干预，更新的内容同样包括两部分，即种族隔离废除之后发生的政治和法律事件，以及该领域未来可能面临的问题。第十二章关涉社区层面的变革。我们大量修订和补充了社区发展部分，新增了一个专栏，讨论“‘健康、环境与司法中心’和环境公正运动”。

最后，第十三章仍旧关注科学、伦理和社区心理学的未来发展，但大幅拓展了具体的内容。除了更新有关社区干预的生态学、科学和伦理，还增加了两部分内容，分别关注社区心理学的跨学科发展，以及社区心理学在美国之外其他国家的发展，强调在社区心理学研究领域加强国际交流与合作的必要性。此外，这一章还新增了一个专栏，介绍社区行动研究中的生态-心理政治模型，提示了该领域未来研究的一个方向。

总之，虽然任何一本书都不可能满足所有读者的全部需求，我们认为，与之前的第二版相比，第三版更加全面地反映了当前社区心理学研究的深度和广度，从历史起源到最新进展，再到由新的观念和更加开阔的视野带领我们即将走向的光明灿烂的未来。

致　谢

下列图表的转引已获得原作者和出版单位的授权，在此一并致谢。

图 3-1 引自：Dohrenwend, B. S. (1978). Social stress and community psychology. *Ameircan Journal of Community Psychology*, *6*, 1—14. Copyright 1978, Plenun Publishing Corporation.获准使用。

图 5-1 引自：Timko, C., & Moos, R.H. (1991). A typology of social climates in group residential facilities for older people. *Journal of Gerontology*, *46*, S160—169. Copyright 1991, The Cerontological Society of America.获准使用。

表 5-1 引自：Fairweather, G. W., Sanders, D. H., Maynard, H., & Cressler, D. (1969). *Community Life for the Mentally Ill*. Chicago: Aldine.获准使用。

图 5-2 引自：Perkins, D.D., & Long, D.A. (2002). Neighborhood sense of community and social capital: A multi-level analysis. In A.T.Fisher, C.C.Sonn, & B.J.Bishop(Eds.), *Psychological sense of community: Research, application, and implications*(pp.291—318). New York: Kluwer Academic/Plenum Publishers.获准使用。

图 6-1 引自：Scheff, T.J. (1984). *Being Mentally Ill: A sociological theory* (2nd ed.). New York: Aldine de Gruyter. Copyright 1984 by Thomas J.Scheff.获准使用。

图 7-1 引自：Cohen, S., & Wills, T.A. (1985). Stress, social support, and the buffering hypothesis. *Psychological Bulletin*, *98*, 310—357. Copyright 1985, American Psychological Association.获准使用。

图 8-1 引自：Mrazek, P.J., & Haggerty, R.J. (1994). *Reducing Risks for Mental Disorders: Frontiers for Preventive Intervention Research*. Copyright 1994 by the National Academey of Sciences. Courtesy of the National Acadmy Press, Washington, D.C.获准使用。

表 12-1 引自：Perkins, D.D., Crim B., Silberman, P., & Brown, B.B. (2004). Community development as a response to community-level adversity: Ecological theory and research and strengths-based policy. In K.I.Maton, C.J.Schellenbach, B.J.Leadbeater, & A.L.Solarz(Eds.), *Investing in children, youth, families, and communitinues: Strebgths-based reaserch and policy*(pp.321—340). Washington, D.C.American Psychological Association.获准使用。

目　录

第二部分 社区心理学的理论

第三部分 社区心理学的应用

引 言 3

社区心理学概述

- 社区心理学是什么
- 社区心理学不是什么
- 社区心理学原理
- 各章内容的组织

社区心理学是什么

社区心理学代表了有关人们在自己生活的社区环境和社会系统中应该如何行动以追求幸福的一种新的思维方式。我们写作此书的目的就在于发展这种思维方式，并说明如何将这些观点应用于解决当代社会广泛存在的现实问题。

社区心理学最令人兴奋的一个方面在于，它一直在不断发展和重新定义自身。简单地把它理解为传统意义上心理学的一门分支学科并不合适。具体有三方面的原因：第一，社区心理学同时强调提供**应用性社区心理服务**(applied service delivery)和**基础理论研究**(theory-based research)两个方面；第二，社区心理学关注的不只是个体内部的心理构造，而是由个体层面到与某个具体项目相关的团体、组织层面，再到整个社区层面，进行**多水平分析**(multiple levels of analysis)；第三，社区心理学覆盖的**情境和问题领域**(range of settings and substantive areas)非常广泛。一个社区心理学家可能发现她(或他)自己周一在心理健康中心做研究；周二作为专家证人出席法院的庭审；周三为一个医疗项目当评委；周四去落实某个校本课程项目；周五需要主持一个邻里协会的会议。基于上述原因，社区心理学家总是精力充沛，具有紧迫感。这一群体有着其独特性——他们既是专业或学科的一部分，也是社会运动的一部分。

社区心理学所关涉的许多新的、各不相同的领域由这样一个统一的视角联系在一起，即帮助体制内和体制外那些相对缺乏能力的人(the relatively powerless)掌控他们周围的环境和自己的生活。社区心理学家需要为创造这样一种社会系统承担多种责任(wear many hats)：(1)促进个体成长，在各种社会和心理健康问题发生之前积极开展预
防；(2)在需要的时间和地点及时提供适当形式的干预；(3)帮助那些被贴上“越轨者”标签 4
的人尽可能有尊严地生活，并获得支持和赋权，最好能成为社区的贡献者。

例如，一个社区心理学家可以：(1)创建和评估一系列项目和政策，帮助人们控制社区和组织环境中给人造成压力的那些方面；(2)评估社区需要，引导和教会社区居民识别早期问题，尽量在情况变得十分棘手之前处理和解决好这些问题；(3)研究并落实某些更为人性化和有效的办法，使得被各类机构收容的人口(institutionalized populations)富有成效地融入社会主流生活。

社区心理学不是什么[①]

与其他邻近学科相区别有助于描述和理解社区心理学。正如我们后面还会进一步解释：社区心理学与公共卫生(public health)同样致力于发展周围环境以及促进健康的生活方式，它们都在全体居民(不只是个体)层面考虑问题，尤其是都采取预防取向。也就是说，社区心理学家希望在问题发生之前开展预防，而不是让问题发展得更为棘手乃至无从下手。但是，社区心理学与公共卫生的不同之处在于，社区心理学在关注身体健康的同时，还关注社会和心理健康问题，以及总体生活质量。

社区心理学同社会工作(social work)在许多方面类似，但社区心理学具有较强的研究取向。社区心理学家秉持这样一种理念，即没有什么会比以社会问题为导向的严谨、缜密的研究更加具有实践性。

社区心理学同社会心理学(social psychology)和社会学(sociology)一样，都采取团体或系统取向对人类行为进行研究，但是，社区心理学毫不掩饰自己的应用性，更加侧重于利用心理学知识来解决社会问题。

社区心理学从工业与组织心理学(industrial and organizational psychology)中借鉴了许多技术，但社区心理学主要处理社区组织、人工服务系统和支持网络中存在的问题。另外，它也关心来访者和员工的困难，而不是仅仅注重组织管理目标和价值的实现。社区心理学关注社会的调节和控制问题，致力于强化社会弱势群体(如贫困人口、少数民族、儿童及老年群体)的积极特征，提升他们的应对能力。

5 正如本书在第二章将要讨论的，尽管不少社区心理学家来自或接受的是社会心理学的训练，与社区心理学更为接近的领域却是**临床心理学**(clinical psychology)。社区心理学与临床心理学具有相同的行动取向，同样以帮助处于困境中的人为目标。社区心理学与临床心理学的重要区别在于提供帮助的介入点(时机和定位)不同。社区心理学的兴起在很大程度上是因为一部分心理学家不满于临床取向将人的心理健康问题视为个体的内部问题，他们更关注社会环境对心理健康的威胁，以及个体与周围环境之间的不和谐；更多关注人的健康而不是疾病；致力于提高个人、小型团体、组织和社区的竞争力，以及提高

---

① 本节中的一些观点来自玛丽贝思·希恩(Marybeth Shinn)，在此致谢。

政策制定水平。这种对于人与环境之间相互作用的关注同样也被美国之外的社区心理学家所强调(例如,Orford, 1992; Thomas & Veno, 1992)。

干预的时间点不同将趋于主动干预的社区心理学和趋于被动反应的临床心理学区别开来。社区心理学的创始人之一科文(Emory Cowen)这样解释这一特点:一个孩子在寻求治疗师的帮助之前已经走过了异常艰辛的道路,包括很长时间内的非正式求助,让周围人感到沮丧——包括孩子、家人、老师、朋友,等等。多数情况下,临床心理学家并不直接处理这一过程的早期阶段,只是在最后才进入问题情境,而这时问题往往已经恶化,变得更加复杂和难以解决。社区取向及本书将要处理的是在这个过程的早期阶段出现的那些问题。

临床心理学发动了社区心理卫生运动,后者成为社区心理学产生的基石。社区心理卫生运动的特点是要求在当地社区而不是在医院或诊所为病人提供服务,强调服务而不是治疗,并鼓励尽可能利用门诊服务。社区运动同样致力于创造新的服务,以及为了当事人的利益与社区相关机构开展合作。我们不再奉行孤立和排斥越轨者的策略以实现某些不切实际的治愈目标,这种基于社区心理健康视角的工作希望能够让人们尽可能地在当地社区获得支持。即使不得不住院,治疗的目的也不再是完全治愈,而是帮助个体恢复平衡,以便他(或她)能够尽快重返社区。

这种基于社区的治疗(community-based)与由医疗机构提供的治疗(institution-based)相比不仅是一种新的视角,而且也构成了某种意识形态或社区心理学家持有的一系列信念。与临床视角相比,社区视角更多指向个体来访者的生存环境和条件。临床视 6
角引导我们重点关注个体的内心生活,也许还会包括他(或她)与家人或亲密朋友之间的关系。社区视角具有同样的关切和兴趣,但它同时引导我们关心受助者的生活状况——住房、就业、娱乐、医疗服务和交通条件等。一旦新的视角涵盖的范围扩展到足以检视来访者的所有支持网络,社区心理学家便是在关注整个社区,而这显然是比个体或家庭更大的一个单元。

检视心理卫生实践在过去和现在的成功与失败,让我们更清醒地意识到,我们的服务系统在很大程度上是嵌入政治结构之中的。了解资金的流动是我们理解来访者身上究竟发生了什么问题的关键。特别是对于社区心理服务最重要的对象,即那些长期患有严重精神疾病的患者,我们发现,很多生活问题都与社会福利政策和相关法律有关。采取社区心理的视角,我们必须在那些仅限于用来理解个体的概念(如对心理疾病的类别诊断、心理动力学、个性特征等)之外,涵盖更大的分析单元。

社区心理学原理

社区心理学不仅是专业性和科学性很强的一门学科,而且蕴含着一种适用于任何领域或职业的哲学或价值取向。社区视角挑战了传统的思维模式,反对指责问题的受害者或将某些人标记为"异常"(本书第六章),要求审视整体生态系统,包括政治、文化与环境的影响,同时关注制度和组织的因素(本书第四章、第五章和第十章)。鉴于许多团体和个人不信任或担心受到专业人员的压力,社区取向鼓励来访者/公民自己参与,肯定他们对地方性赋权、官僚机构的去中心化和自助/互助的要求(本书第九章和第十二章)。社区心理学强调研究的效用不仅是为了理论自身的发展,也是为了项目评估和政策分析——以及将社区心理学奉行的(显在或潜在的)价值推广至全社会,乃至科学整体发展的需要(本书第十一章和第十三章)。社区取向的另一个重要特点在于,它重视历史与结构性的语境变迁(本书第二章),同时也尊重和欣赏文化的多样性(本书第十一章)。通过阅读本书,我们希望读者了解,社区心理学强调社区和个体自身所具有的优势和能力,而这有别于彰显个体自身弱点的精神病理学。

7 出于社区视角的观点或理论较之于其他观点或理论在本书中得到了更为深入的阐述。其中一个重要的理论和研究领域是对人所经历的压力过程的研究,它的环境原因(以及如何开展预防),不同个人和群体在应对压力方面存在哪些差异(包括如何获得家人、朋友和其他人的社会支持),以及最终可能出现的消极或积极的后果(Dohrenwend, 1978;本书第三章和第七章)。

社区心理学强调生态学思维。这种思维模式要求我们超越对个体的单方面改造,而考虑如何促进人与环境之间的适应或相互作用。这种适应和相互作用与各种单一要素一样,会对人的行为和幸福感产生重要影响(本书第四章)。生态思维要求"将个体之间的关系置于社区层面上考虑,同时将社区视为一个分化的、拥有各种正式和非正式复杂关系的社会系统"(Mann, 1978, p.x)。社区视角包含了"对更为广泛的生态水平的关注,而不仅是个体水平的治疗"(Heller & Monahan, 1977, p.16)。

我们提出的问题和获取答案的方式都已经发生范式转变(Rappaport, 1977)。发展理论和研究作为有效干预的基础非常必要,但这还远远不够。如果心理学和社会科学真的关注社会问题,且能有效解决社会问题,那么它的理论和研究必须考虑历史、社会、经济和政治的环境。也正是在这样的环境中,各种政策得以制定并实行(Sarason, 1974, 1981a, 1981b, 1982a)。

虽然社区心理学家倾向于强调社会的改变多于个体改变,但他们少有偏激的目的并保持社区的研究取向。大多数采取社区视角的心理学家把这一点当作自己的使命,即不仅要废除那些陈旧的观念和实践,还要帮助建立和完善服务组织和相关机构。为了实现这一使命,他们一方面为那些有需要的人提供人性化的照顾和去污名化的服务,另一方面促进这些人的心理健康发展。

为了促使人力服务机构更加有效和人性化,社区取向的心理学家致力于创造符合生态观念的新环境与新服务。这种生态观念及其衍生行为不同于传统的医疗模式,后者通常由需要帮助的个体自己界定自己的问题,然后向某个专门提供帮助的人寻求解决之道,当然，这些帮助往往是有偿的。不能否认，医学模式对许多人或问题的解决的确是有效的。但是，这种模式过于依赖受过专业训练的专家，无法为所有有需要的人提供服务。此外，由于医学模式在定义问题时，通常仅将问题限定于个体内部，这使得某些形式的治疗 8
导致问题的长期存续。

在生态学意义上，人的行为实质上是对资源和环境的适应（本书第四章）。从这个视角来看，提高资源的可利用性有助于改善不成功的适应。为此，各种新的服务被创造出来，社会网络中现存的优势得以发挥，周围环境得以被改造，以提高对环境资源的利用。美国反歧视和投票权法案于20世纪50年代开始实施，那便是一个很好的例子。由此消除了法律和文化围绕各种资源形成的森严壁垒。越来越多的非裔美国人得以进入专业、管理和技术领域工作；中、上层阶级的非裔美国人收入增加；非裔美国学生升入大学和高等职业院校的人数增长，等等，都可以归因于民权运动。非裔美国男青年失业人数的增多，单亲妈妈家庭的相应增加，以及城市特定区域社会问题（如犯罪行为）集中泛滥，至少部分原因可以归结为不断变化的就业市场和就业机会的匮乏，而这些原本都是有利于适应的重要资源（Wilson, 1987）。从这个视角看，解决生活问题最需要的可能不是更多的专业治疗师。与此不同，社区心理学家则试图联合各类机构和那些并未受过专业心理健康训练的人一道开发资源。生态学取向以对资源的研究取代对精神病理学的研究。它引导我们看到他人的长处和优势，相信只要能够获得合适的资源，这些优势便可以得到很好的成长和发挥，为人的自身发展服务。当然，这样做并不意味着要废除精神病理学。

社区心理学家围绕“预防”这一主题开展工作（本书第八章）。预防的概念来自公共卫生领域。公共卫生专家认为，人类最大的进步来自对疾病的预防，而不是疾病发生之后的治疗。借助预防接种和各种现代卫生措施，对人类而言，大部分致命的灾难已被消除。人类平均寿命的延长，以及在此期间更长久地保持良好的健康状态应更多归功于预防，而不是各项治疗措施。公共卫生模型要求我们找出发生异常状态的原因，并通过改造环境或提高个体自身的免疫力来预防疾病。尽管对公共卫生模型是否可以整体被用来处理社会和心理健康问题尚无定论，但是它确实提供了一种目标和思维方式，引导我们在个体精神病理与治疗之外考虑其他的问题。

预防观念为干预设定了与治疗取向不同的时间和地点。它要求我们考虑，是否有可
能在不适当的行为发生之前便采取行动，或者换一种思路，学会适当利用援助资源，以使 9
问题能够在早期发展阶段得到解决。个体或家庭通常只有在局面已经发展到无法忍受的情况下才向临床医生求助。而从预防的观念出发，我们会从一个人为何定义自己或被他人定义为“病案”开始，进行系统的思考。

预防取向要求我们在新的组织环境中行使职责。一直以来，心理卫生专业人员都在诊所、医院或私人执业的办公室内开展工作。鉴于预防工作采取社区视角，社区心理学家有必要离开以往熟悉的环境，学会在某种不熟悉的、令人不舒服甚至会对陌生人或任何改变的努力（不论怎样出于仁爱的目的）都充满敌意的环境中工作和生活。对于社区心理学

家来说，需要与学校组织、福利机构、娱乐团体、大众媒介、立法和政治机构中拥有不同兴趣和代表不同利益的人共同工作。

社区心理学致力于在更大的范围或空间内发展和实施工作计划。对获取资源的可能性必须加以详尽评估。政治气候在某一个时间节点支持某种类型的项目，而换一个时间节点可能转而支持另一类型的项目。在某一时间段或某种政治、经济条件下很容易实现的计划，换一个时间段或政治、经济环境就可能遭遇极大的困难（Levine & Levine，1992）。机构和团体之间为了相同而有限的资源展开竞争，竞争的结果决定了哪些资源以及多少资源可能被提供，以及最终提供给谁。一旦采取社区的视角，我们进行专业思考的范围必须大大拓展。

在本书中，我们将检视社区心理学的某些理论和项目，以及与之相关的一些研究。我们的旨趣在于发现问题与理论之间的关系，并尝试建立一个框架，以便对存在的问题及相应的解决办法进行系统谋划。该领域发展到现阶段，我们或许可以试着传达出某种研究取向和思维方式。硬知识（hard knowledge）总是供不应求，而且恐怕永远也无法令那些喜欢吹毛求疵的批评者满意。对社区心理学领域而言，利益关系问题始终存在，而我们也将不断发展出更好的——即便不是那么完美的——应对方式。20 世纪 60 年代早期，当我们这批人刚刚开始在这一领域工作的时候，同样对这一领域内的问题及答案都懵懂无知。而现在，我们至少建立和发展了一个知识框架，各种经验正在其中发挥着作用；至少我们现在所问的问题与 40 年前相比更有意义。

10 各章内容的组织

全书内容安排如下：第一章和第二章介绍社区心理学产生和发展的哲学与历史背景。其中，第一章检视该领域关注的问题性质和范围，并讨论“对问题的定义不能脱离特定的语境（situational context）”这一观点的含义。第二章回顾社区心理学的历史背景。第三章介绍多伦温德（Barbara Dohrenwend）提出的覆盖社区心理学全部领域的统一模型，以及由此产生的各种行为对策。本书其余部分将对这些行为对策详加讨论。第四章到第七章描述和介绍社区心理学最重要的理论基础，包括生态学原理、社会与自然环境中的行为概念、标签理论，以及重要性日益凸显的压力与支持概念。这些观点被应用于为患有慢性疾病、需要长期支持的人设计和实施援助计划。

本书其余部分在继续聚焦这些观点的同时，更多转向对社区心理学原理的应用。第八章概述和讨论了社区心理学的预防概念，尤其重视干预过程中对个体能力的建设，以及如何减少重要场所（如学校）中存在的威胁。第九章将某些由预防衍生出来的观点进一步应用于患有慢性疾病、需要长期帮助的人群。自助团体通过自行定义问题、明确问题性质来解决问题的方法，在传统的临床服务之外，为我们提供了另一个解决问题的重要途径。

本书最后几章分别阐述了以下问题：第十章讨论个体环境与组织水平的变革，从创建新的行为情境和改造现有情境两方面进行讨论，并通过两个案例研究加以说明。社区心理学对更大规模的变革过程同样有所洞察。例如，作为第十一章透视的焦点，废除学校种族隔离便是从国家层面进行变革的一个典型案例。心理学家和其他社会科学家在这一过程中发挥了非常重要的作用。第十二章在社区背景下检讨了问题定义的性质，以及由对问题的不同定义衍生出来的各种干预措施（如既有专家规划又包含草根组织的社区发展过程模型）。第十三章基于社区视角讨论了科学研究和干预的政治与伦理问题，以此结束全书。我们希望每位阅读本书的读者都能有所收获，哪怕只是激起读者对某些问题的深入思考，我们最重要的目标便已实现。

第一部分

社区心理学的产生与发展

第一章 13

生活是一出肥皂剧

许多年前有一档电视节目，收视率很高，名曰“一日皇后”(Queen for a Day)①。来上 14
节目的都是一些女性。她们在节目中历数自己和家人遭遇的种种不幸、痛苦和灾难，以此参与竞赛。这档节目以其低俗的表演迎合了社会大众病态的好奇心。而它的火爆就算符合一定的心理规律，也未免让人尴尬，反映出人们对深陷困境并挣扎于个人、家庭、医疗、精神疾病、法律和经济等问题之中的个体与家庭的浓厚兴趣。正是这种看客心理每天吸引着数百万美国人阅读兰德斯(Ann Landers)的专栏，观看奥普拉(Oprah)脱口秀和杰拉尔多(Geraldo)的新闻报道以及其他大量诸如此类的娱乐节目。②

那些拥有几千万观众的电视娱乐节目中暴露出的错综复杂的人际关系激发了人们的好奇心。奥普拉脱口秀(Oprah Winfrey Show)、孟代尔脱口秀(Montel Williams Show)、珍妮·琼斯脱口秀(Jenny Jones Show)，以及更加煽情的杰瑞·史宾格脱口秀(Jerry

① “一日皇后”(Queen for a Day)是 20 世纪 50 年代美国一档电视真人秀节目，内容是让参与节目的嘉宾接受种种可怕的考验，最终获得观众的同情心，赢取皮草大衣或家用电器等奖品。——译者注

② 兰德斯(Ann Landers)为《芝加哥太阳报》著名专栏“提问兰德斯”(Ask Ann Landers)的主持人。该专栏主要以问答的形式为失恋、离婚、丧偶、亲子关系不睦的读者提供安慰和忠告；奥普拉(Oprah)是美国著名的脱口秀节目主持人，她主持的电视谈话节目“奥普拉脱口秀”的收视率曾连续 16 年高居美国同类节目的榜首；杰拉尔多(Geraldo Rivera)是福克斯电视新闻的一名记者兼节目主持人，他一反新闻报道的严肃性，在摄像头前从不正襟危坐，情绪激动时不是失声痛哭，就是大声怒骂，而正是他这种嬉笑怒骂式的新闻报道风格为福克斯新闻赢得了极高的收视率。——译者注

Springer Show)让我们充分体会到生活中大量存在的悲剧、冲突和两难困境。专栏作家每天为那些因深陷复杂关系(家庭、朋友、爱情、雇用关系等)而进退两难的人提供劝导和建议,这些专栏拥有庞大的读者群。收音机里,劳拉博士(Dr.Laura)谈话秀每天帮助听众解决他们经历的道德和人际两难问题。"朱迪法官"(Judge Judy)及其他几档类似栏目以法律纠纷为背景,吸引我们关注另外一些冲突。这些节目还得到日播肥皂剧(daily soap operas)的扶壁支持。这些日播肥皂剧借助虚构的角色描述了与此相似的生活中的复杂关系,同样拥有大量的忠实粉丝。

这些电视节目和报纸专栏与广受欢迎的肥皂剧类似,所不同的只是由真人出演。他们向美国民众展现了死亡、疾病、意外事故、离婚、犯罪、复杂家庭关系和各种日常灾难等问题对人的影响,而这些通常只会在虚构的小说里看到。肥皂剧如此盛行,难道只是因为那些无聊的家庭主妇希望排遣日常生活的单调乏味、体验剧中美丽而迷人的主人翁那充满刺激的人生经历吗?恐怕不能这样简单地解释。肥皂剧的作用决不仅限于填补空虚和寂寞。这些肥皂剧、劝导类节目或专栏讲述的故事或传奇涵盖了日常生活中各种具有普遍意义的话题。它们与虚构的神话故事一样,为人们提供了情感宣泄和受教育的机会。它们同时也向社会传达了这样一种意识:生活中的灾难是不可避免的,如果无法战胜,至少可以有尊严地忍耐。

在我们看来,肥皂剧和它们在生活中的真实演出之所以广受欢迎,不仅在于其娱乐性,更因为它们是一种理解生活的方式。生活本身就是一出肥皂剧,改编自现实生活的电视节目大受欢迎直接反映了这一事实。把生活视为肥皂剧,我们便能更好地理解对心理幸福的文化关切,对心理服务的社会需求,专业领域对危机和应对方式的重视,以及自助和社会支持群体的不断增多。我们也就能够从典型或普遍意义上对什么是"正常"
15 (normal)形成某些新的观点。此外,"问题"(problems)并不是在各类时间、空间和人群中随机分布的。借助生态学的视角,社区心理学家可以在发展、实施和评估有助于人们应对问题的方案中有所作为。

如何提出和定义问题本身便体现了对社会现象的某种洞察,这是本书的一个重要观点。例如,心理问题或情感问题是完全存在于个体内部,还是与个人所处的环境及经历过的事件交织在一起?简单的统计跟踪数据表明,许多人都在与生活中的各类严重问题(critical problems)抗争;与生活做斗争是生活的常态而并不是偶然事件,也不是由个人的错误或人格缺陷造成的结果。有些事情(例如死亡)不可避免,但仍有许多事是社会变迁的结果。如果缺乏规范的手段来应对这些挑战,那么如何顺应这些变迁便成为一个重要问题。

一旦承认面对和处理危机事件是日常生活的常态,那么建立在"生活中出现问题只是一些例外"这种假设基础上的公共服务系统便不可能满足人们的全部需要。生活中出现问题绝对不是例外。"例外"的假设只会误导那些正在经历此类事件的人,而这种对问题的定义会不可避免地导致挫败感的持续加重和对受害者的遣责。只需对生活中问题出现的频率作一些简单的描述统计,我们就会明白:为什么过去那种被动地等待问题发生然后寄希望于专家出面解决的做法是不对的，以及为什么其他形式的服务、其他人的参与和积极预防都是十分必要的。

为了能够更好地理解一些统计数据，有必要引入流行率和发病率这两个概念。**流行率**(prevalence)是指在某个时间点或某一时间段内新旧病例之和在总人口中所占的比例，前者称为时点流行率(point prevalence)，后者称为时段流行率(period prevalence)。**发病率**(incidence)是指在某个时间段(通常是一年)内新增病例数在总人口中所占的比例。

心理问题的发病率与流行率

我们接下来将要呈现不同来源的数据，其中包括对接受精神病治疗的人数统计；对各种心理障碍或精神障碍(mental disorders)流行率的估计；对某些适应性不良的行为模式(如酒精滥用)、不良社会环境(如寡居、贫穷)进行的流行病学调查；以及心理健康之于当代社会和文化思潮的意涵，等等。这些数据所涉及的许多问题与压力性生活事件量表(stressful life events)所列条目类似，该量表最先由霍尔姆斯和拉赫(Holmes & Rahe,
1967，见本书第七章)编制。后文提供的多组数据之间可能并不完全吻合，这是由于通过 16
不同数据库得到的数据可能会有一些差异；此外，对于某些统计值的推断也可能来自不同年份的人口数据。尽管如此，这些并不足以改变我们希望展现给读者的总体发展趋势。

平均家庭规模。充分领会这些有影响力的数据，先要记住，2000年，美国总人口数为281 421 906人，平均每个家庭2.59人，共计有105 480 101个家庭(U.S.Bureau of the Census, 2000, Table DP-1)。(考虑到有些人独居、有些家庭人口数超过3人，家庭平均人口数也许不能说明太多情况，但在我们看来，这个数据仍然很有意义。)由于人们普遍受到周围环境的影响，平均而言，每个精神病患者的家庭中都会存在约2个人在一定程度上受到影响。例如，已经有研究揭示了与抑郁症患者家人(Coyne et al., 1987; Coyne, Thompson, & Palmer, 2002)或残疾兄弟姊妹(Breslau & Prabucki, 1987; Pit-Ten Cate, & Loots, 2000)共同生活所承受的心理压力和负担。有研究发现，精神分裂症患者家属的幸福感指数会随着患者各项症状的严重程度而发生变化(Travers, White, Boscoe, & McDonnell, 2001)。此外，患者家属的身体健康状况同他们去急诊室、住院部和约见医生的频次也存在某种程度的相关(White, Travers, Boscoe, & McDonnell, 2001)。

机构收容人口

这部分人口包括精神病院的住院患者、福利机构中的智障患者、养老院里的老人、慢性病治疗和康复机构的患者、智障和残疾儿童特殊学校的学生、药物和酒精滥用者、福利院儿童、监狱里正在服刑的犯人等。所有生活在这些机构中的人员都需要接受专职人员的照顾。这些机构收容的人数在不断发生变化。2000年的人口统计表明，在这些机构中生活的人员达到 4 059 039 人。更多的人居住在残疾人之家、戒毒所和针对无家可归者建立的收容所，上述调查数据并没有把这部分人口纳入机构人口统计，而是将他们归于居住在社区的非机构人口一类。然而，这部分人同样需要照顾，无论对他们自己还是对其家人来说，这都是个问题。接下来，我们将分类逐一讨论这些人。

精神病医院。大型精神病院曾是心理卫生系统的中流砥柱。随着去机构化运动的开展（见本书第二章），州立和县立精神病院的住院人数从 20 世纪 50 年代的 550 000 人下降到现在的大约 79 000 人，其中还包括荣军医院的退伍军人以及综合医院精神科病房的病
17 人。大规模的州立精神病院几乎已经不复存在。其中有一些关闭了，但也有一些大型州立精神病医院进行了重组和精简。精神病院的床位数大大减少，占用率却提高了，意味着这些床位得到了更充分的利用（National Association of Psychiatric Health Care Systems, NAPHCS, 2001）。

由于一年当中总会有人不断地住院、出院，日均住院统计并不足以准确地反映精神病院的繁忙状况。1997 年，大约有 200 万病人住院治疗（Milazzo-Sayre, Henderson, Manderscheid, Bokossa, Evans, & Male, 2001）。现阶段从治疗实践和经济节约方面考虑，医院缩短了病人的住院时间，提高了病人的周转率。2000 年，病人平均住院时间大约为 10 天（NAPHCS, 2001）。病人住院时间的缩短既是基于治疗在短期内的有效性，也有经济方面的考虑。有三分之二的精神病院会因经济原因转介病人。没有保险的精神病人往往会被转介到公立医院或社区心理卫生中心（Doctor's Guide, 1997）。

综合性医院精神科的住院病人在经过短期治疗之后大多被转入州立和县立的相应机构。更多病人（550 万）则出院接受门诊治疗，这些病人主要在社区接受护理（Milazzo-Sayre et al., 2001）。这样算起来，550 万门诊病人加上精神病医院的 200 万住院病人，以及 171 000 名在福利院接受照料的儿童，具有心理卫生保健需求的人数达到 767 万。如果将病人家属受到的影响考虑在内，乘以 2.59（家庭平均人口数）的系数，同时假设没有病人被重复计算，那么每年就有 1 990 万人可能由于本人或家庭成员被机构收容而受到影响，大约占到美国总人口的 7%。

智力缺陷人士服务机构。2000 年，美国有 189 900 名智力缺陷者生活在公共福利机构或康复中心。这些机构为智力缺陷者提供 24 小时的全天候照顾（AFSCME, 2002）。由于对社区实践的强调，生活在州立机构中的智力缺陷者人数已经有所下降。目前这类机构的总人数大概是 54 000 名。而更多的智力缺陷者生活在小型的残疾人之家、寄养中心或其他服务机构。对这些人的照料由公共服务转变为私人服务。这当中有 86 225 个床位（占比 2.1%）完全由州政府管理，其他则是州政府拨款、由以盈利或公益为目的私人机构运营。如果我们假设，每 6 个智障人士中只有 1 人有条件接受公共服务，那么大约会有 517 350 人在这类机构中生活（AFSCME, 2002）。

养老机构。2000 年，美国年龄超过 75 岁的人口有 1 660 万，这些人大部分居住在社
18 区，他们自食其力。成年子女承担了照顾父母的部分责任，为自己年迈的父母提供各种服

务。他们中的许多人在尽子女本分的过程中获得了满足感,但也有不少人因为需要花费太多时间而承受巨大压力。

机构收容人口中包含 1 720 500 名生活在养老院或类似机构的老年人。近几年,由于社区和居家养老服务的增多,生活在养老机构的老年人数已有所下降。那些居住在社区的老年人需要不同程度的帮助,如上门送餐服务和家庭医疗护理等。

养老院主要是为严重失能的老年人服务的,普通美国人大多不愿意去养老院生活(National Center for Health Statistics, 1997)。养老院的老人需要各种照料或个别帮助,如洗澡、吃饭、上厕所、穿衣、财物管理、购物、散步等。老年人中有 19.8%的人有不同程度的精神障碍(Surgeon General's Report, 2001a),这些人大多集中在养老院。有 340 000 名养老院的老人需要精神层面的照顾,但是我们并不知道实际有多少人得到了这类照顾。

儿童福利机构。有许多儿童和青少年生活在福利机构。2000 年,公立和私立少年管教所收容了 128 279 名青少年。1999 年,有大约 568 000 名儿童接受了家庭寄养(U.S. General Accounting Office, 1993; National Clearinghouse on Child Abuse and Neglect Information, 2001)。此外,许多儿童还因为受到虐待或忽视而被收容寄养。

监狱和拘留所。美国联邦政府和各州监狱、拘留所(审判前或短期拘留犯人的场所)收容的人数快速增长。截至 2002 年 6 月 30 日,这个数字首次突破 200 万人。拘留所(短期拘留机构,刑期不超过一年)中有 665 475 名囚犯,联邦政府和州立监狱(长期拘留机构,刑期一年以上)中的在押犯人有 1 426 118 名。监狱犯人中女性比例大约为 6.7%,拘留所中女性的比例是 11.6%(Harrison & Karberg, 2003)。大约三分之二的女犯和 56%的男犯有子女(Snell & Morton, 1994)需要照顾。至于这些孩子的问题究竟在多大程度上与其父(或母)亲在监狱服刑相关,目前还没有看到研究报告。

由于"精神病患者入刑"(criminalization of the mentally ill)(Teplin, 1984, 2001;见本书第四章),许多患有心理疾病的人在监狱中服刑或在拘留所被拘留。希尔茨(Hilts, 1992)指出,洛杉矶监狱里患有心理疾病的罪犯比加利福尼亚现存最大的精神病医院里的
病人还要多。许多监狱和拘留所条件恶劣。1993 年,有 647 人死于监狱,其中 36%死于 19
自杀。26%的司法机构(能够容纳 100 名以上罪犯的拘留所)被强制要求改善恶劣的条件(U.S.Bureau of Justice Statistics, 1990; Perkins, Stephan, & Beck, 1995)。1999 年,有 283 000 名监狱和拘留所的犯人患有心理疾病。其中,四分之一的女犯自我报告患病(Minnesota Public Radio, 2000)。监狱和拘留所提供的服务良莠不齐。

总体估计。据 2000 年美国人口统计显示,机构收容人口总数达 4 059 039 人。按照家庭平均人口数 2.59 计算,另外还有 6 453 872 人不得不面对自己有家人被机构收容这一现实。注意这个数字并不包括处在发病期或正在精神病院接受治疗的患者本人。考虑到同一人可能多次进出收容机构,我们减掉 25%的重复率,即使如此,每年仍还有 500 万人受到影响。2000 年的人口普查将在康复中心和类似机构中生活的人视为在社区居住。保守估计,大约有 75 万不能完全独立生活的人在社区接受有偿医疗服务。这意味着总共

有 480 万人存在严重问题,需要接受特殊照顾。以此为基数,乘以每个家庭平均人口 2.59 的系数,有 12 432 000 名美国人要么本人直接被机构收容或在社区康复中心接受护理,要么受到被收容的家庭成员影响。

精神卫生门诊医疗

我们现在来估算一下被诊断患有精神障碍但没有被各种康复中心或社会机构收容的人数。这些人可能被当作门诊病人(或称“临时病人”)接受治疗。我们对成人精神健康问题流行率的估计来自多项流行病学调查的结果,调查采用的工具是标准化的精神病诊断自陈量表。表 1-1 中呈现的数据是两次大规模调查结果的均值。

20 **表 1-1 精神障碍年度流行率的最佳估值**

精神障碍	最佳估值(%)	
	18—54 岁	55 岁及以上
各类焦虑性障碍*	16.4	11.4
各类情感障碍**	7.1	4.4
精神分裂症(及非情感性精神病)	1.5	0.6
躯体化	0.2	0.3
反社会型人格障碍	2.1	0.0
神经性厌食症	0.1	0.0
重度认知障碍	1.2	6.6
各类障碍总体	21.0	19.8

* 包括恐惧症、一般性焦虑、恐惧性障碍(急性焦虑症)、强迫症和创伤后应激障碍。
** 包括躁郁症、单相或双相障碍和抑郁症。
引自:U.S.Surgeon General's Report on Mental Health, 2001a,第四章和第五章。

根据 2000 年人口普查的结果,年龄在 18 岁到 54 岁之间的美国人口总数为 14 980 万人。如果该年龄段各类精神障碍总体的年流行率为 21%,那么就有 3 150 万人达到精神疾病的诊断标准。年龄在 55 岁以上(含 55 岁)人口总数为 59 266 437 人,而该年龄段内各类精神障碍的年流行率是 19.8%,亦即有 1 170 万人被诊断患有精神障碍。如此,18 岁以上罹患精神疾病的总人口数就达到 3 150 + 1 170 = 4 320 万。再乘以家庭平均人口数 2.59,就会有 11 190 万人或者本人在接受调查的前一年表现出某些精神症状而被诊断为精神障碍,或者与某个患有精神病的家庭成员共同生活。这意味着,美国总人口中有大约 40%的人(112 百万/281 百万)直接或间接受到精神疾病的影响。其中,18 岁以下的儿童,以及酒精、药物滥用者尚未纳入本节对精神障碍流行率的统计范围。

服务系统。美国公共卫生总署(U.S.Surgeon General)的精神卫生服务系统划分为四个部门(见表 1-2):专业精神卫生部(包括心理学家、精神病医生、社会工作者、护士);全科医疗与基础护理部(包括家庭医生、执业护士、医疗专家);公共事业部(社会福利、刑事司法、教育、宗教和慈善服务)和志愿者支持系统(包括自助团体和组织)。

表 1-2 某年度接受精神卫生服务的人数(百分比)及服务来源 21

	成人(%) 15.0*	儿童/青少年(%) 21.0*
专业精神卫生部	5.5	9.0
全科医疗与基础护理部	5.5	<1.0
公共事业部	5.0	17.0
志愿者支持系统	3.0	<1.0

* 四个部分的数据相加明显超过 15%或 21%,是因为其中有些人不只接受了一类服务。引自美国公共卫生总署的报告(U.S.Surgcon General's Report, 2001a),第二章。

我们前面估计有 4 320 万人表现出相关病症,支持作出精神障碍诊断。可是在 1997 年,这部分人中只有 967 万接受了住院或门诊医疗服务(Milazzo-Sayre et al., 2001)。这意味着,在那些有着明显症状、足以作出明确诊断的人中,只有五分之一进入了专业的精神卫生服务系统接受治疗。当然,有些人可能是在私人诊所接受精神健康执业医师的治疗,而不在医院和门诊的统计范围内。实际上,绝大部分精神医疗护理的对象并不是那些患有严重心理问题的人。纳尔罗等人(Narrow et al., 1993)的研究认为,在接受临时性帮助的人中,有 46%的人并没有严重的精神问题症状,有 9%的人不存在支持精神障碍诊断的前期病史。

每年有数百万美国人去看精神科医生,但是除了执业护士,绝大部分医生(80%甚至更多)在例行检查程序中并不会询问病人的情感、行为或认知功能状况(Healthy People 2010①, Priority Area 6, 6.13)。因此,很难判断美国的普通医疗服务在满足病人的精神健康需求方面究竟做得怎样。

精神卫生系统为需求者设置了诸多门槛。很多美国人(16%)要么没有健康保险,要么能够用于心理卫生保健的资金很少。多数人特别是某些种族或民族将心理健康保健视为耻辱,竭力避免与精神卫生系统打交道。这些都反映了在医疗模式下提供精神卫生服务的问题和局限性(见后面的讨论)。

患病还是生活问题? 让我们换一种方式想问题。这些数据(乘以家庭平均人口数以后显著扩大)显示:在被各种机构收容的人口之外,还有超过 40%的人直接或间接受到精神健康问题的影响。这么大一群人,他们都“有病”吗?或者正在与自己或家人的情绪和精神障碍抗争?我们并不这样认为。有人对调查中使用的诊断性问卷提出质疑,认为这些问卷高估了精神疾病的流行率。如果将筛选标准控制得更严格,流行病学的流行率确实有可能大幅度降低。然而,我们认为,把人的痛苦看成纯粹的个人精神健康问题或有待诊断的“精神障碍”,这种界定体现了医学保健模式的影响。这种定义问题的方式限制了我们的视野,使我们局限于从治疗疾病的角度去思考,而不去试着理解那些大量存在于生

① “健康国民 2010”(Healthy People 2010)是美国的一项综合性全民健康促进和疾病预防规划。——译者注

活中的问题。

酒精滥用与药物滥用

酒精滥用。尽管很多个体符合心理障碍和药物滥用的双重诊断，酒精和药物滥用问题仍然被流行病学家单独划分出来作为一类问题。美国总人口中近一半（46.6%）人饮
22 酒。药物滥用与心理健康服务管理局（Substance Abuse and Mental Health Services Administration, SAMHSA, 2001）的一项调查显示，年龄在12岁以上（含12岁）的美国人中，有20.6%的人（约4 600万人）参与过狂欢式的饮酒与派对（在过去30天内，至少有一次在同一场合饮酒5杯及以上）。另外，5.6%的人（约1 260万人）报告曾有重度饮酒的记录（在过去30天内，至少有五天在同一场合饮酒5杯及以上）。青年人（18—25岁）喜欢放纵，最容易酗酒作乐。美国有将近1 000万饮酒者尚未达到21岁的法定饮酒年龄。除了这些年轻的饮酒者，与女性相比，男性更容易买醉或酗酒。而在未成年群体中，男女饮酒比例大体相当。青少年中有大约10%的人承认自己每周都会过量饮酒。大学生比其他同龄的人饮酒更多。18—25岁是酒驾高发的年龄段。在这一年龄段，有将近20%的人承认他们在过去一年中曾发生过酒驾行为。高校管理者对此表示非常担忧，但是大学生们自己并不认为饮酒是一件多么严重的事。鉴于学生们这种"喝酒不是问题"的态度，未来很有可能实施针对饮酒的干预和预防计划。

1996年，美国警方拘捕了1 466 300人，这些人被指控有酒驾行为（Driving While Intoxicated, DWI）。这个数字已远远小于10年前，说明预防工作还是有效的。饮酒除了会造成交通事故和意外伤亡，还有大约36%的罪犯因为饮酒而产生了犯罪行为。约三分之二发生在亲密关系中（如配偶之间、情侣之间等）的暴力事件都与饮酒有关（U.S.Bureau of Justice Statistics, 1998）。

1991年，美国卫生与人力资源服务部门（U.S.Department of Health and Human Services）宣称，大约18%的成年人（推断2000年大约有3 870万人）在他们还是孩子的时候曾与一名酗酒者共同生活。有9%的成年人与酗酒者结婚或同居（American Public Health Association, 1991）。如果我们以过度饮酒的人数来估算有酗酒问题的人数（1 260万人），然后乘以家庭平均人口数2.59，那么就有3 260万人（大约12%的美国人）有酗酒问题或与有酗酒问题的家人生活在一起。

药物滥用。违禁药物是指非处方类药物或能对人产生精神影响而非出于医学目的的处方类药物。2000年有一项调查发现，在美国有6.3% 12岁以上的人（约1 400万人）在
23 接受调查之前的一个月内使用过违禁药物。大约75%的人吸食大麻，另有570万美国人使用过其他违禁药物或曾和大麻一起使用。大约18%的大学生使用过违禁药物。一项针对吸毒者的调查显示，2000年有34.7%的大麻吸食者吸食超过100天，甚至有11.7%的吸毒者在过去一年中吸食毒品超过300天。

由于利他林（Ritalin）及其他类似的中枢兴奋剂在儿童和青少年医疗中使用广泛，药

物滥用又产生了新的问题。有 3%的高中生承认自己曾经从朋友那里得到或者从街道购买利他林用于消遣娱乐。在大学校园里，利他林被作为派对毒品使用。已经有报告称，有成年人带着自己的孩子去找几个医生开处方，然后在街边兜售利他林，或者用这些药换取其他药物(Woodworth，2000)。

怀孕的青少年中使用违禁药品的比例占到 12.9%，这对新生儿有潜在的影响。1999 年，198 400 名青少年因吸毒行为被拘留(SAMHSA，2001)。联邦政府及地方监狱的犯人中约有五分之一(372 104 人)是因为毒品犯罪而被判有罪或被起诉。每年大约有 780 万美国人因药物滥用问题在各州和接受联邦基金资助的地方机构接受戒断治疗。这个数字中包含很多"二进宫"的人。为了排除重复计算的人数，我们将总数降低三分之一，但仍然有 530 万人因药物滥用而入院接受治疗。再乘以家庭平均人口系数，估计有 1 370 万人或者本人需要接受戒断治疗，或者与接受戒断治疗的家庭成员生活在一起。

犯罪行为与受害人

犯罪行为受害人承受的痛苦往往会持续很长时间(Ross，1993)。对犯罪发生率的了解令我们感到忧虑，担心自己也成为受害者。小型城市中，有 20%的居民对犯罪行为有恐惧感；而像华盛顿、芝加哥这样的大城市，这个比例则攀升至 48%。2001 年，年龄在 12 岁以上(含 12 岁)的美国人中，有 3 027 000 名男性和 2 716 000 名女性报告他们曾是某些犯罪行为的受害者。在男性受害的案件中，加害者是陌生人的占比 55%；在女性受害的案件中，陌生人加害的比例则是 32%(Rennison，2002)。大约只有一半的暴力犯罪和 37%的财产犯罪的受害人选择报案。2001 年，发生在亲密关系中的各种暴力犯罪(包括强奸、性侵害、抢劫、严重伤害和殴打)中，女性受害人有 588 940 名，占女性人口总数的千分之五；男性有 103 220 人，占男性人口总数的 0.9‰。其中，发生频率最高的是殴打(女性受害人占 71.6%；男性受害人占 48.7%)。没有男性受到性侵害或强奸的案件记录。从 1993—2001 年的8 年间，亲密关系中的暴力犯罪已经有了相当程度的下降。其中，针对女性的暴力行为减少了约 49.3%，而针对男性的暴力行为减少了 41.8%(Rennison，2002)。

刑事被害的经历会对人的心理产生严重影响，从短期的惊恐到长期的创伤后应激障 24
碍，而创伤后应激障碍可导致失能(Ross，1993)。一项对 18 岁及以上女性的电话调查发现，有 21%的人报告自己曾经是强奸或强奸未遂、性骚扰、抢劫或严重伤害行为的受害者。受害者中，精神崩溃、企图自杀和实施自杀的比例远高于没有这类经历的普通人。据受害者报告，这些症状出现在被害发生之后，在此之前并没有任何症状(Acierno，Brady，Gray，Kilpatrick，Resnick，& Best，2002)。大约有三分之一的暴力犯罪受害者不仅遭受人身伤害，还要承担一定的医疗费用，有时甚至在伤害事件已经过去很久之后，他们还在继续支付医药费。有 8%的受害人因此损失工作时间。平均而言，每一项犯罪将导致受害者3.4 天不能正常工作。来自 1992 年的一项数据显示，平均每项犯罪造成的经济损失远远超过500美元(Klaus, 1994)。在典型的精神病流行病学调查中,人的某些精神症状会以心理或情绪障碍的形式表现出来,但是引发这些症状的那些突发性伤害事件却很难被发现。

刑拘。除了受害者之外,很多人因为犯罪被拘留,并因此而感受到压力。在霍尔姆斯-拉赫压力性生活事件量表(Holmes and Rahe Stress Scale)中,入狱服刑是排在第四位的压力性生活事件。1999年,250万18岁以下的未成年人被执法人员逮捕(Snyder, 2000)。其中,大约1/4是女性;32%未满15岁;约17%的人被指控为暴力性攻击犯罪;约29%的人因财产犯罪被起诉;将近200 000名青少年因贩卖毒品罪被拘留。1998年,美国少年法庭共审理了1 757 404件违法犯罪案例(Stahl, 2001),这还不包括数万例身份犯罪(status offense cases),如儿童离家出走、逃学、屡教不改等。这类案件通常由青少年或家庭法庭处理,多施以公益服务等处罚,但不计入犯罪案件。

儿童与青少年问题

精神病学诊断。前面引用的大部分数据不涉及儿童和青少年人群。在9—17岁的孩子中,心理问题的发生率为20.9%。基于2000年人口普查的数据,这意味着有750万年龄在9—17岁之间的孩子存在支持诊断的精神症状。贫困地区和市中心贫民区孩子的流行率相比富裕地区的孩子要高(Institute of Medicine, 1989),这些数据中不包括那些被诊断为注意缺陷多动障碍(attention deficit hyperactivity disorder, ADHD)或者智力缺陷(mental retardation)的年纪更小的孩子。没有人知道有多少孩子因被诊断为注意缺陷多
25 动障碍而正在服用利他林(Ritalin)、阿得拉(Aderall)或其他精神类药物①。在医生近期开出的儿童处方单中,有1 100万份含有利他林,600多万份使用了安非他明(Amphetamine)②(Woodworth, 2000)。

假设学龄前儿童的流行率更低,只算10%,那么可作出精神病学诊断的儿童总数又会增加340万。将这两组数字相加(750万+340万=1 090万),然后乘以家庭平均人口系数2.59,那么,包括有心理问题的儿童和他们的家人在内,有2 820万人因精神或情绪障碍受到影响。如果只统计在家庭、学校或同龄人口中患有严重障碍的儿童,流行率会降低到11%。如果再次压缩范围,只统计那些有极端功能障碍的儿童,流行率会进一步下降到5%(U.S.Surgeon General, 2001a)。

教育相关问题。在教育情境中,儿童暴露出智力竞争、课堂适应等方面的问题。1999—2000年,有6 195 000名儿童在美国公立特殊教育机构(public special education facilities)注册就读(National Center for Education Statistics, 2001),其中包括受到残疾儿童

---

① 利他林和阿得拉都是治疗注意缺陷多动障碍的药物,被美国缉毒署认定为二级管制品(Schedule II),即有高度滥用可能性的药物。——译者注

② 安非他明(amphetamine)又称苯丙胺,是一种中枢兴奋剂及抗抑郁症药物,也用于治疗注意缺陷多动障碍。——译者注

教育法新修正案(new amendments to the Education for Handicapped)及小学、初中教育法案(Elementary and Secondary Education Act)保护的568 000名学龄前儿童。在发生心理问题的儿童中,约80%的人集中表现为四种类型的学习障碍——言语障碍(speech impairment)、语言障碍(language impairment)、智力缺陷(mental retardation)和严重情绪困扰(emotional disturbance)。以家庭平均人口2.59计算,大约有1 560万名儿童及其家人正在遭受此类问题的困扰。

学校有专门为严重情绪困扰的儿童提供服务的项目,然而,这些项目只能识别和服务他们中的一小部分,并未包括那些有一点心理问题但尚未严重到学习低能或严重情绪障碍的学生。而在教师看来,这些学生的确存在适应不良问题。根据美国公共卫生总署(U.S.Surgeon General, 2001b)的报告,每年大约有21%的儿童和青少年接受心理卫生服务,其中大部分服务都是由学校提供的。然而,和成年人的情况一样,事实上官方的心理卫生服务系统只针对其中一小部分急需帮助的儿童,而这些资源中的大部分原本也应该为那些问题较轻的人提供服务。

儿童虐待与忽视。这一问题最早出现在20世纪60年代中期。政府通过立法规定,专业儿童工作者有义务向儿童保护组织或警察局举报有虐待和忽视儿童嫌疑的行为。随后,1974年出台了儿童虐待预防和处理法案(Child Abuse Prevention and Treatment Act)。美国所有州都设置了政府举报中心和热线电话,受理普通市民及获得授权的专业人士的举报。1999年,大约有200万份举报(包含300万名儿童)接受了儿童保护服务处(Child Protective Services, CPS)(U.S.Department of Health and Human Services, 2001)的调查。其中,29.2%的举报经当地儿童保护服务处调查后得到证实。由于每起举报案 26
常常涉及多名儿童,因此,可以推断大约有780 000名儿童成为了受害者。被举报和证实的事件仅仅是儿童虐待事件的冰山一角。在那些没有获得足够调查证据的举报案件中,很可能存在真实举报被错误否决的情况。虽然如此,每年仍有220万的儿童及其家人被卷入儿童虐待事件调查,这在他们的生活中肯定不算什么好事。

近几年对儿童性虐待的举报有所减少。但是,在1999年,性虐待在所有儿童受虐案件举报中仍占11%,这当中有40%的性虐待举报被调查证实(U.S. Department of Health and Human Services, 2001)。性虐待的受害者大多会遭受短期情绪失常的困扰,有一小部分(大约20%)受到长期伤害(Rind, Tromovich, & Bauserman, 1998; Finkelhor, 1990;有关林德等人的文章争论,见Sorotzkin, 2003)。虐待行为与许多问题相关,如受教育程度低、发泄、晚年性问题、犯罪行为、虐待自己的子女等。所幸的是,大部分受害者具有心理复原力,能够战胜他们遭遇的困难。前面所列举的举报案件的总数仅指一年内的举报。在过去某个时间段曾经遭受过虐待并留下后遗症的人数应该是相当高的。

随意伤害儿童(如殴打)的现象比成年人更为常见。同样,儿童遭受伤害的形式也有一定的独特性,如肉体打骂和诱拐绑架等(Finkelhor & Hashima, 2001)。美国学校每年大约发生 750 000 起体罚事件，或多或少会给某些儿童带来严重的伤害性后果（Hyman, 1995）。另外，超过 5 000 万名儿童遭受过同伴的攻击（Finkelhor & Dziuba-Leatherman, 1994; Finkelhor & Hashima, 2001），但这些并没有被纳入儿童虐待事件当中。针对心理问题的流行病学调查对此通常不予考虑。

美国儿童虐待与忽视顾问委员会（U.S. Advisory Board on Child Abuse and Neglect, 1993）的报告称，美国的儿童保护系统已经出现危机。儿童虐待和忽视上升为国家层面的问题，儿童寄养体系负担沉重，几近坍塌，并随着“可卡因婴儿”和感染艾滋病毒的婴儿人数的增加进一步恶化。其中，只有一小部分调查事件中的儿童受到照顾。美国儿童虐待与忽视顾问委员会已建议对现行的儿童保护体制实施全面整改。

医疗问题与慢性病

在霍尔姆斯-拉赫压力性生活事件量表中，人身伤害或疾病被排在第六位。这种压力
27 相当普遍。1999 年，有 3 120 万住院病人出院，人均住院时间为 5.0 天（National Center for Health Statistics, 2001）。医院接收入院的病人显然会更多，因为有一些病人在住院期间病逝。基于美国家庭平均人口数 2.59，以乘法计算，包括病人及其家属在内，超过 8 000 万人的生活因疾病和住院而受到影响。1999 年，医院急诊室的病人访问量是 10 280 万人，其中 37.6%为身体损伤。使用乘法计算，因身体伤害而在急诊室接受过救治的人，其影响范围达 10 280×0.376×2.59＝10 011 万人，约为 1 亿。

许多美国人长期遭受慢性病的折磨，他们生活的很多方面因此受到限制（U.S. Bureau of the Census, 1998）。例如，3 260 万人罹患关节炎，2 250 万人听力受损，870 万人患糖尿病，1 190 万人有偏头痛，1 490 万人哮喘，2 110 万人有心脏病，3 000 万人高血压，3 180 万人身体畸形或有肢体障碍。其中，许多疾病既与年龄有关，也与社会经济因素有关。

1997 年，年龄在 16—64 岁之间有 550 万美国男性和 580 万美国女性严重丧失工作能力（U.S. Bureau of the Census, 1997, Table 27）。另外，还有 300 万男性和 320 万女性轻微丧失劳动能力，而这当中有许多人仍在坚持工作。若乘以家庭平均人口数 2.59 计算，则有4 530 万人或本人正在遭受慢性疾病的折磨，或需要照顾患长期慢性病的家人。如果把以往未被纳入失能范围的各种慢性病都纳入丧失工作能力的范围，总人数还会进一步上升（Breslau & Pabrucki, 1987）。

性传播疾病。虽然感染性传播疾病不再像以前那样被认为是多么可耻的事，但多少仍令人尴尬。而且，严重者会致残，甚至丧命。感染性传播疾病是一种压力性生活事件，会对人际关系和性行为产生持久影响。2000 年，有 702 093 例衣原体①感染的病例报告，其中，约五分之一的感染者是男性（Centers for Disease Control, 2001）。尽管现在这类病

① 衣原体（chlamydia）是一种既不同于细菌也不同于病毒的微生物，可引发动物和人类子宫感染、早产、流产、尿道感染、肺炎、支气管炎、胃肠炎、脑脊髓炎等多种疾病。——译者注

可以治疗，但它会导致女性患盆腔炎，进而发展为不孕不育。2000年，发生了238 196例淋病，幸运的是，只有5 979例梅毒。据估计，每年会新增50万—100万例生殖器疱疹，以及几百万例旧病复发(见专栏1-1)。罹患性传播疾病无疑会让人感到痛苦，对那些愿意生育却由于疾病无法生育的人而言，可能还会产生严重的内疚感。但是，精神病流行病学调查并没有把性传播疾病纳入对压力的评估范围。

专栏1-1　对健康问题的心理社会适应：生殖器疱疹案例 28

普通老百姓都知道，HIV病毒(Human Immunodeficiency Virus)会导致艾滋病(Acquired Immune Deficiency Syndrome，AIDS)。然而，还有另一种性传播疾病在美国悄然流行。12岁以上的人口中有21.9%的人(粗略估计大约5 050万人)感染了生殖器疱疹病毒(genital herpes simplex virus，HSV-2)。这个比例目前还在上升，年轻人感染率最高。2000年，大约200 000个初诊病人因生殖器疱疹到诊所就医。其中，175 000个初诊病人被确诊为疱疹病毒感染(National Center for HIV，STD and TB Prevention，2000，2002)。

疱疹是一种伴随终身的疾病，不仅会时常疼痛，还会导致生殖器发生病变，甚至增加艾滋病传染的可能性。如果是孕期感染，则可能带来新生儿死亡的严重后果。这种疾病虽然可控，但对病人来说，无疑是严重而持久的压力性生活事件。HSV-2的症状及预后虽然不像AIDS那么严重，但目前为止仍难以完全治愈。对它的预防和适应与其说是医学难题，不如说是行为问题。对这些问题及其解决方案进行研究或许能找到更加有效的预防措施，帮助人类实现与艾滋病及其他性传播疾病病毒的长期共存。

疱疹同时也意味着严重的情绪和情感问题。有证据表明，与同时患有其他性传播疾病或有HSV-2复发经历的患者相比，首次感染HSV-2的患者明显感受到更大的压力(Green & Kocsis，1997)。感染HSV-2的青少年自尊水平降低，日常生活存在问题，会出现更多的精神疾病。症状频繁复发的患者往往有生活失控感。长期遭受这种疾病折磨的人与其伴侣、家人和朋友的关系可能会出现严重问题(Green & Kocsis，1997)。他们除了感到被孤立，还会感到无助、沮丧，以及学业或工作方面的无能为力(Swanson & Chenitz，1990)。

正如本书第三章介绍的多伦温德压力模型所示，对这类问题的心理学研究提供了多种解决方案。其一是了解病毒感染的机制及预防途径。例如，青春期女性如果过度饮酒，其感染HSV-2的危险系数会大大增加(Cook，Pollock，Rao，& Clark，2002)。此外，如果伴侣携带艾滋病毒，女性可以使用避孕套或通过咨询如何避免性行为来防止感染HSV-2(Wald et al.，2001)。这些发现告诉我们，对性传染疾病的防护应更多针 29
对年轻女性，特别是有酗酒问题的年轻女性。

另一种应对方案是分析压力在病毒反复发作及恶化过程中的作用。目前已有许多关于压力与HSV-2症状复发的相关研究，但仍无法确定到底是压力导致疾病恶化，还是疾病给病人带来更大的压力——最有可能是二者相互强化。疱疹病人的压力源包括对病情恶化、被拒绝和传染给其他人的过度担心(Swanson & Chenitz, 1990)。由于很多事情具有不确定性,疱疹病人还会面临复杂的道德两难问题。例如,是否可以发生性行为?何时、与谁发生性行为?是否需要告知对方实情?等等。病人在可能发生性行为的情况下退缩,有可能进一步导致其出现心理社会失能(psychosocial disability)(Swanson & Chenitz, 1990)。

正如我们在本书第七章将会进一步讨论的,社区心理学家研究的各种应对策略和社会支持机制为应对由HSV-2带来的压力提供了帮助。社会支持通常与自尊、抑郁、性行为调节、疾病困扰等更好的心理适应相关(Manne & Sandler, 1984),而某些认知应对方式(如消极思维、一厢情愿的妄想、自责等),以及反复使用的疾病管理策略与较差的心理适应高度相关(Green & Kocsis, 1997; Manne & Sandler, 1984; Swanson & Chenitz, 1990)。

使用认知应对策略和获得支持可能产生效果。但是,阿拉尔等人(Aral et al., 1988)的研究发现,消极的应对策略(如否认)和咨询师的社会支持与病人对HSV-2的糟糕应对相关,而其他认知应对策略以及同伴的社会支持与对疾病的积极适应呈正相关。卡茜迪、梅多斯、卡塔兰和巴顿(Cassidy, Meadows, Catalan, & Barton, 1997)发现,以问题为中心的应对(如计划、积极应对)和以情感为中心的应对(如重新给予积极的解释、成长等)均与较低的复发率相关。病人加入疱疹支持团体可能产生混杂或矛盾性的后果。这些团体看似帮助HSV-2患者学会怎样应对疾病,但是随着时间的推移,它们未必能对病人缓解抑郁和压力起到促进作用(Manne, Sandler, & Zautra, 1986)。这种情况之所以会发生,是因为病人加入该团体的时间越长,所感受到的由疾病带来的压力越大。鉴于生殖器疱疹的流行率还在不断上升,因此有必要对该疾病的预防、社会心理的影响和适应等方面进行更多的研究。

2002年,仅在美国就有超过80万人感染艾滋病毒,接近50万人死于艾滋病(Centers
30 for Disease Control, 2001)。还有更多的人有过艾滋病毒接触史,可能发展成艾滋病。由于美国有18个州和2个特区实施隐私保护法,我们无法确切获知那些已经感染艾滋病毒但还没有发病的人员总数。艾滋病毒感染与种族、性别和社会经济等多种因素有关。非裔美国人的艾滋病毒感染率(66/100 000)和西班牙裔的感染率(25.6/100 000)远高于美国白人(7.6/100 000)、美洲原住民(印第安人,8.8/100 000)和亚洲-太平洋岛民(3.4/100 000)。

这种毁灭性的疾病目前可以通过昂贵的药物治疗控制,但是如何才能获得这些药物本身就是一个问题。艾滋病与人的心理压力有关,不仅会给大量患者自身带来适应问题,而且会给他们的家人、朋友造成痛苦和折磨。在目前还缺乏有效医疗预防的条件下,对艾滋病的预防只能寄托于行为和生活方式的改变。尽管就其性质而言,这主要是医学问题,但预防和适应会涉及社会和心理层面(Reppucci, Woolard, & Fried, 1999;对艾滋病的预防与干预问题将在本书第八章详细讨论）。

天灾人祸

2001年9月11日，恐怖分子袭击纽约世贸中心大厦和华盛顿的五角大楼，导致3 000人死亡，其中包括数百名消防员、警察、医疗和其他救助人员，以及经济和财产损失数十亿美元，其造成的灾难性后果在未来很多年中仍将延续。

9·11事件发生后，美国联邦应急管理署（Federal Emergency Management Agency, FEMA）为受害者提供了各种援助，包括临时住房、小企业低息贷款、个人财产损失补偿、医疗费用报销、心理健康咨询和危机干预、因灾失业救助、食品救济券、灾后秩序恢复（包括搜查和救援团队）、划拨巨额款项清理废墟、实施应急保护条例等（Federal Emergency Management Agency, 2002）。这一事件让我们深切感受到，任何一场重大灾难的发生都可能给人类造成毁灭性的打击。

每年有几十万人遭受自然灾害或人为灾害的袭击，轻者给人们带来不便和一定程度的恐惧，重者则造成严重伤亡，人们不得不改变原有的生活轨道或重新开始生活。在某些情况下，这些天灾人祸甚至会造成永久性的心理痛苦（Luce, Firth Cozens, Midgley, & Burges, 2002; Zusman & Simon, 1983）。1998年，因火灾导致3 250人死亡，17 175人受伤，财产损失共计44亿美元。在火灾中，老人和孩子最易受伤和死亡。有19%的大规模伤亡事件发生在宾馆、公寓、合租房和养老院等场所。严重烧伤的致死率很高，并可能导 31
致持续性严重后果（American Academy of Pediatrics, 2000）。

在现代社会，自然灾害通常不至于危害很多性命，相比而言，个人和社区受到影响更多。在美国，肆虐的洪水每年大约会夺去100个人的生命，造成的直接经济损失高达20亿美元，这还不包括那些因灾撤离家园的人心理上的创伤和个人财产损失。地震致死的人数也不多，但同样会导致巨大的经济损失。美国东南部的飓风“雨果”曾造成60人死亡和70亿美元的财产损失。飓风会引发内陆地区洪水泛滥，造成临时性的交通混乱。幸运的是，山体滑坡、火山爆发和森林火灾较少发生，然而一旦发生，造成的财产损失同样严重，而且火山爆发之后遗留下来的火山灰、各种动植物残骸、泥泞和岩石，以及因植被流失可能引发的洪水等问题会长期影响人们的生活。

救援者的工作条件十分艰苦恶劣。他们冒着死亡和受伤的危险，妥善处理和救助在灾害中受伤、疼痛、流血、受碾压、被烧伤的人，他们自己的身心健康也因此受到影响。我们应该还记得那些在世贸大厦的残骸中搜寻遇难者和同事遗体的救援者和消防队员。面对灾害事件的发生，心理卫生志愿者们发现，救援者可能比那些受灾人员更需要心理支持和帮助。

科学技术的发展为各种新型灾害的发生埋下了隐患。宾夕法尼亚州米德尔敦（Middletown）附近的三里岛（Three Mile Island）就发生过核电站事故（Perrow, 1984），乌克兰基辅北部的切尔诺贝利更是经历了一场名副其实的核灾难。在美国有很多核电站，对核事故以及恐怖袭击的担心始终萦绕在大人和孩子们的心头(Rabow, Hernandez, & Newcomb, 1990; Schwebel & Schwebel, 1981; Vriens, 1999)。爱渠事件(Love Canal episode)(A.Levine, 1982;见本书第十二章)就是一个典型的公共安全事件。一个遭到废弃的垃圾场(化学废料堆)发生有毒物质泄漏,威胁到周围居民的安全,因此引发公众关注。经过评估鉴定,美国境内有超过 80 000 个这样的垃圾场,其中 90%会对附近社区的饮用水造成污染。美国健康、环境与司法中心(Center for Health Environment and Justice, 2002;见本书第十二章)基于电脑绘图技术提供的报告显示,美国有几百所学校距离有毒废物堆(联邦政府或美国环保署确定的高危地带)不足 0.8 千米。这些学校分散在全国各地,为几百万学生提供教育服务。例如,马萨诸塞州的 818 所学校(407 000 名学生)便坐落于距离污染地点 0.8 千米的范围内。纽约的 235 所学校(142 738 名学生)同样距离污染地带不足 0.8 千米(Center for Health Environment and Justice, 2002)。

32 尽管恶劣环境对健康的不利影响不断被强调,仍有不计其数的人生活在威胁其健康、安全和财产的环境中。科技灾难会对人的心理和身体造成双重伤害(Wandersman & Hallman, 1993),它们对社区造成的影响有时甚至超过自然灾害(Edelstein, 1988;见本书第十二章)。阴云密布的自然灾害、意外事故和恐怖袭击,为我们提供了一种"自然实验",帮助我们理解并弄清个体和社区应该如何应对环境威胁,以及家庭、朋友和邻居作为社会支持具有的疗愈作用(Kaniasty, Norris, & Murrell, 1990; Norris & Murrell, 1988; Norris, Phifer, & Kaniasty, 1994;见本书第七章)。灾难强化了人与人之间的情感联结。某些特殊灾害发生之地原本可能是某个国家、社区乃至个体自我认同的象征(Brown & Perkins, 1992)。人们通常把这种地方性依恋视为理所当然的事,直到它们被灾难、犯罪、搬迁和其他(本章所列举的)生活事件威胁或破坏。灾难事故一旦发生,便会快速影响整个社区。在不可避免的灾难面前,我们作为一个人的本能、作为一个社区成员的身份,以及对安全和稳定生活的需求很容易被凸现出来(Brown & Perkins, 1992)。

婚姻和生育

尽管最近几年有些人已经开始重新考虑生育在自己人生规划中的意义,对大部分人来说,婚姻和生育仍然是人生需要实现的重要目标(Hacker, 2000)。然而,婚姻和生育都是压力性生活事件,其中婚姻在霍尔姆斯-拉赫压力性生活事件量表所罗列的 43 个压力性生活事件中排位第七,为人父母则排位第十四。这两件事意味着人生的两次重大转折,伴随着巨大的压力和诸多适应问题。在美国,大部分人一生至少结一次婚,到 40 岁时有 87%的女性和 82%的男性已婚。2001 年,4 726 000 个美国人组成了 2 363 000 桩婚姻。

许多结了婚或还没有结婚的人有了孩子,这是人生的又一次重大转折。2001 年,4 045 000 个新生儿诞生(Centers for Disease Control, 2001b)。目前,在同屋而居的人口中,家庭占比 69%,而在 1970 年,这个数据曾经达到 81%(Fields & Casper, 2001)。在没有正式婚姻的非家庭住户中(nonfamily households),39%有一个或更多孩子。2000 年,美国有 1 200 万个单亲家庭，其中有 200 万个家庭的孩子和爸爸生活在一起，其余 1 000 万个家庭的孩子和妈妈住在一起。许多单亲家庭承受着经济压力，有 30%的单亲妈妈家庭的收入在贫困线以下，而 16%的单亲爸爸家庭同样如此。相比之下，婚姻完整家庭的年平均收入远远超过 50 000 美元。布什总统的顾问建议政府采取政策鼓励人们结婚，却 33
没有考虑通过提高就业和受教育机会等政策帮助人们解决理想伴侣——有稳定工作、没有坐过牢或被拘留的经历——的缺乏（见本书第三章有关男性适婚人口指数的讨论）。

大约有 33%的新生儿母亲未婚，75%的怀孕少女都属于非婚生育（U.S.Bureau of the Census，1998，Tables 92—106）。尽管许多单亲父母已经具备了养育健康孩子的能力，但是育有非婚生子女的单亲母亲将会承受巨大的压力，她们完成高中学业的可能性比那些首次生育年龄较迟的女性要小很多。年轻的未婚妈妈更有可能在怀孕期间抽烟、吸毒或酗酒，照顾胎儿的可能性也比较小，更有可能生出体重过轻的宝宝。对许多年轻母亲和她们的孩子来说，所有这些因素都预示着他们未来的生活会很艰难。

越来越多的孩子和祖父母生活在一起。在美国，有 450 万个孩子生活在 240 万个祖父母家中。其中，许多祖父母离婚、寡（鳏）居或靠养老金生活；许多人有严重的身体疾病，精力有限，很难跟上幼小孩子的脚步。有些社区正在发展一些服务，以便满足那些祖父母家长的需求（Hudnall，2001）。

堕胎。并非所有的怀孕都受到期待。1997 年，有 1 186 039 例合法堕胎。尽管堕胎的比例最近几年已有所下降，却仍有 81%的堕胎者是未婚妇女，其中 20%的年龄不到 19 岁。青少年性欲旺盛，若不采取避孕措施，她们一年内有 90%的可能性会怀孕；每年大约有 19%（约 100 万）性行为活跃的青少年可能怀孕，这里面有 30%会选择堕胎，同时，大约 500 000 名青少年会选择将孩子生下来。近几年，出生率和堕胎率的下降反映了青少年性行为倾向的改变。尽管不能确定哪些因素的影响更大，但这些改变肯定与以下几个方面有关：更多采取避孕措施；初次性生活时间推迟；担心感染性传播疾病而减少性行为频率；行为模式转向节欲；有关生育的社会福利政策改变；法律要求父母参与决定是否堕胎等（Alan Guttmacher Institute，1999）。

怀孕、堕胎、很年轻便生育等都会构成压力性生活事件。对年轻女性和她们的家人来说，应对这些压力性生活事件无疑是一个巨大挑战。有关“父子关系推定”（putative fathers）的研究资料还很少。这一系列的压力性生活事件同样并未纳入精神病流行病学调查的范围。

胎儿与新生儿死亡率。胎儿的孕育要远多于新生儿的降生。除人工堕胎之外，还有 34
大约 16%的怀孕以流产或死产终结。那些渴望怀孕的人因此而经受了丧失的心理压力。然而，即使好不容易怀上孩子，也不能保证这些孩子一定能健康长大。婴幼儿的死亡率已经在下降，但是，在 1995 年，仍有接近 3 万名婴儿在一周岁生日之前死亡（U.S.Bureau of the Census，1998）。

婴儿发病率和出生缺陷。对某些家庭来说，孩子的出生可能意味着与某种慢性病长期斗争的开始。这既需要家庭成员的情感适应，也需要制定长期计划以应对将来几乎不可避免的某些特殊问题。每年有超过 100 000 名新生儿带有某种出生缺陷（Physicians Committee for Responsible Medicine, undated），还有一些新生儿患某种先天性疾病（如脑瘫、肌肉萎缩症、囊性纤维症）。这些孩子一生中需要不断地应对医疗、经济和情感问题。

收养。最近几年，每年大约有 120 000 名儿童被收养，其中大约 46%的儿童是被亲戚或者他们的继父母收养（National Adoption Information Clearinghouse, 2000）。大约 38%的收养是通过私人营利或非营利机构办理的。生活在诸如寄养中心（foster care）或永恒家园（permanent homes）等由政府出面收养（public adoptions）的儿童人数只占收养总数的 16%。单身女性正在加入收养者的队伍，由她们收养的儿童比例在增加，大约占 8%—34%。每年大约有 10 000 例收养对象来自美国境外的其他国家。收养体制不可能安排和照顾到所有那些受虐待、被忽视或因身体、心理障碍需要特别照顾的儿童，即便这些孩子亲生父母的监护权已被终止，他们实际上可以被合法收养。许多社会服务机构和家庭法院已付出巨大努力，以提高那些具备领养条件的寄养中心收养儿童的比例，大部分收养都能顺利进行。然而，在需要接受精神治疗的儿童中，大约 5%有过被收养的经历（Kadushin, 1980）。在总人口中，被收养的儿童总数大约为 600 万名。这些人中每年大约有 10 万人会年满 18 周岁，他们中有许多人开始寻找自己的亲生父母。找到亲生父母后，对这些被收养的孩子和他们的亲生父母来说，又会面临新的适应问题。

临时寄养。1999 年，美国大约有 568 000 名儿童被临时寄养（National Clearinghouse on Child Abuse and Neglect Information, 2001）。由于他们的父母虐待、忽视或者无力抚
35 养儿童，法院会判决他们中的大部分离开自己的家庭。包括被收养的儿童在内，每年总共有大约 600 000 名儿童进入新的家庭，其中许多儿童曾在他们的原生家庭中长期承受心理压力或遭受创伤。寄养儿童中有 36%是白人，42%是非裔美国人，15%是西班牙裔美国人，还有 7%来自其他种族。1999 年，大约有 286 000 名儿童被寄养中心收容，但与此同时，只有 244 000 名儿童离开。尽管已有 1/4 的孩子被寄养在亲戚家里，对寄养家庭的需求量依然很大。被寄养的孩子离开寄养中心后，有大约 60%会回归原来的家庭，约 12%转而寄养到某一位亲属或者法定监护人家里，只有 16%的儿童被正式收养，另有 8%的儿童由于年龄超过寄养年龄限制等原因而被解除寄养。联邦政府不会再对这 20 000 名年轻人负责，他们不得不自食其力。寄养儿童中患有情感障碍的比例相当高，而能够为他们提供的服务却很有限（Horan et al., 1993）。

离婚

1998 年，美国有 1 136 000 个婚姻解体，平均每个离婚家庭中有一个孩子（U.S.Bureau of the Census, *Statistical Abstract of the U.S.*, 2002）。在霍尔姆斯-拉赫压力性生活事件量表中，离婚和分居分别是位列第二和第三的压力性生活事件，与许多身心障碍相关（Bloom, Asher, & White, 1978; Lee & Hunsley, 2001）。离婚法（divorce laws）的变革

给许多离婚妇女带来经济上的严重负面影响(Smock, Manning, & Gupta, 1999)。离婚时较年轻且没有孩子的女性受到的负面影响相对较小(Jacob, 1989)。除了收入减少,离婚后子女的抚养费也可能成为持续性冲突的根源,许多女性收不到(或者不能定期收到)子女的抚养费。2000 年,离婚母亲平均只收到离婚协议中规定应支付抚养费的 60%。由于法院采取了强制执行措施,这种情况目前正在得到改善。但这显然又增加了离婚成本和需要支付子女抚养费一方再婚的压力(Garfinkel, McLanahan, Meyer, & Seltzer, 1998)。

大部分离婚家庭的儿童显示出较强的心理韧性,能够应对父母离婚带来的负面影响。大约 20%离婚家庭儿童的心理成长会受到父母离婚的长期影响。对这些孩子的父母而言,离婚至少也是短期内的压力性生活事件,而对其中有些人由离婚引发的冲突甚至会一直持续。大约 10%的离婚案件存在监护权纠纷,6%—25%的离婚案会因离婚双方在抚养权、探视权、抚养费等方面的分歧而不断追诉,由此上升为“激烈冲突”事件。离婚双方不得不把大量时间耗费在法庭上,官司有可能持续数年,双方在法庭上兵戎相见、斗智斗勇(Clingempeel & Reppucci, 1982; Elrod, 2001)。在这类高度冲突的离婚事件中,子女的适应能力会明显降低(Emery, 1982; Elrod, 2001)。目前,大约有 25%的年轻人曾是离婚家庭儿童。父母离婚造成的伤害可能会在他们的一生中持续。离婚双方在宗教典礼、 36
毕业、婚礼、孙辈出生等场合还可能再见面。如果双方第一段婚姻的破裂是因为其中一方与他(她)的第二个配偶私通,这种“仇人”相见可能会引发复杂和强烈的情感卷入。如果离婚后(无论是否带孩子)有一方不得不返回父母家居住,还会影响到其父母的生活。而且,即便孩子的父母发生冲突并离婚,(外)祖父母仍然希望能和孙辈保持联系。所以,毫无疑问,离婚在压力性生活事件量表中的指数肯定是非常高的。

每年受到离婚影响的人数众多,包括 220 万名成人和大约 100 万名儿童。假设只有 10%的离婚会发生剧烈冲突,这些冲突会持续 3 年,那么,在任何一个时间点上,都至少有 100 万甚至更多的成年人和儿童正在经受离婚冲突的影响。这些人是专业心理治疗和儿童监护权评估机构主要的服务对象。尽管身处巨大压力之下,但他们的心理状态并不一定会纳入精神病学的诊断。使用精神病流行病学的方法,相关诊断量表不可能追踪那些令人烦躁不安的情绪问题的根源。

大约 75%的离婚人士会选择再婚。在超过 1/3 的婚姻中,配偶双方至少有一方之前曾经有过婚史。再婚同样需要面对很多问题,而且大约 60%的再婚会再次以离婚告终。约 65%的再婚家庭有前一段婚姻留下的孩子。未满 18 岁而生活在双亲家庭的孩子中,约 22%的孩子是和继父(或继母)一起生活。这令许多再婚者面临挑战:一方面可能要给半大孩子做继父(继母),另一方面新的配偶又会与一些家务事(如自己的儿女结婚)搅和在一起。据估计,每 3 个美国人中就有 1 人的身份是继父母、继子女、异父(母)同胞兄弟姐妹或重组家庭的其他成员(Stepfamily Association of America, 2000)。已开始有公司为混合家庭(父母双方都是继父或继母的家庭)设计专门的问候卡片。对于圣经是否赞成离婚(见 Deuteronomy 2:1—5, “until death do us part”),以及牧师是否被允许为那些前配偶还活着的人主持婚礼等问题，不同宗教团体有着不同的认识，居高不下的离婚率和再婚率因此又引发了不同教派之间的冲突。

经济与就业

收入不足。谁都知道健康与富有好过疾病与贫穷，穷人难免会比有钱人遇到更多问题。社会经济地位从来都与人的健康状况相关(Adler et al.，1994；Chen，Matthews，& Boyce，2002)，霍尔姆斯-拉赫压力性生活事件量表中几个最重要的压力性生活事件几乎
37 都与经济问题有关。很多人在收入不足的窘境中挣扎。社会安全保障局(Social Security Administration)基于农业部(Department of Agriculture)提供的最低生活保障标准计算出个人和家庭的贫困指数。最低生活标准的确定是基于这样一个假设，即穷人通常需要将其收入的三分之一用于购买食物，因此贫困线就是人的最低营养需求量乘以 3。贫困指数假定家庭主妇个个都是购物高手和烹饪专家，而且是从不外出吃饭的好管家(Fisher，1992)。该标准会随着年度生活成本的变化作适当调整。1999 年，美国一个四口之家的贫困线是 18 022 美元，当年有 3 230 万美国人生活在贫困线以下。贫困在人口中并非随机分布。2000 年，白人家庭的中等收入大约是 48 950 美元，而西班牙裔家庭大约为 33 000 美元，非裔美国人家庭大约为 30 000 美元。即便西班牙裔和非裔美国人的经济状况已经有所提高，他们生活在贫困线以下的可能性仍然是白人家庭的 3 倍。

单亲家庭的经济状况尤其堪忧。2000 年，有 360 万单亲母亲家庭的收入在贫困线以下(U.S.Bureau of the Census，2000，Table QT-03)。除了生活中缺乏配偶支持造成的心理压力，这些单亲母亲家庭还挣扎在收入不足的困境中。

福利救济与收入依赖。1996 年，鉴于人们对当时的福利救济计划普遍不满，美国国会通过了一项"个体责任与工作机会协调法案"(Personal Responsibility and Work Opportunity Reconciliation Act)。该法案的内容包括：采取强有力的刺激措施激励公民从接受救济转向寻求工作；支持家庭从依靠政策福利转变为依靠工资收入；通过财政刺激减少未婚先孕；对享受政府救济的时间加以限制等。这一法案早前的名称是"有子女家庭补助计划"(Aid to Families with Dependent Children，AFDC)，后更名为"贫困家庭临时援助方案"(Temporary Assistance for Needy Families，TANF)(Haskins，Sawhill，& Weaver，2001)。

法律变革对接受福利救济的人数产生了显著影响。1995 年，有 480 万个美国家庭的 1 340 万人接受福利政策的救济。到 2000 年，接受救济的家庭总数降低了 53%，剩下大约 227 万；接受资助的个体总人数减少了 57%，只剩 580 万。此外，劳动力市场中未婚妈妈的人数增加了，女性为户主的单亲家庭贫困程度整体下降(Haskins et al.，2001)。那些不再接受救济的人中有 60%找到了工作，平均每小时有 8 美元的工资收入。但是，这些人中只有一半能够享受到员工福利，大约 20%的人没有健康保险。因此，约 1/4 的人不得不重新申请救济，依靠政府发放的养家费生活。失去政府提供的福利救济一年之后，他们中有 40%的人会再次处于失业状态(Haskins et al.，2001；Acs & Loprest，2001)。

福利制度的改革与青少年未婚生育比率的下降在时间上相关。但是,除了福利制度的改革,还有很多其他因素同样促进了未婚生育的减少。虽然有些以前接受救济的人现在开始自食其力,其经济状况和自尊心都在一定程度上向好的方向转变,但福利制度改革对儿童的影响目前依然不甚明确(Haskins et al., 2001)。救济制度的改革部分是成功的,但是,一旦遭遇经济衰退该怎么办?以及那些已经明显超过享受联邦(州)政府救助时限却仍在接受救济的家庭接下来会发生什么?对于这些问题,仍需进一步观察。 38

2000 年,大约有 660 万年迈、贫穷、失明或有其他残疾却没有享受到社会保障基金的美国人口接受了政府提供的"追加社会保障基金"(Supplemental Security Income, SSI)的资助。他们中 60%以上是残疾人。许多人患有精神疾病,患有智力缺陷或发育障碍。2002 年,残疾人每人每月可获得 545 美元的救济,残疾夫妻每月可得到 810 美元的救济(Social Security Online, 2003)。有些州在此基础上另有增补,符合条件者可获得医疗补贴和食品券。如果更加严格地执行残疾人资格认定标准,有可能从"追加社会保障基金"的救助名单中排除掉一部分人。但是,这些人中有许多人在劳动力市场上确实没有竞争力,很难维持日常生活的基本开支。

无家可归。贫困的后果之一便是无家可归。无家可归的人数一直在变化。妇女儿童中的无家可归者数量正在增加(Shinn, 1992)。许多无家可归者后来有了家庭,与此同时也不断会有新人加入这个群体。无论何时,无家可归者的人数始终保持在 500 000 到 600 000 之间(Urban Institute, 2000)。穷人在其一生中的某个时间段彻底无家可归的概率大约是六分之一。大约有 15%的无家可归者家庭由单亲妈妈和未满 18 岁的未成年子女组成。这一类家庭中的 20%—50%是为了逃脱家庭暴力或虐待而加入无家可归者行列的。这些家庭的孩子大约有 1/3 表现出抑郁症状,有 1/4 至少有边缘性行为障碍。让这些孩子接受教育的难度很大。就成年人而言,有 2/3 的无家可归者存在精神疾患、酗酒或其他药物滥用问题。无家可归不仅仅是由经济贫困造成的。供无家可归者入住的低收入保障性住房供应不足,而他们既没有钱预付租金,也没有钱支付抵押金或保证金。此外,许多无家可归者正处于失业状态,因此也无法向房东提供担保信和相关证明。

即使有地方居住,和有钱人相比,贫困者的住宿条件也很差。扎尼尔等人(Zahner, Kasl, White, & Will, 1985)的报告显示,家中是否有害虫(尤其是老鼠)出没与女性的心理健康测评得分存在显著相关。贫困的生活境况与流行病学调查的某些心理症状高度相关。通常,如果调查测量只关注焦虑,那么研究者只会报告高水平的心理障碍,而不会关 39
注和报告那些不健康的生活条件。

失业。最近几年,美国社会的失业率一直在 4.9%—7.2%之间徘徊(U.S.Bureau of the Census, 1998, Table 646)。2002 年的失业率为 5.8%,有 8 378 000 人失业(Bureau of Labor Statistics, 2003)。对某些人来说,失业保险在一定程度上有效缓解了经济危机带来的压力。但对其他一些人而言,失业会带来极端消极的心理反应,使人产生无价值感。这些人需要学会适应无所事事的闲暇时间。持续的经济萧条使许多人不得不动用失业保险金，这意味着他们不得不节俭度日或被迫从事某些并不合意的工作。工厂倒闭则会影响整个社区，不仅失业者自己需要适应，由于部分居民的搬离而导致新的社会问题，社区其他居民也会受到影响。

2002 年，除失业问题之外，还有 38 540 家公司破产（American Bankruptcy Institute，2003），其中大部分是小型公司。每一起破产都意味着企业主、雇员、个人及其家庭希望的破灭。受到影响的生计迫使一些人重新思考他们以往的生活方式。大公司的倒闭（如安然公司）更是个灾难，成千上万的雇员失去退休金，他们失望、愤怒、沮丧，甚至完全丧失信任感。

债务。几乎所有美国家庭都承担着某些负债（如购房抵押贷款、信用卡、车贷等）。正如根据低收入家庭的总数和信用经济体制所预测的那样，许多人很难偿还债务。2002 年，联邦政府法院受理了 120 万份破产申请。同一年，各种消费贷款总计达到 14 560 亿美元，这还不包括另外 52 000 亿的抵押贷款（Lawless，2001）。1997 年，有 12 360 亿美元分期贷款的滞延偿还天数超过了 30 日（U.S. Bureau of the Census，1998，Table 820、Table 821）。乘以家庭平均人口数，可以肯定地说，有数百万债务人及其家人由于拖欠贷款而受到影响。由于消费者债务水平不断上升，债务清算行业（collection industry）有望快速发展，预期的增长比例高于各行业的平均水平（Bureau of Labor Statistics，2000—2001）。信贷咨询和债务整合服务也在增加，尽管其中可能存在某些掠夺行为。

1992 年，美国联邦政府向更多学生开放了助学贷款计划，贷款学生的人数激增（Scherschel，1997）。学生所在学校的类别不同，需要缴纳的学费不同，贷款额度也不一样，详见表 1-3。

40　**表 1-3　1995—1996 年获得学位的美国大学生平均负债情况***

学校类型	平均债务（美元）（不计利息）
文学士	
公立四年制	11 950
私立四年制	14 290
硕士学位	
公立四年制	15 110
私立四年制	21 410
博士学位	
所有学制	20 490
专业学位（法律、医学、商学等）	
公立四年制	46 830
私立四年制	49 540

* 改编自 King，1997，Table 1。

债务的表面金额并不代表学生日后需要偿还的额度，因为在学生获得学位的六个月之后贷款便开始计息。这个世界很不公平：同样上四年制公立大学，家庭收入超过 70 000

美元的学生贷款额度(9 290 美元)比家庭收入低于 30 000 美元的学生贷款额度(12 250 美元)少 26%。对于上四年制私立大学的学生来说,这个差距(19%)略小一些:家庭收入低于 30 000 美元的学生贷款为 15 240 美元,而家庭收入超过 70 000 美元的学生贷款为 12 360 美元(King, 1997)。大约有半数的学生反映,他们承受着沉重的偿款负担(如同没有房子抵押的按揭贷款)。然而,就积极方面而言,超过三分之二的人认可这种投资。在他们看来,相对于个人的成长和职业发展而言,这类教育投资还是值得的(Baum & Saunders, 1997)。

不仅欠着一大笔债无力偿还,而且还有不良的信用记录,这是多么糟糕的情况? 据美国联邦贸易委员会(Federal Trade Commission, FTC)报告,身份盗窃案是快速发展的犯罪类型之一。作案者以欺骗手段冒用他人的信用。有时,作案者竟是受害者的家庭成员,甚至是他们的父母。这些父母盗刷子女的信用卡来还账(Irvine, 2002)。仅 2002 年一年,就有 161 819 件身份盗窃案件被联邦贸易委员会(FTC)记录在案(大多数是信用卡欺诈)(http://www.consumer.gov/sentinel/sentinel-trends/),此外还有其他形式的金融犯罪。另有许多案件的受害人没有报案,甚至有些犯罪并没有被发现。

工作、收入和家庭。我们经历了工作性质、劳动力结构和育儿安排等方面的巨大变 41
革。未来几年,女性将继续占据约 47%的劳动力市场(U.S.Bureau of the Census, 1998, Table 645)。劳动力大军中女性人数的增长引发了人们对性骚扰和性别歧视问题的关注。许多女性在孕期仍坚持工作。尽管如此,女性在怀孕和孩子婴幼儿时期外出工作的趋势并未对 20 世纪新生儿和孕产妇死亡率的急剧下降造成不利影响(Centers for Disease Control, 1999)。美国大多数 6 岁以下学龄前儿童的妈妈(65%)都在工作,学龄儿童的妈妈中同样有 79%的人在工作(Mothers in the Labor Force, 1955—2001)。在怀孕期间坚持工作的女性大约有 60%在孩子出生后 6 个月内返回工作岗位。同样是 30 岁,那些一直不间断工作的妇女比孩子出生后离职(后重新出来工作)的妇女薪资水平要高出很多(Smith & Bachu, 1999)。但相关数据显示的都只是平均数,其中可能隐藏着种族、阶级、受教育程度、婚姻状况、职业福利等方面的差异。

在有 13 岁以下未成年子女的家庭中,大约一半的家庭需要支付儿童的保育费用。1997 年,该项花费为月均 286 美元左右,相当于双亲家庭总收入的 9%,或单亲家庭总收入的 16%(Giannarelli & Barsimantov, 2000)。除了需要支付保育费,许多家长还担心对孩子的照顾是否足够。有些家长因经济拮据负担不起日托费用,这意味着许多"挂钥匙的儿童"(latch key children)放学后无人监管。大部分学龄儿童放学后会参加辅导班或者由亲戚照看。然而,6—9 岁年龄段的孩子中,有 5%不得不在妈妈工作的时候自己照顾自己。年龄稍微大一些的小孩(10—12 岁)中,差不多有四分之一的人在妈妈工作时开启"小鬼当家"模式。随着年龄增长,孩子自我照顾的时间也在增加(Capizzano, Tout, & Adams, 2000)。这种幼儿自我照顾模式对孩子的适应与应对产生的影响需要深入研究。十几岁的儿童放学之后缺乏监管是否会导致更多的少年犯罪,又是否会为年纪稍大的青少年制造更多性接触的机会？

这种以收入为基础建立的家庭关系模式可能正在发生改变。已婚妇女为家庭收入贡献了大约45％，未婚与男性同居的妇女同样如此。这个平均数还隐藏着如下事实：14.9％的已婚妇女能挣5 000美元或比配偶赚得多，未婚同居者中21.5％的女性亦是如此。我们不知道具体有多少“家庭妇男”，但是有470万年龄在25—50岁之间的男性（约占该年
42 龄段3 000万例婚姻中的16％）没有个人工资收入。他们中有些可能是残疾人、个体经营者或有其他的收入来源（Fields & Casper，2001）。尽管如此，大量事实证明，男性挣得比女性伴侣多这一传统实在有着太多的例外。

毫无疑问，对家庭收入的贡献和在工作中投入大量时间会对家庭关系产生影响。既然大多数家里有孩子的女性都在工作，那么怎样的性别角色行为才是恰当的呢？权威和责任应该如何分配到家庭和孩子身上？夫妻双方分担家庭收入具体如何影响家庭关系？（Crouter & McHale，1993；A.G.Levine，1977）这些都是社区心理学家、家庭治疗师和临床心理学家需要思考和干预的重要问题。

工作性质与相关价值的改变。第二次世界大战结束后，美国从工业社会向服务经济转变，从生产商品转变为提供服务（Fuchs，1968）。美国曾经是一个农业国家，现在却只有约3％的劳动力从事农业生产。特别是在最近几年，变化如此剧烈，以致美国劳工部不得不改变传统的职业划分体系，以便把新的工种和行业纳入进来（Bureau of Labor Statistics，2001）。职业分布的改变对文化和社会产生了深刻的影响。正如富克斯（Fuchs，1968）所说：

> 工业领域职业分布的改变已经涉及人们要在哪里生活，如何生活，需要怎样的教育，甚至包括他们可能面临的健康风险。正像有人写道：一旦人们改变了他们的工具、他们的技术、他们的商品生产方式和商品在生活中的分配，他们便同时改变了自己的信仰。（p.184）

让我们来讨论以下这个例子，当前农业雇用人口在所有工作岗位中仅占比1％，农民收入中仅有31％来自农场作业。农场的经营模式也在发生改变，出现了专为满足小众客户需求的“利基农场”（niche farms）、休闲农庄、狩猎保护区、观光牧场、农家乐和早餐面包作坊等。与传统意义上的农场相比，这些新兴的农业经营模式需要新的技能（Veneman，2001）。在劳动市场出现的新兴职业中，专业性强的或与专业相关的工作有望在2000—2010年之间获得最快发展。与此同时，建筑、维修和制造业预计只会得到适度发展。低收入的服务业会成为经济领域快速发展的行业之一。未来10年，与电脑有关的工作岗位有望增加100万个，这些岗位将分布于各种不同行业。

这些经济体制中出现的新职业对教育提出了更高的要求。2000年，只有21％的工作
43 岗位要求有学士学位；大约有8％的工作要求大专学历；71％的工作只要求简单的在职培

训。而到2010年,有29%的工作岗位要求有学士学位;13%的工作要求大专学历;只有大约58%的岗位可以招收缺乏专业训练的求职人员。换句话说,接受高等专科教育对参与就业市场的竞争已变得前所未有的重要(Hecker, 2001)。如果说拥有一份好的工作对成年人来讲是良好适应的关键,那么我们需要检查不同社会群体成员受教育的机会,包括随着工作环境的改变接受再教育的机会。这也是对预防感兴趣的社区心理学家的职责所在。

职场的其他方面也在发生剧烈改变。过去,工作者的工资直接与产出挂钩,如计件工资,工作者只领工资或固定的薪水。如今,工作者全部薪酬的27%已经改为各种形式的福利:带薪假期、病假或个人休假、无薪探亲假、健康和人寿保险、牙科和眼科医疗、处方药计划、退休和储蓄福利(如401k计划①)、育儿储备金,以及奖金和股票期权等(Bureau of Labor Statistics, 2001)。补偿方式的改变意味着雇员以各种不同的方式被与雇主捆绑在一起。拥有一份工作对个人生活的意义也因各种与工作相关的问题而被高度强化。这同时意味着,失去工作对雇员本人及其家庭而言会使问题变得更严重。对社区心理学家来说,最重要的是,真正理解工作对于个人生活的意义。这种对社会变迁、人格、价值观的兴趣促使社区心理学家认真研究薪酬结构对工作关系和其他社会价值的意义。

闲暇时间与价值变迁

在美国,闲暇时间以及与之密切相关的餐饮业非常重要。1990—1998年,美国人口增长了8.6%,从24 990万增长到27 130万,同一时期美国人的休闲娱乐支出增加了74%。这些数据并不包括以旅行作为闲暇活动的费用。实际上,60%的航空旅行是以休闲为目的,而不是公务。人们把更多的个人资源和财富(大约三分之一的时间和三分之一的开销)花费在娱乐和休闲活动上(Academy of Leisure Sciences, undated)。这种价值观的改变(重视休闲并热衷于此)可能对职业道德造成影响。缩短周工作时间可能是解决长期失业问题的有效办法。从长远趋势来看,我们将来可能还会有更多的闲暇时间。与 44
100年前相比,人们如今的工作时间已经大大减少,度假时间延长,职业生涯缩短,退休提早,平均每人一生将多出45 000小时的自由时间(DeGrazia, 1962)。尽管对同时兼任两份工作以维持生计的人来说,休闲仍是一个无法兑现的承诺。

这些数据反映出日常生活的变化,而这种变化势必会带来价值系统的改变。现阶段的党派之争强调的"文化战争"便是如何应对这种价值变迁问题的反映。当我们试图寻找新的社会平衡点时,变革就会影响基本的制度,而这必然会带给人压力。问题是应该发展出怎样的美好生活愿景,这些愿景必须足够清晰、易于内化,而且能够获得其他社会和财政资源的支持。社区心理学家应该研究并帮助解决这一系列的问题。

小结。随时准备应对和处理各种问题已成为生活的常态,远远超过我们的预期。日

① "401k计划"(401k plan)是指美国1978年《国内税收法》新增的第401条k项条款的规定,是一种由雇员、雇主共同缴费建立起来的基金式养老保险制度。1979年得到法律认可,1981年追加了实施细则,20世纪90年代迅速发展,逐渐取代了传统的社会保障体系,成为美国雇员最重要的社会保障计划。——译者注

常发生的各种状况与压力性生活事件量表中列出的问题近似(见本书第七章)。几乎每时每刻都有许多人正在遭受以下某种问题的困扰:严重的慢性疾病,严重的意外事故,各种天灾人祸,与犯罪相关的问题,青少年犯罪,药物成瘾,酗酒,等等。结婚、离婚和养育子女各自都会带来某些特殊问题。此外,很多美国人经济拮据。同时,职场环境的改变又带来新的问题和机遇,而闲暇时间的增加同样引发了某些适应性问题。

因此,我们得出结论,大部分人经常遭遇各类压力性生活事件。该结论与《精神障碍诊断与统计手册》(DSM)所列各种精神障碍的流行率不断增高这一观点高度一致。我们基于生态学理念调查生活中压力性事件的发生率和分布,并以此来取代仅仅针对个体精神障碍的发病率和分布的调查。本书后面章节将讨论生态学的观点,以便为发展和实施预防方案提供更为坚实的基础。

美国社会的孤独感

许多美国人苦于相互隔离的孤独感(Putnam, 2000)。帕特南(R.D.Putnam)指出自20世纪70年代以来美国公民社会的衰落。这种衰落反映了社会资本的减少。社会资本是指"人与人之间的社交网络联结,以及由此产生的互信、互惠的规范"(p.19)。我们在此聚焦一些有关生活方式及生活安排的统计数据,作为对帕特南观点的补充,并说明许多美国人正在独自应对生活中不断上演的各类"肥皂剧"。

45 **死亡**。爱人去世在压力性生活事件量表中排名靠前,紧随其后的是可能产生类似结果的一系列关系的丧失,包括离婚和分居等。在霍尔姆斯-拉赫压力性生活事件量表中,配偶亡故是人在一生中可能经历的最为严重的压力性生活事件,家庭成员死亡也是进入前五位的压力性生活事件之一,密友去世同样排在量表的前半部分(第17位/总43)。这些都是比较常见的生活事件。

对大多数人来说,亡亲之痛是生命中不得不接受的事实。只有那些很年轻就离世了的人可以免除由丧亲带来的灭顶之痛。截至2001年6月,在过去的12个月中,大约有241万人离开人世。女性的平均寿命比男性长,有11 056 000名女性寡居,其中865万人年龄在65岁以上,而男性鳏居者中65岁以上的只有210万(U.S.Bureau of the Census, 1998, Table 62)。由于丧偶女性的人数远远多于男性,所以这个年龄段的寡居妇女较难找到新的伴侣。

1999年,至少有29 199人自杀。由于一些自杀事件没有上报统计,所以自杀的实际人数应该更多。自杀成功者中有13%年龄在15—24岁之间(McIntosh, 1999)。每一种人际关系都有其特殊的意义,因此每一个死亡事件都会给活着的人带来强烈的痛苦(National Academy of Science, 1984, p.4)。亲人亡故会给人们的健康带来很多不利的影响,表现为死亡率、抑郁症、药物和酒精滥用、心血管疾病、意外伤害事故的增加等(Sakaguchi, 2001)。

居无定所。美国人搬家很频繁。1999—2000年,有4 340万人搬家(相当于总人口的16%)。租房居住者的搬家次数多于私房拥有者,大学生和较年轻的中年人搬家的次数要多于其他年龄群体，贫困者的搬家次数多于有较高收入者。远距离搬家尤其会中断现有的人际关系，需要人们发展新的人际关系网络。而对于青少年，搬家也可能导致其社会人际关系中断，即使只是近距离搬家，大约 20%—25%的非裔美国人、西班牙裔美国人、亚太岛民学龄儿童面临对新学校的适应问题(Schacter, 2001)。

独居。2000 年，大约有 26 724 000 名美国人独居，其中，女性人数多于男性(14 361 000：9 613 000)。在年轻人中，独居男性的人数多于女性；而在 65 岁及以上的独居老人中，有 240 万男性和 740 万女性。并非所有独居的人都会感到孤独，但是他们依然缺少一个能够在需要时及时给予支持的人同住。

由于女性的寿命比男性长，一个女人哪怕只有四十岁，一旦丈夫去世或离婚，将很难再发 46
展一段新的异性夫妻关系。离婚或寡居的女性可能会有朋友、父母、亲属、孩子作为依靠，以寻求情感的支持、陪伴或其他帮助。然而无论如何，这些数据表明，理想的婚姻愿景(夫妻共同应对生活中的问题)与大多数美国人的现实生活并不相符，对女性而言尤其如此。

性别与心理困扰。流行病学研究已证明，女性患焦虑症的可能性是男性的两倍。除双相障碍(可能有很强的基因组分)之外，女性被诊断患情绪障碍的可能性同样是男性的两倍(U.S.Surgeon General, 2001a)。

就性别差异而言，我们相信用生态学概念作出解释的效果优于使用诊断概念，强调诊断和疾病容易掩盖女性和男性真实的生活状况。女性更需要与生活中的“肥皂剧”问题抗争(Mirowsky & Ross, 1995)，并且更有可能独自应对这些问题(这一结论的意义将在本书第七章进一步讨论)。独自应对的一个可能结果是，当生活中频繁发生压力性生活事件时，她们更有可能寻求专业人士的支持。然而，专注于诊断和精神卫生服务需求的那一类解决方案很容易掩盖某些事实，即许多女性不得不面对更多的经济压力、孤独感和缺乏支持等困境。

专业医疗资源的有限性

对大多数人来说，日常生活就是一出肥皂剧，他们只能在没有任何专业指导的情况下勉强应对。那么，那些有需求的人究竟可以获得多少有效的帮助呢？阿尔比(Albee, 1959)在精神疾病与健康联合委员会(Joint Commission on Mental Health and Mental Illness)的开创性工作告诉我们，如果治疗只能由那些受过专业训练的人在指定的精神卫生机构完成，那么人手将会严重不足。

我们的最佳估计是，在 2000 年，大约有 72 000 个有博士学位的临床心理学家在精神卫生机构和私人诊所提供服务。同年，共有 468 000 个社会工作岗位。很难准确统计有多少社会工作者具有文科学士学位，又有多少人拥有社会工作硕士学位。我们只能大致估计，约一半的社会工作者具有社会工作硕士学位。精神病医生大约有 29 300 名，其中

大部分人(70%)在私人诊所工作,另有20%的人(5 860人)在综合性医院工作。2000年,
47 有21 000个文学硕士从事婚姻与家庭咨询工作;441 000人从事其他种类的咨询工作。从分类上看,他们中有46%是教育顾问、职业咨询师和学校辅导员;约25%是康复咨询师;15%是心理健康咨询师;约有14%是药物滥用顾问。这些人中只有少数人在私人诊所工作。美国精神科护士协会(American Psychiatric Nurses Association)大约有4 000名会员,其中约4%的人从事治疗工作,另有4%的人从事个案管理工作,以及11%的人就职于私人诊所。除此之外,还有大量神职人员提供服务,他们有些是教牧辅导员(pastoral counselor),有些是教牧辅导机构成员。心理健康领域还在不断发展。《职业展望手册》(*The Occupational Outlook Handbook*)已将上述职业收录在内,预计这些职业未来十年的增长速度将会超过所有职业发展的平均增速。

在本书第二版中,我们给出的一项调查结果显示,专业心理健康工作者每个人真正需要工作的时间并不长。但现在再开展同样的调查会更困难。一方面心理学家、社会工作者和咨询师的人数急剧上升,另一方面很难界定他们提供的服务范围。很多人只是提供诊断、转介、督导等服务,只有很少的人直接介入治疗,余下的大多是管理者而非医疗人员。

此外,随着管理式医疗保健制度①的实施,由于保险限制和制度控制,心理服务的可获取性变得更加难以评估。针对受管控的行为健康保健公司(managed behavioral health care companies)的研究报告提供了一些粗略的数据:

> 对出院30天之内的病人进行随访发现,他们中有抑郁症状的人数(不同公司之间)从39%—92%不等;精神病患者二次入院的比率为2%—41%;精神分裂症患者中至少接受四种药物治疗的人数比率是15%—97%;12岁以下年龄段的出院儿童中,至少接受过一次家庭访问的人数比率是13.3%—99%。所有受管控的行为健康保健公司在其能力范围内都尽可能限制患者的治疗,已经将有适应障碍的病患就诊人数由以往的65%—100%降低到了10%。(Varmus, 1998, p.2)

治疗方案透露出的明显随意性和不确定性使得治疗更难被患者接受,同时也进一步加剧了病人及其家属以及服务人员的内心焦虑和不确定感。

无论如何,医疗服务的缺乏仍然是显而易见的事实。例如,顶着精神病医生反对的压力,新墨西哥州通过立法,允许受过专业教育的心理学家经过特殊培训后在医疗监管之下拥有处方权。新墨西哥州出台这项法律实属无奈之举,因为病人在该州需要等待长达6个星期的时间才能见到医生(Ault, 2002)。

48 无论治疗时间长短,并不是所有人都能获得治疗。心理健康服务机构和人员的地区

① 管理式医疗保健(managed care)是把对医疗服务的提供与提供服务所需要的资金供给结合起来的一种管理系统,目的在于对医疗费用发生的过程实施主动、积极的干预,是控制医疗费用的一种有效管理模式。——译者注

分布差异很大，专业的心理健康工作者集中于大城市及其近郊，这些地方的居民收入和受教育程度较高，其保险责任覆盖的范围也较广。除此之外，许多在公共心理卫生机构工作的精神病医生是在美国境外接受的教育，英语口语水平较差。由于政府修改了公共机构雇员的任职条件，他们因此得以受雇于各种州立的服务机构。美国有许多地区几乎完全没有专业的心理健康服务。为儿童和老人服务的接受过专门训练的工作人员缺口非常大。在有些地方，少数民族和双语病人很难得到治疗，因为缺少会说他们那种语言的训练有素的专业人员(Snowden, 1982)。什么时候这类专业人员的人数多起来了，问题才有望得到缓解(O'Sullivan, Peterson, Cox, & Kirkeby, 1989)。

大约有157万人居住在养老院，其中有高达75%的人在一定程度上患有各类精神疾病。为这部分人提供的心理健康服务同样供不应求，部分原因是因为此类机构和人群不符合专业人士选择工作对象的标准，他们不愿意去这种地方湮没自己的才能。其他机构同样面临困境。例如，有超过200万人居住在监狱、看守所、少管所或为智障者提供服务的机构。前面已经提到，只有5 860名精神病医生在综合性医院从事全职工作，其余大部分人都在私人诊所工作，这部分人每周只安排几小时时间接受病人的咨询。

基于这些数据，大致可以作出判断，即那些正在应对各种生活危机的人接受医疗的机会和时间都很少。他们中许多人患有各种急性或慢性疾病，承受着就业的压力和经济困难，经历过离婚或分居，甚至面临死亡问题等，但分配给他们的医疗资源极其有限。这里面还不包括近800万需要帮助的儿童，也没有考虑青春期可能遇到大量心理问题的青少年。

数据说明，在当前的心理健康医疗模式下，专业人员的数量远远不能满足人们对心理健康服务的潜在需求，哪怕只是其中的一小部分。

医疗模式的问题

除了专业医疗资源的匮乏，提供服务的医疗模式本身也存在问题。付费的医疗模式是基于这样一种假设，即大部分问题都能通过及时干预得到解决，并获得持久性的效果。但这种帮助不可能满足那些长期遭受疾病折磨的数以百万计的慢性病人的需求。即使对某些身体障碍的治疗能够取得稳定性效果，病人及其家属也不得不考虑各种治疗条件的限制。如果我们由心理健康、刑事司法和福利系统的视角切入，就必须承认许多问题的存 49
在是长期性的，仅仅通过"及时干预"不可能得到解决。正如美国城市定居救助运动(American settlement house movement)①的创始人之一科伊特(Stanton Coit)所说：

① 19世纪末20世纪初，美国一些受过高等教育、关心社会发展的青年男女自愿到城市贫民区定居，创办救助之家，对穷人开展帮教活动，并积极进行社会调查，促进社会立法和进步，这就是美国历史上的城市定居救助运动。——译者注

> 如果考虑到理解和处理那些染有恶习、犯罪和陷入贫困的个体或家庭案件所投入的大量时间和精力，就会明白，单独处理其中一件“恶事”是不可能的，除非救助者人数很多，并且一直在旁监督。(Coit, 1891，引自 Levine & Levine, 1992, p.61)

医学模式是一种被动的救助模式。医生等着病人明白自己的需求，等着他们来寻求帮助。这就等于假设，病人知道自己能够获得怎样的帮助，而且找得到在文化上可接受的帮助。对医生而言，只有这样的病人才是“合意的求助者”(acceptable clients)(能够付费、有保险、有适当的条件等)。据我们所知，大多数有心理障碍的人没能得到治疗。每个执业医生都清楚地知道，接受心理治疗的患者中只有很少一部分能坚持下来。

医学模式假设，专业工作者有能力开展工作，他们的个人或社会特质的影响可以忽略不计(Dawes, 1994)。然而，助人者或求助者双方在文化、种族、民族、语言等方面的特点都可能成为施助和求助的障碍(Giordano & Giordano, 1976; Snowden, 1982)。这种医疗体系将求助者按各种人口学特征，如年龄、人种、性别、种族等加以划分。这样划分的动机尚不清楚，但显而易见，那些原本并不对临床治疗造成严重影响的特征却通过这种划分影响到服务系统的各个部分(Milazzo-Sayre et al., 2001)。

如果求助者已有心理准备，并且乐意接受治疗，心理治疗的效果会提高。在收费服务所支持的自由市场竞争体制下，治疗师更愿意接待“雅斐士”(YAVIS)之类(年轻英俊、能说会道、资质聪明、事业发达)的来访者。瑞安(Ryan, 1969)的研究发现，在波士顿私人精神病医生治疗的大量病案中，治疗对象集中居住在波士顿的几个片区，大多是年龄在25—35岁之间、接受过高等教育的女性。并不是所有有需要的人都能得到平等的服务，对于这套系统，其中一些受助者相比于其他人被视为更好的服务对象。虽然我们对如何在医院或诊所就医有一些了解，但是对那些在私人诊所里接受执业医师服务的人却知之甚少。托里等人(Torrey, Wolfe, & Flynn, 1988)认为，私人诊所的心理健康专家倾向于
50 选择那些问题不太严重、容易治疗且有利可图的病人，而把更困难的病案推给公共服务机构，但是公共服务机构中训练有素且有能力处理这些难题的专业人士恰恰很少。

健康保险与心理治疗。随着心理健康服务被纳入健康保险的覆盖范围，经济并不富裕的人也开始能够寻求心理健康服务(Becker, Stiles, & Schonfeld, 2002)。我们已经看到，管理式医疗保健制度并没有让消费者仅仅接受配给式的低水平医疗或不充分的治疗(Malloy, 1995)。即便有了一些变化，依靠国家政策培养更多的专业心理健康工作者仍不能满足公众的需求。有必要考虑其他的替代方案。这种理念贯穿本书的全部内容。医疗模式及其治疗技术的局限性必须被超越，这种模式或取向无助于我们思考如何改变现有模式，创造新的体制，采取社会或政治行动，改变给人造成压力的不良环境，因为正是这样的环境导致人们在生活中陷入各种问题。

心理障碍还是生活问题？在医疗模式中，由生活问题引发的情感和行为反应被称作

心理障碍，专业服务就是针对这些障碍的治疗。这里隐藏着某种暗示：由于帮助是借助专业服务来实现的，那么，促使个体去寻求帮助的事件势必异乎寻常，可能之前从未发生过。这种暗示非常微妙。近来，对心理障碍流行率的较高估计反映出短期症状的发病率远高于预期（尤其是焦虑和精神性药物滥用）（Regier et al.，1993）。我们之前曾指出，大约有46%因心理健康问题寻求帮助的病人，其问题并未严重到足以作出明确诊断（Narrow et al.，1993）。对其中许多人来说，这似乎意味着，与生活问题相关的焦虑、紧张和抑郁感都不应该发生。

1999 年，美国制药企业生产了价值超过 150 亿美元的中枢神经系统类药物，占制药企业总产值的 22%。一项针对精神科和内科医生的调查显示，1985—1994 年间，含有精神治疗药物的医疗处方显著增多，其中很多处方（2 040 万例）含有抗抑郁药（Pincus et al.，1998）。对许多人来说，服用百忧解（Prozac）被视为解决生活问题的一种化学方式。

将重点放在专业援助上会削弱个体在应对能力方面（不管是独自应对还是在朋友、邻居或亲戚的帮助下）的自信。“专业帮助应该有效解决生活中出现的各种问题”这类观念也会削弱个体对他人的责任感，以及网络或面对面支持对个体成员的意义。这里面隐含 51
着的逻辑在于，如果能找得到专业人员来处理问题，就把问题完全交给他。他既然拿了报酬，就应该做好这份工作。

话虽如此，我们还是稍稍后退半步。因为我们无意制造某种罗曼蒂克的观念，即从前人们依赖的专业人员其实解决不了问题，而非专业人员甚至能比专业人员更有效地解决问题；或者认为，专业人员并不能提供有用的知识、经验和专业性服务。此外，美国社会普遍存在的孤独感（Putnam，2000）限制了这种思想的实现，即人们可以信任和依靠自己的朋友、周围邻居、亲戚甚至当地酒吧的招待或理发师，向他们寻求帮助（参见：Cowen，1982）。正如亚当斯（Addams，1910）所言，现在很多人似乎已经“失去了对人类恳求作出简单甚至自动反应的能力，而正是这种古老、健康的反应激发出的活力能够帮助人们从痛苦和无助中摆脱出来”（p.71）。

现阶段自助团体运动非常成功（见本书第九章），它是人与人之间非专业性的、没有政府支持的相互服务的典范。儿童虐待与忽视顾问委员会（U.S. Advisory Board on Child Abuse and Neglect，1993）建议全面考察儿童保护系统，提高邻里之间互助的便利性和有效性，鼓励社区邻里互助。这一建议认识到了现行体系的不足，以及让社区参与解决儿童照顾这一家庭问题的必要性。

大部分生活危机及相应的情感问题都是一时性的（Dohrenwend & Dohrenwend，1969），借助各种资源帮助人们应对生活危机可能出现两种不同结果。其中之一仅仅是恢复个体先前的功能，而另一种结果显得更为积极，即让个体由于成功应对痛苦而变得更好、更有力量。

长期而严重的心理障碍在每个国家、每一种文化中都大量存在。有些心理障碍的原因与医疗模式的问题在深层次上具有一致性（Dohrenwend et al.，1992）。许多问题的解决需要大量的资源、训练有素的专业人员和高度专业化的特殊机构。尽管很多人有问题，但这并不意味着他们的问题都一样，也不意味着同一种问题能够用同样的方法解决。把治疗的焦点放在有问题的个体身上，很容易忽视应对压力性事件的多种资源，以及那些一定能带来改变的社会活动和社区行动。

除了有关个体心理障碍的流行病学知识，我们还需要了解导致压力性生活事件的流行病学知识。后者呼吁人们关注可以通过社会活动和社区行动改变的那些社会秩序条件，建议人们通过资源设置，让那些遇到问题的人能够及时和就近获得帮助。就此而言，过度关注个体心理障碍本身作用不大，反而可能对我们寻找其他的问题解决方式产生限制。

52 **态度与意识形态**。如何从文化层面应对生活中的肥皂剧，对此我们仍不确定。我们还没有充分准备好自己，也没有帮助我们的孩子做好准备去应对生活中的难题。罗斯曼(Rossman, 1976)指出，最畅销的自助书籍主要涉及结婚、生育、养育、离婚、疾病、性生活等领域。在这些领域，社会化机构严重不足而不能满足人们的需求，这一事实为如何预防问题的发生提供了线索。有些人因此开始关注这样一类教育和准备，它们能够为个体赋能，以应对生活中的各种问题，减少压力导致的消极后果。这些人给予我们很多启示。

这些不同的指向——提供公共资源以增强(而不是削弱)人与人之间的相互关心和责任感，鼓励人们面对面相互帮助，教会人们应对问题的方法，帮助人们形成和发展有意义、令人满意并能在支持性社会团体中加以实践的健康生活观念，采取行动去改造那些给人造成压力的社会环境和体制——为我们提供了重要的可能性，使我们得以摆脱对专业人员和服务的过分依赖，更好地处理生活中的肥皂剧问题。

本章小结

总而言之，专业心理健康工作者现在不能、将来也不可能满足数以千万计人的需求，为这么多人应对各种压力性生活事件提供充分的帮助。从心理和社会的意义来看，医疗模式只能为相对很少的人提供帮助。精神药物可以缓解焦虑和抑郁症状，但对于个体应对生活中不断发生的问题则效果甚微。对有些人而言，通过药物治疗减轻情感痛苦或减少病态思维便可以改善适应程度，而对更多的人来说，使用化学药物帮助自己处理日常生活问题仅仅只是迈出了小小的一步。

无论如何，很多人每天都在应对生活中发生的严重问题。不少人独自应对，他们的生活与他人隔离，尽管他人原本有可能提供情感支持，有机会提供审视问题的不同视角或给予他们更多的具体帮助。此外，社会和文化的巨大变迁不断制造出各类人群有可能面临的新的困难。如前所述，我们这里讨论的生活问题都包含在压力性生活事件量表中，并与各种精神病症状和身体疾病相关(Rabkin & Streuning, 1976)。不管是使用《精神障碍诊

断与统计手册》，还是对生活中存在的问题及压力性生活事件进行流行病学诊断，我们都
对潜在的心理需求得出了类似的估计。对个案进行观察与针对事件观察，此二者具有不
同的侧重。个案引导我们针对个体进行治疗，而生态学的情境和事件为思考有益的预防 53
性干预提供了更多的可能性。我们显然需要通过不断分析自己面临的问题来选择适当的
应对方式。我们认为，个体心理学取向和医疗模式严重限制了我们的思考。将生活看成
一出肥皂剧则为治疗和预防性服务的发展开辟了新的视野。在随后各章，我们将检视某
些替代性的概念、方案和相关研究。作为一个集合，由这些主题构成了我们所称的社区心
理学的观点。

54 第二章

社区心理学之发端

本章介绍社区心理学产生的社会历史背景。社区心理学是在社区心理卫生运动中产
55 生的,它的产生主要基于社区在美国当代心理卫生实践中发挥的重要作用。回顾历史有助于我们认识当前正在使用的心理保健方法在多大程度上扎根于我们的文化、政治体系,以及我们为这些保健支付费用的方式。本章还将涉及社会心理学的发展以及与社区心理学的产生和发展有关的其他领域。

社区心理学和社区心理卫生运动同时产生于20世纪60年代中期。当时不仅心理卫生领域,整个美国社会都在经历一场大的动乱(Wilson, Hayes, Greene, Kelly, & Iscoe, 2003,该文对此有全面回顾)。20世纪50年代至60年代,美国民权运动的成功始于最高法院在布朗教育法案中作出的废除种族隔离的决议(1954)。该决议后来为女权主义者和其他组织抨击诸多社会不公平现象提供了范例。20世纪60年代,约翰逊·肯尼迪总统发起的反贫困之战进一步唤醒了美国民众对大量社会问题的意识,包括贫困、犯罪、青少年问题、失业、落后的教育、智力缺陷、不公平的福利制度以及监狱里的问题等。也正是从那时开始,许多新的有关社会问题及其解决途径的提案被纳入议事日程。

约翰·肯尼迪总统1963年在国会发表的演说是一个重要起点。他宣布要为那些患有精神疾病和智力低下的人开启一项新的、重要的保健计划。肯尼迪总统的妹妹曾经接受过一场糟糕的脑部手术,之后便一直住在社会福利院,并在那里度过余生。肯尼迪总统主张,减少精神病院住院病人的人数,让更多病人回归社区逐渐康复。他还呼吁,要杜绝浪费,减少贫困,积极促进公民的心理健康。肯尼迪总统针对心理卫生出台的一揽子新政策使得社区心理卫生的地位得到凸显,被誉为美国战后社会发展的一项直接成果。然而,

“历史自有先行者”(Sarason，1972)。我们有必要回顾一下社区心理卫生的早期和较近的历史。只有这样，才能真正理解肯尼迪政策具有的分水岭般的历史意义。

社区心理卫生运动实际上是针对美国州立医院进行的一次剧烈变革。州立精神病院在第二次世界大战结束之前一直是心理卫生系统倚靠的中坚力量。美国州立医院是从17世纪专门护理长期慢性病人的济贫院和贫民习艺所演化而来的。一直到20世纪50年代，州立医院为各种需要照顾的人提供庇护所(Vogel，1991)。在那之后的历史显示出政治、经济、社会、福利、专业和法律等方面的问题对心理卫生保健的影响。历史让我们看清许多事实。如果我们仅限于关注精神病理学所标识的个体心理疾病，这些是不可能真正被理解的。

心理卫生保健在福利制度中的产生[①]

心理卫生保健与社会福利系统有着不可分割的关系。许多人之所以接受心理卫生服务是因为他们没有足够的能力照顾自己。社区心理卫生方案的设计旨在为这样一些人提 56
供社区支持，而不是让他们接受长期住院治疗。出院病人进入社区，他们需要住房、食物、衣服、医疗服务、职业技能培训、娱乐、交通工具和一定程度的监管，而所有这些都需要资金。在美国当前的福利制度下，如果一个人因精神疾病而不能工作，当地政府、州政府或联邦政府会为他(她)提供所需的资金支持。尽管我们不大情愿把为精神病人提供的这一部分资金纳入社会福利开支，但这些支持的确提供给了那些不能完全养活自己的人。

封建制度的解体与伊丽莎白济贫法案。现代心理卫生体系可以追溯到封建制度的解体和1601年颁布的伊丽莎白济贫法案(the Elizabethan Poor Laws)(Slack，1995)，该法案是现代一切福利制度的开端。

大约在14世纪，封建制度开始解体。人类社会由封建贵族和受其控制的平民之间的关系向以工资为基础的“市场经济”转变。现在，受雇者只需要在一定时间内工作，雇主则根据工作时间长短给他们发工资。除此之外，受雇者再无其他责任。那些挣不到钱或赚钱不够多、没有存款的人陷入了生活困境，举步维艰。在这之后200年的时间里，经济的衰退以及劳动力市场需求的季节性变化导致大量人口迁移，从农村到城镇，从一个地方到另一个地方。

于1597—1601年间通过的伊丽莎白济贫法案是女王和议会对“谁有责任照料那些依附者”这一问题的回应。伊丽莎白济贫法案首次将照料的责任置于家庭内部，同时也为那些贫困人口建立了社区责任原则(the principle of community responsibility)，即如果父母

① 本节内容主要来自默里·莱文(Murray Levine)1981年出版的《社区心理卫生的历史与政治》一书，以及该书所引资料。

不能抚养自己的孩子，或者孩子无法照料年迈的父母，那么当地政府就有责任照顾他们。为此政府在每个教区直接任命了一位济贫执事（an overseer of the poor），由他们负责建造和主持济贫院，具体工作包括积极实施院内救济（“indoor” relief）、向困难家庭提供院外救济（“outdoor” relief），以及开展社会工作项目（public works programs）等。为此，必须提高各个教区的纳税额度。寡妇、孤儿、老年人、智力缺陷者、身体残疾者、精神病患者都符合申请救助的条件。然而，当市民不得不为这些项目纳税时，他们对待那些贫困者的态度开始变得恶劣，公民义务失去了互惠性和对等性。

到了19世纪，大约有10%的英国人口在这类救济机构中生活。事实上，这些机构的条件非常糟糕，其意在防止“福利寄生虫”（welfare bums）滥用社区的慷慨，从中获得益处。这些机构既收容穷人，也收容精神病人和一些品质恶劣的坏人。

57 **精神病医院与第一次心理卫生革命**。18世纪因为科学的巨大成功而在历史上被称为启蒙时代（the Age of Enlightenment）。尽管穷人和精神病患者仍然住在济贫院或类似机构里，中产阶级却已开始在私人机构中为自己寻求服务。18世纪，英国开始开设精神病院，如伦敦伯利恒圣玛丽医院（St.Mary of Bethlehem），经授权又增加了可以为精神病患者提供膳宿服务的私立精神病院或家庭。图克（William Tuke）是贵格会（Quaker）①的一位信徒，他开设了一家私人机构，并提出了道德疗法（moral therapy）。该疗法以人道的方式对待精神病患者，还之以尊严，后来在美国产生了广泛影响。这些改变具有革命性。同样具有革命性的还有将心理疾病视为“通过科学手段可以治愈的疾病”这一新的观念。

大约同一时期，法国大革命推动了平等主义哲学的发展，再加上带有时代特点的科学思维的影响，为精神病医生皮内尔（Philippe Pinel）提供了建立两大福利机构的理论基础，从而将受管制的精神病患者与贫困人口区分开来。皮内尔医生有力地证明，通过将仁慈的手段和坚定的态度相结合的对待方式，很多原本无望的被收容者可以得到妥善管理，其中有些人的情况甚至可以得到明显改善。

美国独立战争时期，英国国王乔治三世曾因遭受某种精神疾病的折磨而多次住院。议会对他住院治疗的情况进行了调查，对他的医疗护理遂成为一个公众问题。为乔治国王治疗的医生声称，在10个精神病患者中他可以治愈9个。其他医生也不甘示弱，纷纷作出同样的承诺，由此使人们产生“对治愈可能性的高度憧憬”（the cult of curability）。皮内尔医生的著作和图克的道德疗法随后由英国传入美国，并最终影响了美国公共政策的制度与发展。

精神病医院在美国的发展历史与英国相似。殖民者把伊丽莎白济贫法案带到了美国，并在那里建立了大型的、无差别化对待的济贫院。他们早期通过某些非正式的治疗和护理手段对待精神病患者，并于18世纪开设了一些私人精神病院。其中的关键人物包括拉什（Benjamin Rush）和迪克斯（Dorothea Dix）。拉什是美国精神病学之父，美国独立宣

---

① 贵格会又称“公谊会”或教友派（Religious Society of Friends），是基督教新教的一个派别。——译者注

言上有他的签名。而迪克斯是 19 世纪致力于将精神病患者从监狱里解放出来的伟大斗士。1830 年，马萨诸塞州政府受到公众支持，创办了伍斯特州立医院(Worcester state hospital)，专门收治精神病患者。马萨诸塞州的立法机构之所以作出这项决议，部分原因在于"心理疾病能够被治愈"这一点在英国(民众对疗愈可能性的普遍关注)和法国(皮内尔医生的工作)已经得到证明。美国人因此希望通过设立医院使精神病患者被治愈，这样就可以把他们从福利名单中消除，从而节省大笔开支。

精神病医院一旦由州政府创办，便嵌入了我们的政治体制和价值理念，正是这些因素
影响着医院此后的发展。例如，为了响应政府去机构化的号召，应该减少州立医院的数 58
量，但事实上我们很难关闭一些不必要的医院，因为当地社区对这些医院已经形成经济上的依赖。立法委员会的委员们因此投票反对州精神卫生专员的提议，要求允许医院继续开放。具有讽刺意味的是，医院一旦关闭，其设施可能被重新改造成监狱，这等于否定了迪克斯的事业。她之所以在 19 世纪中叶发起为精神病患者建立公立医院的运动，正是因为这些病人在监狱中遭受了可怕的折磨。

道德治疗的衰落。伍斯特州立医院(Worcester state hospital)于 1833 年正式运行，它的建筑设计是为了实践图克和皮内尔的道德疗法，希望精神病人可以在公立医院中迅速得到治愈。但仅仅几年时间，这种不切实际的愿望便被精神病无法治愈这一专业信念挫败。此后，医疗观念、实践以及住院病人命运的改变在很大程度上是因为州立精神病医院已被完全纳入政治体制，成为后者的一部分。

政治改变着治疗的观念和实践。道德疗法的拥护者们通过夸大治疗效果将治疗方案出售给立法机构。可是医院只有 50%的病人得以治愈出院，而不是预期的 100%的治愈率，这似乎是一场失败。哪怕只是一小部分病人治疗失败而无法治愈出院，如果政府分配给医院的资金不增加，医院便不可避免地人满为患，被长期滞留的慢性病人淹没。

任何一种医疗体系中都会有一些病人对治疗没有反应，但我们对这部分人从来都缺乏预期。作为全身心地投入医学治疗模式的专业人士，任何一种失败都会令我们吃惊和懊恼。专业人士倾向于责怪病人，认为是病人不配合或不适合这种治疗，而不愿意承认治疗本身存在不足。对精神病学专业的发展而言，长期慢性病人数量的增多令其陷入了十分难堪的境地。为了掩盖这部分人的存在，医院管理者干脆直接操纵机构的统计数据，编造出我们将在本书第十三章看到的成功治愈率。我们从中可以看到，在政治背景下，研究和数据的使用往坏里说是完全被人为操纵，往好里说也是过分强调有利于研究者的信息，而且这一切都是在暗中进行的。这个问题在尝试用科学方法解决公共政策问题的早期便已初见端倪。

鉴于公立医院治愈率极低的不良声誉，以及充满危险、让人厌恶的环境，包括爱尔兰移民在内的许多美国中产阶级只要能够担负得起都宁愿选择到私人机构去就医。由于中
产阶级不再光顾，公立医院逐渐失去了政治支持，立法机构的拨款额度随之下降。到 19 59
世纪 70 年代，财政和管理效率主导了中央集权的国家福利机构的各类实践。相对于医疗

质量，对医院的评估更加注重成本和管理效率。

厄尔(Pliny Earle)是一位受人尊重的精神病医生，也是一所医院的负责人。他明确指出，精神失常根本就是无法治愈的，这种观念渐渐开始主导专业人士的思想。即便病人的治疗效果很好，仅有一些残留症状，完全能够适应社区生活，医院仍以病人没有完全治愈为由坚持将他们留院治疗。大型福利机构收容了越来越多的慢性病人，以及其他被社会排斥的人。由于精神病在理论上被认为无法治愈，所以很少有病人能够痊愈出院。大型州立医院作为心理卫生保健的主要力量，这种情况一直持续到第二次世界大战结束。原本被高度期待的护理体制现在变成了拥挤的“疯人院”(snake pits)。正因如此，社区心理卫生取向才成为社会改革的方向。

从19世纪50年代到20世纪50年代，在心理卫生保健暗淡的画面中也有几抹靓丽的色彩。其中，最具代表性的是弗洛伊德的理论。他认为，精神疾病与其被识别为一些互不相干的离散状态，毋宁描述为从精神错乱经由神经症再到心理健康的一个连续统一体。这种观点避免了将精神病人视为完全的异类，以及将“我们—他们”(us-them)截然分开和对立的疏离心态，直接促进了现代心理治疗的产生。欧洲的“第二次心理卫生革命”聚焦于内在潜意识的结构与精神分析的过程，而与此同时，美国心理卫生运动的发展在梅耶(Adolf Meyer)、詹姆斯(William James)和比尔斯(Clifford W.Beers)[他根据自己在某精神病院生活的亲身经历创作了名著《一颗失而复得的心》(*A Mind That Found Itself*)，1908年出版]等人的影响下，走出了一条完全不同的道路(Rossi, 1969)。梅耶在其著作中最先描述了社区心理卫生对预防、治疗和后期康复等方面作出的贡献，以及对创建社区心理卫生管辖区(community mental hygiene districts)的需要。心理卫生工作人员在社区心理卫生管辖区内统筹协调学校、游乐场、教堂、执法机构和其他社会机构的服务，以预防心理疾病，促进心理健康(Rossi, 1969, p.20)。直到后来，精神分析理论开始主导精神病学和社会工作，梅耶的观点才逐渐失去影响力(Levine & Levine, 1992)。

社区心理卫生运动

社区心理卫生服务的范围不断扩大，以至于包含了社会病理学及对受害者的早期识别，肯尼迪总统在其1963年发表的演说中，称这一激进取向为“心理卫生的第三次革命”(the third revolution in mental health)(Hobbs, 1964)。社区心理卫生运动是第二次世界大战以后美国社会在以下几方面发展的结果。

军事精神病学。第二次世界大战期间，军队的心理医生证明，通过早期干预，许多精
60 神创伤有可能完全康复。军方报告了很高的治愈率(大约70%)。相比之下，地方医院的治愈率则非常低(5%—20%)，以社区为基础的新型心理卫生中心便仿照军队的治疗方式和途径建设起来。

对病人的帮助应该策略性地定位于压力情境，并尽早提供帮助。这些来自军队的治疗观念构成了人们当今广泛使用的社会支持概念的基础(Quick et al., 1992)。由于军队心理治疗的人力不足，除了精神病医生之外，心理学家、社会工作者和护士都需要在治疗过程中充分发挥作用(参见本书第五章)。这种除精神病医生之外全员参与帮助性治疗的观念得到了发展，由此缓解了公立医院由于专业人员不足而无法提供充分医疗护理的窘境。危机导向的干预在军队里的成功实践强烈挑战了自厄尔(Pliny Earle)以来盛行的对心理治疗彻底失望的消极态度。

科学的发展。第二次世界大战之后，应激是一种生理障碍以及科学有可能解决迄今为止一切难以解决的问题等观念逐渐进入公众意识。谢耶(Hans Selye)等人从心理生理学层面对压力展开的研究取得了进展。如果军人在军队生活的压力之下会表现出某些心理疾病的症状，那么老百姓的心理问题同样也有可能是对生活压力的反映。心理障碍的定义被扩大化，包括了对“非常”情境(如战斗)“正常的”心理反应。后来，我们又进一步知道萝芙藤(rauwolfia)和氯丙嗪(Thorazine)等精神类药物可能有助于缓解抑郁、焦虑及其他精神病症状。第二次世界大战期间，科学的发展与公众的信念相结合，创造出了一系列的奇迹，包括原子能、雷达、磺胺类药物和盘尼西林等，向精神疾病发起全面进攻的时机似乎已经成熟，此时精神疾病已经被视为最重要的公共健康问题。到20世纪50年代，随着精神类药物被广泛使用，很多病人不再需要住院，社区服务因此变得越来越重要。

心理健康被纳入议事日程。只有当“解决某个问题”在公共议事日程中占据突出地位，才有可能促使公众行动。第二次世界大战后，心理健康问题的普遍性(见本书第一章)开始引起公众关注。很多被征召入伍的青年拒绝入伍，或者即便应召入伍，又会因为某些神经或精神因素而被迫退役。这些问题通过国会听证和媒体向社会公开，其发生率之高令公众不安。此外，媒体还揭露了州立医院极为恶劣的治疗条件，于是改善医院环境成为政府官员的政治责任。可是州长们却声称，他们既没有财政来源对医院环境进行改善，也 61
没有足够资金用于对专业人员的培训，因此呼吁联邦政府采取行动。

社区心理卫生与联邦政府。在我们的政治体制内部，心理卫生保健和福利制度一直是地方和州一级政府的传统职责。第二次世界大战后，联邦政府开始制定政策并划拨资金，逐渐在心理卫生保健系统占据主导性地位。在第一次世界大战期间，由退役军人管理局(Veterans Bureau, VA)为那些因患炮弹休克症(shell shock)而退伍的军人提供服务。自那时起，联邦政府就已经开始在心理卫生保健方面发挥作用。第二次世界大战后，退役军人管理局付出了巨大努力，为退伍军人提供心理卫生保健服务。但是，老百姓、妇女(少数退伍的女军人除外)、儿童和老年人都没有资格接受这一类的服务。20世纪60年代及以后，联邦政府出台新的方案，开始通过出资支持医疗保健(提供医疗补助、医疗保险)和助残项目实施去机构化的政策。

一方面由于精神疾病成为突出的公共健康问题，另一方面因为政府和科学的合作在第二次世界大战期间获得了成功，战后联邦政府出台政策，支持对心理卫生问题进行研究，并在该领域开展了大量专业人员培训。1946 年，杜鲁门总统正式签署法令，成立美国国家心理健康研究所(National Institute of Mental Health, NIMH)以进一步支持和发展该领域的科学研究，并在所有心理卫生相关行业配备经过专业训练的临床工作人员。美国国家心理健康研究所不辱使命，到 1955 年已经获得相当大的成功。

从社区心理卫生运动到社区心理学

有利于改革的政治氛围出现了，人们开始在严重的精神问题和州立医院的体制问题之外，进一步思考对精神疾病的预防和替代性的服务方案。

从州立医院到社区心理卫生运动。1955 年，美国国会创建了精神疾病与健康联合委员会(Joint Commission on Mental Illness and Health)，并委托该委员会开展了一项综合性的心理健康计划。1960 年，正当肯尼迪总统即将宣布就职之时，该委员会提交了一份报告，报告指出当前的培训和护理模式只能为很少一部分需要帮助的人提供服务(Albee, 1959)。这份报告对肯尼迪总统在国会的演讲产生了实质性的影响，肯尼迪总统的号召远远超出了国会关于复兴州立医院的重要提议所涉及的范围。与此同时，经济学家们却认
62 为，经济的增长取决于对收入的再分配，主张对公共部门进行投资，以促进公众对商品和服务的消费，其中便包括对由私人提供的商品和服务的消费(Galbraith, 1998)。1963 年，社区心理卫生中心法案(Community Mental Health Centers Act)获得通过，这不仅满足了人们对心理健康的需求，而且其花费在公共服务方面的支出也与当时的经济政策方向完全一致。

对传统心理卫生实践的批评。社区心理卫生运动的发展并不仅仅基于对新取向的乐观态度，希望与挫折总是比肩同行(见本书第十章)。有批评家断言，精神病医院制造出来的问题比他们解决的问题更多(Goffman, 1990)。精神病患者出院以后需要照顾，但是能够为这些人提供服务的机构几乎没有。为智力缺陷者提供服务的机构的环境也相当恶劣(Sareyan, 1994)。而新的取向，即社区心理卫生服务有望解决这些问题。

萨斯(Szasz, 1963)抨击了"精神病"(mental illness)这一概念。他认为，所谓"精神病"其实是一个虚构的神话，主张以道德、法律和社会规范为标准来定义"异常行为"，进而判断什么样的人才算是"病人"。萨斯的观点引导人们从关注个体内在的心理问题转向关注定义疾病和病人的社会条件和环境。流行病学研究一再提示，情绪问题在低收入人群中更常见，尤其是在社会环境混乱的社区，问题更是频繁发生(Leighton, Harding, Macklin, Macmillan, & Leighton, 1963; Srole, Laugner, Michael, Opler, & Rennie, 1962)。

同样的研究结果在儿童群体中也有所体现。出生在低收入家庭的儿童出现早产、出生体重过轻、脑损伤、儿童行为障碍、学习困难(Knobloch & Pasamanick, 1961)和受教育不足(Coleman et al., 1966)等问题的比例相对更高。

莫伊尼汉(Moynihan，1965)认为，生活在社会底层的非裔美国人家庭处于某种无组织状态，这种状态可能会延续家庭成员的社会和心理问题。有批评者攻击莫伊尼汉的报告，称其为种族主义者。批评者声称，莫伊尼汉没有考虑存在于家庭结构方面的种族偏见的影响，忽视了以母亲为中心的大家庭结构以及双亲完整家庭(当时75%的非裔美国人家庭拥有这种结构)的优势(Rainwater & Yancey，1967)。莫伊尼汉的研究激起了很多非裔美国学者对研究问题的重新定义，也丰富了我们对非裔美国人家庭及其需求的理解(Moore，1982；Zane，Sue，Castro，& George，1982)。与此同时，那些针对莫伊尼汉的批评也为非裔美国人家庭问题的研究制造了一些障碍。非裔美国人社区的领袖现在更为关心女性户主家庭的问题(见 Wilson，1987)。这段史料为学术研究、社会价值观和政治 63
考虑之间的相互作用提供了极佳的例证。对阶级和种族相关问题的研究显示出社会改革的必要性，以及对高质量的心理卫生保健的社会需求。

批评家们对现存的心理卫生保健制度的公平性和有效性提出了质疑。由于来自不同社会阶层的人接受不同的医疗保健(Hollingshead & Redlich，1958)，批评家们首先对成人和儿童心理治疗的效果持怀疑态度(Tuckman & Lavell，1959；Reiss & Brandt，1965)；同时，针对病人的流失率又对临床实践的有效性提出质疑(Tuckman & Lavell，1959；Reiss & Brandt，1965)。同样的质疑在今天依然存在(Bickman et al.，1995)。心理学家对心理问题的诊断所起的作用同样受到攻击(Meehl，1954)。

所有这些批评和质疑为心理卫生保健模式的改革铺平了道路。批评家引用社会学中的异常行为控制理论指出，一般而言，心理卫生专业(尤其是精神治疗)通过确认和强化现有的社会规范提高了心理健康问题的发生率(见本书第六章)。心理卫生专业并不关心社会问题，而是脱离社会情境来界定人的心理疾病，殊不知，这些社会问题正是导致异常行为发生的根源。心理卫生专业人员至少应该走进人们生活的社区——学校、法院、福利机构、教堂、警察局等——促进现实的心理健康问题的解决，而不只是简单地将人们转诊到正规的心理卫生机构。这种视角的转变为后来社区心理学的发展奠定了基础。

强调预防。肯尼迪总统开创的新举措不仅把出院的精神病人重新整合进了社区，还倡导对各种心理问题的预防，以及对积极心理健康的促进。积极心理健康不仅意味着没有任何精神症状，还包括个体追求自我实现的幸福状态。在个体尚未出现心理或社会问题之前就进行的干预称为“初级预防”(primary prevention)(见本书第八章)，代表了心理卫生的“第四次革命”。卡普兰(Gerald Caplan，1964)指出，心理健康专业工作者应该在生活危机发生之前就参与社会行动，这一观点产生了广泛影响。他介绍了多种工作方案，帮助发现和消除社区中的“危险环境”，同时提供相应的服务以促进健康适应。我们将在本书第三章检视这一类综合压力应对模型的含义。

一旦将积极心理健康作为目标，我们就必须研究并尝试改变某些社会体制。这些体制导致了人力资源的长期浪费，加剧了个体的痛苦，阻碍了人的全面发展。从某种意义上说，生活中的各种肥皂剧如今都成了心理健康专业人员关注的焦点。除了关心那些陷入 64

痛苦的个体，作为帮助者和专业人士，心理健康专业人员正在尝试影响家庭、学校、社会机构、法院、工业组织甚至整个经济秩序。他们承担的角色正在由医生、治疗师转变为教育者、社会评论家、改革家和社会规划者。

1965 年，在马萨诸塞州的斯旺姆斯科特市（Swampscott）召开了一次重要会议，主题是对在社区心理卫生领域工作的心理学家的教育问题（Bennett et al.，1966）。这次会议正式确立社区心理学为一个新的独立研究领域，并确认需要对该领域的专业人员进行适当的培训。有批评家认为，扩大对心理健康问题的界定范围，倡导心理健康工作者开展社会干预，隐藏着专业帝国主义（professional imperialism）的危险。也有人担心，社区心理学作为一个独立的学科可能会削弱临床心理学的影响力（Newbrough，1967）。但无论存在怎样的风险，创造一个新的领域的社会意识已经产生。

应用社会心理学与反贫困之战的影响

就在临床心理学和心理卫生保健稳步向前推进的同时，主流的学术心理学也在随着政治氛围的改变而发生变革（Levine & Levine，1992）。在 20 世纪 30 年代经济萧条和政府扩张期间，社会心理学家，如勒温（Kurt Lewin）等，沉浸于有关重要现实问题的田野研究，如团体动力学中的合作与竞争、种族和宗教偏见等（Lewin，1946；Marrow，1969）。在第二次世界大战期间，许多专家学者都参与了心理学在军事领域的应用研究。战争结束之后，他们中有些人选择创建科学实验室，从而放弃了应用研究的道路（Gergen，1973）。然而，勒温和其他一些学者仍然坚持行动研究（action research）的应用传统，不仅成立了社会问题心理学研究学会（美国心理学会第九分会）（Society for the Psychological Study of Social Issues，SPSSI），还创办了自己的杂志《社会问题杂志》（*Journal of Social Issues*）。又如，心理学家克拉克（Kenneth Clark）、库克（Stuart Cook）、尚（Isidor Chein）等人针对种族歧视和学校种族隔离对人的影响发表的社会科学声明影响了 1954 年美国最高法院就布朗诉教育委员会一案所作的决议。该决议对美国社会的发展具有里程碑式的意义（见本书第十一章）。

在社区心理学作为一门独立学科（非临床分支）得到发展的过程中，有三所大学发挥了重要作用。在纽约大学，即尚和库克（Chein & Cook）最早开展有关宗教和种族偏见的社会心理学研究的地方，在社会心理学之外又开设了新的社区心理学研究生课程（Lehmann，1971）。在堪萨斯大学，巴克（Roger Barker，1968；见本书第五章）及其同事创建了
65 一门新的学科——生态心理学（ecological psychology），开展对人类行为环境的研究。这一分支的接班人是福西特（Steve Fawcett）领导的堪萨斯大学工作团队（KU Work Group，1995）。在皮博迪学院（Peabody College，后被并入范德堡大学），霍布斯（Nick Hobbs）、纽伯勒（J.R.Newbrough）、格莱德韦尔（Jack Glidewell）、斯科根（Phil Schoggen，曾在堪萨斯

大学与巴克共事)、罗兹(William Rhodes)、多克奇(Paul Dokecki)等人继承了勒温和杜威(John Dewey)的思想,创建了"交互作用生态心理学"(Transactional Ecological Psychology)的训练模式,将社区取向与心理学中许多传统领域(临床心理学、咨询心理学、社会心理学、发展心理学)相结合(Hobbs, 1964; Newbrough, 1973)。该项目现在称为"社区研究与行动"(Community Research and Action),将社区心理学、环境评估与其他有关社区发展的跨学科领域联合起来进行研究。还有其他几所大学也有一些重要的社区心理学研究项目和研究者,如得克萨斯大学的伊斯科(Ira Iscoe)、密歇根大学的凯利(James G.Kelly)和普赖斯(Richard Price)、密歇根州立大学的费尔韦瑟(George Fairweather)等。此外,哈佛大学设置了社区精神病学研究室,该研究室由卡普兰教授(Gerald Caplan)负责,是一个重要的培训中心。许多研究生从那里毕业之后成为社区研究和社区心理卫生中心的领导者。遗憾的是,20 世纪 70 年代到 80 年代,社区心理学在其他大学的独立和发展遭遇了资源紧缩和发生于学科之间的资源争夺战,这些竞争阻碍了社区研究项目的进一步开展。然而,所幸还有美国国家心理健康研究所(NIMH)对社区心理卫生培训项目的政策支持,许多临床心理学项目在临床培训过程中仍将社区作为一个重点加以强调。

反贫困之战。1963 年,肯尼迪总统遭到暗杀。他的继任者约翰逊(Lyndon B. Johnson)来自经济萧条、更加贫困的得克萨斯乡村。约翰逊总统不仅支持社区心理卫生运动,还发动了美国历史上著名的反贫困之战,创造和设计了各种方案以改善贫困人口面临的困境。经济发展机遇办公室(Office of Economic Opportunity, OEO)领导的社区行动组织负责提供直接服务,旨在通过改造现有的服务体系(包括社会福利、医疗保健、学校、诊所、就业服务、警察、住房管理局等),改善贫困人口的生活境况(Moynihan, 1969)。由于反贫困之战及社区心理卫生运动的各种方案耗资巨大,立法委员会不得不划拨专款用于评估方案的有效性。以往许多临床心理学家、社会心理学家和社会学家认为,他们的实验室实验和"纯科学"研究与社会变革毫不相干,现在他们为了获取基金资助、使自己的才能有用武之地,纷纷开始转向应用研究。同时,由于在田野研究中遇到了困难,有些研究者又开始回头思考实验室研究范式的局限性。

反贫困之战的目的一方面在于为贫困人口提供直接援助,另一方面则以促进社会变 66
革作为更高的目标。它要求该项目的受助者"最大可能地参与",这种理念转而被理解为"社区控制"(community control),并随即引发了大量冲突(Moynihan, 1969)。其实,社区控制作为一种意识形态,并不限于为需要帮助的社区和相关人口制定计划,它同时也向当局提出挑战,寻求地方赋权(local empowerment),包括赋予当地市民一定的权力,使得他们在如何使用社区心理卫生计划和反贫困计划的经费方面拥有话语权。

变革的气氛鼓励人们开展各种实验,范围涉及以往缺少服务或服务水平低下的各种人群。一些心理健康专业工作者开始参与新的社区心理卫生中心项目和不同的服务情境(如 Saranson, Levine, Goldenberg, Cherlin, & Bennett, 1966)。传统专业实践的有效性受到抨击,这种抨击在当时几乎成为代表改革潮流的典型语言。大量证据表明,替代性人员(如准专业人员)和替代性服务是完全可行的。各种类型的项目应运而生,无论是否得到心理健康专业人员的帮助,都在积极向前推进和发展。

激进的改革者仿照20世纪50年代至60年代民权运动的成功模式,采取与之相似的意识形态、语言和策略以实现对社会和经济的变革。他们的目标不仅为获取物质利益,而且他们反对那种被社会强加的观点,即轻视那些需要帮助的人或视这些需要帮助的人为"异常"。激进主义者及其创办的社团搭建起社会共享的平台,帮助个体维持自尊,并鼓励采取社会行动来改变个人的处境(Ryan, 1976; Goldenberg, 1978)。社会领域的改革者与具有深厚文化背景的反战运动、性解放运动互相交织,体现出人们对既有传统和权威严重缺乏信任的态度。

妇女运动同样促进了对社会不平等规范的强烈挑战。该运动与社区心理学并行发展,它们有着共同的目标和价值,在理论上和对现有研究范式的抨击方面有着相似的理念,但二者之间的相互联系并不多(Bond & Mulvey, 2000; Campbell & Wasco, 2000)。

许多方案旨在缓解个体内心的痛苦,提升他们的自尊。有些心理健康专业人士认为,几乎所有合法的社会行动都可以纳入广义的心理卫生范畴。对于民主政治而言,对弱者赋权,使他们在政治、社会和经济上获得平等的地位,是有价值的作为(如 Cloward & Piven, 1971)。而对治疗和预防由心理冷漠和无助引发的心理疾病而言,这些做法同样具有合理性(Rappaport, 1977)。

67 **对新的理论和概念的需求**。快速扩张带来了混乱,社区心理学几乎涵盖了一切领域,"从桑第测验(Szondi plates,当时流行的一种投影技术)到城市中心贫困人口的聚集,再到新的社区管理"(Cowen, 1973, p.423)。新的推力从四面八方接踵而至,各种冲击很少具有一致性,而且概念模糊。从事传统医疗实践的批评家们对这种社会行动主义(social activism)颇有微词。他们坚持"内在心灵至上"的观点(Levine, 1969),认为生活中是否出现问题取决于个体内部的心理结构,后者决定了人们在日常生活中的认知、情感和行为。在传统心理学家看来,社会行动主义是一种"迷途的浪漫"(misguided romantics),严重背离了自己原有的专业角色和专业活动。即便有19世纪末20世纪初城市定居救助运动作为社会工作的模版,这种偏离仍然被认为是愚蠢的行为(Levine & Levine, 1992)。而社区取向的批评家们立场同样坚定,但他们缺乏属于自己的新理论和新概念。

卡普兰(Caplan, 1970)有关咨询的著作在当时颇具影响力。然而,咨询理论只是临床理论的延伸,咨询实践与心理治疗督导的区别不大,况且咨询实践的结果并不总是有效的。咨询和教育成为社区心理卫生中心的核心服务以及专业人士的主要职责,即便暂时还做不到,至少在人们的想象中应该如此(D'Augelli, 1982)。但是,相对于一般的理论、策略和实践,咨询理论并不能为人们提供更多具体的行为指导。

社区心理学的发展走的是一条实用主义的路线(Cowen, Hightower, Pedro Carroll, & Work, 1996;见本书第八章)。莱文(Levine, 1973)论证了这种变革的必要性,并提出"负责任的开拓"(responsible chutzpah)原则:虽然缺乏充分的科学基础,学术界能够给予的支持和帮助少之又少，但社区心理学家仍需加倍努力，争取做到最好。

大部分社会心理学家拒绝到真实的世界中去做现场研究，而是更多依赖实验室实验。这种在人为操纵的情境中以大学生为被试进行的研究既缺乏外部效度，其内部效度又缺少社会关联性(Gergen, 1973)。

社区取向的心理学家偶尔会借用行为主义作为刺激物或激励因素。但是，以行为主义作为理论基础同样有其局限性。操作行为主义心理学建立在实验室研究的基础上，是针对单个(多半是非人类的)有机体的研究。(假设斯金纳在他箱子里放了两只老鼠，研究结果是否会有不同呢?)尽管行为主义原理已经被成功地运用到各种不同机构以及某些社区情境中，但是这些原理并不能解释权力关系、奖惩机制中的权力滥用，以及这些机构中的目标和价值等。代币行为矫正法(token economies)和其他行为策略对个体的创造力和 68
文化的多样性具有抑制作用。另外，行为主义标榜的“价值中立”，以及将有关行为的“技术”扩展到社区或机构层面，有可能创造出一个绝对顺从和驯服的世界，这一世界与其说像斯金纳在《瓦尔登第二》(*Walden II*)①中创造出来的世外桃源，倒不如说更像奥威尔(George Orwell)在幻想小说《1984》②中嘲讽的那种极权社会。

心理测量学是社区心理学需要借鉴的另一个重要领域。智力测验和其他心理测验长期被用来测查和描述少数民族及移民群体的各种缺陷，对就业和教育领域的歧视具有助长作用。一些社区行动主义者早已在法律层面对心理测验造成的歧视提出质疑。

对社区心理学家而言，其中的寓意十分明显：有关个体差异的研究，其结论常常被错误地推广到群体。我们应该优先考虑对个体及弱势群体的公平性，而不是机构与科学的兴趣所在。科学家必须时刻警惕，避免随意解读和误用自己的研究数据。心理学研究者和他们致力于实践应用的同行一样，会受到社会和政治变迁的影响。萨拉森(Seymour Sarason)是以“负责任的开拓”为己任的行动派领袖(Sarason et al., 1966)，他清楚地意识到心理学家面临的理论问题和经验问题，并因此断言——传统心理学和其他社会科学从未打算为政策制定者提供很多信息(Sarason, 1981b)。

除了加强与现实世界的联系，萨拉森(Sarason, 1981b)主张超越传统的以个体为中心的心理学，在更大程度上认识历史和社会情境的作用。萨拉森认为，文化理论的有色眼镜，以及狭隘的学科视角严重束缚了我们对问题的界定，影响了我们寻找解决问题的方案。我们不能因为大学被划分为心理学、社会学、人类学、经济学、政治学、法学、哲学和英语等系科，就相信现实世界上的问题也是如此划分的。然而不幸的是，这种组织划分正在以同样的方式建构我们头脑中的知识。

---

① 《瓦尔登第二》是斯金纳于1948年出版的乌托邦小说。之所以命名为《瓦尔登第二》是为了区别于美国著名作家梭罗的《瓦尔登湖》。梭罗在书中描绘了一处美国的世外桃源，而斯金纳创造了一个按照操作条件作用原理运转的社会。他使用完全科学的行为主义方式，按照自己的实验室原型设计了一套理想的社会制度、政治制度和教育制度体系，希望通过严格的人为设计和训练，实现梭罗《瓦尔登湖》的理想。——译者注

② 《1984》是英国左翼作家奥威尔(George Orwell)于1949年创作的政治小说，他在其中刻画了一个令人感到窒息和恐怖的、以追逐权力为最终目标的、假想的极权社会。——译者注

萨拉森认为，社会科学家在这个世界上所处的位置和拥有的利害关系影响重大。问题并不只是“在那里”(out there)。他认为，我们必须考虑到社会科学家如何界定问题、如何提出解决方案以及他们处于何种价值立场，可惜的是，再好的科学也做不到这一点。就其性质而言，社会行动要解决的问题与自然科学问题有所不同，因为社会问题深深植根于人类生活的环境之中，这些问题大多十分棘手，找不到一种适用于各种场合或情境的万全之策(Sarason, 1978)。

我们正在努力发展一套理论观点和概念体系，以超越个体心理学和突破由于对实验
69 方法的依赖而强加给我们的种种限制。进入社区开阔了我们视野，使我们看到更多新的可能性，同时也为我们指引了方向，使我们能够从新的视角观察人类的环境，体会社会科学对这些环境的洞察力和阐释能力。我们现在比以往任何时候都更加清醒地意识到，我们不可避免地要应对价值问题。一切行动和研究必将与价值纠缠在一起。社会科学家不应该躲藏在科学和专业权威“欺骗性的斗篷”(false mantle)后面。

总之，社区心理学产生于社会快速变革的时期。这个领域有了自己的名称，在一定程度上也建立了自己的思想体系，但是，有关社区心理学涵盖的范围、它的研究方法、目标以及科学理论等方面至今仍模糊不清。由于“社区心理卫生”囊括了太多不同性质、不同类型的活动，这个概念并没有太多实际意义，也未带来更多的自我反思。在“康复-康复性努力”(rehabilitative and restorative efforts)与“预防-预防性努力”(preventive-prophylactic efforts)之间存在一些粗略的区分(Cowen, 1973)，有人称前者为“社区心理卫生”，后者为“社区心理学”(Rappaport, 1977)。与社区心理卫生相比，社区心理学有着更多的“根系”(如妇女运动、民权运动，以及社会心理学中的勒温行为主义等)。但在许多心理学家看来，是肯尼迪总统要求社区心理卫生中心重视预防的提案最早推动了该领域的发展。

社区运动对心理卫生领域以及我们对心理问题的思考产生了深刻的影响。社区心理学的许多概念和方案已经在临床环境中得到应用，以至于社区的观点在很多领域中几乎已成为常识。社区心理学的科学基础问题非常重要，在之后的章节中我们将再次回到对该问题的讨论。而在进行具体的讨论之前，我们先粗略考察一下社区心理卫生当前面临的形势。

社区心理卫生运动的主要议题

社区运动开始于 1963 年的社区心理卫生中心法案(Community Mental Health Centers Act)，该法案对美国的心理卫生服务产生了深远的影响。基于社区的治疗要求在提供综合性的服务方面有所改变。本节我们将对当前的心理卫生实践展开讨论，包括住院医疗的社区替代方案，消费者运动日益增强的重要性，为少数族群和其他服务不足人口提供的心理卫生服务，以及儿童心理卫生服务等。

去机构化 70

精神病患者在州立精神病院住院的比率由1969年的每100 000人中186人下降到了1992年的每100 000人中33人(Center for Mental Health Services，1996)。被机构收容的智力失常人数在同一时期也大幅度下降。机构收容人数的下降是社区心理卫生中心项目(Community Mental Health Centers program)的目标之一，即在计划开始的10年内，将机构收容人数减少一半。人数的减少部分归因于治疗哲学的转变，同时也反映了有关医疗经费、报销政策的法律制度的改变，这些改变使强迫病人在非自愿情况下留医或住院变得更加困难(Levine，1981；见本书第四章)。

并不是所有人都对去机构化(deinstitutionalization)持完全肯定的态度(Scull，1977)。批评家们认为，社区心理卫生中心并没有能够为那些走出医院而患有严重心理疾病的人提供有效的服务(Torrey et al.，1988)。为那些原本被机构收容的大量人口提供充分的社区服务是一项长期而严峻的挑战(Shinn & Felton，1981；Torrey et al.，1988)。在去机构化过程的早期，病人从精神病院出院后搬入酒店的单人房或住进寄宿家庭，这些单位的护理水平极其糟糕。老年病人则直接被送进养老院。很多案例表明，养老院对老年病人的护理发生过太多令人愤慨的事件，这些事件导致政府对养老机构的管理越来越严格。最近几年，这些机构的条件得到了一定程度的改善，但某些机构在护理病人的过程中仍不时有丑闻见诸报端(例如，Levy，2002)。

去机构化政策催生了新的由处境不利人口构成的服务不足人群，如有心理疾病和药物滥用问题的人。这些人中有许多是年轻人，他们拒绝到正规的心理卫生机构接受治疗，不愿意被称作“精神病人”(Johnson，Stiffman，Hadley-Ives，& Elze，2001)。

州立医院为病人提供从入院到出院(或死亡)的一系列正规服务，而社区心理卫生系统不可能提供同样范围的服务。许多有严重心理问题的人由于得不到足够的支持，又不能独自应对自己的问题，最终沦为无家可归的流浪汉(见专栏2-1)。这一群体的异常行为清楚地反映了去机构化政策的问题。

专栏2-1　无家可归者 71

无论何时，美国都至少有几十万人无家可归(Breakey & Fischer，1990)。无家可归者的增长始于20世纪80年代早期，被认为与去机构化有密切联系，尽管这种说法或许有失公允。对于那些患有心理疾病或药物滥用问题的无家可归者的人数估计在不同地方和不同时间有很大差异。首先，无家可归者的人数很难统计，更不用说还要对他们进行准确的诊断。最佳估计是，大约有15%—30%的无家可归者患有各种心理疾病，多为吸毒或酒精障碍(很多无家可归者同时存在多种问题；Toro & Wall，1991)。然而，这部分快速增长的人口除了收入少、满足不了当地房产市场的要求之外，从未得到明确的诊断。让人震惊的是，这些人中有一部分是带着孩子的单身女性，她们打破了“流浪汉”都是单身成年男性这一古老的社会刻板印象(Milburn & D’Ercole，1991)。

无家可归者中还包括许多离家出走(或被遗弃)的青少年,他们中的很多人(既有男生也有女生)靠卖淫生存(Greene, Ennett, & Ringwalt, 1999; MacLean, Embry, & Cauce, 1999)。从压力及其应对的视角来考察这些无家可归者很有助益,尤其是对那些离家出走的青少年而言(见本书第三章)。

绝大多数无家可归者都不是心甘情愿的。然而,即便我们能够治愈所有的心理疾病和吸毒成瘾,总还会有人无家可归。因此,将无家可归完全归咎为心理卫生或去机构化的问题,而忽视经济衰落、政治意志、政府优先(如削减或叫停低收入家庭的住房补贴及福利金)、房地产开发(拆除几百万户低收入家庭的栖身之所)等方面的问题(Shinn & Tsemberis, 1998)纯粹是一种误导。无家可归就像很多人在一起玩“抢座位”游戏,在这场游戏中,只提供少量人们能够负担得起的房子,那些在音乐骤停时还没有抢到座位而被剩下的人便沦落为无家可归者。他们作为个体或家庭可能存在这样或那样的缺陷,这些因素如心理疾病、药物滥用、犯罪前科、配偶(或儿童)虐待或忽视、失业、生理残缺或疾病等,可能是造成他们无家可归的第二位原因。然而,导致无家可归的最主要原因还是当人们对住房的需求不断增长时,为低收入群体提供的保障型住房却在不断减少,尤其是城市的中心地区。造成这种趋势的缘故有许多,其中之一是在过去50年中实行的城市重建政策。这一政策拆除了数百万低收入者家庭的私有住房,以及政府为低收入者提供的保障性住房,取而代之修建起来的是公共建筑、高速公路、露天场所、高档豪宅等。低收入群体勉强负担得起的其他类型的房屋却又被升级或中产阶级化(即中产或社会上层迁移到贫困居民区),使得这些区域范围内的住房成本不
72 断上涨。政府减少住房补贴的政策同样受到指责,特别是在20世纪80年代。(大部分人都以为,联邦政府提供的住房补贴都发放给了穷人。然而,事实上,其中大约三分之二的补贴是以降低房贷利息和财产税率的方式流向了社会的中产和上层阶级)。政策和市场的发展一直偏向于满足中等以上收入家庭的需求。与此同时,由于人口的增多,对房屋的需求也在增长。建筑成本不断上涨,加上廉租房的空置率低,多种因素综合作用,促使住房成本在全国范围内迅速攀升。联邦政府的政策标准是,每户家庭每月应支付30%的收入(或少于30%)用于住房和公共设施。然而事实却是,越来越多的人需要将其收入的50%(或更多)用于住房消费。这种现象日渐普遍,使得很多家庭将收入用于其他支出(包括教育或其他能够帮助家庭脱贫的事业投资)变得更加困难。

从这个更为广阔的视角来看,很显然,上述问题对数以百万计的正在与住房成本和困难抗争的无家可归者而言还只是“冰山一角”(Wilson, 1987)。我们不要忘记,还有百倍于无家可归人口数的美国人生活在贫困线以下,他们居住在不安全的房子里,过着毫无希望的生活,而这可是在号称地球上最富有的国家。

社区心理学和临床心理学在如何才能更好地应对无家可归这一问题上存在明显差异。临床心理学的做法倾向于改善对患有心理疾病和吸毒成瘾个体的治疗和后期

服务，以降低他们的易感性。即使在政治和经济上是可行的（事实证明并非如此），这样做也未免忽视了问题的根本，无非是让"抢座位"游戏的所有玩家重新排座位而已。同样，解决无家可归问题的最终方案也不仅仅是再多修建一些庇护场所那样简单。庇护场所作为一项社会政策，相当于危机干预。

正如我们在下面两章将要讨论的，社区心理学引入了生态模式。其目标在于，在压力过程中的每一个阶段进行干预，而不只是针对压力产生的后果；在多个水平上干预，而不仅仅是针对个体层面。应急庇护场所确实很重要，但还是需要考虑协调支持服务，将过渡性和永久性住房问题同时包含进来（Shinn & Tsemberis, 1998）。重要的是，预防无家可归，我们需要根除造成经济适用房短缺的那些原因（Shinn, 1992），以及加剧个体脆弱性和心理问题易感性的环境压力（Milburn & D'Ercole, 1991）。这就要求政府在各个层面上行动起来：从对廉价单身公寓的地方性保护，到将中低收入家庭住房建设纳入各州及地方政府的发展规划，确保所有的市、县都能提供经济适用房以真正实现联邦政府的公共住房保障政策，再到为低收入家庭提供住房补贴，创造更多能够维持基本生活水准的工作机会等。

许多先前的患者（former patients）脱离了正式的医疗护理机构，不过他们的生存条件十分恶劣。与此同时，在如何对待回到社区的患者方面同样遇到了问题。很多家庭开始呼吁对法律进行改革，在更大范围内为非自主性住院开绿灯，而不是将病人和周围人置于危险之中（见 Special Issue of Innovations and Research: Mental illness and the law, 1993）。尽管有些病人（现在通常称他们为"消费者"）认可非自主性住院和治疗的必要性， 73
但仍有很多人视这种强制性住院为毁灭性的打击，要求尽可能地避免。许多州已经开始实行非自主性门诊承诺法（involuntary outpatient commitment statutes），这使得将那些拒绝用药或接受其他医疗的门诊病人重新收容进机构变得相对容易（Mulvey, Geller, & Roth, 1987）。

许多城市都建立了"特别服务区"（service ghettos），许多染病、贫穷、年老、精神错乱或有犯罪前科的人被集中在一起，就像旧时的济贫院一样。"通过解决问题来制造新的问题"这句话用在这里十分贴切。

去机构化已经产生了很多积极的效果（Shinn & Felton, 1981）。许多研究报告显示，相比于在医院，消费者（病人）对生活在社区环境中感觉更满意。许多原本可能要一辈子呆在医院里的病人现在有了更多的自由，能够在社区里平安地生活，尽管他们的生活方式仍需受到一定限制。有些消费者（病人）成立了自助和支持团体，还有些人甚至已经成为训练有素的病案管理者和其他心理卫生服务的提供者（Salzer, Blank, Rothbard, & Hadley,2001）。如果我们能够更好地应对服务体系的一些挑战，去机构化的积极效果可能还会进一步增强（Lamb, 1984）。

社区护理。自 1963 年以来，住院和门诊病人的比例已经发生逆转。30 年前，75%的患者医疗事件(一年中入院和出院的病案总数)发生在州或县一级的精神病医院。而如今只有 25%的医护行为发生在那里。以下数据反映了同样的转变,即 2 000 000 名被诊断为严重心理障碍(精神分裂症或双相障碍)的病人中目前只有极少数在州立或县一级精神病医院接受治疗(Torrey et al., 1988)。

与 30 年前相比,病人在精神病院住院的时间大为缩短。1969 年统计,病人在州或县一级的精神病专科医院住院的平均天数为 421 天,到 1978 年缩短为 189 天。而病人在大型综合医院接受精神治疗的天数平均只有 8 天。住院时间的缩短制造了"旋转门"现象,即有一些病人不停地住院、出院,再住院……,周而复始,循环往复(Kiesler, 2000)。

住院时间的缩短反映出社区在帮助病人尽快恢复平衡、重返社区方面发挥的重要作用。但仅凭住院时间长短这一数据,并不足以让我们了解短期住院对病人及其家属的全部意义。如果病人短期住院便能获得与长期住院同样的改善效果,那么短期住院显然对病人和社会双方都有利。但是,如果病人得不到足够的改善,不能恢复到可以维持相对平静和独立生活的状态,短期住院就不可能得到普遍的认可和支持。对部分家庭而言,似乎
74 只有让病人住院才能解除他们的负担,让他们稍感轻松(Hatfield, 1993)。不管病人出院后是回归家庭还是到社区居住,短期住院都非常强调出院后的继续治疗和有准备的环境的必要性。

从州和县一级心理卫生机构的经费预算到以社区为基础的、整合性的有效服务(包括住房补贴、收入支持、精神护理和药物治疗等),其中的资源并未得到恰当的重新分配。以营利为目的的私立精神病连锁医院会挑选最容易治愈的病人进行治疗,并在保险覆盖的范围内尽可能让病人长时间地住院。这些连锁医院与公共卫生机构竞争那些受到最好教育的专业人员,使得公立医院和社区卫生机构的专业人员编制问题日趋严重(Torrey et al., 1988)。由于资金有限,州立医院现在采取购买服务的方式,将门诊病人、日常治疗、居家服务等大批业务连同一些公共基金(如社区医院短期住院病人医疗补贴等)整体外包给某些私营或非营利性医疗机构(Salzer et al., 2001)。

总之,在过去的 30 年中,美国的健康和心理卫生保健系统发生了戏剧性的改变(Kiesler, 2000)。社区心理卫生系统仍处于调节整顿阶段,新的社区计划尚未出现(Heller, Jenkins, Steffen, & Swindle, 2000)。由于一些机构尤其是私人机构追求住院病人高额的医疗补偿费用,导致心理障碍患者住院治疗的比率又有所回升。在对长期慢性病人的心理治疗和支持护理方面,心理卫生中心与私人诊所、州立精神病院发挥着同样的功能。社区心理卫生究竟能否实现其最初的目标,在治疗后期的社区护理、咨询、教育、研究、评估和预防等方面推动变革,尚有待进一步的观察(Heller et al., 2000)。

住院医疗的社区替代方案

多年以来,心理社会康复模式、危机与拓展训练、强化的个案管理,以及诸如自信社区治疗(Assertive Community Treatment)等项目(Stein & Test, 1985; Test, 1991;见专栏

2-2)已经代替了医疗护理模式,后者需要以病人主动到诊所接受出院后门诊治疗为条件。各种日间护理项目和病友俱乐部组织为更加有效的门诊服务提供了补充(见《心理社会康复杂志》俱乐部特刊,*Psychosocial Rehabilitation Journal*, 1992, 16, No.2 October)。有些俱乐部会所正是由昔日的病友组织发动并运行管理的(Chamberlin, 1990)。

专栏 2-2 有力的社区支持

正式医疗系统的一个重要发展就是个案经理人(case managers)的大量使用,他们针对病人所需提供一系列多样化的服务。从新的视角看,个案经理人每周为同一个病人服务 1—2 小时或数小时不等,服务地点就在消费者的家里或他们居住的任何自然情境中。以下举两个项目作为例子:一个是自信社区治疗(Assertive Community Treatment, ACT)项目,服务对象为严重精神疾病患者;另一个是家园建设者项目(Home- 75
builders program),服务对象是面临孩子被寄养风险的问题家庭。

"自信社区治疗"又称"社区生活训练"(Training in Community Living)或"麦迪逊模式"(Madison Model),该项目专门为患有严重心理疾病(severe mental illness, SMI)的个体提供强化支持,以预防或减少住院,提高这一部分人在社区的生活质量(Witheridge, 1990)。自信社区治疗项目提供的实践服务主要集中在基本生活技能训练、药物治疗、财政金融、房屋住宅等方面,以及帮助来访者向其他服务提供者要求服务。自信社区治疗项目的正式员工人数与服务对象相比非常少(通常为 1∶10),他们作为一个团队,努力为消费者提供更多服务(如在晚上和周末时间服务),同时为工作人员之间的相互交流和支持提供便利(Stroul, 1986)。员工与消费者在自然的社区环境中而不是在诊所的办公室里接触和交流。员工们努力吸收更多的消费者加入自信社区治疗项目。自信社区治疗项目对心理卫生消费者融入社区生活具有重要的促进作用。

自信社区治疗项目在农村和城市中心的贫民社区得到了成功运用(Bond, Witheridge, Dincin, & Wasmer, 1990; Witheridge & Dincin, 1985)。这个项目尤其适合严重心理疾病患者,即那些患有严重心理疾病的年轻人(Stein & Test, 1985),他们代表了极富挑战性的一群人(Iscoe & Harris, 1984)。自信社区治疗还被用于治疗无家可归和药物滥用者中患有心理疾病的人(Olfson, 1990)。

至于自信社区治疗的效果,它减少了病人住院的次数,也因此降低了医疗服务的成本(e.g., Bond et al., 1990; Dincin, Wasmer, Witheridge, & Sobeck, 1993)。其他预期出现的效果,如减轻心理症状、强化社会人际交往、提高个体生活质量等,不太容易通过研究证实(Olfson, 1990)。虽然比住院治疗的花费少,但 ACT 属于劳动密集型服务,因此,与其他形式的非住院病人的护理相比,其费用相对较高。由于缺少资源,以及资源被不合理地分配到医院而非社区项目,自信社区治疗项目在许多社区的推广使用受到了限制(Stein & Test, 1985; Torrey, 1990)。

关于自信社区治疗,我们还存在这样一些疑问:住院频率的减少是否完全归功于在自信社区治疗强化支持下病人对药物治疗的服从？在管理式医疗保健强调节约成本的体制下，自信社区治疗的优势在哪里？自信社区治疗是否仅适用于在危机事件发生时提供强化支持，而在其他时间较少能够提供由消费者驱动的正式支持(less formal consumer-driven supports)？自信社区治疗是否可以通过吸收心理卫生消费者加入治疗团队，从而与互助原则相结合(Toro, 1990)？

家园建设者项目(Kinney, Haapala, & Booth, 1991)是另一个强有力的支持项目。其他以家庭为基础的在自然情境中针对青少年行为进行干预的项目(例如，Henggeler, Shoenwald, Borduin, Rowland, & Cunningham, 1998)同样有不少成功的案例。

76 尽管新型服务的许多案例对社区心理卫生的理念和研究提出了挑战，在正式的心理卫生保健系统之外开展的多种类型的服务在数量上仍在增长。目前，许多城市为无家可归者、被家庭成员虐待受伤的妇女和离家出走的青少年提供庇护场所，另外还有为吸毒者、朋辈辅导项目(peer counseling programs)和街道工作者①项目(street worker projects)的服务对象提供的治疗和住宅设施。这些替代性服务机构招收的员工(全体或部分)要么曾经遭遇过同样的困扰，要么具有从事此类工作的个人才能，这些特点被认为比专业资格证书更为重要。这些机构的员工认为，他们提供的服务不同于传统的心理卫生服务，他们服务的对象是那些不愿意接受传统服务的人(Gordon & Curtin, 2000)。在罗伊诉韦德案(Roe v. Wade, 1973)②之后，堕胎诊所迅速增加，许多诊所在提供堕胎服务的同时也提供心理咨询。一些反对团体除了对堕胎诊所提出抗议，也为堕胎者提供服务，帮助他们收养或抚育婴儿。强奸咨询项目和受害者帮助计划也在同步发展。于反贫困之战中首创的社区行动计划也在继续实施，主要提供包括咨询、培训、声援来访者、将病人转介到其他机构等在内的邻里服务。

自杀预防服务在20世纪60年代发展起来，并且发展速度很快。现在有许多机构可以提供危机干预服务。大体而言，这类机构主要雇用受过一定训练的志愿者帮助接听热线电话(Mishara & Daigle, 2001)。

在有些地方，附属于教会的教徒咨询服务中心有所发展。其中的工作人员大多是接受过咨询方法训练的志愿者，他们接受专业人士的监督。最近几年，基于宗教信仰的服务激增。布什总统倡议使用联邦基金支持那些基于宗教的服务，我们因此可以预期，将来会看到更多类似的服务。除此之外，自助团体的数量也在不断增加(见本书第九章)。

---

① 街道工作者是指设法帮助某个街区中有心理问题或犯罪前科的青少年的那些社会工作者。——译者注

② 罗伊诉韦德案是1973年美国联邦最高法院有关妇女堕胎权和隐私权的一个重要判例。对于妇女堕胎问题，美国联邦最高法院承认妇女拥有堕胎权，该权利受宪法保护。与此同时，对堕胎又有严格限制，要求采取严格的审查程序，并具体提出“三个阶段标准”，即在妇女怀孕的前三个月(第1周至第12周)，由于胎儿不具有“母体外存活”的可能性，孕妇可在与医生讨论后自行决定是否堕胎；怀孕三个月后，政府不禁止但限制堕胎，需要由医生签字，说明堕胎是保护孕妇健康之举；在胎儿具有母体外存活性(第24周至第28周)之后，政府保护潜在生命的利益，除非母亲的生命或健康确实遭遇危险，否则政府严厉禁止堕胎。——译者注

我们对替代性服务的认识大多基于对一些项目的小规模研究。这些项目或许代表性不足，而且缺乏后续的追踪研究。哪些人接受了这些服务？而谁又从这些服务中退却了？如果我们想要知道基于社区的替代性服务究竟满足了哪些需求，还有很多问题亟待进一步的研究。

门诊心理治疗。提供门诊服务的机构和人员快速增多(Torrey et al., 1988)，其中包括获得心理治疗专业硕士学位的护士，婚姻家庭问题咨询专家，接受过心理咨询和治疗专 77
业训练的慕道者和神职人员，以及持有各类可疑证书未经官方正式登记的众多“心理治疗师”。心理治疗专业的发展与流行病学调查反映出的广泛需求(见本书第一章)相一致。在一些大都会城市，心理治疗的市场可能已经过度饱和，但在农村以及人口密度较小的地区，心理卫生资源依然十分短缺。

许多专业从业者就职于公立医院或机构，但更多的从业者是在私人开设的诊所工作。对门诊病人心理卫生服务的保险覆盖支撑着私人诊所的业务增长。管理式医疗不仅限制病人就医的次数，而且限制了可用的治疗方法和可以获得赔付的执业医生人数。这些限制对心理卫生产生了重要影响(Bickman et al., 1995)。受到诸多限制的服务系统使得消费者实际享受到的服务很少(Heflinger & Northrup, 2000; Sabin & Daniels, 2001)。相关从业者现在已经组织起来，与管理式医疗组织进行斗争。他们指出，管理式医疗既不利于对病人的治疗，也不利于从业者的生计。那些接受门诊治疗服务的人不一定患有严重的心理疾病，而病人接受门诊最终也未必就能避免住院治疗(Torrey et al., 1988)。

官僚主义的障碍。社区运动无疑对我们如何解决问题产生了重要影响。但是，这些变化的发生实属不易(见本书第十章)。大多数心理卫生计划提供的支持是个体、团体和家庭治疗以及精神科药物，而这些服务并不一定都是针对那些最有需要的人的(Torrey et al., 1988)。与此同时，由于大多数的新型服务都是基于实用主义零星发展起来的，其结果是提供的基金被碎片化，受助者接受服务的资格条件被限定得十分繁琐。

在社区心理卫生中心项目开展之前，96%的公共心理卫生服务资金来自各州政府。而20年之后，由联邦政府提供的资金占到其中的38%，地方政府提供9%，州政府只提供53%(Torrey et al., 1988)。项目管理者必须搞清楚可用于治疗的各种资金项目，以及使用每一类资金的附加条件。临床医生同样需要追踪各种项目，以便帮助自己的病人，如助残项目、残疾人社会保障金、医疗补助、食品券、各州补助、福利、特殊住房补贴项目、服装补贴、公共运输折扣等。托里等人(Torrey et al., 1988)对此评论道：

> 专业人士要弄清楚这么多项目尚且非常困难，更不用说那些患有严重心理疾病的人。他们被这些项目弄得头昏脑涨、不知所措，一点都不奇怪。(p.13)

当政府官员出于各自的利益将财政责任从政府的某一级部门转移到另一级部门时，各类资金的流动便形成了某种“财政博弈”(fiscal shell game)。托里等人(Torrey et al., 78

1988)认为,公共心理卫生决议背后的真正驱动力乃是这种"博弈",而不是所谓"病人需要"。

随着州政府与县政府结盟,并且与私人组织合作共同满足消费者的需求,公共医疗服务和私人服务之间原有的明确划分被消除了(Snowden, 1993)。由于布什总统的政策支持以信任为基础的服务,这种趋势可能还会增强。按人头计算的收费系统在理论上行得通。这种系统资助的是符合条件的消费者,而不是某些项目的服务费。其目的在于强化以消费者为中心的服务,提高服务效果。最后,管理式医疗将服务按照固定的份额打包,在开放的市场上以有竞争力的价格提供给消费者选择购买。这让我们看到中世纪曾经出现过的那种以相互义务为基础、没有其他附加条件的社会支持距离我们的生活已多么遥远,并因此而深感不安。

新的发展。从长远计,我们显然不能只停留在计划的观念层面。每走一步我们都要考虑这些观念产生的政治、社会、经济背景,以及由这些背景催生出来的各种项目本身。例如,20 世纪 80 年代,政治考量和保守倾向便影响了当时的主流语言以及"反毒品之战"(war on drugs)中的资金分配(Humphreys & Rappaport, 1993)。我们同时还要考虑医学模式的替代模式(见 Lorion & Ross, 1992)。基斯勒(Kiesler, 2000)更进一步指出,医学模式有着其固有的缺陷。他还断言,除非新的心理卫生保健政策在短时间内被设计出来,否则心理卫生服务的问题只会越积越多,而且代价会更加昂贵。如果在美国卫生政策改革的努力中能够坚持这些信念,社区取向仍将在心理卫生和减少药物滥用两个方面发挥重要作用。

多样化的服务潜能要求社区心理学给予清晰的理论表达,并对新的概念检验提出挑战。美国心理卫生总统顾问委员会(President's Commision on Mental Health, 1978)对预防服务的再次强调令这种挑战愈加严峻。如果社区心理学缺少一套有望实现的理论范式,它对于这些挑战的应对很可能会失败。(我们将在第八章讨论预防的概念以及相关项目。)在下一章,我们将了解一些由社区推力激发的有前景的概念和理论。而在此之前,我们还要回顾针对不同种族、少数民族群体以及儿童与青少年的心理卫生服务。

少数民族和其他服务不足群体

1978 年,美国心理卫生总统顾问委员会将农村人口、不同种族和少数民族群体视为
79 或者缺少服务或者服务不足的人群(unserved or underserved populations)。那么,在社区介入之后,以前那些服务薄弱的环节是否有所改善呢? 少数族群成员对心理卫生服务的使用率可能有所增加。批评家不断质疑传统医疗服务模式对于少数民族和种族人口(包括非裔美国人、美国土著民、西班牙裔或拉丁裔美国人以及新的亚洲移民)的适切性和有效性问题。这些群体中的有些人可能会来使用这些服务,特别是在服务提供者能够调整其服务以满足来访者的需求以及特定文化的条件下。奥沙利文等人(O'Sullivan et al., 1989)研究认为,少数民族对心理卫生服务的利用率已有大幅提高,他们将这归因于服务

模式的改善：

> 更多“特定民族专属”(ethnic-specific)的社区心理卫生中心(CMHC)就建在他们各自的街区，提供更多与种族独特文化相适应的治疗，由更多本民族的或通晓双语的社区工作人员为居民提供服务。这些发展始于种族社区内部，并得到当地政府的支持。(p.28)

一些非裔美国学者认为，非裔美国人的心理卫生及压力问题的发生率与美国社会大量存在的不平等现象有关。与心理卫生服务的利用率相比，对这些不平等现象的处理显然更为重要，“怎样的社会变革才能促进非裔美国人作为一个完整的人、作为平等的公民卷入或参与社会?”(Moore，1982，pp.178—179)。对这类问题的思考并不意味着我们要放弃讨论如何提供服务的问题。但是，其他问题也需要关注。

儿童与青少年

与成年人的心理卫生问题相比，儿童和青少年较少受到关注，尽管他们非常需要。

需求程度。在18岁以下的儿童和青少年中，可以作出明确诊断的心理疾病发生率为5%—23%(Namir & Weinstein，1982)。发生率估值的变化取决于采用不同的测量方法和抽样程序。据美国国家心理健康顾问委员会(National Advisory Mental Health Council，1990)估计，在6 300万18岁以下的美国年轻人中，约12%(760万)患有某种心理障碍，这当中有半数因严重心理障碍而无法融入正常生活。作为美国全国研究委员会(National Research Council)的分支机构，美国国家医学院(Institute of Medicine，1989)推测，儿童心理障碍的发生率大概介于17%到22%之间。但是，他们建议采纳较为保守的数据即12%。在美国卫生总署(U.S.Surgeon General，2001b)的报告中，儿童心理障碍的发生率显示为10%。

在城市中心区居住的贫困人口中，儿童和青少年心理障碍的发生率高达20%。与普 80
通人群相比，下列群体的流行率相对更高：父母患有某种心理疾病或吸毒的儿童；生活在寄养家庭的儿童；患有长期慢性病的儿童；生活在高自杀率种族中的美国原住民儿童；依靠社会福利救助的儿童；无家可归儿童；与父母长期分离的儿童；遭遇体罚和性虐待的儿童；孤儿；家庭不稳定或者父母婚姻失调的儿童。那些在出生时体重较轻、身体和智力发育迟缓、脑损伤、有早期情绪障碍的儿童，其心理疾病的发病率同样高于普通儿童(Dykens，2000；Institute of Medicine，1989)。

大约有超过200万的学龄儿童和青少年辍学，其中很多是因为违反校规校纪被学校勒令退学或开除(Berg & Nursten，1996)。每年有35万—40万的青少年非婚生育，他们的孩子构成了另一个高危人群。这些年轻的父母大多完不成高中学业，他们的孩子未来学业失败的风险同样很大。这些风险性因素有助于我们识别作为社区服务的目标人群的特征。

服务。对于儿童的心理卫生服务长期被忽视。当前的服务不仅在数量上无法满足孩子们的普遍需求，在救助高危人群方面同样极不成功。

联邦委员会和报告。在 1961 年(Joint Commission on Mental Illness and Health)、1969 年(Joint Commission on the Mental Health of Children)、1978 年(President's Commission on Mental Health)、1983 年(Federal Child and Adolescent Service System Program;参考 Friedman & Duchnowski，1990)和 1990 年(U.S. House of Representatives Select Committee on Children，Youth and Families)，联邦委员会和报告中都明确了同样的问题，即针对儿童和青少年的服务严重不足。儿童和青少年的心理障碍发生率很高，但心理卫生服务并未充分顾及这一人群。其中最需要帮助的是生活在特困家庭或少数民族社区的儿童，受虐待或被忽略的儿童，被寄养在其他家庭或正在接受居家治疗的儿童。家庭成员中有人吸毒或酒精依赖会对儿童造成极其恶劣的影响，也使得寄养在外的儿童返家的难度增大(Taussig，Clyman，& Landwerk，2001)。被卷入福利制度、少年司法及心理卫生系统的儿童得到的服务非常糟糕。此外，官僚主义、得过且过以及不协调的医疗服务阻碍着对这些儿童的医疗和照顾。有研究证据表明，在管理式医疗模式下，这些问题只会进一步恶化(Bickman et al.，1995；Heflinger & Northrup，2000)。2001 年 1 月，美国
81 卫生总署(U.S.Surgeon General，2001b)发布了儿童心理健康需求报告。这份报告的作者想必省略了很多工作，因为他们从以往的各种报告中直接复制和粘贴了大量的内容。以往报告中所描述的问题在这里有增无减，缺少进步在一定程度上反映了服务系统的复杂性，这种复杂性部分是因为服务系统内嵌于更大的政治系统之中。美国卫生总署不久前刚刚发布了一份面向未来的前瞻性报告，紧跟着新总统便上任了。或许这一次新一届政府能够跟进，但为儿童服务的历史经验让我们实在找不到可以乐观的理由。

表 2-1 中尚未包含“有子女家庭补助计划”(Aid to Families with Dependent Children，AFDC)，该计划现称为“贫困家庭临时援助计划”(Temporary Assistance for Needy Families，TANF)，也未包含残疾儿童教育法案(the Education of Handicapped Children Act)中涉及的为婴儿、幼儿、学龄前儿童、有受教育困难及相关缺陷的学龄儿童所提供的多种服务(U.S.Office of Special Education and Rehabilitative Services，1990)。

表 2-1　为困难儿童提供援助的联邦计划

弃婴援助法案：旨在为患艾滋病的婴幼儿提供帮助(PL100-505)

收养协助：社会保障法案(Social Security Act，SSA)中标题Ⅳ-E

收养机会：儿童虐待预防与处理法案(Child Abuse Prevention and Treatment Act，CAPTA)中标题Ⅱ

酒精、药物滥用和心理健康专项基金：公共卫生服务法案(Public Health Service Act，PHSA)中标题XIX，B 部分。其中 10%用于为有严重情绪障碍的儿童和青少年提供社区心理卫生服务

儿童虐待调查基金：用于支持预防取向的项目(CAPTA)

儿童虐待救助金和家庭暴力救助金(CAPTA)

儿童福利：社会保障法案(SSA)中标题Ⅳ-B

（续表）

寄养和独立生活：社会保障法案（SSA）中标题Ⅳ-E **离家出走青少年救助项目：**少年司法和青少年犯罪预防法案（Juvenile Justice and Delinquency Prevention Act，JJDPA）中标题Ⅲ **少年司法项目**（JJDPA） **社会服务专项基金：**社会保障法案（SSA）中标题ⅩⅩ **残疾儿童临时照顾和危机托管所法案**（Temporary Child Care for Handicapped Children and Crisis Nurseries Act）

各种法案和项目由不同的联邦机构或同一机构中的不同部门进行管理。有时候，法案可能直接为某个服务商提供资金，以便为相关项目作出示范。如果项目成功，便可以得到政府或地方基金会的支持，但这种情况在现实中并不多见。多数时候资金被划拨给州立心理卫生机构、社会服务或青少年管理部门，依照联邦法律中规定的具体条款使用。如 82
此互不协商、相互掣肘的资金管理机制缺乏效率，又难以获得好的效果，因此遭到很多抱怨和批评。有些家庭自己购买私人保险，这些保险金在使用时受到很多限制。而另一些家庭符合受助的条件，因而完全依赖于公共服务。如此等等，更增加了这套系统的复杂性。

尽管设立了这么多的援助项目（或许正因为如此），在为儿童和青少年提供服务方面仍然存在很多问题，以至于国会报告中列举了 80 多个诉讼案，范围涉及 20 个州，要求法院判决州立儿童福利机构、少年司法部门、心理卫生或教育当局提供法律所规定的服务，这些机构从联邦政府获取资金，却没有能够提供应有的支持。很多诉讼案件要求为那些在被寄养或受政府监护过程中受到虐待或伤害的儿童寻求补偿。

家外安置。大约超过 45 万美国儿童生活在寄养家庭。如果还有其他切实可行的照顾方式，许多家外安置是否可以避免？到底有多少处在危难中的儿童和青少年得到了及时救助？很难获得确切数据。粗略估计，大约有三分之一的人需要帮助（Knitzer，1984），其中只有十分之一的人接受了心理卫生服务（Namir & Weinstein，1982；Richardson，Keller，Selby-Harrington，& Parrish，1996）。而据美国卫生总署（U.S.Surgeon General，2001b）估计，大约五分之一有需要的人获得了帮助。儿童和青少年收容机构的不断增多（Weithorn，1988）或许正反映了充分而有效的社区服务的匮乏。

管理式医疗对于是否需要住院接受心理治疗有着一套严格的审查程序。这样做最明显的后果是放缓了青少年入院治疗的流程。居家治疗中心的人数增加了，同时增加的还有公共和民营机构中受到判决的少年犯人数。目前有超过 10 万少年犯在公共或民营机构被拘留、教养和收容（U.S.Department of Justice，1999）。由于法律制度的变革允许未成年人和成人受到同样的审判和处罚，有更多未成年人被送进成人监狱服刑，而那里缺乏高质量的心理卫生服务。一方面，大多数需要心理卫生服务的儿童和青少年并没有得到应有的服务，另一方面，这个年龄段在精神病院住院的病人中有 40%仅仅是因为没有更合适的地方可供选择。虽然许多问题被发现得很早，但那些提前被鉴定为高危的人群（参考本书第一章)通常并未得到及时干预和适当的服务(Knitzer, 1984)。

替代性服务。儿童在住院治疗期间或在收容机构是否得到了恰当的服务？多数儿童
83 在被机构收容期间情况有所改善，不过他们在离开机构那一刻的改善状况对于他们之后的社区适应以及是否再犯等并没有多少预测价值。此外，在结束收容之后，那些因轻微心理问题而被收容的儿童比严重异常儿童的适应情况要好很多。出院后医疗对于儿童的后期适应至关重要(Levine, Toro, & Perkins, 1993)。总而言之，这些发现告诉我们，如果有充足的社区服务，那些被机构收容的儿童或许可以维持同样好的状态。尽管其中有些人还会再次被机构收容。

很不幸我们的治疗技术还很不理想。虽然有超过230种心理治疗方法通过了医学研究机构的鉴定(Institute of Medicine, 1989)，但其中只有极少数经过了认真细致的研究。有一些治疗方法通过了实证研究的效度考验，但其中大多数并没有在自然条件下得到验证。研究表明，标准化的治疗即便真的有效，其作用也很小，而且病人的流失率很高。无论如何，提供日常服务的专业人员已经开始尝试一些新的方法。药物的使用带来一些希望，尽管许多药品在儿童服用的安全性和有效性方面尚未经过严格检验。有很多人关注过度用药，但对多动症和相关障碍的药物治疗是一个例外(U. S. Surgeon General, 2001b)。那些仅仅关注儿童生活中的某个方面(例如家庭)的研究对于儿童在其他方面(如学校或社区内与同龄人互动)的意义很有限。遵循后面各章发展出来的生态学原则，我们如何能在不同时间、不同环境中获得和维持同样理想的治疗效果？假如我们的治疗技术足够有效，那些令情况变得复杂的社会和政治问题应该会相对容易得到解决。

响应式的服务已经积累了不少好的案例(Knitzer, 1984; Namir & Weinstein, 1982; Institute of Medicine, 1989; U.S.Surgeon General, 2001b)，但是那些有效果的案例很难得到使用和推广。提供服务的背景不一样；可能采用教育加康复的模式，也可能采用传统的医疗模式；服务者中既有传统的心理健康工作者，也有一些非传统的心理健康工作人员。在资金至关重要的时代，如果保险的范围不能覆盖到不同类型的“治疗”，甚至不包含心理健康专业人员的咨询服务在内，将很难发展出对传统医疗模式的新的替代方案。

美国卫生总署(U.S.Surgeon General, 2001b)推荐采用以学校为基础的方法，投入更多努力，将当地学校发展为相邻社区的中心，为家长提供儿童医疗和抚养援助。然而，资金问题以及各种组织之间的关系很少被注意到。在预防儿童被虐待和忽视方面，那些以学校和社区为基础的服务方案确实有其潜在的价值(U.S.Advisory Board on Child Abuse
84 and Neglect, 1993)，这些方案看上去不仅性价比高，而且临床效果好，但是需要各独立机构之间的合作。不幸的是，医疗模式在专业人员和政策制定者看来仍然是首选与核心，这一事实阻碍了该领域的进一步发展。

社区整合服务。新的方案需要各独立部门之间的合作。各种政治、社会和专业问题阻碍了对儿童服务的改革。碎片化的服务、儿童政治影响力的缺乏以及强调家庭对于儿童的责任这类文化态度等都限制了改革的进程(Knitzer, 1984; Namir & Weinstein,

1982)。

综合性的解决方案需要对儿童福利负有责任的各部门之间通力合作与相互协助，包括学校、健康和心理卫生服务系统。例如，一起有关儿童性虐待和身体虐待的事件就会把心理健康工作者与警察、检举人、法官、律师和社会服务部门联系起来。跨部门合作会有一定的困难，但绝非不可能。一项跨部门合作的综合性计划需要各州、当地政府及跨部门规划小组之间的协调与配合；门诊服务的融资协调需要对法律和法规的变革，以确保那些提供服务的部门确实能够得到资金回报；各机构需要有弹性的服务经费(blended funds)来提供个性化服务；来自健康、心理卫生、教育和社会服务的“混合型基金”应该被更加灵活地使用，以避免现有方案拘泥于严格的心理诊断分类的局限性。这种综合性服务方式可能需要一位个案经理人(case manager)，以便在家庭需要和服务体系之间进行协调。美国卫生总署(U.S.Surgeon General, 2001b)也提出过类似的建议。但是，这些计划能得到实施吗？我们的政治领导人是否会支持新的措施来解决过去 40 年中不断引起他们注意的问题？让我们拭目以待。

政策变革。仅有心理卫生服务是不够的。总的来说，对包括营养、健康、孕期照顾、日常医疗、单亲父母帮助和家庭保险等在内的各种家庭政策或项目都有必要重新审议。有一些很好的有关儿童早期教育的研究，比如抢步计划，对于预防教育失败和儿童日后的社会功能缺失等方面表现得卓有成效(Hacsi, 2002; Zigler & Muenchow, 1992；参考本书第八章)。然而，最近几年，除了抢步计划之外，很多承诺能够带来理想预防效果的大规模方案并未受到政策关注。正如伊斯科和哈里斯(Iscoe & Harris, 1984)所说：“假设一个国家的优先事项能够在社会和社区干预(social and community interventions, SCIs)中反映出来，那么儿童和青少年福利显然并不在决策者的思想和意识中。”(p.354)

要想解决关键问题和获得新的资源，需要公民代表、专业人士和各相关机构之间的长期合作。总之，当我们为不同文化群体的成员以及为儿童和青少年考虑服务方案时，社区 85
视角尤为重要。

本章小结

社区心理学与社会和历史的发展密切相关，既包括很久以前的历史，也包括最近的历史。将为长期依赖者提供社会服务以满足其需求这一点作为公共责任，最早出现于几百年前英国伊丽莎白时代的法律规定。在 19 世纪中叶的美国，这种责任以州立精神病院的形式体现出来。这一形式作为美国心理卫生保健的重要支柱一直延续了 100 多年。到了 20 世纪，经济大萧条、两次世界大战、民权运动及其他重大事件给美国社会带来巨大变革，以至于社区心理学作为一种新的意识形态和科学观点能够获得信任。社区心理学产生于 20 世纪 60 年代的社区心理卫生运动，以应用社会心理学的发展为基础，部分是对传统医学治疗模式存在的局限性作出回应，同时也反映了心理学努力扩大学科影响、试图参与和帮助解决贫穷和歧视之类社会现实问题的一种努力。

20 世纪 60—70 年代，社会变革仍在继续，以社区为基础的替代性帮助方案激增。虽然干预的成效和变化的速度有些令人失望，社区取向仍然为当代心理卫生实践带来相当大的改观。现阶段，在慢性精神病人的长期康复、少数民族与其他服务不足群体援助计划、儿童和青少年社会问题的预防等领域，社区取向已经成为一种常识性的智慧。

在新的世纪，那些心理问题高风险者在社区生活将会是作为群体成员获得支持的“正常”生活，而不再是基于“依赖医疗”(dependent care)的隐喻。与具体的心理卫生服务相比，更重要的问题在于，什么样的社会变革会有助于促进各种弱势群体成员以完整的、平等的公民身份参与社区生活？下一章将介绍几个社区心理学的核心概念，我们还将提供一个综合性的框架，这个框架对于界定社区心理学并将它与临床心理学相区别非常有用。

第二部分

社区心理学的理论

第三章 89

一张社区心理学的概念路线图

- 多伦温德模型
  - 压力性生活事件
  - 人与环境
  - 结果
  - 专栏 3-1　贫穷、失业与社会问题
- 基于多伦温德模型的干预机会
  - 危机干预
  - 强化心理调节的干预
  - 强化情境调节的干预
  - 诱发压力性生活事件的个人心理特点
  - 增大压力性事件发生风险的情境
  - 对压力性生活事件的预防
- 本章小结

多伦温德模型 90

社区心理学的发展十分迅猛,目前尚缺乏一套被广为分享的、表达清晰的概念系统或一个理论框架,能够厘清本领域工作的多样性,指导学科未来的发展。该领域同时存在个体中心和环境中心两种取向。有些人过去从事临床工作,现在转而发展预防性干预。因此,我们亟须创造一个概念框架,以便研究者和实践者能够分享某种秩序。

多伦温德(Dohrenwend, 1978)在她担任美国心理学会社区心理学分会(后更名为社区研究与行动学会, Society for Community Research and Action)主席的就职演讲中,提出了一个概念模型。这一概念模型回答了这样两个问题:"社区心理学家做什么?""社区心理学与临床心理学有什么区别?"这两个问题极为切实、中肯,可以让各种活动在社区心理学这面旗帜下得到统一,体现了该领域与其他领域的区别,有助于社区心理学获得独立的专业身份。

多伦温德模型(见图 3-1)的意义有以下三个方面。

第一,它基于心理疾病与心理社会压力(我们在第一章中曾以"生活肥皂剧"来描述那些问题)之间存在联系这一基本假设。正如我们后面对它的介绍,这是一个探索性的概念框架,而不是被严格限定的路径分析或复杂的统计模型。对心理社会压力的强调有助于我们更深入地思考问题,而不是仅仅聚焦于对某种疾病的诊断。

第二，它解释了某种干预是如何起作用的。因为模型中包含了时间维度，它引导我们考虑在当事人寻求治疗之前便开始干预，而不是总要等到来访者或病人上门求治才想到该做点什么。

第三，它提示我们在同一框架内考虑个体中心和环境中心这两种取向各自存在的问题。一方面，关注能够创造或增加可供受困者利用的环境资源的那些心理健康计划（表 3-1 上半部分的方框）；另一方面，考虑有利于强化受困者自身心理抗性的各种因素（表 3-1 下半部分的方框）。多伦温德模型发展于精神病流行病学的（psychiatric-epidemiological）背景下，作为一个通用模型，它既可用来预防心理障碍，也可探索性地指导干预，以便从整体上提高人的生活质量和幸福感。

社区心理学这门学科有着伟大的抱负，其目的在于减少心理疾病在全体人口中的发生率。多伦温德对此提出了一个因果假设，即我们在第一章中讨论过的各种生活事件会
91 造成心理社会压力，并在某些情况下会导致心理疾病的发生。个体对压力性事件的短时情绪反应本身不应该被视为病态。

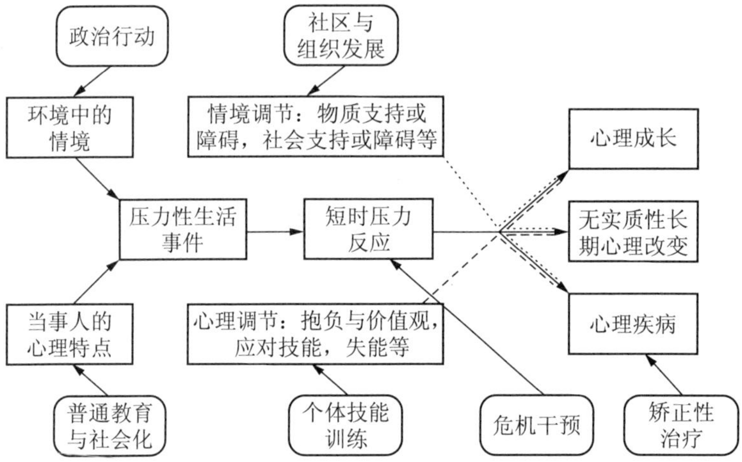

图 3-1　心理社会压力导致心理疾病的过程及如何应对的概念模型（来自 Dohrenwend，1978）

92 这一模型的目的在于理解能够削弱或瓦解“压力借以引发精神疾病的过程”（Dohrenwend，1978，p.2），包括这一过程中的诸多环节，为不同类型的干预找到适当的节点。

压力性生活事件

在这一模型中，我们关注更多的是新近发生的生活事件，而不是一个人童年早期的经验。让我们看看多伦温德的阐述：

> 过程……开始于……个体生活中新近发生的事件，而不是久远的童年经验。它（模型）描述了由一个或更多压力性生活事件引发，并终结于或好或坏的心理

改变，或回归其原初心理状态的过程，或这样一段生活插曲。(pp.2—3)

压力性生活事件(stressful life events)对人当前的适应状态提出了挑战，它要求个体作出新的适应。假如你失业了、离婚了，或像生活在爱渠社区的人们那样，发现有一个严重影响身体健康的有毒化学废料垃圾场紧挨着自己的家，那么，你将不得不采取一些行动，改变这一生活环境。(有人扩展了这一观念，把各种日常琐事都纳入进来，作为压力性生活事件的一种形式。)

在精神病理学框架内，个体因为生活事件的压力而产生的沮丧、焦虑情绪通常被视为心理疾病的症状。而在多伦温德模型的框架内，这些焦虑和沮丧只是暂时性的符号，表明个体当前的适应受到挑战，而其用以应对眼前困难处境的心理手段和可利用的社会支持可能存在不足。(更多关于压力性生活事件的讨论见本书第七章。)

人与环境

多伦温德模型将个体和环境两方面都考虑在内，允许我们聚焦于二者中那个看起来似乎更为重要的方面："压力性生活事件或由环境决定，或由处于事件中心的个体的心理特点决定，在二者之间变化。"(p.3)该模型显示，个体"参与创造了此后导致其心理改变的那些事件"(p.4)。某些压力性生活事件可能是由个体自己制造出来的。一个人失业可能是因为工厂倒闭，也可能是因为自己酗酒无度、人缘欠佳、工作懈怠或者每天不按时上班的恶劣态度。然而，不管是个人原因还是环境因素导致的失业，当事人都必须适应新的形势。像精神病理学中的医学模式那样，只关注个体的问题而忽略其他因素的做法，在多伦 93
温德看来是远远不够的。尽管如此，多伦温德模型并不排除生物学的易感性对个体压力反应的影响。无论如何，压力反应的最终结果取决于这一模型描述的整个过程。

短时压力反应具有自限性。无论应激反应因何而起：

> 所有应激反应都有一个共同特点，那就是它们天生就是短暂的或自限的(self-limiting)。……在直接的、短暂的压力反应之后会发生什么，取决于情境和心理因素的调节，正是这两种因素组成了压力反应发生的背景。(p.4)

短时的压力反应包括焦虑、沮丧、迷惘、无助或暴怒等情绪，也包含与上述精神症状具有一致性的行为。个体可能会出现头痛、肌肉紧张、失眠，或者看起来心烦意乱。这些反应通常只是暂时性的，但也有可能持续较长时间，以至这些压力反应本身变成某种麻烦，这提醒当事人意识到自己已经不堪重负。无论如何，短时的压力反应并不被认为是病态的，这些反应会按照事件发展的过程自行结束，除非得到某些强化或二次增益(secondary gain)。例如，有人提出，向精神病患者提供额外的残疾人生活保障金(Supplemental Security Income，SSI)的做法，可能导致某些人的症状长期延续，因为这样就可以无限期地获取补贴(见 National Alliance for the Mentally Ill，1993，p.1)。如果某些症状本身有助于一个人摆脱不愉快的处境，或者能够帮助患者控制他人的行为，这些症状便有可能长期持续下去。

情境调节与心理调节。多伦温德以情境调节和心理调节来指称个体从社区支持网络中获取的资源，以及个体应对压力性生活事件所需的心理能量和态度。在多伦温德模型中，情境调节和心理调节都会影响压力与心理异常(stress-pathology)之间的关系及其最终结果：

> 在其他条件相同的情况下，一个财政或其他物质资源紧张的人较之物质资
> 源充裕的人而言，其对压力性生活事件的应对可能出现更坏的结果。同样，缺少
> 94 社会支持也会增加消极后果出现的可能性……[心理]调节……包括"价值
> 观"……和"应对能力"。(p.5)

(有关这些问题的进一步讨论见本书第七章。)

结果

在某些复杂情况下，短时压力反应与情境调节、心理调节交互作用，将会出现以下三种结果：(1)个体获得经验、得到成长或发生积极的改变；(2)基本回归当事人原先的状态；(3)可能发生心理疾病。多伦温德将"心理疾病"定义为长期持续性的、看似能够自我维持的心理机能障碍反应。她使用这个术语表示个体受到重大影响，以至消极情绪支配和妨碍了对其他事物的愉快体验，或者心理机能受到严重损害以至个体无法完成与其年龄和性别相称的、在一般生活状态下通常能够完成的任务。换句话说，如果压力反应在诱发事件结束后仍长期存在，势必导致对人的潜能的消耗和浪费。

不论多伦温德对心理疾病的定义是否正确，该模型关注的范围远远超出个体的心理与情绪反应。(在本书第七章我们将对急性神经症反应与压力性生活事件或危机模型进行比较。)心理社会压力(psychosocial stress)这一概念要求关注个体的生活环境和各种资源——心理的、物质的和社会的——以满足个体应对压力事件的需求。

多伦温德模型描述了这种可能性，即不适当的心理调节(如自我效能感低，缺乏问题解决的技巧，以及使用酒精或毒品进行过度的"自我医疗"等)会导致更加糟糕的后果；社会环境中的不利因素(如与在通常情况下可能提供帮助的人发生冲突)同样会加剧后果的不幸。追踪压力性生活事件的三种不同后果(图 3-1 中模型右侧的三个框)，我们可以看到，大部分临床治疗工作倾向在这一过程的末端，其结果被标识为"心理疾病"的位置介入，并提供适当的干预。

总之，多伦温德模型认为，短时的压力反应通常紧随压力性生活事件出现。这些反应会增加个体发生不适当行为的风险。个体与环境两个方面的因素都可能影响某一特定事

件是否会引起短时的压力反应。而短时的压力反应一旦发生，各种后果出现的可能性取决于当时在场的个体心理调节与情境调节的强度和有效性。

本章后面部分将讨论在多伦温德模型中心理学家和其他相关人员能够选择的干预时机。其中，有些干预可以有效缩短或降低短时压力反应持续的时间、强度或反应的不适当 95
性，另一些干预则旨在直接避免压力性事件的发生。我们以下将要讨论的这个案例也许并不全面，本书各章还将继续讨论或引用许多其他案例。通过审视多伦温德模型的各个环节，我们选择逆着模型所假设的时间轴，由图 3-1 右边偏于治疗定向的环节开始，向左边偏于预防定向的环节回溯。

专栏 3-1 贫穷、失业与社会问题

在生态学的任一水平上，各种问题总是互相联系、相互交织的（见本书第四章）。我们现在来看看这些现象在多伦温德的框架内如何得到解释。站在生物学的立场上，种族（race）很少被当作一个有效的概念接受，研究起来就更难。由于大量混血儿的存在，人的种族往往很难确认。但是，在“种族隔离”的时代，一滴血便可以将某个人排挤于受诬的少数种族。尽管这个概念在今天已没有太大意义，但种族歧视和少数族裔的劣势处境依然存在。因此，一个人的种族在社会经济进程中可能会成为“有瑕疵”的代名词。

压力性生活事件在全体人口中并不是随机分布的。在被威尔逊（Wilson，1987）视为“确实处境不利的”非裔美国人中，发生犯罪、福利依赖、婚外孕和失业的比例特别高。如果我们说，下层阶级或多或少地存在于所有族群，而不是仅仅产生于某一特定人种，这种说法应该更为准确，但是我们缺乏针对下层阶级的理想测量工具。人口学家基于“非裔美国人”这一分类学标准进行统计，只是因为这样的信息比较容易获取。但无论如何，种族只能被视为一种存在偏见、差别性影响和需求的指标，一旦将它用作某种社会问题的指标，种族分类便不仅不够准确，而且对所有人来说都意味着不公平的刻板印象和某种污名化。

种族是一个非常敏感的话题，但这不意味着我们应该回避对这一问题的讨论。著名的非裔美国社会学家威尔逊（Wilson，1987）指出，自莫伊尼汉（Moynihan，1965，chapter 2）那本颇具争议的著作出版以来，25 年间，犯罪、贫困、未婚生育和失业问题反而增多了。对莫伊尼汉著作的争论促成了强调非裔美国人家庭优势的一系列研究和学术成果，但在威尔逊看来，这些批判可能妨碍了研究人员和决策者真正关注和认真考虑种族相关问题。

应用多伦温德模型，我们可以通过环境的改变来理解和解释上述现象。正是环境的改变增加或减少了压力性生活事件发生的可能，而这既有可能促进个体的发展，也可能导致适应不良（图 3-1 右侧框）。大量不同种类的压力性生活事件会引发个体短时的情绪反应，当个体缺乏有效的社会与情境支持（图 3-1 中部上方）以及积极的心理调

节(图 3-1 中部下方)时,出现负面结果的可能性便会大大增加(图 3-1 右侧底部)。相
96 反,一旦消除了资源获取的障碍,那些从中获益的人口便会兴旺起来。

障碍消除之后的发展

作为一个群体,非裔美国人从保护他们在教育、住房、就业、公共住宅和选举方面免受歧视的政策改革中获益。1973—2001 年,从事专业性、管理和技术行业工作的非裔美国人数量迅速增长(U.S.Bureau of the Census, 2002, Table 588)。2001 年,8.3%的管理和专业人员、11.4%的技术、销售和行政支持岗位由非裔美国人担任。按照 1990 年的美元定值,在非裔美国人中,年收入超过 50 000 美元的比率由 1970 年的 11.5%上升到了 1996 年的 19.8%。非裔美国人作为一个群体,其中包括许多收入低于贫困线的单亲母亲家庭,其收入的中位数大大低于美国多数人口。不过,已婚非裔美国人夫妇的收入目前大约为多数美国已婚家庭收入的 84%,这与 20 年前相比已有了很大程度的改善(Table 743)。1973 年,只有 260 万非裔美国人家庭拥有自己的住房。到 1997 年,这个数字已增长到 514 万。完成高中学业的非裔美国人的比率从 1970 年的 31.4%上升到了 2000 年的 78.5%,同期非裔美国人中大学毕业生的比率由 4.4%增长到了 16.5%(Table 208)。统计数据同时反映出,在应对不断变化着的职业挑战方面,非裔美国人可资利用的社会支持资源增多,以及心理调节能力(教育)提高。收入和职业状况的改善在一定程度上与更好的心理健康和高质量的生活品质密切相关,那些能够获得更多支持和资源的人同样也会在心理方面获益。

非裔美国人社区内部差距的扩大。1965 年之后(Henwood, 1995),在非裔美国人中,高收入和低收入家庭之间的差距急剧扩大,其中最为贫困的五分之一家庭几乎丧失了赖以生存的基本生活条件。这意味着许多与种族和贫困相关的问题日渐汇聚于下层阶级。他们跟不上社会经济的发展,再多的机会也无法眷顾他们。

专业人员和技术工人作为中产阶级,生活状况得到改善。他们中的许多人从以往因住房和抵押性融资受到限制而被迫居住的城市贫民区搬离,住进更好的房子,迁入更加令人满意的社区(Flippen, 2001; Taylor, 1990)。他们为什么那么渴望搬家呢?
97 一方面,城市郊区的犯罪率比城市中心要低;另一方面,人们普遍相信郊区的学校会更好。通过迁居,人们对与暴力和学业失败相关的压力性生活事件的体验明显减少。

一旦非裔美国人中的中产阶级家庭搬离,那些有着一定影响力、知道如何从市政官员那里争取到更好服务的人便减少了。在那些失去中产阶级家庭的地方,公共服务可能会恶化;教会及其他能够给社区带来稳定的资源减少;能够提供更多应对资源的环境调节能力降低;易感性则相应增加。泰勒(Taylor, 1990)对纽约州布法罗市非裔美国人社区中包括“教堂、邻里俱乐部、社区组织、文化群体、青年中心、民权组织、社交俱乐部、正式或非正式的政治组织、教育和研究机构等”在内的大规模网络作了系统描述:“他

们(那些组织)站在与种族主义斗争的前沿,为提高黑人社区的生活质量而战斗。他们作为行动小组发动社区周围的群众,将黑人社区的需求清楚地传达给市政府。这个组织网络是布法罗市黑人社区最大的资产。它成功地帮助非裔美国人避免了将黑人社区限制在大城市中心的社会性灾难。"(p.14)

随着某个地区贫困人口密度的上升,压力性生活事件发生的可能性也会上升。缺乏社会支持和情境调节,加上各种环境障碍,进一步增加了其中许多人遭受长期不良影响的可能性。近几年,贫困人口在某些地区集中的趋势有所上升(Taylor, 1990)。贫困貌似喜欢"扎堆儿"。能搬走的都搬走了,留下的是搬不走的贫困人口。我们在此使用多伦温德模型解读这些资料。但读者需要知道,类似资料同样可以通过本书第四章中的生态学类比获得解释。

青年、犯罪与失业。非裔美国人的平均年龄与占人口多数的白种人相比要小。居住在城区内的白人平均年龄为 30.3 岁,而对非裔美国人来说,这个数字是 23.9 (Wilson, 1987)。年轻人口的聚集提高了同一地区居民体验到压力性生活事件的可能性。年轻人的犯罪行为相对较多,也更容易成为犯罪行为的受害人。非裔美国人社区 98
发生犯罪的风险较大,非裔美国人男女成为受害人的比例也因此相对高于占多数的白种人口。

这些"确实处境不利的"非裔美国人中被逮捕和判刑的人数与其人口总数不成比例(Wilson, 1987)。非裔美国人只占到美国总人口数的 12%,却占了美国在监人数的 46%,包括联邦监狱、地方监狱以及公共收容机构。大概有 4%的非裔美国男性迟早会在人生的某个阶段被监禁。由于有过被收监的污点,这些人很难找到工作,大多失业。如果他们犯的是重罪,还可能因此失去选举权。解决这些问题需要采取政治行动,以帮助他们创造就业岗位,强化能够帮助这些出狱者重新适应外部世界的情境调节。

贫困的女性化。在育有 18 岁以下未成年子女的美国家庭中,有 22%是单亲妈妈家庭(http://factfinder.census.gov)。然而,生活在贫困线以下的家庭中有 61%,非裔美国人家庭中有 45.6%都是由单身女性养家,在城区由单身女性养家的非裔美国人家庭达到 60%。在 1970 年,有 64%的非裔美国适婚人口结婚。到 1991 年,这个比例下降到了 43.6%。此外,有 64.5%的非裔美国人生育属于非婚生育,其中有许多是青少年。占人口多数的白人妇女的非婚生育比率也在急剧上升。十几岁就当妈妈严重挑战了这些年轻女孩的适应能力。如果再伴随有其他压力,极易导致她们吸毒并诞下"毒瘾婴儿"(crack babies),以及忽视或虐待儿童。很多父亲拒付或不能足额支付孩子的赡养费令这些单亲妈妈的生活境况雪上加霜。

社会福利制度对许多年轻妈妈来说是一种情境调节,她们中的有些人最终成为社会福利的依赖者。莫伊尼汉早在 1965 年就曾提到这一问题。在要求进行福利制度改革的人们看来,这些环境支持从根本上说是消极的,因为它们鼓励非婚生育和福利依赖。美国的福利制度改革于20世纪90年代末期开始生效，尚未显现其全部的后果。迄今为止，在失业率较低的一个时期内，福利改革导致依赖福利生活的人数减少，许多先前接受救济的对象现在开始工作了。然而，他们中的大部分至今仍生活在贫困线以下。这种普遍存在的“工作却依然贫穷”现象应该引起立法者的更多关注。其中，自20世纪70年代以来数额一直保持不变的最低工资实际上已经明显下降，以及缺乏让家庭
99 能够负担得起的高质量儿童保育和住房项目（见本书第二章专栏2-1；有关福利制度改革产生的影响，相关资料可见 *Annals of the American Academy of Political and Social Science*, Sept., 2011, vol.577，以及 Julnes & Foster, 2001）。

就业市场的变化。就业市场的变化同样造成对适应的挑战，婚姻状态、非婚生育以及犯罪率均与此有关。就业市场的变化会导致压力性生活事件增多，尤其是对失去工作、缺少学历或其他资质而又必须去应聘新的工作岗位的那些人来说。第二次世界大战之后，非裔美国人大规模北迁便肇因于农业的机械化和杀虫剂的大规模使用，这些发展导致南部地区对农业劳动力的需求大量减少。在非裔美国人中，与失业相关的压力性生活事件长期居高不下。1970年，美国白人的失业率是4.5%，而非裔美国人的失业率为9.4%；2003年，白人的失业率是5.2%，而非裔美国人的失业率达到了10.7%。年轻人的失业率尤其高。2003年，16—19岁的年轻非裔美国人中有32.8%失业，而这个比例在占多数的白人青年中只有13.6%（U.S.Department of Labor, Bureau of Labor Statistics, 2004）。

就业市场的其他方面也在同步变化，并由此导致对环境适应能力的挑战。从前待遇优厚的制造业岗位大量减少。现在的工作大多涉及信息沟通。越来越多的人不是在处理各种信息报表，便是在运行计算机终端。雇主要求应聘者有一定的学历。就业市场的改变对人的心理调节能力提出了新的要求。下岗人员需要重新接受职业培训，而这同样需要发展适当的心理调节。那些年龄较大、不断被取代的工人需要环境资源——适当的教育机会和受训期间的基本收入保障，他们同样需要支持以帮助他们发展更为有力的心理调节——如自信地重新投入新的学习，以及接下来在应对挑战性过程中积极乐观的心态。（我们在本章和第八章“预防”中讨论了密歇根职业计划。）

男性适婚人口指数。家庭能够为成员提供重要的社会支持（见本书第七章），而失业率反过来又对家庭结构造成了影响。威尔逊（Wilson, 1987）构造了“男性适婚人口指数”（Male Marriageable Pool Index, MMPI）的概念，用以说明就业与家庭结构之间的关系。男性适婚人口指数指相同年龄和族裔群体中受雇用的平民男性与女性相比的比率。由于大量人口失业、入狱或死于街头暴力，有工作的男性非裔美国人与女性非
100 裔美国人之间的比率是极不适宜的。有一份稳定工作是对合意配偶最起码的要求。而不适宜的男性适婚人口指数（尤其是在非裔美国人中）有助于我们理解存在大量单亲母亲家庭的原因。如果双亲家庭能够为配偶和子女提供更好的支持，那么不适宜的

男性适婚人口指数意味着较少的非裔美国人能够获得这种支持。不仅如此，稳定的婚姻在一定程度上能够为配偶和子女提供心理和经济上的保障。发展这种支持系统的机会越少，意味着个体在面对压力性生活事件时越脆弱。有研究者因此提出，应该通过适当的干预手段鼓励人们结婚，以减少生活在单亲家庭中的孩子的数量。

政策影响。年轻、贫困的单亲家庭不断朝着犯罪高发区域集中，几乎没有中产阶级和社会支持来维护这些区域的稳定，加之不得不依赖公共福利所造成的沮丧和污名化，这一切意味着这些人几乎没有任何可供利用的家庭和邻里资源来帮助他们争取机会。根据威尔逊(Wilson, 1987)的观点，这些人是真正的弱势群体(the truly disadvantaged group)，迫切需要新的问题解决方案。

为了减少对反种族歧视的政治阻力，威尔逊建议忽略种族差异，将资源提供给那些处境确实不利的人口，为他们提供“平等的生活机会”(equality of life changes)。威尔逊这样说的时候，将那些出身贫寒、来自低收入家庭、在恶劣环境中长大，以及文化背景和语言与社会中大多数人不一样的人口均包含在内。正是这些“障碍”造成了准备和支持的失败。如果缺乏足够的准备，来自这些背景的人很少有可能把握住眼前的机会。

威尔逊讨论了一项利用经济政策解决问题的方案(图 3-1 左上方框)，该方案被认为有助于降低失业率。他基于生态学的立场，要求创造和分配资源，以强化人的适应。

泰勒(Taylor, 1990)研究了布法罗市非裔美国人社区存在的类似问题，得出的结论是：“制定计划解决内城问题的关键在于，将黑人社区构想为地理上的一个区域，制定区域发展战略，以此来解决非裔美国人面临的经济和社会问题。这种战略谋求建立一种活跃的、经济繁荣的、种族多样的、跨阶级的社区。在这样的社区中，中产阶级、高薪者、低薪者、穷人以及下层阶级能够在舒适和安全的环境中共同生活。理论上说，如
果‘坏街坊’创造出一种环境，使得与经济和社会问题做斗争变得十分艰难，那么‘好邻 101
居’则会让同样的斗争容易很多。”(p.21)

多伦温德模型引导我们在更为广阔的背景下思考问题，而不只是简单地关注有关心理疾病患者的数据。它同时将我们的注意力导向预防，而不是治疗个体的缺陷。在本书第四章“生态学类比”以及本书第十二章有关社区发展战略的讨论中，我们将对这些概念作进一步讨论。

基于多伦温德模型的干预机会

危机干预

多伦温德模型建议，不要等到压力反应发展成慢性心理疾病之后再提供帮助。如果能够在应激反应期内提供帮助，及时开展危机干预服务，效果会好得多。然而，多伦温德

对传统的危机干预也提出了几点批评。有多少亟需帮助的人会主动寻求帮助？当这些人出现应激反应时，危机服务能否及时输送给他们？相对于本应该接受服务的那些对象而言，电话危机服务并未得到有效利用，而是被一些问题并不急迫的人长期占据。例如，我们在有关大学生压力性生活事件的研究中发现，在遭遇压力性生活事件时拨打热线电话求助的学生尚不足1%。

一项有关危机干预的评估研究支持了多伦温德的判断，即陷入危机的人多数不会选择使用危机服务。自杀预防服务同样为这一观点提供了佐证。自杀预防服务在减少白人青年女性自杀方面起到了一定作用。而在其他年龄和性别组中，并未发现统计学意义上
102 的显著效应。年轻的白人女性属于喜欢拨打危机干预热线的一群人。不管怎样，这个年龄和性别组的自杀成功率最低。与该组相比，65岁以上的白人男性实现自杀的成功率要高出20倍，甚至更多。这些男性很少拨打服务热线（Miller, Coombs, Leeper, & Barton, 1984）。如此看来，危机热线目前仅触及低风险群体。至于高风险群体，虽说也有成功的案例，但总体上还是失败的。危机热线显然还存在“营销”问题。

仅仅了解危机服务的局限性还不够。危机发生时以其他方式提供服务在接触目标人群方面可能更为有效。当自然灾害（如飓风、洪水、地震）发生时，危机干预团体第一时间被派往灾难现场，为那些可能被巨额财产损失或亲人突然死亡击垮的灾民提供心理援助，同时也为那些不得不处理残缺不全或烧焦了的尸体的救援队员提供支持。当前使用的许多危机干预术语都来自撤离灾难现场不久的工作组成员或领导的述职报告（McCarroll, Ursano, Wright, & Fullerton, 1993）。要让所有有需求的人都能及时得到心理救援团队的支持和帮助，同时获得媒体发布的、在社区范围内共享的救灾和援助信息。这些干预已被证实能成功降低灾难发生后心理疾病的发生率（见 Gist & Stolz, 1982）。

企及目标人群。生活压力的概念为识别恰当的干预时机（如与危机预测相关的入学、结婚或找到新工作等里程碑式的生活事件）提供了指导，并明确了预防的可行性。然而，认识到并非所有人都需要同一种服务又进一步引申出很多问题：某种特定的服务应该在何时、何地、以何种方式提供给哪些人？我们不应只是简单考虑发展治疗技术以成功应对短时压力。

我们还需学习怎样向不同人群“营销”我们的服务——包括对产品的包装、投放广告、定价和销售等。以某种特殊方式提供的服务可能会满足一部分人的需要，但这种服务的特点可能与其他人的需要并不匹配，因而将后面这部分对象排除在外。举例而言，如果没有便利的公共交通可以抵达服务的地点，比起有车一族，那些没有车的人前来寻求服务的可能性就很小。一个设在城市郊区大学校园里的心理卫生服务中心，如果没有便利的公交工具，吸引不了那些居住在城市中心贫困街区的来访者。再比如，负责处理亡者遗体的救援人员不喜欢回答心理健康工作者的提问，而更愿意和自己团队中有经验的队员或领导交流（McCarroll et al., 1993）。无论预防性服务还是康复性服务，我们都需要学会调
103 整，或者向个体赋能，以便他们考虑目标消费人群的特点。多伦温德模型显然并未考虑这

些问题。因此,在多伦温德模型之外,我们还需要其他视角。

强化心理调节的干预

从理论上看,心理调节(如价值观或应对技能等)对短时压力反应的结果具有很重要的作用。积极的心理调节有助于压力性生活事件之后的重新适应。多伦温德模型在提醒我们存在消极情境调节的同时,也对消极或不利的心理调节十分关注。如果一个人酗酒、吸毒、滥发脾气或高度依赖,拒不承认正在发生的不利事件,或者相信这些事情会自行结束,这些应对方式只会让当事人的处境变得更糟。打比方说,如果你从不关心自己的生意,等到你感觉好一点,腾出手来想做点什么的时候,问题可能已经堆积如山,乃至彻底将你压垮。

多伦温德(Dohrenwend, 1978)注意到,强化心理调节有助于个体"发展高水平的能力来应对和解决复杂的社交与情绪问题"(p.8)。早期干预作为一种处理方式可以帮助儿童应对情绪压力及成长过程中的挑战。开始于 20 世纪 20 年代的儿童指导门诊(child guidance clinics)便基于这样一种理念(Levine & Levine, 1992)。科文的初级心理卫生项目(Primary Mental Health Project)(Cowen et al., 1996)是一项新的以学校为基础的儿童辅导计划,被设计用来帮助那些易受伤害的孩子,防止他们在未来生活中发生更为严重的问题(见本书第八章)。

与传统的帮助方式不同,斯皮瓦克和舒尔(Spivack & Shure, 1974; Shure, 1997)最早证明了针对社交和人际问题设计的技能训练(即心理调节能力培训)能有效增进社会调节。这类干预计划不只针对处于困境中的儿童或高危人群,而且被直接整合进学校的教育课程,传授儿童所需的避免人际危机、应对日常问题的恰当方式或手段。成千上万的学生在学校接受这类培训(Bruene-Butler, Hampson, Elias, Clabby, & Schuyler, 1997; Weissberg, Barton, & Shriver, 1997)。为提高幼儿对小学生活的适应而实施的学前教育计划则是这一方案的变体。

处理任何问题都需要积极的态度和特定的技能,预防方案的设计首先基于对这类态度与技能的分析,并以此为基础向人们传授这些知识和技能。这样做的意图类似消防演 104
习。通过演练,我们会获得意外发生时可以指引自己行动的认知调节。经过演习,一旦真正发生火灾,人们就更有可能作出有效反应,而不是惊慌失措,在拼命逃生的过程中踩踏伤人。

学校里的性教育课程是另外一个例子,尽管在预防这一语境中的研究还很少。性教育的目的在于提供更多的知识、健康的态度和价值观(心理调节),帮助青少年应对有关性的问题以及性的需求。从理论上说,儿童和青少年时期的性舒适感对他们今后的人际关系和生活满意度具有重要作用。

人们对什么是适当的性教育意见不一。就拿是否应该在校园提供避孕套以预防疾病和意外怀孕这一点来说,争论便颇为激烈。有人提出,性教育应该强调禁欲,那才是最好的预防。除了提供有关性解剖学和生理学知识，性教育更应该强调道德价值。有批评者甚至断言，当前某些性教育方案教授给学生的心理调节方式（如在缺乏深度交往情况下鼓励学生身体接触，以此作为对应对技能的一种探索），反而会导致青少年适应不良（Whitehead，1994）。类似性教育这种影响了整个普通教育和青少年社会化的预防方案已“触及压力过程的根源，因而由对个体心理疾病的治疗转向了早期预防领域”（Dohrenwend，1978，p.9）。

最后一个例子，我们来考察失业的问题（又见专栏3-1）。多数人面对失业都会出现短时的压力反应。失业无疑会给个体心理健康和幸福感带来严重的负面影响，包括自尊降低，沮丧、愤怒、内疚和厌烦情绪猛增，等等。然而，正如多伦温德模型假设的，人们应对失业的心理反应存在差异。例如，与其他年龄段的人（如二十岁以下年龄段）相比，中年男性更容易因为失业诱发严重的压力反应（Osipow & Fitzgerald，1993）。

失业造成的最大压力来自经济紧张（Broman，Hamilton，& Hoffman，2001）。于是，尽快找到一份报酬合理的工作就成了短期干预的直接目标。然而，许多失业者在寻找新的工作岗位时缺乏技能、自信、积极乐观的心态等关键的心理调节（Kirk，1995）。对那些新近失业的人及时进行干预，帮助他们找到合适的工作会产生具有特殊意义的预防效果。

105 密歇根职业计划（Michigan Jobs Project）（Caplan，Vinokun，Price，& van Ryn，1989；Vinokur，Price，Caplan，van Ryn，& Curran，1995）就是这样一项预防性干预方案，通过为新近失业人口提供求职技能培训和支持性鼓励，降低心理健康问题的风险，帮助他们获得再就业机会。参与者被随机安排到训练组或控制组，对控制组的成员只发放一本以求职小贴士为内容的小册子。一个月和四个月之后的跟踪研究结果显示，接受了干预训练的人更容易重新就业，与那些未能再次就业者相比，体验到更少的焦虑、沮丧和愤怒情绪，以及更高的自尊水平。与控制组成员相比，在干预组中，即便是那些暂时还没能成功再就业的人也更少气馁。这说明，干预对于应对未来可能出现的挫折起到了“预防接种”的作用。两年半以后的追踪调查同样发现，与对照组相比，干预组的成员不仅能更快找到工作，而且能找到更好的工作（Vinokur，van Ryn，Gramlich，& Price，1991）。另有研究证明，干预在减少参与对象的沮丧情绪方面效果尤其显著（Caplan，Vinokur，& Price，1997）。

密歇根职业计划的几个特点使它成为通过预防性干预强化心理调节的典型例证。第一，样本中不包含那些明确诊断出患有心理疾病的人，参与者都是经历短期失业（四个月或更短时间内）的普通人，正在面对由突发性失业带来的问题。第二，实施项目的工作人员都不是专家，他们提供的服务并不是“治疗”，而是在认知和行为应对的技能方面给予指导、练习与支持。这些技能被设计用于应对未来挫折和当下的处境。第三，干预内容充分考虑到了未来再次失业的可能性，其中自我效能感被证明在求职过程中具有重要的认知调节预防效果（van Ryn & Vinokur，1992）。第四，正如多伦温德模型所预言的，对于高风险人群，干预在降低严重沮丧的发生率上获得了成功。

强化情境调节的干预

短时压力反应的结果同样依赖情境调节。情境调节是指对压力性生活事件的意义进行评估时个体所能省视的环境中的所有资源。对大多数人来说，家庭和朋友是首要的社会支持资源(Rhodes，1998；见本书第七章)。然而，对其中许多人及其行动而言，仅靠来 106
自家庭和朋友的资源是不够的，而且也不是每一件事都能与家人分享。例如，处理遇难者遗体的救援人员就不可能与配偶详谈自己的工作。很多人根本无法想象那种充满血腥的恐怖场面，他们根本听不下去(McCarroll et al.，1993)。

如果社会支持资源不足，情境调节就显得越发重要。以公共服务代替家庭支持十分必要。莱文(Levine，1982)指出，爱渠事件(Love Canal emergency)发生时，许多蓝领家庭因为财力不足而无法搬离受到有毒垃圾威胁的社区，此时，政府援助便成为一项必要的情境调节。在许多问题上，如果个人资源不足，集体资源就可以成为有效的补充：某种形式的社会福利(作为情境调节)对那些无法自给的人来说是维持收入的必需品；失业保险使许多人不至于因为丢了工作而陷入绝望；妻子试图逃离有暴力倾向的丈夫，可以向妇女庇护所寻求保护；一场飓风或洪灾过后，银行低息贷款能够帮助灾民重启事业，重建家园。

公共服务是一种有助于个体应对压力的社会支持(Thoits，1986)。如果公共服务不足，就需要社区和组织利用自身发展的成果提供必要的资源。正如凯利(Kelly，1966)指出，社区运动的目的之一就在于创造社区应对问题所需要的资源。因此，当社区取向的心理健康专家为智障儿童家庭提供临时看护、向遭受虐待的妇女提供庇护或者为许久没有工作的寡妇提供服务，以帮助她们重新走进职场时，他们就是在帮助创造某种情境调节。正如我们在前一章提到的，自信社区治疗团队(assertive community treatment teams)不仅向有严重心理疾病的人提供支持和应对方面的援助，而且直接强化了其他可资利用的社会资源。再补充一个例子，很多不得不应对丧亲、离婚、退休、身体暴力，以及其他生活事件的人通过自助小组获得了他们需要的全部或部分的支持(Hildingh，Fridlund，& Segesten，1995；Jacobs & Goodman，1989；见本书第九章)。

不过，并不是所有的社会支持都有助益，错误的支持(或情境的其他方面)只会给个体带来妨碍。在本书第七章我们将看到，消极支持在压力性生活事件发生之后造成的痛苦远大于积极支持所能带来的缓解效应。但无论如何，可利用的情境调节补充并扩展了个体和家庭支持资源。没有这些，压力性生活事件的结果可能会更糟。多伦温德模型让我们见识和领悟了如此多的行动是怎样在某个单一的概念框架内被理解的。

诱发压力性生活事件的个人心理特点 107

下面我们将提供几个压力性生活事件的案例，它们反映了某些人对压力性事件的易感性。这些案例也许并不全面，但足以说明一些问题。

遗传或生物学的弱点。有些人可能天生比其他人更容易感受到饮酒的副作用。同样是在宴会上喝酒，这些人更有可能出现伤害性后果。这种内置于身体的局限性增大了他们酒后发生不良反应的可能性。

如果父母中有一方患有精神分裂症，子女面对压力时的遗传易感性会明显增加。来自这种遗传背景的儿童在遇到一般性压力——需要上学、被同伴拒绝、性的发育、社会竞争等普通人能够泰然处之的事件时，更有可能体验到短时的压力反应，而这种应激甚至会长期持续。多伦温德模型提醒我们，是否可以避免某些压力？能否帮助有潜在易感性的儿童发展出有助于应对压力性生活事件的内在心理调节或外部社会支持？

早产或出生缺陷发生的可能性，会因产前护理不当、营养不良或母亲孕期抽烟、吸毒、酗酒而大大增加，这些都会影响儿童出生后的适应。这类孩子往往自控能力较差，并伴随有学习缺陷，他们在面对学校对纪律和学习方面的要求时，更容易产生违纪或学业失败问题。而这往往又进一步促使他们离开学校，更有可能参与青少年犯罪，其未来的社会和经济适应能力也更差。换句话说，某些先天特点使得有些人难以适应学校教育的挑战，并由此引发一系列压力性生活事件。在学校支持不足或其他可替代性选择缺失的情况下，这些生活事件极有可能造成个体的适应不良或失败。

学生在校园生活中表现出来的易感性也可能有环境方面的原因。一些曾经暴露于铅金属环境的孩子的表现可能不如其他孩子。如果有证据支持二噁英可能导致学习困难这一信念（见 Gibbs & CCHW, 1995），那么某些学生学习障碍的病因将会被改写。长期预防项目将指向减少儿童暴露于有害物质环境中的可能性。

对学校生活准备不足。儿童接受普通教育和社会化过程中的许多因素都可能导致易
108 感性增加。19 世纪末 20 世纪初，我们的祖辈刚到美国时，许多人都不会讲英语。他们不得不去学校接受教育。而在学校必须说英语，劝阻或禁止使用外语，这使得我们那些有外国口音的前辈感到自惭形秽。当时在许多城市和地方，有 20%—50%的儿童在学校落后同龄人两个年级甚至更多，他们往往因为成绩不及格而被迫留级重读（Levine & Levine, 1992）。落后儿童倾向于选择退学，因为他们的自尊受到了伤害（Pagani, Tremblay, Vitaro, Boulerice & McDuff, 2001）。

今天的情形与当年类似，特别是那些拉丁裔美国人和非裔美国人家庭的孩子，因为种种原因未能做好应对学校生活的准备。如果儿童不能对学校的日常教育活动作出回应，很有可能会被标记为学习无能者或情绪障碍者，被要求接受特殊教育（U.S.Department of Education, 1990）。虽然有些孩子从中得到了帮助，许多人却由于特殊教育的标签而被污名化。早期对学校生活的准备不足很容易导致学业失败，这些人对未来生活的适应同样不容乐观。

抢步计划（Head Start program）既可以被视作训练儿童学校生活应对技能的一种心理调节，也可看作向即将接受正规教育的儿童及其父母提供大量支持的一种情境调节（Weikart & Schweinhart, 1997；见本书第八章）。

对家庭和社区的疏离。父母的教养方式及家庭关系会对子女在儿童期和青少年期的易感性产生重要影响。不论出自何种原因，有些青少年就是与家人相处不好。他们很早

就与家庭失去联结。他们可能会说，跟家人在一起从来就没有开心过，而他们的父母也不知道他们大部分时间是如何度过的。这类青少年大多失去了在学校读书的兴趣，成绩普遍不好。他们不愿意加入或附属于某个教会小组，对未来的态度也相当悲观。具有这些特点的年轻人很有可能成为危险分子。他们与其他具有类似特点的年轻人聚在一起，四处游荡，很容易陷入麻烦。这种疏离于家庭、学校、教会和工作环境，并与放荡不羁的同类青年交往频繁的生活模式同酗酒、吸毒和不适当性行为高度相关（见专栏 3-1）。伴随这一模式，他们在社区陷入困境（如被捕、酒驾肇事、怀孕）的可能性大大增加，而这些压力性生活事件还会对他们未来的适应造成严重影响。在清楚识别哪些不良心理调节（如对学校的态度、冒险倾向等）会放大易感性的基础上，加强青少年与学校或社区的联结，将有助于进一步预防不良的适应模式。

增大压力性事件发生风险的情境 109

有些事件本身很严重，以至于对任何经历了这些事件的人来说，不论他们的心理调节和支持资源如何，短时的压力反应（甚至更为糟糕的情况）几乎不可避免。我们将在这里介绍几个例子，并对心理学家在预防与此类事件相关的危机方面所起的作用加以评论。

环境威胁。来自环境的压力源大部分可以归为三类：都市生活的紧张、天灾人祸和生态污染（见 Stokols，1992，那是另一个综合性框架）。城市的生活和工作充满了压力。伴随着城市化的进程，城市近郊也同样如此。心理学研究得比较多的压力源是拥挤，它从文化和心理的意义上被定义，跟人口密度不完全是一回事（Baum & Paulus，1987）。只需对比个人空间的标准就能理解，拥挤在日本的大阪和堪萨斯的奥斯卡卢萨是两种完全不同的体验。其他来自城市生活的压力源还包括噪声（Bronzaft，2002）、交通（Appleyard，1981），以及糟糕的物理环境。“不文明”的物理环境或脏乱无序的符号（如残缺的门窗、满街的涂鸦和破旧的房屋建筑等），这种城市环境让居民感到焦虑和担忧，从而影响心理健康（Perkins & Taylor，1996）。

环境灾难（洪水、地震、飓风、火灾等）无论是出于自然原因还是人为原因，最终损失的不只是财产和人的生命。灾难过后，社区成员大多会齐心协力、和衷共济（Kaniasty，Norris，& Murrell，1990）。然而，重大灾难、犯罪和其他创伤本身势必会造成巨大的压力（Norris & Thompson，1995；Peek & Mileti，2002），破坏人们对当地的情感依恋。它们以个人和社区的回应方式为中介，对双方（个人和社区）都可能造成深刻而持久的消极影响（Brown & Perkins，1992；见本书第五章）。

第三类环境压力来自住宅、土壤、水或大气污染，这些往往会造成与前述灾难类似的个人情感和社区影响（Baum & Fleming，1993；Edelstein，2001；Jacobs，Evans，Catalano，& Dooley，1984），导致同样严重的健康后果。给许多家庭带来压力的爱渠社区危机事件表明，一方面化工产业不断发展，另一方面人们普遍缺乏如何处理有毒有害的工业副产品的意识。这两方面的发展极不相称，由此造成的损害包括流产和婴幼儿先天畸形的比例上升，对儿童和成年人健康的普遍困扰，以及严重的社区冲突。最终，许多家庭不得不搬离(Levine，1982；见本书第十二章)。爱渠事件发生之后，许多类似情况在美国和世界范围内引起了广泛关注：马萨诸塞州的沃本(Woburn)；密苏里州的时代海滩(Times Beach)；加利福尼亚州的斯特林菲洛酸窖(Stringfellow Acid Pits)；阿拉巴马州的塔斯卡
110 卢萨(Tuscaloosa)；印度的博帕尔(Bhopal)；宾夕法尼亚州的三里岛(Three Mile Island)；俄罗斯的切尔诺贝利(Chernobyl)；内华达州的核武器试验；密歇根州的 PCB 牛奶场(Vyner，1988)；新泽西州杰克逊镇的莱格勒社区(the Legler community in Jackson)；等等(Edelstein，2001)。

对生命、健康、财产和社区的最后一个威胁来自国内和国际恐怖主义组织。它与前述三种压力源共有某些特征(如混乱、担忧、灾难、恐慌、污染等)。与其他环境压力源一样，恐怖主义同样威胁社区的信任和凝聚力。因此，社区心理学家需要做好准备，不仅要在个体或团体层面，还要从组织、社区、国家和国际政策层面来应对这一新的威胁。

心理学对环境压力的研究主要集中于个体层面(如控制、应对)、人际调节(如社会支持)及其效果(Anthony & Watkins，2002；Evans & Cohen，1987；见本书第七章)。虽然有关这些方面的研究成果颇丰，但是过于关注环境威胁的情感后果，可能会强化那种认为公众反应“缺乏理性”的观念(Wandersman & Hallman，1993)。社区心理学家对预防的强调要求我们在更大范围内改造环境，而不只是改变个体(图 3-1 左上方框；Edelstein，2001；Norris & Thompson，1995；Shinn & Toohey，2003；Stokols，1992)。只有健全安全处理有毒废弃物的管理条例，以及明确规定这类存在危险的工厂与居民区或学校的最短距离，才能减少人们暴露于有害环境的可能性。

在有关环境压力的研究文献中，最早的也是最具一致性的发现之一是个体对情境(自我知觉到的)的掌控程度在很大程度上可以调节压力的作用(Evans & Cohen，1987)。获得控制感的重要途径是投身于社会与政治行动，促进立法和规章制度的建立与完善，预防有害的物理环境和由环境威胁造成的心理压力，减少对个人和社区造成影响的压力性事件发生的可能性(Wiesenfeld & Sanchez，2002)。此外，如果人们参加社区组织，分享各自的问题，发展出应对问题的策略，并相互分享传授，他们便能获得力量(Rich，Edelstein，Hallnan，& Waadersnan，1995)，同时发展出有助于应对眼前和未来短时的压力反应的心理调节力(Stone & Levine，1985)。(有关物理环境的影响，见本书第五章；有关社会行动，见本书第十二章。)

离婚。离婚不仅是当事人个人的事情。在美国，大约有一半的婚姻会以离婚告终，其中许多并没有明显的痛苦或虐待(Vivian & O'Leary，1990)。在霍尔姆斯和拉赫的量表
111 中，离婚是最重要的压力性生活事件之一，它越来越多地与接受心理服务(包括住院治疗在内)联系在一起。在其他不利后果中，离婚与酗酒的增加和车祸风险的上升也有关系(Bloom & Hodges，1988)。这种痛苦与心理障碍的风险可能波及儿童及家庭成员。一方不能支付足额儿童抚养费既增加了监护人一方父母的痛苦，也增加了那些有抚养义务

却希望建立新的家庭的父母一方的压力。无过错离婚的法律条款更增加了一些女性由于收入不足而体验压力性生活事件的可能性。有工作的单身母亲因支付不起儿童的日间看护费，以及缺乏健康保险之类的其他支持，其境况可能更为严重。环境中的这样一些问题最好能够借助改变法律的某些条款以及强化执法得到纠正。在个体水平上，类似"单身父母"(Parents without Partners)的互助小组，以及教导成人和儿童如何准备和应对(父母)离婚适应问题的那些项目可以提供重要的预防服务(Bloom & Hodges, 1988; Pillow, Sandler, Graver, Wolchik, & Gersten, 1991; Pedro-Carroll, 1997)。

尽管针对婚姻问题的心理咨询和治疗越来越普及，早期预防仍然表现出更佳的长期效果(Jacobson & Addis, 1993)。鉴于婚姻解体的可能性很大，在婚前针对个人进行技能训练，既能帮助应对可能导致离婚和分居的各种婚姻冲突，又能为婚后生活做适当预备，这种做法可视为一种理性的预防。马尔克曼等人(Markman, Renick, Floyd, Stanley, & Clements, 1993)发表了一项评估报告，他们对一项旨在帮助即将结婚的情侣增进沟通、提高冲突管理技巧的认知行为干预计划作了纵向评估。在为期五年的跟踪观察中，接受过干预的伴侣表现出更好的沟通技能，夫妻之间发生的身体暴力显著少于控制组。但总体而言，虽然干预组在五年后的离婚率很低，但跟控制组相比并未表现出显著差异。

失业。正如我们已经指出，失业是一个很严重的压力源。失业与接受心理健康服务之间存在高度相关。基尔南等人(Kiernan, Toro, Rappaport, & Seidman, 1989)回顾了1973—1986年间发布的19项研究成果。这些研究使用时间序列法将失业率的变化同精神病院住院人数、门诊病人对心理卫生机构的使用、自杀率以及对沮丧心境的社区调查等多个变量联系起来加以研究。这些研究使用的方法不一，有些是逐月追踪变化，有些则是多年持续的研究，追踪年度变化。其中大部分研究(但不是全部)发现，尽管有些人通过心理卫生保健寻求适应，但失业与不良行为增多之间的确存在关系。

认真研究这些数据可以发现，任何可以增加就业或减少失业的事物，或者任何能够提 112
供更多社会支持的因素(如失业保险等)，都能有效减少心理障碍的发生，降低心理治疗的必要性。因此，影响政府政策的社会行动是降低心理障碍发病率的有效预防策略。至于社会支持，我们已经看到支持团体在发展，如提供援助和帮助失业人员互助、鼓励他们寻找新工作的密歇根职业计划。

暴力事件频发的环境。生活在随时可能发生暴力的环境中一定会体验到压力。因为居住环境的原因，暴力事件在一些人的生活中时常发生(见专栏3-1)。加尔巴里诺等人(Garbarino, Kostelny, & Dubrow, 1991)针对某个以暴力闻名的街区的青少年进行了研究。他们发现，成为枪击、利器伤人、殴打行为的目击证人，或体验过朋友、同伴或家庭成员的死亡后，许多人都会表现出创伤后应激障碍的症候。

在暴力事件频发地区生活会增加妊娠并发症的风险。在智利的圣地亚哥，居住在暴力犯罪高发、警民冲突严重地区的妇女与同城但暴力犯罪不严重地区的妇女相比，其发生妊娠并发症的概率更大。"居住在高暴力(或低暴力)地区，妊娠并发症的风险可以增大

(或减小)五倍,这个研究结果是在对社会支持及社区意识等变量进行校正之后得出的。”(Zapata, Rebolledo, Atalah, Newman, & King, 1992, p.688)尽管调查结果发现,很多因素之间都存在相关,但研究人员使用统计技术排除了干扰变量。这些结果对生活在被加尔巴里诺等研究者称为“战区”(war zones)的准妈妈们具有特殊意义(Garbarino et al., 1991)。如何避免让人们暴露于可能引发诸多问题的暴力环境,这在以往并不是心理健康专业的工作。我们将在下一章继续讨论这些问题。

对压力性生活事件的预防

多伦温德模型将政治与社会行动主义纳入心理健康专业人员减少精神疾病的工作范围。有些预防项目以消除制造压力性生活事件的环境为首要目标。增加住房、发展娱乐
113 和创造就业机会有助于预防与住房紧张、生活单调无聊或失业有关的生活压力(Shinn & Toohey, 2003)。良好的营养与产前保健可以减少低体重婴儿的出生率,后者被证明存在罹患多种严重疾病的风险。因为实现这些目标的手段在本质上具有政治性,因此有人提出,心理健康专业人员若想影响政治体系就应该直接进入政界去竞选公职。对此,有一种回答是,除了竞选公职,还有很多方式可以影响政治体系。哈林顿(Harrington, 1962)有关贫困的著作影响了肯尼迪关于政治纲领和社会目标的思考。克林顿总统曾提到威尔逊(Wilson, 1987)的著作《真正的弱势群体》(*The Truly Disadvantaged*),认为那是他阅读过的关于城市中心区问题最好的讨论。布什总统富于同情心的保守主义和以信仰为本的纲领明显受到历史学家欧拉斯基(Olasky, 1995)的影响。社会科学家担当政府的顾问,有些人在国会委员会报告自己的研究成果及其意义,有些人则作为专家提供专业服务,帮助当地社区团体争取赋权。

因此,除了竞选公职,社会科学家和心理健康专业人员还可以充当很多角色,从而发挥自身对政治体系的影响。20 世纪初,街坊文教馆(settlement house)的工作人员提供了鲜活的例子。这些早期社区工作者包括研究员、社区组织者或说客,他们将贫困移民的需求传达、解释给中产阶级。由于他们知识丰富,其中一些人被任命到各州和联邦的重要政府部门工作。后来,他们中的一部分人加入了罗斯福的行政机构,影响了许多社会政策。20 世纪 20 年代开始,对个体心理学的强调开始弥漫于社会工作领域,社会和政治行动主义的传统逐渐被遗忘(Levine & Levine, 1992)。

齐格勒教授(Edward Zigler)是当代学术政治活动家中一个很好的例子。他是耶鲁大学的临床与发展心理学家,曾与约翰逊总统一起工作。齐格勒作为抢步项目小组的核心成员之一,帮助发展了该计划(Zigler & Muenchow, 1992)。在那之后,齐格勒离开了耶鲁大学,在华盛顿特区工作了两年,担任人类发展办公室的主任。此后,他又领导了耶鲁大学的布什儿童福利政策研究中心。他是抢步计划和其他儿童福利政策的有力倡导者,而他的政策立场都是建立在对相关文献或其他数据资料进行深入分析的基础上的。

附带说明。我们用了整整一章的篇幅来讨论多伦温德模型,但这不代表我们认可它

的所有命题。该模型并没有详尽描述导致压力和复原的各种情境因素。相比于更多长期存在的慢性压力,该模型更适合那些非连续性的生活事件,对理解那些具有特定生物化学基础的顽固性心理障碍则作用有限。这一类病理过程较少受到外在因素的影响,但患者与他(或她)身边的护理者的生活质量仍然能够通过社会支持或增强应对技能获得提高。 114

我们相信,多伦温德模型帮助我们找到了一个以整体性眼光观察和思考问题的平台。它提示我们,需要发展更多理论,将人作为"情境中的人"。除非补充更多的细节,否则像"整体"(holistic)和"嵌入某种整体语境"(embedded in a total context)之类的语言,总不过是老生常谈。

本章小结

多伦温德模型为我们提供了一个有用的框架,将社区心理学的各种活动与传统的干预方式(如心理治疗、危机干预等)整合在一起。该模型将注意力指向压力与行为的关系,包含从出现异常到完全康复这一完整过程中的早期环节。这个模型在以个体为中心的干预或以环境为中心的干预基础上为我们提供了很多选择。多伦温德模型最突出的特点就在于,它采取的以预防为目的的干预策略。

多伦温德模型在很多方面十分适用。它为我们思考对心理问题的干预增加了一个时间维度。从这个视角出发,由医学模式提供的大量服务只是在一系列事件发展到末端、出现我们所谓的"心理疾病"时才介入进来。多伦温德模型将人们的注意力导向系列事件发生的早期时间节点。我们越早介入系列事件——无论是强化心理调节,帮助个体做好准备,还是在适当的时间、地点为当事人提供亟需的支持资源——我们越是在讨论预防问题。如果我们针对系列事件发生的过程回溯足够久远,真的能够预防压力性生活事件的最早发生,我们便是在开展(本书后面将要讨论的)初级预防。

多伦温德模型之所以有用,还在于它有助于我们对各种肥皂剧似的生活事件(life-as-soap-opera)作出反应。回顾我们之前在讨论全体人口中精神病患者的发病率时曾提到,人们面对的各种压力性生活事件的发生率可以检测。如果你始终只在医学模式中思考心理障碍或心理疾病,你就会更倾向于思考对心理疾病的治疗,以及如何消除个体的心理障碍。诊断本身几乎没有提供任何预防干预的线索,除非病因学或一系列导致心理障碍的 115
原因非常明确(Institute of Medicine, 1989)。诊断经常被证明并不可靠,尤其针对儿童心理障碍的诊断而言(Kirk & Kutchins, 1992; U.S.Surgeon General, 2001b)。

从生活事件的视角出发,你会考虑各种产生压力性生活事件的环境,思考如何在人们体验到短时压力反应时,甚至在压力性生活事件发生之前就对各类援助资源进行合理配置。后面各章我们将讨论各种预防策略,在这里我们只要求读者思考,多伦温德模型如何提醒我们存在多样化的帮助和预防策略,并指导我们给予各种不同帮助,以及采用不同的方式提供帮助。多伦温德模型的优势正在于，它拓展了我们对不同时间、不同场所、不同干预方式的思考。

尽管如此，多伦温德模型只是针对一个综合性场域和众多活动所作的概述。很显然，还需要更多的理论细节和实践研究作为对它的补充。接下去四章，我们将开发一些理论，并补充实证细节，为进一步考察心理健康中的预防做准备。

第四章 116

生态学类比

“生态学”是社区心理学中的一个重要隐喻或一种类比，既体现了科学范式的结构，又 117
代表着特定的价值观(Moos, 2002)。通过“一个隐喻”或“一种类比”，我们从环境生物学(environmental biology)中借用了一些概念，将它们用于社区心理学领域。我们假定，社区心理学家关心的问题和生物生态学家(biological ecologists)研究的问题之间存在足够多的相似性，以至于可以尝试用同样的概念阐释我们感兴趣的问题。类比算不上是一种完美的做法，但其中的原理仍有助于我们理解社区心理学家关心的问题，并将其进一步概念化。

我们借用科学范式(scientific paradigm)指代某一领域的研究使用的研究模式。一种新的范式意味着，与传统的心理学所钟爱的实验范式相比，我们问不同的问题，做不同的观察，通常也使用不同的研究方法。生态学范式包含着一系列基本信念，其中之一便是环境会对人的行为施加重要影响。通过更好地理解特定环境对人的影响，不仅可以解释甚至可以管理人的行为。采用生态学范式的研究者大多遵循这样一种价值观，即我们有义务将这种理解应用于行动，去改善人们的生活。

当我们按照“环境对人施加重要影响”这一信念行事时，便涉及两个更深层次的假设。第一个假设是，通过实施某些方案，我们可以改变社会和组织内部的关系模式，从而对人们的生活和适应施加“批发式的影响”(wholesale effects)，这与传统医疗模式为个人提供的“零售式援助”(retail assistance)形成了鲜明对比。不过,这并不意味着,在理想的环境条件下,任何人都可以随意变化。无论什么样的环境,一个人都变不成一棵树。由于存在某些生物学意义上的内在局限性(如某个人智力低下,并可能伴有神经系统损伤),环境的改变不可能完全弥补那种差异。尽管如此,仍有两点需要强调。首先,即便存在特定的局限性,不同的环境仍然会导致不同的适应,其中某些适应会比其他状态更加令人满意。其次,个体的特征或潜能差异并不一定是局限性,也不一定会妨碍个体或社会的发展。在适当条件下,差异可能构成社会发展与变革的催化剂或重要资源。

第二个假设是,如果我们希望实现某些方案的程序效应(programmatic effects),那就
118 意味着要在社会组织层面开展更加广泛的变革,而不是仅仅瞄准个体的需要。上述两个假设都意味着我们需要更多地了解社会环境,而在心理学实验室里,我们看不到需要了解的那些东西。从生态学的视角出发,我们被引导去发展更加多样的问题定义,检验更多解决问题的方法。其中,定义和解决问题的不同方法将会满足不同群体的需要(Rappaport, 1981)。

生态学类比对科学工作同样具有重要意义。对社会环境的任何干预都要基于对“那种环境怎么样”的理解,也就是说,干预都是建立在某种观念之上的。从科学立场出发,将人类的行为环境加以概念化并测量,反映了心理学的新近发展。然而,到目前为止,尚未形成某种全面而具有内在一致性的理论。某些研究取向为我们提供了多种具有启发性的构念,它们经常被引用(例如,Moos, 1973, 2002)。不过,总体而言,这些构念的实证基础远不如其理论架构发展得完善。

本章首先将生态学类比为一种思考和研究的基本范式,然后阐释对社区心理学家具有重要指导意义的四个生态学原理。我们将通过一些实例来说明这些原理。我们还将讨论由生态学类比发展出来的实践原则,以及这一立场之内的价值观。

生态学作为一种范式

生态学(ecology)是环境生物学(environmental biology)的研究领域,这一术语源自古希腊语中的名词“*oikos*”,意思是“房子”(house)。生态学就是对有机体生活于其中的“住房”(引申为环境)的研究。其前面常加修饰语“社会”(social)或“人类”(human),用以表明其对研究人类生活的社会环境的特殊兴趣。

总之,生态学家研究的对象超出了单一的有机体,包括特定人口(populations)、共同体(即社区,community)、生态系统(ecosystem)和生物圈(biosphere)。特定人口是指一群具有相似性的个体;共同体(社区)是指限定区域内的一群居民,与无生命的环境一同构成生态系统;而生物圈指人生活于其中的更大范围的环境。尽管生态学家从未以任何方式否认生物学的其他部分,但他们相信,这一类解释性概念适用于有关组织层面的研究。

虽然来自其他层面的概念也能增进对研究现象的理解，但是那些还原程度更高的概念无法彻底解释组织其他层面的现象。用奥德姆（Odum，1971）的话说就是："要想了解一棵树，有必要研究这棵树作为其中一部分的大森林，以及构成这棵树的细胞和组织。"（p.4） 119

作为对生态学概念的另一种使用，布朗芬布伦纳（Bronfenbrenner，1996）提出了一个生态学模型，用来解释对儿童发展的研究。他认为，对儿童发展的理解和研究存在五种水平：(1)个体发生学或个体水平，例如儿童的年龄、性别、性格、气质等；(2)微观系统或最接近的社会背景，包括家庭（例如父位缺失家庭、机能失调家庭等）、课堂、同伴群体、工作场所等；(3)中间系统或微系统之间的联结，例如家长教师联席会、工作对家庭生活的影响；(4)外围系统或社区环境水平（例如居所附近为家庭生活提供支持的医疗、教育和娱乐资源）；(5)宏观系统或包含政治、经济、文化在内的社会水平，例如对儿童的态度、对暴力行为的态度等。①

大多数使用生态学术语的社区心理学家并未全盘接受布朗芬布伦纳的观点，而是在其主要框架与一般原理中寻找和选择有用的类比。社区心理学的支持者借用生态学隐喻来表明自己的立场——支持什么或反对什么。例如，他们使用生态学的科学术语断言，个体取向的心理学对思考和解决很多问题来说并不是很有帮助，反而限制了可供选择的干预范围，并将人们的注意力从重要问题上移开。支持者们认为，生态学概念的魅力正在于它超越了个体心理学。正如生物生态学将注意聚焦于有机体和资源之间的关系，社区心理学强调有机体的"嵌入性"(built-in properties)，并将其视为对各种可能的、不断变化着的资源竞争日益适应的结果。这种观点引导我们的注意超越了个体人的水平。

范式转换

心理学是少数几个没有分支学科致力于在自然状态下对现象进行观察的学科之一。从沉思的扶手椅一跃而进入实验室，心理学忽略了对自然状态下的人的研究。②这一飞跃的结果导致心理学只关注有机体"内在的"属性，而对个体外部的事物视而不见。临床治疗强调对个体差异以及不同情境下稳定的人格特质进行测量，其结果便是对自然环境的忽视。精神分析对临床治疗的理论和研究都产生了重要影响。在精神分析看来，重要的是个体的知觉和想象，以及建立在这些知觉和想象基础上的情绪反应。一切必须做的或被理解的都可以在诊疗室内完成。心理测验假设心理学家可以测量个体内在的心理特征，而且在一种情境中测得的结果可以预言个体在其他环境中的行为。社会环境的差异 120

① 另见贝尔斯基（Belsky，1980）和美国国家研究委员会（National Research Council，1993）的讨论，这些概念在其中被用于指导对虐童问题的研究。

② 19世纪后期，心理学从哲学中独立出来。在此之前，自然科学已成为继神学和人文学科之后在大学共同体中占统治地位的优势学科。这一胜利是如此彻底，以致传统研究领域（甚至像法学之类的学科）都全面接受了科学的意识形态及其语言（Auerbach，1976）。心理学脱离哲学的正当理由在于，它的使命、方法以及对实验室空间、科学设备的需求都与哲学不同。通过进入实验室，模仿物理学，心理学家将注意聚焦于个体，而不是将个体放在某个背景中进行研究。

在这种假设中毫无意义。场论心理学家勒温(Lewin, 1935)曾提出著名的行为公式 B=f(P, E)——行为是人与环境的函数,并提出包含外部世界在内的"生活空间"(life space)概念。但勒温只局限于研究单个有机体对内层生活空间的反应,而个人行为在孤立观察时可能毫无意义。只观察一垒手的行为不可能理解一场棒球赛,因为他(或她)的行为只有作为整场赛事的一部分才有意义。另外,执着于"知识可以通过短暂的实验而获得"这一理念,使得心理学研究丧失了时间维度,由此产生了生态效度问题,即对这类研究结果的外部效度及其普适性存在广泛质疑(Chow, 1987; Schmuckler, 2001)。

特里克特、凯利和文森特(Trickett, Kelly, & Vincent, 1985)描述了生态学观点与科学研究的差异:

> 社区研究是对不断流动、变化着的社区生活的干预,理应如此。当社区调查——像其他所有研究那样——被设计用来生产知识时,它同时也可以作为发展环境的重要工具来使用。在这种意义上,社区研究不可避免地会对它所研究的那个地方产生影响。(p.284)

在特里克特等人看来,研究过程本身便是人、情境和事件之间的资源交换。研究的目标是创造出有利于社区整体发展(而不是仅仅有利于研究者或研究基金会)的研究成果。在情境与方法之间并不存在截然的划分,方法构成了背景(the setting)的一部分,反之亦然(参见下一节"相互依存原理")。所有那些受到研究影响的人,包括作为被试的社区居民在内,都被认为是研究活动正式的参与者。万德斯曼和弗洛林(Wandersman & Florin, 1990)曾发表一组富有洞察力的论文,其讨论的主题便是居民如何通过与研究者协作和参与研究而获得赋权。

由于生态学研究是社区的一个部分,兼受社区影响,它比实验室研究更富弹性和即兴性(improvisational)。未经筹划的意外事件和"副效应"常在意料之中,并被纳入研究设计(Tebes & Kraemer, 1991)。研究不可避免地会以某种方式改变社区和居民,所以对整个研究必须作纵向(跨时间的)理解。无论研究设计具体是什么样的,事实上,所有的研究都是纵向的,因为在参与者之间总是预先存在某种关系的背景,而接下来的研究又不可避免地会改变这种关系(作为未来研究活动的背景)的性质。

121 **专栏 4-1 生态学视角的社区研究**

社会学家和犯罪学家辛格(Simon Singer)、心理学家莱文(Murray Levine)历经多年,终于完成了一个项目,其中阐释了生态学研究的多个方面。纽约州阿默斯特青年委员会的执行董事贝科夫金(Joseph Bachovchin)先生要求纽约州立大学布法罗分校的青少年研究中心与自己的机构合作,以制定社区发展计划为目标,开发一套需要评估问卷。纽约州阿默斯特青年委员会为地方机构提供专项资金,支持他们建立青年中心,为青年人提供娱乐和其他预防性服务。该委员会要求所有申请该项资金的地方机构制定未来服务计划。阿默斯特青年委员会认为，对于包括少年犯罪、吸毒和酗酒在内的青少年问题进行调查符合自己的意愿和需要。这是一项覆盖三个学区范围的社区调查。阿默斯特青年委员会采取的第一步是在每个学区内与家长和教师组织合作，举办一期社区论坛，并为其提供赞助。包括一些家长、青少年、社区领袖和从事青年工作的人士在内，大约75位居民参加了论坛。这些人被划分为几个不同的小组，共同讨论那些他们在社区范围内关心的事情。

研究团队将与会者关心的事情都记录下来，作为问卷编制的基础。编制的问卷将作为调查家长与高中学生的工具。研究团队还将一些出自理论兴趣的问题纳入了问卷，以便使调查有更多的发现，将来能在专业刊物上发表。调查的这一方面反映了大学研究中心的兴趣。在大学校园内，能否在专业杂志上发表论文关系到研究者的生存大计（"要么发表，要么走人"）。

调查问卷的草案被提交给地方机构的董事会，由其中的市民成员进行审查。他们受市镇议会的指派，督导青年委员会的所有项目和活动。调查问卷草案通过董事会成员的审查后，再由各学区行政管理部门的代表作进一步审查。无论是获取学生和家长名单建立一个抽样库，从中随机抽取一批学生样本，还是通过学校的通信系统向家长发布研究结果，获取学区行政管理部门的协作都是非常重要的。学校管理者同样会提出要求，希望对问卷作一些改进，以充分满足他们的兴趣。以这种方式最终确定了用作研究工具的调查问卷，由纽约州立大学布法罗分校学术委员会对该项研究计划的伦理合宜性作出评价，以确保被调查对象的隐私受到必要的保护。

为了引起学生家长的兴趣，研究团队给每位高中生家长写信，告知他们将要进行 122
一项怎样的调查。如果他们的子女被选中参加，那是随机抽取姓名的结果。所有高中生都必须得到家长的书面同意才被允许参与调查。为了鼓励学生参与，研究团队向参与者发放优惠券，凭此券可以在当地音像店领取一张唱片或一盒磁带。音像店的老板以批发价格提供优惠券，为青年委员会的调查降低成本。抽样完成后会通过学校邮箱通知被抽到的学生及家长，请家长签署知情同意书。同意书被寄回来后，在学校不上课的时间安排正式的问卷调查。调查进行得十分顺利，尽管问卷中包含了一些敏感话题，但没有人抱怨。事实上，青年委员会对社区事务的关心，以及他们针对自己正在做的工作所进行的沟通赢得了广泛赞誉。

调查结束后，研究团队撰写了初步报告，向青年委员会和该机构的执行董事汇报调查结果。收到后者对调查结果的评论、质疑和进一步分析的建议后，研究团队又准备了第二份报告。这份报告得到青年委员会的批准，于是，研究团队正式向市议会报告了调查结果。市议会作为立法机构，负责为青年委员会接收和管理由州政府划拨的项目基金。参加报告会的还有很多媒体记者。调查报告在大都市日报和郊区新闻报上登载，对项目负责人的采访报道也出现在当地电视新闻和广播节目中。大都市日报还特意为这项研究配发了报刊评论。

在接下来的几周时间里，社区中心和学校共同举办开放性论坛，将调查结果反馈给参与论坛的市民小组。项目的执行董事和研究团队与各种服务的提供者、管理者和青年工作者见面，针对调查结果进行共同商讨。在信息反馈的基础上，青年委员会制定了未来几年的服务计划，并得到了基金委员会的批准。

三年后，项目组又做了一次追踪调查。遵照社区的意见，第二次调查将性行为、情绪郁闷和自杀倾向等问题也纳入了调查范围。在第一次调查中，一些市民领袖和学区代表认为这些议题过于敏感，所以它们并未纳入调查。时隔三年，虽然担忧仍然仍在，但充分的信任已经建立起来，调查因此得以包含这些敏感条目。与国家趋势相
123 一致，第二次调查结果显示，酒精与毒品的使用在三年内有了显著下降。尽管这种下降不能完全归功于青年委员会这个项目，但这种变化趋势与项目的目标显然是一致的。

研究过程仍在继续。当纽约州立法机构打算停止向除最贫困社区之外其他社区的青年委员会发放基金时，调查结果显示，在那些相对富裕的城市外围社区，青少年不良行为、酗酒和吸毒的发生率相对较高，这一结果促使立法机构下决心继续为该项目拨款。这项研究的数据被青年委员会用来制定服务计划，也为审批项目的社区机构提供了有参考价值的背景资料。与青年委员会合作的阿默斯特学区申请到一笔计划基金，用于为零散居住的低薪家庭筹建综合服务中心，将该属区内的少数民族儿童和以英语为第二语言的儿童纳入招生和服务的范围。早期收集上来的调查数据为该计划的申请起到了支持作用。通过与心理学家莱文、社会学家辛格合作，阿默斯特学区及青年委员会对社区的需求进行了评估。研究综合分析了人口普查的数据、对学区儿童的调查数据，以及与学生、家长、教师、学校教职员工、政治领袖、廉租房管理者和青年委员会成员之间进行的开放式访谈的结果。研究报告显示了在布法罗市特定区域建设社区服务中心的必要性。报告还建议，社区中心可以在与学校毗邻之处选址建设，以便市民可以在周末和放学时间利用学校的体育馆、游泳池、礼堂和公共活动室。报告被呈送到学校董事会和市议会。市议会通过投票表决，通过了一笔10万美元的拨款作为对该项目的支持，并授权青年委员会董事为社区中心的建设寻求其他资金援助。莱文和辛格撰写的报告对争取基金拨款起到了重要作用。甚至在多年以后，很多社区成员还在公众会议上不断谈及那份报告。

总而言之，生态学研究方法是与社会相关、基于社区（而不是实验室）的研究。从制定研究计划到发布研究结果，各个阶段都离不开社区的参与。理想情况下，生态学方法包含多种资料收集渠道。其中，既有质性材料，也有量化数据，二者相互验证。由于生态环境从来都不是静止不变的，随着时间推移而发生的各种变化是测试因果关系

需要考虑的一个重要因素。因此,采取纵向设计在两个或更多时间节点测量系统的动态变化很有必要。生态学的思考方式还意味着在个体之间、个体与群体,以及群体(如组织、社区)之间等多种水平上对关系问题的考虑。对于社区的定义或确定所研究社区的边界应具有生态效度(应该是现实生活中真实存在的邻里或街区,而不是人口普查意义上的地段或片区)。最新的统计程序已经允许对研究资料同时进行多水平分析,这为生态学取向的社区研究带来了更多的信心和希望(Perkins & Taylor, 1996;见 *American Journal of Community Psychology*, February, 1996, on ecological assessment methods)。 124

对于研究事业的意义

相比而言,在实验室做实验更容易一些,而生态学研究却"相当麻烦",它需要不断地向除研究者之外的其他人的兴趣(或利益)作出妥协或适应性调节。生态学研究很少设计真正的实验,即将被试随机分配到不同的条件组,使得实验的内部效度得到有效控制,或者让其他貌似合理的竞争性假设获得合理评估。此外,生态心理学家通常倚重多水平的测量,包括使用朴素或"不起眼的"(unobtrusive)技术手段来收集相关数据。这类测量的好处在于,能够保留研究现象的复杂性,力求在"自然条件下"理解所研究的现象,从而使"普遍性"(generalizability)得以最大限度的保留。生态学取向的调查者比较偏爱这种性质的生态效度,而不是控制严密、讲求内部精度的实验室实验。由于生态学研究采取实践或应用导向,因此需要对自然状态下非刻意安排的社会关系模式进行研究。当我们讨论具有生态效度的研究时,我们更希望借助适当的研究方法获得在自然情境中有效的知识。最后,考虑到生态学研究的纵向性质,我们不会将人类行为理解为某些单一的、可分离的原因造成的线性结果。这种对人类行为的"非因果性"理解标志着与心理学主流传统的断然决裂,而后者正是建立在对线性因果关系的假设检验基础上的。

鉴于这种研究方法与假设的改变,我们可以把生态心理学视为库恩(Kuhn, 1996)所说的一场范式转变(paradigm shift)或"范式革命"(paradigm revolution)。然而,使用生态学概念的社区心理学家仍坚持使用科学的语言,以证明自己在为科学价值背书。科学价值首先追求客观性,要求研究结果必须公开、可重复;其次奉行经验主义,即所有概念在新的证据面前可以被修正。保留科学身份对确定社区心理学的学科边界、确保其研究成果与其他科学知识之间的连续性具有重要意义。与其他科学相互认同还有其他方面的意义。虽然生态学取向对传统个体心理学的批判有着特定的逻辑基础,但它同样也是一种 125
政治声明。在某种程度上,这成为生态学家在科学共同体内部竞争所需资源(包括研究基金、工作岗位和认可度等)的基础。从这种意义上说,社会生态学家可以被视为在科学共同体内部与现有群体竞争资源的一个新的变异群体。

上述青年委员会的例子(见专栏 4-1)阐释了研究过程本身是如何改变自然情境中的

现象的。田野研究过程中存在的价值问题很难得到解决,不过我们相信,基于对社区中不同利益群体的充分理解而展开的合作研究最有可能识别潜在的价值冲突,并从中达成某种程度的妥协。

既然与我们更为熟悉的实验室实验存在许多不同之处,那么,应该采用何种标准对生态学研究进行评估呢?特别是,当我们宣称,我们以往努力追求的实验室标准对评价新的研究成果并不重要的时候,这种断言又意味着什么呢?首先,如果我们坚持自己有权获得社会资源,并要求作为专业人士的社会地位,那就必须有适当的评价标准。如果我们放弃实验控制和对内部效度的偏好,那么用什么标准来取代它们呢?当一个学生问萨拉森(Sarason, 1976b),这样的研究“不就是常识(common sense)吗”?他努力想回答这个问题。他的回答是:这种研究在普通人眼里是常识,但是,援引历史学家贝克(Carl Becker)的话说,却是“更为自觉、熟练的科学应用”。莱文(Levine, 1980a, 1982)认为,正是有意识的自觉训练区分了专业人士和门外汉。尽管如此,如果我们和其他人倚重来自生态学视角的研究发现,那么,研究成果需要达到的质量标准仍需进一步澄清。(对社区心理学有关认识论问题的思考可参见:Levine, Reppucci, & Weinstein, 1990。)

联系对资源的竞争问题,研究的评价标准问题绝不是空穴来风。作为一个新的研究团体,要生存就必须争取一定的资源。在大学里,要进行学术研究并通过教学传播研究成果,需要资源作为基础。对研究成果的评价标准影响着研究经费或各类基金的分配,影响着学术论文的发表,而这些又反过来影响研究者的岗位聘任和职务晋升。总之,对研究成果的评价标准影响着研究者的生存。新的专业杂志会增多,因为判断研究成果是否卓越的标准,以及新的研究工作的性质都发生了改变,与旧的传统已大不相同。换句话说,变革的结果会产生辐射效应。从哪里、如何获取研究经费?以及在哪里、如何发表研究成果?这一切强烈影响着研究者的思维。幸运的是,学术系统允许多样性的存在。因此,生
126 态学取向的研究作为一个新的研究团队在学术共同体中应该能够找到自己的位置,并成功获取竞争性资源。

生态学原理

凯利(Kelly, 1966)是社区心理学中生态学类比的早期倡导者。在本章开头,我们已经提到了凯利使用过的四个概念,即特定人口、共同体(社区)、生态系统和生物圈。在这里我们要对这四个概念作进一步的详细说明。特定人口是指一群类似的个体,他们有着相似的利益或兴趣。特定人口可以通过共同的社会利益或兴趣——年龄、性别、民族、人种、社会阶级——进行划分,而较为常见的是按照社会角色来定义,如警官、心理健康专家、立法委员、父母、心理健康消费者等。我们使用“利益”来指代对所需资源的关切,无论是为了生存,为了履行个人的角色义务,为了成长与发展,还是为了实现自我的潜能。“利

益”还包含了摆脱各种社会障碍和有害“毒素”(toxins)的需要,例如,获取资源的障碍,限制群体成员成长与发展的障碍,等等。要求平等的求职机会和对不同社区给予同样的教育投入等,都是寻求重要资源的例子。这个问题很重要,因为有重要证据表明,资源匮乏会使得贫困群体的许多成员面临出现心理障碍的风险。例如,无家可归就是造成许多儿童严重心理障碍和适应困难(Institute of Medicine, 1989)的一个显著影响因素。

共同体(社区)是指共享某一特定区域的全体居民。出于不同的分析目的,特定人口共享的区域有所不同。共同体(社区)有时是一座城市、一个县、一个州、一个居民小区、一所学校或一个社会组织,又或者如在学校废除种族隔离那一章(本书第十一章),共同体指代整个国家。我们很难精确定义社区这一分析单元,因为它总是随意图的不同而不同。唯一不变的是,任何分析单元都是由具有不同特点、部分特征重叠、存在利益竞争的居民组成的。任何形式的干预努力或对社区问题的研究都必须预先准备好应对不同群体成员之间对各种不同利益的竞争。

生态系统由共同体与无生命的环境(inanimate environment)构成。出于某些原因,我们需要了解周围的物理环境,包括:空气中的铅含量是多少?铅的摄入对儿童智力的发展影响有多大?人们能得到什么样的住房?一些高层公共建筑的设计使得居民在犯罪发生的情况下很难自保。从城市到郊区的就业流动意味着内城居民失业率的上升,最终导致 127
“真正的弱势群体”在某些地区高度集中,同时带来秩序混乱的问题(Wilson, 1987;见专栏 3-1)。交通拥堵也是生态问题的一部分。例如,总是在交通繁忙时段开车上下班的人报告他们的一般情绪(general mood)比那些上下班轻松的人更为糟糕。也许因为女性做家务和承担家庭责任需要花费更多时间,对于时间,她们往往比男性更敏感(Novaco, Kliewer, & Broquet, 1991)。在所有这些例子中,物理环境都具有重要的社会影响。出于我们的目的,生态系统还包括管理资源获取的那些社会规则、习俗和法律。它们既可能限制人的机会和自由,也可能保护人的权利。

生物圈包含更广阔的人类居住环境,可以说是整个地球。我们已经熟知全球气候变暖、温室效应和臭氧层破坏等世界性的环境问题,其中任何一个问题都可能产生严重的行为效应。举一个很小的例子,人们去海滩时可能会尽量减少日光浴的时间,并且需要购买和涂抹防晒霜。在社会层面的类比,例如人们由于所属国家的社会变革而产生的大规模移民潮,正如拉丁裔和亚裔人口向加利福尼亚州的大量移民。1970 年,大约 80%的加利福尼亚州人口是非拉丁裔的白人。1992 年,这一比例下降到了 55%。而到了 2020 年,非拉丁裔的白人人口将只占到全部人口的 40%[佩奇(Robert Page)为加利福尼亚州立法院未来委员会准备的数据参考书,1992;另见 Rogler, 1994]。加利福尼亚州市民反对移民以及对反种族歧视的抵制充分反映了占人口多数的美国白人对美国人口结构变化的担忧。回顾我们自己的历史,我们深知移民在适应一个语言不同、风俗习惯不同、要求不同的全新世界时会面临怎样的严峻挑战,而他们能够从学校、教会、社区组织获得的社会支持又非常有限。在资源严重缺乏的情况下,如果援助机构不了解移民的文化和需求,甚至援助机构本身都可能成为问题的一部分。

在当前世界经济一体化的背景下，资本在全球范围内流动，由此带来了很多变化。跨国公司可以利用商务成本和劳动力价格上的差异，将工业向不发达国家转移。这些改变在工业输入目的地国家制造了很多问题，而美国这样的输出国在一定程度上也会导致工厂倒闭和大量人口失业(Buss, 1992; Broman, Hamilton, & Hoffman, 1990)。在纽约州的拉克万纳(Lackawanna)，有许多钢铁工人失去了原本薪水丰厚的工作，因为公司决策层认为，到其他地方建新厂比让工厂在本地更新升级更节约成本，或者与韩国、日本等国
128 进行贸易更能满足公司的利益。一旦某个拉克万纳的工人失业，他很可能开始酗酒或者打老婆，因为他丧失了骄傲和自尊的资本。对于未来，他可能既恐惧又愤怒，以致士气低落。他这种困境可以直接归因于全球化进程。

凯利(Kelly, 1966)在一篇影响广泛的文章中阐释了从生态学中借鉴过来的四个原理，他相信这些原理在处理社区干预问题时非常有用。它们是相互依存(interdependence)、资源流通(cycling of resources)、适应(adaptation)和自然演替(succession)。

相互依存

凯利提出的第一个原理是，一个社会单元内部的各种成分相互依存(interdependent)。在某个生态系统中，一种成分的改变会导致系统中其他成分随之发生改变。例如，砍伐毁坏了树木，也影响了诸如猫头鹰之类的动物的栖息地，因此可能导致这类物种灭绝。再比如，正像我们在本章后面将要讨论的，精神病院的病人去机构化对心理卫生系统之外的其他系统(如司法审判和执行系统)都会造成严重影响。

相互依存不仅指社区内部各种成分之间相互依赖这一现象，还包括这些成分随时间推移而发生的动态交互作用过程。例如，在研究过程中，研究者与背景(the setting under study)之间的研究关系便以某种特定的方式将该社区系统与其他系统区别开来。正如阿默斯特青年委员会的案例(见专栏4-1)所显示的，研究者和研究背景在研究过程的各个阶段都会相互影响(Vincent & Trickett, 1983)。此外，正因为组成社区的所有人口彼此作用、相互施加影响，所以任何一种变化都可能导致连锁反应。而最终，我们可以预期，有可能出现之前意想不到的结果。

植物遗传学家发现，他们必须不断更新技术，以培育出能抗病虫害的植物。因为随着时间推移，昆虫种群会借助选择性繁殖产生针对毒素的抗体。植物学家因此不得不培育带有各种不同毒素的植物，或者提供无毒植株，以减少易感种群的生存繁殖，降低令人讨厌的抗毒害虫繁衍和发展的速度(McGaughey & Whalon, 1992)。

另一个动态相互影响的例子是平权法案(affirmative action)，要求解决由前期解决方案造成的问题。平权法案要求改变妇女、非裔美国人和其他群体在理想工作环境中的人口代表不足问题，通过增加获取资源的渠道，成功地帮助这些群体成员争取到了更多机
129 会。类似于物理环境的改变，这些群体成员得益于规则的改变。当某些障碍被消除，他们

能够更有力地参与对资源的竞争。由于平权法案改变了资源竞争的规则,那些认为自己吃了亏的群体(如白人男性)便行动起来,要求再次改变规则,以降低平权法案的影响,甚至要求将新的规则废除。换句话说,一个群体的改变影响到了其他群体。作为回应,后者要求恢复他们对资源的获取和使用。

根据定义,相互依存的人之间相互影响。去机构化政策让许多以往患有严重精神疾病的人回到社区,他们中许多人的身影常常出现在街头巷尾。这样频繁的可见性(正如报刊社论所描述的),加上很多市民觉得这些前病人并没有被照看好,因此引发了一场重新改变规则的大讨论。要么更加严格地监管或更好地为这些病人服务,要么放宽入院限制,把一部分病人重新送进精神病院。而精神卫生医疗的消费群体作为另一群体的代表则为患者辩护,并尝试通过组织由消费者自己管理的可替代性服务系统来改变精神医疗系统(Chamberlin, 1990)。一些病人家属也组织起来,施加政治压力,以求增进服务,并使有需要的病人重新入院变得容易。精神卫生部门的官员作为一个群体同样受到其他群体(消费者及其家人)行动的影响,为改变精神卫生系统共同努力。

对预防过程的检视让我们发现更多相互影响的例子。家长团体、教育者和其他关心艾滋病毒传播、青少年性行为和意外怀孕问题的人们不断争论,也能说明这种相互影响。不同宗教、政治和社会利益团体在学校的性教育是该向高中生发放避孕套还是强调禁欲等问题上长期争论不休(Whitehead, 1994)。

依照凯利的观点,相互依存原理不仅向我们提示了变化的复杂性,还指导我们在干预过程中将社区视为一个完整的分析单元。除了病人个体的内部特质之外,这一原理将我们的注意导向多种不同的分析水平。相互依存还意味着,以社区取向开展干预的心理卫生专业人员需要变换多种角色,这和他们以往长期工作于其中的生态位(或小生境,niche)不同。在诊所接受病人咨询是一回事,在教室里和教师商讨、参加社区范围的协调会议或成为改革活动家则完全是另外一回事。例如,有效的协调可能需要某些立法授权,因此,心理卫生专家必须清楚地知道如何在特定的政治环境中工作。相互依存原理只是在一般意义上告诉我们,需要参与到包含社区在内的关系系统中去,但并没有明确告诉我们在任何具体的案例中我们需要做什么。

资源流通 130

凯利的第二个原理涉及资源流通(cycling of resources)。他认为,生物系统内部的能量转换揭示了作为系统组件的每一个体的构成及其相互关系。大型食肉动物以小动物为食;小动物吃植物;植物从太阳获取能量;落叶腐化之后滋养植物。能量在循环过程中不断发生转化,一种生物体的废弃物成为另一种生物的食料。干预实际上是要改变资源流转的方式。因此,资源流通这一原理不仅涉及资源如何产生、如何被定义,还涉及资源如何被分配。此外,凯利还指出,在对资源分配进行干预之前(如提供一种新的服务,后者需要经费支持),我们首先需要知道这个社区的资源是如何自行循环或流转的。

在某一社会系统中，进入循环系统的能量可以是人们的时间或付出的努力，也可以是金钱或其他形式的资产（参见本书第十二章“以资产为基础的社区发展”）。征税是对收入的再分配。金钱从一部分人的手上（个体或公司、企业纳税人）转移到另一部分人的手上。后者受惠于社会保障收入、失业保险、残疾人补助、食品优惠券、医疗救助等各类服务。这些人同时也可能是服务的提供者，他们在接受财政拨款的同时提供服务。

建立在新的政策基础上的公共投资项目要求改变资源流通方式。除非我们假设资源是无限的，否则无论何时，只要我们建设一个新的项目，就要同时减少其他地方的资源。如果公共政策的制定者决定建设一个新的服务项目，如兴建一个新的公园或一个运动场，又或为双职工家庭提供课外看护小朋友的服务等，都需要对资源进行重新调配。关于信仰服务的争论涉及教会和国家问题的分离，同时也涉及向一种新的竞争性服务团体开放资源（或实行资源再分配）的问题。受去机构化政策的支持，资源由精神病院流向社区而遭遇困难，便是一个典型的例子，说明政府在政策出台之前缺乏对社区资源配置的深入调研和充分认知。

如果没有足够的资源，好心可能帮倒忙，甚至制造出新的问题。例如，在 20 世纪 70 年代，我们相信将举报虐童行为纳入法律是个好主意。新的法律要求为儿童服务的专业人员向儿童保护部门举报以他们的专业眼光看来任何可能涉嫌虐待儿童的嫌疑行为。立法者认为，开设儿童虐待举报热线是行得通的资源再分配，可以用较低的成本为儿童提供帮助（Nelson, 1984）。结果，事实证明，儿童保护系统很快被不断打进来的热线电话淹没。1998 年，热线收到 280 万例虐童事件报告，儿童保护系统疲于应对。正像我们在第一章所描述的那样，美国儿童虐待与忽视顾问委员会（U.S Advisory Board on Child Abuse
131 and Neglect, 1990）甚至宣布，整个儿童保护系统陷入瘫痪危机。危机的部分原因在于资源的有限性，我们不能或不愿意为这一由政策驱动的问题解决方案分配足够多的资源。但是，在我们考虑资源流通与再分配的问题时，这些是必须考虑的问题。创新可以促使有风险人群的资源大量增加。例如，在本书第九章我们将会看到，自助团体代表了对于作为应对和支持系统的生态环境的一项改革，而它对金钱和其他资源的消耗与专业服务相比却要节省得多。

适应

凯利的第三个原理是适应（adaptation）。就人的行为而言，没有哪种环境是完全中性的（behavior-neutral）。通过提供特定的资源，某种环境有效地限制了某些行为，支持了另一些行为。适应原理描述了有机体如何通过改变自己的习惯或内在特质去应对不断变化着的环境的过程。以生长在不同环境中的松树为例。生长在森林里的松树高大挺拔，枝繁叶茂；而生长在科德角沙丘上的松树则因常年受海风侵袭，只能紧贴地面生长，低矮虬曲。假若处在接近低氧线的高山上，松树会长得更矮，松针也更少。如果不善于适应，环境资源的改变或某些有毒物质的出现便会危及有机体自身的存活。

最容易诱发人的适应性反应的刺激是资源的突然减少。如果一个人突然丢了工作,失业保险只能提供短期帮助,最终还得再找一份工作。如果新的工作收入不理想,就只能搬到便宜一点的公寓或不那么贵的房子里去住。原本希望把孩子送去昂贵的私立大学,现在也只能改变计划,送他们去读学费相对便宜的州立大学。由于社会地位和生活方式的改变,有些人意志消沉,较少采用适应性应对策略,严重的甚至可能开始酗酒或陷入婚姻危机。有些人很快就能适应新的生活方式,搬到生活成本较低的地区去住。我们在前一章提到,精神病人住院率、自杀和人群中悲观情绪的总体水平等指标都与失业率的变化密切相关(Kiernan, Toro, Rappaport, & Seidman, 1989)。其中的关键在于,重要资源的丧失需要多方面的调整与适应,而资源的增加可能同样需要适应。例如,因为食物供应充足,许多人会胡吃海喝,直到体重超标,然后再开始减肥。政府和权威人士已经提醒,我们有太多的儿童和成年人因肥胖而导致健康受到威胁。

有时适应是由于环境中出现有害因素(toxin)而触发的。犯罪可以被视为一种社区 132
毒素。例如,夜间入室盗窃会给受害人带来严重的心理压力,甚至可能瓦解受害人对家乡或居住地的支持性依恋(Brown & Perkins, 1992)。就生态系统内部变量而言,犯罪被生活在环境不文明地区的居民视为比乱丢垃圾、四处涂鸦以及建筑废弃物长期不清理等严重得多的问题(Perkins, Meeks, & Taylor, 1992)。居住在这样的环境中,人们的行为更加具有防卫性,这一点可以通过他们搬家和大门上锁的频数反映出来。然而,如果居民对社区的满意度高,其邻里关系足够好,同样的不文明行为也可能导致居民更多地参与社区组织,以此作为适应性反应(Perkins, Florin, Rich, Wandersman, & Chavis, 1990)。即便居民的社会经济条件相差不大,不同地区虐童行为发生的概率也不一样,这一点与良好的邻里关系氛围存在部分相关。居住在暴力高发地区,孩子们更可能学会在枪战发生时迅速躲进浴缸,或者对随时有可能拔枪射击的不良少年或青年更为警惕,这些都是他们对特定环境长期适应的结果(Garbarino, 1995)。

如果资源匮乏再与环境中的其他有害因素相结合,人们很可能失去对居住地的依恋,这种适应方式会带来严峻挑战(Brown & Perkins, 1992)。有人提出,露宿街头其实是无家可归者选择的一种适应方式,因为他们付不起房租,并相信在收容所比露宿街头更有可能受到伤害。露宿街头因而成为他们对资源匮乏和其他激起逃避反应的有害环境的适应方式。希恩和茨伯里斯(Shinn & Tsemberis, 1998)指出,绝大多数无家可归的人在获得可居住的房屋之后,在如何利用新的房屋资源方面得不到专业人士的帮助。"适应"这一概念提醒我们,不能只看到独立的个体,或者简单地对他(或她)作出诊断,尽管有时有必要这样做,但我们还是应该着眼于个体资源的匮乏,通过识别环境中的有害因素和其他消极影响来理解人的行为。

在现代社会,专业人士同样也需要适应。当社区居民消费者拒绝到诊所接受治疗时,社区心理卫生项目开始尝试走出诊所,进入消费者的场域开展工作。专业人员不再坚持消费者必须提前预约,再来诊所就诊,而是开始约病人在酒店或咖啡馆、消费者的家里、游泳馆或其他娱乐场所见面(见专栏 2-2)。对心理卫生专家而言,消费者是重要的资源。他们能够获取多少资金往往取决于能够为多少病人提供服务,而专业人员的自尊部分建立在能够做好本职工作的基础上。“适应”这一概念引导我们去理解别人的生活状态,理解人的行为如何反映了他(或她)的长期生活条件。

133 适应的概念与生态位(又译小生境,niche)或生态位宽度(niche breadth)等概念相关。生态位是指特定物种生存于其间的栖息地。同一种群的生物被发现生存于其中的栖息地范围越广,该物种的生态位宽度便越大。生态位也可以反映特定群体为社区作出的贡献。对人类而言,凭借在行为和文化两方面高超的适应力,我们在北极、赤道、无氧的太空和海洋深处都留下了自己的踪迹。在这种意义上可以说,人类有着广阔的生态位宽度。

我们可以看到,人们并不是随机地分布于各种社区的。不同社区聚集了不同的民族和人种。同样,男女两性分别集中从事不同的职业。在护士和小学教师群体中看到的大多是女性的身影,但较少见到从事数学、机械或建筑业的女性。多年来,法律上的隔离和生活中的歧视筑成了一道无形的壁垒,使得非裔美国人生活和工作的生态位受到诸多限制。当正式的(法律)壁垒打破后,非裔美国人可以从事更多原本不能从事的职业,使用公共区域或卫生设施,被允许进入以前不对他们开放的中学、学院、综合性大学和研究院。他们还可以搬入更多居民区居住,现在许多非裔美国人居住在综合性社区(Alba, Logan & Stults, 2000)。换句话说,他们的生态位宽度扩大了。生态位宽度的扩展同样也是主张妇女、同性恋和少数民族权利的人们长期不懈的奋斗目标。是否允许同性恋者参军实质上也是一场有关生态位宽度的争论。

在某些地区,无家可归者的人数比其他地区要多,而居住在救济院、布道所和收容机构的无家可归者肯定比住在镇上顶级饭店里的要多。在去机构化之前,严重精神疾病患者最重要的生态位就是精神病院。而现在他们的生态位宽度扩大了,在许多不同的社区背景中都能看到心理卫生消费者的身影。

专栏 4-2 比利时吉尔的行为-环境适应

在精神病患者的心目中,比利时小城吉尔市 700 多年来一直是他们的朝圣之地。尽管在吉尔市附近有一家精神病院,但数以百计的长期慢性精神病患者选择寄宿在当地居民的家中(Roosens, 1979)。并不是所有人家都可以提供寄宿,这些家庭需要获得特殊许可。其中大多数是需要补贴收入的工薪阶级或农民家庭。如果寄宿者去市中心的影剧院,他们只能坐在边厢或楼上的楼厅里,不能像其他客人那样在正厅就座。尽管寄宿者可以在镇上自由行动,但只能去某些指定的酒吧,其他酒吧不允许他们光
134 顾。他们有时候也去教堂,但也不是所有的教堂都接纳他们。在市镇管理会议上基本见不到寄宿者出席,他们也不参与筹划慈善活动或社区的其他项目。换句话说,他们并不能随意出现在小城的各个地方,而只被允许在某些特定的生态位出现。

与吉尔市的情况类似,在美国,收容严重精神病或精神障碍患者的病友之家也不是随处可见的。这些家庭只能集中在那些社区成员不反对的地方。在纽约州的布法罗市,很多病人之家建在州立医院的附近。然而,因为有太多前病人在街头游荡,引发了当地商户的抱怨,导致市政部门最终决定,暂时禁止该地区更多的家庭接受病人寄宿。尽管法律现在允许病人家庭进入大部分社区,但总有某些内部团结、态度坚决的社区成员提出反对意见。这些地方的邻里之间组织起来,抗议病友之家进入自己的社区(Levine, 1981)。

认识到寄宿者渴望尽可能过和普通人一样的生活,并且能够从参与社区环境中受益,吉尔市民允许寄宿者以适当的程度融入小城的日常生活。不过考虑到寄宿者的特殊情况,这种融合(integration)被限制在仅仅要求参与者作出少量简单反应的情境(如巡游检阅、教堂礼拜服务等)。总的来说,融合是通过"尝试和纠错"(trial and error)的方式实现的——那些违反规则的偏离行为(如使用无线电广播、在电影院向其他观众投掷爆米花等)在一定程度上被容忍,但如果严重扰乱秩序,就会受到惩戒,甚至遭到驱逐。

鉴于在多数环境中人们所预期的行为具有高度一致性,吉尔的例子说明,人们很容易把明显的个体行为偏差归因于他们自身的严重缺陷(如精神疾病、酗酒或智力障碍)。环境对人的行为所施加的这种有力甚至强制性的影响被称为"行为-环境适应"(behavior-environment congruence)。这个概念对激发并维持人的行为改变具有重要的理论和实践意义(Barker, 1968; Wicker, 1972;另见本书第五章的行为背景理论)。

生态位的概念引导我们思考在新的社会组织(小生境)内部开发各种功能性作用,以及如何提供能够满足小生境内人们需求的各种资源。某些服务系统因此会雇用从前的消费者,但他们也会充分考虑这些人适应工作岗位的局限性。我们还可以想办法教授他们 135
一些适应技巧,这样整个群体的生态位宽度便可以得到扩展。例如,想一想那些患有严重心理疾病且反复发作的病人,他们在精神病院已经住了好多年。他们的行为特点在某种程度上反映了有限的环境资源和对医护监管制度的适应。通过对他们进行日常生活技能训练,以及提供更多资源(如病友之家、补充性保障收入计划等),他们的生态位宽度会得到拓宽,适应正常社区生活的可能性便因此增加了。而且,那些严重精神疾病患者出院以后如果能居住在可以为他们提供较宽生态位的社区(如提供支持性的住房、就业和娱乐,以及多种形式的心理卫生服务),他们很少会再重新入院。与那些居住在对生态位限制较多的城市中的同类病人相比,他们更容易找到工作,他们报告的幸福感也更高(Beiser et al., 1985)。

有些个体被贴上"智力低下"(mentally retarded)的标签,只是因为他们在学校完成学习任务的能力不足。他们中有许多人被限定在特殊班级学生的生态位上。跟踪研究表明,至少那些程度较轻的智力低下者在离开学校以后,与同样社会阶层背景的人相比,他们的职业和社会性发展并无显著差异(见 Sarason & Doris, 1969, pp.86—89; Bloch, 1984)。但是如果就业市场发生改变,要求那些有智力障碍的人具备难以掌握的技能,这种现状就很可能发生改变。这部分人的生态位会变得更加狭窄(Katz, 1994)。

作为另一个例子,我们注意到躯体失能者的移动功能已借助轮椅和其他技术设备而大为改善。然而,直到 20 世纪 70 年代,许多人造建筑包括公共厕所都很难或根本不可能供坐轮椅的人使用。在某种程度上可以说,坐在轮椅上失去行动自由的人如同缺乏功能性的楼梯间或路边的石子一样遭人们嫌弃和忽视。《美国残疾人法案》(American Disablity Act)明确要求,必须为有身体残疾的雇员提供适当的便利,这是将适应原理写进法律条文的例子。随着法律法规要求上下坡道、飞机的活动悬梯及公共厕所等公用设施被改造成能够允许轮椅通行的模式,残疾人个体对重要社区环境的适应性得到了增强,他们也因此得以出现在更多的生态位中。

生态位和适应这两个概念非常有用,它们教给我们多种解决问题的思路,并为新的选择提供必要的资源。它们同时教会我们理解个体差异,如果有必要,可以考虑采取政治解决方案,如借助法律的调整来解决贫困人口与环境之间的适应问题。

136 **自然演替**

凯利的第四个原理是自然演替(succession)。环境不是固定不变的,而是总在不断变化。环境变化可能创造出一些条件,这些条件在对某个群体有利的同时,却对另一个群体不利。最终,更受环境支持的群体会排挤其他群体,或者控制某个特定的区域,或者在分享同一区域的群体中发展出新的动态平衡。相互依存原理告诉我们,改变社区之前首先要理解社区,而自然演替原理告诉我们,变化(不论是自然变化还是人为变化)首先有助于我们理解社区。

美国的移民史为自然演替原理提供了很好的范例。早期移民在发达之后搬离了贫困社区,迁到新的郊区。随后住进这些房子里的人从他们原先住的地方搬来。非裔美国人从南方乡下没有自来水、没有供暖的窝棚搬到芝加哥,他们在城里找到了更好的住处。那里从前是其他种族居住的廉租公寓(Lemann, 1991)。城市里的贫民区一直在发展。当民权法的修改为非裔美国人开启了以往不向他们开放的工作和住房的机会之门的时候,有能力利用这些机会的人搬出了贫民区,留在那里的都是些穷人和年轻人,既没有优秀的中产阶级作为榜样,又缺乏具有一定社会影响力、懂得如何争取自身权利的同伴,于是他们更容易犯罪。对住在那里搬不出去的人来说,贫民区的环境正在日益恶化(Wilson, 1987)。

对严重精神病患者的去机构化为都市邻里的自然演替提供了另一个证明。精神病患者居住的贫民区大多是那些匿名者较多的过渡性小区,住在那里的其他居民大都没有根基,邻里之间缺乏正式的组织。就像曼哈顿西北部那些老旧的住宅式酒店,这些贫民区在房地产无法通过其他途径获利的情况下发展起来。随着房地产的增值,开发商获得了足够的税收利益,然后通过“高档化”(gentrification)的翻修,让这些老旧旅馆摇身一变,成了居住者自有产权的公寓。许多原先住在这里的心理卫生消费者和社会福利受益者遭到驱逐,这种做法既无情又残忍,致使无家可归者人数激增。在对住房生态位的竞争中,经济和政治上处于有利地位的中产阶级显然比穷人更具优势。

有时候一个邻里组织欢迎新人加入社区是因为这些新来者能够为社区带来资源。为女性基督徒提供服务但无法吸引年轻的女实业家入住的基督教女青年会(Young Women's Christian Association, YWCA)为我们所熟悉,她们向患有严重精神疾病的妇女 137
敞开大门。这些建筑物成了患病妇女的资源,她们所付的微薄租金支撑着公寓的正常运转,以及支付给员工必要的工资。纽约州的女修道院因为参与宗教生活的人数不断下降而日益变得形同虚设,现已奉法院之命投入新的用途,在去机构化之后成为精神病患者的病友之家。教会组织接收那些去机构化的病人,践行慈善服务的宗教价值观,为照料和看护服务募集资金。未能达成最初目的的女修道院不仅成了居住在此的精神病患者的资源,同时也成为管理者实现精神病患者去机构化的工具。教会作为提供服务的重要机构,利用其自身的影响力,遏制了社区成员由于资源竞争而对新加入者的抵制(Rothman, 1982)。

除了提醒我们注意某些有关变革的问题,自然演替原理还告诉我们,被某些群体废弃的资源可能被另外一些群体利用。在19世纪大部分的时间里,铁路建设通过发展农业、工业和其他集约型产业,促进了美国中西部草原和牧场的自然演替(Cronon, 1999)。一百年之后,那些被长期废弃的铁路占据了大量的土地资源,中西部社区于是将它们改造成为长条形公园(linear parks),绵延数百公里,供游人徒步旅行或骑行观光,满足了21世纪市民的休闲需要。与之类似,从自助的视角看,一个“没有用”的人,一个纯粹的资源消耗者,在加入类似匿名戒酒者协会(Alcoholics Anonymous,见本书第九章)这样的组织后,很可能会变成有效的治疗资源。自助运动开发了与专业人员所使用的不同类型的资源,它们与专业服务相比具有自己的优势。关于自助组织和心理健康专业人员如何互相协作的研究文献可以作为群体之间实现新的动态平衡发展的例子。这种发展需要建立在双方互相交换资源、彼此满足对方需要的基础上。

专栏 4-3 中国香港养老住宅产业的繁荣

香港教育学院教授郑相德(Cheng, 1993)以其深入的分析和洞察力为凯利的生态学原理提供了一个有趣的例证。1981—1990年,香港城市向老年人提供的私有营利性住宅设施出现戏剧性的增长。这一变化不能完全归因于老年人口的自然增长,而是反映了由于家庭照料者人数减少(越来越多的妇女外出工作),以及香港回归前夕大量成年人向外移民,从而导致缺乏照顾的老年人口快速上升这一情况。同一时期,香港政 138
府的公共拨款以及为老年人开发的住宅产业却发展缓慢,造成很多人排队购买的现象。原本直接分配给老年人的社会保障性收入,意在帮助他们保持独立或在家里接受照顾，现在却成了企业家牟利的手段，被他们用来开发建造有利可图的新型养老住宅。郑相德指出，这类缺乏监管的养老住宅有许多建筑质量不合格。即便如此，仍然有充分的理由不关闭它们，因为那样做会减少住房的供应量，造成更多的老年人无房可住（Cheng & Chan，2003）。

郑相德利用生态学原理解释了为何需要照顾的老年人口快速增长会造成如此大的影响（私有营利性住宅的大量增加）。例如，根据凯利的相互依存原理，某一方面的改变（中国香港和中国内地的政治关系）会激起生活中其他领域的变化（大量移民破坏了家庭支持系统，导致需要赡养而缺少足够支持的老年人口激增）。资源流通在这里是显而易见的。资金在系统的某一点上（居住在自己家中的老人）注入，却以促进社区对新型住宅的开发为终结。适应原理体现在企业家的行动上，他们对老年住宅市场的需求增长作出快速反应，创建利润型企业，通过向公众承诺获取他们的社会安全保障金。适应原理同样也在老人们面对环境改变的挑战而选择余地有限时，对私有营利性住宅的理性选择中体现出来。最后，自然演替原理集中体现在对老年人的家庭支持因为移民和劳动力的变化而减弱，有义务满足这一需求的公共机构却反应迟钝，由此产生的社会真空迅速被一种新型的老年住宅商品填补。

郑相德同时指出，生态学的思维方式有助于我们认识到，住宅产品质量不合格的问题不是简单制定法规、要求住宅建设必须达到一定标准就可以解决好的。因为这样做忽视了许多其他重要因素，后者仍会不断造成影响，很可能导致局面进一步恶化。由强化监管而增加的费用可能会缩减开发商的利润，导致私营企业主从房地产行业退出，最终导致无家可归的老年人进一步增长等难以预期的后果。有效地适应形势变化包含着对各种社区因素相互依存的认知，并受资金和其他方面资源的调节。

139 心理卫生与司法

凯利的相互依存、资源流通、适应和自然演替原理在特普林所说的“精神病患者定罪”（the criminalization of the mentally ill）这一问题上有清楚的体现（Teplin，1983，1984）。正如我们在前面说过，进入20世纪50年代，美国州立精神病院的住院人数急剧下降。无论怎么争论，无论将病人禁闭在机构内是多么“有害”“不人道”“没必要”或“代价昂贵”，事实是，联邦政府的政策反映在补偿方案中，其意图已十分明显，即鼓励消费者从住院治疗向其他生态位（如疗养院、寄宿制家庭护理或其他类似机构）流动。消费者回到社区、适应社区需要给予资源流通的支持，联邦政府于是以监督治疗、日间护理、康复服务、门诊心理治疗等多种形式提供资金。然而，要争取这些资源需要一定的条件，并不是所有人都有机会得到（Levine，1981）。

莱文(Levine，1981)描述了 20 世纪 60 年代和 70 年代的诉讼，这些诉讼旨在纠正医疗系统中的滥用行为，其结果促进了非自愿承诺入院的法律标准收紧。要想让一个非自愿入院的病人接受精神医疗机构除急救护理之外的其他治疗，必须证明该病人不但患有精神疾病，可能给自己或他人造成危险，而且即使是在家人或朋友的帮助下也无法正常生活。在美国的许多州，这类司法限制作为法定标准，影响着每一个与偏常行为问题相关的人。那些由于存在风险而被强制入院治疗的病人被授权接受一系列法定程序的保护，以确保他们被强迫住院、剥夺自由确实存在正当的理由。在此条件下，强迫一个人住院治疗比以往任何时候都困难。医院作为一种资源，心理卫生专业工作者作为一个群体，家庭和其他社区机构作为潜在的消费者，所有这些以及它们之间的关系正在发生改变。

虽然门诊服务有所增长，但是那些从前需要住院的病人现在是否都接受了这些服务尚不清楚。适合在综合医院的精神科和门诊接受服务的病案十分有限。一个潜在的消费者很可能被拒绝，因为他(或她)没有经济来源，没有资格享受福利或其他用以支付医疗费用的保险。精神病院之外的其他医疗机构可能没有适当的安全防御措施来应对有暴力倾向的病人或自杀者。特普林(Teplin，1983，p.60)报告说，有些精神病院不接受任何遭到刑事指控的待决嫌疑人，哪怕只是轻微的嫌疑。因此，消费者要想进入他们需要的生态位并获取相应的资源面临重重困难。

有关医疗财政的精神卫生诉讼和公共立法两方面同时发力，加重了精神病人入院的 140
困难。相互依存原理让我们有理由相信，将病人关在医院大门之外的政策至少影响了社区内两个重要群体的工作环境——在刑事司法系统工作的人和在心理卫生系统工作的人。同样受到影响的还有消费者家庭。同时，社区服务还有待完善，使之更加适合目标人群特点。如果这些变化是强有力的，那么，我们将会看到这些群体的成员各自适应的证据，以及他们所处其中的生态位的改变。

司法作为生态学类比中的一个因素

我们前面提到，生态系统(包括社会习俗、社会规范和负责监管资源获取渠道的法律在内)限制了机会，保护着权利，约束着自由。对司法的变革意味着整个生态系统的变化。这些变化已经对美国精神卫生系统、去机构化政策，以及社区服务的提供产生了极其重要的影响，以至于律师和法官群体都被纳入其中。司法系统的成员现在会更为主动地与其他照顾心理卫生消费者群体的成员进行互动。这些群体包括心理卫生专业工作者，以及我们将要谈到的监狱和拘留所里的警察与行为矫正人员。

我们生活于其中的更大范围的社区有一个需要按规则运行的司法系统。设计这些规则是为了实现我们的最高价值。社会中的每个人自出生开始便被赋予了作为人的地位和权利。“人”(persons)这一概念包括所有儿童和成年人、美国公民和外国人。美利坚合众国宪法第十四修正案(Fourteenth Amendment to the U.S.Constitution)为所有人提供了最基本的保护：

> 不经过正当的法律程序，任何人不得剥夺他人的生命、自由或财产，也不得拒绝给予任何人以平等的司法保护。

第十四修正案保护个人的权利和自由，与限制个人权利和自由的政府权力相互掣制。根据第十四修正案，每个人都有权受到平等的法律保护。这意味着，依照法律规定，即使被《精神障碍诊断与统计手册(第四版)》(DSM-IV)诊断患有精神障碍的人也享有和其他人同样的生命权、自由权和财产权。

所谓“正当的法律程序”(due process of law)是指当国家采取行动限制个人的权利时必须遵守的那一些程序。作为一般原则，任何权利都不是绝对的。如果国家有足够充分
141 的理由，并且遵从了适当的程序，那么，所有人的权利都要受到国家行动的限制。“依照美国宪法，正当程序如何构成”这个问题超出了我们讨论的范围(正当程序的细节取决于行动类型和利益关系)，我们只要知道，国家立法机构必须通过一项法律，才能强制某些精神障碍患者入院治疗。这项法律的语言表述必须与本州宪法和联邦宪法的司法解释相一致。而且，这项法律还必须详细规定强制一个病人入院必须遵循的具体程序。如果某个有可能被强制入院的患者申请在法院举行听证会，听证会也要在公正条件下举行，即法官态度必须中立；患者知悉为什么举行听证会以及他本人有申诉的权利，并可以由律师代理；经过对支持和指证他(或她)的证人的交叉提问……如此，程序便应该是合法的。如果该患者最终被强制入院，我们认为，对他(或她)的自由加以限制是符合正当法律程序的。(鉴于美国联邦政府的性质，某些职能被赋予各州政府。尽管所有法律都必须写成文字以满足宪法的要求，但各州制定的具体法律条文仍多有不同。)

到了20世纪60年代，人们普遍相信精神病专家可以帮助许多人。专业人士和蔼可亲，对患者大有裨益，政府(特别是法院)不应过多干涉专业人士的决定。强制性入院治疗应该建立在专业评估的基础上，如果专家认为某人必须接受治疗，就可以进行强制治疗，似乎没有必要再让法院介入这一程序。治疗可以是无限期的，由医院负责决定患者何时可以出院。患者在住院期间只能保留极少的公民权利。他们几乎没有什么隐私可言，诸如结婚、签合同、写信、与亲友闲谈，甚至见律师之类的行为都被严格限制。据说，所有这一切都是“为患者着想”。

从20世纪60年代开始一直到70年代，联邦法院开始对个人的宪法权利作出司法解释，即州政府没有权力仅仅因为某人被诊断患有精神疾病，或者一些专家判断某人需要治疗就强制该患者住院。除精神疾病之外，法院开始坚持认为，在对某个人进行强制监管之前，必须有证据证明这个人对他(或她)自己和别人具有危险性。有关公民权利的诉讼严重挑战了精神病学专业的权威，人们开始怀疑州政府是否拥有剥夺任何个人自由的权力。精神科医生沙茨(Thomas Szasz, 1974)发文质疑精神病学在限制患者的公民权利和自由方面扮演了不光彩的角色，并直接形容其为“暴虐”(tyranny)(见本书第六章)。

这些新的观点引发了对心理健康权威和缺乏严谨性的法律条文的挑战。其中一次对

精神病学科学权威的重要挑战来自巴克斯鲁姆诉赫罗尔德案(Baxtrom v.Herold, 1966)。巴克斯鲁姆因袭击他人的罪名而被判入狱。他被关押在用于监禁精神病犯人的某州立机 142 构。到巴克斯鲁姆刑满时,当局仍以他患有精神疾病为名继续监押他。巴克斯鲁姆因此提起诉讼,要求当局释放自己,或将自己转到普通市民医院接受治疗。

巴克斯鲁姆一案上诉至联邦最高法院,法院认为巴克斯鲁姆不能被随意关押,他和其他人享有同样的权利,如果强制其入院需要履行必要的司法程序。法院的这一判决同样适用于其他由于类似原因而被长期羁押的犯人。其结果是,纽约和其他州的一大批囚犯在经司法听证确定其是否需要继续住院之后,或者被释放出狱,或者被转介到市民医院接受治疗。

在这种情况下,被判有罪的精神疾病犯人开始被安置在安保级别较低的医院,或者直接回归社区。对那些患精神疾病的"危险分子"的后续调研表明,在四年多的时间里,被安置在市民医院或释放回社区的患者中大约 14%发生过危害他人的行为。如果说以往(基于对精神病患者的诊断和对刑事犯罪者的刑罚定罪)这些人被预期有 100%的可能性危害他人,那么,后续研究表明,这一推断对 86%的病案来说都是错误的,由此引发了对心理健康专家及其专业建议的权威性更为严重的质疑。(Monahan, 1976;另见 Teplin, Abram, & Mc-Clelland, 1994)。

这一司法案例暴露了司法程序在机构中被滥用的情形,由此促进了司法制度的改革(见本书第二章和第十章)。强制患者入院或长期住院的判断标准被收紧,变得更为严苛。法律的变革带动了整个生态系统的改变。随着联邦政府向各州政府支付患者的护理费及残疾人救济金的方式变化(见本书第二章),精神病患者不再被限制在精神病医院的生态位。相互依存的原理告诉我们,一旦患者在医院之外的社区占用了某个生态位,社区内的其他人群都会受到影响。

适应司法变革

警察。警察代表了社区内需要适应环境变化的另一个重要群体。他们在一系列复杂的程序下工作,这些程序旨在保护公民,避免警察滥用职权。警察有权在紧急情势下拘留卷入骚乱的民众,但是,他们无权在既没有逮捕令(基于有人指控当事人)又没有身在犯罪 143 现场的直接目击证据或其他正当理由的情况下随意拘捕任何一个公民。

一般而言,警察有权拘留那些明显对其自身或他人安全构成威胁的人。警察被呼叫到达案发现场。通常情况下,收到呼叫警察不能拒绝出警。他们有权逮捕正在犯罪或扰乱社会治安的人,但是,无权扣留那些看起来完全没有能力照顾他(或她)自己的人(后者的生命或健康因此可能面临危险),或者那些看起来迷糊、困惑但尚存一定意识能决定自己是否希望接受照顾的人。大约 8%的警察报告曾遇到过这一类精神病患者(Teplin, 1984)。按照美国律师协会(American Bar Association, ABA)的行业标准,在这种情况下,警察必须马上"当场"(on the spot)决断,以平衡宪法对保护公民免遭伤害的要求和公民拥有管理个人事务的自由这两种宪法精神之间的矛盾冲突。这种快速反应隐含的复杂性有助于我们理解，为什么警察大多不愿意被卷入非刑事犯罪的情境。

社区和警局的可用设施、精神卫生工作者的态度等都会影响警察是否出于与心理健康相关考虑而拘留某人的意愿。美国律师协会的标准（见本书第七章）引用了一些研究，这些研究表明，如果处置或羁押一个精神病患者的手续冗长繁杂，或规定不太明确，都会造成警察对与心理卫生服务相关案件的回避和嘲讽。有时心理卫生工作者可能会拒绝接收有自杀企图或可能发生暴力行为的人。当班警官可能不得不搁置其他几个重要职责，在急诊室陪伴患者数小时，就为了等医生最终作出判断，认为当事人不符合法定收监的标准，应该让他重回街头。类似这样的插曲有可能出现在文艺片里，或是很多街头巷尾，这不只是例外，而是作为一般原则，影响着警察在拥有自由裁量权（能够决定是否拘留某人）时的态度，即是否使用精神卫生机构作为替代性处置方案。

警察对精神障碍患者的违法犯罪行为也并不是完全漠视不管。基于对警民冲突的大量观察，特普林发现（Teplin, 1984; Abram & Teplin, 1991），如果某人被发现有精神失常的症状，排除事件本身的严重性和其他各种干扰因素，警察拘捕该当事人的概率是没有这些症状情况下的两倍。我们无意反驳类似“男人更危险”这样的偏见，但在芝加哥，羁押候审的女性中超过 80%患有可明确诊断的心理疾病（Teplin, Abram, & McClelland, 1996），其中 70%以上为吸毒者。大多数引起警察注意的潜在患者如果没有严重犯罪，也至少曾发生过一次暴力行为。即使只是扰乱治安的行为，一旦被定罪，最高可判 15 日拘
144 留。如果被指控的罪行严重，地方法官会把保释金提高到被指控者无力支付的数额，以确保嫌疑人呆在拘留所直到审判。如果有人善意地对被指控者的精神或情绪状况能否接受审讯提出质疑，嫌疑人可能被送去接受检查，以确定他（或她）是否可以接受审讯，还是应该先被送医治疗，然后再回来受审（ABA, Part IV；见 Jackson v. Indiana, 1972）。包括警方偏爱刑事审判而不是精神卫生系统在内，各种因素相互作用，引导出这样一个假设，即在以往判决标准“宽进严出”的年代被关进精神病院的许多犯人如今被转移到了新的生态位——拘留所和监狱中。

美国精神病患者联盟（National Alliance for the Mentally Ill, NAMI）是由精神病患者家属和心理卫生服务的消费者组成的自助和支持团体（见第九章）。该团体 1992 年发布了一份有关精神疾病与犯罪的报告（National Alliance for the Mentally Ill Staff & Public Citizen's Health Research Group Staff, 1992），据他们估计，大约有 30 000 名精神病患者被羁押在监狱或看守所（大多是预审拘留或被关在短期服刑机构）。报告称，洛杉矶县立监狱中的精神病患者比当地任何一个精神病医院里的病人都要多。美国精神病患者联盟认为，虽然大多数严重精神疾病患者被拘捕时被指控犯罪，但大部分指控不过是些琐碎的冲突，更多的是他们精神病症状的表现，而不是有目的的故意犯罪。报告还披露，大约 29%的狱警承认，在他们那里确实羁押着一些并没有被指控有罪但患有严重精神疾病的人。

如果有很多精神不正常的人在接受有罪判决之后被关押在拘留所、看守中心或者监

狱里，我们便面临如何为这些新的机构配置精神卫生专业资源的问题。逮捕和羁押会造成一种特殊的压力体验，通常会进一步引发恐惧、焦虑和沮丧。县级监狱里犯人的自杀率是同年龄段成人自杀率的 16 倍多。关押在成年人监狱里的青少年犯自杀率是同年龄段正常群体的 3—5 倍(Hayes, 1983)。高度紧张的状态容易诱发对监狱职工和其他人犯的攻击行为，尤其是那些本来就具有这种倾向的人。美国精神病患者联盟的报告指出，在 84％的美国监狱中，管教干部完全没有接受过相关专业培训，或者仅接受过不到 3 小时的如何处置精神病犯人的训练。收容中心和短期矫正机构的监管人员需要接受有关精神失常犯人的日常管理方面的训练，如果使用药物，还必须了解药物的性质和副作用(见美国律师协会标准 7-2.8)。作为去机构化政策的结果，很难判断现在与过去相比，是否有更多 145
心理和情绪失常的人被收押在刑事司法系统和行为矫正机构中(Teplin, Abram, & McClelland, 1997)。严重失常的个体肯定会遭到逮捕、控告和监禁。美国精神病患者联盟在 1992 年的调查发现，69％的监狱官员报告与 10 年前相比，他们现在看到的精神病患者要多得多。

曾因精神问题入院就医者比从没有这种经历的人被逮捕的概率更高，这一假设得到了研究文献的有力支持(Teplin, 1983, p.57)。一项美国精神病患者联盟的研究报告指出，在其成员中，40％的人有精神病患者亲属至少被羁押过一次。如果警察的确喜欢走刑事审判的路线，那么，与之前相比，现在应该有更多的精神错乱者被关在拘留所(正式审判前的羁押机构)。尽管流行病学的研究非常困难，但特普林通过阅读大量证据得出结论——监狱确实成了贫困者的心理卫生保健场所，这是精神病院入院制度改革带来的结果。如果这一结论属实，那么，这对迪克斯(Dorothea Dix)19 世纪中期的伟大改革而言，无疑是莫大的讽刺。她当初倡导建立精神病院正是因为有太多的精神病患者被关押在监狱里！(Levine, 1981, p.24)

对多个系统之间复杂关系及其管理运行规则的分析充分说明了当某项社会变革发生时“相互依存”的意涵。变革要求生态系统内部各群体作出适应性调整。在当前的案例中，这些群体包括警察、心理卫生工作者、监狱看守和法院工作人员。我们看到，某些群体的适应会迫使其他群体(精神病患者)进入新的生态位(监狱)。此外，这样的变革还要求在群体之间重新分配资源，因此需要心理卫生工作者在刑事司法生态位发挥更大的作用。纽约州的伊利县监狱最近新增了一个可容纳 50 个床位的医务室，用以照顾在那里服刑的精神病患者。

所有这些事件既不能用个体精神病理学的术语来解释，也不能在临床检查、诊断或治疗过程中得到理解。了解在《精神障碍诊断与统计手册(第四版)》有关精神障碍分类系统指导下应该作出何种诊断，未必能够解释心理健康工作者实际作出的决策。与此类似，调查警察工作的职业规范也不能完全解释他们在逮捕犯人、行使自由裁量权时的态度和行为。此外，特普林的研究所需要的田野观察和数据分析不可能在实验室完成。这个复杂的例子表明，如果心理卫生工作者不能回头审视他们身为其中一部分的整个系统，就无法

充分理解自己的行为与来访者的行为。精神障碍患者的去机构化让我们观察到类似的过
146 程。虽然生态学概念在当前背景下的应用还显得有些粗糙，但它们确实非常有用。这些概念将我们的注意力导向每天都在影响着我们的那些重要问题，如果不去研究我们周围环绕着的更大系统，我们就不可能真正理解这些问题。

专栏 4-4 儿童保护法变革的意外后果

一个儿童的死深深触动了美国社会每个人的灵魂。特别是当我们得知，儿童保护系统明知存在高风险却没能保护孩子幸免于难，或是法官判决一个因为受到母亲虐待而被送去寄养的孩子返回自己的家之后却再次受到母亲伤害，直至被杀害时，尤其群情激愤。这样的悲情故事总是传播得很快，人们强烈要求惩罚涉事的行政官员，并改变相关法律。

家庭保护政策(family preservation policy, PL 96-272)于1980年出台。在那以后，儿童保护工作者试图让孩子们尽可能地与家人在一起，法官们同样尝试让被寄养的孩子返回他们的原生家庭。这种将孩子们留在父母身边或尽快让孩子从社会福利机构返回家庭的政策偏好是为了应对寄养家庭数量的快速增长，而这一增长原本是对儿童在原生家庭受虐待和被忽视案例明显上升的一种反应。当公民和立法人员通过媒体得知儿童死亡的事件后，偏好原生家庭抚养的政策遭到沉重打击。

生态学原理告诉我们，系统中任何一个部分的改变都会影响到其他部分，系统的每一个参与者都必须适应周围环境的变化。发生在芝加哥的约瑟夫·华莱士(Joseph Wallace)事件引起了广泛关注，人们强烈要求涉事法官引咎辞职或被解雇，同时呼吁对涉案的儿童保护工作者提起公诉。由于公众舆论的深切关注，伊利诺伊州修改了法律。然而，变化来得太快了，在情绪化背景下发生的法律变革并没有经过深思熟虑，最终导致发生了意想不到的后果。

约瑟夫出生时，他的母亲阿曼达(Amanda)正在一个精神病院接受治疗。医生不认为阿曼达有能力照顾好孩子。于是，按照医生的建议，约瑟夫被送到另一个家庭寄养。依照法律要求，由社会工作者帮助阿曼达为以后照顾自己的孩子做准备。阿曼达从未表现出明确的精神病症状，她想要孩子回到自己身边。事实上，这个孩子很快就被交还给了她。在生了第二个孩子后，阿曼达再次入院，两个孩子同时被送去接受临时看护。阿曼达的治疗结束之后，社会工作者再一次协助她，以便她能把孩子们接回家来。阿曼达自己雇了一个私人律师帮她要回孩子。由于法官和代表约瑟夫利益的法定监
147 护人负责了太多的案子，而帮助阿曼达的那位社会工作者移交工作又做得过于匆忙，案件以往的档案记录被保存在另一个法院没有正常移交。其结果是，没有人知道阿曼达的真实过往，于是，法官把孩子判给了阿曼达。而就在两个月后，阿曼达被捕，并被指控亲手杀害了她三岁的儿子。最终，阿曼达被判刑，后来在狱中自杀身亡。

媒体是构成社区的一个重要单元。类似约瑟夫的案子常常被媒体视为“资源”。

由于媒体的立场不同，其对案件的新闻报道和社论，对有些参与者而言可能成为资源，而对其他参与者可能是有害的毒素。媒体对任何一件事的持续关注都会扰乱周围环境，让许多人不得不重新适应。约瑟夫一案刺激媒体报道了很多故事，并编发了更多有影响力的社论或专栏。有一个专栏作家要求法官辞职。当初并没有反对让约瑟夫回归母亲照顾的公诉人现在则要求对涉案的社会工作者提起有罪控诉，理由是她玩忽职守，没有将阿曼达的所有信息收集齐全。社会服务部门专门指派人员检查到底是哪个环节出了错，其他调查也在陆续进行。公诉人最终认为，罪魁祸首是家庭保护政策，它鼓励将儿童不加保护地送归不称职的父母。他呼吁法律从家庭保护政策转变为“儿童利益最大化”原则。他觉得这种方式有助于法官更加谨慎地给予儿童更好的安置。于是，伊利诺伊州议会在多方压力之下更改了法律。

这次法律变革基于一个儿童死亡事件引发的公众愤怒情绪，但新的政策并没有经过系统构想。首先，与其说法律标准出了问题，不如说是儿童保护工作者、法官和律师的工作负担过重，以至于儿童保护系统不堪重负产生了疏漏。第二，儿童因虐待致死的事件并不常见。据研究估计，与虐待相关的儿童死亡率为每 100 000 名孩子中有 1.94 人(McCurdy & Daro, 1993)。法律变革忽略了预知这类低频率事件发生的困难性。在明白由虐待造成的儿童厄运其实很少发生之后，在简单统计的基础上，我们可以预想，很可能出现大量不准确的预言。为了确保儿童安全，决策者会不可避免地将更多孩子从他们原本安全的家庭环境里转移出来，也不太容易决定将大量超出必要寄养时间的寄养儿童送回他们自己的原生家庭。1992—1997 年，伊利诺伊州家外安置(寄养)的儿童人数从 29 542 猛增到 51 358(Mezey, 1998)。

生态学原理告诉我们，系统的参与者总会渐渐适应环境中新的元素。在本案中， 148
新的元素便是一项据说有助于法官更为谨慎地作出决策的新的法律。法官是遴选出来的，他们对民意非常敏感。但对儿童保护工作者而言，最重要的莫过于保障儿童的安全了。那么，法律的变革对法官和儿童保护工作者的思想意识具体会产生怎样的影响呢？假若他们中的任何一方允许有受虐嫌疑的儿童留在家里，只要孩子受到了伤害，不管是否公平，他们都得受到责难。而任何将儿童置于家外的主张却不会受到批评。同样，假如一个法官或者儿童保护工作者建议受寄养儿童回到父母身边而儿童后来又再次受到伤害的话，法官和儿童保护工作者也会受到严厉批评，但如果他们主张将孩子留在寄养家庭，则基本不会有问题。

尽管这方面的研究目前还没有完成，但可以预计，迫于公众舆论的压力草率作出的法律变革，其最终结果只会导致之前被纠正的政策(如大量儿童被寄养)重新逆转。本案中，新的法律进一步加重了原本就已超负荷运转的儿童寄养系统的压力。在需要寄养和照顾的儿童不断增多的压力之下，社会服务机构在挑选、训练和监督寄养父母方面投入的注意力开始减少，从而对儿童带来不利影响。此外，一旦父母亲的监护权被彻底终止，儿童只能被长期寄养，儿童福利系统需要找到更多具有长期收养条件的家庭，这种压力不容小觑。而联邦法律的改变(Adoption and Safe Families Act, 1997)还在继续增压。新的法案要求各州为那些父母亲监护权被终止并且正在接受寄养的儿童建立收养之家(adoptive homes)，这使得终止父母监护权变得相对容易。政策的改变给立法者提供了为先前的错误表达悔意和致歉的机会，但是，在缺乏足够资源保证儿童能够得到更好照顾的条件下，生态学类比给了我们一些证据，可以预言，缺乏资源保证的象征性姿态只会让事情变得越发糟糕。

为一些概念(concepts)提供案例说明并不难，但是，不应该误将这种操作视为对理论效度的检验，或作为某种理论可以被当作预言性指导方针的依据。然而，有一点毫无疑问，即新的观念能够引导我们跳出旧的窠臼，通过不同方向的探索，寻求更多的可替代性资源，或发现更多可能的选择。

149 新的观念同样要求我们以另一种方式反思研究中存在的问题。生态学的观点告诉我们，我们观察到的行为至少有一部分属于对特定情境的适应。因此，研究者在临床或实验室里观察到的行为在另一种情境中可能表现得大相径庭。

生态学的视角同时也向我们提出了很多问题：不同群体的成员如何适应他们各自的环境？当一个偏常(或变异的)个体进入我们的临床视线时，他(或她)是一个孤立的偏差，还是提示我们必须审查环境，看一看哪些人正在和他(或她)分享着同样的空间？哪些资源缺失？存在哪些有害因素需要清除？从这个视角看，每一个独立的偏离事件都代表了一类现象，对我们当前的理解水平构成挑战。

生态学与价值观

生态学原理要求我们全面反省研究者(或干预者)的社会价值观和观察问题的视角，以及他(或她)使用的方法和概念。社区心理学的教科书中说，该领域的目的在于“为弱者服务”(to serve the underdog)。正如雷丁(Redding, 2001)指出，对自由的偏好是社会科学研究的基本属性。这种愿望反映了对弱者的同情和社会公平意识。拉帕波特(Rappaport, 1977)则指出，社区心理学这一职业的存在正是为了实现一个“更加公平、合理、公正的社会”。

很明显，这种目标带有政治色彩。从对权利和金钱的重新分配出发观察心理健康问题，使得这一领域的研究者将他们对科学的兴趣和个人的价值观结合起来，同时也体现了在社区心理学建立之初，肯尼迪总统号召“反贫困之战”的宗旨。为了基层民众的利益而要求重新分配公共资源，社会正义的理念吸引了许多价值观与此产生共鸣的社会科学家，让他们看到了通过职业角色实现其个人的社会与政治价值的可能性。

对社会贫困的根源作出环境的解释，社区心理学的这个特点非常突出(见 Levine & Levine, 1992)。贫穷、邪恶和机会的匮乏与为贫困群体服务的社会机构不称职高度相关，这种观点很容易被理解。根据这种观点，学校、福利机构、雇主、房东和警察都参与了“拒绝他们或将给予他们的机会最小化的弦乐合奏”。慢性精神疾病至少可部分地归因于医院的治疗不充分，治疗机构被设计得强化了病人长期不良的社会适应方式。戈夫曼(Goffman, 1961)要求医疗系统的“全部制度”(total institutions)不要将病人的行为看成精神错乱的结果，而要视为对在医院中的受压迫生活的一种适应。萨斯(Szasz, 1974)同样批 150 评精神病学在当时的社会背景下对公民的自由构成威胁。对社会正义的捍卫，以及对社会贫困原因的环境解释，通过对科学的应用得以实现，同时也为社会科学家履行其专业角色、实现他们作为公民的个人价值提供了机会。

生态学类比和民主、平等的价值观具有内在一致性，它指导我们坚持多元价值理念(Rappaport, 1977)。从文化的角度看，各种群体只是在表面上不一样，作为适应的结果，他们之间并不存在本质上的差异。

对可用资源的适应这一概念使我们想到的不是个体的问题，而是将个体特点与生态位中可利用的资源、个体拓展生态位宽度的能力，以及由竞争造成的各种心理障碍联系起来。遗传学立场将人的行为偏常归因于有机体无法改变的基因特点，生态学视角与这一立场形成了明显对立。社会生态学承认，有机体的特征对发展确实造成了某些限制。而在这种限制之内，个体差异与可利用资源及必要的适应之间存在着更为密切的联系。

正如养在温室内的盆栽植物大多很弱小，而生长在热带雨林中的同类植物却体型硕大一样。生态学类比表明，人总是在一种背景下以某种特定的方式被养育，并为某些资源而竞争。如果身处另一环境，被以另一种方式养育，或者被赋予另一种文化作为适应的工具，其结果可能大相径庭。我们面临的问题和所受的限制并不在于个体自身，而在于我们预见和创造新环境的能力。因此，科学原理与在政治争论中寻求资源再分配的个体价值相结合，并与不要一味责备受害者的社会思想意识(Ryan, 1976)一起，共同表达了对于美好未来的希望。

生态学与实践

基于生态学类比，莱文(Levine, 1969)提出了社区心理学实践的如下五项原则。

1. 问题产生于某种背景或情境，是情境中的某些因素引起、触发、加剧并维持问题的长期存在。第一条实践原则表明，我们的“诊断”不应该仅限于描述个体的内部属性，必须同时了解环境的特点，发现人与环境之间的不相宜之处，寻找环境中的“毒素”(toxins)，探索个体作出不同行为适应的各类资源背景。这条原则同时也意味着社区心理学家必须走 151 出实验室，去了解真实情境中的问题是如何发生的。

2. 之所以出现问题，是由于个体在社会情境中解决问题（如适应）的能力受阻。相互依存的生态学原理表明，个人和环境是作为同一系统的两个不同部分在起作用。这里的第二条原则意味着，人在特定情境中的适应能力受限于其所在社会组织的性质及其获取资源的途径。如果我们询问任何一个服务系统的工作人员，他们为消费者提供的服务存在哪些问题，总会有很多问题被提出来。如果我们再问有没有解决这些问题的办法，他们又会提供很多创造性的方法和建议。如果我们再进一步追问那为什么这些方法没有得到实施，系统问题就会暴露出来。事实上，这一原则意味着，所谓"问题"就是找不到解决问题的办法。一旦有办法解决了，个体适应便会很快发生。因此，从生态学的视角看问题会很不一样。正因为对任何问题都需要适应，所以善于把握住系统发生短期/长期变化的各种机会十分重要。

3. 若想使帮助有效，需要对问题采取战略性定位。第三条原则同样强调内含于生态学类比中的情境取向。它提醒我们，需要调整应该如何提供帮助的观点。与其"派人去帮助"(send the person to help)，不如直接"给人带来帮助"(bring help to the person)。更准确地说，是帮助改变将个体定义为问题的情境。"战略性"既包含时间策略，也包含空间策略，启发我们考虑在问题发展的哪个阶段提供何种帮助会更加有效。生态学类比建议我们检视周围的环境，多伦温德模型（见本书第三章）进一步引入时间维度，而这条实践原则告诉我们，对帮助服务的设计要同时包含问题发生、发展的空间和时间两个维度。

事实上，针对长期和严重心理疾病的危机干预大都遵循这一原则进行（见专栏 2-2）。海格勒等人(Henggeler et al., 1998)在生态学原理的基础上发展了多系统疗法(multisystemic therapy)，用来为有过失和暴力犯罪的青少年服务。该项目包括家庭咨询、个人咨询、包含咨询和娱乐活动在内的小组体验，以及与社会机构和学校员工的定期磋商。换言之，干预囊括了对青少年产生影响的每一个系统——家庭、邻里和学校。各种干预措施相互支持，因为咨询师知道正在接受干预的每个系统正发生着什么。此外，在项目即将结束
152 时还会安排后续辅导，包括周期性的家庭或小组会晤在内，咨询师会对各种危机的应对提供长期帮助。根据海格勒等人的报告，在经过周密控制的研究中，这一取向显示出很高的效度。目前，他和他的同事正在美国许多地方传授和推广这一取向。

4. 帮助者或服务机构的目标和价值需要与作为背景的组织目标和价值相一致。背景(setting)有潜在的和显在的目标。如果变革的目标与背景的潜在和显在目标相一致，变革过程将不会遇到阻力。如果变革者(the change agent)的基本价值与背景（组织）的价值相冲突，那么可以预期，变革者可能会遇到对手，包括阻碍变革的力量，甚至被驱逐。例如，变革者有可能基于心理健康和预防的目的，为有关性教育和爱的艺术之类的课程辩护，包括一些有监督的实验室实验。然而，没有一所高中会允许这样的项目进入校园，因为可能会存在目标与价值的冲突。提出这种计划的变革者几乎肯定会被驱逐出校园，甚至可能会更糟糕。

有人认为，变革不可避免地会遭遇冲突，因此应该有意识的利用冲突来诱发变革。这

种说法听起来不错,但问题的关键正在于预见不到冲突,或者不能正确地理解冲突的基础。第四条实践原则提醒注意这类问题。

这条原则同时要求变革者直面在他(或她)自己的价值与背景(组织)中其他人的价值之间存在的潜在冲突。例如,假设3K党(Ku Klux Klan)希望增进内部成员的沟通水平,以便他们能更有效地实现恐吓或威胁少数族群的意图。他们向某大学的研究中心求助,该研究中心的确拥有能够帮助3K党提高沟通效率和发展成组织的技术。那么,该研究中心应该接受这项委托吗?如果变革促进者被要求帮助监狱中的囚犯提高对压制性制度的适应,或者帮助在校学生适应沉闷枯燥的校园学习生活,或者帮助取消通过为他人缝缝补补挣点外快补贴家用却没有及时向福利工作者报告这笔收入的贫困潦倒的母亲的社会福利,那么这些干预者本质上面对的都是同样的问题。有时候变革可能看起来不受任何价值的影响,仅仅通过一些知识和方法就能实现,但并不是所有变革都令人满意,而接受请求去帮助实现某项变革很可能迫使变革促进者不得不面对价值观的拷问(Sarason, 1978)。

5. 帮助应该建立在系统的基础上,利用背景(组织)中现有的资源,或者引入外部资源,并将其转化为背景(组织)的一部分。第五条原则认为,我们必须努力理解各种资源的性质,以及资源在社区内是如何循环流转的。这条原则意味着人们更喜欢通过引进某项 153
变革,长久性地解决特定情境中的多种问题。坚持相互依存和自然演替的理念是变革取得长期预防效果的关键。抢步计划(Head Start program)便是一个典型的例子。该项目在社区内部创造出长期稳定的小生境,吸引家长和其他居民加入,共同作为项目的参与者(见本书第八章)。

这些原则为社区心理学领域的概念化和行动搭建了一个框架,并预示了之后各章将要讨论的重要问题,包括评估、干预、社区变革和研究等。

本章小结

社区心理学建立在某种观点的基础上,也许对这种观点最好的表达就是生态学类比。这种类比公开为某种价值背书,并对科学研究产生了深刻影响。作为一种概念范式,生态学的研究单元超出了单一个体,强调将自然情境而不是实验室或诊所作为最适当、有效的干预或研究场所,并将研究概念化为研究者、社区居民和社区背景之间长期的纵向合作。

生态学视角包含四个基本原理。第一,因为人和背景在社区内部相互依存,任何变化都将表现为系统性的变化,而不仅仅是个体的改变。因此,在任何情境中,对问题的不同定义和多种解决方式往往是并存的。第二,社区系统被定义为人和背景(包含时间、金钱、政治权力等各种有价物品在内)之间的资源交换。第三,我们观察到的个体行为反映了个体、他(或她)的能力水平、环境以及受环境支持的一系列事物之间持续不断的相互适应过程。改变环境或者改变个人都可能影响适应。第四,变革可以在社区内自然发生,也可以是有意识的设计。后者创造了一种机会，通过对社区资源的重新定义或分配，促进社区全体人口的适应。

我们通过对心理卫生消费者的去机构化对生态学原理作了进一步的延伸说明。精神病患者从医院回到社区环境，迫使执法人员和法官以某种复杂的方式与心理健康专业人员配合工作，并造成某些出乎意料的结果。所有当事人（包括消费者和他们的家人）都受到了影响。一项有关受虐儿童安置寄养的新法律引发的问题显示了生态学原则的普遍
154 性。本章最后概括了生态学类比中隐含的价值观，以及由生态学隐喻衍生出来的五项实践原则。

我们最后得出结论，生态学类比对社区心理学理论、研究或干预的意义仍需进一步证明。在一般意义上，这是一种有用的方法，但需要注意的是，即便使用生态学自己的术语，它依然有待更加缜密的研究。尽管已经有一些与该领域一般问题相关的研究报告（如Kelly，1979），但完全基于生态学原理而设计的干预还很少。其他概念及其相关研究我们将在下一章讨论。总的来说，尽管生态学在很大程度上只是一个隐喻，却大大有助于我们解放思想，寻找新的问题解决之道。

第五章 155

心理学有关环境的五种构念

- 社会环境对行为和幸福感的影响
  - 主观社会气氛
  - 社会角色
  - 社会资本：社区认知、行为与网络
- 物理环境对行为和幸福感的影响
- 社会-物理环境：行为背景
  - 专栏 5-1　费尔韦瑟旅舍
- 补充：如何看待个体差异的作用
- 本章小结

第四章我们得出结论，对社区心理学家而言，有关人类行为的生态学视角具有重要的理论和政治意义。然而，凯利的四个生态学原理和莱文的五条实践原则都很抽象，不够具体。生态学隐喻告诉我们要认识和参与“上下文”情境，但并没有教我们如何识别和区分 156
不同的情境。无论是科学发展还是有效的实践，都要求我们更加清晰地定义那些构成人类环境的可操作性单元。本章我们将具体考察影响人类行为及幸福感的社会和物理环境(environment)或背景(setting)，分析各种环境的不同特征，以此拓展“人并不是生活在真空中的”这一观点。我们承认个体差异，与此同时，也强调个体正在履行的角色、他们与其他人的关系，以及与生活中重要背景之间的互动构成了他们的生活。只是简单地知道一个人拥有某种性格是一回事；理解角色和环境如何影响了这种性格的具体表现是一回事；而创造角色和环境以促进或阻止特定性格的表现则又是另外一回事。

第四章中的生态学取向还留下了哪些具体的、尚未论及的细节问题呢？生态学类比引导我们重视和考察人们生活、工作和娱乐于其中的各种环境，以便更好地理解人的行为。生态学类比告诉我们，人对问题的定义和适当的解决方式取决于具体情境(situational)。这意味着需要了解和适应与问题相关的环境的具体特征。那我们怎么去了解这些呢？环境通过什么机制影响行为，促使行为发生改变？个体适应环境(或相反)的具体过程是怎样的？显然，我们还需要一些理论概念，以便更加详尽地说明这些影响。

我们对环境的分类方案还很粗糙。诸如“寄养家庭”(foster home)或“康复之家”(group home)之类的标签很少告诉我们具体的规模、人员配置、康复的重点或护理质量，也很少提供信息说明这种环境如何促进或妨碍了工作人员与寄养对象之间帮助关系的发展。学校(Sarason & Klaber，1985)或抢步幼儿教育(Lubeck，DeVries，Nicholson，&

Post，1997)的背景显然在有些方面会不一样。假如背景相似却对儿童发展产生了不同的影响，那么是什么导致了这种不同？如果我们接受人与环境相适应(person-environment fit)的理论，那么应该如何描绘环境特点，以便知道哪些人在一种环境中比在另一种环境中表现得更好？在同样的情境中，不同个体与环境的关系也不一样。领导者、团队成员、儿童、教师、研究人员等，每个人的角色不同，有着不同的参与目标，很可能对环境中发生的事情持有不同的观点。而且，环境也会随时间而改变。我们又该如何认识、调查和评估这些改变呢？

这些问题为我们审视心理学有关环境的各种构念搭建了平台。穆斯(Moos，1973)提出了定义和评估人类环境的六种取向，其中包括强化结果(reinforcement consequences)
157 (包括奖励与惩罚；第二章曾简要提及)、组织结构(organizational structure；将在第十章讨论)和群体特点(group characteristics；如人种/种族、收入、教育、年龄、健康状况等，由这些特点聚合成该群体或社区的整体面貌)。本章选择重点聚焦穆斯提出的另外三种构念，即组织中的主观社会气氛(perceived social climate)、物理环境的影响(physical environmental influences)，以及巴克(Roger Barker)的行为背景理论(behavior-setting theory)。此外，还有两个理论也很著名，即萨宾(Theodore Sarbin)的角色理论(role theory)，以及几个与对社会资本(social capital)的社会学建构相关的社区心理学概念。在顺序上，我们首先回顾三种社会理论，然后讨论被建构的和自然的物理环境的影响，接着介绍结合了社会环境和物理环境两个方面的行为背景理论，最后介绍费尔韦瑟(George W.Fairweather)及其同事主持的社区旅舍项目(community lodge program)，以进一步说明之前的观点。

社会环境对行为和幸福感的影响

主观社会气氛

默里(Murray，1938)对人格理论的开创性贡献在于，他在个体需要(如成就需要或归属需要)和环境压力(environmental presses)相对拟合的基础上提出一个行为模型。压力体现了环境的某种特性，这种特性可能促成也可能阻碍个体需要的满足。很多人付出了巨大努力去测量默里所说的个体需要部分。而穆斯和他的同事(Moos，1976)受此启发，开发了一套相应的量表，用来评估重要社区环境对行为造成的压力。

基础假设。穆斯等人(1979)的基本假设是：(1)可以想象，环境也有自己的“个性”，如成就导向、人际支持性或控制性等；(2)我们可以用类似测量人格的方法来评估“环境人格”。在穆斯的方法中，研究者只是要求参与者以特定环境为对象对一系列陈述句作出“真”或“假”的反应，这些陈述句描述了该环境的特点。然后，取所有被试反应结果的平均值，获得各维度得分的剖面图(profile，通常以标准分数呈现)，用以描述人们对该环境中的社会气氛的主观感受。这是一种将人们对环境的主观反应加以客观化的方式。

考虑到这些量化信息可能会被广泛地用于现实的社区环境，穆斯和他的同事针对精 158
神科病房、社区定向项目、家庭环境、工作背景、学校课堂、学生宿舍、军事组织、劳改监狱和老人护理院等不同背景，分别设计开发了一系列社会气氛量表。

基本维度。穆斯认为，人们对任何一种环境的心理反应都包含三个重要的维度，即关系定向维度（relationship-oriented dimension）、个人发展维度（personal-development dimension）以及系统维持与变革维度（system-maintenance and change dimension）。对于不同环境（如家庭环境、工作场所或精神科病房），使用的测量工具及测量的环境压力的具体方面会有一些不同。例如，在家庭环境量表中，关系定向维度主要包括内聚力（cohesiveness；如“家庭成员之间相互帮助和相互支持”）和冲突（conflict；如“家人经常相互争吵”）；个人发展维度包括独立（independence；如“遇到难题的时候，家庭成员几乎总是依靠个人解决问题”）和成就（achievement；如“家庭成员觉得无论做什么总要做到最好”）；系统维持与变革维度包括组织（organization；如“我们的家庭活动都经过精心计划”）；控制（control；如“家庭成员高度强调遵守规则”）等。

结构效度。有关穆斯量表的结构效度已经积累了很多数据（参见 Moos，1976，1987）。例如，在关系定向维度得分高的背景下，社区居民表现出的满意度和自尊水平高，焦虑、抑郁和易怒水平低（Moos，1976），以及较少抱怨（Moos & Van Dort，1979）等特点；在个人发展维度得分高的环境中生活的个体，往往具有更积极的态度和更高水平的技能，但在某些情况下会表现出强烈的紧张情绪（Trickett & Moos，1974），在相对复杂的刺激（如课堂学习）作用下，可能出现各种想要或不想要的结果。在学校环境中，系统维持维度上的高阶和清晰与成员的高满意度相关，而高水平的控制则与成员的不满和其他消极后果相关。

应用。穆斯的社会气氛量表（Social-Climate Scale）在社区心理学中有多种用途，其中包括对某类背景的特征给予清晰描述，或在不同背景之间进行比较。例如，虽然互助团体的倡导者相信，互助团体具有与专业治疗团体相同的功能，但是这些功能之间到底有没有差异呢？托罗、拉帕波特和塞德曼（Toro，Rappaport，& Seidman，1987）用穆斯团体环境量表（Moos's Group Environment Scale）分别对“GROW”（精神病患者网络自助团体，见本书第九章）中的 33 个互助小组和 25 个以洞察力为导向（insight-oriented）的专业治疗小组
施测，比较结果发现，自助团体比专家领导的治疗团体更具结构性、任务导向和凝聚力，而 159
专业治疗团体更具弹性，其对成员表现出的愤怒和其他强烈情绪更具包容性和容忍度。澄清不同帮助方式之间的差异，有助于人们理解并作出更为恰当的选择。

再举一个经典的例子。考虑到老年福利院（包括护理院、养老公寓等）越来越多，其重要性日益增长，而养老机构与其他背景在主观社会气氛方面存在差异，莱姆基和穆斯（Lemke & Moos，1987）编制了福利院护理环境量表（Sheltered Care Environment Scale），以便对这类环境中的关系定向、个体发展、系统维持和变革维度进行评估。这个工具非常实用，而且有效。蒂姆科和穆斯（Timko & Moos，1991）使用该量表对美国全国范围内

的235家养老院、居家护理机构(residential care facilities)和老年公寓进行了集体施测,并对测量结果作了聚类分析,结果发现,存在六种不同类型的社会气氛。其中,有两种社会气氛被命名为“支持型”,二者之间只存在影响程度的差别;另有两种社会气氛表现为“冲突型”,其中一种允许公开冲突,另一种倾向于压制冲突。图5-1是对剩余两种气氛类型
160 的比较,蒂姆科和穆斯分别将它们命名为“紧急响应型”(emergent-positive)和“反应迟钝型”(unresponsive)。

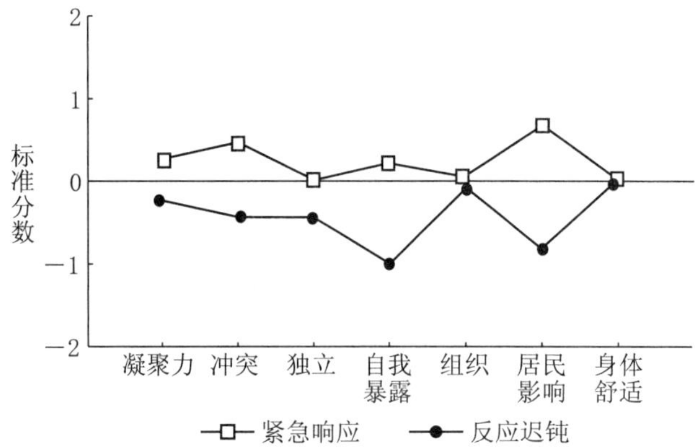

图5-1 紧急响应型与反应迟钝型护理机构的环境特征比较(引自Timko & Moos, 1991)

紧急响应型不仅在居民影响维度上得分很高,而且在凝聚力、冲突和个人情感的公开暴露方面得分也较高。相比之下,反应迟钝型较少强调居民影响、独立和自我暴露,因此对居民喜好的反应性整体较低。紧急响应型和反应迟钝型的背景更多出现在养老院,而不是护理提供者密度较低的环境。机构规模的大小和所有权性质对此未见显著影响。两种类型在组织水平和身体舒适度上的感觉则比较平均。但是,紧急响应型环境中的居民相对于反应迟钝型环境中的居民来说,幸福感指数更高。这些结果反映了诸如居民自我定向(self-direction)等因素的重要性,也体现出采用综合特征分析而不是根据单一维度(如身体舒适度)进行评估的优势所在。这种评估有助于计划者、管理者和新项目的研究者了解居住环境对居民心理特征的影响,并对此提供支持性干预。

主观社会气氛测量的另一种用途是对咨询服务或其他干预的效果进行评估。例如,在咨询开始之前,可以安排环境参与者填写两份社会气氛量表,一份测量他们对当前环境的知觉,另一份测量他们理想中的环境是什么样子。比较两份量表的测量结果,其间的差异可以提示我们需要关注的心理环境特征,接下来的咨询应致力于找出这些差异形成的原因以及消除差异的方法。咨询结束后可以让参与者重新填写量表,作为评估咨询效果的手段。如果评估仍然包含现实和理想两个方面,那么,现实和理想之间仍然存在的差距便构成进一步征询和磋商的基础。

例如,德扬(DeYoung, 1977)对某个社会科学专业的本科班级施测了课堂环境量表(Classroom Environment Scale, CES),包括现实环境和理想环境两个版本。现实环境与

理想环境之间的差异表明，学生们希望能更多地参与课堂，体验更多教学方法方面的创新，更清楚地了解课程的组织安排和教师的期待。到了第二个学期，德扬修改了课程，包括与学生有了更多的个人接触，使用了更加明确的评价政策，增加了学生集体学习项目，以及其他创新性的课堂参与形式。之后，他重新用现实和理想两种形式的课堂环境量表来评估这些变革的效果。尽管从第一学期到第二学期，学生们的理想环境并没有发生明显的改变，但是他们对现实课堂环境的感知在每一个具体维度上都更加接近理想环境的特征，实现了干预的日标。不仅如此，第二学期的变革还引发了学生们更高的兴趣和更多 161
的参与，提高了课堂出勤率。

穆斯量表的第三种用途是通过环境设置提高人与环境的适配性。例如，为有某些特殊需求的人安排居住环境。精神疾病患者是一个个体差异很大的群体，以社区为基础的康复之家(community-based group homes)也从来都不是标准化的。康复之家的规模、结构、规划和社会气氛对于居民心理压力的来源和水平，以及居民体验到的支持等具有重要影响。

唐斯和福克斯(Downs & Fox, 1993)使用穆斯的社区定向项目环境量表(Community-Oriented Programs Environment Scale, COPES)对来自 49 个精神病患者康复之家的工作人员施测，将采集来的数据作聚类分析，根据量表得分差异，最终将 49 个康复之家区分为四种类型。其中，第一种类型的康复之家很少向患者提供支持，内部结构化程度低，工作人员和患者之间很少有交流；第二种类型倾向于鼓励患者，对他们采取目标定向(goal-oriented)；第三种类型支持患者自然地表达情感，但是不允许患者有太多自治，即患者较少拥有自主权；第四种类型结构化程度高，但是没有为患者制定个体发展计划。

考虑到不同类型康复之家的社会气氛存在多样性，基于患者需求和康复之家社会气氛之间的适配度来安置患者可能更有效。例如，一个目标导向且能容忍高水平刺激的患者对第二种康复之家的反应就比第一种要好；一个直言不讳、缺乏组织纪律性的患者在第三种康复之家比在第四种更容易适应；同样，个体发展维度得分较高的环境对年轻大学生患者的康复比较有利，但很可能让希望独处的年长一些的患者感到痛苦。社区定向项目环境量表的测量结果表明，根据居民人格特点和团体社会气氛之间的适配度，以及与环境相关的物理特征(如康复之家的规模大小或地理位置)来安排患者的康复地点是完全可行的。

用于规划和创建新的背景。最后，主观社会气氛量表还可以用来规划和创建新的社区背景。例如，那些新的心理卫生服务中心开发项目的负责人可以使用社区定向项目环境量表去发展共享理念，包括新的背景中最适宜的社会气氛应该是怎样的。从一线工人、监督者、行政支持人员和其他员工那里获得数据，再基于此产生一种生态学取向的处方或策略。

根据社区定向项目环境量表中的维度可以设计理想的背景，用以实现特定的目标。 162
例如，如果员工的职业倦怠成为问题，那么最好能促进员工之间高水平的人际支持。从一开始，朋辈支持团体的定期会议就应该被计划好。这些会议由项目组全体成员参与，用以强化环境中的关系维度。新的项目实施之后，可以重新施测社区定向项目环境量表，以此作为评估当前环境气氛的手段，并在必要的时候给予引导和作出相应调整。

实践优势。穆斯的主观社会气氛这一构念有很多实践应用。与其他取向相比，它的主要优势在于可以轻松地收集和解释相关信息。然而，为了使量表收集的信息有意义，调查对象与真实环境之间必须存在定期面对面的接触，并且调查对象的数量也不能太大（一般不超过 20—25 人），这样才便于获得团队对环境气氛的一致性意见。当然，由这些量表测出的特征并不是对环境的客观描述，而只是由调查对象基于具体事件对于环境所感知到的主观气氛，因此会受到调查对象在环境中的角色或地位，以及个人信念和价值观的影响（Lemke & Moos，1987）。

通过应用主观社会气氛这一构念，环境分类学正在不断发展。尽管，人们迄今为止关注的仍只是精神科病房（Price & Moos，1975）、高中课堂（Trickett，1978）和特殊住宅项目等少数环境类型，还不曾涉及多数人生活于其中的环境气氛的时间与空间分布。一般而言，这一构念为心理学家如何对需要进行评估、并理解人们生活于其中的社区环境的特点提供了清晰的例证，并有助于人们适应周围的社会气氛（Moos，1979）。从生态学视角看，这一构念重视环境或项目中普通参与者的感知和体验，有利于向社区成员赋权，让他们更广泛地参与到对社区的评估和改革实践中去。

社会角色

角色概念为理解个体和社会环境之间的关系提供了另一个基础。角色涉及人们在不同环境中的功能性作用，因此，它在诊断适应问题和设计干预方案方面应该比以个体为中
163 心的概念更加有用（Sarbin，1970）。角色理论也在社区心理学的生态学类比和下一章对标签理论的分析之间搭建了一座桥梁。

萨宾认为，对建立有用的社区心理学框架而言，环境（environment）这个概念过于笼统，没有太大帮助。**背景**（setting）这一概念相对明确一些，但是缺乏社会性向度。在萨宾看来，环境是一组差异化的生态（a set of differentiated ecologies）。为了生存和成功，人们需要在其中准确地定位自己。萨宾识别和区分了四种不同性质的生态系统：自维护生态、社会性（或角色系统）生态、规范性生态和超验性生态。

自维护生态（self-maintenance ecology）。个体作为生物社会的有机体要维持生存，必须学会辨别朋友和敌人、食物和毒物、潜在的有害环境和良性环境之间的差异。在遇到新的对象或陌生人的时候，个体的脑海中会迅速掠过这样一些问题：我应该逃跑、攻击，还是忽略这一对象？我能够玩弄它、吃掉它、和他（或她）发生性行为或者以其他方式使用它吗？除了这类感性现实检测，社会现实检测也很必要：这种社会条件适合我从事的活动吗？我是在当前背景下参与这种活动的适当人选吗？对这些问题的错误回答，容易导致个体产生行为障碍，可能因此被送往精神病院、智障人士收容所或监狱。作为社会成员，

是否能够“正确地”回答上述问题，取决于一个人的社会化、受教育程度，以及对模糊处境作出正确判断的心智能力和道德水平。

社会性(或角色系统)生态(social or role system ecology)。第二种是社会性生态或角色系统生态。这里需要回答的问题是:“在这种情况下，对你而言我是谁?”如果其他人对某个人行鞠躬礼，承认他的权力，那么这个人可能就是王者。如果某人自称为王者，而其他人不承认他的权力，那么在很多时候，他有可能会被视为疯子。角色关系是相互的。对“在与你的关系中我是谁?”或“你是谁?”的回答定义了回答者的社会身份(Turner, 1999)。就个体行为而言，如果不能以适当(即符合相互期望的)方式回答这些问题，可能引发冲突，甚至导致社会关系的破裂。金西(Alfred Kinsey)和他的团队访谈了数千名美国人的性生活史。有一次，该研究团队的一位访谈者走进了一位年轻心理实习医生的办公室。当时那位实习医生正在等待一个预约好的来访者。这个特殊的“来访者”询问实习医生有关他性生活的亲密细节，正常的治疗关系被彻底颠覆。据报告，这个新手治疗师尖叫着逃离了办公室!

有时，获得某种角色或对角色的认识取决于机会。例如，社会规则——性别、种族歧视或者污名(stigma)——可能会阻碍一些人进入某种角色，或者以该角色得到认可。而 164
通过修改法律、参与冲突对抗、引导舆论和激励有可能改变社会规则，为那些从前被拒绝的人提供更多角色。除了角色社会化，萨宾的理论还引导我们考虑获得某种角色的机会，以及如何通过努力改变某些不合理的规则。

规范性生态(normative ecology)。第三种是规范性生态。在这里人们会被问及在多大程度上满足了特定角色对自己的要求。“不太好”之类的回答经常伴随着低自尊，而“相当好”的回答则体现出正向的满意感。对这些问题的回答一部分基于自我评价，另一部分来自他人的反馈。例如，基于自己的期望以及学生们的行为表现和态度，即使是非常有经验的大学教授，有时也会觉得一门课或一场讲座进行得并不顺利。如果这种情况频繁发生，可能会让该教授避免同一题材的讲座，或者取消那门课程，甚至可能考虑退休。

正如上述例子描述的，个体对失败的“归因”可能会有很大的不同。有时候人们会自责，而其他情况下人们可能会认为失败的原因超出了个人所能掌控的范围。在同一时间针对同一件事，行为者可能认为失败(或成功)的原因在于他(或她)自己不够(或非常)努力，而外部观察者则认为原因在本质上是情境性的。相反的情况同样可能发生。我们必须认识到不同视角的含义，因为对解决方案的选择往往取决于问题如何被定义。我们如何认识和评价自己的成就，或者是否会因失败感而贬低自己，部分地取决于我们采用的规范，或者我们所秉持的价值观。而后者在很大程度上又依赖于我们对社会关系的参与。正是在这种关系中，我们和他人分享价值。本书第九章将考察自助团体(self-help group)，那时我们再来讨论相关问题应如何解决。

超验性生态(transcendental ecology)。萨宾将第四种生态系统称为超验性生态，由赋予生命意义的抽象概念组成。对有些人来说，最重要的抽象概念是人与神的关系。对其他人来说，也可能是一些存在性问题。譬如，既然死亡不可避免，那么应该如何度过自己的一生？根据埃里克森的观点(Erikson, 1950)，对于某些特定年龄阶段的人，这些问题可能意味着一种整合——接受某种生活方式，努力保护它免受其他人的攻击并抵御生活的
165 沧桑。换句话说，人需要实现和维持一种秩序感、意义感和经验的连续性。我们需要借助一系列信念来获得这种感觉。正是这些信念决定了我们如何对待自己和世界上的其他事物。正如我们将会看到的，加入互助团体的重要收获之一便是能够发展出一种思维方式(即一种意识形态)和一个解决日常问题的具体计划(如 12 步计划)。通过参与社会团体，可以让某些信念得到最佳发展和维持。加入某个团体，成为其中一部分，意味着在团体中拥有一个角色。有些角色是人一出生便可获得的，例如，作为一名家庭成员。而有些角色具有选择性。有人可能选择加入某个政党成为其党员，也有人通过个人成就和艰苦卓绝的努力而在团体中赢得一个位置。

角色优性(role dominance)。人们需要不断努力，以便能够在这四种生态中清楚地定位自己。例如，每个人都同时拥有多重角色，参与各种不同的社会团体。除此之外，在社会情境中，大多数行为的性质与其说是角色扮演者的个体功能，不如说是个体所扮演角色的社会功能(Katz & Kahn, 1978)。例如，从某个心理学班级成员的行为总体来看，学生之间的相似性远大于差异性。他们每个人都在指定时间内经历了复杂的课程注册过程，购买所需要的书籍，阅读和研究大量文献，出席课程会议，完成学期测验、论文，并满足其他各门课程的要求(即角色往往包含多种不同的背景)。教师这一角色对他(或她)们行为的性质和范围同样具有制约作用。因此，在本课程背景下描述任何人的行为的最有效方式是基于他/她所占据的角色，而不是他们的个人特征。

角色对人行为的影响具有强制性。人们需要付出很多努力来维持他们充当某种角色的资格(例如，医科学生和运动员都需要花费大量时间接受专业训练)。角色丧失对很多人来说意味着严重威胁，因为多数社区要求其成员能够维持稳定的角色表现，不希望他们被贴上某种偏离者的标签。对轻微刑事犯罪(如街头滞留和流浪罪)和精神病(如抑郁症或精神障碍)的定罪与诊断，至少部分是由于个体未能充分履行社会对某种角色的要求。

事实上，每一个成年人都被要求履行多种不同角色，而并不是其中所有角色都能够相互兼容。有些角色之间相互排斥，妨碍了个体对行为的选择，从而产生角色冲突。例如，对一个有着强烈事业心的妇女而言，孩子的出生以及随之而来的大量令人焦虑的需求，会严重分散她的注意力，因此诱发了强烈的情绪反应。如果说社会角色在某些方面限制了
166 人的行为选择，它们在其他方面也会为人提供保护。例如，有些角色给人带来可观的收入，使他(她)有资格获得抵押贷款以购买房屋或其他贵重物品，哪怕他(她)手头上的钱很少，甚至根本没有钱。

考虑到社区居民的人口数量，社区心理学家面临的一个问题是，社区成员在社区中要能够获得足够多的角色(如职业)及相应的背景。除此之外，生态学取向还要求我们考察每种角色与个体行为倾向、社会抱负和信念，以及其他角色相关特征之间的匹配程度。一

个小规模的大学城是否拥有足够多的岗位提供给受过专业训练的新入职教师的配偶？一个城市的城中区有没有为那些对这里感兴趣的年轻人提供充足的体育设施？这个社区有没有提供足够多的机会帮助新加入者去认识其他居民、了解自己的社区呢？

角色的重要性(role importance)。无论是对角色扮演者而言，还是对其他人而言，并不是所有的角色都具有同等的重要性。萨宾认为，不同角色对个体社会身份的相对贡献值可以通过三个方面考察，分别是地位、价值和卷入。**地位**(status)是指一个人在社会结构中的位置，如父母或子女、学生或教师、将军或列兵等。**价值**(value)是指对角色行为的积极或消极评价。例如，学生填写课程评价表就是在给教师“评分”，如同教师给学生的课程学习进行评价。**卷入**(involvement，或译“投入”)是指角色参与的程度，可以用花费在这一角色上的时间和消耗的精力来衡量。例如，警察可能总要值班，随身携带着枪支，并且有义务逮捕任何一个非法使用毒品的人。(曾有新闻报道称，一位警察队长逮捕了自己涉嫌正在参与毒品交易的女儿。)

先赋地位与自致地位(ascribed statuses and achieved statuses)。萨宾进一步把角色地位划分为两种类型，即先天被赋予的和后天努力争取得到的。先赋地位(ascribed statuses)本质上具有生物社会性，是否拥有这些角色和我们自己的努力没有太大关系，而且我们无法改变它们(如年龄、性别、血缘关系或人种)。自致地位(achieved statuses)则是那些我们对之(往往在很大程度上)具有一定选择权的角色地位。对大多数人来说，最重要的自致地位通常是自己的职业。

每个人首先都被赋予了作为一个“人”的地位。无论他们身处的社会境况如何，每个人都拥有一些最起码的人身权利。监狱的犯人或精神病院的病人，无论问题有多严重，都被赋予了某些最低权利，用以规范其他人对待他们的方式。不允许殴打，不能让他们挨饿，更不能杀害他们。他们应该获得最基本的食物和住所。与此同时，自致地位给个体带 167
来大量权利和社会尊严。例如，美国总统或大公司董事会主席的手中便握有大量实权，并接受来自各方面的尊重。

萨宾指出，我们很少因为先赋角色(如父亲或母亲、男性或女性)最低限度的角色行为获得积极评价，因为这些表现原本就是对角色的要求或被期许的。相反，先赋角色扮演的失败却会带来严重骂名。母亲的一个疏忽可能导致失去对孩子的监护权，在某些情况下甚至可能遭到起诉。而在有些家庭中，一个好妈妈能够收到母亲节贺卡就已算幸运。自致角色为自尊奠定了基础，无论它被扮演得有多糟糕。例如，现任总统对前任的批评可能让很多人知道前总统对总统角色的扮演非常失败。但是，作为前总统仍然拥有很多“特权”，他在参加公众集会时仍会被给予极大的面子和尊重。这一点适用于任何职业。拥有一个职业头衔可以带来巨大荣耀，无论你在那个位置上表现出来的能力究竟如何。如果你有份工作，那么你是某人；如果你没有工作而你本应该有(也就是说，你不是残疾人，也不是某个信托基金的受益人，或者有权通过其他方式免于工作)，就会被看作游手好闲的人或流浪汉。萨宾还指出，卷入程度与地位类型相关。我们会一直卷入先赋地位，但相比而言，我们可以频繁地进入或退出某种自致地位。有些自致角色一旦获得，要想摆脱极其困难。例如，犯人或“站街女”(bag lady)，哪怕他(或她)们只是在很短时间内扮演过这种角色也很难“洗白”。

当某种先赋角色(如出生性别，sex)与社会角色(如社会性别，gender)发生冲突时，技术变革有可能加剧这种混乱。随着变性手术和治疗的进步，出现了一些换性者(transsexuals)，他们在出生时是一种性别，后来却变成了另一种性别。换性者表现出了新的外表和性别行为方式，我们可以因此说他们获得了新的性别吗？如果换性者希望结婚，而法律规定婚姻必须是一男一女的结合，那么换性者应该被认定是属于出生时的性别成员(先赋地位)还是再分配的性别成员(自致地位)呢？(参见 Kantaras v.Kantaras，2003；也参见 pp.216—217)

被贬低的社会身份(degraded social identity)。萨宾认为，那些拥有低等级社会身份的人很少有机会扮演经由选择而获得的社会角色。他们所能期待的最好结果不过是获得某种中性评价的社会身份，前提是他(或她)必须满足人们对其主要的先赋地位的所有期待。从某种意义上可以说，这些人所能预期的最好结果是被忽略。他们的社会关系大多限于跟他们拥有类似社会身份的人。多数情况下，在他们的人际关系网络中占很大比例的是被雇用来照顾他们的人，如医生、护士、社会工作者和狱警等。

168 萨宾对角色的分析耐人寻味，它暗示着评价和干预可以另辟蹊径。例如，为了帮助那些社会身份被贬低的人，角色理论建议为这些人增加角色多样性，丰富可资利用的社会关系，提升人们对于各种角色的尊重和重视，其中包括多种先赋角色(例如老年人)。行为背景理论(见后文)为识别不同角色和描述角色行为提供了有用的框架。鉴于自致角色通常都是作为背景的一部分，可以采用苹果籽约翰尼[①]的方式(the Johnny Appleseed approach)，不断创造新的背景，让领导者和成员来填充(参见本章后面有关行为背景的内容)，这为丰富自致角色池(the pool of achieved roles)提供了切实可行的策略。即便是在收容所，提供工作机会也有助于消除被贬低的社会身份。对于那些在社区模糊不清或充满不确定性的环境中找到工作或充当志愿者的人(例如严重精神病患者或有智力障碍者)来说，个别化的培训和支持很重要，有助于阐明这些角色所必需承担的义务和人们对该角色的心理期待。支持性组织、宣传团体或俱乐部以及类似主任、秘书或委员会主席之类的角色对提升这些人的社会身份大有裨益。这类俱乐部至少可以提供部分思想(如果不是完整意识形态的话)用以指导个体行为，表达某种价值观，以及帮助个体维持自尊。加入离群索居者自助团体有助于抵制社会对某种角色的贬抑。有些人还能够在这类组织中获得重要的领导位置，并在一定范围内重建自己的社会身份(参见本书第九章)。这一切努力的目标都在于增加社区居民选择新的角色的机会，以及减少角色冲突的发生。

---

① 苹果籽约翰尼是美国历史上的一个传奇人物，其真名叫约翰·恰普曼(John Chapman)，由于在边疆地区种了大量苹果树而被后人纪念。——译者注

相关概念。角色理论暗含着某种角色一致性的机制,用以解释个体的认知、行为和身份(identity)如何改变,以及这些改变如何随着时间推移得到稳定和保持,从中反映出对与人-环境匹配(如对自致角色的需求与个体的目标和价值观保持一致)重要性的强调。但是,萨宾的角色概念较少考虑以人为中心的(person-centered)那些因素。例如,角色理论不能解释(如果匿名戒酒者协会的观点是正确的话),为什么接受"酒鬼"这一被强烈贬抑的身份恰恰是某些酒精滥用者康复过程的开始(参加本书第九章)。

萨宾对于"角色"一词的使用与塞德曼的"社会规则"(social regularities)概念有关 169
(Seidman, 1990)。社会规则指向背景、人和行为后果之间的相互依存关系及其随着时间推移而表现出来的连续性和可预期模式。塞德曼认为,社会规则作为社区心理学评估和变革的基础,从两个方面拓展了角色概念。首先,社会规则不仅包含某一个体与某种背景的关系,还把一种背景和其他背景联系起来,显示出权力和资源的不平衡性以及由此造成的心理社会后果。其次,这种关系的复杂性及其跨时间的稳定性解释了为什么改变一个社区或某种背景会是如此困难。

萨宾的角色理论提供了一个新的构念,与穆斯和其他人的理论相辅相成,在社区水平上定义了一个新的分析单元,与同样涉及许多不同背景的个体人的概念相等称。但是,角色理论和塞德曼的社会规则概念都没有回答这样一个问题,即如何参与对工作和其他自致性角色的创造?社区心理学家应该以何种角色身份、在什么背景下参与为他人创造新的角色?下述的项目为此提供了一个范例。

社会资本:社区认知、行为与网络①

社会资本(social capital)原本是从教育社会学中发展起来的一个概念(Bourdieu, 1985),现已被广泛传播到其他社会科学领域。它被定义为公民社会互利互惠的信任(绑定关系,"bonding" relationships)以及市民网络与机构之间的合作(桥接关系,"bridging" relationships)(Putnam, 2000)。虽然心理学接受社会资本这一概念的时间相对较晚,但在此之前,社区心理学家已经在个体层面对社会资本做过不少研究,只是在研究中使用的术语不同。社会资本在个体层面包含对于社区的非正式态度或认知(即社群意识,sense of community,又译社区感)和行为(即邻里互助,neighboring),以及与正式有组织的志愿者协会的创办、维持及有效性相关的认知(即集体效能或赋权,collective efficacy—or empowerment)和行为(即公民参与,citizen participation)(Perkins & Long, 2002),这些志愿者协会以直接行动、宣传和服务社区为宗旨。上述心理因素共同指向如何激励个体成员参与特定活动并维持这种参与,以及如何通过与不同特点的环境与组织的相互作用,提升社会资本的有效性。

---

① 本节内容主要基于珀金斯和朗(Perkins & Long, 2002)以及珀金斯、休伊和斯佩尔(Perkins, Hughey, & Speer, 2002)这两篇文献,同时参见本书第十二章。

最早研究社会资本的心理学家从两方面对其进行测量，包括非正式的邻里互助行为(neighboring behavior)和正式(有组织)的社区参与(community participation)。结果发
170 现，社会资本能够有效预测内城贫困家庭住房的重建和维护情况(Saegert & Winkel, 1998)。珀金斯和朗(Perkins & Long, 2002)在正式的桥接(bridging)和非正式的绑定(bonding)这两种行为基础上，增加了两种认知成分，其中**赋权**(empowerment)与集体效能感的发展有关，也与影响居民生活和社区的那些机构的控制有关。**社区感**(sense of community)则是指同一社区成员之间相互信任的态度。这两个概念目前在社区心理学中已经很常用。在正式的和非正式的亲社区行为基础上，增加正式的和非正式的社区"信任"——或认知维度(感知和意义建构)，这样便在个体心理水平上构成一个 2×2 的社会资本框架(见图 5-2)。其中，维度之间既有区别又密切相关。

	认知/信任	社会行为
非正式的	社区感	邻里互助
正式/有组织的	集体效能/赋权	公民参与

图 5-2 个体水平社会资本的四个维度(引自 Perkins & Long, 2002)

社区心理意识(psychological sense of community，亦称社区感)(图 5-2 中非正式的认知/信任单元格)被萨拉森(Sarason, 1974, p.1)定义为"意识到自己是一个既有的、相互支持的、可以依赖的关系网络的一部分，个体因此较少体验到持续的孤独感，这种孤独感会迫使个体采取行动，选择某种掩蔽焦虑的生活方式，并为更具破坏性的痛苦感埋下隐患"。麦克米伦和查维斯(McMillan & Chavis, 1986)所提出的社区感的四个维度分别与上述图 5-2 中的三个要素相对应。其中，团体成员和共享的情感联结(shared emotional connection)对应于非正式的认知/信任；相互影响(mutual influence)对应于集体效能；需要的满足(fulfillment of needs)对应于邻里互助(neighboring)。也有学者将社区感的定义窄化为仅仅包含社会联结、相互关心和社区价值(Perkins & Long, 2002)，或者从分享的历史、共有的符号和持续性发展三个方面，以更加动态的视角来了解社区的发展变革(Fisher & Sonn, 2002)。

社区感问题在很多国家和地区都受到研究者的关注，其中包括澳大利亚(Fisher & Sonn, 2002)、加拿大(Pretty, 1990)、以色列(Itzhaky & York, 2000)、意大利(Prezza, Amici, Roberti, & Tedeschi, 2001)、中国台湾(Li, 1998)、英国(Sampson, 1991)、美国和委内瑞拉(Garcia, Giuliani, & Wiesenfeld, 1999)等。对于社区生活质量而言，社群意识是一个被广泛应用、效度极佳的测量指标(Brodsky et al., 1999)，能够对社会资本的两个
171 行为维度(即有组织的参与和非正式的邻里互助)起到催化作用(Perkins & Long, 2002)。反过来，参与也有助于进一步提升社群意识(Hughey, Speer, & Peterson, 1999)。在组织(Speer, Jackson, & Peterson, 2001)和邻里(Perkins & Long, 2002)两种语境中，社群

意识同样也与赋权相关。

社群意识还同社区满意度、地方性友谊、非正式的社会控制(Perkins et al., 1990)、社区社会气氛与幸福感(Pretty, 1990)、对家产的投资(Garcia et al., 1999)、所在街区的物理环境(Perkins et al., 1990)、更多的生活满意和更少的孤独感(Prezza et al., 2001)、对犯罪的恐惧感(Perkins et al., 1990)等因素相关。环境设计研究者考察了公共用地(Li, 1998)、绿化用地(Kuo, Sullivan, Coley, & Brunson, 1998)和城镇规划(Plas & Lewis, 1996)对社群意识的影响(参见本章后面一节"物理环境对行为和幸福感的影响")。最近又有研究者调查了青少年的社群意识,发现校内的组织与活动(Bateman, 2002)和校外聚集地(Pretty, 2002)是影响青少年社群意识发展的重要因素,可以促使个体对社区和服务作出终身承诺。

集体效能(collective efficacy)(或赋权,图 5-2 中正式的认知/信任单元格)指对有组织的社区行动效力的信任,在社区心理学和其他很多领域是一个极具影响力的概念(参见 1984 年《人类的预防服务》有关赋权问题的专辑,以及 1990、1994、1995 年《美国社区心理学杂志》)。赋权(empowerment)被定义为人们获得对个人生活和所在社区的控制(Rappaport, 1987)以及对环境的批判性认知的过程(Zimmerman, Israel, Schulz, & Checkoway, 1992)。它代表了社会资本开发的一种新取向,强调社区成员与专业人员之间的合作,而不是将专业人员视作权威,由他们自上而下地对社区进行指导或开展工作。

赋权与心理学中的自我效能感(self-efficacy)和内部控制点(internal locus of control)等概念有所不同,它不仅能够在个体层面操作,还可以通过赋权于组织和社区,充分发挥被赋权的组织和社区的作用。研究者曾针对多种组织和团体(包括自助团体)、教育项目(Maton & Salem, 1995)、宗教会众(Dokecki, Newbrough & O'Gorman, 2001)以及其他以信仰为基础的社区行动、服务和宣教组织(Speer & Hughey, 1995)、药物滥用预防(McMillan, Florin, Stevenson, Kerman, & Mitchell, 1995)、健康促进联盟(Fawcett et al., 1995)、环境组织(Rich et al., 1995)、大型公司(Spreitzer, 1995)、社区发展组织(Kroeker, 1995)、校本协会(school-based association)、政府机构的居民咨询委员会、青年运动和娱乐团体、社区犯罪预防团体、居民联合会(Perkins et al., 1996)等环境对赋权问题进行过广泛研究。

不幸的是,赋权现在正在变成一个边界模糊、被过度使用的流行概念,特别是在各州 172
及国家政策层面。虽然人们已经广泛获得了赋权的思想意识,却很少真正关注赋权的理论和实证研究,也很少报告在这方面真正成功的案例(Perkins, 1995)。而在地方层面,赋权是与社会资本相联系的一个自然构念,它关注个体的自我效能感、自信、胜任力和批判性反思,以及个体如何通过相互尊重、关怀、参与、获取与交换资源等方式与团体、组织以及社区层面的变革相联系(Perkins & Zimmerman, 1995)。在同一项研究中还发现,社会资本提升了内城贫民区低收入家庭的房屋质量(Saegert & Winkel, 1998)。居民参与促进了周围环境的改善,这些改变反过来又可以预测团体层面的赋权,甚至选民的投票行为

(Saegert & Winkel, 1996)。在个体层面,赋权能够预测居民参与的程度,从而在赋权和居民参与之间形成互为强化的良性循环。

邻里互助(neighboring behavior)(图 5-2 中非正式的社会行为单元格)是指我们向其他社区成员提供或从他们那里获取工具性帮助的行为。例如,帮邻居照看房子或孩子、分享食物或借用工具、提供信息等(Unger & Wandersman, 1985)。邻里之间的日常互动——特别是当这些交往有助于居民更好地相互了解和讨论共同面临的问题,从而激励他们以各种方式深度卷入社区生活时——也被视为邻里互助的一种形式(Unger & Wandersman, 1985)。

尽管邻里互助对提高社区生活质量有重要意义,它却是社会资本构成中较少被研究的一个因素。然而,仅有的少量研究证据极具说服力。例如,昂格尔和旺德曼(Unger & Wandersman, 1983)的研究发现,邻里互助有助于街区居民联合会的建立,而一旦某个街区被组织起来,社区居民就有了更多社会互动的机会。邻里互助与社区参与水平、社区感、社群主义(communitarianism)和社区满意度等变量密切相关(Perkins & Long, 2002)。珀金斯、布朗和泰勒(Perkins, Brown, & Taylor, 1996)对三个不同城市社区的研究发现,一般而言,无论是同时施测还是一年后进行追踪测量,无论是在个体水平还是在街区水平上分析,邻里互助都是成员社区参与最有效的预测因素。特别是对于那些公民权利被部分剥夺的人来说,邻里互助显得更加重要。普瑞兹等人(Prezza et al., 2001)研究发现,妇女和那些子女较多而受教育程度较低的人更多地依赖于邻里关系。

回顾本书第三章中的压力模型,邻里互助是提供物质支持和**社会支持**(参见本书第七章)的重要形式,它有助于解释自助/互助团体和社区感,以及它们对个体身/心理健康的影响作用(参见本书第九章)。布里格斯(Briggs, 1998)发现,哪怕只有一个有着稳定职业
173 的成年人加入低收入少数民族青少年的支持网络,都会在这些青少年感知和接受工作场所和学校信息/建议等社会影响方面产生引人注目的效果。因此,邻里互助作为一种社会资本至少发挥着三种不同性质的支持功能,分别是社群支持(共同的期望、价值观和世界观,例如社群意识)、工具性支持(有形的或任务导向型的帮助,例如邻里互助)和信息性支持(获得新的信息,建立新的联系),还可能涉及支持的第四种形式——情感性支持,这具体取决于一个人和社区其他成员之间关系的质量。

公民参与(citizen participation)(图 5-2 中正式的社会行为单元格)构成社会资本的正式行为维度。社会学家和政治学家对"参与"都有很多研究,但是,大多集中于对人口分布的差异性讨论。在对人口统计学差异进行控制之后,心理学家发现,那些社区委员会、街区、邻里、租客或业主委员会以及其他当地各种居民团体的参与者,无论是在个体水平、组织水平还是在社区水平上,都享有更多的赋权(Saegert & Winkel, 1996)、更强烈的社群意识(Perkins et al., 1996)、更多的邻里互助(Unger & Wandersman, 1985)、更高的社区满意度(Perkins et al., 1990)和积极社区体验,以及更丰富的组织桥接行动(Perkins et al., 1996)。这些社区组织满足了社区居民广泛而多样化的需求(参见本书第十二章),从

社区规划、交通问题到公园保洁;从社区绿化到青少年教育;从居民娱乐项目、街区聚会到对犯罪行为的预防。

社会资本的心理前件(antecedents)。正如社会资本在本质上是心理的,社会资本的前件在很大程度上也是心理性的,包括各种社区定向的积极认知,如社群主义、地方依恋(place attachment)、社区满意度、地域自豪感(pride of place)以及对社区未来发展的信任等(Perkins & Long, 2002)。了解社会资本的前体可以帮助我们判断,在发动某个社区的过程中,哪些是需要考虑的因素。

社群主义(communitarianism)是指居民重视自己的社区,并致力于通过集体行动努力发展和改善社区。社群主义这个词听起来与“社区感”或“社群意识”(sense of community)很相似。但实证研究发现,社群主义只是与邻里互助和集体效能之间存在显著相关,与社群意识和公民参与的相关只达到边缘显著水平(Perkins et al., 1990)。

社会资本的其他前因变量大多与人们所居住社区的地理位置有关(参见下一节“物理环境对行为和幸福感的影响”)。其中,**地方依恋**(place attachments)是指人与特定地理空间之间与日俱增的情感联系(Brown & Perkins, 1992)。从**地方认同**(place identity)(Twigger-Ross & Uzzell, 1996)到**社区认同**(community identity)(Puddifoot, 1995),这种联系有助于人们意识到自己既是一个独立的个体,又与其他人共同构成完整的社区。对 174
于我们所生活的社区,我们既需要稳定又希望变革,而地方依恋可以有效促进两种需求之间冲突或矛盾的解决。地方依恋引导我们维持和保护社区中最珍贵的那些东西,同时又投入时间、精力和金钱改造我们认为不满意的地方。基于本书第四章的生态学视角来看,相互依存不仅发生在自然界,在政治意义上,地方依恋导致占弱势地位的社区成员参与或发动社区变革(Saegert & Winkel, 1996);在社会层面,地方依恋将社区居民凝聚在一起,直接或间接地解决共同关心的问题(Brown & Perkins, 1992);在经济方面,居民凭借对社区历史的了解和地方依恋情感,很容易发现自己社区的独特之处,保护或开发地方性旅游资源,并创造出其他更多的商业机会(参见本书第十二章)。

社区满意感(community satisfaction)是心理学家(Hughey & Bardo, 1987)和社会学家都很重视的研究领域。虽然与社会资本的四个维度都有相关,但社区满意感显然是另外一种不同的建构(Perkins & Long, 2002)。例如,人际网络行为(networking behaviors)被社区绑定关系及感知到的问题驱动(Perkins et al., 1996),对本地社区存在的问题心知肚明并且喜欢批评的人往往是那些希望在本社区住下去的人。如果他们所提出来的问题老是得不到解决,则可能引发不满,并最终导致他们搬离社区。

社区信任(community confidence)是指居民对于城镇或邻近地区未来发展的信任感。对于老旧城区或乡村地区而言,社区信任尤为重要。这些地区很可能正在经历地方性商业或人口统计特征(如工资、任职、种族成分等方面)的变迁。缺乏信任可能意味着商业和住宅产业的减资和贬值,这可以解释某些城市政策和振兴计划的失败。集体效能、邻里互助、公民参与、社群意识(Perkins & Long, 2002)、居民续住或搬家的决定(Varady, 1986)

等都与社区信任显著相关。

社区层面的社会资本:生态、机构与网络。上述框架有助于分析不同形式的社会资本之间的心理差异。例如,内聚力这一概念较多聚焦于社会资本的非正式成分而不是正式成分,而如果过多强调社会资本的非正式成分,很可能影响群体内部或群体之间矛盾冲突的解决,从而导致群体失能。心理学大多过于聚焦个体差异,而其他社会科学又倾向于忽视个体对群体规范(group norms)的偏离。是什么使某些人被边缘化,却使另一些人成为领导者?是什么帮助一些人成功,而其他人却遭遇失败?

生态学取向指出,既要分析群体和环境对集体行为施加的影响,又要了解和关注这些集体中的个体差异,这样从两方面分析比任何一种单方面的分析更有助于获得更加完整、
175 细致、现实和有用的理解(van Uchelen, 2000)。因此,对社会资本必须从多层面的角度来理解,包括前面讨论的个人心理和行为(微观社会)观念以及机构和社区网络(中间和宏观社会)观念。社会资本作为与团体、网络、背景、机构、社区和社会相关的概念,突出了社会资本的集体性质,包括互利互惠的规范,以及不同背景之间进行社会整合的程度。

社会资本同样让理论家、研究者和政策制定者很感兴趣,这一点与社群意识和赋权等概念相似。但是,对于信任、绑定和依恋问题的关注往往导致对某些机构背景因素的忽略,而这些背景对于创造、维持和促进组织与社区内部及社区之间的联系起到重要作用。实际上,如果没有机构的适当组合并提供参与的机会,社会资本甚至不可能存在,更不用说引发积极的社区变革。

谈到社会资本这个概念,很容易让人想到政治学家帕特南(Putnam, 2000)。根据他的说法,美国人现在喜欢"独自打保龄"(bowling alone),而不是像过去几代人那样加入俱乐部或联谊会。本质上而言,与其说帕特南关注休闲俱乐部的消失,不如说他更加重视地方机构线程(local institutional threads)的丧失,正是这些线程将我们的社区(及社会)联合成一体。虽然帕特南为美国社区撰写的"讣告"未免有点夸大其词,但社会资本对于社区生活运转及质量的重要性确实毋庸置疑。帕特南因此得出结论,公民对地方机构的参与以及这些机构的功能是预测公民满意度最可靠的指标。

还是从生态学视角出发,各种不同机构的存在,以及它们跨越各自边界、以不同方式联合起来所创设的环境,为行为小生境(behavioral niche)提供了丰富的基地。这些行为小生境能够促进人的适应和对社会资本的开发。社会学家眼中的调解机构(mediating structures,指小规模社区机构)帮助"调解"个体与冷漠的、毫无人情味的政府和公司机构之间的矛盾分歧,因此成为赋权的关键。

机构和网络还是影响地方经济发展的重要因素。针对美国 718 个乡村社区"创业社会基础设施"(entrepreneurial social infrastructure)进行的研究发现,生机勃勃的民间组织的出现是经济活动成功的先兆(Flora, Sharp, Flora, & Newlon, 1997)。从组织和社区层面分析,社会资本将人力资本(例如,通过参与组织而获得技能学习和发展的机会,见本

书第十章)、经济资本和政治资本(DeFilippis, 2001;参见本书第十二章)联系起来,俨然已成为一个更强劲、有力的概念。

绑定 vs.桥接。虽然内部绑定(bonding)关系和外部桥接(bridging)关系都很重要,但 176
是二者并不完全等价。绑定主要通过邻里之间非正式的礼俗关系(gemeinschaft relationships)实现,而桥接则是通过个体和社区机构之间正式的、工具性的法理关系(gesselschaft relationships)实现(Tönnies, 1887/2001)。人际绑定可以作为社区参与和承诺的催化剂起作用,而外部桥接的机会则强化了权力、访问和学习,因此甚至更为重要。过度依赖与外部机构的桥接关系可能导致社区内部萎缩,如果社区成员不愿意参与,甚至会削弱他们的权利。反过来,过度强调绑定关系,开发和维持社群意识,又可能妨碍群体解决争端和处理难以避免的冲突(Hughey & Speer, 2002)。群体内绑定关系甚至会导致孤立、对圈外人的疏远以及妨碍与外部群体的桥接(Burt, 1999)。正是通过与外部机构的桥接关系,更大规模的"二阶"(second order)变革才有可能发生。绑定有助于支持对组织的参与,但是,这些组织是否赋权或被赋权,则取决于它们与其他组织和权力机构桥接的能力。

虽然对社会资本概念的最初构想与政治和经济资本有关(Bourdieu, 1985),但必须承认,由帕特南(Putnam, 2000)引发的争论以及前述社会资本的心理学构念都倾向于从纯粹的社会方面定义社会资本,而这样做并不能为大规模的或结构性的社区变革提供良好的基础(DeFilippis, 2001)。基于对个体心理资本的"微观"分析,将对机构的"中观"分析和对网络的"宏观"分析结合起来(后者往往与政策、权力和资本密切相关),社区心理学家有机会为这场争论作出贡献(Shinn & Toohey, 2003)。纽布勒(Newbrough, 1995)提出一种方法,涉及"第三种立场"(third position)。他综合了个人对自由的需求和集体的社会性需要,强调更加"不偏不倚的"公正社群(just community),为礼俗社会(绑定)和法理社会(桥接)之间的二元对立提供了一种辩证性的解决方案。

"带回自己的社区"。读者可能会对这一点感到疑惑:"有关社会资本的这些抽象概念究竟意味着什么?如何把它们应用于现实生活?"回想一下你从小到大生活的社区,你觉得自己的家和周围地区作为居住地怎么样(地方依恋)?多数人彼此认识并相处融洽吗(社群意识)?当人们有需要的时候,他们会寻求周围人的帮助并能获得所需要的帮助吗(邻里互助)?当社区出现问题的时候,人们会共同面对、一起解决吗(公民参与)?他们对社区的未来和自己的能力有信心吗?他们会和邻里一起把事情做好以改善周围环境吗
(集体效能/赋权)?有没有声名显赫的权威人士住在附近?有没有邻居认识或熟悉某些 177
"大权在握"或"有影响力"的人物(Ryan, 1976),在遇到困难时,可以向他们求助获得"桥接"支持吗?

现在想象一下,你居住在某个街区,需要养活一家人。附近有一块空地长满了杂草,堆满了废弃物和垃圾。你能够并且会对它们做些什么?你此时的态度取决于你对上述诸多问题的回答。你可以依靠非正式邻里网络来帮忙清理那个地方,但那很可能只是一时

之策。所以,你联络邻居可能不是为了让他们来帮助清理,而是为了让大家知道信息,从而发起一个更加正式的集体行动,具体而言,或许可以试着说服当局或者地方学校、企业、信众或社区发展组织买下这块地,与附近的儿童、青少年和成年人一起工作,将它变成一个社区花园或操场,并一直维护下去。

正如我们在下一节将要看到,除非周围邻居真正感受到团体和/或家庭周围存在的威胁,否则你所有的努力都无法将他们召集起来。选择一个环境问题(正如前面的例子)来解决,通常是将自己的社区组织起来的好办法,因为这类问题的解决比较“有胜算”,并且环境问题大多直接可见,而一旦它们隐而不见,甚至会令更多人感到恐慌。最后,周围环境的改善可以让参与者直接看见自己的劳动成果,从而体验到集体的力量。

物理环境对行为和幸福感的影响

穆斯(Moos, 1973)确定的第四个与环境相关的心理学构念涉及环境设计、地理和气候对于塑造人类行为与幸福感的影响。正如我们对周边环境通常抱有习以为常、理所当然的态度,环境心理学作为心理学的一门分支学科,以及“环境和行为”作为一个跨学科的研究领域,都与社区心理学有着深度关联,而这种关联性显然被低估甚至忽略了。这些领域的研究远远超出了本书第四章讨论的人与环境相适应的观点,它们系统考察了人与所处其中的自然背景之间的互动和交互作用(Altman & Rogoff, 1987)。环境心理学的早期研究更多关注人造环境的某些特征(如工效学、建筑设计、城市和地区规划)或人为的环
178 境状况(例如拥挤)对个体无意识的影响。最近,研究者的视野开始扩展到更多方面,包括如何有意识地改善和保护各种类型的环境(规划的和自然的;Gifford, 2002),从各类家居用品(Werner, 2003)、房屋设计(Brown, Burton, & Sweaney, 1998)、低收入者的住房条件(Saegert & Winkel, 1996)到学校以及其他的街区环境(Werner, Voce, Openshaw, & Simons, 2002),一直到全球生态学(Bonnes & Bonaiuto, 2002)。这些研究确定的立场和提出的观点比直接从内部心理决定论(intrapsychic determinism)或生物决定论转向环境决定论更符合社区心理学的旨趣。

环境压力与健康。能够对压力、应对、身体及心理健康产生影响的那些环境因素是社区心理学最重要的研究领域。这些环境因素通常被分成三大类,其中一些在本书第三章已有论及:(1)各种城市压力源(噪声、交通、灯光、犯罪和各种杂乱无章的信号);(2)受污染的住房、土壤、水源或空气;(3)各种自然灾害(洪水、地震、飓风、火灾)。斯托克奥(Stokols, 1992)提出了另一个更具综合性的框架,对影响身体健康和疾病的环境因素进行分类,其中包括地理因素、建筑技术因素和社会文化过程。

领地(territoriality)。在环境心理学研究中,有一个让社区心理学家很感兴趣的研究主题与人们如何管理自己的隐私和领地有关。奥尔特曼(Altman, 1975)指出,隐私管理

(privacy regulation)是对领地边界和权属加以维护的过程，即根据具体情形，决定是否允许某些人进入，或杜绝某些行为。领地行为(territorial behavior)可能是口头语言、手势语言、空间/环境行为(如搬离、装潢，让房间、家庭、办公室更加个性化等)或文化行为(如教育儿童尊重他人隐私等)。

奥尔特曼明确指出了领地的四个特点，包括具有长期持续性；作为居住者生活的中心；有各种形式的标志；以及对“入侵”行为有所反应。他还区分了主要领地、次级领地和公共领地。**主要领地**(primary territories)是人们花最多时间呆在里面的区域，也是我们生活的中心，例如家庭和办公室。人们一般不会轻易离开主要领地，所以比较喜欢装饰它们，使它们更具个性化，并在其中使用屏障和标志。**次级领地**(secondary territories)是使用时间虽然不长但会有规律地使用的区域，例如由邻里共享的公共用地，或社区居民社交、独处最常去的地方，如酒吧、俱乐部、图书馆或教堂等。次级领地在一定程度上也是个人生活的中心，人们也可以使用一些物理的或非物理的标志，常常会以离开的方式应对他人入侵。次级领地的所有权属比较模糊，属于私人和公众混用的区域。第三种水平是**公共领地**(public territories)，通常使用的时间较短，不作为个人生活的中心。在公共区域，人们多数情况下使用口头和身体语言应对入侵。如果公共领地空间不足，则人们通常必须离开那里，不能在公共领地使用任何个人私有物作为标志。

领地行为与环境规划设计对于犯罪控制(Taylor, 2002)、社区凝聚力(Brown & Werner, 1985)以及社区社会资本的发展(Perkins et al., 1996)都会产生重要影响。对社区内 179
领地冲突和秩序的管理已经成为城市人类学(urban anthropology)和城市社会学(urban sociology)研究的重点课题(Suttles, 1968)。

越来越多的证据表明，社区和建筑物的设计与居住条件对于居住者的社群意识具有重要影响(Nasar & Julian, 1995)。其中一个例子是当前在规划和建筑设计领域流行的“新城市主义”运动(New Urbanism)(Brown & Cropper, 2001)；另一个例子是在由政府出资为低收入家庭提供的廉租房(Taylor, 2002)和老年公寓(Zaff & Devlin, 1998)的设计中，对采用花园式设计还是高层公寓设计的比较；绿化用地同样也会对社群意识产生积极影响(Kuo et al., 1998)。

在日常生活中，我们很少意识到物理环境的存在，多数时候它们隐藏在潜意识中。然而，想一想你从小到大最喜欢的地方——那些主要或次级领地曾经带给你多少有价值的记忆和经历(Brown & Perkins, 1992)，你会有什么感觉？如果它们得到发展，或者被破坏，或者二者兼有，你又会感觉怎样？会采取哪些行动保护它们？是否知道应该如何保护它们？为此可能付出怎样的代价？谁应该对此负责？应该如何决断？选择保留它们会促进经济的发展或节约成本吗？这些都是社区和环境心理学家、规划和开发者日常所关心的问题。通过相互合作，这些问题有望得到更加合理的解决。

社区心理学与环境心理学。在1987年出版的《环境心理学手册》中，万德斯曼(Abraham Wandersman)和霍拉汉(Charles J. Holahan)回顾了社区心理学和环境心理学共同感兴趣的诸多领域，并提出一个与多伦温德模型（见图 3-1）类似的理论框架，既体现了初级预防和次级预防的结合，也将干预纳入其中。次年，两位环境心理学家奥尔特曼（Irwin Altman）和沃纳（Carol Werner）被任命为美国社区心理学杂志的副主编，由此开始定期出版生态与环境心理学专辑。令人诧异和失望的是，15 年前充满希望地播下的跨领域培植的吉祥种子并未结出丰硕的果实。[①]很少有研究者或学生愿意参与本人主要的研究领域之外的会议。学术刊物的主编同样不欢迎领域外的研究者提交的报告和研究成果。最能说明问题的是，社区心理学家与环境心理学家之间的合作研究，多年以来不是繁荣昌盛，而是依然凤毛麟角。

我们需要发展一个真正的跨学科领域，将环境心理学理论与实验的确定性、城市规划
180 的政策导向与实用主义（Churchman，2002）、社区心理学关注的焦点问题、价值和经验以及在参与式行动研究和项目评估（参见本书第十三章）方面已有的研究成果加以整合。尽管最近研究者在跨学科合作与联合方面做了不少努力（Perkins et al.，2002），但不幸的是，这四个领域仍然只是“不远不近、若即若离的亲戚”（kissing cousins）。

社会-物理环境：行为背景

有关环境的第五个也是本章要讨论的最后一个心理学构念历史最为悠久，也最具前瞻性。五十年前，巴克（Roger Barker）及其同事和学生们创造了一种新的理论取向，与我们前文呼吁的对当地社会物理脉络进行系统性分析的理论比较接近，研究者将其命名为“生态心理学”（ecological psychology）。穆斯对心理环境的构想出于他作为人格理论家的立场，而巴克有所不同，他更强调那些可以直接观察和客观定义的物理环境和行为特征。巴克（Barker，1968）认为，大多数人类行为在时间和空间上并不是随机分布，而是循着一定模式规律性地出现，巴克称此为行为背景（behavior settings）。日常生活中有关行为背景的例子比比皆是，如学校的教室、商店、政府办公室、操场以及马路边的人行道等。

在巴克看来，行为背景的重要性在于它设置了一套在这一背景下长期稳定的行为模式，而不用考虑行动者是谁（如在教堂唱赞美诗、在海滩晒日光浴等）。事实上，任何一种行为背景的本质都在于这种行为模式与特定的时空场景相联系（Barker，1968，1993）。例如，在大多数教室里，桌子、椅子、黑板和讲台都经过专门的设计和布置，以促进教师和学生在该背景下的规范性行为——就位、讲课、听课和书写等。人总是在不同的背景中转换。无论我们关注的是对问题行为的控制，还是让人满意的生活条件，背景都很重要。

重要假设（key assumptions）。行为背景理论包含两个基本假设。第一，在给定背景

---

① 除了在澳大利亚铂斯（Perth）开展过的一项（现已不复存在的）社区心理学与环境心理学项目之外，再也没有明确结合这两个领域的研究生课程。纽约城市大学（City University of New York）的环境心理学跨学科课程和范德堡大学（Vanderbilt University）的社区研究与行动已经是目前最为接近这一目标的项目了。

中，活动着的个体在一定程度上是可以被替换的。即便参与者完全不同，也不会改变出现在该背景中的活动。根据巴克的观点，心理环境(psychological environment)独立于环境中的参与者，而在穆斯的理论中似乎不是这样。

第二个基本假设是，背景能够产生自我维持和存在所需要的力量(Schoggen, Barker, 181
& Fox, 1989)，即背景被认为拥有某种"能量"，可以维持自身内在的动态平衡，促使该背景的占有者执行符合程序的常设行为模式。例如，在教堂做礼拜，教友在适当时间里或站或坐(唱歌或祈祷)，就像我们在有组织的礼拜仪式中见到的那样。在教室里，儿童被安排听课、做课堂作业或回答问题；而在体育课上，他们按照具体的教学方案和行为规则开展运动。即便是在精神病院长期住院的病人，把他们带到餐厅，他们也会知道吃饭。

背景-动机一致性(setting-motivation congruence)。背景的影响力部分来自参与者的个人需求与背景提供的具体经验或产品具有一致性。例如，信众去教堂做礼拜的动机通常与这类背景能够提供的社会和精神满意感相一致。同样，学校的影响在一定程度上也是基于这样一种假设，即儿童被鼓励去学校学习新的知识。如果某个儿童"缺乏学习动机"，也就是说，不积极参加学校背景提供的课程，那么问题就会出现。背景的另一种影响力表现为减少或消除偏离程序的行为。例如，婴儿在婚礼仪式上大声哭闹，周围的成人会立刻安抚，努力让小家伙安静下来。无视课堂秩序四处游荡的学生会受到老师警告，被要求重新参与课堂任务。在图书馆吃东西的人会被要求停止进食，不遵从的结果将导致其被逐出背景。在庄严肃穆的仪式上，哭泣的婴儿如果不能很快安静下来，通常会被人快速带离；学生拒绝接受老师的课堂训诫，可能会被请去校长室，进而被勒令停学，极端情况下甚至会被开除(Barker, 1968, pp.167—185)。

人口稀少(underpopulation)。背景和运行于其中的行为规范是人创造的。说到背景，有人可能会联想到人的能动性(human agency)问题。我们还不清楚行为背景强制性地影响参与者行为的具体过程或机制，尽管在某种程序环路中起作用的内部平衡机制被认为与当前人口的疏密度有关(Schoggen et al., 1989)。"人口稀少"这个概念聚焦于某种环境，是相对于最佳人口数量而言的人口多少所产生的影响。它来自巴克和赖特(Barker & Wright, 1970)在堪萨斯(原文中称为"中西部")的一个城镇进行的行为背景调查研究。后来，巴克和舍根(Barker & Schoggen, 1973)将这项研究进一步扩展到英国约克郡的一个镇，化名约代尔镇(Yoredale)。1953—1954年，研究者曾在中西部城镇(830人)识别出 182
884种行为背景，而约代尔镇(1 310人)只包含了其中的758种。中西部拥有较少人口，却拥有更多样的行为背景，居民在其中必然更加频繁、更长时间地参与城镇的公共活动。巴克和舍根相信，由于每一个中西部居民都被赋予了更多的重要性和责任，社会区隔(social distinction)便不像约代尔镇那样尖锐。后来研究者在堪萨斯对"人口稀少"(underpopulation)的小型高中和"人口过剩"(overpopulated)的大型高中作了比较，结果显示，平均来看，小型学校的学生比大型学校的学生更多地参与了学校环境，承担了更多责任，并对学校表现出更高的"义务感"(Barker & Gump, 1972)。这一研究结果同时也得到其他几项针对不同规模的教堂所做的研究(Wicker，1984)及实验室实验结果的支持(例如，Perkins，1982；Wicker，1984)。

人口稀少作为一个分析维度，为我们描述环境和理解环境对行为的影响提供了新的见解。例如，根据巴克的观点，某个组织或居民住宅区的相关心理学特征可能并不在于其成员或居民的总人数，而在于每一背景下参与活动的成员或居民的数量(Perkins & Baker，1991)。这个比例越低(即某一背景中的人口越少)，则参与者报告的平均满意度越高。我们因此可以有意识地创造人口稀少的背景，以拓宽高危人群的生态位宽度(niche breadth，参见本书第四章)。处在人口稀少的环境中，人的参与行为会普遍受到欢迎。比较一下，一个年轻的实习军医在战场上承担的工作与在医护人员配备齐全的大医院工作的年轻医生会有很大不同。军医在战场上需要即时诊断、包扎伤口、做小型外科手术和独自决定如何用药。而在普通医院承担辅助工作的医护人员可能只需要测测脉搏和体温，另有其他人负责测量血压或发药，只有医生才被允许负责手术后拆线。战场上大量的伤员与就医者稀少的常规医院相比，在后一种条件下必须严格执行的责任和角色划分在战场环境中被打破。萨拉森等人(Sarason，Carroll，Maton，Cohen，& Lorentz，1977)认为，理论上说，人口稀少的环境有助于参与者发展出社群意识。本书第九章会把这一观念和行为背景理论的其他方面进一步应用于对互助团体的讨论。

局限性。然而，也有一些观察结果与人口稀少的概念和理论预期不太一致。在有些背景下，人口少于最佳居住人口数并没有带来显著意义上更高的满意度。例如，怀特
183 (Whyte，2001)发现，小型社区中的某些公共背景(符合巴克报告中“人口稀少”这一特点)，通常都不如大城市里的同类环境让人感到满意。对于这些小型社区，解决办法或许是要更大程度地“压缩”或“集中”公共空间和人口(p.92)，也就是说，要相应提高人口密度。物理环境设置(physical arrangement)也很重要。怀特通过对城市广场的观察发现，容易出入、有活动座椅、采光好、用餐方便等因素，以及绿化树木和喷泉的美学价值都会提升使用者的满意度。成功的社区聚集场所能够促进社区内部各类团体成员的参与，为居民提供更多非结构性的、非正式的接触、沟通和社会支持的机会，最终激发并维持一种强烈的社群意识。

参与者人数的重要性还与背景对于居住者的全部意义有关。因此，对某些背景(如游行、集会场合)而言，其目的在于召集大量的人，并且，由于最佳参与者人数很多，因此不必考虑不同角色的获取。例如，经营酒吧的目的就在于卖酒。所以，只有一个顾客在酒吧饮酒时，他(她)便是身处一种“人口稀少”的背景，这个客人或许会长时间逗留，但显然只有当客人爆满(人口稠密)时，老板才能卖出更多的酒。因此，人口拥挤比人口稀少更能实现酒吧这一背景的目的。显然，了解人口稀少对行为的预测性至少还需要引入另一个评估维度。

对社区心理学的贡献。行为背景理论(behavior-setting theory)对社区心理学有两方面的贡献。第一，它提供了一个新的“分析单元”，便于我们在情境和社区层面描述和评价

人的行为。行为背景是环境中自然发生的单位——既分离和具有独特性，又相对稳定，并"就独立于任何人对它们的看法这一点而言具有客观性"(Barker & Schoggen, 1973, p.9)。人们总是在各种行为背景中生活(Wicker, 1984)。在这种意义上，它对我们理解行为和情感反应的影响因素具有重要意义。

行为背景的概念有助于我们了解和描述一个社区对某些人而言是否"宜居"。不同的邻里会对儿童的成长产生不同的影响。例如，由于居住模式(一个社区中的家庭分布)不同，非裔美国人中产阶级家庭的住宅与美国白人中产阶级相比更有可能靠近贫民区。其结果是，非裔美国人中产阶级家庭与美国白人家庭相比，会更加密切地监管自己的孩子， 184
而后者更倾向于允许孩子自由地使用社区环境，因为社区带给他们的舒适感更强。

此外，尽管任何单一背景对某个人或社区只会产生有限的影响，但巴克和舍根(Bark & Schoggen, 1973)却向我们说明了如何汇集背景系统，以便对整个社区提供的各种行为机会作出综合性评估。将某些特殊人群(如儿童、老年或残疾人)可获得的背景与这些人的特殊需求(如卫生保健，消遣娱乐的机会)加以比较，可以更加清楚、详尽地评估某个社区是否适合特定人群居住。考虑一下"好不好找工作"这一点对社区可能造成的影响。如果就业机会受到限制，那么，年轻人和拥有其他地方所需技能的人就会离开。就业机会影响社区成员的年龄结构，以及社区生活的很多方面。理论上讲，社区甚至更大规模单元的集合为社会和行为系统提供了基础，后者能够对宏观经济的发展情况作出说明(Schoggen, Barker, & Fox, 1989)。

第二，行为背景理论中的"行为-环境适应"和"人口稀少"概念为我们提供了新的思路，去探索环境背景(environmental setting)如何影响人的行为变化(Levine & Perkins, 1980b)。行为既是环境的属性，又是人的属性，为考察人与环境的匹配提供了直接基础，包括人们在新背景中获得新行为的过程。例如，学龄前儿童积极参与游戏类的背景(game-like settings)，有助于发展预防性的"人际认知问题解决能力"。这种行为模式重在强调对人际问题的思考方式，而不是思考的内容(Spivack & Shure, 1993；参见本书第八章)。同样，利用齐默尔曼等人(Zimmerman et al., 1991)创造的"约翰尼苹果籽"方法(Johnny Appleseed approach)，互助团体在目标区域内被不断复制，即招募所需要的最少数量的参与者，让他们去填充所有的位置，让人少的优势(如角色灵活、个体价值感强等)不断累积(参见本书第九章)，便利用了"人口稀少"的理论和原理。

实践应用。对行为背景取向的实践应用聚焦于以下问题：(1)对高危人群可获取的治疗机会进行评估。例如，那些患有严重心理疾病的人(Perkins & Baker, 1991; Perkins & Perry, 1985)，以及内城贫民区的居民(Bechtel, 1977)；(2)干预和解决国家公园人满为患的问题(Wicker, 1984)；(3)分析人口密度下降对偏远农村地区居民的心理影响(Norris- 185
Baker, 1999)；(4)对各种不同类型自助团体的运作(Luke, Rappaport, & Seidman, 1991)。针对精神病患者的行为背景，珀金斯和巴克(Perkins & Baker, 1991)开发了一套简化的行为背景评估程序，并在心理健康消费者受到监督的社区住宅和其他一些项目中进行了大样本效度检验，证实了该程序的合法性。其后，珀金斯和巴克使用该程序从是否满足病人需求、是否与病人的自理能力和其他功能性能力相匹配等方面对同一类型的行为背景作了评估。

巴克对综合性社区的关注有助于我们了解心理卫生消费者通常难以获取的那些背景的重要性。例如，有偿就业或者在健康人社区居住的机会。有某些特殊需求的人应该拥有和其他人同样的权力，可以进入邻里街区或工作地点，包括公共聚集场所（如公园、公共图书馆、休息区），以促进他们参与社区生活，被邻居和同事认可和接受。

最小限制的选择(least restrictive alternative)。行为背景理论帮助我们理解了这样一些概念，如“最整合的”(most integrative)或“最小限制的”(least restrictive)背景。在考虑残疾人的合法权益时，这些观点很重要。法律在限制一个人的权利时，限制的程度应该在能够达到目的的前提下尽可能最小化。因此，需要对特定背景中行为受限的程度加以测量。实际上，所谓“整合”(integrativeness，或译“一体化”)的决定往往基于很粗略的划分。例如，居住在社区而不是机构，或者住在自己的私人公寓，而不是受监督的康复之家。尽管康复之家与医院相比，整合程度更高，但是，它对工作人员和居民的行为模式的要求仍然是相当“制度化的”(Mowbray, Greenfield, & Freddolino, 1992)。住在公寓有助于更好地实现一体化，但这只能提供极少的刺激或支持。行为背景理论要求更加具体和实质性的行为一体化，并将我们的注意力聚焦在这样一些问题上。例如，这些邻里街区定期开展哪些有益的活动？居民参加了哪些活动？错过了哪些活动？人们在那儿能学到什么？他们如何娱乐？这其中隐含着一种信念，即在适当拥有资源的条件下，自然背景(natural settings)应该提供充分的支持，帮助有特殊需要的人获得并维持生存和工作所需的技能。只有这样，才能令他们对社区生活感到满意。

人与背景的相互作用与相互匹配。本章和之前的第四章拥有一个共同的主题，即预防和治疗过程中个体行为的改变反映了人与背景之间的相互作用与相互匹配。从那些可
186 以直接比较的维度入手，将人与背景联系起来系统考虑，对社区心理学的研究很有意义。例如，将个体的行为表现(behavioral repertoire)与社区背景对人的一系列行为要求相对比。珀金斯和佩里(Perkins & Perry, 1985)通过实证研究抽取出行为要求(demandingness)的几个向度，用于帮助心理卫生消费者评估社区居住环境（其中，打桥牌或举行商务会议属于高需求背景，而做园艺或听讲座属于低需求背景）。社区心理学家将类似的信息与居民的行为能力和技能水平相比较，评估出消费者与居住背景之间的匹配程度，这对居民适应社区生活具有重要意义。

巴克同样考察了背景方案(setting program)的特征。行为背景并不只是“在那里”，或者存在于环境(environment)中，它同样存在于居民的头脑里(Schoggen, Barker, & Fox, 1989)。此外，对于严重心理疾病或精神障碍患者在工作场合和其他公共背景中发生的适应不良行为，也可以借由不完整或不适当的认知脚本来解释。为了有效地参与，一个人必须知道应该如何做，并且能够受到这样去做的动机激励。有些背景，如快餐店，行

为程序安排得如此简单或令人熟悉，以至于几乎人人都可以举止得体。而在其他背景下，如使用复杂的计算机系统高效开展工作，则需要个体做大量的准备。了解背景特征与居住者持有的认知脚本或图式之间的相互作用，有助于揭示背景创造和改变的过程。

行为背景取向正在从对社区的整体性研究向对个别背景(如互助团体、街区组织和预防计划等)的深度调查发展(Sommer & Wicker, 1991)。兰特金等人(Latkin et al., 1994)研究了个体使用非法药物(illicit drug use)的行为模式，以识别艾滋病毒感染的高危人群。鉴于使用非法药物的人必须在某些背景中注射毒品，研究者识别了五种使用非法药物的背景：自己家、朋友家、父母家、射击馆(shooting galleries)和半公共性区域。多数人选择在自己家或朋友家里注射毒品。背景不同，行为模式也会不同。如果毒品注射发生在有他其吸毒者在场的背景下，高危行为发生的可能性便会大大增加。在射击馆和半公共性场所，多人共用针头、使用不洁针头和注射前不消毒的情况明显更为严重。不同的背景条件，导致了不同程度的高危行为。在某些半公共性背景中，清洁针头的消毒剂或酒精不容易得到。在有些背景中，共享的规范非常普遍，从而提高了高危行为发生的概率。行为背景理论为开展艾滋病预防提供了一种替代性策略。例如，针对吸毒者之间的社会关系进行干预，有助于减少高危行为的产生。

为什么有些背景发展兴旺，而其他同样也是背景，虽历经挣扎，仍难逃灭亡的命运？ 187
卢克、拉帕波特和塞德曼(Luke, Rappaport, & Seidman, 1991)认为，更好地理解背景变化(被他们称为“表现型”)有助于更好地实践行为背景理论。为了说明这一点，他们分别报告了 13 个不同的互助团体(参见本书第九章)主要行为模式的变化。这些阐述丰富了我们对背景的功能性理解，有利于社区开展干预(如针对缺医少药人群建立的互助团体)，并促使这些方法得到稳妥有效地发展和传播。

巴克强调环境和参与者之间的相互依存，体现了生态学的立场和方法(见本书第四章)。他以社区为基础的非侵入式实证研究深刻影响了其后的社区心理学家。尽管行为背景理论对社区心理学的影响很大，但它仍有待进一步的发展(Perkins, Burns, Perry, & Nielsen, 1988)。特别是，虽然行为背景理论同时涉及社会环境和物理环境两个方面，但它显然更强调社会环境方面(如“人口稀少”)。在这一点上，我们需要更加具有综合性的生态学理论，以便能够在多种水平上同时分析和处理与社会、物理、经济和政治相关的行为背景问题(Shinn & Toohey, 2003; Wicker, 2002;参见本书第十二章“社区发展与行动理论”)。

专栏 5-1 费尔韦瑟旅舍(the Fairweather Lodge)

费尔韦瑟及其同事开发了一个旅舍项目，是将社会生态学应用于社区干预的典型例子(Fairweather, 1980; Fairweather, Sanders, Maynard, & Cressler, 1969; Fairweather, Sanders & Tornatzky, 1974)。那最初是某精神病医院内部的一个“环境治疗”项目，主要通过小型病人自治团体实施。项目在医护人员权力受到限制的条件下运行，在帮助急性精神病患者成功康复方面获得了极大成功。而项目遇到的主要问题在于，一旦病人结束了该项目，远离朋辈群体的日常支持，便难以承担或维持各种角色和责任，而只有后者才能最终确保他们适应社区。

188 临床上，对这类问题的解释聚焦于患者的人格特质，把患者不能适应独立生活归因于患者自身的行为缺陷，并认为正是这些缺陷将患者与健康人区别开来。然而，正如本书第四章所说，适应并不单纯是人的内在特质问题，还涉及人与环境的相互匹配问题。适应不良在不同时期具有偶发性(参见 Morell, Levine, & Perkins, 1982)，在某些背景中比其他背景更容易发生。费尔韦瑟将病人适应不良的原因归结于社区，尤其是社区对病人精神病症状(如妄想和幻觉)的耐受不良。

表 5-1 引自费尔韦瑟等人(Fairweather et al., 1969)的研究报告，集中表达了作者的观点。其中，最下面一行最能反映问题的实质。在费尔韦瑟提出社区旅舍的概念之前，对个体而言，只有两种精神状态，要么是病人，要么是健康人。病人需要在机构中生活，接受监管，只拥有有限的权利和义务，而健康人可以独立生活，享有成年人的一切权利和义务。①社区受到轻度监管的团体工作生活情境(表 5-1 中间偏右一栏)以往并不接受精神病院的出院病人。

表 5-1　精神病人社会地位的自主性

	毫无自主			自主的尺度				完全自主
社会情境	受监管的机构化情境 精神病医院			受监管的社区情境		无监管的社区团体情境	部分自主的个人地位	自主个人地位
	封闭的上锁的病房	开放的未上锁的病房	生活情境(家庭护理、日托中心、日间医院)	工作情境(遮屏工作间)	工作与生活相结合的情境	已出院的前病人领导的团体工作生活情境，即在参照团体中工作	咨询或心理治疗	无治疗
地位情况	非常有限的成人权利和义务			部分成人权利和义务		或者，全部成人权利和义务	或者，全部成人权利和义务	全部成人权利和义务
可获得的社会地位			病人			(不可获)		健康人

来源：转载自 Fairweather et al., *Community Life for the Mentally Ill* (Chicago: Aldine), 1969.

① 精神病院的病人失去了很多法定的人身自由和权利。病人出院回到社区后，便重新享有和其他人同样的权利，包括拒绝参与任何后期治疗的权力。社区在帮助严重精神病患者康复方面遇到的问题便部分源自这些人拥有的拒绝治疗的权利。被医院批准短时休假的病人随时可能再次入院，但已经出院的病人获得了充分自由，可以自行决定是否继续接受治疗。在有些地区，病人可以被“送去”接受门诊治疗，从而在病人和健康人之间创建了一个中间性合法地位。这一做法并不完全是出于某种习惯，也是一种法律规制。

按照凯利的说法，病人对社区的适应需要发生在真实的社区，而不是只在病人头脑内部。费尔韦瑟和一群心理卫生消费者共同工作，开发出一种新的社区背景。这种“小团体”被设计成一个过渡性桥梁，成功地将精神病院的住院治疗和不愿意接纳出院病人的外部社区联结起来。其目的在于帮助社区接纳那些曾经因为严重精神疾病而 189
住院的病人。费尔韦瑟将旅舍的功能和美国种族聚集区的“熔炉作用”作了类比——二者都倾向于保护和容忍内群体成员典型化的行为，与此同时，又与外部社会之间形成了一个重要的和具有挑战性的接口。

费尔韦瑟旅舍的指导意义在于，任何试图赋权给精神病患者的方案都必须首先提高他们的社会地位(social status)，以便他们可以逐渐掌控自己的命运。因此，旅舍让消费者自己决定谁可以加入团体，成为团体成员。这些被挑选出来的人获得协助，通过对外提供园艺和清洁服务发展小型商业公司。旅舍项目由心理卫生专业人员设计，他们在最初承担着很大的责任。后期专业人员的参与逐渐减少，只承担咨询者角色，直到最后把住宅和商业经营的责任全部移交给旅舍居民。

一旦有人选择了旅舍这种生活方式，他们需要做何种准备以迎接挑战呢？在费尔 190
韦瑟最初的模型中，团体支持和技能学习早在病人出院之前便已经开始。(鉴于最近几年人们越来越强调社区关怀，旅舍运动又发展出一种“培训旅舍”，供之前缺乏准备的消费者在这里一起学习预备技能。一旦进入社区，旅舍成员便要定期出席会议、处理问题、审查程序、安排活动，维护项目整体的团队取向。在这一过程中，旅舍成员的社会资本得到发展。)伴随着住宅和商业经营的开始，许多岗位和相应的职责产生了。两种运营系统均有三级岗位——主管、员工和“边缘”工人。此外，对旅舍的支持性服务还需要厨师、洗碗工、管家、药物管理员、会计和卡车司机等。按照费尔韦瑟(Fairweather, 1980)描述的“替补原则”(principle of substitution)，每一个承担规定任务的居民背后都有一个预备队员，以便在突发状况产生时，随时可由另一个居民代替工作。

巴克的行为背景理论被应用到费尔韦瑟旅舍中。例如，参与会议、商业活动和其他背景都有助于病人认识、模仿和排练社区生活所必需的重要行为技能。正如费尔韦瑟(Fairweather, 1980, p.29)所描述的那样：“每个人都承担一项具体任务；小组通常由一个主管(小组领导)、若干普通工人和一个‘边缘’工人组成。‘边缘’工人以主管和普通工人为榜样，不断提升自己的工作能力和水平，以期达到可以被团队接受的标准。如果没有团体框架以及负责人的监督和帮助，‘边缘’工人经常会失败。”

旅舍成员于是很用心地管理着这些背景方案。在这里这个过程有时会和其他背景中人的行为有所不同，正如费尔韦瑟(Fairweather, 1980, p.27)在文章中的另一段写道：“虽说不是完全不可能，但长期住院的患者确实很难一进入社区就立即摒弃异常行为，即便这种行为最终有可能从根本上得到消除。亚系统的成员必须容忍这些行为。例如，在旅舍中，有些成员可能会在和其他成员谈话时产生幻觉。为了说明旅舍成员对异常行为的容忍，我们可以举个例子。某个成员在去工作场所的路上明显产生了幻觉，他被主管告知：到达工作地点之后，在工作的过程中不许讲话。通常，这个成员在工作时间就会很安静，但是可能一回到旅舍走进房间又再次陷入幻觉——这种行为对他的同伴而言是可以接受的。”

191 在不同的工作与权利水平之间来回转换，可以帮助旅舍成员在规定时间内达到他们所能达到的最高参与水平。巴克的行为与背景一致性原理将注意力聚焦于行为发生的空间和时间规律，而不是行为者的内在状态（该理论假设个体执行者其实是可以替换的），这显然是治疗性改变发生的一种有效机制。

在萨宾看来，费尔韦瑟旅舍之所以能取得效果，是因为曾经的“精神病人”需要新的角色。新的角色有两个重要特征：(1)是获得性的，而不是先赋性的；(2)角色的参与程度具有一定的灵活性。这些特征增加了对居民的重视或尊重，因此提升了他们的社会身份。事实上，费尔韦瑟相信，旅舍干预作用的关键在于它从两个方面改变了角色期待：严重精神病患者从他们的邻居和服务对象那里赢得了新的尊重，因为他们可以通过被认可的工作来谋生；而旅舍成员（特别是那些准备参与正式劳动合同竞争的人）学到了更多在竞争性工作环境中需要做的事情。

穆斯的兴趣在于旅舍这种社会团体形式，以及居民在日常生活中共同营造的社会气氛。根据费尔韦瑟的描述，这种气氛在“关系定向”（支持、凝聚力、卷入）和“个人发展”两个维度（自主、责任）上的得分都很高。费尔韦瑟指出，旅舍的规模需要适当控制，不能过大，这也符合穆斯的观点。费尔韦瑟旅舍曾经达到的最大规模是33名成员。

旅舍与传统的社会治疗机构相比有所发展，能够更加充分地利用人力资本。同样有意义的是，借助社会资本的概念，可以对旅舍作一个社会动力学分析。参加者以正式和非正式两种方式实现较大程度的集体自治，因此产生更多的群体认同（社群意识）、相互支持（邻里互助）和赋权。

其他生态因素同样对旅舍的成功有影响。在社会和政治方面，旅舍所在地圣弗朗西斯科湾地区比大多数的美国社区更为自由，对偏常行为更加包容。而在经济上，该地区处于平均发展水平之上，并且在20世纪60年代获得了非常强劲的经济增长。所
192 有生态因素中最具偶然性的是旅舍的地理位置。与旅舍临近的街区（包含一个加油站和一个低收入者暂居公寓）由很多少数民族人口组成，对偏离者和地位较低的职业（如清洁服务）有较大程度的包容。而与该片区直接毗邻、以高速公路划界的另一个街区却非常富裕，其中，98%的家庭跻身上流阶层，他们对旅舍提供的保洁服务有着大量需求。由于高速公路保护了双方领地的划界，旅舍得以靠近高收入顾客群，正是这一点帮助旅舍在商业运营上取得了成功。在建筑设计方面，旅舍利用以前的汽车旅店，使房间排成整齐的一行，每个房间都有自己的出入口，这种设计使得居民可以自由出入，从而发展出更多的独立性。

费尔韦瑟对早期旅舍项目作了详细的实验评估(Fairweather, 1980)。结果发现,在40个月的追踪期内,与接受传统护理服务的对照组相比,旅舍成员有更多时间住在社区(而不是医院),并且有更长时间在工作。然而,在心理社会调节和减轻症状方面,旅舍成员并没有比其他消费者表现得更好,许多人离开旅舍之后立刻成了失业者。如此看来,与医院相比,旅舍成了可以支持生计和提供带薪工作的经济资源,但这并不能治愈心理疾病,也不能真正改变患者本人。它只是创造了一种背景,在一定程度上促进了——如果不是所有居民,至少也是大部分居民的社会性和职业康复。不能适应旅舍背景的居民可以直接离开或者再回去住院。

费尔韦瑟等人(Fairweather et al., 1974)认为,旅舍项目可以在其他社区内复制。然而,引进变革并非易事(参见本书第十章)。他们同时也报告,要想说服其他医院对旅舍方案感兴趣,需要付出相当大的努力。之所以如此,原因在于许多消费者拥有多种选择,包括政府资助的替代性项目,如我们在本书第二章讨论过的自信社区治疗,以及那些提供住房和就业机会的支持性项目。

大型医疗机构作为一种背景已经被证明失败,而未经充分计划的"去机构化"又引发了许多新的问题。费尔韦瑟旅舍或祖斯曼的经营回报项目(Zusman's Project Return,参见本书第七章)发展了新的背景。这种背景能够兼顾居民和员工的需要,让出院者处于在医院接受监管和在社区独立生活这两种状态之间。如果我们把这种新的背景视作一种发展,那么,环境心理学、行为背景、角色理论、社会资本和社会气氛等概念在规划和创造这种新的背景方面起到了重要作用。

补充:如何看待个体差异的作用 193

人格特质和其他个性特征之所以重要,是因为它们支配行为反应,使后者具有跨时空的稳定性,这一假设得到了普遍认同。因此,本章对环境影响的强调可能会让部分读者感到不安。可是,人格不可能存在于社会真空。人格特征是个体在特定背景中扮演相应角色并在与他人进行互动的过程中发展和表现出来的。最近几年,人格特质越来越受关注,专业人员已达成某种共识,即外向性、责任心和负面情绪(有时称"神经质")等维度可以解释人与人的不同(Goldberg, 1993),并反映出遗传方面的显著差异(Bouchard, 1994)。生物因素在重要精神疾病(如精神分裂症和双相情绪障碍等)的行为症状方面发挥着重要作用(Torrey, Bowler, Taylor, & Gottesman, 1994),这一点在越来越多的文献中被提到。

上述观点的影响力很大,但本章几乎将全部重点都集中在了行为背景上,该怎样与以往的观点融通呢?回顾我们对多伦温德模型(本书第三章)的讨论,个体心理特征会增加或减少压力事件发生的可能性,以及个体应对压力性事件的反应和成功率。那么,多伦温德模型所说的具体是哪些个体心理特征呢？

米歇尔(Mischel, 1973)讨论了以人为中心的(person-centered)两个变量，有助于预测“应对”“支持”和“预防”，这些概念将在本书后面章节中进行讨论。其中一个变量是“认知和行为建构能力”(cognitive and behavioral construction competencies)，与个体处理和加工环境信息的效率有关。个体必须学会处理各种信息，以便对不同情境作出适应性反应。对患有严重精神疾病的人来说，从被严格监管的医院环境直接进入社区生活会很难适应。除了对新环境感到陌生，长期接受重度药物治疗也使他们无法对新的环境刺激作出适当反应。概括而言，米歇尔认为，认知和行为反应能力与智力、认知、社会成熟、自我的力量、社会和智力成就等为人们所熟知的构念相关，指向以人为中心的干预模式，即培养和提升认知和行为能力，促进高危人群的心理健康(参见本书第八章)。

米歇尔所说的第二个变量是“编码策略与自我构建”(encoding strategies and personal
194 constructs)，包括与人的自我和个体经验相关的思想信念，其对个体行为具有重要影响。例如，对个人问题的归因，对同一问题的不同解决方案(如个体心理治疗 vs. 自助团体)的评估等。个体建构或编码策略事关人们在不同情况下的适应性反应，相对比较稳定，通常难以改变。例如，精神康复公司(Recovery Inc.)作为慢性精神病患者的自助团体，鼓励成员依靠个人力量作出选择，并拒绝能够唤起情绪的刺激。成员被教会使用特定术语(如“测定位点”，“spotting”)来识别某些危险情境(如“发脾气”)，然后使用特殊的应对策略(如“刻意微笑”)来应付那些情境。最后，人格因素影响个体对情境的选择，后者具有强烈的反馈效应(Dickens & Flynn, 2001)。例如，一个性格内向不擅长社交的人可能会寻求人际互动最少的情境。如果情境要求有更多的人际交流，他就很可能会躲在角落里。环境取向的理论认为，好的社区环境应该能够提供多样化的机会供人们选择。为了评估这些机会，我们需要更多的理论和方法，以便了解和把握不同的背景及其特征。

一旦社区的丰富机会得到评估，自我决定(self-determination)便要求个人根据自己的偏好在背景中作出选择。例如，几年前，在大规模“去机构化”之后，从机构中走出来的严重精神疾病患者造成的问题迫使当局开始资助和创建住宅服务连续体(a continuum of residential services)。患者从医院出来后，先经过私人疗养院(nursing home)和康复之家(group home)，再搬进有监管的公寓，然后才允许他们独立生活。随着时间的推移，消费者沿着这一连续体平稳过渡到限制越来越少、独立性不断增强的住宅中。但这种做法存在两个问题：第一，在一个给定的社区，并不是连续体中的每一步都能达成；第二，即便是在住宅服务连续体确实存在的地方，该连续体也没能如预期那样逐渐促进消费者的进步和独立，而只是作为一系列替换性安置点在起作用(Geller & Fisher, 1993)。当前的努力是从消费者的愿望和偏好出发，而不是基于某种连续体或环境分类学的假设。也就是说，提供一系列多样化的替代性方案，由消费者在这些方案中自己选择希望居住的地方，然后由援助机构向消费者提供他们需要的支持，帮助他们在自己选择的环境中成功适应(Carling, 1990)。

随着人们重新重视人格和生物因素对行为的影响，需要提醒一点，个人特征与行为背景并不是各自独立的(Dickens & Flynn, 2001)。社区心理学强调，人总在背景中生活，而背景是“人在其中的背景”(person-in-context)。兼顾个体和情境两方面的研究(包括努力促进环境变化和对个体能力的培养)，以及整合两方面以促进稳定性改变的策略，例如，帮助有特殊需要的人认识和选择适合自己的最佳环境(Levine & Perkins, 1980b)，为解决人的适应问题开辟了更加宽阔的道路。总之，社区心理学家相信，解决方案应该是发散性的，而不是趋同性的(Rappaport, 1981)。基于本章发展出来的对行为背景的认识，通过个体选择和赋权，能够有效促进消费者的改变与适应。 195

本章小结

本章始于生态学隐喻的潜在局限性。例如，生态学类比究竟提供了哪些具体的行为变化机制？随着时间的推移，人的行为改变又如何得以维持？对环境背景(environmental settings)的分类发展到了何种程度，特别是针对(经常被人们忽略的)行为的空间和时间维度？生态学概念对个体在使用环境背景过程中价值表达和目标的差异性给予何种地位？本章系统回顾了穆斯的主观社会气氛概念、萨宾的角色理论、对一系列社会资本概念的心理学定义、对影响人的行为、健康和幸福感的物理环境的跨学科分析、巴克的行为背景理论等。这些理论为社区心理学家回答上述各种问题提供了依据。

这些概念本质上都是描述性的，而不是历史性的(ahistorical)，其中对行为改变机制的描述比较直观，并不精确，也不完整。例如，穆斯提出的个人需求与环境压力(environmental presses)相匹配的观念，还需要有具体的行为处方去实现和维持个体改变。环境影响非常复杂，经常会产生各种让人们意想不到的后果，却很少有人使用这些概念深入研究这种复杂性。当前的环境状况如何？接下来可能出现什么问题？对于这些问题，我们常常难以给出答案。使用各种概念所做的研究很少是纵向的，也较少关注长期变化。

我们在讨论为严重精神疾病患者设计的费尔韦瑟旅舍方案时，详细阐述了由上述概念发展出来的一些观点。以本章介绍的五种范式(the five paradigms)为基础进行分析， 196
社区旅舍为患者提供了一种支持性的关系网络，安排他们不断练习应对社区环境下必要的适应性行为反应，并为他们创造出受尊敬的角色，弥补从前作为精神病患者的社会地位。本章最后仍然为个体差异保留了位置，特别是当我们为个体赋权去认识和控制他们环境中的某些重要方面的时候。个体对背景的选择对本章讨论的五个构念既是一个补充，也为我们理解背景如何被创建，以及为何某些背景会失败提供了新的思路。

总之，行为的社会物理背景有助于定义行为的性质。在这种情况下，它为我们提供了有关个体和社区变革的一些重要观点。但是，个体独自行动所能做的事情毕竟有限，社会背景中的其他人对此会施以重要影响。关于这一点，我们将在下一章讨论。

197

第六章

标签理论：作为疾病模型的替代品

- 标签理论发展的社会背景
- 标签理论的基本原理
  - 初级偏常与次级偏常
  - 文化刻板印象与标签
  - 何时违反剩余规则可能被贴标签
  - 诊断与标签理论
  - 行为被标签同化
- 耻辱印记
  - 利用司法减少污名
  - 某些警示
- 本章小结

我们在第四章和第五章讨论了一种观点，即最好能够将人的行为理解为个体对某种情境的适应或这一过程的产物，而不是把它们看成心理健康或有病的标志。然而，简单的
198 生态学类比（见本书第四章）比较抽象，离实践应用还有很大的距离。穆斯、巴克和萨宾的理论（Moos, Barker, & Sarbin，见本书第五章）相对较为具体，更有利于解决问题，但是在这些理论中我们看不到个体差异。本章我们考察另外一种观点，即以个体与社会背景之间的动态交互作用来解释行为。

这种观点被称为“标签理论”（labeling theory）。标签理论产生于20世纪60年代，源于对传统心理诊断和治疗的批判，以及对人的异常行为的思考。标签理论基于一个重要信念，即被正式诊断为所谓“精神异常”的行为并不是真实发生的偏常行为（deviant behavior）的全部，而只是其中被注意到的（noticed）一部分。一个偏常事件（deviant episode）是否受到关注往往是由行为之外的其他因素决定的，如行为者的社会身份、地位，以及诊断与治疗专家的自由裁量行为（discretionary action）等。与角色一致性（role congruence）类似，标签理论同样预设了某种过程，即人们通过施加和维持由角色定义的边界来对个体的行为作出解释和回应。

标签理论是由社会学家提出的。作为一种有关“偏常”（deviance）的人际理论，它将异常行为（abnormal behavior）置于社会背景之中，系统地阐释人的心理健康问题。标签理论认为，偏常既是个体行为的属性，也是“旁观者眼里的”（in the eye of the beholder）偏常。所谓“旁观者”（the beholder）是与行为偏常者发生互动的人，其中包括那些扮演助人角色的专业人士。最早提出偏常理论的是社会学家勒梅特等人（Lemert et al.；参见Gove,

1980)，后来，舍夫(Scheff，1966，1984)发展了该理论，用于替代疾病模型。舍夫阐述了偏常理论的一系列命题，由此奠定了该领域长期争论的基础。

本章首先回顾影响标签理论产生和发展的社会历史因素，然后介绍这一理论的核心概念，最后讨论有关异常行为的污名化(stigma)问题。

标签理论发展的社会背景

很多人都在寻找医疗模型的替代品，标签理论就是在这样的背景下产生的。20世纪50—60年代，糟糕的体制成为变革的动力。戈夫曼(Goffman，1961)出版了《精神病院》(*Asylums*)一书，充分揭示了精神病院的压迫性本质。精神病院对病人的负面影响与之前导致病人患病的环境条件同样消极，甚至有过之而无不及。戈夫曼这部著作影响十分广泛。与此同时，人们对监狱以及收容智力缺陷者的那些机构，甚至对学校设置特殊班级 199
都抱有很多尖锐的批判。这种对压迫性社会机构的抨击和肯尼迪—约翰逊改革发生于同一时期。当时，社会正义的理想和失败的困境迫使美国社会采取行动。标签理论大大促进了去机构化的进程，并为相关政策的制定提供了理论依据(例如，Bachrach，1983)。

严格说来，萨斯(Szasz，1974)并不是标签理论家，但他同样将那些使用强制手段的心理健康专家抨击为"暴君"。他认为，所谓人的问题行为与以生理病理学为基础诊断出来的精神疾病不同，只是一种违反社会、伦理、道德和法律规范的行为。偏常(deviance)并不是一种疾病，而是基于对社会成员遵从的要求而创造出的一种社会地位(social status)。基于性别、种族或性取向而产生的歧视具有同样的性质。如果偏常行为被定义为违反社会规范的行为，那么，精神科医生和其他心理健康专家(他们负责暗中甄别个体违反社会规范的行为)便一方面是治疗者，另一方面又是社会控制者(可参见 Morse，1978；Morse，Roth，& Wettstein，1991)。

这种观点之所以流行，具有多方面的原因。其中包括20世纪60年代美国社会普遍存在的文化不满，对权威的不信任，以及精神病学流派之间对提供服务的优势地位的竞争等。心理学家、社会工作者和其他人普遍支持对医疗模式的抨击，因为这些批评开辟了心理卫生领域，有助于他们全面参与并激起新的思考。

标签理论的基本原理

标签理论旨在对初级偏常(primary deviance)或违规行为(violations of norms)如何不断"升级或放大"(amplification)，发展成为次级偏常(secondary deviance)甚至生涯偏常(career deviance)的原因作出解释。标签理论试图回答这样一个问题：如果偏常行为只是对某种规范的违反，为什么有这么多的越轨者会变得长期严重失能，以至于不能承担除先赋角色之外的其他任何角色？我们也可以采用类似概念来分析和理解罪犯、同性恋和其他被污名化的群体成员的生涯轨迹。这些人很可能受困于某种特殊的小生境或者某些特定的生活方式。

初级偏常与次级偏常

舍夫基于其他理论家的研究，区分了初级偏常和次级偏常。**初级偏常**(primary deviance)是指某种违反一个或多个社会规范的行为。标签理论并没有很清楚地论及初级偏
200 常发生的原因。初级偏常可能源于四种因素——某种器官缺陷、心理动力学(psychological dynamics)、外部压力或某种藐视社会规则的意志行动。标签理论暗示，个体原本可能发生的行为比我们知道的更加多样化，尤其当我们考虑标签理论的假设——多数病态行为本质上都是暂时性的。根据这一观点，真正属于"异常"或"疾病"的行为并没有我们多数人想象中的那么多。在没有引起公众注意的前提下，初级偏常只是一过性的。如果没有留下任何记录，偏常立刻就结束了。

次级偏常(secondary deviance)这一概念适用于生涯偏常者(career deviant)或长期慢性病人。标签理论认为，个体发生初级偏常行为之后，决定他(或她)是否进入生涯偏常者角色的最重要事件是社会对前期初级偏常行为的反应。根据个体违反的规范种类不同，个体将受到社会专设控制机构的干预和处理(如帮助、惩罚、包容或隔离)。因违反规范造成他人财产受到损害或在"正常情况下"伤害他人者，需要交由刑事司法机构处理。无法在学校正常完成学业的儿童可能会被认为存在智力缺陷而被纳入特殊教育系统，也可能被送进某个医疗机构接受治疗。

青少年是否会受到与成年人不同的对待，取决于他们所犯错误的类型。身份罪错(status offense)是指同样的行为如果发生在成年人身上则不构成犯罪(如离家出走、屡教不改、性活动或逃学)，而若是发生在青少年身上就要受到法院管辖。从社会角度看，身份罪错不像违法行为那样严重。对于违法行为，即便是成年人也会被判有罪。犯身份罪错的青少年大多需要求助于心理治疗或其他社会性服务。按照分流程序，身份罪错者更有可能被移交给社会服务机构，而青少年违法要么被判缓刑留后查看，要么被送到安全部门(Murray, 1983; Handler & Satz, 1982)。对于某些严重的罪行，青少年和成年人一样需要接受审判和惩罚(Singer, 1996)。青少年犯罪现在通常都会保留长期记录，这会影响到他们以后找工作，严重时甚至会被取消公民投票权。

那些被精神治疗系统处理过的人打破了舍夫所说的剩余规则(residual rules)。剩余规则是指被人们认为理所当然的那些社会规范。个体如果违反了有关行为得体、恰当的规范或者人们对某种社会现实"不言而喻"的假设，便会被视为怪异、荒诞，甚至让人感到恐惧。我们很难想象一个人走在大街上，自言自语地傻笑或手舞足蹈，完全沉浸在自我的世界里(除非带着索尼随身听)。对着所有人傻笑、胡言乱语、手舞足蹈，而不指向任何具

体的信息接收对象,这类行为违背了我们有关社交行为的基本假设,以至于我们会立即怀疑这个人的神智是否正常。

标签理论认为,人们违反剩余规则(residual rule-breaking)的行为大多转瞬即逝。该 201
理论假设一个健康人可能发生各种各样的行为,这种多样化的行为不一定是异常的。那些被视为精神病症状的行为也可以被解释为对特定文化背景下某种行为规则的冒犯。基于这一解释,应该将那些偏常的"症状"置于社会语境中,采用个体精神病理学的方法进行研究。

舍夫认为,违反规范的行为本身并不直接引发社会控制。社会控制往往发生在"有问题的人"违反社会规范的场合。以这种观点看,行为人是谁,以及在何时、何地、何人面前发生违规行为,这些问题比所发生的行为本身更重要。士兵在战场上杀敌不算谋杀,一个平民向另一个人射击就是谋杀。商店橱窗里的滑稽演员长时间让身体保持一种尴尬的姿势,完全不回应周围那些撩他、逗他或笑他的人,但没有人会怀疑演员有精神问题。巫师可以和魂灵对话,或者声称自己可以感受到超自然的力量,他们也不会被认为患有偏执型精神分裂症。没有人会把试图驱魔的牧师关进精神病院,但是精神病院里的病人宣称自己被魔鬼附体就会被视为病症。①如果某个人自我隔离,缄默不语,自我鞭笞,穿奇怪的衣服,长期绝食,起居怪异,黎明即起,按照幼儿的作息时间睡眠,这些很可能引起周围朋友或亲属的严重关切——但如果此人隶属于某个宗教团体,则未必如此。总之,公开发生的行为和表达的思想感情本身并不是判定是否偏常的唯一标准,在这里,其他人对行为的反应非常重要。②

在标签理论中,其他人的反应可能决定个体是否进入生涯偏常的角色(career deviant role)。其中,给个体公开贴上精神病的标签至关重要。标签理论指出,个体从文化上作好了接受"精神病"这一自我定义的准备。这是因为,首先,个体会将"疯癫"(crazy)这一标签应用于他(或她)自己的行为。第二,这种自我定义在医院受到权威人士的强化。在医院长期扮演"好病人"(good patient)的角色,以至于出院之后,与"精神病"这一标签相关的耻辱印记会让他(或她)长期难以摆脱精神病人的角色。

墨菲(Murphy, 1982)作为人类学家,坚持使用偏常的疾病模型,特别是对于精神分裂之类的问题。她指出,任何团体都有因为行为异常而被视为疯癫的成员。从一个团体到另一个团体,那些被视为疯癫的症状具有某些相似性。墨菲的观察表明,标签理论存在明显的局限性。在她看来,某些人后来发展为生涯偏常与他们所受的社会待遇并无关系。

文化刻板印象与标签 202

在标签理论中,社会控制代理人和违反规则者必须能够识别精神病的症状或表现。

---

① 感谢希拉·格拉齐亚诺(Sheila Graziano)律师,这个例子来自她的专业实践。

② 这种观点与多伦温德模型一致(参见本书第三章)。无论在舍夫模型还是多伦温德模型中,压力性生活事件和病态反应之间都不存在必然联系。

公众构成了社会控制的一部分，警察和心理健康工作者同样如此。在标签理论中，违反规则的人作为文化的参与者，他们对精神疾病同样具有某种内在整合性的印象，并能够把这些印象运用于自己的行为。这些问题导致很多研究机构致力于考察公众对精神疾病的刻板印象。

我们认为，对刻板印象的争议未免过于狭隘。如今除了严重的精神疾病，其他一系列偏常行为都已经被心理卫生领域覆盖。心理健康服务长期被用于对各种行为进行社会控制。人们越来越多地把酗酒、吸毒、性犯罪和青少年问题行为视为心理健康问题，而不是纳入刑事犯罪系统进行处理。对大量偏常行为进行调节和控制的责任也随之从刑事司法系统转移到心理健康系统。

戈夫(Gove, 1980, 1982)同样指出，标签理论难以解释精神病院自愿住院患者比例的增加，同时也难以解释这样一个事实，即在心理健康服务机构，大多数转诊服务都是患者自愿接受的。但是，罗杰斯(Rogers, 1993)的研究发现，大约有一半自愿接受精神病院治疗的患者承认自己受到了强迫，他们提到最多的强迫者是精神科医生。霍格等人(Hoge, Lidz, Mulvey et al., 1993)与利兹等人(Lidz, Mulvey, Arnold, Bennett, & Kirsch, 1993)对某个急诊室和住院部的观察研究得出了相似的结果，即强制入院的现象可能只是在名义上发生了改变。

如果人们不断地将各种生活问题定义为心理健康问题(参见 Gordon, 1982)，最终可能导致许多问题环境的“正常化”(normalization)和一定程度上的“去污名化”(destigmatization)。有关文化刻板印象的争论在今天看来似乎已无关紧要。重要的问题在于行为的类型和条件，即在什么条件下某种行为模式会引起人们的关注，进而引发强制性的社会干预，或者在哪些情况下人们会认为自己需要接受心理卫生服务。

何时违反剩余规则可能被贴标签

舍夫指出，大多数违反剩余规则的行为(residual rule-breaking)会被忽略、否认或者合理化。如果没有产生任何社会反应，这些事情不会导致疾病，而是会直接消失。舍夫坚
203 持认为，除非产生了某种社会效应，否则不会有所谓的疾病存在。(这个观点与贝克莱主教著名的哲学问题有关，即森林里正在倒下的树是否发出声音，取决于是否有人听见这个声音。)如果大多数的初级偏常行为被忽略，转瞬即逝，没有记录，也不会带来特别的社会后果，那为什么在其他情况下完全相同的行为会引发社会控制和被公开贴上标签呢？这个结果基本上由以下五组变量决定(参见图 6-1)。

1. 不管个体出于什么样的原因违反规则，规则受到破坏的程度、数量和可见性决定了是否会引发公众反应和社会控制。举一个有点极端的例子，如果一个人表现出某种疯狂的举动，但只是在自己一个人的时候会如此，那么他的行为不会引起别人的注意，很快就会过去，也不会被当成疾病留下记录。与慢性精神障碍患者一起工作的人都明白这个道理，他们鼓励病人在公共场合抑制症状。因此，费尔韦瑟社区旅舍(参见本书第五章)的

204

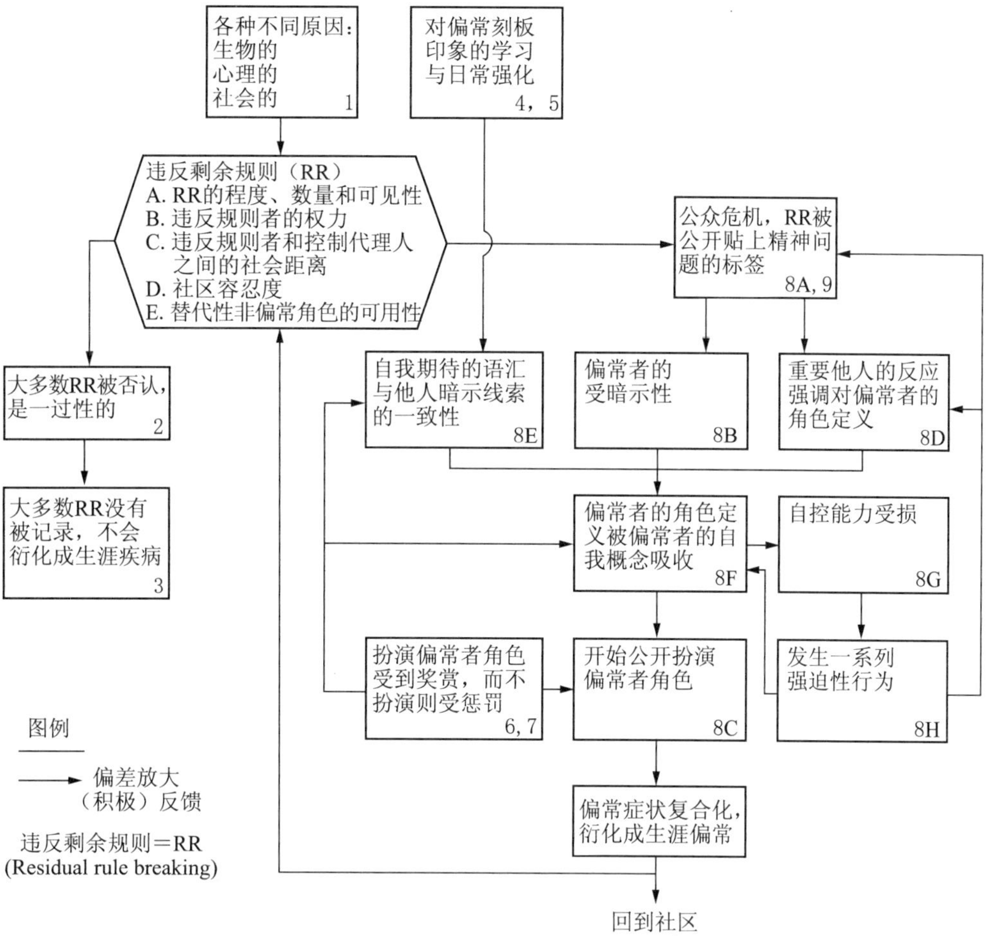

图 6-1　偏常行为在社会系统中逐渐固化的过程(引自 Scheff，1984)

患者居民被告知,在与接受清洁和园艺服务的雇主互动时,不允许有任何疯狂的举动,而多数病人也能够抑制违反规则的行为(Fairweather et al.，1969)。不过,病人的疯狂行为在旅舍的家中得到许可。这种治疗方式认识到社会反应会对社区生活产生持续性影响。依照舍夫的观点,当症状处于“不知不觉的”水平时,疾病等于不存在。有一个长期潜伏在联邦调查局(FBI)的“鼹鼠”(mole),工作多年以后才受到揭发。这个间谍干了许多非法(符合偏常定义的)行为,但只是在行为被发现以后才受到起诉,并被贴上“叛国者”的标签。

很多人有过焦虑、抑郁、奇怪的想法或怪诞、令人恐惧和尴尬的幻想,但是,他们能够承担日常责任,并对所有人隐瞒症状。他们的问题可能在不引人注意的情况下得到改善和衰退。而没有公众注意,也就无所谓疾病。

违规行为的强度、频率和持续时间是判断是否需要治疗和接受社会控制的条件。戈夫(Gove，1980，1982)引用的文献表明,接受治疗的人与没有接受治疗的人相比,其症状明显更为严重。在一家为成年精神病患者开设的城市社区疗养院,莫雷尔、莱文和珀金斯(Morell，Levine，& Perkins，1982)审查了由全体职员记录的日志。那些后来再次被精神病院接收住院的病人比没有再次入院接受治疗的同类病人有更多引起职员注意的行为事件记录。尤其是在病人再次入院治疗之前的数周时间内，差异十分显著。由于两组病人都有长期损害，这些数据暗示，发生频率较高和可见度较大的失常行为与再次住院率显著相关，而不只是与“违反规则”(rule breaking)这件事有关。

205 2. 舍夫的第二个变量讨论的是违反规则者相对于社会控制者的权力和社会地位。如果权力差别有利于违反规则者，那他(或她)有可能免于被社会控制。据说，尼克松(Richard M.Nixon)在他担任总统的最后几天曾发生过一些怪异的行为(Woodward & Bernstein, 1976)。尽管许多人表达了对总统精神状态的关心，但没有人作出任何举动要求心理健康专家关注总统。再举一个例子，这个例子更贴近人们对心理健康领域的日常体验。我们注意到，作为新手的心理咨询师受到敦促，必须接受督导师的督导，以解决和处理好可能介入未来治疗或督导的某些个人问题。尽管有些新手治疗师严重怀疑某些督导师自己的心理健康状况，但有勇气要求督导师接受治疗的学生或实习生实属罕见。学生无权命令督导师参加治疗，也不可能以解雇或写一封糟糕的推荐信或介绍信相威胁，强迫督导师执行命令。

美国前总统克林顿曾经赦免过两个特别有钱的逃犯，使他们免于被指控和起诉。有钱的违反规则者利用手中的财富对权力施加影响，成功逃避法律的打击。这种赦免提出了一些新的问题，即为犯罪者贴标签的司法制度在对待富人、有权力或出身名门望族的人时，是否与对待穷人或者普通公民有区别?

再看一看有关社会性权力(social power)的另一个指数。戈夫指出，在家庭中承担核心角色和拥有更多社会性权力的人可能比那些占据不重要位置的人更早被送医就诊。如果一个母亲不能履行家庭义务，家庭很快会陷入分崩离析，家人会迅速为她寻求帮助。然而，如果一个老祖母恍恍惚惚、健忘或语无伦次，在其症状被注意到之后相当长的时间内，其他人可能都不会送她去医院接受治疗。

3. 违反规则者与社会控制代理人之间的社会距离是影响后者是否对初级偏常事件采取行动的重要因素。凯尔、臼井、布什(Keil, Usui, & Busch, 1983)的研究发现，社会经济地位高者比地位低者能更好地避免因酗酒而入院治疗。请考虑下面的例子：警察看到一个明显喝醉了酒的无家可归的流浪汉，可能会逮捕这个人或者考虑让他紧急入院接受治疗。但是，同一个警察看到一个衣冠不整但穿着讲究的醉汉在呕吐，摇摇晃晃地在街上走，可能会叫一辆出租车送他回家。

206 4. 舍夫提出的第四个因素是社区对偏常行为的宽容度。在大都市精神病院前台从事接待工作的一名精神科医生记录了自己和一位刚刚来到本地的流浪汉病人之间的谈话。该病人很认真地询问医生，他需要怎样做才能被接受入院——例如，打碎人家的窗户？或者冲到街上脱光衣服？在那个城市，当时最好的选择是在公众场合裸体。但是，20世纪60年代是“鼓吹‘爱情与和平’的嬉皮士”(flower child)鼎盛时期，在旧金山的金门公园看到一个成年男性一丝不挂，愉快地听着音乐，一点也不奇怪。那个社区对个人的古怪行为保持着极为宽容的态度。

比利时的吉尔市（Geel）作为精神病患者的避难所已有七百多年历史（Godemont，1992；Roosens，1979）。吉尔的居民对偏常行为有着不同寻常的宽容度。病人可以在街上四处闲逛，本地市民能够平静而有效地应对制造麻烦的病人，并及时制止混乱。吉尔的每一个市民都把和病人一起工作当成一种义务。当然，明显困扰和麻烦的病人会被送回医院，但是吉尔市民能够接受许多病人的怪癖，选择不去注意它们。吉尔是一个很重要的例子，将偏常者整合进社区会对他们有一定的限制，市民们都明白这种限制。宽容和整合同时存在，而不是在要么绝对宽容、要么完全整合这两个极端之间进行选择。

5. 舍夫提出的与标记违规行为相关的第五个影响因素是替代性的非偏常角色的可用性。他描述了几个初级偏常的例子，它们对这些偏常行为的解释都以某种方式提高了个体的地位。其中一个例子是个体在经历了一段时间的焦躁不安后进入萨满状态（shamanship）（Murphy，1964）。另一个例子是宗教先知报告其非凡的超感官经验。在宗教背景下，这种交流让人感觉很正常。有时发生初级偏常行为的人恰好是某个受人尊重的社区成员。诺伊斯（John Humphrey Noyes）是基于宗教建立的奥奈达社区的创始人，他曾经度过一段“灵魂的黑夜”。但他周围的朋友帮助他，并继续接受他作为精神领袖。从那次经历中走出来之后，他变得更加有力量（Levine & Bunker，1975）。舍夫所举的第三个例子是一个妇女在个人问题无法解决而深感无望的时候，在教堂体验到某种幻觉。虽然这个妇女被自己的幻觉吓了一跳，但后来她遇到一位自称能够通灵的陌生人，帮助她将那次幻觉重新解释为通灵能力的体现。这次遭遇开启了该妇女后来作为通灵者的生涯。

最著名的例子是费尔韦瑟等人（Fairweather et al.，1969）对小生境和经营管理者角色的创造（参见本书第五章），并以此作为对精神病患者的一种治疗方式。在当代社会，那 207
些参与各类自助小组，并作为重要成员或正式领导者深度参与小组活动的人常常可以获得某种替代性的非偏常角色。在这种情况下，前期有过初级偏常（如酗酒或“神经失常”）经历的人，通过积极加入自助小组最终克服了这种偏常。某些青少年可能因为特殊的性取向和性别认同而骚动不安，感到被孤立。加入同性恋社区可以帮助他们。虽然在更大范围的社区中他们仍然被认为是偏常的，但当他们得知有团体愿意接纳自己时，至少可以得到喘息的机会。克里汉（Krizan，1982）描述了某个小型宗教团体在治疗心理障碍病人方面所获得的成功。这些病人通过加入和皈依该教派，为自己的灵魂找到了避风港。在这些案例中，人们都是在承受着巨大精神压力时选择加入了现在的组织。为正在经历严重困扰和心理障碍的人创造新的小生境是否可以作为有效的治疗手段，这一点还有待进一步的观察。

诊断与标签理论

诊断过程是标签理论中的重要内容。在某个人走进（或被别人带去）精神卫生机构之后，心理健康专家首先需要诊断这个人是否失常，以及是否适合在本机构接受治疗。美国联邦法院基于对帕翰姆诉J.和J.R.案(Parham v.J.and J.R., 1979)的判决认定,当一个儿童被家长带去精神病院接受治疗时,诊断过程的完整性足以保障儿童的人身权利(personal right),除此此外,不再需要更多额外的保护措施。然而,我们仍然要问,仅仅依靠诊断过程的有效性和完整性是否真的能够准确识别和标记那些患病和需要照顾的人?

舍夫指出,诊断总是发生在特定的社会背景中,这种背景势必会对诊断结果造成影响。作为医生,病人有病而未能诊断出来与病人没病却被怀疑有病两种情况相比,通常选择后者。因为病人未能得到诊断和接受治疗比为了排除病情而继续接受观察和检验的危害要大得多。但"宁可继续观察,以免漏诊病情"这一医学假设并不适合对精神病的治疗,被怀疑患有精神疾病而住院的病人所支付的社会成本(social costs)比单纯为了诊断身体疾病而住院的病人要大得多。对一个人的社会身份而言,住院做各项化验和X光检查与住进精神病院有着完全不同的意义。

舍夫认为,由于心理健康专家在社会系统中处于提供照顾者的地位,他们倾向于发现
208 别人有病,并让他们接受护理。舍夫的观点很重要,即任何一种行为模式都有可能被标记,这种观点有助于我们对标签理论中"偏常放大"(deviance amplification)的理解。心理健康专家需要区分两种人,前一种人的问题是精神疾病的表现,后一种人的问题只是日常生活的问题。舍夫认为,精神病院入院制度鼓励发现病人。因为承担这类公职的精神卫生专家薪酬不高,他们往往会减少花费在每个病案上的时间,以此来提高工作效率。此外,法官在处理一些容易引起公众注意的麻烦人物时,不得不考虑某些可能的政治反响。特别是,如果释放了那个人,而他(或她)最终伤害了自己或其他人,问题就会很麻烦。因此,他们倾向于将这种人送去精神病院。法官常常以某种微妙或不那么微妙的方式鼓励精神卫生专家作出收治的决定。恩尼斯和利特瓦克(Ennis & Litwack, 1974)指出,如果精神卫生专家没有收治,而事后证明这个人伤害了其他人,那么这个专家将面临承担民事诉讼责任的风险(Beck, 1998)。但是,如果把某个人留在医院作进一步的观察和治疗,则不需要面对任何诉讼风险(参见O'Connor v.Donaldson, 1975)。

人们争论的实质在某种意义上是精神病诊断的信度问题。斯皮策和威廉姆斯(Spitzer & Williams, 1982)认为,在过去,这种可靠性远远达不到人们所期望的标准。他们声称,伴随《精神障碍诊断与统计手册(第三版)》(DSM-III)第三版的发展,这种情况得到很大改善。然而,柯克和库钦斯(Kirk & Kutchins, 1992)则认为,DSM系统的可信度并不比早期的诊断系统更好。无论如何,精神病诊断和临床方法的弱点已经在许多诉讼辩论或听证会中暴露出来。例如,对刺杀里根总统的欣克利(John Hinckley)的审判。对诊断的实验研究进行测量得出的信度数据很可能并不适用于其他背景。

诊断结果和病情的严重程度并不是决定是否让病人住院从而为其贴上诊断标签的唯一根据,甚至不是优先考虑的问题。还有许多因素影响着医生的决定。相比医生对病情严重程度的判断,家人希望患者住院接受治疗的愿望可能是更重要的影响因素,尽管有些
209 未能将配偶或成年子女成功送去住院的人会反驳这一结论。除了病人自身的症状,对医

疗保险和管理式保健的考虑,某些法律标准,担心受到病人操控,对某种疾病的研究需要,以及出于某些案例教学或培训的目的,等等,都可能影响医生是否作出接受患者入院的决定。

被选中贴标签的人本身可能具有某些社会或临床特征,而正是这些特征使得他们更容易被贴上标签。林赛(Lindsay, 1982)让被试观察有关学校教育的专题访谈,结果发现,即便向这些被试提供虚假标签作为干扰,他们依然能够很快从非病人中甄别出因初诊为精神分裂症而住院的患者。这说明在某些病人中心理障碍症状是明显的。

然而,正如罗森汉(Rosenhan, 1973)的经典研究所证明的那样,在日常工作条件下,决策过程的严谨性仍有许多有待改进之处。罗森汉发现,假扮病人(pseudopatient)(即实验助手,他们在精神病院的接诊部假称自己有病,但只显示轻微的症状)在申请入院时很容易获得允许,没有人发现他们的骗术。在日常工作条件下,诊断过程并不可靠,标签很容易被滥用(Kirk & Kutchins, 1992)。这一证据部分支持了标签理论模型,尽管并没有进一步的证据支持标签理论的主要命题——任何被错误标记的人最终都有可能发展成生涯偏常者。

行为被标签同化

对于精神疾病的治疗,很少有规律指导观察和推理。许多临床医生意识不到基于临床观察得出的诊断存在局限性(Dawes, 1994)。患者在医院里被观察到的任何行为,很容易根据最初的诊断或患者作为病人的身份来作出解释。对病人的观察和诊断基于一个很重要但未曾言明的假设,该假设源于弗洛伊德理论对临床工作者的广泛影响。在弗洛伊德的体系中,表面现象(surface appearances)不被信任,情境因素的作用被低估。重要的不是那些显而易见的东西,而是隐藏于外表之下的东西。因为没有或者很少有明确的规则将观察到的行为与未观察到的行为的建构联系起来,所以,一件事几乎可以和其他任何事物建立联系。我们可以接受行为的表面意义,或者以符合自己构想的方式给予重新解释。这些情况可能会促使临床医生更多地报告涉嫌儿童性虐待的案件,以履行自己的法律义务(Levine et al., 1995)。

莱特(Light, 1982)通过观察发现,受过训练的精神病医生常常因为各种精神病症状与病因之间关系的不确定性而感到困扰。莱特认为,这些医生接受了教条式的训练,很少会回顾和研究文献以评估自己所学理论和方法的缺陷。由于精神病治疗谈话强调参与者 210
(包括医生)气质特征的作用,因此,医生觉得有必要在自己和病人之间拉开一定的距离。莱文(Levine)曾经讲过一件个人轶事。他在精神病院工作的时候,经常发现自己正在用手摩挲钥匙,正是这串钥匙把他和病人区隔开,发挥了安全毯的作用。莱特认为,不确定性导致精神病文化的快速同化,包括对诊断标签不加批判地滥用。我们没有理由相信,临床心理学家或精神医疗社会工作者与精神病人相比更有可能幸免于文化的影响,又或者这些训练有素的工作者能够不含偏见。

初步诊断一经形成，病人行为的许多方面就会被诊断结果同化。罗森汉(Rosenhan, 1973)报告，实验中假扮病人完全正常的行为也会被记录为心理障碍症状。精神科医生接受的专业训练重点是把心理障碍划分成几个相互独立的类别而忽视环境作用的重要性。这种训练从未帮助从业者对行为的情境决定性保持敏感。布拉金斯基等人(Braginsky, Braginsky, & Ring, 1969)的研究证实，病人可以出于自己的目的在精神治疗面谈中控制自己的表现。

许多研究发现，一旦将患者行为的临床评估结果置于其他环境，如职场或社区，其预测性就十分有限(Stack, Lannon, & Miley, 1983; Tuckman & Lavell, 1962)。即便DSM-IV标准能够帮助人们更加可靠地使用临床标签，我们仍然没有理由相信，基于这些标签而作出的判断具有更大的效力。心理卫生专业的世界观没有充分考虑情境的影响，因此很容易形成这样的假设，即任何观察到的行为都与某种个体疾病有关。

标签理论认为，机构工作人员通过对病人的诊断结果来吸收、同化(assimilate)病人的行为，并找出病人"有病"的原因。病人抱怨和提出异议往往被视为对治疗的抗拒，或被当作病症的一部分。病人在危机阶段的受暗示性和治疗过程中的痛苦容易导致某些行为的发生，无论对观察者还是病人而言，这些行为都意味着失去自我控制。

病人可能会因为各种原因而拒绝吃药，例如，担心药物的副作用。然而，医护人员可能为病人抗拒服药的行为贴上"偏执狂"的标签，并坚持让病人接受这一标签。如果病人受到逼迫仍拒绝服药，并大发脾气，医生会认为病人不友善，有攻击性，或者正处于非常不
211 稳定的情绪状态。而病人注意到自己的情绪行为时，同样会有失控感。在这一点上，自我观察加上权威者的强化为这位患者的"病人"身份提供了证明材料。

一旦病人接受自己"有病"的诊断，下一步要做的只能是扮演好"病人"这一角色，直至出院。在这期间，病人生活的许多方面受到管制，包括失去大部分的自主性，被鼓励信赖和接受医护人员的指导和建议。一个"好的"病人应该毫不犹豫地接受医生的治疗方案。如果一个病人质疑医生对自己的意图、动机、情感或者行为的解释或看法，就会被认为是抗拒者。在罗森汉(Rosenhan, 1973)的报告中，一个假扮病人由于在医院缺少活动而感到无聊，在休息室走来走去。当护士询问的时候，他说自己觉得无聊。于是，护士认为他很焦虑，并坚持让这个假扮病人接受自己踱步行为的"真实"本质。如果假扮病人对护士表现出不耐烦，那么，他很可能被描述成抗拒或敌对。如果他接受护士对自己行为的解释，便会被描述成已经"获得洞察力"，这说明他的症状正在改善。换句话说，社会性力量(social forces)在起作用，鼓励病人接受并内化医院和专家对自己的精神状态及能力的评价或看法。

戈夫(Gove, 1980)承认，以往几乎所有机构都倾向于让病人长期住院。然而，最近几十年的情况发生了很大变化。在现代临床实践中，很少要求病人长期住院。对病人而言，离开有压力的生活环境本身就能起到改善作用。住院经历为病人提供了休养生息的机会，有助于病人的康复和痊愈。此外，积极的治疗确实帮助了许多个体。戈夫认为，适当

的治疗不仅不会让患者受困于病人的角色,相反会帮助他们获得自由。他指出,在治疗缺位的情况下,许多病人的病情迅速恶化。

总之,医生观察和诊断的方法并非总是准确无误的。我们缺少强大的理论和构想的帮助,以便准确预知新的情况(参见本书第五章)。人们很容易假定,一朝得病则终生有病,或者将一个病人身上能观察到的所有问题都归结为他(或她)的疾病。心理健康工作者的态度很容易传递给他们的病人,病人在很大程度上倾向于认同医生的观点。类似过程也会影响监狱里的囚犯或被机构收容的青少年。尽管生涯偏常概念暗含的那些慢性疾病并不完全是由当前的治疗条件造成的,但标签理论对医疗负面作用的强调仍然值得我们反思,哪怕只是重新审查自己的态度和实践、理解其后果和局限。以崇高之名所行之事 212
未必真善。

耻辱印记

造成偏常生涯的最后一个影响因素是附着在精神病人或康复者身上的耻辱印记(参见 Goffman, 1963)。依照舍夫的观点,病人出院回归社区后,曾经是精神病人的耻辱印记会一直伴随着他(或她),就业也因此受到影响。同样重要的是,很多人会根据精神病病史来解释他们现在的行为。当自己的身份受到质疑时,他(或她)会感到很不舒服,而这种不安刚好为对方提供了证据,证实了他们的猜测。这些人很有可能再次入院治疗,因为他(或她)从未完全祛除社会身份的污点。精神疾病所附带的耻辱印记让出院病人长期处在污名化的角色中,从而创造出生涯偏常者(career deviant)或慢性精神病人的角色。舍夫和戈夫围绕污名对慢性失能的影响作用有过激烈争论。舍夫的标签理论强调这一点,而戈夫相信,人们对精神病康复者的行为反应主要还是基于精神病康复者当前的行为表现。

早些时候,对于曾经被关进精神病院的人,除了非正式的约束,他们还会被强加很多正式的社会制裁,他们的自由因此受到很大限制。一个被确诊的精神病人,不管其能力如何,都会被吊销驾照,不能签订商品和服务合同,被禁止结婚,没有资格服兵役。近些时候,残疾人的权利得到了更好的保障(Levy, Rubenstein, Ennis, & Friedman, 1996; Stefan, 2001)。除精神残疾之外,职业和社会性的耻辱印记会带来同样的后果。曾经坐过牢的人携带着类似的耻辱印记。被判刑的成年人会比青少年受到更多的轻蔑。豪厄尔(Howell, 1996)的研究发现,以成年人身份被定罪并在监狱服刑的青少年与那些接受未成年人司法系统惩罚的青少年相比具有更高的再犯率。在精神康复病人权益保护者看来,耻辱印记是康复病人重新适应社区最大的障碍。

标签理论认为,耻辱印记使人长期难以摆脱精神病人的角色。重要他人总是根据自己对病人过往经历的了解来解释对方的行为。甚至在病人完全康复之后,其生气、厌恶、争论、喜怒无常或者失败仍有可能被解读为精神障碍的持续表现,或者是又一次发病的前

213 期症状。回想罗森汉(Rosenhan, 1973)的研究报告,假扮病人正常的行为也被医护人员解释成病态的,并在病例中作为心理障碍的症状被记录。出于无聊而踱步被描述成焦虑,为了研究而记笔记被认定为强迫性写作。甚至在假扮病人出院以后,以前的诊断仍然留存,假扮病人在病情缓解期一直携带着“慢性未分化型精神分裂症”的标签。借用戈夫曼(Goffman, 1963)的话说,病人的社会身份彻底“被毁了”(spoiled)。

如果我们对污名化的影响有任何质疑,只需回顾参议员伊格尔顿(Thomas Eagleton)的例子。在1972年的竞选中,伊格尔顿被爆出许多年前曾接受过抑郁性精神障碍(depressive disorder)的治疗。随后他被取消了副总统的候选资格。尽管在治疗事件发生之后,他已经在公共领导职位上尽职尽责地工作了许多年,发挥了显著作用,但精神障碍的耻辱印记仍然让他失去了竞选副总统的资格。

不只是公众人物受到伤害。我们有一位心理治疗师曾经为一名大约14岁的男孩提供心理治疗,这个男孩有关成长的问题比别人多一些。若干年后,这个年轻人加入了海军。他顺利完成了基础和专业训练,并在各方面表现优秀。又过了几年,他得到了晋升的机会,海军需要对他的档案进行安全审查。一名海军情报官员联系了他的治疗师,想了解这个男孩几年前接受治疗的原因和性质。

耻辱印记和普通人的生活同样相关。在爱渠危机(the Love Canal crisis)爆发初期,蓝领家庭主动回避那些赶到事发地点给予帮助的心理健康工作者,他们拒绝填写贴有心理健康标签的表格,不是因为他们没有紧张的情绪,而是他们担心,如果自己接受帮助的话,邻居会有什么反应。他们想说的是:“我不是疯子!”(Gibbs, 1983)。

即便是一个简单的标签也有可能带来耻辱印记。法学教授斯凯尔斯-特伦特(Judy Scales-Trent)是非裔美国人,她的肤色比较浅,很容易被误认为是白种人。她讲述了许多人在得知她是非裔美国人后对她的态度和行为的改变(Scales-Trent, 1995)。

耻辱印记是导致生涯偏常最强有力的因素吗?某机构通过田野调查和测量研究表明,最近这些年,美国人对精神障碍患者正变得越来越宽容。这类研究通常首先简单描述不同类型的精神障碍,然后使用量表测量社会距离。量表会询问诸如此类的问题:你能够接受这样一个人住在你的社区吗?你愿意和这个人一起工作吗?你会把自己家的某个房间出租给这个人居住吗?你愿意这个人和你的家人结婚吗?

214 采用这些方法研究所报告的结果并不一致(Socall & Holtgraves, 1992)。大部分研究采用两种不同的方法收集数据。其中一类研究,使用人物简介来描述病人,要求被试以纸笔测验的形式完成社会距离量表(Social-Distance Scale)。另一类研究采用面对面访谈的形式,先假设有这样一个精神病人,再询问被试对病人的态度。来自医疗背景或结构的研究人员倾向于使用面对面访谈,利用假设的精神障碍患者作为刺激,结果发现,公众对精神障碍患者的态度正在改善。而社会科学研究者更喜欢使用自我报告问卷,这些研究一贯报告被试对精神障碍患者的消极态度(Roessler, Salize, & Voges, 1995; Socall & Holtgraves, 1992)。因此,有关公众态度或乐观或悲观的报告与其说是公众态度的真实反映,不如说是不同研究方法和研究者所接受的不同训练的产物(Tebes, 1983)。

仅从态度水平上看,至少根据量表分数和自我报告,对智障患者的耻辱印记可能已经由早些年的高水平有所下降(Skinner, Berry, Griffith, & Byers, 1995)。由美国精神病协会(American Psychiatric Association)和美国精神病患者联盟(National Alliance for the Mentally Ill)(参见本书第九章)领导的以减少精神病患者的耻辱印记为目的的公共教育运动对此功不可没。我们对人们表达出来的态度和实际行动之间的关系知之甚少。有关精神疾病问题的公共教育可能影响了人们愿意在问卷上填写什么,但是他们的行动并不总是和他们表达出的态度完全一致。

有研究表明,精神障碍患者的家人与一般民众相比对精神疾病有着更多的宽容。虽然如此,家庭成员仍可能会出于个人考虑隐瞒有家人曾经住院治疗的历史。泰贝斯(Tebes, 1983)通过大量文献研究发现,家庭成员经常减少对精神障碍患者的访问频率,并且许多家人不愿意接受患者回归家庭。由耻辱印记造成的排斥和与精神病患者打交道的压力很难清楚地区分开。泰贝斯认为,家人之所以排斥精神病人,主要是因为照料病人会带来身体、经济和心理等多方面的负担。这种解释比强调由耻辱印记造成的排斥似乎更为合理。

那些潜在的邻居、雇主、房东和其他与患者打交道的人的处境与家庭成员有所不同。许多诉讼案件反对分区条例(zoning ordinances),即把收容智力残疾人的团体之家(group
homes)赶出居民区。(美国最高法院在1985年就判过这样一个案子:得克萨斯州克利伯 215
恩市诉克利伯恩生活中心;City of Cleburne, Texas v.Cleburne Living Center, 1985。)分区条例的存在反映了社区居民的态度。人们害怕自己受到伤害,害怕自己的房地产贬值,但这些害怕似乎被过于夸大了。

就拿智力缺陷患者来说,研究表明,团体之家的存在根本没有或很少能够影响到附近房地产的价格(Wiener, Anderson, & Nietupski, 1982)。研究同样表明,住在团体之家的智力缺陷患者和警察打交道的概率远远低于社区普通居民和警察接触的频率(Uhl & Levine, 1990)。每当要在一个社区建立团体之家的时候,听到的几乎全是社区反对的声音。建设团体之家的计划很可能因为本地人的反对而搁浅。但是,一旦团体之家建设起来,后续追踪研究表明,邻居们不久之后就会对它变得积极,或者不再关心这件事。假设团体之家的建设真的产生了不良后果,那么,邻里的反对应该是随着时间的推移而增加的。因此,最初的态度看似带有偏见,却是基于耻辱印记,而不是以建设团体之家可能带来的真实性后果为依据的。

雇主可能会给有精神病史的雇员贴上耻辱印记,从而使得病人康复之后难以获得工作。布兰德和克莱伯恩(Brand & Claiborn, 1976)安排四名本科生和两名研究生去应征零售业岗位的空缺。每个学生参加了六次面试。其中,在两次面试中,学生提出自己作为肺结核康复病人的经历,两次面试他们说自己是刑满释放的犯人,另外两次面试,他们把自己描述成精神病康复者。研究者对这些研究助手的衣着言行进行训练,使它们和每种角色一致。研究结果显示，前肺结核病人获得工作的概率达到75%，而那些自称是刑满释放犯或精神病康复者的学生获得工作的机会为58%。这表明，虽然雇主有可能雇用精神病康复者去做某些工作，但是在作雇用决定的时候，他们仍然会遇到某些阻碍，尽管这种阻碍并不会比刑满释放犯遭遇的更糟糕。在这项实验中，研究助手应聘的岗位都属于入门级的工作。如果再做重复实验，提供需承担更多责任的岗位，我们不知道会发生什么。需要注意的是，舍夫的模型应该适用于任何形式的偏常。

格布哈特和莱文(Gebhard & Levine, 1985)编造已被雇用者的简历，然后问学习管理的学生，他们是否会提拔这些简历中描述的雇员到某个责任更加重大的岗位。在第一份简历中，雇员被描述三年前曾因为胆囊手术而失去工作；在第二份简历中，雇员被描述成曾因酗酒而失去工作；在第三份简历中，雇员同样被描述成曾因酗酒失去工作，但现在已加入嗜酒者互诫协会(Alcoholics Anonymous)。除了这些，三份简历中的其他内容完全相
216 同。结果表明，酗酒者的标签显著减少了雇员获得晋升的机会，即使简历上显示他有着良好的工作表现，并且最近三年都没有发生酗酒问题。这个研究原本假设加入嗜酒者互诫协会有助于消除污名，但该假设最终并未得到证实。

康复病人的社会关系会受到标签效应的影响。佩奇(Page, 1977, 1983)打电话给那些在地方日报刊登房屋出租广告的房东。如果打电话的人承认自己曾经患有某种精神疾病，房东就会立刻丧失积极性。在其中一个研究中，打电话的人仅仅是口吃，但这一事实便已经足以减少对方积极回复电话的可能性(积极回复电话是指告知还有房间可以出租，并且鼓励来电者预约时间去看房子)。换句话说，任何偏常状态都会造成耻辱印记，从而减少偏常者获得积极回应的机会。

佩奇(Tebes, 1983, pp.70—71)回顾了大量对污名化效应的田野和实验室研究后得出以下结论：

> 对标签效应的研究显示，在社会互动过程中，被贴上精神障碍标签的人和周围对此作出反应的人，其双方的观念和行为都会受到标签贬低作用的显著影响。这种作用使得被标记者感到被拒绝。一方面，未被标记的社会参与者通常知道对方曾经偏常的历史。在这种情况下，被标记的人预期自己会受到他人的排斥和/或者回避，当被标记的人是男性时尤其如此。另一方面，如果康复病人相信，周围人了解自己偏常的历史，他可能会主动疏远别人，而这种行为方式本身就容易诱发拒绝，使问题进一步加重。很显然，只要有可能，精神病康复者就会尽量隐瞒自己的身份。颇具讽刺意味的是，正如戈夫曼(Goffman, 1963)所说，这样做本身需要灵活性 。

利用司法减少污名

在偏常语境中，贴标签容易造成耻辱印记，并导致偏常生涯的增多或延续。然而，法

律可以用来减少污名。通过消除法律所强加的约束和限制，可以使某些偏常“正常化”。奥格本（Ogburn，1966）提出一个与此相关的概念，即“文化滞后”（cultural lag）。他指出，文化的发展总是落后于技术变革。所以，技术变革可能导致人们适应不良。一旦文化的发展跟上物质变化的步伐，便会形成新的平衡。

坎特罗斯诉坎特罗斯案（Kantaras v.Kantaras，2003）便是一个典型的例子。迈克尔·坎特罗斯（Michael Kantaras）是一个由女性变成男性的变性人。他娶了琳达（Linda），并收养了她的孩子，后来他们通过人工授精又生了第二个孩子。结婚九年后，琳达和迈克尔 217
的感情变得疏远，迈克尔爱上了谢莉（Sherry）。琳达因此诉请离婚，并要求获得孩子的监护权。这个案件呈现出一系列独特性的问题。佛罗里达州的法律既不承认同性婚姻，也不允许同性夫妻收养子女。尽管做了变性手术，但迈克尔是男人吗？他们之间的婚姻和收养有效还是无效呢？

经过漫长的诉讼，奥布莱恩（O'Brien）法官最终判定他们的婚姻和收养有效，因为迈克尔在做完变性手术后已经成为了男人。奥布莱恩法官认为，尽管迈克尔出生时是女性，但是法律并未对变性人的情况作出说明，因此他认可变性手术及治疗，同意医学和心理学专家的证词，认定迈克尔就是一个男人。鉴于琳达一直妨碍迈克尔对孩子的探视权，案件最终把两个孩子的监护权判给了迈克尔。

迈克尔被诊断患有性别认同障碍（gender identity disorder）。尽管周围许多人（包括琳达的家庭成员和她的牧师）都将变性视为离经叛道，但法官仍然承认这段婚姻，并将监护权判给迈克尔。奥布莱恩法官说，法律必须承认科学的进步（如变性手术和激素治疗），并努力和这种发展相适应。因此，法院的判决消除了迈克尔在社会身份方面的残缺，其中包括不能结婚和收养孩子。

某些警示

作为一种分析手段，标签理论具有实用性和吸引力，但这并不意味着它的所有观点都是正确的。无论标签理论各种命题的效度如何，只要人们承认这一事实，即那些引发社会控制系统关注的行为有很多确实是令人难以忍受的、负担累赘的、令人厌恶或危险的，那么，标签理论作为一种分析手段就是有用的。而标签理论的问题在于，它在试图帮助处境不利者时，很容易流露出某种反对权威的立场。尽管如此，标签理论确实为心理研究、服务和预防提供了一个有吸引力的视角，帮助我们在个体心理学之外关注更为广泛的一组变量。

我们得到的第一个警示是，正如戈夫（Gove，1980，1982）努力想要说明的那样，标签理论极端派的观点（即在给定条件下，一个人的长期失能不过是基于早期违反规范的行为而被创造出来的）几乎可以肯定是错的。大家在研究舍夫模型（Scheff，1966，1999）的同时，不妨也了解一些戈夫的观点（Gove，1980，1982）。戈夫是医疗模式的支持者，也是标签理论最重要的批评者。标签理论的温和派认为，由最初的违规事件发展至社会功能缺 218

失(即生涯偏常)取决于周围人如何对待这一事件。这种观点相对来说更容易被接受(Killian & Killian, 1990)。但是,即便如此也没能清楚地解释最初的偏常事件如何导致了后来的结果。毕竟不是所有接受过治疗的人最终都会成为长期患者,而且早期诊断也确实对长期后果具有某些预测意义。例如,被诊断患有精神分裂症的人比那些仅仅有些抑郁反应的人更有可能成为长期患者。因为所有病人都受到相同的诊断和治疗系统的影响,标签理论需要解释为什么初级偏常事件的后果会随诊断类别的不同而变化。我们正在了解更多有关某种精神障碍的遗传和生物化学本质。这些因素有助于解释后果上的差别。

随着早期症状和诊断的不同,后果也会发生变化。标签理论无法解释这样一个事实,即并不是所有曾被公开标记的人后来都成为了生涯偏常者。此外,某些纵向研究也对标签理论提出了质疑。例如,罗宾斯(Robins, 1974; Robins & Rutter, 1991)发现,曾经在儿童指导诊所接受治疗(被标记)的那些人,其儿童期的反社会行为能够预测成年期的反社会行为。然而,事实上大多数有过反社会行为的儿童并没有进一步发展成为反社会的人,无论是否曾经接受过治疗。此外,那些曾经因为神经质被投诉和接受治疗(被标记)的儿童与未接受治疗的控制组相比,并没有表现出显著差异。对这两类行为的比较研究表明,后期发展确实与最初的症状有关,而标签理论未能包含这一事实。因此,标签理论往好的方面说是不够完整,往坏的方面说根本就是错的。

接下来还有第二个警示。与贴标签的过程及其后果相比,标签理论很少关注触发贴标签过程的问题行为。标签理论忽略了这样一个事实,即问题行为在客观上确实存在,而不仅仅存在于旁观者的眼中。标签理论强调社会反应的重要性,这并不意味着被贴标签的行为在客观上就是无害的。无论是对揭露它的人还是周围的旁观者而言,违反规则的行为都是令人难以忍受的,人们由此而产生的恐惧、生气、厌恶、无助或烦恼情绪,以及相应的行为反应都是可以理解的。

舍夫(Scheff, 1966/1999)将偏常描述为更大文化背景下的某种社会地位或身份,而不是其特征与精神病院和心理卫生专家的工作方式密切相关的某种角色。标签理论拓展了我们的视野,将个体在社会中的地位和专业护理系统纳入研究。即便在细节方面有不少瑕疵,标签理论也有其贡献,至少人们现在已经很难在与社会背景和护理系统相隔离的情况下孤立地研究个体精神病学。

219 本章小结

标签理论的价值在于它提供了一个独特的分析视角,而不在于其细节的准确性。然而,任何一个科学概念都必须引导我们找到检验其命题的观察资料,只有这样科学概念才算有价值。标签理论确实做到了这一点。仅仅接受个体取向的精神病学观点,可能会忽略很多信息资料,而标签理论提醒我们注意这些。

标签理论关注个体行为的差异。并非所有人或所有行为都会被贴标签,并最终发展为偏常生涯。标签理论引导我们关注诱发特定行为的社会情境,深入探索个体角色、社会控制和治疗系统三者之间的关系。联系本书第四章的生态学类比,标签理论让我们注意到处于同一社区的不同团体在社会地位、目标和价值方面的多样化。与萨宾的角色理论相比,标签理论更清楚地解释了他人行为如何跨越时间和情境对某人造成限制。

标签理论与本书第三章讨论的多伦温德模型(本书第七章还将进一步讨论)具有一致性。两者同属于系统理论,都关注行为发生的背景。两者都强调初期偏常事件的暂时性。标签理论关注现有治疗体系出乎人们意料的不良影响,尽管在表面看来,治疗是在为有需要的个体提供支持。多伦温德模型则指出,对那些正在经历压力性生活事件的个体而言,现有的社会资源和个人资源具有帮助作用。

我们需要深入思考标签理论与适应、危机、应对、社会支持等概念之间的联系或相似性。例如,可以将初级偏常视为个体对压力性生活事件的情绪和行为反应,也可以将个体获得的社会支持与为解决精神健康问题提供的医疗系统加以比较。此外,还要思考社会对个体应激情绪(无论是否会引起公众注意)的反应如何受到个体心理调节和社会支持的影响。

最后,如果我们愿意为受困者提供支持,就有必要记住标签理论,特别是该理论对与治疗相关的耻辱印记的强调。标签理论提醒我们,干预可能产生多重效果。标签理论还引导我们关注另一种可能,即旨在促进个体对压力性生活事件的应对和适应的帮助模式 220
很有可能会产生某些意外的结果。既然提到了多伦温德模型和标签理论相互补充的特征,我们下面将进一步讨论与多伦温德模型有关的一些概念和研究。

221 第七章

适应、危机、应对与支持

我们在第三章介绍了多伦温德(Barbara Dohrenwend，1978)有关压力与心理疾病之
222 间关系的重要观点。与传统的心理健康模型相比，多伦温德模型不仅更具综合性，而且为心理健康问题的解决提供了新的替代性方案。本章是对多伦温德模型的进一步讨论。我们将从传统的心理障碍概念出发，分析“适应”和“危机”这两个重要概念，再由心理危机问题引申出对压力性生活事件的研究，然后借助易感性模型(vulnerability model)对人与环境取向(person-environment approach)作出新的评估，为接下来进一步讨论“应对”和“社会支持”铺平道路。

我们想要知道的是，个体遇到和处理压力性生活事件时，应该如何避免发展出心理疾病？或者态度更积极一点——个体应该如何努力恢复心理平衡？甚至获得心理成长？

适　应

多伦温德(Dohrenwend，1978)认为，社区心理学的目标是设法“削弱(或破坏)压力诱发精神疾病的过程”(p.2)。要了解这一过程，最好从“适应”(adaptation)这一概念入手。适应是指个体行为与周围环境的要求和约束条件之间契合性的改善。通过拓展环境为个体提供的生态位(niche)，或者通过提高个体的行为能力，为他(或她)自己拓展生态位宽

度(niche breath)制造机会,都可以促进个体的适应。多伦温德模型认为,环境的不断变化构成了对个体行为的刺激。因此,任何一种适应都具有情境性和时限性,个体总要不断面对下一次压力事件的挑战。

适应不仅意味着改变某人的行为以适应变化了的条件,在词典中,它还包含遵从(conformity)或调整(adjustment)的意思。但是,站在人本主义自我实现(self-actualizing)的立场上看,顺应或调整自己以适应外部环境可能是错误的观念。如果明知社会环境具有压迫性,还鼓励个体去适应这样的环境,就等于做了压迫者的帮凶。试问那些处境不利、穷苦潦倒、被污名化的,以及其他相对弱势的群体应该去适应他们所处的社会环境吗?还是说,提高他们的社会意识、激发他们改造环境的需求有时候会更有利于维护他们的利益?

提出这些问题意在提醒我们,对任何问题而言,并不存在某种绝对的解决方案,因为我们无法想象一种不涉及某种社会秩序的心理健康标准。也就是说,对心理健康标准的判断不可能超越某种特定的社会秩序,不存在所谓的“社会真空”(social vacuum)。例如,弗洛伊德将正常、健康的人定义为能够爱、工作和游戏的人。这些看起来都是个人标准。但事实上,一旦某个人说到爱、工作或游戏,他(或她)便已经在某种形式的社会秩序中与他人发生了联系。虽然“社会适应”(social adaptation)似乎意味着个体不得 223
不顺应某种固定的社会秩序,这听起来有些保守,但事实就是,每个人都必须适应某些特定的社会秩序。此外,社会适应这个概念也不排斥通过行动改变社会条件这种适应方式。

社会适应意味着要对个体与环境之间的关系作出结构性调整。例如,压力性事件可能威胁对资源的使用,导致事务进展的中断,并要求个体对其作出适应性反应。以萨宾(Sarbin, 1970)的生态学作为框架(参见本书第五章),有助于说明压力性事件可能带来的破坏性,以及对此作出适应性调整的重要意义。在“自我维护的”(self-maintenance)生态系统中,个体作为一个生物社会有机体(biosocial organism),必须能够正确地识别对象或事件,并明确该对象、事件同自己的关系,只有如此才能存活(见本书第五章)。例如,个体必须清楚自己对食物、氧气、住所等事物的需求,并掌握获取这些必需品的方法和途径。而对金钱和权力的追求则是依附于特定社会秩序的需求形式,个体一旦无法参与对这些物品和职位的交换就会陷入严重困境。例如,健康风险便与一个人的社会经济地位存在线性关系。如果你拥有更多的财富,你就有希望活得更久、更健康,这没有什么可奇怪的(Adler et al., 1994)。

萨宾(Sarbin, 1970)随后谈到社会性生态系统(social ecology)。社会性生态系统被定义为个体通过承担各种社会角色来获得自我价值感和社会归属感的系统。如果个体不能在社会性生态系统中准确定位自己,就很可能违背了他人的预期,于是不得不付出更多的努力去实现那些期待。你可以宣称自己是王公贵族,但是,如果无人对你俯首称臣,你便无法实现这个角色。而且,如果你充当某个角色的资格不够,别人还会无视你,甚至觉得你不正常。个体总会对某些地方(如家庭、邻里或社区)充满感情,他们在这里扮演重要角色,并对自己和他人可能作出的行为有所预期。如果这种情感和预期被一次抢劫、移居或社区灾难破坏,个体的依恋感便会伴随着痛苦的体验而瓦解(Brown & Perkins, 1992)。

在规范性生态系统(normative ecology)中,失败、对自己的失望以及他人的反应都会对个体的自我定位产生影响。例如,对于"我做得怎么样?"这个问题,如果回答是"不太好",那么,这个人将不得不寻找其他形式的适应。足球教练就是个不错的例子。如果球队在整个赛季中成绩惨淡,教练很可能被老板炒鱿鱼。

最后,个体还必须在萨宾所谓的先验性生态系统(transcendental ecology)中定位自224 己,这个系统涉及价值问题。每个人都需要一个综合的意义系统,帮助自己澄清当前和以往的经验,消除事件和关系中的不确定性。如果一个人由于丧失信念而产生了某种无意义感,他(或她)就可能会陷入严重困境,需要寻求新的意义资源或进行新的适应。想象一下,当某个虔诚的教徒遭遇了信仰危机,他(或她)很有可能会暂时离开所属的教会。

总之,适应包含生物性的、社会性的、自我指涉的(self-referent)或价值负载的(value-laden)等多个维度。任何一种适应状态都具有情境性和暂时性的特点,而不是全面或永久性的。当出现新的压力源或其他外部环境变化时,原先的适应就会遭到破坏。平衡总是不断地被打破,新的适应又不断产生。有些人借助对失衡的不断适应取得了巨大成功。例如,运动员努力打破原有的记录;又如,很多人都在不断尝试超越自我极限(personal best)。那么,我们又该如何定义这种意味着重新适应的混乱或破坏性状态(disruptive state)呢?

危机与神经症

正如被剥夺氧气、食物的个体会出现生理危机或紧急情况一样,个体在不同生态系统中的依恋关系或位置平衡被打破时,也会陷入危机。危机(crisis)在这里是指将个体推入"绝境"(no exit)、迫使个体不得不以某种方式改变自己的突发性变化或遭遇。

危机概念对于社区心理健康和预防护理模式具有重要影响。危机理论始于林德曼(Lindemann, 1944),他针对波士顿某夜总会发生的一场火灾事故,对遇难者家属开展了一项追踪调查。这家椰林夜总会(Cocoanut Grove nightclub)当时生意火爆。1942 年 11 月 28 日晚,也就是火灾当天,客人尤其多。火灾现场只有两个出口。在火情发生之后的恐慌中,共有 439 人丧生,其中许多人是在慌乱中被冲向出口的人群踩踏致死的。还有更多人被烧伤,有些伤情十分严重,以致急诊医疗服务机构不堪重负。当时最需要做的是提供短期心理咨询服务,不仅是为灾难幸存者提供,也要为那些死者的朋友、爱人和亲属提供。林德曼通过对大量死难者家属的跟踪调查发现,每一个幸存者如果想要摆脱"丧亲之痛”(grief work)就必须从与死者的关系中脱离出来,重新适应失去亲人后的生活环境,然后建立新的依恋和关系。林德曼因此得出结论,面对生命周期中的压力性生活事件,个体需要不断适应。他没有将幸存者的情感反应定义为精神病理性的,而是将其解释为人们适应环境变化的正常反应。这种对危机适应过程的强调,对当时在心理健康领域占主导地位的思维方式而言是一次重大的改变。

为了进一步理解危机概念中蕴含的重大思想转变,我们将它与精神分析理论的神经 225
症概念作一比较。以个体为中心的精神分析理论认为,人的行为问题是生命早期发展阶段未能解决的冲突造成的后果。这些冲突遭到压抑,换句话说,引发了心理防御。如果被抑制的冲动力量过于强大,心理防御便会被突破,遭到抑制的能量会通过严重焦虑等形式表现出来,继而被解释为某种疾病的症状。在经典的弗洛伊德理论中,那些增强内在驱力、削弱心理防御并引发焦虑的事件被称为诱发性事件(precipitating event)。该理论关注的重点始终是个人,而不是诱发性事件。

在危机理论中,任何变化都首先意味着对先前适应状态的挑战,个体因此需要新的适应。以某人获得职务晋升为例,接受新的职权意味着个体必须学习或练习新的技能。新的权力位置意味着个体原有的支持性关系网络发生了改变。很显然,自己当了老板就不可能再和别人一起跟老板对着干。在危机理论看来,人们体验到的任何一种焦虑都与要求新的适应的挑战有关。

危机的概念与神经症有些相似,但危机并不意味着疾病。这两个术语的构词方式本身就体现了它们之间的区别。神经症(neurosis)一词来源于希腊语的“筋”(“sinew”)或“腱”(“tendon”),用来表示物体在力量、活力和精力等方面的状态,如弓弦紧绷的状态,或俗语中某种神经高度紧张的状态(strung out)。到了弗洛伊德时代,神经症被用来指无器质性病变的神经系统功能性障碍。在医学模式中,焦虑或紧张(nervous)同样含有神经系统无法正常工作的意思。

“危机”一词在希腊语中的词根为抉择(to decide),是指在疾病发展过程中决定个体是康复还是死亡的关键时刻。通常而言,危机是指事态发展过程中即将出现决定性转变的某个转折点。要么变好,要么变坏,迫在眉睫。事态并不一定总是变坏,也有可能变好——这种理念引导我们产生了完全不同的思维和行动。这意味着各种潜能和应对困境或掌控疾病的能力是可以提前储备的。危机概念在将专业人员的注意力导向提前干预(包括对能力和心理弹性的积极建设)方面起到了重要作用(Maton, Schellenbach, Leadbeater, & Solarz, 2004)。

神经症被认为是心理防御的失败。危机则发生在个体面临看似无法克服的困难,而传统的解决方法又无能为力,以致人生的重要目标无法实现的时候。此时的个体可能在前述“生物性”“社会性”“规范性”和“先验性”四种生态系统中出现了某种定位偏差,或者
某些重要的社会联结遭到了破坏,必须作出新的反应。危机并不专属于那些前期经验固 226
着者(previous fixation),每个人都有可能经历危机。任何时候,只要某个外部事件要求改

变传统的问题解决方式，危机就有可能出现。

危机理论家（Parad & Parad，1999；Slaikeu，1984）描述了危机事件的几个重要特征。首先，出现了压力性或应激性事件，需要作出某些改变。危机事件给个体带来了新的问题，而且在个体看来，自己在现阶段或近期难以解决这一问题。对于这类应激性或压力性生活事件，当事人可能事先有所预期，也可能之前一无所知。后者属于意外事件。

意外事件（unanticipated events）是指那些超出了个体所能掌控的范围的重大损失（如亲属亡故、失业、由疾病导致的失能或残疾）或威胁（如自然灾难、被殴打、强奸或品行操守遭到亵渎，例如，要求身处集中营的妇女在保全自己和母亲的生命之间作出抉择）。虽然这些意外事件发生的时间大多无法预计，但有些情况下某类大概率事件的发生（如某位生病的家人死亡）还是可以预期的。

预期事件（anticipated events）是指角色或生活方式发生改变，个体需要承担新的责任或有必要发展新的社会关系之类的重要生活事件。例如，入学、结婚、退休、为人父母、乔迁新居等，都可以归于可预期事件的范畴。因为这些事件的发生是意料之中的，我们可以据此采取预防性措施或提前做好安排，以便在事件发生时获得需要的帮助。

危机的第二个特征在于，新的问题会在物质、生理和心理资源等方面加重个体、家人及社会网络中其他支持者的负担。例如，亲友亡故，失去父（母）亲或配偶，生育了早产儿，初为人父（母），成为需要管理一个团队的老板，体验到从未有过的情感，在经验不足的情况下作决策，等等。当个体处理私人情感和外部问题的方法不恰当时，危机就会产生。处于危机中的人大多体验到无助、失能、焦虑、害怕、内疚之感，从而使得行为效率远低于正常水平。

以往曾对什么事件会构成危机以及其不良反应可能持续多长时间等问题有过一些争论，不过现在的研究者似乎不再关心这类问题。有人认为，危机很少会持续超过 6 周。这个数值与《圣经》中几次危机的时限有关。诺亚在大水中呆了 40 天，基督在沙漠中坚持了 40 天，摩西在外漂泊了 40 年，而 40 周还是人类孕育和创造一个“新生命”所需的妊娠周期。

今天，至少从表面看，无论持续时间长短，危机已经被纳入压力和压力性生活事件这
227 类更一般的概念。当个体意识到或预计将会有问题发生时，不仅会伴随着紧张和焦虑，还会启动习惯性的问题解决反应方式，如可能依赖他人的帮助来解决问题，也可能退缩，或积极寻求信息支持，或探索新的解决方案。具体如何反应则因人而异。

一旦问题获得解决，紧张感便会消除。即便问题得不到解决，只要个体能够释怀（“这个问题对我而言没那么重要，所以也就不存在实质性的损失和威胁”），抑或个体直接选择放弃（如辞职），焦虑也会立刻得到缓解。而如果个体采用了一种新的问题解决策略，那么可以说，他因此获得了成长，并掌握了新的知识和技能。现在，他（或她）已经可以利用更多的个人资源去面对世界或各种事件。

专栏 7-1 对压力性生活事件的研究

并非所有危机都能得到成功解决。一种假设认为，环境因素和个人特征都参与了对压力事件的调节。有证据表明，在经历过婚姻失败(Bloom, Asher, & White, 1978)、经济破产(Kiernan, Toro, Rappaport, & Seidman, 1989; Dooley, Catalano, & Wilson, 1994)等严重创伤性事件的人群中，心理障碍的发生率远高于预期。离婚、失业等重大变故，以及连续发生的一连串小的事件都可能超出个体所能使用的应对资源的极限，从而对其身心健康造成威胁。

压力性生活事件量表

随后的研究者试图证明这样一种观点，即那种离散的、时间有限的、要求个体作出改变或重新适应的压力性事件会增加个体患各种心理疾病的风险。精神病学家霍尔姆斯和拉赫(Holmes & Rahe, 1967)最早编制的近期经历事件表(Schedule of Recent Experience, SRE)中包含了结婚、迁居、重大人身伤害和患病等 43 类生活事件。(我们在本书第一章描述过其中多种事件的发生率。)个体的生活压力分数就等于他(或她)报告的近期(通常设定为 6 个月至 24 个月)经历的压力性事件的总量。但是，霍尔姆斯和拉赫不久就意识到，有些事件(如配偶死亡)比其他事件(如度假)要求个体作出更多的改变和适应，于是他们重新修编了社会再适应评定量表(Social Readjustment Rating Scale, SRRS)。表中对每一事件要求个体作出的改变量或再适应量作了加权处理(最新版本见 Hobson et al., 1998)，这样个体体验到的压力分数就变成了被试报告的压力性事件加权之后的总分，或称为“生活变化总量”。正性事件(如庆祝圣诞节)和负性事 228
件(如被老板炒鱿鱼)都需要适应，因而都可能给个体造成压力。研究者最初的假设是，无论负性的还是正性的改变都会造成压力，但研究结果表明，只有负性事件对心理疾病的发生具有预测作用，而且，正性事件不能抵消或补偿负性事件的影响。

尽管存在很多不足，生活事件量表(Life Events Scales)和测量日常压力(如汽车抛锚、家长因孩子表现不良被传唤到学校等)的生活琐事量表(Hassle Scales)已经成为测量个体压力的标准调查工具，并在各类人群中得到广泛使用。大量的实证研究结果证明，日积月累的压力体验(生活事件量表中所测的那些)与个体身心的许多不良状态之间存在高度相关(参见 Bloom, 1984, for a review)。

但是，也有批评指出，压力与心理障碍之间似乎只存在某种中等程度的相关(代表性相关系数为 0.30 或者更小，只能解释不足 10%的变异；Rabkin & Streuning, 1976)。门罗和斯坦纳(Monroe & Steiner, 1986)认为，由于生活事件量表或生活琐事量表中使用的术语和意义与对心理障碍的测量之间部分重叠，因而得出的压力与心理障碍之间的关系只有部分真实性。而且，对事件的评估和事后反应都是主观性测量。在日常琐事与自我报告的压力体验之间的显著相关很有可能受到负性情绪(negative affectivity)

的影响。负性情绪在此是指个体倾向于将自我评定量表中的情境或事件评定为创伤性事件的一种反应风格。

很多研究结果受到研究方法的局限。弗伦奇、诺克斯和杰寇斯基(French, Knox, & Gekoski, 1992)推断:"研究者在对老年样本中生活事件与健康水平之间的关系进行考察时,采用的很多量表工具的健康相关条目之间存在着混乱(即在对自变量和因变量的测量中有许多语义相似的项目)。"(p.249)

但是,并非所有研究都存在混淆变量的问题。例如,居住在典型社会政治暴乱地区的智利妇女,与居住在轻暴力地区的妇女相比,其妊娠并发症的发病率更高。在使用统计方法对其他各种社会因素的影响加以控制之后,结果依然如此。其中,压力性生活事件包括武装军队和警察的大量出现,在社区发生的政治拘留,有关政治犯被劫持、裁决、遭受酷刑的消息等。在这个例子中,独立变量与因变量不存在混淆的问题(Zapata et al., 1992)。

对于压力事件的测量一直存在着争论,几乎所有生活事件量表所测得的结果都未
229 达到早期研究的预期。尽管测量工具于概念上还存在一定的局限性,但将生活事件加以量化作为衡量压力的指标,相对于该领域以往的质性研究而言,仍然可以说是方法上的一个突破。

在霍尔姆斯与拉赫量表中,生活事件被认定为非特异性刺激(nonspecific stimuli),即假设事件产生的影响并不具有差异性。而个体对事件的认知评估,以及可利用的社会支持并未列入考虑范畴。这种早期的处理方式现在看来未免过于简单。后来的测量方式相对强调适应过程的心理和情感层面,而不是生活事件本身。

此外,生活事件量表测量的项目与特定目标人群之间有些相关有些不相关。例如,霍尔姆斯和拉赫量表中有许多项目(退休、赎回抵押或借贷、儿女离家)与大学生群体之间并不存在直接关联,而大学生经历的许多压力性事件(如学业失败、与父母的关系等)并未出现在列表上,事实上,这些项目更能反映大学生面临的压力。种族歧视是非裔美国人日常生活的一个影响因素(Harrell, 2000),但大部分量表都未能涉及此类与种族相关的生活事件或琐事。研究者现在已经开始从目标人群中选取代表性样本,挑选该群体或类似群体经历的典型事件,编制针对特定人群的事件量表(Levine & Perkins, 1980a)。压力性生活事件在所有人群中的分布并不是随机的,男性与女性、青年与老年、不同种族或民族的人、职权高的人和职权低的人经历的压力性事件无论在性质上还是在发生率上显然有所不同。

对于压力性生活事件未来研究的展望。在多伦温德模型中,不同个体的特点、情境因素与特定的生活事件相互作用产生压力,并影响个体适应的结果。这一观点得到了广泛认可(Perkins, 1982)。个性气质、应对方式和社会支持的组合在压力性生活事件与适应结果之间具有调节作用。有些儿童被认为拥有"心理韧性"或"抗压能力",即

使面临重大的生活压力源，他们也能成功适应。卢瑟和齐格勒(Luther & Zigler, 1991)曾对有关这一群体的研究文献作过评述。其中许多研究将婴儿的气质、性别、情绪、解决社会问题的能力、获取学业成就的动机、自我控制感和家庭支持视作评价儿童心理复原力的指标(也可参见，Barbarin, Richter, & deWet, 2001)。

瓦利恩特和戴维斯(Vaillant & Davis, 2000)选择了73名智商低于87分的高加索内城居民作为样本，对他们进行了一项为期51年(从14岁到65岁)的跟踪研究。结果发现，与高智商的对照组相比，低智商群体所受的教育更少，更有可能从事体力劳动。 230
研究者原木预期，社会地位和经济收入低的人群对压力性生活事件的易感性会更高。但是，进入成人期以后，大约有一半的低智商者都适应良好，他们与高智商人群有关适应的测量得分并不存在显著差异。正如作者所言："(在校期间的)低智商是一种可怕的魔咒，但智商并不决定人的命运。"(p.221)美满的婚姻、社交技能和情绪智力等因素的加入使得低智商人群也能获得可观的收入，谋得社区领导的位置或者让自己的孩子学业有成。通过研究那些存有弱点但仍能成功适应的人，我们可以学到如何帮助他人适应，也明白不应过于相信那些仅通过测量若干重要变量而获得的所谓预测结果。

心理复原力高的个体是如何成功适应的呢？我们上文所提及的变量都是"以人为中心"(person-centered)的构念，但并未说明心理复原力高的个体如何解释压力源、如何使用各种资源，以及如何应对特殊的压力事件。有一项针对美国大都市非裔单身母亲的深度访谈研究发现，这些被认为具有高复原力的单身母亲在如何看待、应对或避免压力方面有着许多惊人之处。虽然她们缺钱，但有些人成功地克服了经济问题。对其中许多人而言，她们身处的社区环境是一个大问题，而另一些人却做到了使自己和孩子免受邻里的不良影响。此外，她们因为突破了环境的局限而获得了自我成就感(Brodsky, 1999)。相对于仅仅要求被试对量表作出反应的那些研究而言，质化研究更有深度，从中能够学到更多东西。

米罗夫基和罗斯(Mirowsky & Ross, 1989)强烈反对将生活事件量表和生活琐事量表作为研究个体适应的工具，因为这些工具只关注个体，忽视了与痛苦相关的那些社会经济因素："有关日常琐事和生活改变的观念都忽视了造成心理痛苦的社会原因……那些因为不平等、不公正和缺乏机会而引发的不良事件、损失、失败和持续不断的压力源与心理痛苦之间的联系。"(p.130)解决这些问题可能需要协调的社会和政治行动，我们将在后面的相关章节讨论这一话题。

总之，对近期压力事件的测量并不能准确预测个体未来的幸福感水平。如果想要在这个问题上有所突破，研究者的兴趣需要向生活压力定性研究回归，对个体经历压力性事件的过程进行深入研究，并且像布罗德斯基(Brodsky, 1999)的研究那样，关注人们在应对特定压力源时采取的实际行动。

231 ## 易感性:一个综合性视角

多伦温德模型认为,在经历短暂的应激反应之后,个体可能出现三种情况:恢复到之前的功能水平,演变为精神疾病或成功解决问题并获得心理成长。事实上,在现代生活中,压力无处不在(参考本书第一章),但并非人人都会被压垮。尽管压力性事件以某种不确定的方式从整体上增加了个体心理失常的风险,但到目前为止,尚未发现任何一种外部压力源肯定构成了某种特定生理或心理功能障碍的病因。

对健康与疾病的简单二分可能带来某些误导。在某个特定时间段发生功能障碍的人,最终会在这段时间过后得到不同程度的康复;而目前处于健康状态的人,也可能在随后的某个时间段不堪重压,出现心理障碍。例如,有研究发现,那些从小受到家庭虐待但在小学阶段表现出良好心理复原力的儿童,在之后的青春期并不一定适应良好。那些长期遭受家庭虐待或因成长于不健全家庭而极度缺少关爱的儿童,到了青春期很可能会出现适应不良(Herrenkohl, Herrenkohl, & Egolf, 1994)。

在多伦温德模型中,易感性(vulnerability)是暴露于压力源、应对策略的有效性、社会支持的可获性,以及个体的生理和其他社会特性综合作用的结果。因此,受压程度的增加会导致易感性增加,失去社会支持或采用不恰当的应对策略(如酒精或药物的过量使用)同样会导致易感性的增加。

对个体的易感性和疾病的发生、发展进行区分很有意义。这意味着,任何人在压力情境下都存在一定程度(或高或低)的易感性,并且会在特定条件下出现暂时性的适应危机。没有人的易感性会显示为零。易感性代表的是某种潜在的患病倾向,而非现实的病情或症状。个体的易感性部分取决于某些先天或"预设性"因素(如基因遗传、先天应对能力),同时也得到诸如社会支持等保护性因素的补偿。当近期压力性事件导致的失衡超出个体易感性设置的临界值时,便会出现心理障碍。

"近期压力体验"这一习惯性表述很可能低估了某些情况的复杂性。例如,对精神分裂症患者的子女而言,遗传是影响其精神分裂易感性的重要因素。与此同时,父亲或母亲的精神分裂行为也会给孩子带来长期的、不可预知的压力。两代人的遗传倾向相互交织,
232 对易感性产生影响。父母的障碍、对家庭生活采取的不当甚至有害的干预措施会导致生活压力在两代人之间的循环作用(Dunn, 1993; Grunebaum & Gammeltoft, 1993)。同样,我们也可以将父母抑郁视作子女抑郁的危险性因素(Hammen, 1992)。

易感性视角与之前以个体为中心的精神病理学理论相比具有一定的优势。与多伦温德模型和生态学类比(见本书第四章)相似,易感性视角将个体中心、环境因素与健康和失调的阶段性结合在一起。即便是在初始阶段易感性水平相对稳定的个体,其对压力的敏感性和环境支持的水平也会不时发生波动。另外,虽然外部压力的降低可能为个体带来短期改善,但长期稳定的进步仍有赖于个体易感性水平的降低(如发展更为有效的应对策略,对周围环境作出永久性的改造等)。易感性模型与我们在现实生活中观察到的结果一致:每个人都过着肥皂剧式的生活,但大部分人都不会患上足以明确诊断的心理疾病。最

后，“易感性”与“疾病”这个词相比，不太容易产生污名效应（毕竟每个人或多或少都具有易感性）。与观察结果相一致的还包括在患病风险方面存在的个体差异。高风险人群具有较高的易感性，但他们对环境的体验模式并不一致。

我们需要警惕和避免过度简单化。斯卡夫、芬尼和莫斯（Skaff, Finney, & Moos, 1999）跟踪调查了515名有一年以上酗酒史的男女。研究结果表明，随着时间的推移，社会支持的增加和压力水平的下降（易感性降低的标志）都与酗酒的减少相关。但是，来自朋友的支持对女性而言比男性更为重要。易感性的构念虽然很有价值，但我们需要牢记，现实生活中的问题永远比我们的理论假设要复杂得多。

目击或直接遭受暴力侵害是重要的压力源。目击暴力场面会增加易感性，导致儿童窘迫症的增多。在南非，由于社会动荡不安，儿童时常暴露于政治、家庭和社区范围内的多重暴力之下。巴尔巴林、里克特和德韦特（Barbarin, Richter, & deWet, 2001）对625名6岁的南非黑人儿童及其家人进行了研究。他们以儿童的各种不同适应方式作为因变量，结果发现，儿童暴露于暴力场景与不良适应方式存在相关，暴力类型也会对因变量产生影响，其中，社区暴力和家庭暴力对儿童适应的影响最大。严重的社区暴力还会影响母亲的痛苦程度，其相关值达到了统计学上的显著水平，尽管相关度并不是很高。

家庭处理暴力相关问题的方式、为儿童提供的安全保障，以及其他可利用的支持资源 233
等因素对儿童接触暴力之后的焦虑感具有调节作用。巴尔巴林及其同事指出，虽然人们可以通过完善的支持计划来预防暴力的不良影响，但最重要的还是解决与暴力相关的社会和经济问题。以家庭为中心的预防方案受到重视，但这也可能会分散人们的注意力，导致人们忽视通过社会和政治途径来解决核心问题。

我们下面将转向有关个体应对和社会支持的理论与研究。在多伦温德模型中，个体应对和社会支持是两个重要的保护性因素。

应　对

理论上说，应对能力的提高能够降低个体面对压力时的易感性（Dohrenwend, 1978）。应对（coping）可以定义为“对耗费或超出个体资源的需求加以控制、容忍或降低的那些认知和行为努力”（Kessler, Price, & Wortnan, 1985, p.550）。在这一部分，我们要描述应对的一般特征，以及在应对方面存在的个体和情境差异。

应对的一般特征

面对压力事件，个体通常需要解决两个重大问题。其一，如何管理内部压力，包括焦虑、紧张、抑郁、愤怒、烦躁、集中注意困难、失眠、疲劳，以及与此相关的思维，如自我怀疑、自责等。对这类情绪的管理被称为“以情绪为中心的应对”（emotion-focused coping）。其二,采取何种具体行动来应对,这类反应被称为“以问题为中心的应对”(problem-focused coping)。此外,有时候会提到第三种反应——“以知觉为中心的应对”(perception-focused coping),即通过改变认知,在主观上降低某个事件对个体的威胁或消极影响(Folkman & Lazarus, 1988; Thoits, 1986)。

在多伦温德模型中,充分的心理调节意味着压力易感性的降低。应对策略被归入心理调节,个体可以通过管理情绪、控制情境或改变事件的意义来降低易感性。而要想应对策略行之有效,离不开社会支持网络的参与。鉴于应对和人际支持都分别具有情绪导向、问题导向或认知导向,又或兼具三种导向,索茨(Thoits, 1986)建议,可以将社会支持概念化为“提供应对援助”。

处理和预防与压力相关问题的策略可以沿着两个维度展开讨论。其一,个体应对反应的不同特点(情绪导向、问题导向或认知导向);其二,干预的重点是内部心理调节(如通过教育)还是外部情境调节(如增加支持性资源)。

234 **对压力源的认知评估**。最初,理论聚焦于描述对压力源反应的阶段。拉扎勒斯(Lazarus, 1991)和福尔克曼(Folkman, 1984)最早明确了压力源认知评估的两个阶段。第一阶段为初级评估,包括个体对情境是否危险或具有潜在危险性的判断。有时候个体会发现某些情境可能有害,但也具有挑战性。然后进入次级评估。在次级评估阶段,个体会判断自己是否具有应对资源或者是否有能力获得这些资源。那些拥有资源或拥有获取资源渠道的个体通常会比那些缺乏资源的个体表现出较低的易感性。如果个体觉得自己没有资源去应对情境,其紧张水平会迅速上升。如果个体将压力事件激起的唤醒状态解释为糟糕、错误、病态或软弱无能的表现,那么,个体可能完全无法应对,并且会因为感受到焦虑而更加焦虑,加重个体的紧张和不安。

后续研究聚焦于个体如何应对特定的压力源,以及如何帮助个体发展心理调节方法,以应对某些特定压力。这些研究反映了危机理论的假设,即人们可以提前储备力量或创造新的力量,以降低对压力的易感性。

一般应对方式量表。有研究者尝试对一般应对方式进行描述和测量,并编制了自陈量表。该量表并不要求被试报告他们如何应对某种具体的压力,而是要求他们报告一般的应对方式。在一项大规模调查中,弗莱什曼等人(Fleishman et al., 2000)对艾滋病毒阳性患者的情绪问题做了研究。他们从各种应对量表中挑选出 40 个与艾滋病毒感染者的处境相关的条目,组成列表,其中包含艾滋病患者在被病毒感染之后可能出现的各种反应。该量表采用 5 点计分,用于了解被试在调查前 4 周各种应对行为发生的频率。

40 个条目被归入 6 个因素,分别命名为:(1)积极应对(如对事物持乐观态度);(2)否认应对(相信事实会改变);(3)认知回避(以免担心);(4)接受宿命(既然已成事实);(5)社会隔绝(回避他人);(6)寻求相关信息(学习艾滋病毒的知识)。

进一步的回归分析显示,应对因素与情绪状态之间存在某些相关性,但关系极为复杂,这在一定程度上似乎暗示了某种潜变量“负性情绪”(negative affectivity)的存在。例如，乐观主义与带有负性情绪色彩的（with a negative affective tone）应对方式呈负相关，而与带有正性情绪色彩的（with a positive affective tone）应对方式（如采取积极行动）呈正相关。

这些不同性质的相关虽然具有统计学上的显著意义，却很可能存在某些偶然性。由于缺乏重复性的验证，这些结果被认为并不可靠。使用不够严谨而又抽象的量表工具，往 235
往会出现复杂的、有时前后不一的、难以解释的研究结果，也因此无法说明真实的应对过程。研究者太希望从数据中发现意义，因此，分析过程中富含的个人洞察力要比任何从统计数据中直接获取的结果都多。弗莱什曼等人指出，由于感染艾滋病毒对个体提出了多方面的适应要求，因此有关艾滋病毒感染者应对方式的研究不在少数。在这些研究中，感染艾滋病毒意味着个体的人际和亲密关系、工作职位、污名应对、保险获取和医疗护理等受到全面影响。研究者注意到，被试在回答问题的时候想象的压力源不尽相同。而即便被试能够理解测量条目的描述具体指向哪一类行为（就如研究者事先假设的那样），研究者对调查结果的解释仍难免存在歧义。

专栏 7-2　波丽安娜与快乐游戏

“极度乐观者”(pollyanna)这个词几乎无人不知，但鲜有人知道它的来历。在波特(Eleanor Hodgman Porter，1913)的畅销书《极度乐观者》(*Pollyanna*)中，有一个 11 岁的小姑娘，名叫波丽安娜。波丽安娜是个孤儿，父亲去世后她跟随姑妈一起生活，住在佛蒙特州的一个小镇上。波丽安娜的父亲是个贫穷的牧师，他很早便教会女儿玩“快乐游戏”(Glad Game)。“快乐游戏”是认知行为疗法和积极心理学的先驱，它要求一个人即使身处艰难之境也要努力寻求快乐。与其说它是对情绪的否认，不如将它理解为一种自主控制思维的练习，力图通过改变思维来改变人的情绪。由于“快乐游戏”强调思维与情绪的关系，这使它听起来有那么点儿“威廉·詹姆斯主义”(William Jamesian)①。“快乐游戏”建立在“互为抑制”的基础上。波丽安娜解释说，当一个人努力追求积极时，就不可能再停留于消极。她教导人们：“即使在苦难时刻，也要坚持寻找那些让自己感觉快乐的东西，这样做非常重要。”通过这种强调，波丽安娜使人们明白一个道理，即坚持不懈地寻求对策是唤起希望的先决条件。波丽安娜在教人们做“快乐游戏”的时候讲了一个故事。她曾经非常渴望得到一个布娃娃，但是，爸爸的“传教士桶”里只有一根儿童拐杖。那只桶被用来装信众送给牧师的酬劳物资，那是牧师家庭用以维持生计的资源。波丽安娜感到非常失望。但父亲告诉她，她至少可以因为自己不需要拄拐杖而感到庆幸。“快乐游戏”似乎是一种通用的情绪应对策略。这本书中讲述了波丽安娜如何将“快乐游戏”教给小镇上其他居民的故事。在该书的作者看来，通过传播这种应对策略，波丽安娜改变了她生活的那个小镇。

① 指威廉·詹姆斯的实用主义哲学。——译者注

236 和想要确定人们如何应对具体压力的那些研究相比，一般应对方式量表及其创造的分类系统能够提供的信息似乎并不多。而作为一种情绪管理的认知手段，适当的教育可以帮助个体了解、识别和接受自身的一系列情绪变化，从而避免对初级唤醒产生次生反应。有时候，只需一点准备和提醒便可起到预防作用。例如，如果牙医在拔牙之前告诉你会感到有一点疼痛，或者，外科医生在手术前就告诉你术后可能会有某些不适，那么，当疼痛真的来临时，你就不会过度焦虑，因为一切都在意料之中。不适在这里不代表哪里出了问题，而恰好说明你的状态在当时情况下“属于正常”。

手术前的简单准备和提醒会对患者外科手术后的康复过程产生影响。有一项基于对大量文献回顾的研究得出结论：曾在短程手术前获得信息和情感支持的住院病人，其平均住院时间比控制组（无信息和情感支持）病人更短。如果干预方法与病人的应对方式相匹配，这种效果还会增强。例如，采取否认应对方式的病人（在某些情况下被认为是一种消极的心理调节）从术前解释和提醒中获得的收益并不明显。但是，那些采用寻求信息和策略应对方式的病人能从中获益良多。换句话说，类似这种改善应对的简单尝试会受到复杂的交互作用的影响。这类干预的成本与病人住院的医疗费用相比要便宜很多，因而从效益/成本的视角看，这类干预还是十分有效的（Mumford，Schlesinger，Glass，Patrick，& Cuerdon，1998）。

基夫等人（Keefe et al.，2000）研究和评估了骨关节炎患者应对疼痛的6种认知方式：转移注意、重新解读疼痛感、忽视疼痛感、自勉应对（如“我能应对的了”）、祈祷或希望、“小题大做”（以完全消极的眼光看待病痛）。在控制了被试的人口统计学特征和医疗条件等干扰因素之后，他们发现，那些从不“小题大做”或相信自己能够控制或减少疼痛的患者报告的疼痛级别较低，生理和心理失能也更少。这些发现非常鼓舞人心，通过训练应对技能来缓解与压力相关的情绪因此成为一个重要的研究领域。

人在面临某种压力的时候，可以从专门针对这类问题的应对策略调整中受益。特尔奇等人（Telch & Telch，1986）发展了一套针对认知、情绪和行为应对技能的培训方案，用以帮助癌症病人应对压力。患者小组被安排学习放松和压力管理、有效沟通与决断、问题解决与建设性思维、情绪控制和娱乐活动策划等，行为实践则包括家庭作业、目标设立、自我监控、行为演练、角色扮演和反馈与辅导等。

237 训练6周之后，应对技能培训组的病人在情绪和自我效能感方面得到了明显改善，更少出现与疾病相关的问题。与被随机分配到结构松散的互助支持组的病人相比，他们的情况要好很多。实际上，互助支持组的干预也有一定效果，因为那些被随机分配到无任何干预组（控制组）的病人在同一时期的检查结果出现了恶化。与互助支持组相比，他们的检查结果更为糟糕。需要注意的是，由于技能培训组的活动同样是以团体方式进行的，所以团体内部存在的某种形式的互相支持也是干预内容的一部分。

向精神分裂症患者教授应对技能同样取得了效果。勒克莱尔等人（Leclerc，Lesage，Ricard，Leconte，& Cyr，2000）选择了55名精神分裂症患者，在12周内为这些病人安排了24次每次1小时的小组会谈。在病人小组中，每组平均有终身住院病人4.2个，患者的平均住院时长为17.8年。可见，这些病人的精神分裂症病史长且严重。该研究的理论构想是，培养应对能力可以提高患者的自信。小组成员采用纸笔学习、小组讨论、角色扮演和准备性练习等多种方式来了解和学习应对技能。患者被鼓励在小组长的带领下讨论如何将应对技能应用于日常生活。培训的内容包括：教患者识别病症；了解压力和压力源；区分哪些事情可以改变，哪些事情不能改变。患者还被教导如何评估资源，如何针对特定问题选择不同的应对策略，以及学会对应对结果进行评估等。

研究者分别在治疗开始、治疗结束和治疗结束6个月后这三个时间节点对培训组与控制组的检查结果进行了比较。结果显示，培训组患者的自尊水平得到了提升，并能维持在较高水平，出现妄想的次数有所减少。而控制组患者在因变量的各维度上均未显示出统计学意义上的显著改善。这项研究的问题在于，改善与压力评估及应对方式量表所测得的结果之间未见显著相关；另一个问题是，培训组患者中女性所占比例比控制组要高。这项研究虽然干预效果并不显著，但仍值得关注，它提示了采用应对技能干预减少精神分裂症相关症状的可能性。

其他有关训练人们应对持续性压力的研究也报告了类似的积极效果（Schwartz & Rogers, 1994）。例如，对多发性硬化症（multiple sclerosis, MS）患者的干预研究。由于多种功能丧失，多发性硬化症患者往往对自己和未来严重失去信心。柯比（Kirkby, 1994）将应对技能干预法应用于自认为“有严重经前期综合征”的女性，并获得了成功。将特定的应对技能教给那些患有长期慢性疾病且不断复发的病人所获得的积极效果给人们带来了希望。在以后的研究中，我们希望看到更多这样的努力。

唤起希望。一旦急性应激得到控制，第二个任务就是采取适当行动来应对压力情境。 238
如果个体还能够采取行动，则表明他（或她）相信通过自己的努力能使情况变好。相反，如果个体感到无助、绝望甚至想要自杀，则意味着他（或她）感到自己无论做什么都已经无济于事。所以，应对任务是情感卷入的，它涉及对个体希望的唤起，或个体需要确信自己有能力对当前的处境做些什么。来访者在第一次心理治疗会谈之后，常常会感到事情正在向好的方向转变——绝望的处境有希望得到缓解。试想这样一个例子，一位妇女带着新生儿搬入一个陌生的社区，在那里她没有一个朋友。她的丈夫忙于应对新工作的严苛要求，根本没有时间和精力照顾家庭。而且家庭经济拮据，无钱雇请帮佣。其他家人都住得很远，帮不上忙，况且母亲跟女儿或者儿子跟岳母在一起呆的时间长了也容易发生摩擦。有一天，她的丈夫令她失望至极，她甚至考虑要离家出走或搬回自己的娘家去。她非常痛苦，时而嚎啕大哭，时而大发雷霆，无法平复心情，焦虑和抑郁笼罩着她。最后，她给一位心理咨询师打电话，并在咨询师的帮助下制定了行动计划。几天之后，她给咨询师回电，报告她正在按计划行动，开始对未来充满希望，相信事情会向好的方向发展。这种希望感已构成其信念系统的一个重要方面，即她相信自己有能力应对眼前的境遇。

社区居民在面对周围可能存在的环境威胁、毒品交易、帮派活动等问题时，也可能会因为缺乏稳定感和安全感而对环境改变感到绝望。但是,只要保持与他人见面沟通,并加入同质性团体来获取力量,就可以唤起人们对环境改变的希望。希望感的唤醒会促使人们行动,这一事实对组织社会行动具有重要意义,有助于克服人们的道德冷漠(将在本书第十二章有关社会行动部分作进一步讨论)。

关于希望,我们其实所知甚少。拉扎勒斯(Lazarus, 1991, p.282)在有关情绪的一本百科全书式的著作中说:"相比其他情绪……对希望的讨论少之又少。……希望在人们的经济心理系统中是如此重要,是治疗伤心绝望的一剂良药。"那么,个体在何种情况下能够唤起希望?是否需要来自他人的某种支持?个体能够通过回忆以往的成功来激发希望吗?重燃希望的可能性是否说明个体由于曾经克服逆境而变得更有力量?希望感对决策而言是必不可少的吗?

239 有关希望的一种假设来自波丽安娜(见专栏7-2)。她承认在某些非常困难的情况下,确实难以找到使人快乐的东西。但她也强调,寻找快乐的困难性其实也增加了游戏的价值。她认为,寻求快乐的方法需要持之以恒,如果能坚持寻求解决的办法,办法最终总会出现。这种"总会有办法"的信念是否就是希望的本质?如果回答是肯定的,那么,坚持寻求解决方案的信念很可能就是一种可以训练的认知调节,让人们在困难时刻仍能保持士气。

是否还有一些类似的动机,如复仇动机或向他人证明某些东西的愿望,也能激励个体克服逆境呢?这些动机也许并不那么高尚,却有着强大的动机作用。例如,许多纳粹集中营中的幸存者设法实现一个高远的目标——将自己的经历告诉世人,或者完成某些未竟的工作——正是这些目标支撑着他们忍受极端的折磨,避免屈服于看似无法克服的困境(Frankl, 1992)。一些针对具有心理复原力的儿童的研究指出,设法成为和父(母)亲不一样的人,或者拥有自认为最重要的目标追求等因素,对儿童克服极端困境具有重要作用(Dunn, 1993; Herrenkohl, et al., 1994)。我们有关人格的知识大多来自对那些"困难屈服者"的研究,对于那些成功克服困难并因此而变得更为强大的人,我们其实所知甚少。

心理复原力。有些研究关注心理复原力的建构。研究者对来自贫困、破裂、暴力家庭却仍能适应良好的儿童进行了研究。巴尔巴林等人(Barbarin et al., 2001)在针对南非暴力家庭儿童的研究中发现,那些被母亲评价为高心理复原力的儿童,即使遭受过暴力虐待,也能表现出较好的适应。而那些具有学业动机的儿童同样表现出较高的心理健康水平。

有关心理复原力的研究并没有统一的测量工具。有的儿童在学校表现很好,有些受到同伴敬重,有些在焦虑或抑郁量表中得分很低,有些则从未在社区中陷入麻烦。可是,这些效标变量(criterion variables)之间并不存在显著相关,它们只能各自代表测试对象在某个领域具有心理复原力。在巴尔巴林、里克特和德韦特(Barbarin, Richert, & de Wet, 2001)的研究中,各测量项目的相关系数仅在−0.12到0.56之间,6项测量指标所测结果之间相关系数的中位数只有0.183。在阿科斯塔(Acosta, 1998)有关儿童适应的研究报告中，各项测量指标之间的交互相关(intercorrelation)与上述结果近似。除此之外，各种效标变量的"预测力"也因研究重点的不同而有所不同(Acosta, 1998)，因此，很难在一般意义上讨论心理复原力的概念或心理复原力的相关因素。此外，在某一发展阶段拥有心 240
理复原力的儿童，在另一阶段面临不同挑战或持续性压力时也可能被击垮。在学龄期适应良好并不代表在青春期也一定能够适应良好。

应该将心理复原力视为个体差异变量还是一种人格特质？这样的争论并不能帮助我们理解拥有心理复原力的个体在面对特定的压力源时的行动和想法。假如拥有心理复原力只是意味着拥有仁父慈母，那么预防性干预将难以开展。如果能对那些我们认为拥有心理复原力的个体展开调查，了解他们在面临挑战时的真实想法和行动，探讨这些行动是否可以以及怎样纳入教学，这样做是否会更加有利于预防、干预和对问题的解决呢？

以问题为中心的应对。应对危机是一项情感高度卷入的工作。当事人必须首先设法调整好那些乱人心志的情绪，将注意力集中到接下来的行动上。解决问题需要更多的思考和行动。例如，一个四五十岁的寡妇，与成年子女生活在一起。她没有资格领取社会保障金，只能从亡夫的保险金中获取少量经济支持。20 或 25 年来她一直没有工作，而她可能还有 30 年甚至更长的时间要活。除了丧夫之痛，她还面临着自谋生计的问题。她对财务管理和投资毫无经验，却要解决如何赚钱、如何用钱的问题。她不得不对自身的资源及职场优势进行评估，不得不同那些比她年轻得多的同事一起从基础开始做起，或许还得寻求机会重新接受职业教育或培训。在决定了要做某个工作之后，她需要经历新的学习体验，如参加或担心考试，并面临着与小青年们相处时自身角色的窘迫。她不得不结交新的朋友，尤其是当她以寡妇的身份与出双入对的已婚夫妇交往时，难免会感到尴尬。如果她决定发展一段新的亲密关系，那么还得处理恋爱问题。除了这些，还有许多其他问题，包括如何维护和修理住宅，如何雇用维修工，以及如何与维修工打交道，等等，这些统统是问题。除了处理家务事和社会关系，如何安排好个人时间也是她需要考虑的问题。所有这些都是一个孀居的寡妇或离婚夫妇需要面临的。难怪我们之前在讨论适应问题时发现，丧偶或离婚在压力性生活事件量表中的权重是如此之大。

一个寡妇的处境可以用问题解决(problem-solving)的术语来描述：她必须认真检视每一个问题，提出各种解决方案，评估每一方案所需的资源，以及在不确定或陌生环境中实施方案的风险。心理学家已经发展出许多问题解决的技术和方法，将这些技术和方法 241
教授给人们，有助于强化个体内在的心理调节(Spivack & Shure, 1985, 1993)。无论何时，每当人们尝试新的冒险、产生新的体验或掌握新的生存技巧，便可以说他(或她)获得了心理上的成长。危机模型引导我们努力提高和发展人们解决问题的能力。如果能在危机发生之前教会人们相关的应对技巧，我们便已经在实施预防策略，即帮助人们在危机出现之前作好心理调节的准备。

危机解决的几个阶段

危机模型假设，危机解决的过程随时间而变化，具有阶段性。这意味着在某个阶段处理危机的最佳方式和其他阶段不一样。安杰尔、耶恩和英格尔比（Angel, Hjern, & Ingleby, 2001）对 99 名居住在瑞士的波斯尼亚族学龄期儿童进行了研究。这些孩子饱受战乱之苦，在种族清洗的血腥恐怖和不断增加的不确定性气氛中被迫远离家乡。他们的家庭损失了大部分的财产，还得重新适应陌生的文化。在这种情况下，许多儿童出现了过度警觉、恐惧、战争梦魇等症状。与瑞士当地儿童相比，这些波斯尼亚儿童更加频繁地体验到悲伤情绪。与以往的专业研究结果不同，这项研究的数据显示，那些父母从不跟他们谈论创伤经历的儿童与父母曾经跟他们谈论自己的创伤体验的儿童相比，更少表现出心理障碍的症状。如果儿童体验到的压力相对较轻，那么讨论是有益的；但当压力非常大时，父母与孩子的讨论只会让问题变得更糟。在人们经历痛苦的某个阶段，设法解决问题有时可能行得通；但如果该群体的文化传统是忘记惨痛的历史，那么执意关注这个问题反而会阻碍该群体的适应。在这种情况下，经过一段时间，等人们克服了困难或有了新的适应之后，再与他们分享之前的不幸可能更为有效。

库布勒-罗斯（Kubler-Ross, 1969）对有关死亡和临终的研究作出了重要贡献。他详细描述了个体在走向死亡的过程中所经历的几个阶段。在他们之前，林德曼（Lindemann, 1944）对家人死于火灾的悲痛反应进行了研究，提出了个体经历丧亲之痛的几个阶段。其他类型的危机解决同样具有各自的阶段性。了解这些阶段至关重要，因为适用于某个阶段的应对方式和支持类型在其他阶段很可能并不适用。

女性经历强奸之后的心理危机包括三个阶段（Burgess & Holmstrom, 1979）。第一阶段，体验创伤、恐惧、羞耻和相关的担忧。第二阶段，努力回归正常生活，调节或淡化强
242 奸事件对自己生活的意义。第三阶段，也就是在事件发生几个星期（有时是几个月）之后，过去的创伤经历会重新回到受害者的意识之中，个体不得不再次整合和解决这一负性事件，这个阶段被称为抑郁情绪或焦虑阶段（Kilpatrick, Veronen, & Resick, 1979）。在最后这个阶段，个体会将这段经历整合并纳入自我概念。例如，将自己视为遭受过强奸、暴力或性虐待的对象，并将这种自我认识整合或同化到一般的自我概念中。处理强奸问题的心理专家倾向于鼓励来访者将自己视为幸存者（survivor）而不是受害者（victim）。

自责可能反映了某种文化价值的注入，也可能反映了受害人与那些迟钝的警察、公诉人、医务人员、亲属、爱人或朋友进行交流的经验，但更多的还是当事人对自己的责备，如“我不应该晚上单独外出”“我不应该搭乘陌生人的车”“我不应该进入他的房间”“我应该叫得更大声或反抗得更强烈”，等等。事件的真相不再重要，开始让步于个体自我责备的事实（Morrow & Sorell, 1989）。这种自责具有一定的适应价值，因为受害者可能会说：“假如我还能针对事件发生的原因做些什么，或许那就是知道怎样可以避免重蹈覆辙。”有研究发现，自我控制感强的女性与自我控制感弱的女性相比，在强奸事件发生 6 个月之后，抑郁和创伤后窘迫症的发生率更低。这提示我们，自我控制感作为一种心理调节有助

于个体创伤后的心理适应(Regehr, Cadell, & Jansen, 1999)。

在此之后,由于这段经历,幸存的受害者可能会参与社会和政治行动,为其他强奸事件的受害人提供陪伴服务和危机干预,为女性受害人寻求更为安全的治安保护、更有力的诉讼,以及更加敏感的对待和处理。此外,这些努力还可能改变某种男权社会根深蒂固的文化态度,这种文化态度置女性于危险境地,仅仅因为她是一名女性。

愤怒是强奸受害者最常体验的复杂情绪之一。在早期阶段,受害者可能会压抑或否认自己的愤怒,将强奸事件与个人分离开,视为社会性过错。但是,到了第三阶段,她的愤怒情绪往往变得更加个体化(personalized),在某种意义上也变得更为真实:"那个婊子养的,他利用了我,我要杀了他!"这种事后愤怒必须得到适当处理。此外,我们尚未考虑由强奸事件导致的受害者与爱人或丈夫关系变化的复杂情况,也没有考虑在运行法律程序的过程中当事人所体验到的羞耻感和沮丧(Silverman, 1992; Burgess & Holmstrom, 1979)。选择何种应对方式和支持类型还要看问题是否涉及受害者的爱人、熟人或官员,并根据受害者正处于恢复过程中的哪一时间段进行综合考虑。

对危机事件的重温通常不会贯穿整个应对的过程,但重温总是伴随着恐惧、愤怒和内
疚等强烈情绪体验。将这种情绪体验描述为个体恢复过程中的一个阶段而非某种疾病症 243
状,意味着对这种体验的重构,即将其重塑为与当事人刚刚经历过的危机事件相关的暂时性情绪状态。这些情绪或相关思维需要避免被解释为神经症的临床症状。正如医生在手术前对患者的提醒,它们最好被解释为类似手术后可能出现的不适。此外,在危机发生后的不同阶段,由于当事人的需要不同,所面临的适应问题也会有所不同。恰当的应对可以帮助当事人顺利度过这段危机,甚至将其转化为某种个人优势。

化创伤为应力

任何生活事件都可能产生积极或消极的影响。消极影响几乎立刻就能看到,而积极影响往往要在一段时间之后才会显现。并不是每个人都能从积极的压力应对方式中获益。那么,是什么因素导致了这种差异?从易感性的视角看,保护性因素的观念引导我们从聚焦损害心理健康的那些情境或过程转而关注强化心理健康的那些情境或过程。本节的意图不在于说明心理障碍在应对过程中是如何发生的,而是要解释在此过程中应力(strength)的产生。

芬克尔等人(Finkel & Jacobsen, 1977)要求被试描述那些对他们的人格因素(他称之为"应力")起到了强化作用的重要生活经历,或者那些给个体发展带来损害的创伤性事件。出乎意料的是,许多人不约而同地描述了三类事件:负性事件、正性事件和负性—正性事件(起初是负性事件,但后期总体上转化出积极效果)。芬克尔称后一种经验为"创伤-应力转化"(trauma-stren conversion)。在这一过程中,一种突然发生的洞见或"灵光一现"帮助个体从更为积极的角度重新解释创伤事件。先前对创伤事件的消极建构被新的解释代替,后者强调个体的应对、适应和学习能力。由创伤向应力的转化并不是一种简单

的防御性歪曲。在创伤事件发生的初期，当事人已经体验到痛苦、后悔和愤怒的情绪，而事件体现出来的积极价值本质上是一种“后见之明”(hindsight)。

从预防的角度看，由创伤向应力的转化受益于某种“保护性因素”，后者被称为心理弹性或心理复原力，有助于减少后续生活事件的消极影响，以及因压力引发心理疾病的风险(Finkel & Jacobson, 1977)。

压力性生活事件的转化与哪些心理因素有关呢？在某项研究中，大约有4%的大学生被试在调查之前一学年的时间内遭遇了父(母)亡故。丧父或丧母是大学生经历的最严重的压力性生活事件之一(Levine & Perkins, 1984a)。然而，在事件发生之后的4—22个月内，约有一半学生将这一沉重压力转化为积极的改变(Tebes & Perkins, 1984)。压力 244 性生活事件的转化究竟有着怎样的特性呢？我们能否将这些作为一种应对压力问题的初级预防方法，用来帮助那些不能独自完成创伤-应力转化的个体实现这一转化呢？(参考专栏7-2“波丽安娜与快乐游戏”。)

尽管不是直接讨论转化，但是泰勒、凯梅尼和里德等人的研究(Taylor, Kemeny, Reed, Bower, & Gruenewald, 2000)描述了人们如何通过社会比较(social comparison)实现自我增强(self-enhancement)的过程。这一过程让那些正在经历压力性生活事件的人感觉自己比其他人的情况要好。泰勒等人对女性乳腺癌患者的适应过程进行了研究，并在研究报告中阐明了上述观点。对疾病有着积极适应的那些妇女自发地使用了一种被泰勒等人称为“有益幻想”(beneficial illusions)的适应策略。(类似于波丽安娜传授的技术，帮助人们在受压状态下也能感受到愉快。)有益幻想不是对事件的简单否认，而是对现实的重新建构。它能使人产生一定程度的乐观和对整个事件的掌控感。这些认知机制能否让我们对压力体验在促进成长和提高自尊方面具有的潜能有更多的认识和理解呢？

与强调具有心理调节作用的内在特质(如Kobasa, 1979)不同，有效的应对策略是情境化的，而不是在任何情况下都通用的。通过考察人们对具体情境的适应，我们可以将应对方法进行打包(package)，用以培训或帮助人们提高心理复原力。记住，并不是每一种应对方法在各种不同情境中都同样有效。例如，适用于解决婚姻冲突的应对方法，对解决工作问题并不一定有效(Pearlin & Schooler, 1978)。不存在某种普适性的应对方法，这提示我们在描述特定压力情境和阐释成功(或失败)的应对策略时要时刻保持谨慎。

人们如何在各种不同的日常情境中使用某种特定的应对方式？福尔克曼和拉扎勒斯(Folkman & Lazarus, 1980)试图回答这个问题。在他们的研究中，中年男女被要求报告他们在应对近期压力事件时的想法和做法。结果发现，以问题为中心应对(problem-focused coping)和以情绪为中心应对(emotion-focused coping)是最常被使用的两种应对方法。那种认为女性会比男性更常使用情感应对的看法被证实只是文化刻板印象。在福尔克曼和拉扎勒斯的研究中，女性并不比男性更多地使用情感应对。问题情境和对事件的评估是决定应对方式的关键因素。与工作相关的事件往往需要有效且具体的应对策略，因此，人们会更多采取问题应对；与健康相关的问题，为建设性行动提供了较少的机会，因此更有可能引发情感应对。拉扎勒斯(Lazarus, 1991)和福尔克曼(Folkman, 2001)呼吁研究者，应该更多关注压力的性质。他们的研究结果支持了多伦温德(Dohrenwend, 1978)的观点，即个体对事件的评估与事件发生的情景语境(situational context)之间的关系决定了人们的应对反应。

即使面对的问题相似，经验和处境不同的两个人也会采取不同的应对方式。某项目 245
小组为老年病人的家庭照料者提供援助，帮助他们应对压力情境，这些援助的有效性被发现会因家庭照料者是病人的配偶还是他们的中年儿女而有所不同。老年病人的配偶极少需要"应该做什么"之类的信息，他们大部分都知道应该做哪些事，他们更需要知道的是如何关注自己，以及寻求他人对自己"英雄般的"日常工作的赞扬和肯定，他们能够从中获得支持。另一方面，如果家庭照料者是老人的中年儿女，他们会更多地需要有关"应该做什么"和"如何寻找资源"等方面的信息(Labrecque, Peak, & Toseland, 1992)。

应对与宗教

很少有研究者调查普通人对日常事件的自然应对(natural coping)，宗教在应对过程中的作用尤其被忽略。宗教应对(religious coping)或可被视作情感应对的一种形式，但这些抽象概念无助于描述人们实际上做了什么，也未能将发生宗教应对的社会和文化情境包含在内。成千上万的人参与有组织的宗教服务，他们自认是虔诚的宗教信徒，依靠宗教信念帮助自己渡过危机和其他难关。信仰上帝，祈祷、忏悔，在日常生活中寻求上帝的教诲，这些都是宗教应对的例子。

宗教信仰能够降低个体经历某些不良事件的可能性。如果人们采取健康的生活方式，并坚守宗教信仰而不吸毒、不搞婚外情，便有助于降低压力水平。宗教信仰还会影响人们对已经发生了的事件的认知和评价，及其对应对策略的选择。宗教团体是社会支持的一个重要来源。总之，宗教信仰和宗教应对方式对提升心理健康和预防心理问题似乎具有重要价值(Pargament & Maton, 2000)。

仍有很多重要问题有待研究。各种不同的应对策略(直接行动、认知重评等)与应对结果之间存在何种程度的关联？由于应对与评估不断发生相互作用，因此有必要针对应对的动态过程开展纵向研究。一旦我们对应对过程有了更多认识，就能知道如何及时教会人们应对技能，以预防危机和减少不良适应的发生。

社会支持

在多伦温德模型中，影响压力生活事件应对结果的第二个重要变量是社会支持(social support)。社会支持是易感性的构成要素之一。从理论上来说，那些缺乏社会支持的人，其易感性要比能够依靠社会支持克服困难的人明显要高。在个体水平上，索茨 246

(Thoits, 1986)将社会支持理解为有助于个体应对压力的一种资源。正如我们将会看到的,社会支持是一个十分复杂的概念。在操作层面,对社会支持有多种不同的建构。因此,我们有必要分别讨论有关社会支持的不同定义及测量方法,因为它们对人的幸福具有不同的意义。

社会整合与健康。社会整合(social integration)与社会支持相比,是指人们对广泛社会关系的参与(Brissette, Cohen, & Seeman, 2000)。孤立的个体被排除于社交网络之外,仅这一个原因就足以让人变得脆弱。以流放、驱逐或回避等方式将一个人逐出他所在的社会群体,只当这个人不存在,或任其自生自灭,是最为严厉的一种惩罚。孤独和寂寞对个体而言是足以致命的(Blazer, 1982; House, Landis, & Umberson, 1988; Wong et al., 2001)。

已有研究证据表明,在乳腺癌治愈、预防和治疗普通感冒,以及心脏病发作等多种不同条件下,社会整合这一变量(不代表社会支持的其他形式)都与健康、长寿和幸福感高度相关(Cohen, Gottlieb, & Underwood, 2000)。研究者曾在一个紧密团结的支持性社区对生活在那里的心脏病患者进行为期50年的跟踪研究,结果发现,每当社区内的社会内聚力(social cohesiveness)降低,心脏病的发病率便随之升高(Egolf, Lasker, Wolf, & Potvin, 1992)。社会整合对个体应对生活压力同样具有重要意义。下面让我们进一步详细讨论这些问题。

社会支持的理论与研究

当一个人的适应受到威胁,而又缺乏足够的应对资源时,他(或她)便进入了危机状态。某些重要应对资源来自人们的社交网络(Thoits, 1986)。在这一节,我们将针对相关问题的复杂性展开讨论。我们会发现,支持是一个多维度的动态性概念,这些维度会随着时间和情境的变化而不断发生改变。正是这种复杂性给测量和评估社会支持及其效果带来了困难。下面先举一个例子。(为了更好地理解这个例子,建议首先想一想,你有多大可能会接受来自陌生人的帮助?)一名年轻女子跟着她的情人来到某个城市,她对那个男人的了解并不是太深。她背井离乡,举目无亲。有一天,这个男人突然告诉她,说自己已经厌倦了他们之间的关系,而这在之前毫无征兆。男人割袍断义,绝尘而去。女子感到震惊、害怕,但又无颜求助家乡父老。幸运的是,她想起有一位故友住在附近。这位故友什
247 么也没有问,带她回了自己家,让她住下,直到她为返家作好打算。案例中的这位女子是人际关系网络的一部分,其中的规则是,她可以向网络中的人们求助。

处于危机中的个体可能需要物质资源、情感支持,也可能需要某种引导。再举第二个例子。假定一名女大学生怀孕了,她决定做人工流产,却没有钱支付手术费。她向一位舍友讲述了自己的困境。这名舍友同样属于某个社交网络。舍友再向网络中的其他成员求助,结果从她们的朋友那里筹集到了费用,安排这个女生去医院接受手术。在她手术后休养的过程中,有另一个大学生朋友照顾,接着又有其他朋友到该女生家乡的机场接她,送

她回到父母家中。在此过程中，朋友们都很重视女生的这件事，倾听她的心声，帮助她一步步做好计划。她们是她的患难之交，心腹闺蜜。假如她选择将孩子生下来，她卷入其中的社交网络同样会帮助她。

上述两个案例的当事人都从各自的社交网络中获得了她们所需要的支持。出现这种情况的可能性有多大？首先，案例中的当事人要主动寻求帮助，并且能够判断哪些人可以提供帮助，这两点是获得社会支持的必要条件。有些人面对同样的情况，可能会感到内疚、低自尊，抑或出于某些更深层次的原因而深感无助，他们因而无法利用这些支持性资源。这就是为什么有些人尽管身处具有紧密联系和支持性的社交网络，而且朋友、家人和专业治疗师都付出了最大努力，却最终还是选择了自杀。难以利用社会支持体现了一种不良的应对方式，后者降低了人们从不同角度看问题的能力，以及作出其他选择的可能性（Reinecke & DuBois, 2001）。

在这两个例子中，那些被求助的人都愿意提供帮助。但是有些时候，某个人的需求如此之多，以致“涸泽而渔”。这些人很可能会被孤立，确切地说，他们耗尽了周围人的好意和“人际信用”（interpersonal credits）。在长期慢性承压的境况下，支持难免受到侵蚀，这种损害会加重所有相关者的痛苦（Tebes, 1983）。所有事情都在发展改变。虽然一般而言，心理障碍患者的配偶都愿意照顾他们，但是，一旦婚姻破裂，照料的责任很可能就会被交还到患者父母的手中。同样，随着父母的衰老，特别是患病，其他成年子女就要承担照顾心理障碍患者的重要责任（Johnson, 2000）。即使这些人情愿提供长期帮助，也会有新的问题产生。智力障碍者或精神疾病患者的父母大多担心他们“终老”之后，这些孩子的未来将会怎样。“我们的年纪越来越大，谁来照顾我们智障的儿子呢？”“我儿子很害怕在我死后会发生什么，我自己也是。”“我祈祷到时候会有专门的机构来照顾我的孩子。”（Grosser & Vine, 1991, p.288）可见，对于支持问题，不能脱离生命发展的不同阶段来考虑。 248

我们已经讨论过家庭支持和同伴支持。严重精神疾病患者的社交网络中通常包括一些机构工作者，如个案管理者、专业顾问、福利工作者、警务人员等（Holmes-Eber & Riger, 1990）。与此不同的是，其他大多数人可以依靠配偶、恋人、家人、朋友，有能力的也可以聘请专业人员（如医生、律师、税务会计师等）为他们提供服务。这些专业帮助不存在污名化的问题。无论是使用公共服务网络还是私人或个人支持网络，都需要具备某些技巧或条件（回顾随机向陌生人求助的例子），才能获得相应的资源（Cronkite, Moos, Twohey, Cohen, & Swindle, 1998）。那些需要借助公共支持网络的人可能需要某些“官僚技能”（bureaucratic competence），而依靠家庭和私人关系的人需要其他（与官僚机构完全不同的）技巧。在各类社会关系中，人们都必须遵守某些特殊的规则以提供支持和获得支持。我们不能将在某个支持网络中有效的技巧直接用于另一个支持网络，或将两种不同技巧混为一谈。做一个好客户是一回事，而做一个好朋友是另一回事。尽管如此，那些针对曾经入院治疗的精神病患者开展的项目不仅能够帮助他们学会利用社区资源和获取职业技能，同时也会为他们与家人或其他人的关系带来助益（Pilisuk, 2001）。这些患者的成功改变会产生辐射效应。他们开始相信,有更多的人可以为他们提供援助(领悟支持),他们的易感性因此降低了。可见,获得支持所需要的技巧是可以通过学习提高的。

提供支持的作用。提供支持产生的影响与获得支持一样重要。有关长期为他人提供支持对提供者有何影响,我们还知之甚少。那些长期照顾老年配偶的妇女显然需要一些对自己的支持,例如,给自己放个假,考虑一下自己的需求,因自己的所作所为而得到认可和尊重等。而对于那些刚刚开始照顾年老体弱家人的年轻女性,她们最需要的不一定是情感支持,而可能是相关的信息资源,她们更想知道在特定情况下应该如何去做(Labrecque, Peak, & Toseland, 1992)。

正如我们想知道怎样才能教会他人求助和利用支持的技能一样,我们同样需要考虑如何向支持者提供支持,尤其是在面临长期性问题时。在儿童保护组织剥夺了吸毒母亲对孩子的监护权之后,通常会由祖父母来监护孩子,而祖父母很可能没有精力照顾年幼的孙辈。
249 因为老人家可能体力不够,情绪受挫,社会支持网络有限。此外,那些来自长期贫困家庭或功能失调家庭的孩子还可能会有某些特殊的需求,而这也会加剧照顾者的压力(Burnette, 1999)。我们既要关注那些需要帮助的人,也应考虑这些助人者对支持的需求。

负性支持(negative support)。在上述案例中,助人者提供的支持都是正性的和有益的。但是,关系网络中也有一些人似乎不愿意向他人提供任何帮助。倘若被求助,他们不仅不提供支持,而且还可能使问题变得更糟。对于人际关系中的支持方面,以及冲突或负担方面都应进行研究,它们对人的健康和幸福有着完全不同的意涵(Wills & Shinar, 2000)。举例来说,当照顾年迈父母的中年子女不能从他们预期的支持者那里获得所需要的帮助时,可能会深感失望,而这给他们增添了更多的压力。于是,他们一方面努力照顾老人,另一方面他们内心往往愤怒与无奈、自责与失望交织,五味杂陈(Perrotta, 1982)。

有时候,出于善意但并不恰当的支持也是一个问题,可能成为人际支持网络中新的困扰,使得问题复杂化。例如,为了保护祖母而不让她知道心爱的孙女自杀的消息,所有亲属都没有向祖母透露任何讯息。她直到抵达将要为孙女举行葬礼的城市才得知真相。祖母顿时崩溃。她对孙女的死没有任何心理准备,并对不尊重她、没有告诉她实情的那些人感到异常生气。对那些经历丧亲之痛的人而言,所谓的“善意的谎言”通常很可能弄巧成拙。它会让人的内心产生距离感,甚至导致愤恨,当事人会感觉受到了蒙骗,或者觉得周围人对自己缺乏真诚。

人际支持网络中的负性人际互动与人们内心痛苦的增加和幸福感的降低呈显著相关。比起积极人际互动具有的缓解痛苦的作用,不良人际关系与人的内心痛苦之间的相关程度更高(Finch, Okun, Barrerra, Zantra, & Reich, 1989; Schuster, Kessler, & Aseltine, 1990; Wills & Shinar, 2000)。强奸受害者常常不得不面对来自人际支持网络成员的不支持行为。戴维斯、布里克曼和贝克(Davis, Brickman, & Baker, 1991)研究了年轻女性遭遇强奸后的适应问题(post-rape adjustment)。他们发现,重要他人的正性支持(如“鼓励我去看医生”“临时帮忙接管我的部分工作”)和非支持性行为(unsupportive behaviors)(如只是“告诉我当时应该对强奸者进行更强烈的反抗”或者“批评我不够当心”)相比,前者的作用显然大得多。那些非支持性行为反而有可能加重受害者的适应困难。

离婚给家庭支持网络带来的痛苦是另一个问题。利帕尼采(Luepnitz, 1991)的研究发现,如果父母离异后仍继续发生冲突,会加重孩子的不良适应。那些父母正在闹离婚的孩子,能够从父母或其他家人那里获得的正性支持明显减少。与那些获得较多支持的孩 250
子相比,他们对压力的易感性更高,适应的难度也会更大(Wolchik, Ruehlman, Braver, & Sandler, 1989)。

家庭支持网络中的痛苦还会扩散,进而对家庭以外问题的处理产生消极影响。道杰力和赫什伯格(D'Augelli & Hershberger, 1993)发现,同性恋男女的自杀念头和抑郁倾向与他们内心的恐惧有关,而他们最害怕的往往是父母和其他社交网络成员发现他们的性倾向之后可能作出的反应。

志愿者团体和社区行动组织的成员通常应该相互支持。在这样的团体中,其内部的长期不和与分裂会造成极大危害。从事某项事业的成员不得不将大量时间和精力投入内部斗争,而不是团结一致,共同“御敌”。这种内讧(in-fighting)有可能导致团队最终解体。

对负性支持的研究。对负性支持的研究与其他使用普通量表所做的研究存在同样的问题。每个研究团队对负应力(negative stress)的定义和测量方式各不相同。例如,有一项研究简单询问被试:“配偶和朋友是否令你感到紧张?”(Antonucci, Lansford, & Akiyama, 2001)莱因哈特(Reinhardt, 2001)从两个维度测量负性压力,她分别计算了“时常令你生气或心烦的交往者数量”和“时常被你惹得生气或心烦的交往者数量”。鲁克(Rook, 2001)则采用日记法(diary method),对消极的沟通和交流进行鉴别和计数,包括询问被试是否有人令他们感到心烦、与他们争吵、以不友善的方式对待他们、在他们需要帮助时给予拒绝、使他们生气或伤害他们的感情,以及他们是否被迫与不喜欢的人呆在一起等诸如此类的问题(Rook, 2001, p.89)。斯温德尔等人(Swindle, Heller, Alexander, Allen, & Wyman, 2001)则采用了另一种测量负性支持或消极互动的方式,具体测量内容包括“鼓励逃避、不鼓励独立、拒绝支持/令人失望、贬损自尊以及批评/冲突”(p.102)。这项研究还尝试着测量了与某一种具体压力相关的负性支持,同时还测量了被试是否拥有一个“总体而言呈负性的领悟支持网络”(global negative perceived network)。

每一个研究团队选择某种测量负性支持的方法都有他们自己的理由,却很少有人研究不同测量方式之间的等价性。研究团队很少探究不同类型的负性支持对幸福感的影响作用是否相同。各项研究在测量时所针对的压力源、时间段、施测对象也不相同(如老年人、照顾年迈父母的中年人、有视力障碍的成人、非裔美国妇女等)。由于该领域的研究工具很不统一,以至于只能得出“负性支持多数情况下会导致消极后果,而且正性支持不可能抵消负性支持的影响”之类的简单研究结论,而且在此基础上很难再有进一步的突破。 251
例如,鲁克(Rook, 2001)找到一些数据,支持“非对称交叉模型(asymmetrical crossover model),在这个模型中,负性互动的影响作用很大,远超出情感可控的范畴”(p.94)。也就是说，参与不良互动会破坏人的心情，而且这种消极情绪无法通过正性支持得到修复。目前还没有研究者设计实验来证明这一假设。该领域的研究之所以滞后，最主要的原因是规范化不足，以及施测对象很难对有些问题的陈述给予精确的回答。许多研究结果显示出复杂的交互作用模式，效应达到 2%的变异便被认定为支持了某个假设，而假设之外的其他相关因素被忽略，或者仅给予简单的解释。这样做对那些（作为研究出发点的）理论而言没有任何发展意义。

“社会支持”构念的复杂性。除了负性支持需要研究，社会支持的积极作用也不完全是无条件的。以前针对社会支持而进行的大规模问卷调查研究未免过于简单化，现在越来越多的研究试图借助高区分度的概念和测量方法来反映社会支持的复杂性。尽管如此，在社会支持的理论概念和测量方法标准化，以及研究结果真正得到可重复性验证之前，我们还有很长的路要走。研究者仅仅使用“社会支持”这一相同的语词是不够的，还需要对概念或理论使用相同的建构（the same constructs）和测量方式（参见 Cohen, Gottlieb, & Underwood, 2000）。

贾妮斯（Janis, 1983）在援助戒烟和减肥者的医患关系中识别出三种支持性变量。首先，需要建立参照权力（referent power）。这意味着帮助者需要成为患者的重要他人，帮助者的赞成和否定要能对患者真正产生影响（并非所有人的支持都具有相同的权重，以往对支持的测量并没有考虑不同支持者的权重问题）。其次，对参照权力的使用。通过奖励与理想目标相符的行为，以及对背离目标的行为进行适度否定（mild disapproval），来强化患者作出改变的信念和行动。除非另一个人和自己存在某种重要关系，否则他的观点通常没那么重要。第三，帮助患者由他人监督（other-directed approval）转变为自我管理（self-directed approval）的技术。这个问题虽然不是本节讨论的重点，却有助于我们理解提供支持与获得支持之间的关系是如何建立起来的。

如果将治疗师的治疗作为建立有效支持关系的典型，我们可以看到，有效治疗并不只是移情式的倾听。在大多数情况下，成功的治疗需要以“无条件地接纳”（unconditional acceptance）作为条件。而一旦建立了参照权力，治疗师就可以在患者背离协商好的行动
252 目标时对其进行适当批评。关于支持关系中有效批评的作用，以往对社会支持的研究文献并未涉及（参见下一节卡普兰对社会支持的描述）。那些构成支持的语言、行为和情感应该随着对象、问题和情境的不同而变化，但大部分对社会支持的问卷调查都没有将这些因素纳入考虑范围（参见专栏 7-3）。

专栏 7-3　文化语境中的应对与支持

德雷斯勒（William Dressler, 1991）曾对不同历史、文化和社会结构中的压力—应对—社会支持模型（stress/coping/social support model）进行研究。他以美国民权运动的深刻影响为出发点，以非裔美国人社区的种族关系、社会分层与分化为背景，调查了抑郁症、道德败坏和社会支持在美国南部乡村一个非裔美国人社区的分布情况。

民权运动在非裔美国人社区创造了一个更加分化的社会经济结构。随着黑人参与美国社会生活的法律障碍被正式解除和反种族歧视法的落实，非裔美国人的职业地位和薪水报酬得到普遍提高。与此同时，非裔美国人社区内部的社会、经济等级差距(从底层至顶层)进一步扩大(Wilson, 1987)。德雷斯勒认为，社会支持的意义、压力的意义，以及对个体社会身份的威胁会因为社会等级地位和历史发展而有所不同。

老一辈生长于严格的种族隔离制度下，他们受教育的机会和工作的机会受到了严重限制。从外部来看，种族隔离创建了一个相对同质的社会经济区域。在这里，中产以上阶级只占少数，大部分人都是低收入和低名望者，从事着低技能的工作，而且很少能够得到升迁的机会。对大部分人而言，大家庭、“近亲”和教会组织构成了最重要的支持源。人们在文化和社会结构允许的范围内发展他们的社会身份(如父亲、职员、教徒或“好人”)。在这样的社会网络架构中，人们可以在需要时向他人寻求帮助以应对生活的变迁。在这种社区，那些威胁到个体社会身份，以及妨碍与他人联结的因素成为主要的压力源。

老一代人为民权运动而奋斗，并见证了这场运动带来的变化，他们的努力取得了历史性的成就，令其中许多人感到骄傲。然而，对大部分老一代人而言，由这场变革带来的社会和经济发展机会来得太晚了。对这群人来说，他们感受到的压力源仍是威胁 253
个人与社区联结以及个体身份认同的那些因素。他们所能获得的支持源依旧来自大家庭和教会组织。年轻一代没有经历过严格的种族隔离制度。尽管仍然受到种族主义的限制，但他们有了更多受教育的机会、工作的机会和参与社会经济发展的机会。这些机会激励着年轻一代去认同更为广泛的美国文化，去适应这一文化的成功标准和于其中盛行的社交模式。然而，这种想获得财富(包括车子、时装、房子、家具、假期等代表着成功的物质生活方式)的欲望与他们周围的经济环境并不相称。

那些境况较好的年轻人受过教育，有了工作，结婚成了家，获得了多种角色身份，他们现在开始关心的是如何在某个“规范化的生态系统”(normative ecology)中定位自己。用萨宾的话来说，“我对现有角色扮演得怎么样”成为关键问题。影响个体控制感和优越感的压力源更有可能影响这些较为成功的年轻人。换句话说，那些发展不顺利的年轻人关心的是如何获得和维持某些角色，而发展较好的年轻人更关注如何在已经获得的角色上表现出色。

相比于老一代人，年轻一代的非亲属支持在缓解压力和痛苦方面可能比亲属支持更为重要。德雷斯勒与索茨(Thoits, 1986)的观点一致，他们都认为，提供支持的人最好来自那些拥有共同价值观和共同目标的人，或者是对该问题有过亲身体验的人。如果支持来自被年轻人认同的某个人，那么这样的支持往往更容易被接受，也会更有效。

为了验证这些观点，德雷斯勒在所研究的社区随机抽取了一个成人样本开展调查。样本呈现出的一些量化结果证明了作为该研究基础的理论框架的解释力。分析结果显示，抑郁的危险性因素取决于被试的年龄和经济地位。例如，对年龄在40岁以上的具有较高经济地位的被试而言，失业并不是抑郁的相关因素；而对于40岁左右且经济地位较低的被试，其抑郁则明显与失业相关。另一方面，婚姻关系、亲子问题、工作压力、对退休问题的考虑等因素与抑郁之间的相关都更多体现在经济较富裕阶层，而在经济不太富裕的同龄组被试中相关程度较弱。

这项研究的意义在于，它说明影响抑郁的因素及压力缓冲效果对不同的社会群体
254 而言是不同的。这一结果告诉我们，有必要将压力—应对—社会支持模型进一步细化，以反映问题的复杂性。此外，我们的方法需要适应特定社区的问题的性质，并将影响社区生活的重大历史事件纳入考虑。

社会支持与理想家庭模型。我们需要一个多维度的、能够体现社会支持复杂性的模型。有这样一个模型基于卡普兰(Caplan, 1976)的家庭概念。卡普兰并没有说所有家庭都能起到支持作用，而是说一个理想家庭(idealized family)能够为其成员履行若干功能。

功能一：收集和传播有关世界的信息。正如父母需要与孩子分享有关外部世界的知识，为孩子学习未来将要扮演的各类角色(父母、工人等)打好基础，处在支持关系中的人同样会彼此分享有关外部世界的信息。自助团体向病友发布有关治疗的信息，分享有关服务系统以及如何获得服务的信息。信息获取在许多社会支持量表中都是一个重要维度(参见下文)。

功能二：作为一个反馈和指导系统，家庭帮助其成员了解自己的行为对于他人的意义，以及他人对自己行为的反应。卡普兰注意到，家庭成员总是仪式化地讨论每一天中发生过的事情。在这些讨论中，家庭成员相互交流，评估他人行为的意义，并根据家庭的信念和价值观，对家庭成员的行为作出评价。这一方面未被纳入社会支持量表进行直接测量，但“像朋友般地用心倾听”出现在某些量表中。

功能三：卡普兰认为，家庭是其成员发展“信念体系、价值体系和行为规范的重要资源，后者决定了人们对世界的本质和意义的理解，决定了人们对其自身位置的理解，以及对人生奋斗旅程的选择”(p.23)。这些“编码策略和个人建构”(参见本书第五章)来自家庭教育，来自家族文化的传承，以及相关价值对个体日复一日的潜移默化。这种意识形态的信条被用于解决日常问题，为人们提供了如卡普兰所说的“智慧行动的处方”(prescriptions for wise conduct)。支持团体或支持者可以为特定问题的解决提供某种意识形态的
255 帮助。在现实的问题解决情境中，对某种思想意识形态的维持和应用是支持的重要成分，但同样没有体现在社会支持量表中。

功能四：在解决问题的过程中，家庭起到指导和媒介(mediator)的作用。家庭成员分享彼此的问题，互相提供指导和建议，协助寻求外部的支持资源，甚至直接安排这类支持。家庭成员之间互相帮助，解决伴随着成员的角色转变(入学、成人、结婚、为人父母、遭遇失

败或丧偶、离婚后生活境况的改变)而产生的情感和认知难题,乃是家庭生活的本质。年长的家庭成员对此已经有较多体验和经历,他们可以作为榜样,也可以向其他家庭成员传授经验。此外,某些标志着角色转变的仪式也有助于让这种转变更加明确。家人之间既分享快乐,也分担忧愁,情感的维系来自共同的经历。正如索茨(Thoits, 1986)指出的,个体更容易接受自己认同的那些人的支持。虽然"给予建议"出现在了社会支持量表中,但在以往的测量框架内,它很难对提供支持与获得支持之间的关系作出解释。正如19世纪晚期"安居运动"(the settlement house movement)的发起人之一科伊特(Stanton Coit)所形容的,"那些曾经一起欢笑、思考,一起为理想目标奋斗的人走进彼此的痛苦,将对方的悲伤带走"(引自 Levine & Levine, 1992, p.61)。

功能五:家庭成员之间相互提供物质帮助和具体服务。例如,送给家人礼物,帮忙解决具体问题,提供住房和资金援助,以及日常家庭生活中发生的其他互惠活动等,这一方面已经包含在社会支持量表中。

功能六:家庭是家人休整的港湾。劳累一天之后回到家中,关起门来独自休养生息或疗愈心伤。在理想的家庭中,家人理解每个成员对平和与安静的需要。人们在家里可以彻底放松,表现出真实的自我,不需要对任何人隐瞒什么,或作任何多余的解释。家人什么都能理解,因为他们自己也有着类似的需求和情绪体验。有些父母患有精神分裂症的孩子曾这样描述,他们多么希望能与几个"正常的"家人共度时光,远离自己家中的那些争吵和混乱。"庇护"(refuge)作为一个重要的支持因素(Dunn, 1993),在社会支持量表中没有得到适当反映。

功能七:家庭作为一个参照和控制团体。家庭成员对其他成员的态度和行为非常敏感,这些态度和行为反映出家庭的价值观。正如卡普兰所描述的,家庭成员常常受到审判,那些符合家庭期望的行为将得到奖励,而违背家庭期望的行为多少会受到一点惩罚。 256
家庭标准是强制性的,有助于维持成员与家庭标准相一致的行为。不管家庭成员是否能够达到家庭的预期,他(或她)依旧是家庭的一员,仍然有权在遇到困难时寻求家人的援助。但社会支持量表并没有直接体现出这一方面的支持。受助者从自己喜爱和尊重的人那里受到批评,有助于受助者修正行为和维护士气。将这种不赞同全部视作负性支持,容易导致批评对象忽略这些批评的真正意义。

功能八:家庭为其成员的自我认同提供基础。正如卡普兰(Caplan, 1976, p.30)说:"人在与看似无法克服的困难作斗争时难免会感受到挫折和困惑,大部分人在脆弱和无能为力时,容易忘记自己的优势。而这时,家人往往会提醒他们曾经取得的成就,从而激活他们在危机发生之前的那个有竞争力、能够坚持到底的自我形象。"这一功能在社会支持量表中还未得到充分体现。

功能九:家庭成员之间帮助彼此调控情绪(emotional mastery)。在理想情况下,家庭成员会给予有需要的家人以关爱、温情和安慰。家庭以其坚定的支持帮助成员战胜失望和无助感,唤醒成功的希望。在危机时刻,家庭成员会通过爱和尊重来稳固成员的自我价值感。若成员遭遇损失，还会提供另一种资源作为补偿。这一方面或许已经依靠类似“你是否有一个或多个你认为亲密的人”这样的题项反映在社会支持量表中。但是，“你是否有一个亲近的人”这样的简单问题相对于卡普兰将家庭视为一个完整的支持系统而言，只能勉强算是一种肤浅的反映。

卡普兰描述的一系列家庭功能或许可以作为社会支持的不同维度在有关支持网络的研究中加以评估。与目前已有的成果相比，卡普兰模型有助于我们更加细致、全面地认识和理解社会支持。该模型同样有助于对自助团体的理解，这一点我们将在第九章进行讨论。

对社会支持的实证研究。文献研究(Barrera, 2000; Cohen, Gottlieb, & Underwood, 2001)得出的结论是，社会支持与心理问题发生的低风险性相关。例如，抑郁症患者得到的支持比正常人要少。另外，对压力较大的正常人来说，能够获得高水平支持的人相比于不能获得这种支持的人，其患病风险会明显降低，这被称为“缓冲假设”(buffering hypothesis)。

这一假设的内在机制在于，面对沉重的压力，缺乏社会支持更容易产生焦虑、无助、抑
257 郁等消极心理状态。这些消极心态或直接影响人的易感性(涉及神经、内分泌和免疫系统)，或者激起某些与疾病或死亡危险上升有关的行为反应(如吸烟、酗酒、拒绝寻求医疗帮助等)，从而损害身体健康(Cohen & Wills, 1985)。

然而，有一个问题在于，支持的量与健康程度之间是否存在线性关系，即当其中一个变量增加时，另一个变量的值是否同步稳定增加？或者，仅仅存在某种“门槛”效应？——只有那些获得最少支持量(真正被孤立起来)的人的患病或死亡风险会显著增加？

和应对方式一样，高水平的支持与对压力情境的成功适应之间也是相互作用的。婚姻的稳定及大量积极的同伴关系能够唤起高水平的自尊和积极的应对方式；而高水平的自尊和积极的应对方式反过来又可以解释为什么这些人能够吸引和维持大量支持性的人际关系(Monroe & Steiner, 1986)。

研究者有关社会支持的概念和操作性定义不完全一样，使得不同的研究结果之间难以进行比较。例如，社会支持存在质与量两个维度，二者无论在经验上还是理论上都存在区别，而且只存在中等程度的相关(Cohen & Wills, 1985)。各种研究报告的结果不同，可能是因为测量的具体内容不尽相同，尽管研究使用的量表工具的名称一样或相似。对于不同的问题或问题解决的不同阶段(如意外怀孕可能带来的后果或艾滋病发展和治疗的不同阶段)，不同应对策略和社会支持的效果会不一样(Pakenham, Dadds, & Terry, 1994; Collins, Dunkel-Schetter, Lobel, & Scrimshaw, 1993)。这些复杂的关系意味着我们需要发展出一种更为复杂的社会支持与应对理论，以便人们在处理问题、提供支持和获得支持时能够考虑更多的情境因素。

对社会支持的测量。与质化研究相比，对社会支持的测量被认为更具“结构性”(structural)。量化研究给“社会支持”下的操作性定义一般是指：个体支持网络中的人数(如家人和经常联系的朋友)、与网络成员接触的频率、网络成员在人口统计学上的同质性(网络成员之间在年龄、种族、性别、社会阶层等方面的相似性)、网络成员中彼此相互认识

的人员数量(有时称为网络的密集度),以及网络成员之间彼此交换支持的互惠程度。 258

对网络成员的数量、接触频率和交往多样性的测量结果与其说是社会支持,不如说是个体社会整合(social integration)程度的反映。正如前文所言,社会整合的测量结果与幸福感存在显著相关。那么,它是如何发挥作用的呢?有一种理论认为,人们参与各种社会关系,通过在不同关系情境中扮演的角色发展自己的身份(或同一性,identity)。这些社会角色及其对个人身份的影响为人们提供了目标感和大量机会,便于他们开展积极满意的互动交流,从而提升了人们的幸福感。在质性研究中,社会支持从本质上被定义为一种由某些人借助社会互动(可能是温情的,也可能是敌意的或破坏性的)提供给受助者的资源,或者是受助者对网络成员能否给予适当帮助的主观领悟。对社会支持的有效性进行文献研究发现,其研究结果有些具有一致性,有些却令人费解,甚至自相矛盾。

巴雷拉(Barrera, 1986)区分了社会支持的不同类型、定义和测量社会支持的不同方法,以及由此获得的测量结果之间的相关模式,对该领域的研究作了一次整合。巴雷拉认为,领悟支持(perceived support)与实际发生或获得的支持(enacted or received support)相比具有不同的意义。领悟支持的概念为社会支持的研究注入了新的活力。这个概念意味着在应对压力的过程中,与实际获得的支持和援助相比,个体对他人能够给予帮助的预期更为重要。它同时也提出了新的问题,如哪些因素可能影响对支持的领悟及领悟的充分性?此外,它还引导人们关注伪相关(artifactual relationship)的问题。社会支持的测量结果与适应之间的相关是否反映了二者的"真实"相关?这种所谓的"相关"是否建立在同一种"反应风格"(如消极情感反应)的基础上?或者,是否受到自变量与因变量相互重叠的影响(如对教师评价 Vs 自我评价的测量,或者婴儿出生体重 Vs 健康指标评估)?如果对因变量的测量可以完全独立于对社会支持的测量就不会出现伪相关。但是,社会支持测量中可能存在的"伪像"(artifacts)并未得到有效的鉴定或评估。

科恩和威尔斯(Cohen & Wills, 1985)认为,社会支持似乎通过两个过程来影响幸福感:(1)通过对人际关系网络的结构性嵌入(structural embeddedness)(如社会整合),这一过程有利于人们对自己所处的社交网络建立信心,形成可预知感;(2)通过为对方提供应对压力情境所需要的具体资源。图 7-1 呈现了科恩和威尔斯提出的社会支持一般模型。其中,当人们需要对事件或情境的评估结果作出某种反应而他们又没有能力作出该种反应时,压力感便会油然而生。

259

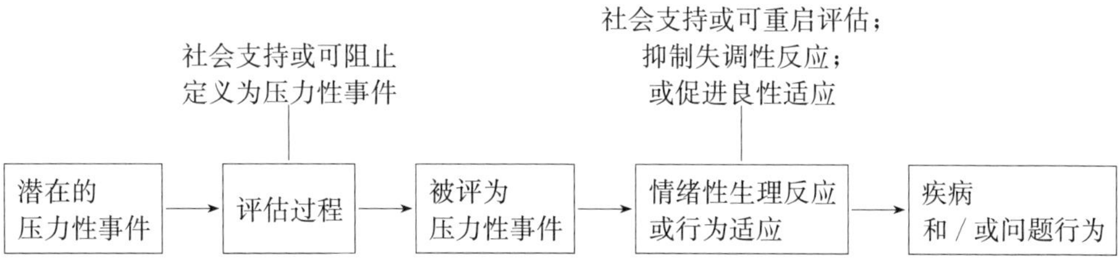

图 7-1 社会支持与缓冲假设(引自 Cohen & Wills, 1985)

社会支持通过两种方式来缓冲压力的影响。其一，社会支持的出现可能在第一时间降低了人们将事件主观定义为压力性事件的可能性。也就是说，由某个事件（如变换工作）而产生的压力，会因为个体知道周围人能够而且将会为自己提供必要的资源而得到缓解或消除。其二，即便事件已经被评估为压力性事件，领悟到的或实际获得的支持也会通过抑制应激反应（如恢复自尊）、直接促进积极应对（如物质援助）或影响自我知觉（如自我效能感——“你能行！”）来缓解个体对压力的反应，从而使个体坚定信念，并付出更多努力。科恩和威尔斯对这一过程的解析十分有益，但仍有问题需要进一步理解和分析。例如，有研究发现，实际获得的支持与幸福感呈负相关。这样的研究结果可能意味着，实际获得最多支持的人是那些因为疾病或其他病痛而需要更多帮助的人（Wills & Shinar，2000）。在这样的情况下，如果以实际获得的支持作为幸福感的预测指标，其得出的结果就难免令人费解。

社会支持研究的新方向

以往我们对社会支持及其作用和局限性的了解大多基于相关研究的结果。最近几年，研究者和临床医生开始通过创建或改造社交网络来开展系统性干预（Gottlieb，2000；Eckenrode & Hamilton，2000；Cutrona & Cole，2000）。这种实验方法能够帮助我们判断，对于高风险人群，支持性的同伴关系能否成为有效的保护性因素，以及这种关系增补（supplements）是否确实能够增进人们的支持性资源并促进他们的心理健康。实验有助
260 于我们对现象作出“因果关系”推理，从而发现支持性关系中的那些最为关键的要素。赫勒等人（Heller，Thompson，Trueba，Hogg，& Vlachos-Weber，1991）针对社会支持的实验提出了很多有价值的问题。

赫勒等人（Heller et al.，1991）将寡居、低收入的老年妇女被试进行分组，为她们安排定期电话交谈。其中一组妇女被安排与某个被指派的同龄人定期进行电话交谈，另一组妇女则定期与研究者进行电话交谈。研究还设置了一个控制组，这组被试在同一时期内不安排任何电话交谈。干预过程结束后，研究者对心理健康水平和领悟同伴支持进行测量，结果发现，两个干预组之间，以及干预组与控制组之间都未发现显著性差异。研究者解释说，这可能是因为参与者在开始时彼此互不相识，并且所有的接触都是通过电话进行的，这样的干预影响太弱，以至于无法建立新的重要伙伴关系。他们因此推断，鼓励这些妇女参与大家共同感兴趣的有意义活动，彼此进行直接的面对面交流，可能会产生更加显著的干预效果。

赫勒等人还提出了另外一些有价值的问题。来自不同支持源（如家庭成员、朋友、职业照料者）的支持是否存在本质性的差异？赫勒等人认为，对参与他们研究的妇女而言，来自家人尤其是成年子女的关注和支持比来自朋友的关注更为重要。在家庭中拥有角色，并且可以通过扮演这个角色而获得自尊，这在朋友关系中显然无法复制。老年人更想从年轻一代对其智慧的尊重中获得满足感。父母为了养育子女牺牲颇多，如若得不到孩

子的回报，他们会感到失望。而那些未能满足的期望无法轻易通过替代性活动方案解决，有些支持源是不可替代的。

除了赫勒等人建立的通过电话交流的朋友团体，还有研究采用了聘用家访者、业余咨询员、支持团体、体育教练、友好的同伴，以及网络重组等方式(Gottlieb, 2000)。这些研究的目的在于提供一个支持者，以帮助目标人群有效地应对各类事件，避免他们陷入孤独和消沉。不过，戈特利布(Gottlieb, 2000)提醒，对这类干预研究的设计必须考虑真正满足人的需要。他本人则针对如何选择和设计干预方案提出了一个有用框架，远优于类似"所有的支持必然都是积极的"这样的简单命题。例如，在有些情况下，社会支持网络是贫瘠的、耗竭的或冲突的。这时候，一个友好的探访者，对例如居住在私人疗养院的人或一个在社区居住的智力障碍患者来说，会很有帮助。但是，如果那个被视为高风险的个体已经拥有了一个支持性的网络，那么，另一个探访者就很可能成为他们的负担，也可能被彻底忽视。

有时，现有的社交网络出现了问题，需要重建一个新的网络。例如，刚刚离婚的人不 261
得不建立一个全新的关系网络，因为离婚会导致朋友和亲属各自袒护其中一方，使已有的关系网络变得相互冲突且复杂。想要戒毒的人同样需要建立新的关系网络，在其中能减少药物使用的诱惑。借用"匿名戒毒者协会"(narcotics anonymous)成员的话来说，有必要改变自己的"玩伴和游戏"(playmates and playpen)。有时候，原有网络中缺乏有知识、有经验的成员来帮助人们应对新的挑战。例如，重返校园的老年妇女可能需要与其他人进行交流，这些人对"如何成为一名老年学生"等问题要有相应的问题解决经验。

埃肯罗德和汉密尔顿(Eckenrode & Hamilton, 2000)为某个家庭访问与指导项目设计了一个框架。该框架内的关系远超医患关系，更应被视作与教师、教练或老朋友、亲戚之间的指导关系。研究者对以往的家庭访问项目作了回顾，其中包括19世纪由社区卫生护士及职业辅助人员对新生儿家庭进行的"友好访问"家访方案。这些家访不仅关注孩子，还关注整个家庭(有关这类方案的有效性，参见第八章的讨论)。最近几年，许多研究项目致力于针对各种辅导方案进行试验。在这些辅导方案中，某个人承担着另一个人(尤其是儿童和青少年)的指导者、教师、朋友或同伴的角色。辅导者往往还身兼青少年的榜样角色。兰(Eugene Lang)是一个富裕的慈善家，他在一所低收入学校为六年级的所有学生提供教育费用。除此之外，他还一直关注这些年轻人的成长，这对受助学生的长期发展和成就取得产生了非常显著的影响(Eckenrode & Hamilton, 2000)。"大哥哥/大姐姐计划"(Big Brother/Big Sister programs)已经实施了很多年。对这些方案的系统评估发现，与对照组相比，参与该计划的青少年较少吸毒和酗酒，对学校和家庭表现出更为积极的态度，逃学率也较低。然而，所有这些方案都需要受到重视和长期维持才能有效，不能指望好事情会凭空发生(Eckenrode & Hamilton, 2000)。

有些干预项目希望利用自然网络(natural network)增加支持的机会。以减少青少年犯罪和保护儿童为目的的"新西兰家庭联合会"(New Zealand Family Group Conference)

是一个很好的例子(M.Levine, 2000)。在法律范围内,由核心家庭、大家庭、朋友、部族首领(如果需要的话)、教师、社会工作者和宗教领袖等组成的一个大型网络,负责为有法律问题的青少年或有儿童保护问题的家庭制定和实施康复计划。家庭治疗(family therapy)是促进自然支持网络的一项具体工作案例。

262 在有的干预项目中,研究者安排有影响力的领导人到吸毒者社区(drug community)或艾滋病毒易感人群中去鼓励人们使用清洁的针头和注射器或提供关于艾滋病毒预防的信息。对网络中某些关键成员(如病人的配偶)进行干预可以产生辐射性效果,从而赢得更多网络成员的潜在支持。有些方案通过加强青少年与教师之间的联系,削弱他们与不良同伴的联系,帮助他们在班级中结交新的朋友,从而成功降低这些青少年的辍学率(Cutrona & Cole, 2000)。有时候,教会一个或更多网络成员学习如何寻求援助,或者告诉网络成员不要做什么,也可以提高人们获取和利用支持的可能性。

历史上,19世纪成功实施的"安居运动"(settlement houses)干预的目标单位是多功能会所(multipurpose club)。青少年被吸收成为安居会所的成员,由会所为成员提供娱乐、教育和少量兼具政治目的的服务,这些青少年拥有的会所成员身份延续了很多年。有当代观察家称,几乎从未在青少年法庭的被告席上见到这个会所成员的影子(Levine & Levine, 1992)。如今它已发展成为一个"道德网络"(moralnet),人们在其中分享共同的经历和价值观,彼此珍视对方的观点和意见(Naroll, 1983)。有些研究者试图在校园内发展支持团体,帮助学生应对诸如街区暴力或家庭离异之类的问题。在城市街区环境中生活的儿童常常被曝于暴力。塞瓦略(Ceballo, 2000)在9—12岁的儿童中成立了一个俱乐部,以心理教育的模式(psychoeducational format)讨论邻里暴力的问题,而不是直接讨论他们自身有关暴力的经历。俱乐部的目的在于讨论他们的邻里街区,包括那些好的事情和不好的事情。除了让儿童分享他们的观点,研究者还教给儿童处理邻里问题的安全策略和应对技巧。尽管尚未看到对这项研究的正式评估,但研究者发现,对该项目的参与提高了儿童的控制感,以及与其他儿童共情的能力。街区俱乐部(block clubs)将居民置于更有意义的邻里互动中,从而增加了邻里互助的机会(Unger & Wandersman, 1983)。邻居可以联合起来影响城市政府,促使街道保持清洁和良好的维修状态;对那些违反住房规范的家庭施加压力;美化街区环境;拆除社区内的"危房"(crack houses),以及其他一些事情,如清除涂鸦(牛皮癣)、创造安全的居住环境等。(参见本书第五章"社会资本"一节,以及本书第十二章"社区发展"一节。)

理论进展。家庭环境与工作环境中的支持具有不同性质,而且面对的具体问题不一
263 样,所需要的支持也不一样。那么,究竟多少支持才能满足由某种压力事件引发的需要呢?对于那些失去收入的人,物质援助可能是最有效的支持形式,但信息支持和自尊支持对维持当事人的幸福感而言是否同样必要?支持源也很重要。通过失业保险获得支持("应得的""挣得的""非污名化的")是一回事;从福利机构获得支持("不应得的""污名化的")是一回事;从父母那里获得支持("有内疚感的""有义务回报的")则又是另外一回事。

支持既具有情境的特殊性,又具有来源的特异性。这意味着对支持的测量应该包含多个维度和多种成分。我们能否知道针对某种特殊情境,什么样的支持(或支持的哪一种成分)会更有效?这里还需补充一点,即与那些一般性的研究相比,对日常生活中共同的压力源(如父母亡故)及其相关变量的研究会更有意义。在我们得出更具概括性的结论之前,现象(可观察的事实)层面还有许多问题需要我们研究。我们正在对支持问题及其理论概念作更为系统的分析,以便能够针对特定的问题或目标设计切实有效的干预计划。例如,对于刚刚经历丧亲之痛的人,一个联系紧密的小型支持网络可能是很有效的,但对于正在重新适应或谋求新工作的人,大型而松散的支持网络可能会更有效。科恩、戈特利布和安德伍德(Cohen, Gottlieb, & Underwood, 2000)在书中介绍了该领域的理论和概念进展,为如何看待社会支持的系统干预效果提供了一个参考框架。

专栏 7-4 对于失能者的支持干预

我们在第二章曾经提到,去机构化运动让大量精神病患者和智障人士重返社区。由于这些患者的家庭多数无法为他们提供充足的护理和支持,最近几年,人们设计出一些方案,专门为有特殊需求的人提供额外的社会支持。我们在第二章介绍了自信社区治疗(Assertive Community Treatment, ACT)项目,本章我们将进一步讨论生活支持(supported living)、职业支持(supported employment)和教育支持(supported education),这些实践是广为人知的心理社会康复运动(Psychosocial Rehabilitation)的组成部分(Farkas & Anthony, 1989)。

生活支持(或居家支持)旨在为有特殊需要的人提供全方位的日常生活支持,包括与普通大众一样的居住条件(Carling, 1990)。为特殊对象提供的居家支持与为其他社区普通居民提供的支持的不同之处在于,个案管理者或其他服务人员会根据服务对象的需求量身定制灵活(有弹性)的服务内容和方式,具体包括选择适当的居住地址、各种代理服务、危机干预和其他各种需要的服务等。服务的强度视需要情况而定,范围 264
从偶尔一次的电话咨询服务到危机发生时的全天候驻家援助。

职业支持包括帮助有特殊需求的人谋取一份有报酬的工作,这种工作可能只是某项高度集成的、有竞争性的工作的一部分(Bond, 1992)。这类支持大多由"职业顾问"提供,他们会根据客户的需要,帮助他们应对和解决职业生涯中各方面的问题,从求职面试、职业发展到工作场合的指导(这种指导通常只维持数周的时间),以及呼吁和教育雇主与同事减少对残障人士的歧视(参见本书第六章),并在适当的时候向他们提出辞职或跳槽的建议等。

教育支持是指帮助残障人士接受中学后教育(post-secondary education),以便在社会竞争和职业生涯中取得某些优势(Moxley, Mowbray, & Brown, 1993)。具体包括帮助高风险人群获取学校和课程设置的相关信息,以及与负责学术咨询、助学贷款审批、学校生活压力应对等问题有关的学校服务部门和人员取得联系等。

有些项目全面包含了上述三种类型的支持。祖斯曼女士(Rhoda Zusman)是佛罗里达州坦帕市“经营返还”(Operation Return)项目的发起人和领导者，她管理和经营着一栋拥有24套公寓的综合大楼，与专门为精神病院出院病人提供服务的社区卫生中心直接链接。住在这个楼里的居民都是以前的精神病人，他们只需支付少量租金，以便“经营返还”项目可以维持物业的按揭贷款。社区卫生中心为居民提供各项服务，包括计算机操作教学，为他们获得普通教育中学毕业证书做准备；依托某个社区学院开设一些大学阶段的课程；从事经营性业务(如开旧货店)的机会；教授居民艺术和手工艺；举办艺术和手工作品展览，展示和出售居民的作品等。另外，该卫生中心还组建了一个能够排演戏剧的演艺剧团。

这个项目还包含各种社会性事务，如周末娱乐项目、社会活动、田野考察(field trip)、社交聚会和社区会议等。中心还参与了社区组织的大范围的资金筹措工作。社区中心从居民中雇用了一部分人作为有偿员工，同时大量招募志愿者提供服务。来中心接受服务的消费者每月可达上千人次。在祖斯曼女士的带动下，佛罗里达州已经发展了包含35个中心和俱乐部在内遍及全州范围的支持网络，她同时还担任美国其他几个州和联邦的咨询顾问。

这些服务近期在两方面有所发展，包括组建支持者团队，以及招募和培训同伴(即自己也有类似特殊需求的人)，让他们承担支持者的角色。支持服务选择在高风险人
265 群生活、工作或学习的真实情境中提供。支持者们普遍认为，特殊人群与面临适应挑战(如选择住在何处、怎么赚钱等问题)的其他人一样，都希望以最佳方式应对挑战：彻底融入社会，通过竞争获得住房、工作或受教育的机会。成功适应有助于改变个体的身份认同，从贴着污名标签的“精神病患者”转变成普通的邻居、同事或大学生群体中的一员。

有人批评说，该项目提供的有偿服务与赫勒等人(Heller et al., 1991)研究的社会支持相比，存在更多虚假成分和策划性。该干预方案的推动者自己也承认，他们提供的支持的确不够充分，如果能有家人、朋友或其他自然支持源提供支持肯定会更好。但是，对大多数失能者而言，自然支持源往往是不够的，甚至根本就没有。问题不在于“干预方案提供的支持是否能和自然支持一样好”，而在于“干预方案提供的支持是否比毫无支持要好”。当前，为正常人(非残疾人)服务的员工援助计划(Employee Assistance Program, EAP)正在越来越多地被推广使用，而为失能者提供的服务与员工援助计划同属一类。员工援助计划的目的就是为那些存在适应不良风险的员工提供第二次机会和额外支持，以提高他们成功应对的可能性。

本节介绍的支持性服务也并非某种灵丹妙药。这些消费者的住房和工作通常都很一般，或者说，仅仅处于最低的“门槛水平”(entry-level)，与收入、教育和技能水平相当的其他人没有明显差异。可以预期，追求达到或高于平均水平的住房和工作带来的

压力可能会使这些服务对象的适应问题变得更为复杂，其中的压力源包括对安全的考虑、低收入、担心失控等。此外，高度集成式的(fully integrated)住宅和工作分散于不同社区，阻碍了来自其他服务对象或同伴的支持，发展消费者自助团体则有助于应对这些问题(参见本书第九章)。

本章小结

日常生活中的“肥皂剧”影响着不同年龄阶段的美国人生活的方方面面，适应、危机、应对和支持这一组概念因此具有很强的实用性。由危机和易感性概念引导出的一系列可能的干预措施，尽管目前还不确定那些重度的、损害性极大的心理疾病能否通过这种方式来预防，但至少让我们意识到，人类的大部分痛苦都可以通过干预得到缓解。

本章我们主要讨论当个体原有的适应状态遭到破坏，而现有的心理、社会和物质支持不足以帮助他们建立新的适应时，可能出现的危机状态，以及接下来的重新适应过程。几 266
乎所有处在这种境况中的人都可能产生危机体验。相应的情绪状态并不是心理疾病的信号，而是个体在特殊情况下作出的自然反应。焦虑不安的情绪意味着个体必须对以往习惯化的问题处理方式作出调整。危机概念教会我们将问题分解为两个方面，一方面是对情绪的管理(情绪应对)；另一方面是对问题的解决(问题应对)。对治疗和预防而言，学会管理和调节情绪，以及提高问题解决的有效性，这两个方面都至关重要。

危机可以分为两类，一类是可预期的，另一类则属于意外。所谓“可预期的危机”是指我们的关系网络、需要完成的任务以及个体承担的角色即将发生重大改变，而这些改变都是事前能够预期的。紧随可预期事件而发生的危机在本质上是“时过境迁的”(situational-transitional)，或者说是发展性的。如果改变是可预期的，我们就可以制定预防策略，如早做准备、提前演练、预计可能出现的情绪反应、发布预警、未雨绸缪、为解决新问题进行专门的方法和技术训练，等等。这些措施都有助于个体应对预期将会出现的困难。高中阶段的性教育和对家长的培训有助于帮助学生为处理新的关系、迎接新的挑战做好准备。除了在危机发生之前做好准备，在危机发生的过程中或之后阶段也可以为当事人提供各种不同的帮助。

假设存在通用的问题解决策略，我们就可以将这些策略作为学校常规课程的一部分教授给学生。在日常生活中，我们常常从其他人身上学到如何处理问题。我们也可以将这种学习转化为可以教授的课程和方法。事实上，斯皮瓦克和舒尔(Spivack & Shure, 1993)就是这么做的。他们开设了一门教授如何解决人际冲突问题的课程，甚至可以由幼儿教师教授给学龄前儿童(参见本书第八章)。

危机的发生可以划分为几个阶段，每个阶段都各不相同。这种观念有助于设计不同的帮助策略，因为这意味着在危机的不同阶段，有效援助可能会有所不同。如果人们能够自己将创伤事件转化为成长经验，那么，事先提供帮助是否有助于增进这一过程？或者，对危机阶段的划分本身也可以被理解为是对具体情况作出的适应性反应。

我们讨论的情绪管理和问题解决都包含“心理调节”(psychological mediator)。个体需要从社交网络成员那里寻求援助，发现有效的心理、社会、物质资源以帮助自己达成新的适应状态，这种寻求和利用社交网络资源的能力一方面取决于个体对社会关系中互惠
267 性的理解，另一方面取决于个体是否拥有在网络中发挥作用所必需的社会技能。在这种意义上，我们其实也是在讨论心理调节与情境调节之间的相互作用。尽管二者在概念层面上区分得很清楚，却在现实情境中相互交织(Folkman, 2001)。

关于日常应对问题的研究强调个体处理压力性事件时的行动导向和问题解决反应。当然，某些人，或在某些情况下，由于个人经历和生理、心理结构的差异，会觉得我们在本章介绍的这些干预方式并不充分，或不足以帮助他们解决问题。精神分析学家赫斯科维茨(Herbert Herskovitz)区分了两类来访者。其中一类是“老老实实地”(honestly)带着问题而来的来访者(换言之，他们经历的不幸足以说明眼前的危机状态)；而对另一类来访者而言，检查过去的经历并不足以理解他们现在的问题。危机理论以及相关的干预方案只对第一类求助者有意义。尽管如此，当某种合理而有趣的理论为我们指出了方向，对理论的质疑和现有知识体系的不足不应该妨碍我们进行不同的尝试。

第三部分

社区心理学的应用

第八章 预防 271

- 预防领域的基本概念
- 指征性（二级）预防
  - 初级心理卫生项目
  - 专栏 8-1 对虐童行为的预防：误报问题
  - 指征性心理卫生预防的局限性
- 全员性与选择性（初级）预防
  - 能力建设
  - 专栏 8-2 一场成功的学校变革
  - 梯级风险预防
  - 专栏 8-3 抢步与领英：一项选择性预防实验
- 艾滋病预防
  - 学校作为预防工作开展的重要场所
  - 立足于社区的健康促进
- 本章小结

在美国历史上，降低精神及情绪问题的流行率主要表现为个体出现问题之后的治疗问题。而各种有力的证据却在不断提醒我们，应该更加积极主动地开展预防工作。20 世 272
纪初的心理保健运动（mental hygiene movement）和儿童指导门诊（child guidance clinics）是预防工作的早期典范（Levine & Levine，1992；参见本书第二章）。19 世纪 40 年代，林德曼和其他研究者（Lindemann and others）发展的危机理论（crisis theory）是当代探索预防问题的开端。第二次世界大战以后，有些重视精神病学并将其视为社会变革工具的研究者开始集中关注预防问题（Grob，1994）。1961 年，美国精神疾病与健康联合委员会（Joint Commission on Mental Illness and Health）讨论了开展预防工作的迫切性。1963 年的社区心理卫生中心法案（Community Mental Health Centers Act）和 1978 年成立的心理卫生总统顾问委员会（President's Commission on Mental Health）都突出强调，要将预防作为解决心理健康问题的重要策略。最近，美国国家科学院医学研究所（Institute of Medicine of the National Academy of Sciences，IOM）为我们阐述了预防的知识基础（Mrazek & Haggerty，1994），本章将介绍这些观点。

"健康国民 2010"（Healthy People 2010）作为美国联邦政府的一份政策文件，描述了美国人口中各种可预防性疾病（包括心理障碍）的发病率和现状。文件指出，疾病给国家经济和卫生保健资源造成了沉重负担，同时确定了努力的方向。"健康国民 2010"反映了联邦政府对预防工作的重视，这一导向可追溯到 1979 年卡特（Jimmy Carter）总统在任时期。1981 年里根(Ronald Reagan)总统就职时,前总统卡特的倡议仍在延续。尽管与社会服务和心理卫生有关的许多举措很快遭到大幅削减,与预防性干预相关的政策却保留了下来(Levine, 1981)。

由于美国的政治气候反对政府过多干预私人生活,并反对政府向任何贴着"社会工作"标签的项目投入过多资金,使得"健康国民 2010"文件中的许多建议未能得到具体落实(参见本书第十三章)。尽管如此,有志于推进预防项目的研究者仍然可以从该文件中发现很多值得探讨的问题。"健康国民 2010"文件考虑的既不是如何寻求资源以实现百分比的改变,也不是一个必要的时间表,而是要将预防计划嵌入经济、政治和社会结构中去,而这正是本书一直在强调的观点。虽然问题的复杂性不应该成为无所作为的借口,但是,理解这种复杂性有助于我们驻足思考,对实现这些目标所需要的时间和资源有充分的估计,并意识到这些目标不可能一蹴而就。①

稍微动脑筋想一想,便能明白为什么预防工作会受到广泛支持。第一个原因无疑是
273 患者的"人数"问题(我们在本书第一章讨论过这个问题)。依照对心理问题的传统界定,不仅是现在,似乎永远都不可能有足够多受过专业训练的人员来满足社区对心理卫生的需求。而对心理问题的预防能够降低长期慢性疾病的消耗,减少心理社会问题对医疗服务系统的不合理使用,从而提高医疗保健系统的有效性(Mrazek & Haggerty, 1994)。

预防工作的第二个动力我们在本书第二章中提到过,即对传统的帮助性干预效果的不满,尤其是管理医疗政策的严格限制和服务系统的其他局限。许多患者受资格所限,根本不可能获得心理卫生服务或治疗。此外,对于诸如反社会人格之类的传统心理治疗模式难以解决的问题,个体发展早期阶段的预防(如对儿童行为障碍的预防)要比患病之后的治疗更富成效(Mrazek & Haggerty, 1994)。本章随后所要列举的实例表明,当前全面实施的预防艾滋病毒感染的行为和心理技术,预计到 2010 年,可以减少新增艾滋病毒感染以及其他性传播疾病 2 900 万例(Stover et al., 2002)。

预防工作的第三个动力是,就性价比而言,预防远远胜于治疗。以密歇根职业计划(Michigan Jobs Project)(参见本书第三章)为例,该项目旨在预防失业者的抑郁和焦虑情绪,增强他们的再就业动机。两年多的跟踪调查显示,与对照组相比,实验组(接受项目干预者)的再就业率和收入更高,工作变化更少,抑郁和焦虑水平也更低;在预防干预条件下,人均只需花费 286 美元,就能额外增加 5 000 多美元的收入,并为联邦和州政府增加 1 000 多美元的税收;参与者在退休之前的平均收入预计能够增加 50 000 多美元(Vinokur, van Ryn, Gramlich, & Price, 1991)。另一项研究对"抢步计划"(Head Start)的参与者进行了为期 25 年的跟踪调查,其结果同样报告了巨大的经济效益(Barnett,

① 萨拉森(Seymour Sarason)讲过一个故事。已故的老参议员兼国会议员佩珀(Claude Pepper)来自佛罗里达州,是医疗改革的积极拥护者。萨拉森的故事说,佩珀去了天堂,见到了上帝。上帝问他有什么愿望,他说他只有一个问题,希望神能够回答他。他的问题是"我们到底能不能实现医疗改革?"上帝沉吟片刻,回答说:"会的,只是不在我的有生之年。"

1993)。

心理卫生预防工作的进展相对缓慢(Kleist, 1996),但与25年前相比,这种观念已经深入人心。尽管我们对预防的认识还很有限,仍存在许多的不确定性,不断积累的知识也有待进一步验证,预防工作却受到研究者、临床专家、政府部门和专业组织的日益重视和宣传,参与研究和培训的机会比过去要多得多。实际上,每天都有几万到几十万名各级学校的学生接受预防项目的训练。学校是吸毒、校园暴力(Peterson, Larson, & Skiba, 274
2001)、欺凌和相关社会问题(O'Donnell, 2001)的滋生地,各类学校和学区欢迎预防工作者带着他们有着成功实施经验的方案,如初级心理卫生项目(Primary Mental Health Project)(见下文),进入校园。除了各种能力建设项目,科默(James Comer)的综合办学模式(comprehensive school model)和齐格勒(Ed Zigler)的21世纪学校方案(program for 21st Century schools)也已被许多学区采用。这些都是学校组织整体变革的尝试。这些方案的广泛实施既代表了预防领域的进步,也说明了预防项目在开发、测试、引进和维护等方面的复杂性日益增加。具体可参见由韦斯伯格、古洛塔、汉普顿、赖安和亚当斯(Weissberg, Gullotta, Hampton, Ryan, & Adams, 1997a, 1997b),以及阿尔比和古洛塔(Albee & Gullota, 1997)编写的三卷本预防手册。

与临床治疗相比,预防工作难以获得充足的资金支持。一方面,预防效益的显现需要一个较长的周期;另一方面,对社会问题解决方案的选择不可避免地会涉及许多社会、种族和政治因素(Albee, 1998; Connner, 1990; Levine, 1981)。因此,每提出一项预防策略都意味着对心理问题的成因作出新的环境性解释,并相信利用公共资源进行大规模的主动干预的价值远大于对某些个体利益的协调和被动干预(Albee, 1998)。预防方案在实施中可能要求专业人员采取社会和政治行动以实现变革。尽管有"安居运动"这一在历史上起到积极作用(Levine & Levine, 1992)的先例,但在社会和经济保守时期,大多数专业人员依然奉行"多一事不如少一事"的原则,以免让自己陷入"狗咬吕洞宾"的尴尬境地(Rappaport, 1992)。

预防领域的基本概念

预防的核心思想在于提前采取行动,以阻止不良事态的蔓延,或避免预期中可能出现的不良后果。尽管不良事态发展的结果未必一定会是疾病,但预防的概念确实植根于19世纪美国的公共卫生运动(public health movement)。虽然疾病模型(disease model)无法解决所有我们十分在意的生活问题,但我们还是要从中借用一些概念,然后再对近期提出的其他模型作一些解释。

有两个术语很重要,我们先复习一下它们的定义。一个是疾病的发病率(incidence,缩写为I),即在某一时间段内(通常是1年),新增病例数在总人口中所占的比例;另一个是疾病的流行率(prevalence,缩写为 P),即在某个特定的时间点上现有全部病例数在总人口中所占的比例。流行率这个指标可以同时反映发病率和病程(duration,缩写为 D)长
275 短。流行率随着发病率的降低而降低。如果治疗能够有效缩短病程,那么流行率也会随之降低。公式 P=I×D 便体现了三者之间的这种关系。

卡普兰(Caplan, 1964)系统阐释了心理卫生领域中的初级预防(primary prevention)、二级预防(secondary prevention)和三级预防(tertiary prevention)策略。其中,三级预防并不降低疾病的流行率,而是旨在改善长期慢性疾病患者的症状以及预防继发症。例如,生活支持方案(supported living program)和就业支持方案(supported employment program)旨在帮助严重精神疾病与身体障碍患者在与健康人融为一体的社区环境中生活和工作。这些方案的实施有助于减少长期慢性病给患者带来的社会和心理困难,尽管在流行病调查中这些患者已经被纳入"病案"系统。

二级预防意味着通过早期发现和及时干预降低疾病的流行率和缩短病程。危机干预(crisis intervention)(Roberts, 2000)、青少年不良行为转化(juvenile delinquency diversion)、员工辅助计划(employee assistance program)、小学儿童心理问题筛查(psychological screening of elementary school children)(如 Cowen et al., 1996)等,都属于二级预防的范畴。这类方案具有预防的意义。也就是说,如果病案能在早期被发现,并得到有效干预,便会缩短病程,流行率也会随之降低。但理论上说,发病率并不会因此受到影响。

最后,如果某项干预能够成功降低某种疾病的发病率,则该计划属于初级预防。根据定义,在初级预防干预实施之后,该项目的目标人群将不会出现明显的疾病症状。帮助新近丧偶的妇女避免陷入抑郁的"社会支持团体"和预防学业失败的"认知问题解决培训计划"等都属于初级预防项目。这些项目的目的是在不希望看到的结果出现之前采取行动,以防止该结果真的发生。

公共卫生领域中的预防概念并不一定完全适用于对精神障碍的预防(Mrazek & Haggerty, 1994)。初级预防和二级预防的划分预设了健康状态与初期患病状态之间存在的明显差异,但在心理卫生领域,通常缺乏有效的指标和定义确认这种区分。相反,我们更强调基于多种因素的**风险连续体**(continuum of risk)概念。此外,在公共卫生传统中,与初级预防相比,二级预防相对间接,或者更不重要。但是,从心理干预的重点和成本效益来看,情况并非如此。公共卫生传统中的三级预防已经不完全是预防,或者说是一种间接性预防。它给予有特殊需要的人群长期支持,以帮助他们恢复健康。

鉴于存在这些概念问题,心理卫生专业发展了一套自己的术语。其中,**指征性预防**(indicated prevention)是指针对那些虽未明确诊断但已显示出某些疾病症状或生理标志
276 的个体进行的干预。例如,一个有抑郁倾向的人,由于其每次发生抑郁的时间都很短(少于 2 周),所以不会被确诊为抑郁症,但仍然存在发展为严重情绪障碍的可能性。因此,有必要考虑通过药物治疗或其他干预方案降低患病风险。指征性预防涉及对特殊个体的筛查或甄别(标记),除非能够获得较高的成本效益,否则应该谨慎开展。

针对那些风险水平高出平均值但尚未显示出任何疾病迹象的人群，一般采取**选择性预防**(selective prevention)的方案。例如，怀孕妇女应该禁止喝酒或服用其他药物，以免让胎儿受到伤害。虽然目标人群存在高患病风险，但由于他们并未显露任何疾病症状，因此选择性预防相当于初级预防。将某种心理或行为特征视为已经患病的“标志”(marker)，还是当作可能导致患病的风险性因素(risk factor)，继而决定采取指征性预防或选择性预防，并不是一件很容易的事(Mrazek & Haggerty, 1994)。

不考虑患病风险、面向所有人开展的预防被称为全员性预防(universal prevention)。例如，通过广告告诫人们不要吸烟。全员性预防可覆盖广泛的人群，但由于最终遇到危险的个体只是少数，所以这些方案的效率不高，性价比较低。当然，如果某项全员性预防方案的成本相对低廉，甚至不及治疗少数几个病例所花费的社会成本，这种干预仍然是值得的。

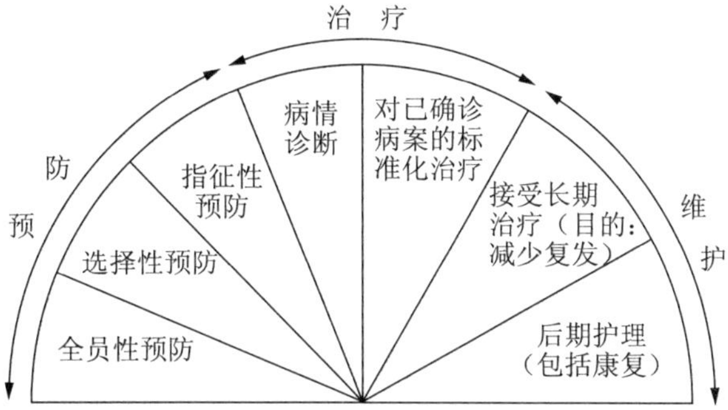

图 8-1　精神障碍的心理卫生干预图谱(引自 Mrazek & Haggerty, 1994)

图 8-1 显示了这些预防工作在精神障碍的心理卫生干预图谱中的位置。除预防之 277
外，这个图谱还包括了对接近或符合精神障碍诊断标准的患者进行的积极治疗，以及帮助患者应对、适应和防止疾病复发或恶化的后期维护策略。

建立在某些假设基础上的指征性预防(或二级预防)虽然时常暴露出预防工作的一些缺陷，但仍然受到了许多心理健康专业人士的重视。在讨论选择性预防和全员性预防之前，我们先介绍一个有关指征性预防的案例，并检视由它而产生的一些问题。

指征性(二级)预防

初级心理卫生项目

心理卫生领域最著名的指征性预防方案当属由纽约州罗切斯特大学科文教授(Emory Cowen)及其同事主持的初级心理卫生项目(Primary Mental Health Project, PMHP)(Cowen, 1997; Cowen et al., 1996)。初级心理卫生项目最初是针对罗切斯特市某小学低年级学生进行的早期识别和及时干预项目。该项目从一年级的低龄儿童入手，用统计方法检测儿童后期适应不良的风险及显著性差异，针对高危儿童制定各种干预方案，但其有效性引发了广泛争论。自科文的开创性工作之后，有关指征性预防的文献大增，这意味着该领域的研究取得了令人瞩目的成果，人们从中可以学会如何提高干预效果。例如，杜尔拉克和韦尔斯(Durlak & Wells, 1998)对130个指征性预防方案的研究结果进行了元分析(meta-analysis)，这些方案与初级心理卫生项目类似，大多是以学校为基础，针对小学生开展的。杜尔拉克和韦尔斯的分析发现，那些使用行为或认知行为干预技术的方案对减少问题行为和提高学业能力产生了中等强度的效果。其中，某项目实验组的平均得分高于70%的对照组儿童，这相当于对有问题的学生进行了一次心理治疗，而且其效果明显比以往使用的预防儿童犯罪、酗酒、吸烟的方案更好。在杜尔拉克和韦尔斯的研究报告中，尤其令人鼓舞的是，受到积极影响的还包括那些有外显行为问题(攻击性
278 或破坏性)的儿童。如果等到这些儿童日后被诊断出行为障碍时再给予其治疗或其他形式的帮助，效果往往难如人意。

指征性预防和选择性预防的关键在于，需要获取有关目标人群未来患病风险的准确信息。预测的准确性可以通过两类错误率来评估，即误报率(false positives)和漏报率(false negatives)。误报是指把后来并未患病的个体预测为会发病；漏报则相反，是指个体最终显示出了疾病症状，但此前未能被预测到。

马尔维和考夫曼(Mulvey & Cauffman, 2001)在试图预测校园暴力时提供的一个有关误报问题的案例深具启发性(也可参见Furlong, Morrison, Austin, Huh-Kim, & Skeger, 2001)。科罗拉多州哥伦拜恩高中(Columbine High School)枪击案发生之后，学校迫于社会压力，开始寻求有效的方法来甄别未来有可能实施枪击行为的学生。在这个有关暴力行为的预测项目中，校方遇到的第一个困难是，每天到学校读书的学生数以百万计，但只有不到1%的学龄儿童凶杀和自杀事件发生在校园及其周边。校园凶杀事件的发生率极低，使得对肇事者预测的误报几乎不可能消除。事实上，误报率往往高出正确鉴别率许多倍。将暴力的定义范围扩大(如将欺凌、拳击格斗和其他非杀伤性攻击纳入校园暴力的范围)可以有效降低误报率，但这显然也改变了预测对象的本质。学校面临的第二大难题是，除了学生个体稳定的人格特质，还有很多风险性因素会影响校园暴力的发生，其中很多属于不稳定的情境因素。例如，规模大的学校，以及学生亚群体之间相互孤立的学校发生校园暴力的可能性明显更高。第三个难题是，青少年发生暴力行为的可能性往往随时间发生变化，因此，使用某个特定的量表进行分类测量，其结果会随着时间的变化而产生波动。最后，将某个学生鉴定为“有暴力倾向”还难以摆脱污名化的嫌疑。

马尔维和考夫曼认为，将用于预防校园暴力的资源更多投入风险管理，其效果可能会更好。风险管理(risk management)旨在确定某个学校或社区中存在的风险性因素，并对这些因素的变化随时进行监控和调节。这种方法更倾向于发现情境性的影响因素，而不是给学生个体贴上某种标签。马尔维和考夫曼指出，不应该以不同的方式区别对待学生(如暗示某些学生具有犯罪倾向)，而应该鼓励学生之间、师生之间进行更多的交流和支

持，这样做有助于强化学生对学校的情感依恋。另有一些研究围绕对学校暴力零容忍、更为严格的校园管理政策，以及枪支管制立法等措施在减少校园枪击案中的作用等问题进行了讨论（Redding & Shalf, 2001）。

专栏 8-1　对虐童行为的预防：误报问题 279

在本书第四章，我们曾讨论过约瑟夫·华莱士事件。他是一个三岁的男孩，惨遭生母杀害。法官在一位儿童保护工作者和一位医治过这位母亲的专业医生的建议下，恢复了她对儿子的监护权。在这类事件中，误报问题如何阻碍了对悲剧的预防呢？

根据评估，每 10 万个儿童中有 1.94 个儿童因受虐而死。以下几种风险性因素与预防工作相关。首先，绝大部分因虐待或忽视而死亡的儿童（80%—90%）年龄在 5 岁以下。其中，婴儿或 2 岁以下幼儿占比更高。这些幼童因受到严重伤害而住院治疗的风险也最高。第二，这类死亡案件大多集中于低收入和少数民族家庭。第三，身体伤害导致的儿童死亡案件中，有 75%表现为某个男性（父亲、继父、母亲的男友）的单独虐待或（通常是）与儿童母亲的共同施虐。极少有年幼儿童是因为遭到陌生人的虐待而死，几乎所有的施虐者都是儿童的监护人。第四，我们的最优估计是，1/3—1/2 的儿童死亡案件与家庭忽视（而不是虐待）有关。此外，大约 2/3 的死亡案件并不为儿童保护组织所知晓。

正如我们前文讨论过的对校园暴力事件的预测，除非预测工具非常完美或接近完美，否则，要预测这种低概率事件非常困难，很容易造成大量的假阳性错误（参见 Caldwell, Bogat, & Davidson, 1988）。为了阻止极少数潜在的儿童施虐者，我们不得不动用大量资源，并干预很多人的生活。

能不能依据基础发生率（base rate）来帮助改进预测呢？布朗（K.Browne, 1993）使用了一种筛查工具（screening instrument）进行家庭健康问题调查。他采集了 14 252 个儿童的数据，结果，大约 7%（964 例）的儿童进入了虐待或忽视高危组。研究者对所有受访家庭进行了为期 5 年的跟踪研究。到研究结束时，14 252 个案例中有 106 个（0.7%）案例被正式报告为涉嫌或实施了虐待。筛查工具正确识别了其中的 72/106 例（即 68%），对非虐待案件的错误识别率为 6%。①然而，由于虐待事件的实际发生率很低，导致了大量的假阳性误报（858 例）。在该研究中，使用这一筛检工具鉴别的误报率是案件实际发生率的 10 倍（预测 7%，实际只有 0.7%）。这些还只是虐待案件，而不是更加罕见的死亡案件。结合其他风险性因素，对筛查出来的 964 个家庭做进一步追踪研究，有助于提高预测的准确性（K.Browne, 1993）。 280

对预防工作的启示

借助数据和理论，我们可以设置某些项目参数来预防虐待致死案件的发生。但针

① 即 858/(14252−106)≈6%。——译者注

对高危目标人群，即使采用两级筛检程序(two-stage screening)(即先识别出高危人群，再对这部分人进行集中研究，进一步发展出其他预测指标)，仍然无法克服假阳性错误的问题。而且，再精良的两级筛检程序也难免会漏报某些案例。试想，在高误报率情况下，进行政治、文化、经济和心理干预的成本该有多大？在向参与者解释干预方案时，我们又如何才能避免污名化，不给这个家庭或某些家庭成员强加上“潜在杀手”的罪名，也不给孩子贴上“受害者”的标签？此外，如果高危家庭父母拒绝接受干预服务，按照美国现有法律，政府无权强行进行干预。毕竟，所预测到的风险在未来是否会变成现实还存在相当大的不确定性(Levine et al., 1995)。

个体水平的预防策略成效很低。不能指望儿童保护服务(Child Protective Services, CPS)能够防止所有或大部分儿童死亡事件的发生，虽然受到CPS关注的个案遭遇不幸的风险相对高一些，但实际死亡发生率仍然非常低。在一个已经不堪重负的系统中，我们还得处理可能存在的误报问题。

由于大部分存在受虐风险的孩子都处在婴儿期和学龄前期，因此，对有婴儿的家庭进行家访或许能防止儿童因受虐待而遭遇不幸。家访者进行现场观察不仅有助于防止不幸事件的发生，还能提供其他有益的服务，甚至可以帮助陷入困境的家庭寻求进一步的干预。忽视致死案件与虐待致死案件一样频发(Levine, Compaan, & Freeman, 1994)。忽视与虐待是两种不同性质的行为，有着各自不同的风险性因素和作用机制。只针对其中一项进行预防，效果并不完备，往往需要双管齐下。

例如，在虐待致死事件中，摇晃婴儿综合征(shaken baby syndrome)是一大死因。对此，用一段简单的录像向所有存在风险的新生儿母亲提出警示，是比较容易采纳和实施的措施。如果录像中还能加入相关信息来指导如何处理婴儿的持续啼哭行为，那么这种录像就既普遍适用又廉价，并且不会招致道德非议。此外，每年有许多儿童被
281 开水严重烫伤，需要强化治疗。这种医疗护理有时需要持续很多年。对此，只要加装一个简单的调节器，在自来水过热时自动关闭供水开关，就能防止许多烫伤事件的发生(U.S. Advisory Board on Child Abuse and Neglect, 1995)。

有研究者发现，约75%的儿童受虐死亡案件都涉及一个男性，由此引出一个更加困难的预防问题，即什么样的预防方案能够教会一个母亲去识别和应对一个有可能施虐的男人(Levine, Compaan, & Freeman, 1994)？“切莫将婴儿独自留下”的警告或许能起到一定的作用，尤其是当这种警告被反复提醒和不断强化时。我们假定父母的忍耐有时也会达到极限，那么，事先做好防范或许会有所帮助。例如，找个邻居或亲戚暂时替代父母照看一下孩子。但是，施虐或忽视很可能发生在被社会孤立的家庭，他们可能住在邻里之间很少交往的社区(Reppucci, Woolard, & Fried, 1999)。在这种情况下，上述解决方案就难以实现。因此，可能需要更多价格合理、经营良好的托儿所、日托中心、临时照看中心和幼儿园。这些服务可以实现两个目的：第一，给绝望的父母提

供一种安全的放松方式，防止或减少虐待或忽视事件的发生；第二，将更多的年幼儿童置于受监控的环境中，有利于识别受到虐待或忽视的儿童。

不存在一劳永逸的办法可以防止儿童发生不幸事件。仅仅依靠一个信息或一种方案是不够的，还需要对受虐死亡案件的发生作出生态学的解释，并以此为基础开发更具综合性的干预方案。

指征性心理卫生预防的局限性

指征性预防的条件是早期识别和有效干预。正是识别与预测的准确性和早期干预的有效性问题迫使研究者们开始慎重考虑心理问题指征性预防的成本与效益。筛检程序基于对风险性因素的有限认识，往往忽略了具有补偿性的保护性因素。这样做一方面可能导致某些正常人被误诊为初期患者；另一方面，又让我们对另一些人表现出的某些早期问题视而不见。我们对某种疾病随时间而变化的自然轨迹还缺乏足够的认识，以至于无法在疾病萌芽时期予以准确识别，而患病的初期阶段（incipient stage）正是指征性预防的关键时期。有些被我们注意到的“疾病萌芽”可能只是一种正常的行为变化。例如，一个少年的情绪从最初的得意到后来的无聊，再到悲伤，最后转化为愤怒，我们应该将这视为情绪障碍的早期症状吗？还是理解为青春期的特点呢？如果答案是后者，那就没有必要特别对待，干预在这种情况下成为一种浪费，甚至会产生副作用。另一方面，当我们能够识别出某个“早期”病例时，问题可能已经发展得比较严重，甚至已经根深蒂固，以致再难展开有效的干预了。

由于对目标人群的区分是基于未来发病的可能性，并且这种可能性肯定小于100% 282
（而且通常无法准确预知），因此，在对一项指征性预防方案进行评估时，必须考虑错误预报某些个案所花费的成本。许多受到高度重视的预防项目其目的并不在于提高全体人口的心理健康水平，而是更加聚焦于对酗酒或精神分裂症之类特殊疾病的预防（Mrazek & Haggerty, 1994）。但是，像精神分裂症这样的特殊疾病在全体人口中的发病率仅有1%。而当某种疾病的基础发生率低于筛查程序所能有效预测的比率时，很难通过降低假阳性误报率来控制预防干预的成本。

类似问题也出现在自杀案件中。在65岁以上的男性人口中，成功自杀率为每10万人中71.9例，青少年男性的这一比例为每10万人中19.4例（Garland & Zigler, 1993）。在住院治疗的病人中，住院第一年有2%的人企图自杀，而住院10年后，这一比例会提高到10%。在这种情况下，任何检测程序都无法使错误率（误报＋漏报）低于只是简单预设“没有人会自杀”所造成的差错率。要求那些我们认为存在风险的个体住院治疗会带来巨大的经济、心理和社会成本。无法获得准确预测使得预防工作陷入困境，也给以预测为基础的临床决策造成了巨大困难。

误报和漏报所耗费的社会成本取决于疾病的种类。例如，人们宁愿被告知可能患有癌症但实际上没有(被误报),也不愿意被告知没有癌症而实际上真有(被漏报)。进一步检测有没有癌症并不会花费个体太多的社会成本,而诊断中的漏报却可能使患者错过有效的治疗时机。但是,对心理疾病的诊断需要考虑污名化等其他不利影响。让个体接受更多的精神疾病研究也会造成一些其他医疗诊断通常不会产生的社会成本。

在对指征性预防项目进行评估时,还有一些问题需要考虑。没有任何一种行为或药物治疗是普遍有效的。对那些行为失控和具有反社会暴力倾向的个体来说,几乎不存在有效的干预方案。假设我们检测出了某种严重疾病,却又对它无能为力,那该怎么办?是否应该遵照伦理学的教诲:即使没有有效的治疗方案,哪怕徒增焦虑,也应告知患者(或其父母)?抑或忽视疾病的早期征兆任其自然发展反而更好?恰当的选择应该是采取有效措施降低“未来患者”当前的风险。例如,对于存在罹患精神分裂症风险的青少年,可以针
283 对他们的同伴关系(而不是精神分裂症状)进行干预,并将同伴关系质量作为衡量效果的主要指标。当然,类似这样的方案是否真能起到预防作用,还有待实证研究的检验。这些接受干预的个体进入成年期后,我们未必真能看到“低于预期”(lower-than-expected)的精神分裂症流行率。

有效干预还必须满足另外两个条件。第一,对预防效果而言,干预的时间节点非常重要(例如,在病情开始恶化之前,可能只在很短时间内出现某些先兆特征)。只有及时针对目标个案进行干预,才有可能有效降低流行率。虽然有些专家认为,危机干预也可以起到二级预防的效果,但是,这类干预方案必须以更多的心理卫生服务作为支撑才能充分发挥作用。此外,“被动干预”(有需求的人应该主动寻求帮助,而不是反之)使得危机干预很难覆盖更多的人。有研究发现,在经历过重大压力性生活事件的大学生中,只有不到1%的人曾经拨打过服务热线或寻求过危机服务(Levine & Perkins, 1980a)。在员工辅助项目中,许多针对酗酒者的指征性预防措施实施得过迟,以至于无法测量早期干预在酗酒障碍发展过程中的有效性。

第二,干预的目的在于显著降低精神疾病的发病率,而这就必须考虑经济方面的可行性和影响范围。如今,那种既漫长又昂贵的“一对一”干预已经暴露出明显的局限性。需要进行“一对一”干预服务的潜在病例实在太多,以至于根本无法提供低成本、高效益的指征性预防服务。在这种情况下,布卢姆(Bloom, 2000)提出,只要一到两次短期心理治疗就可以产生持久的积极影响。不过,这种预防的有效性还需要更多证据来证明。各种形式心理治疗的社会效用长期受制于理论和实践方面的诸多问题,指征性预防也不例外,正面临相同的困境(参见本书第一章)。

减轻个体的痛苦是一种合理的人道主义诉求,类似的诉求还包括雪中送炭,让有需要的个体及时获得帮助。但是,系统地降低流行率还没有引起足够重视,或上升为一种强烈的诉求。正如我们在下一节将会看到的,全员性与选择性预防策略能够部分解决这一问题。

全员性与选择性(初级)预防

从历史上看，通过实施早期预防策略，躯体疾病已经在很大程度上得到了控制。公共卫生服务通过各种针对性措施(如种植疫苗)和非针对性措施(如改善公共卫生、净化饮用水等)对躯体疾病进行了成功的初级预防，在第一时间减少了病案的发生数。通过类比，284
心理卫生领域的预防专家认为，大规模的社会体制改革和生活质量的提高同样可以带来广泛而持久的效益，尽管这些努力并不谋求降低特定类型疾病的发病率(Albee, 1998)。总体而言，可能的目标和干预的范围非常之广泛。

“总预防”是一个非常宽泛的概念。科文(Cowen, 1983)对初级预防方案作了如下界定：(1)针对群体而非个体；(2)目标人群是健康人而非某种疾病患者；(3)目标人群所接受的干预基于一定的理论基础，后者包括具体目标和适当的评估方式。阿尔比、法恩扎和古洛塔(Albee, Faenza, & Gullotta, 1997)区分了初级预防的四种技术，包括教育、社会支持、社会能力建设和社区重建，这些技术被纳入预防服务的范围，以期实现预防的目标。

类似科文这样的界定虽然有价值，但未能揭示出预防本身内在的固有困难。将预防性干预融入日常生活将不可避免地面临优先权与价值问题。资源的总量是有限的，将资金用于预防未来问题，便意味着那些已经患病的个体所能获得的资源减少。而与此相反的观点认为，将部分资金分流、投入预防是值得的。这样做不仅能够极大地减轻个体的痛苦，而且能够节约资金。

个人隐私和自由哪一个更重要？有些问题涉及个人的自主选择，如吸烟可能引发癌症，不安全的性行为容易感染艾滋病。可是，我们有什么权利去干涉别人的自主选择？当我们试图这样做时，应该用什么样的先例指导别人作出选择(Leichter, 1991)？出现怎样的“风险”症状时需要开展预防？所预防的问题在未来真的会出现吗？19世纪80年代曾经实施的预防性干预主要针对以下“高风险人群”：精神病儿童(children of the insane)、孤独者(isolated persons)、黑发者(dark-haired persons)和有钱的闲人(the idle rich)(Spaulding & Balch, 1983, p.60)。对风险的评估既受人的心理和行为因素的影响，也受社会和政治因素的影响(参见本书第六章)。以公共心理卫生的名义对人们的生活进行干预，以此破坏个人隐私和自由，我们在这条路上又能走多远呢？

此外，任何干预都是有风险的，我们的行为很可能造成意想不到的消极后果。也就是说，我们信任的那些预防措施可能会改变个体行为的某些方面，同时也可能造成极大的伤害。以著名的剑桥—萨默维尔青年研究(Cambridge-Somerville Youth Study, CSYS)为例。该研究随机选择了一些有犯罪风险的男孩，让他们定期接受家庭咨询、学业辅导和参加“童子军”(Boy Scouts)之类的社区活动，项目为期5年。30年以后，将这些当初参与项 285
目的男孩与对照组成员在犯罪行为、死亡率、疾病和职业等方面进行比较发现，多数方面都不存在差异，而凡是有显著差异的结果都支持对照组，即那些 30 年前被随机选择来参与该项目的被试更有可能：(1)犯多种罪行；(2)出现酗酒、严重心理问题或心脏病症状；(3)年轻离世；(4)从事社会地位较低的职业(McCord, 1978, 1992)。

剑桥—萨默维尔青年研究的干预为何会出现显著负效应，其原因尚不确定。选择使用"支持性辅导"作为干预方式是基于当时的专业判断，但并没有充分的实证依据证明这种干预能够为个体以后的反社会行为提供矫正。或许是因为"有犯罪倾向"的标签变成了自我实现的预言(self-fulfilling prophecy)；或许是因为社会和经济地位不利使得这些男孩对项目所提供的支持和服务产生了依赖，以至于 5 年之后干预方案的结束给他们造成了负面影响。切记，对参与者的生活而言，长期干预方案的结束本身即构成某种"干预"。

另外一个例子可以补充说明上述最后一点。舒尔茨和哈努扎(Schulz & Hanusa, 1978)报告了一项预防性干预的结果。这项研究的目的是降低机构化老年人的孤独和失控感。这些住在养老机构的老年人定期接受大学生的社交访问。其中，实验组的老人可以自己安排访问的频率和持续时间；对照组(Ⅰ)的老人自己不能控制访问频率和时间；而另外一个组，即对照组(Ⅱ)的老人不被安排任何访问。干预过程结束之后立刻开展的测查发现，自己可以安排和控制拜访的老人显示出比其他两个对照组更高的健康水平和生活热情。但是，到干预结束之后的第 42 个月末，实验组却显示出比另外两个对照组更低的健康水平和生活热情。而且，实验组中有更多的老人去世。如果说增强个体对社交频率和时间的控制感是一种积极的干预，那么，这个计划的突然结束则变成了强烈的负面干预。

目前，我们对治疗中的医源性(由医生或治疗所诱导的)影响已经有了广泛认识。在心理预防领域，这种影响引起了更多的伦理道德关注。心理治疗的来访者通常都是自愿寻求帮助的，而预防项目的参与者大多是根据某些方面的健康状况筛选而来的，如果干预本身有伤害，情况就可能变得更糟。参与者加入某个预防项目是基于这样一种假设，即这种参与能够对他们今后的生活产生持续性影响，但是，参与项目的具体风险与利益并不能
286 得到准确评估和预测。在实施大规模预防方案的同时，我们也冒着出现消极作用的风险。对那些发生率极低的问题(如青少年自杀)所进行的广泛干预，如果被发现有任何副作用，其干预的价值都会受到严重质疑。例如，如果干预扰乱了参与者的情绪，让参与者心绪不宁，那么这种干预的弊端就远远大于效益。再如，针对青少年自杀的预防方案也存在潜在危害，观看有关青少年自杀的电视节目后，青少年的自杀率反而有可能提高，因为他们会盲目模仿这些节目中的剧情。在某项预防项目结束之后，许多被列为有风险的青少年报告自己"体验到更多的无助感；更加怀疑心理健康专业人员能否提供帮助；更倾向于认为自杀是解决问题的合理方式"(Compas, Connor, & Wadsworth, 1997, p.157)。即便是一项成功的干预，其有效性也会随时间褪色。斯彭斯、谢菲尔德和多诺万(Spence, Sheffield, & Donovan, 2003)报告了一项针对高抑郁风险的青少年开展的成功干预，但其干预效果只维持了 12 个月，之后便消失了。很显然，对预防方案的参与必须是自愿的，双方

应签署知情同意书。但是，对全员性干预而言，这有可能实现吗？

全员性与选择性（初级）预防主要有两种方法。一种方法类似预防接种（inoculation），目的是强化有机体自身的机能；另一种方法是改变社会环境，借用一个比喻，就是“清理沼泽”（cleaning out the swamps），其变体亦称“事故预防”（accident prevention）（Peterson & Mori，1985）。

风险性因素与保护性因素。我们不可能针对所有人进行干预。目前处于健康状态的人，由于受遗传、产前、发展和精力等因素的影响，都或多或少存在一些患病的风险。例如，假如在全体人口中随机取样，一个人患精神分裂症的风险为1%左右。但是，如果父母中有一方是精神分裂症患者，那么子女患病的风险将达到13%（Gottesman，1991）。鉴于假阳性或误报问题，如果针对这部分儿童开展精神分裂症预防，那么相比于针对所有儿童的全面预防将更有成效。不过，对这部分儿童实施干预可能会遇到很多困难。例如，拥有孩子监护权的精神分裂症患者父母大多不愿意接受这样的干预。有些父母会否认他们的困难，从而导致合作失败。甚至在有法律约束的情况下，他们仍然可能选择逃离或回避（Grunebaum & Gammeltoft，1993）。

举一个典型的例子。某项目针对预期存在患病风险的一群人（均为精神分裂症患者的子女）进行长期跟踪，直到这群人度过了患病风险期（50岁左右）。所有患病的个体都会在这个年龄之前患病，而到期仍未患病者与那些患病者之间存在的差异因素便为更加准确地评估风险奠定了基础。除了身为精神分裂症患者子女这个因素，如果还能找到其 287
他一些因素，便意味着可以进行其他的预防性干预。例如，如果青春期压力会增加精神分裂症患者子女患病的风险，那么我们可以试着去降低这种压力，或提高他们应对压力的能力。

针对“高风险”的研究设计本身也存在一些不足。到风险期结束时，高危人群并不能够被划分为两个“纯粹的”群组（即患病或正常），而是会出现几个不同的亚群体，如疑似病例组或患有其他疾病组。另一种复杂性在于，预期产生预防效果的时间间隔会很长。对精神分裂症的初级预防旨在降低整个风险期内的发病率，这意味着预防一直要持续到实验组中每一个参与者至少达到45岁或50岁的年龄。如此漫长的预防周期让问题变得更加复杂，风险和干预的意义在个体成长和发展的不同阶段具有不同的意义。易感性模型（vulnerability model）认为，任何一种个体导向或情境导向（person-or situation-oriented）的早期干预都不可能克服未来可能面临的所有压力或提供所需要的全部支持。而且，如果效果需要很长时间才能显现，那么对预防性干预的评估也会面临许多实际困难（Heller，1996）。

尽管如此，如果风险性因素能够在目标人群中预测出较高的发病率，针对高危人群的预防显然会是有效的。如果研究还能进一步确定个体未来可能发病的时间点，并能有针对性地进行指导，那么这样的预防会更加有效。但是，在心理学中，我们不能过于相信一次干预永久有效的方案。因为大多数问题都有着复杂的病因，并受到许多随时间变化的因素的影响。

预防研究与干预正在逐步走向成熟。随着对某些高风险儿童心理复原力和正常发展过程的观察，对保护性因素的假设受到更多关注。保护性因素不仅指类似“社会经济地位高”的世俗优势，而且还包括能够提高个体风险应对能力的那些具体资源和个性特征(Mrazek & Haggerty, 1994)。因为某些既定因素(如延迟满足的能力)可能会对患上多种疾病的可能性产生影响，而多数疾病的发病率都很低，现阶段的预防着重通过减少风险性因素和强化保护性因素来控制发病率(Coie et al., 1993)。

减少风险性因素和增加保护性因素都不是容易的事。而且影响因素那么多，在重要性上也并不等价。有些因素可能只是偶然起作用，有些则可能与发病存在本质性的因果关系。大多数问题都同时和多种风险性因素相关，而多数风险性因素都不只引发一种疾病。另外，对于不同对象或不同条件，风险性因素起作用的方式也不一样(Coie et al., 1993)。最重要的是那些可能直接导致发病的风险性因素。

288 我们需要尽可能准确地界定易感性人群、具体的风险性因素和保护性因素，以及预期的结果。只要掌握了切实有效的理论，明白干预的介入如何改变目标因素并获得预期的结果，实现上述要求并不难。但是，如果缺乏有效的理论指导，风险性因素和保护性因素很可能变得模糊不清，使工作难以具体化。

精神分裂症患者的子女患病风险较高，其原因可能包含遗传因素、环境因素以及两者的交互作用。这些子女同时还存在患(精神分裂症之外)其他疾病的风险。由患精神分裂症的母亲抚养长大的儿童，即使人格发展没有受到严重损害，也会遇到很多困难(Dunn, 1993)。不过任何单一风险性因素的预测系数(即预测效果指数)都是很小的，89%的精神分裂症患者其父亲或母亲并不是精神分裂症患者；63%的患者没有精神分裂症的家族病史(Gottesman, 1991)。另外，科尔等人(Coie et al., 1993)还提供了一个证据，证实在精神分裂症患者的孩子中有74%完全正常。

发展理论(developmental theory)是对风险性因素和保护性因素进行理论分析的出发点(Reppucci et al., 1999)。某种风险性因素对某种疾病造成的影响，对风险累积值不同的个体以及同一个体的不同年龄阶段而言，都会有所不同(Coie et al., 1993)。例如，同伴关系对青春期早期影响很大，但在其他阶段也许没有那么重要。据此，我们可以识别那些即将进入某种高风险发展阶段的个体。

我们还可以选择其他目标进行干预。诸如青少年犯罪、酒精滥用之类的问题，会随着年龄的增长，变得不再那么严重。因此，另一种预防策略是，在易感人群中进行干预，推迟问题可能发生的时间。例如，为减少意外怀孕和性传播疾病而实施的性教育方案，其核心目标就在于延迟首次性行为发生的时间。

多重病因理论。那些治疗和预防相对滞后的健康问题(如心脏病、癌症、流行性感冒和心理疾病等)都被认为存在多重病因而非单一病因，这当中包括行为因素，如行为习惯、生活方式、应对反应等。多重病因理论或许能解释这一现象，即通常情况下，任何单一因素都不足以导致某种疾病。在某些情况下，一种疾病发病的症状可能出现在危险因素已经存在并活跃了很久之后。例如，接触过艾滋病毒的人有些很快发展为艾滋病，而有些可能在感染病毒之后很多年都没有表现出任何症状，还有的甚至根本就没有被感染。

多重病因相互作用的复杂性可以解释为什么对这些疾病的治疗与预防的研究进展如 289
此缓慢。没有哪一项干预能够直接同时处理多种风险性因素，也很少有研究会一直跟踪被试多年，并最终证明预防有效。多重病因增加了我们以因果关系来理解和解释预防问题的困难。不过，通过对某些相关因素的干预还是能够降低部分人口的患病风险和总的发病率。理论上说，如果将某种风险性因素出现概率降低为0，可能会对其他所有风险性因素产生影响，因为后者与被消除的因素之间存在相互作用。例如，通过为压力超限的父母提供暂时的幼儿看护支持，可以减少严重虐童事件的发生。虽然这种做法不能完全根除儿童虐待现象，但它会影响那些与父母压力相关的事件。

诱发因素和易感倾向。使用易感性（vulnerability）这一概念（参见本书第七章）可以将外部诱发因素与内在易感倾向区别开来。易感因素（predisposing factors）可能来自遗传，也可能是个体的成长史和经验的结果。例如，导致虐童行为的一种潜在可能是，施虐者自己在儿时曾受过虐待（Rosenberg & Reppucci，1985）。外部环境诱发因素（precipitating factors）出现在临近某种疾病开始的时候。例如，目睹一场激烈的搏斗可能成为压力创伤综合征（stress-trauma syndrome）的诱发因素；一个总是长时间啼哭的儿童可能诱发父母的虐童行为（Rosenberg & Reppucci，1985）。因此，所有压力性生活事件（参见本书第七章）都可以被纳入心理疾病诱因的范畴。

初级预防策略假设，儿童早期的易感因素是可以识别的，这一因素对疾病发展的影响比后期年龄段生活中出现的任何其他因素都更为强烈。因此，相比于其他年龄段的人，初级预防工作更多针对儿童开展（Spaulding & Balch，1983）。与关注压力性生活事件等近端诱发因素相比较，这类早期预防应该更有成效。

许多心理疾病自然产生和发展的过程目前还不清楚。随着时间推移，人的很多行为将表现出非连续性，会发生一些质的变化。赫伦科尔等人（Herrenkohl，Herrenkohl，& Egolf，1994）针对一些在小学阶段就被鉴定为具有"心理复原力"（resilient）的儿童做过一项追踪研究。这些儿童都曾在家中遭受虐待，在小学阶段表现良好。但是到了青春期，这些曾经被认为表现良好的学生中有1/3辍学。这部分学业成绩差的辍学生获得的支持相对较少，而且在小学毕业后的阶段遭受了更多虐待。然而，面对同样的处境，他们当中仍然有一些人努力抗争。即便发展不顺利，他们仍然对未来抱有希望，并且为了改变自己的不良处境而发奋努力。

行为的生态学观念（参见本书第四章至第六章）和易感性模型（vulnerability model）
（参见本书第七章）告诉我们，个体的易感性会随着人的年龄阶段而发生变化。初级预防 290
不仅要针对儿童早期开展，在生命发展的后期阶段（青春期、中年期，甚至老年期）同样能够发挥作用。过度强调对婴幼儿实施干预，特别是在这种干预的远期效力尚未得到充分证据证明的情况下，可能会对其他年龄阶段的预防造成不必要的妨碍。

诱发因素（参见本书第三章）的概念启发我们思考如何尽可能减少压力性生活事件的发生，如降低失业率；并随时随地创造资源以降低人们的易感性，如密歇根职业计划(Michigan Jobs Project)。压力性生活事件模型(stressful life-events model)启示我们，当下的任何事件(here-and-now events)在早期都是有征兆、可预知的，可以通过调整来避免陷入困境。我们应该帮助个体学会应对这样一类事件。

对预防干预的研究。预防研究不同于其他心理学研究。美国国家科学院医学研究所(Institute of Medicine, IOM)提供了一个被称为"预防性干预研究周期"(preventive intervention research cycle)的研究框架。在这个周期的第一阶段，需要界定所要预防的疾病或问题，收集与该疾病相关的风险性因素和保护性因素信息，并研读有关成功干预该类疾病的基础文献。只有先探明问题的背景，才能进一步设计和实施干预。接下来进入试点阶段。研究者要采取试点研究的方式，逐渐优化和改进设计，确定其预期成效的大小，并检测研究工具和实施程序。这一阶段比较理想的结果是能够证明大规模田野试验的可行性。在方案效果得到确认之后，便进入大范围推广阶段。在整个过程中，研究者需要与其他利益相关人员(stakeholders)通力合作，这当中包括政策制定者、社区领袖以及干预对象的代表等。

预防研究的IOM模型重视基础研究、流行病学研究和相关文献研究，这些都很有价值。这个模型需要政策制定者对方案的重复验证和反复设计有充分的耐心。如果干预方案在早期阶段未能达到预期效果，预防研究者应留有回旋余地，并从错误中学习，吸取经验教训。第一种能够有效治疗梅毒的药物被命名为"606"，那是因为实验者在此之前试验了605种药物均告失败，直到这第606种配方。预防研究很少有机会像这样基于试验结果重新设计方案。

预防研究需要有自己的理论基础。心理和行为问题非常复杂，像"干预组显著优于（或劣于）对照组"之类的研究结果，很少能为问题原因的解释和问题的最终解决提供有价
291 值的见解。研究应该包括对干预过程的完整记录，说明为什么可以、以及如何向其他地方推广（对于某种干预方案是否能够完全在其他情境中复制，或者在新的情境中是否必须照搬原先的方案，又或是否需要对方案作出适当修正以适应新的情境如农村或城市等问题还存在争论）（参见Elias, 1997）。如果干预方案具有充分的理论基础，在新的情境中成功实施干预的可能性就会增大(Bauman, Stein, & Ireys, 1991)。

如何对预防项目的短期效果和长期效果进行评估同样是由相关理论决定的。舒尔茨和哈努扎(Schulz & Hanusa, 1978)曾对某养老机构的老人进行过一项研究。结果发现，干预结束三年之后的效果与方案刚刚结束时的效果竟然截然相反。再如，一项针对小学生开展的儿童与青少年犯罪预防项目，在刚结束时很可能发现那些接受干预的儿童在同伴关系和学业成绩上都有明显提高，但若干年之后干预组和非干预组的犯罪率应该更为重要。如果干预的目标是改变一个孩子的人生轨迹，那么，干预后的一次性测量显然是不

够的。

促进积极心理健康。无论是改善营养，还是加强锻炼，提高社会健康水平的方法，都旨在提高健康人口的比率。心理健康领域可以采取类似的策略，即将工作重点放在促进积极心理健康方面，而不是降低精神问题的发生率(Albee, 1998; Cowen, 2000)。这种干预的目的在于提高心理幸福感的整体水平，从而降低不良后果发生的可能性。例如，加强孕期保健，传播正确的育儿知识，依托邻里建立家庭生活发展中心，强化相互支持系统，等等。这些方法在本书前面都已提及。

2001 年 9 月 11 日，恐怖分子袭击了纽约世贸中心和位于华盛顿附近的五角大楼，导致 3 000 多人死亡，并引发了一场全球性的反恐战争。我们寻求通过加强国土安全(想一想处理大量误报数据所需要付出的代价)来防止恐怖主义，通过加强安保系统和情报系统来识别与打击恐怖组织，以防止恐怖分子再次袭击。但从长远来看，在那些发起和支持恐怖活动的国家，提高国民的总体幸福感可能是更有效的预防办法。政治经济学家杜马(Dumas, 2002)写道："实施更具包容性的经济和政治发展方案，提高潜在恐怖分子及其支持者的经济福利和政治地位，使得恐怖组织招募成员和获得对自己事业的支持变得困 292
难。从这个意义上讲，经济和政治的长期发展有助于瓦解恐怖主义的后备力量，消除他们依靠的广泛的公共支持。"(p.10)杜马认为，反恐研究需要考虑恐怖分子的心理。心理因素是关键，干预需要触及更深层次的心理根源。"……问题的症结在于，恐怖分子和他们的支持群体感到自己在政治和经济上受到排挤、挫折和屈辱。果真如此的话，那么，反对恐怖主义可以采取的最有效方法应该是为那些最为边缘、不满、贫穷的人们提供直接的援助，为他们赋权，让他们体验到自我价值、尊严和受尊重。最有效的预防是能够同时解决经济和政治发展难题的方案。"(p.11；更多资料参见本书第十二章有关社区发展的内容)

心理学家以往很少有兴趣研究或促进积极心理健康。最近，一群具有影响力的研究者发动了一场名为"积极心理学"的运动(Seligman, 2002)。在预防研究中，测量心理健康促进工作的结果、评估所投入的成本和效益依旧面临很多困难。现存有关某种躯体疾病预防效果的文献所能澄清的只是程度问题。由于个人因素有可能带来多种疾病的患病风险，因此，我们在降低某些疾病发病率的同时，依然有必要提高全体国民的积极心理健康水平。

哪些以人为中心的保护性因素具有跨时间、跨情境的稳定性，并能对促进积极心理健康产生作用呢？对此，可以回顾米歇尔(Mischel, 1973)对"认知和行为建构能力"(cognitive and behavioral construction competencies)的讨论(参见本书第五章)。下面一节，我们来检视将可塑性(teachable)作为一种保护性因素的相关理论和实践，以及可塑性在心理健康初级预防中的作用。

能力建设

20 世纪 70 年代初期，多种思潮汇聚，形成了以能力建设(competence building)为核心的初级预防策略(Cowen，1973；Task Panel on Prevention，1978)。我们可以在心理分析、认知理论、行为主义、人本主义、个体发展理论和进化理论中找到其根源(Masterpasqua,
293 1989)。而 20 世纪 60 年代的时代精神同样也为能力建设提供了支持。能力建设作为一种干预方式，是基于当时流行的知识和心理结构的可塑性(plasticity)假设(Hunt，1968)。抢步计划(Head Start program)是能力建设最具代表性的例子(本章稍后回顾)。

能力建设预防范式的出发点是以理论或实证研究为基础的某种假设，即在特定人口中，高危人群不同于低危人群之处就在于他们缺乏某种或某些基本的心理社会技能，而这些技能在适当条件下是可以通过学习而掌握的。因此，可以考虑将这些技能教授给风险人群。理论上，一旦风险人群掌握了这些技能，便能够消除高危人群与低危人群的差异，进而降低或消除原有的风险。

最先将能力建设作为预防性干预策略的研究者是斯皮瓦克和舒尔(Spivack，1989，1993；Shure，1997)。他们最早的研究显示，在日托中心和幼儿园里，约一半的内城儿童(inner-city children)表现出各种行为问题，如急躁(impatience)、过于情绪化(over-emotionality)、攻击(aggression)、过度羞怯(excessive shyness)和恐惧(fear)等。有好几百项关于 4—5 岁儿童的研究显示，出现上述行为问题的儿童与没有出现上述行为问题的儿童相比，其不同之处在于，前者缺乏有关人际认知问题解决(interpersonal cognitive problem-solving，ICPS)方面的技能。这些技能包括：

1. 多角度思维(alternative thinking)，为有关同龄人或成年人的问题提供替代性解决方案的能力。

2. 后果思维(consequential thinking)，准确预见自己行为后果的能力。

3. 前因思维(causal thinking)，对前期事件作用的理解能力。

4. 敏感性(sensitivity)，对他人感受和人际问题的本质的觉察能力。

5. 手段/目的思维(means/ends thinking)，为实现某一目标拟定具体行动计划的能力，包括划分若干行为阶段的能力。

斯皮瓦克和舒尔的预防方案中包含 40 多项“游戏”活动，每项活动大约需要 20 分钟。这些活动被幼儿园教师用于日常教学，父母在家中也可以使用。活动的目的在于帮助学龄前儿童学会以下技能：(1)理解语词概念，如“不”“相同”或“不同”，这些概念有助于儿童理解“那不是一个好主意，尝试其他方法”的意义；(2)发展人际交往技能，如学会倾听、观察和理解他人的感受；(3)针对某个问题情境提出不同的解决方案，包括预测行为的潜在性后果、分析因果关系等。

这项短期焦点培训项目被证实非常有效。几乎所有儿童的人际认知问题解决技能都
294 得到了提高，最初被评估为适应欠佳的儿童比那些适应较好的儿童提高得更多。人际认知问题解决技能的提高与行为问题的改善高度相关，而多角度思维和后果思维似乎是最

重要的人际认知问题解决技能。为期两年的跟踪研究发现，接受训练的实验组儿童比对照组儿童表现出更好的适应性，证明训练效果得到了维持。在有些研究中，对儿童适应力进行后期评估的教师并不知道这些评估对象之前是否接受过训练。此外，训练方案的积极效果与受训儿童的智商或家庭社会经济地位的高低没有关系，母亲和教师作为培训者所起的作用大体相当。

这项方案不仅证实了能力建设范式的有效性，也代表了在日常社区背景下由自然照料者实施的心理健康干预方案所取得的成功。这个方案传播已广，并获得了教师和父母的普遍赞誉。斯皮瓦克和舒尔及其同事还进一步研究了人际认知问题解决技能和人际认知问题解决方案对暴力问题、吸毒行为、少女怀孕问题和自杀行为的预防效果。

有研究者指出，获得某种特定的人际认知问题解决技能与心理问题减少之间的关系并非想象的那样简单(Durlak, 1995)。人际认知问题解决对年幼儿童的训练效果比 7 岁以上儿童的训练效果更为显著(Durlak & Wells, 1998)，技能与结果之间的关系在不同年龄段和不同社会群体中的表现有所不同(Gesten et al., 1982)。

斯皮瓦克和舒尔(Spivack & Shure, 1989)提醒我们，通过常规练习，不断地与问题情境“对话”(dialoging)，以提高各项人际认知问题解决技能，对维持技能和适应之间的关系十分必要。其他辅助或支持性训练同样有帮助，因为已经习得的应对技能有可能随着时间的推移而消退，而新的情境和挑战总在不断出现。

第二代能力建设干预项目(second-generation competence-building interventions)。斯皮瓦克和舒尔的方案已被推广到年龄更大的学生群体。各级学校是预防工作的重要阵地。学校与几乎所有儿童和青少年长期保持亲密接触，它向学生布置重要的认知、社会和人际发展任务。能力建设干预项目中的认知和社会方面也与学校教育背景高度契合。

最广为人知的校本能力建设干预项目关注规范转换(normative transitions)。针对小学儿童开展的“提升社会性意识，促进社会问题解决”项目(Improving Social Awareness-Social Problem Solving, ISA-SPS)，旨在促进他们适应中学生活。该方案通过三个阶段向 295
学生传授有关社会决策和问题解决的技能：(1)准备阶段(readiness)，重点是自我控制、群体参与和社会意识；(2)教学指导阶段(instruction)，对手段—目的思维和其他人际认知问题解决技巧进行强化练习；(3)应用阶段(application)，强调在教师指导下将技能应用于新的情境，促进对技能、技巧的掌握与推广(Elias et al., 1986)。

与对照组学生(他们在 ISA-SPS 项目实施之前已经进入目标中学)相比，接受干预的中学生对他人的感受更为敏感，分析和理解人际行为和情境的能力更强，自我概念也更加积极。教师评价干预组的学生适应更好，同伴之间相互寻求帮助的行为比对照组更为频繁。那些缺乏 SPS 技能的学生感受到的压力更大，这表明 SPS 技能是干预能够产生积极效果的中介因素或主要原因(Elias et al., 1986)。在干预结束之后，研究者继续进行了 5—6 年的跟踪研究，结果发现，实验组与对照组在学业成绩和心理调适(尤其是抑郁水平、犯罪行为和自我效能感)等方面仍然存在中度差异，这表明干预方案确实产生了积极效果(Elias et al., 1991)。

莱文(Levine, 1998)认为,由于该研究中的对照组是提前进入目标学校的学生,而不是从与实验组(接受 ISA-SPS 干预组)所属的同一总体中随机抽取的样本,因此,该研究改变的不只是学生个体的 SPS 技能,还可能包括目标学校的社会环境。当身边的人都熟悉并接受这些技能,将它们作为解决人际问题的合理方式时,个体对这些新技能的使用就会更加容易和得心应手。如果是真正的随机实验,采取将同一班级的学生随机划分为干预组和对照组的方式,则很难向学生灌输这些重要的社会规范(Levine, 1998)。

另一个重要的转折点是由初中向高中阶段的过渡。在青春期中期,随着压力和易感性的增加,有些学生开始远离学校(Kazdin, 1993)。与此同时,许多年轻学生掌握了重要的应对技能,这些技能将帮助他们调节和满足进入高中阶段和成年生活早期后不断出现的各种需要。减少辍学率可以降低与吸毒、意外怀孕和行为问题有关的风险。辍学往往不是突然发生或完全无法预测的。在辍学之前,学生往往会出现同伴关系改变,以及与学校关系疏远等前兆(Srebnik & Elias, 1993)。辍学的前兆还包括学业成绩下降、旷课次数增加和药物滥用等。预防辍学的最有效措施是在初中阶段实施干预,因为这一年龄阶段的绝大多数青少年还对学校心怀依恋。

296 提高学生的能力并非只有认知干预这一项策略,还可以通过对社会和自然环境的改造促进个体成长,以及阻止某些具有潜在破坏性的生活事件发生等。作为一项干预方案,学校过渡环境计划(School Transitional Environment Program, STEP)为期 1 年,旨在帮助学生顺利完成由初中升高中的过渡(Felner & Adan, 1988)。个人因素和环境因素都可能成为学生辍学和其他不良结果的风险性因素。每当风险性因素出现,消极结果发生的可能性便随之增加。个体风险性因素包括频繁转学、社会经济地位低下、家庭对学生学业的支持不足,以及少数民族成员身份等。环境风险性因素包括学校环境复杂、学生的流失率高、教学安排混乱、无视学生需求(从教师花费在接触和了解学生的时间上可以判断)等。

学校过渡环境计划方案的目的在于:(1)强化对正在经历过渡阶段的学生的社会支持;(2)帮助学生获取更多的相关信息,并提高他们有效利用这些信息的能力;(3)增强学生的责任意识,降低匿名感(sense of anonymity);(4)加强教师与学生之间的沟通。学校过渡环境计划通过两种方式强化学生的应对能力和支持性资源:第一,简化新生的日程安排,降低学校环境的复杂性。例如,让新生集中在一起,将他们的大部分甚至全部课程安排在相邻教室内完成。第二,重新定位班主任(homeroom teachers)的角色,促使他们更积极主动地参与学生工作。例如,要求班主任为学生提供咨询和辅导(这些支持通常由教辅人员提供),在学生刚入学、开学后和缺勤时联系学生家长,并与学生家长建立和发展良好关系。

与 ISA-SPS 和其他学校干预方案相比,学校过渡环境计划并没有设置新的课程或对教学过程进行大的改造,而只是针对环境的组织方式作了一些策略性调整(Felner et al.,

2001)。学校过渡环境计划缩小了学习环境的规模，对新生构建支持网络的任务进行了简化。在行为背景方面，将对新生构成挑战的多重背景中的那些共同元素加以组织合并，使学生能够更加迅速、轻松地学会应对各种环境。集合教室(homeroom)被设置成多功能背景，并将建立和发展师生关系的机制内置其中(built-in mechanism)。以穆斯的社会气氛理论来看，学校过渡环境计划的主要目的在于帮助学校满足学生对"关系导向"(如社会支持)的需求，从而促进学生的个人发展，而后者是学校的传统责任。通过对教室布局的设置，以及对学生在教学楼内活动的管理，学校过渡环境计划方案力图最大限度地减少新生与可能欺负他们的老生接触的机会。

一年后，在一个以少数民族学生为主的学校，被随机分配到学校过渡环境计划干预组 297
的学生比对照组表现出了更好的学业成绩、更高的出勤率和更稳定的自我概念(Felner, Ginter, & Primavera, 1982)。几年之后，接受学校过渡环境计划干预的学生的辍学率只有对照组的一半。教师们对学校过渡环境计划方案普遍感到满意。实施这一方案花费的成本很小，因为它只是对现有资源进行重组，并没有配置新的资源。该方案在另一所学校也创造了同样积极的效果：在从小学升入初中的学生中，其幸福感和教师评定的适应指数都有显著提升(Felner et al., 1993)。

科默(James Comer)和齐格勒(Edward Zigler)长期致力于创建和宣传一种学校模式，即将学校嵌入学生生活的社区，组织各种力量支持儿童从幼儿园的学前教育向高中教育的逐级过渡。比较理想的情况是，项目实行全天候运作，为年幼的儿童提供常年儿童护理，为学龄儿童提供课后或假期照料。该项目还包括为家庭提供的其他服务，如与婴幼儿护理有关的健康和营养服务等。学校还为缺乏支持网络的儿童照料者提供支援和培训(Zigler & Finn-Stevenson, 1997; Comer, 1997)。在有些学校，该计划整合了学校内部的社会能力促进方案(social competence promotion program)(Felner et al., 2001; Weisberg, Barton, & Shriver, 1997)，力图将社区成员和学生父母纳入系统，改变学校的整体气氛。经济衰退和政府财政赤字在一定程度上阻碍了这个方案的推进，某些学校因此很难继续维持小班教学，以至于不得不解聘部分教师或让其他部门员工下岗。

专栏 8-2　一场成功的学校变革①

1992 年，纽约市教育委员会联合教育宣传机构对大型高中开展重组改造，代之以大型校园内的多个小规模学校。这项工作一部分是基于类似学校过渡环境计划的研究成果，即小型学校的学生表现出较好的学业成绩、较低的辍学率、较少的校园暴力和破坏性行为，对自我和学校的态度更加积极，以及参与校团活动更频繁(Darling-Hammond, Ancess, & Ort, 2002, pp.639—640)(参见本书第五章"行为背景")。具体而 298
言，2 个大型综合性高中将被改造成由 11 个小型学校组成的联合校园，并对原先大

① 资料来自达林-哈蒙德、安西斯和奥尔特(Darling-Hammond, Ancess, & Ort, 2002)的文章。

规模的校园进行重新设计。这个项目没有依赖任何所谓强大而有魅力的领导者，而是基于对“成功学校”的方案设计，着力打造二代学校(second generation of schools)。

重组方案涉及两所麻烦比较大的高中：朱利·里奇曼(Julia Richman)高中和詹姆斯·麦迪逊(James Madison)高中。这两所学校各有近3 000名学生，主要是少数民族后裔(占90%)和贫困人口，大约70%的学生符合享受免费午餐方案的标准。这两所学校学生的毕业率分别为36.9%和26.9%。

变革方案包括创建一所更奉行“社群主义”(communitarian)的学校，具体包括“在学校内创建小型团体、成立学生长期友谊社团、组建教师团队、确保教师有共同研讨工作的时间、安排专人负责和处理各类校园问题、联合家长、鼓励合作学习”(pp. 641—642)。变革的主要目的在于创建小型学习社区；确立统一的学业标准，开展以能力为核心的评估而不是基于考试分数的评价；开发一套着力促进学生发掘和发展智力技能的课程体系；培养学生眼中的良好师生关系；允许学生与教师自主选择学校，以确保他们与所在学校的教育理念相容，并分享决策权。小型学校的教师参与对新教师的选聘工作。这套方案改编自纽约市另一所学校已经成功实施的设计。同一个教师团队将负责七年级至十年级的40—80个学生，班级授课时间较长(90分钟)。这些教师都会得到有过类似项目改革经验的同行的技术援助和指导。

五年之后，学生的辍学率显著下降；进入小型学校的学生中有73%高中毕业，其中80%—100%进入大学，尽管他们的SAT平均成绩仍然较低。针对这些学校进行的大量访谈和观察结果证实，变革成功地创建了一种更具人性化、充满关爱、师生关系牢固、学习氛围浓厚的校园环境。与此同时，学校还成功地建立了一套有益于学生学业和智力发展、有效遏制校园破坏性暴力事件的规范。

这项学校变革方案一方面获得了很多机构的支持，另一方面也遭受了许多威胁。阻碍主要来自教育部门。他们希望将更多学生纳入变革计划，并要求将变革的程序规
299 范化，以便与联邦和州法律保持一致。联邦政府重视每年一次的学业成绩测验的结果，而不是能力评估。因此，新的变革能否适应这样的环境还有待进一步考察。如果你对学校改革的复杂性(见本书第十章“变革问题”)感兴趣，或者想了解学校结构变革将如何创造出一种社会氛围，从而使关系和成就两个维度同时得到显著提升(参见本书第五章)，建议你参阅达林-哈蒙德、安西斯和奥尔特(Darling-Hammond, Ancess, & Ort, 2002, pp.639—640)的研究。这篇文章同时也为如何使用观察和测量方法对复杂过程进行评估提供了范例。对于如何在组织层面(与个体水平相对)开展预防性干预工作，这项变革提供了一个非常好的例子。

有关能力建设的结论。对于将能力建设作为一种初级预防方式，我们怀着同样的热情和兴趣。然而，与此同时也有一些警示。尽管许多高质量的认知和行为能力建设项目取得了可喜的成效，但是，对接受干预的人来说，一次性的干预不可能一劳永逸地降低风

险。改变风险群体内部的行为规范，或在相关生态情境中为个体提供练习和应用所学技能的机会，可以产生更为持久的影响(Levine，1998)。由于风险长期存在，针对儿童和青少年开展的能力建设应该被纳入从学龄前一直到高中年龄段(甚至高中后阶段)的学生综合性健康教育的系统工程(Weissberg & Elias，1993)。

此外，对创新性方案的推广不能想当然。对于预防方案的传播与应用，伊莱亚斯(Elias，1997)提供了一套详细的概念框架。一方面，要将方案应用于本地情境，满足本地需要；另一方面，又要忠实于原始方案开发和测试的基本形式和精神，这是一个很大的难题。不能想当然地认为，在一个地方试验有效的方案在其他任何地方都一定会有效。新的情境需要具备与原来情境相同的资源和动机，才能为当前项目提供支持。每个学校都有自己的日常事务，任何计划的成功都取决于执行计划的人所作出的决定。一项新的宏伟计划必须适应目标学校现有的课程体系和价值理念，并为教师和其他参与者提供适当培训及长期监督。课题组成员必须充分理解变革的核心理念，以保证他们为适应当地情 300
况而作出的改变不会影响改革方案的基本原理。此外，那些对新方案负有责任的人还要对有关学习的原理有深刻的认识(Elias，1997)。在组织和系统层面出现的对变革的阻力是完全可以理解的(参见本书第十章)。

要想充分利用能力建设模型，就必须对什么是“能力”有清楚的界定。能力在何种程度上是指某种通用的“一般技能”，或是可以广泛迁移的认知、行为能力(参见本书第五章；Mischel，1973)？[①]又在何种程度上应该被定义为一种情境化的特殊技能(a situation-specific skill)？事实上，两种定义我们都在使用。斯皮瓦克和舒尔(Spivack & Shure，1993)的研究，以及芬克尔和雅各布森(Finkel & Jacobson，1977)有关“创伤-应力转化”(trauma-stren conversion)的概念，代表了旨在促进某种长期而广泛的认知改变的研究尝试。

对压力性生活事件的预防大多采用“特殊能力”这个概念(Bloom，1992)。这种观点体现在萨拉森等人(Sarason & Sarason，1981)的研究中。该研究为内城9年级学生安排求职技能训练。结果发现，接受过训练的学生不仅在测试情境中能够采用更优方法解决问题，而且在现实的求职过程中也表现得更为出色。这些结果表明，对特殊能力的训练可能比对一般能力的训练更为有效。此外，许多研究结果表明，人际认知问题解决干预的结果很难复制。这意味着我们不能忽视情境的特殊性，需要对模仿那些成功的方案保持谨慎(Durlak，1995)。

能力在某种程度上包含了一组特殊技能，其效用因风险群体和情境的不同而不同。因此，有必要开展更多的研究，以确定与各种情境相关的特殊技能。任何一种情境都有其局限性，从生态学的观点来看，适应只是其中的问题之一(参见 Trickett & Birman，2000；Trickett et al.，1985)。适应不完全是个人行为，而是个体与环境相匹配的持续性过程。

---

① 例如，“快乐游戏”(Glad Game，参见本书第七章)便是一种多功能的认知调节机制，可以用来应对各种情绪问题，正如祈祷者或自助团体的理念能够对某些人的治疗或适应起到支持作用。

在学校、家庭、工作场所或街道等重要行为背景中，所需要的人际认知问题解决技能会不会有所不同，甚至互相矛盾呢？适应的条件还会随着时间而发生变化。个体在儿童期表现出的人际认知问题解决技能与其成年后拥有的心理调节能力之间是什么关系，目前还不十分清楚。

无论是一般能力还是情境化的特殊能力都可以通过能力建设得到发展。一般能力有助于降低那些与易感因素相关的风险（如贫穷、体质脆弱），而特殊能力有助于降低与诱发因素相关的风险（如失业或其他压力性生活事件）。这些能力都是后天可以习得的。但是，时间和情境始终在改变，新的能力是否适用于变化后的情境呢？在相对较低的情绪唤
301 醒状态下所教授的认知技能在高情绪唤醒状态下是否仍然有用或有效呢？对于行为与环境跨越时间和地点的连续性我们还需了解更多信息。希望有一天我们能够真正获得对行为环境进行评估的能力，并能根据个体需求改造环境或选择某种天生就是最佳匹配的环境（Levine & Perkins, 1980b）。我们在前面介绍过，有人采用巴克的行为背景概念（behavior-setting concepts）来评估心理健康消费者的个人-环境匹配（person-environment fit）程度，那便是这样一个例子。

在实践中，个体能力建设取向有时会遭到批评，被怀疑有“责备受害者”之嫌。问题在于，对“高危”和“低危”人群的区分向人们暗示了个体差异。这难免意味着，解决问题的途径只能是“改造”高危人群，使他们归于“正常”或成为被接纳的人。这很容易将高危人群推入窘境。伊斯科（Iscoe, 1974）和拉帕波特（Rappaport, 1981）认为，社区层面的能力建设在很大程度上能够回避这种道德与政治的两难处境。

总之，初级预防中的能力建设取向产生于对“获得和使用某些认知行为技能是否能够促进心理适应”这一问题的好奇。尽管有关能力建设的实证研究鼓舞了所有的人，但留给我们的依然是一幅模糊懵懂的画面。生态学理论提醒我们，行为技能不只是个体的属性，同时也与背景和研究者的干预“方案”密切相关（参见本书第五章），这些都会随时间和情境发生改变。因此，我们期待发展出新的概念和理论，以便从行为层面将个体与环境联系起来，进而建设适宜的环境和社区，培养能够适应环境的个体。下一节我们将介绍与预防相关的通用环境策略。

梯级风险预防

预防的另一种取向基于意外事件预防（accident prevention）的隐喻。意外事件既不是随机出现或完全不可预测的，也不等同于疾病的概念。这种取向适用于预防某些已知风险可能造成的不良后果，包括心理问题、生理问题或生活困境，等等。这些风险性因素有很多种类，其中有些属于个人特征，有些属于外部环境，两类因素可以独立起作用。人的易感性部分是暴露于风险的函数。预防意外事件的目的在于减少由创伤性事件带来的风险和人的易感性，降低适应不良的发生率。

302 有一种观点认为，意外事件的发生具有序列性特点。这种观点在近端（或近期）诱发的

风险性因素与远端(或远期)易感性风险性因素之间作了区分。这种序列关系可以用马尔可夫链(Markov chain)来描述。任何给定的结果都是在一系列事件结束之后产生的最终后果。其中,人们每走一步都要面对其他的替代性选择——回答“是”或“否”的问题。我们可以有多次机会阻止意外事件的发生及其带来的伤害性后果。使用意外事件预防模型,我们需要对不良结果出现之前的一系列事件展开研究,在这条事故发生链上找到理想的干预点。如果事故发生链中的早期事件能够得到阻止,不良后果发生的可能性就会大大降低。

以未婚少女怀孕为例。她们生下的孩子很容易出现生理或行为问题,而年轻的母亲也要面对适应不良的后果。和同龄人相比,她们更有可能辍学、依靠政府福利或抑郁。怀孕并不是一种疾病,将这种复杂的社会和心理问题视为一种“疾病”,我们只能考虑有限的几种选择:节欲、避孕或堕胎。采取马尔可夫链的纵深视角,能够让我们有其他的思考。

表 8-1 描述了由意外怀孕导致的适应不良行为发生的马尔可夫链。对每个问题的不同回答,其对应的适应不良风险或高或低。

表 8-1 未成年人意外怀孕问题的马尔可夫链

高危条件	低危条件
是否只有固定的性伴侣?	
↓否	→是
是否采取避孕措施?	
↓否	→是
(避孕失败)是否服用事后避孕丸?	
↓否	→是
是否已经怀孕?	
↓是	→否
是否堕胎?	
↓否	→是
是否有能力承担后果?	
↓否	→是
适应不良	
辍 学	
虐 童	

除了要么怀孕、要么堕胎这样的生物性选择,当事人有了更多的应对方式,包括固定 303
性伴侣、采取避孕措施、服用紧急避孕药(morning after pills)①,以及在孩子出生后将孩子

① 紧急避孕药(亦称事后避孕药)是非常安全有效的,在发生无保护的性行为之后服用,能降低 74%的妊娠率。但这种简单安全的方法并未得到广泛采用,因为医生不会为了这种目的开药,制药公司也不会以此为目的积极让这种药丸上市(你看到过宣传这种药丸的电视广告吗?)。许多女性甚至从来都不知道这种药丸的效用(Trussel, Koenig, Ellerston, & Stewart, 1997)。有一项典型的研究,琼斯、达尔拉克和亨肖(Jones, Darrach, & Henshaw, 2002)基于对全国 10 683 个妇女在 2000—2001 年为期 12 个月的时间内寻求流产服务的情况调查发现,使用紧急避孕药避免了 51 000 次流产事件,相当于让当年的流产数降低了 25%。当前,紧急避孕药不能在柜台公开出售是政治影响医学和科学决策的另一个例子(参见本书第十三章)。

送给他人收养等，这些都是防止少女辍学或出现高危行为的补救性措施。关键的一点在于，任意一种低危选择都足以打破这个导致适应不良结果发生的链条。如果能让更多少女在这一序列的某一点上改变原有的发展轨迹，朝着更具适应性的方向发展，便能起到预防效果。例如，弗斯滕伯格、穆尔和彼得森(Furstenberg, Moore, & Peterson, 1985)发现，对15、16岁的青少年进行性教育，能有效延迟他们首次性行为发生的时间。伯恩、凯利和费希尔(Byrne, Kelley, & Fisher, 1993)讨论过一些方案，这些方案旨在鼓励青少年避孕，减少抑制避孕行为的情境因素。

总之，未婚少女怀孕问题复杂且难以控制。它不是简单的健康问题，而是一系列社会和行为事件。梯级风险预防基于多重病因理论和因果链中的近端—远端梯级观点，增加了预防的机会。有些机会可能远远早于目标状态而出现。例如，通过开展性教育或创造支持节欲的社会气氛，在社区范围内或重大时间节点进行预防性干预，能产生深远的影响。另外，我们也看到，由于风险是事件、情境和人相互作用的结果，在大多数问题上，几乎每个人都存有至少是轻微程度的风险。例如，有些人认为，大麻在某种意义上是吸毒者的"入门路径"(gateway)，因为重性药物成瘾者大都是由吸食大麻开始，进而使用其他药物。如此而言，从理论上讲，减少或阻止对大麻的使用可以切断导致更为严重的毒品滥用问题的马尔可夫链。这种观点也存在一些争议。因为按照这一逻辑，使用药物之前的任何一种普遍性行为(如吸烟或喝牛奶)似乎都可以作为"入门路径"。在讨论如何通过干预切断意外事件的发生链之前，我们需要首先确定发生链中各种概念之间的联系。那些假设每个人都存在风险的全员预防方案在政治和社会上更容易被接受，与仅仅针对高危人群实施的方案相比，全员性预防较少产生污名化效应。

预防伴侣施暴。人际暴力提供了使用马尔可夫链进行有效预防干预的另一个例子。[1]最常见的对成年女性施暴(殴打、强奸或谋杀)的行凶者是她们的现任或前任男性配
304 偶(Healthy People, 2010)。那些在童年时期曾经目睹过周围成年伴侣之间发生的暴力行为的人，在成年之后更有可能成为施暴者或受害者(Tomkins, Steinman, Kenning, Mohamed, & Afrank, 1992)。关于伴侣暴力的风险性因素，早期研究关注受害人的个性特征和精神病症状(A.Browne, 1993)，但近期有更多研究认为，相比于受害者的个性特征，施暴者的个性特征是更有效的暴力事件预测指标(Hotaling & Sugarman, 1986)。然而，科斯等人(Koss et al., 1994)却认为，只关注个体的心理特征并不能显著减少男性对女性的暴力行为。马尔可夫链模型让我们看到，在"以人为中心"(person-centered)的研究取向之外还可以选择其他方法。这种观点要求我们关注近端风险，审视个体、情境和社区等相关因素。

如果家庭中时不时地有身体侵犯(如体罚儿童)的情况发生，妇女处于社会性孤立或经济劣势的地位，家中有现成的手枪，存在过度饮酒等情况，发生伴侣暴力的风险将相应

---

① 类似项目还包括对非裔美国年轻男性攻击性暴力行为的预防方案(Hammond & Yung, 1993)。

较高。这些都是与发生伴侣暴力相关的情境因素，我们可以通过教授父母养育技能和限制饮酒来开展预防性干预。如果夫妻之间不能积极处理冲突，夫妻定向（couples-oriented）的干预在早期对伴侣关系会有所帮助（Holtzworth-Munroe et al.，1995）。参与“婚前沟通与冲突管理”项目的夫妇随后报告的身体暴力案例显著少于无干预的对照组被试（Markman，Renick，Floyd，Stanley，& Clements，1993）。

如果女性缺乏可以利用的社区资源（如庇护所），缺乏应对暴力威胁的技巧，或者正处在妊娠期间，伴侣暴力发生的可能性也会增加。经济独立的女性更容易远离虐待自己的伴侣。当能够帮助女性脱离虐待关系的资源增加时，亲密伴侣间的凶杀案会相应减少。此外，制定保护制度，引入司法系统，就像家庭暴力特别法庭所做的那样（见 Levine & Wallach，2002，本书第十二章），也会产生一些效果。将有关社区和其他资源的信息作为常规产前培训课程传授给女性，对婚姻或伴侣暴力有一定的预防作用，因为信息和知识能够提升个人能力。如果妇女在社区不能获得庇护和其他服务，暴力风险就会增加。所以，努力创建社区资源能够产生好的预防效果（Reppucci et al.，1999）。

短期内要想大量降低伴侣暴力的发生率，恐怕难以实现。许多研究和对高危婚姻的
干预受到隐私权的限制。但是，意外事件预防取向仍然有助于这些挑战性工作的开展，包 305
括识别马尔可夫链中的因果关系，更好地理解可能导致各种不同后果的那些过程，基于分析结果，有针对性地制定干预方案，并对干预效果进行检验等。

意外事件预防模型的意义。与疾病模型相比，意外事件预防模型将人们的注意力导向对另外一些问题的研究和干预。基于意外事件预防模型的研究关注不良事件发生的情境、导致这种情境出现的因素和不良事件造成的后果反应，与生态学类比取向高度契合。

可以用一个例子说明这个观点。当孩子的父母离异，并签署了正式的离婚协议，明确了夫妻一方对孩子的监护权和另一方的探视权。在大部分案件中，如果监护协议令双方满意，所产生的问题通常都能得到妥善解决。但是，大约有 10%的案件，离婚夫妇在孩子的监护问题上存在持续冲突。一方去另一方家中探视和接送孩子的时候，往往就是双方发生面对面接触和冲突的时候。冲突的原因很复杂，在此我们无意赘述。一般而言，这些原因会导致父母重新回到法庭，申请对探视协议进行修改或强制执行。

斯托特、盖尔和托马斯（Stott，Gaier，& Thomas，1984）描述了一套由法院判决、安排中立性探视场所并负责监督的方案。这个方案作为一个犯罪预防项目受到资助。赞助者们认为，对离婚家庭的干预能够减少孩子受探视权纠纷引起的“负面态度与创伤”的影响，从而降低他们将来离婚的可能性。不过，由家庭法院保护和监督探视也存在许多问题，需要法庭、社会服务和心理卫生机构的长期介入。

离婚夫妇见面商谈之后，制定了一个探视计划，规定无监护权一方的父母每周可以在某个中介地点进行 1—2 小时的访问。然后，父母双方签订一份详细的协议。监护方在规定时间将孩子送到交接地点交给工作人员。15 分钟之后，非监护方来交接站接走孩子。这样就避免了与前妻（夫）发生面对面的冲突。一旦有理由怀疑存在虐待儿童的情况，或

一方欠缺育儿经验，工作人员可以对他们的探视进行积极干预。每次探视的记录都保留在案。工作人员根据这些报告向离婚夫妇提出未来探视的建议，并呈送相关法庭。

306 目前还没有对这项方案的正式评估。斯托特等人（Stott et al., 1984）认为，该方案“热情支持家庭法院的判决，可以减少父母之间的冲突和争执，节约法院处理该类案件所花费的时间资源”（p.216）。方案为此前无法探视或探视遭受巨大压力的父母提供了安全探视的机会。这个方案有助于无监护权的父母维持与子女的关系。如果任何一方破坏了探视协议，方案为对方提供了指控的机会。若有些父母认为法庭规定的探视存在不便之处，也可以由他们自己协商，作出满意的安排。

这项干预不涉及对当事人的个性测量或评估，也没有对导致持续冲突的双方关系进行分析，而是基于对冲突发生的情境和过程进行分析，试图通过改变这些情境和过程来避免公开冲突。这就好比在汽车上安装一个安全座椅，防止儿童在事故中受到伤害。这类干预减少了公开冲突发生的频次，从而避免了可能出现的不良后果。将意外事件预防模型用于预防儿童受虐和醉酒驾驶也积累了很多经验。抢步计划（Head Start）在预防社会问题方面的成功同样受益于意外事件预防模型（详见专栏 8-3）。

从生态学的视角出发研究社会问题，有助于我们界定导致不良后果的事件链，同时提供新的干预对策。霍尔姆斯和拉赫（Holmes & Rahe, 1967）当初编制压力性生活事件量表依据的就是在精神病患者治疗过程中观察到的、病人频繁遭遇的那些压力性事件。通过分析马尔可夫链能够很好地说明，许多被我们定义为疾病症状的行为模式也可以被理解为由某个潜在的破坏性事件链造成的后果。

这里的复杂性在于，意外事件预防模型需要有它自己的评估方法。因为其最初目标是控制被指定的目标行为，而不是直接控制最终结果。另外，以往试图通过改变环境来全面改善健康、延长人的寿命的那些研究表明，仅仅简单地改变环境，如让频繁发生性行为的年轻人更容易获得安全套的措施并不十分有效，除非使这些年轻人了解与发生性行为相关的风险性因素和保护性因素（Kahn et al., 2002; Sagan, 1987），同时提供如何正确使用安全套的知识，让他们知道伴侣双方对此都负有责任（Levine, 1998）。总之，只要我们不局限于疾病模型，总能找到以其他方式开展预防工作的机会。

307 **专栏 8-3 抢步与领英：一项选择性预防实验**

抢步计划（Head Start，亦译“启智计划”）是由美国联邦政府资助的一项学前儿童预防方案，被称为“美国历史上最成功的教育和社会实验”（Zigler & Muenchow, 1992, p.244），也是 20 世纪 60 年代“向贫困宣战”（War on Poverty）运动中得到最广泛实施和维持时间最久的方案。抢步计划基于这样一种信念，即应该采取预防行动去影响更为年幼的儿童，而不是仅仅处理已经陷入贫困的青少年和成年人的问题。

抢步计划最初的目标甚是宏大，包括：(1)增进儿童的身体健康；(2)促进儿童的情感与社会性发展；(3)改善心理加工过程和技能；(4)提高对儿童的积极预期，为儿童的后续学习创建某种自信的氛围；(5)强化儿童与家人和其他人建立积极人际关系的能力；(6)培养儿童的社会责任感；(7)增强儿童及其家庭成员的自尊和自我价值感。抢步计划服务于所有种族或民族的儿童，获取参与资格的唯一条件是家庭收入水平(Zigler & Styfco, 1993)。从一开始，抢步计划的发起人和赞助者就拥有修订方案的自主裁量权。这样做使得计划很容易在当地获得支持，但也降低了抢步计划的可复制性。其结果导致抢步计划从未形成稳定的干预方案，而是一个"不断演变着的概念"(Zigler & Muenchow, 1992)。

由于政府领导者相信，反贫困计划若想获得持续的政治支持，就需要产生快速、广泛并具有可视性的效果，这一出发点使得于1966年开始的抢步计划风雨飘摇，在发展中迷失了方向。经济发展机遇办公室(Office of Economic Opportunity, OEO)作为联邦政府"向贫困宣战"计划的执行部门，主张发动社区，并要求家长也参与进来。项目为家长提供儿童护理课程，其他参与人员则分别承担教师助手、厨师或游乐场管理员等职责。方案开始在公立学校、教堂的地下室或其他临时地点实施，但不久便出现了教师的资格问题，以及有关设施、器具和课程的标准化与质量监督问题等。此外，随着物价的上涨和20世纪60年代后期席卷众多城市的罢工风潮，对方案进行评估的呼声越来越强烈。

威斯丁豪斯研究(Westinghouse study)对抢步方案进行了早期评估(Cicirelli, 1969)。研究报告称，抢步计划的效果并不具有可持续性，并由此引发了一场舆论骚动。该研究认为，那些参与抢步计划的儿童在参与项目之后智商(IQs)的确很快提高了，但在进入公立学校3—4年以后，实验组(参与抢步计划的儿童)与对照组(未参与计划的 308
儿童)在认知能力上的差异普遍消失了。尽管如此，抢步计划仍然得到了民众、校方和国会的广泛认可。

为什么抢步计划能够长期持续？对这个问题有多种解释。抢步计划在全国范围内开展实施，并有意让广大家长参与，非常有利于政府赢得广大基层选民的支持。和我们本章主题更为相关的另一个原因是，参与抢步计划的专业人员、赞助商、儿童父母和其他人员确认，这个方案对孩子、家庭和社会确实产生了实际效益。

目前，有关抢步计划和其他学前方案的很多研究还在进行当中，其中包含很多经过严密设计并得到跟踪评估的研究。有些地方做的是真实验设计，将儿童随机分配进入学前教育计划；而另一些地方，道德和地域因素不支持随机分配的研究设计，只能开展准实验研究。为了克服现场研究的某些局限性，社会科学家完成了12项跟踪研究，并组成了一个纵向研究共同体(Consortium for Longitudinal Studies)，对所有研究数据加以汇总，进行最严密的系统分析。

密歇根州伊普西兰蒂市(Ypsilanti)开展了一项研究。该研究基于周密的研究设计，对参与学前教育计划(实验组)和未参与该计划(对照组)的儿童进行比较，被认为是最成功的研究之一(Weikart & Schweinhart, 1997)。尽管这一方案并未得到抢步计划的资助,其质量却优于大多数抢步计划,并为学前教育的有效性提供了有力证明(Hacsi, 2002)。另一项佩里学前教育研究(Perry Preschool study)于1962—1967年间实施,并跟踪研究了58名接受学前教育训练的儿童(学前教育组)和65名未接受学前教育的儿童(非学前教育组),直到他们年满27岁。所有被试均来自同一类型的家庭,并从一开始就表示出对学前教育的兴趣。他们都是非裔美国人,社会经济地位低下(基于对父母的受教育程度、父亲或单亲父母的职业,以及住宅房间数与家庭人口数之比的调查数据);被试的智商都在60—90之间;没有发现器质性的机体损伤。在实验开始时,研究小组将被试随机分配到实验组和对照组,两组儿童在实验之前不存在任何差异,所以此后出现的任何差异都可以归于学前教育计划产生的效果。

309 佩里方案及其他类似的方案(例如,Darlington, Royce, Snipper, Murray, & Lazar, 1980)的研究结果表明,参与学前教育项目能够提高低年级学生的智商测试分数。早期智商分数的提高并不仅仅意味着认知表现更好,而且反映了学生对学业类任务更加持久的注意力、更好的言语交流能力,以及对成年人和结构性情境提出的要求的更好适应。虽然智商分数的优势被证明会在2—3年后消失(Darlington et al., 1980),但是与实验组儿童一起工作的教师却一致认为,与没有接受学前教育的儿童相比,实验组儿童适应更好,也更成熟。

佩里方案还有一项重要发现,即经过统一测试,实验组和对照组儿童中智力迟滞者的比例发生了变化。对照组儿童中这一比例达到35%,而参与学前教育项目的实验组只有15%。达林顿等人(Darlington et al., 1980)通过更大规模的研究,也报告了类似的结果,即在没有接受学前教育的对照组中,有45%的儿童需要花一些时间接受特殊班教育,而在接受过学前教育的儿童中只有24%需要接受同一类型的课程。

在佩里方案中,那些接受过学前教育的儿童在学业成绩测试中表现出来的明显优势一直持续到14岁,他们在高中阶段的平均分较高,对中学持有更为积极的态度。完成高中学业正常毕业(学前教育组为66%,非学前教育组为45%)并继续接受大专或职业教育的人数也相对较多。或许是因为学前教育组被试在校期间的表现更加出色,到19岁时,他们比非学前教育组更有可能找到工作,且收入的中位数也更高。他们中也较少有人需要接受社会救济,这一结果与他们较好的学业和职业表现相一致。

学前教育的影响,如更加优异的学业表现以及由此带来的与学校的联系更加紧密等,在社区得到了同样积极的体现。来自少年法庭和州警的数据显示,学前教育组在青少年期或成人期被拘留过的人数(31%)明显少于非学前教育组(51%);到27岁时,40%的学前教育组的女性结了婚,而非学前教育组中这个比例只有8%。如果采用经济分析方法来计算这些方案的短期成本和效益,并向终身效益投射,佩里方案所报告的一年学前教育的经济效益/成本比值(economic benefit-to-cost ratio)为7.16,为社会

节省的净成本为每位儿童 2.5 万美元。“无论是对纳税人(尤其是潜在的受害者)还是 310
方案的参与者而言，项目的净效益现值估计都大于 0。也就是说，没有输家，学前教育项目让纳税人和参与者双方都受益。”(Berrueta-Clement, Schweinhart, Barnett, Epstein, & Weikart, 1984, p.92)

抢步计划和其他类似方案付出各种努力，鼓励家长志愿或有偿参与计划。例如，尽管帮助家长学会如何教导自己的孩子并不是决定学前教育方案成败的关键，佩里学前教育计划仍坚持每周对儿童的母亲开展家访活动(Lazar & Darlington, 1982)。随着家长与幼教工作者接触的增多，家长更加了解学校及其运行情况，这使得他们在与教职员工沟通时能够考虑到更多情况，更善于为孩子寻找教育资源和机会，对可能伤害到孩子的事物更为警觉。虽然上述良好的结果有可能只是因为方案加深了家长对学校的熟悉程度而产生的效果，但这并不意味着方案本身失败，它们被视为意料之外的结果或者一种有益的副作用。

根据抢步计划对参与者的筛选条件，第一批参与该计划的儿童都来自非常典型的弱势群体(如居住在贫困的农村地区或内城的非裔美国人)，且大部分儿童的智商都低于平均水平。抢步计划后期开始从所有民族和种族中选取弱势儿童。学前教育方案对这些孩子的未来生活产生了显著影响，但这种效果并不能推广到家庭背景优越的儿童身上。而且很明显的是，抢步计划儿童作为一个群体，其后来的学业成绩并没有完全赶上中产阶级家庭的儿童(Zigler & Muenchow, 1992)。

尽管任何一个方案都不足以让儿童对未来所有可能的失败均产生“免疫”，但是，学前教育方案对由学业失败导致的痛苦的预防效果十分明显。抢步计划的综合性、家长的深度参与、对儿童重要认知能力的开发以及他们不断获得的成功体验，都促使这些孩子在未来生活中表现出良好的社会能力(social competence)。

近期的研究主要关注如何提高方案的质量，以及如何扩大抢步计划及类似方案的受益面，将婴儿和幼儿阶段涵盖在内(Administration for Children, Youth and Families, 2002)，并进一步扩展到小学儿童和贫困线以上的低收入家庭(Zigler & Muenchow, 1992; Zigler & Styfco, 1993)。抢步计划的支持者们认为，这个方案不仅对教育具有
推动作用，而且强化了父母对孩子和其他机构的影响。抢步计划对为参与者提供服务 311
的很多机构(如提供福利援助、卫生保健、营养指导或牙科治疗的机构等)都产生了影响，对此还需作进一步的研究。

2001 年颁布的“不让一个孩子掉队教育法案”(No Child Left Behind education act)将联邦基金与各州教育捆绑起来，用于每年对三年级至八年级学生进行统一考试并发布成绩。这个考试方案现在已经延伸到幼儿园，用以考察儿童能够识别多少字母和数字等类似技能，并确定了诸如“4 岁儿童经过一年的学前教育应该能够认识 10 个字母”之类的测试标准。在应试教育(teach to the test)的重压之下，这项考试方案以及与之

相关的教学方案究竟会促进还是妨碍学前教育的发展还有待进一步观察(Steinberg,2002;参见第十章“得克萨斯教育奇迹”)。

领英计划①

由于抢步计划的成功与受欢迎也是回应国家对婴幼儿成长的关怀,同时,基于一些研究对早期预防有效性的证明,1994 年,美国国会授权抢步计划为低收入家庭的婴幼儿提供服务。但是,授权法要求对所交付的服务及其对儿童和家庭的影响进行严格评估。到 1996 年,仅有 68 个方案获得了资助。目前有 664 项领英计划(Early Head Start programs,即提前抢步计划)正在为 5.5 万名婴幼儿提供服务。需要注意的是,尽管这些方案需要评估,但在评估研究开展之前,它们已经得到了快速推广。(2001 年,有 905 235 名婴幼儿被纳入领英计划,投入的费用大约为 62 亿美元。自 1965 年启动以来,参与领英计划的儿童已达 2 030.2 万人。②)

1996 年,领英计划与数字化政策研究项目(Mathematica Policy Research)合作开展深入评估。他们选择了 17 个项目站点,这些站点同意在他们原有服务对象的基础上扩大 1 倍招生,然后,随机分配儿童参加领英计划。随机分配确实完成了,但现实条件并不完全满足随机实验的要求,加上对样本站点的选择原本也不是随机的,因此,研究结果的推广可能受到某些限制。尽管如此,这仍然不失为一个比较理想的评估设计。研究对象包括 1 513 名参与领英计划的儿童和 1 488 名对照组儿童。尽管项目的运行需要遵循项目指南,但每个站点仍然可以在允许范围内有选择地提供不同的服务组合。例如,有些站点会依托服务中心开展项目,有些站点重视家访活动,而有的站点提供这两种混合的服务。每个站点在方案设计的质量、方案实施程度以及所在社区的特征等
312 方面存在差异。而且,由于条件的改变,有些方案在实施过程中也会随着时间作出调整。不同站点的被试参与的时间长短不同,接受的服务项目组合和数量也存在差异。尽管对实验组和对照组的分配是随机的,但严密的设计还需要考虑环境背景的影响,这就要求研究小组在评估方案效果时考虑实际的环境条件。

例如,《个体责任和工作机遇协调法案》(Personal Responsibility and Work Opportunity Reconciliation Act)作为一项福利改革政策正是在那一时期颁布的。在许多州,就连非常小的婴幼儿父母都被要求出去工作或求职,他们没有多余的时间来参与方案活动。同时,受该法案的影响,许多州都相应增加了儿童护理服务岗位,为训练有素的员工提供竞争机会。这些变化导致的结果是,许多对照组儿童有可能已经在领英计划服务中心之外的其他地方接受了服务。如果对照组中的许多儿童接受过其他服

① 本节内容基于(美国)儿童、青少年与家庭管理局提供的资料(Administration on Children, Youth, and Families, 2002)。

② (美国)儿童、青少年与家庭管理局:2002 年工作通报(http:/www/acf/hhs/gov/programs/hsb/research/factsheets/02_hsfs.htm)。

务，那么，在将实验组与未接受服务的对照组进行对比时，结果便有可能被低估。

不同站点提供的服务组合不尽相同，而对照组的婴幼儿没有接受相同的服务，所以，对照组内的差异会比领英计划组大一些。这意味着方案偏离了随机设计，需要借助回归分析对这些误差加以修正。此外，在不同站点和不同项目类型中，参与者也表现出不同家庭背景的特征。例如，不同项目类型的参与者其种族和民族归属会有差异，在依托家庭的项目中(home-based)，白人的比例较高，达到41%；而在依托中心的项目中(center-based)，黑人的比例更高，达到37%；在依托中心的项目中，有62%的参与者父母外出工作或还在上学，而在依托家庭的项目中，工作或上学的父母只占40%。此外，领英计划是自愿参与的项目，由此引入了“家庭自我选择”(self-selection)这一因素，这导致婴幼儿接受的服务、服务的数量和持续时间在同一项目内和不同项目间都有所不同。虽然大部分家长都参与了某些项目，平均参与时间约为21个月，但大约有一半的参与者在24个月内选择了离开，最终被项目组工作人员评定为“一贯高度参与”的家庭不足一半。参与中心服务项目的儿童，其接受服务的时间约为每周平均7个小时；而参与家庭服务项目的儿童在服务中心接受服务的时间则要少得多。几乎所有参与领英计划的婴幼儿都去看过医生。其中，99%的人接种过疫苗。

鉴于项目开展的复杂性，有必要借助统计方法的修正来确定方案的效果。统计调整的效果取决于其理论假设。基于不同理论假设的统计结果最终并没有表现出太大的差异，但有时也会由于统计方法的不同而产生不同的结果，并因此被舍弃。

领英计划的一个重要目标是，通过发展与成年人之间的信任关系以及更好的亲子 313
互动，促进婴幼儿在认知、社会和情感方面的发展。结果发现，到3岁时，儿童的认知和语言能力确实得到了促进，他们更加积极地与父母互动，父母的教养技能也有所提高，尽管在评估方法方面还存在某些局限性。参与领英计划的幼儿在3岁时表现出了更高的语言能力，其贝利心理发展量表(Bayley Mental Development Index)得分(平均91.4)高于对照组(平均89.9)，两者的绝对值虽然差异不大，但在统计学意义上达到了显著水平。另一个重要结果是，在参与领英计划的幼儿中低于平均分1个或多个标准差的人数(27.3%)比对照组(32.0%)要少。皮博迪图片词汇测试(Peabody Picture Vocabulary Test)的结果也显示出类似差异。另外，研究者对被试的社会和情感发展也进行了测量，包括使用儿童行为检查量表(Child Behavior Check List)对儿童攻击行为进行的测量(实验组10.6 Vs 对照组11.3)以及对亲子互动的测量，这些结果显示出的差异值虽然很小，但均在统计学上达到了显著水平。

方案对婴幼儿的某些影响可能是通过父母行为的改变而发生的。例如，幼儿2岁时的母亲支持与3岁时贝利指数的提高存在显著相关。虽然结果与对方案的预期相一致，但即使不参与这个方案，态度较为积极的父母也可以让孩子得到较好的发展。另外，也不排除方案本身对幼儿及其父母接受标准化测试起到的训练作用对测量结果造成了污染。最后，对父母自我满足感和父性教养的测量结果同样显示出领英计划的积极影响。

虽然方案引发的变化并不十分剧烈，却关系到幼儿未来学业成绩的提高和家庭功能的改善。可以说，领英计划对低收入家庭的婴幼儿产生了积极的影响(Administration on Children, Youth, and Families, 2002, p.xxv)，因此支持早期干预具有预防效果这一结论。

艾滋病预防

截至2002年，超过80万感染了人类免疫缺陷病毒(human immunodeficiency virus, HIV)的美国人被确诊患有获得性免疫缺陷综合征(艾滋病)(Acquired Immune Deficiency Syndrome, AIDS)，而且已经有大约50万美国人死于艾滋病(Centers for Disease Control and Prevention, 2002)。在世界范围内，已有2 000万人死于艾滋病，另有4 000万人是艾
314 滋病毒携带者，随时可能会传染给其他人(Stover et al., 2002)。行为改变是减少艾滋病毒感染最有效的策略，同时也有助于遏制其他性传染疾病(sexually transmitted diseases, STDs)的传播。因而，基于行为改变的预防方案为心理学家提供了重要机遇。预防艾滋病毒感染的干预措施包括媒体宣传、针对性工作者和男同性恋者开展的服务项目、小团体教育与技能建设项目、一系列降低风险的举措(如免费发放安全套和注射器等)，以及通过社会变革促进新的行为规范产生(Kelly & Kalichman, 2002; Stover et al., 2002)。这些预防方案有着坚实的理论基础，重视和强调人的认知因素(知识、态度和动机)、降低风险的技能(如安全套使用)、人际沟通的技巧、同伴对低风险行为的支持，以及对社会和政治的变革(如通过基础设施建设，提高对性传播疾病和吸毒患者的治疗和服务水平，提高洁净针头的更换率等)。

媒体宣传。媒体宣传具有广泛性，其目的在于增加人们对艾滋病的认识和理解，即凡是存在不安全性行为的人都面临潜在的风险。虽然普及性的宣传既经济又有效，但有些媒体驱动项目依然选择性地针对某些特殊群体。克劳福德等人(Crawford et al., 1990)开发了一项依托媒体的(media-based)干预方案，目的在于增强内城家庭对艾滋病的了解。他们在芝加哥多所中学的8年级发放有关艾滋病的报纸增刊，鼓励学生观看关于艾滋病的系列电视短片。结果显示，与对照组相比，干预组学生收听、收看了更多有关艾滋病的广播电视节目，学到了更多有关艾滋病的知识，也更经常与父母讨论艾滋病的话题。

深入少数民族社区。针对非裔美国人社区开展的艾滋病预防教育方案面临一些特殊的问题(Miller, Klotz, & Eckholdt, 1998)。例如，臭名昭著的塔斯基吉梅毒研究所的研究(Tuskegee syphilis study)。该研究始于1929年，直到1972年被公开披露之后才被迫停止。但是，该研究造成的影响仍在持续。塔斯基吉研究所对399名染上梅毒的非裔美国男性进行了长期跟踪研究，研究期间不给予他们任何治疗，直到被试死亡之后进行尸检

(autopsy)。为了保证研究的科学性,探究未经治疗的梅毒发展的“自然过程”,研究者明知可以使用青霉素药物进行治疗,却不鼓励这些被试接受任何治疗。非裔美国人社区的居民因此认为,这项研究是白人政府密谋对黑人实行种族灭绝的证据。对非裔美国人社区的调查显示,有 1/3 的居民认为艾滋病将是导致种族灭绝的一种形式,44%的人相信白人政府隐瞒了有关艾滋病的真相,34%的人认为艾滋病是实验室制造出来的一种病毒。 315
这些态度对在非裔美国人社区(其中感染艾滋病毒的人数正在迅速增长)开展艾滋病教育和预防性干预产生了严重影响(Thomas & Quinn, 1991)。与白人群体相比,亚洲人、太平洋岛民和其他少数民族群体中艾滋病发病率的增长更为迅速。有效预防艾滋病必须综合考虑特殊的文化规范、价值观和不同群体所使用的语言(Choi, Yep, & Kumekawa, 1998; Zimmerman, Ramirez-Valles, Suarez, dela-Rosa, & Castro, 1997)。

小团体干预。在传授和提升相应技能以降低风险方面,面对面干预是最有效的方法。这类干预需要基于特定的理论基础,针对目标群体的兴趣,提供有关降低风险的知识,增强目标人群的动机,同时强化他们的行为技能(Fisher & Fisher, 1992)。安排被试参与包含多个研究阶段的专项研究方案存在一定困难,最好的做法是将这些方案融入日常的健康保健、心理卫生和药物治疗服务之中。

霍布福尔等人(Hobfoll, Jackson, Lavin, Johnson, & Schroder, 2002)发展了一项具有文化敏感性的小团体艾滋病毒预防计划,旨在利用家庭和共同体内部的相互依赖和支持提高 16—29 岁单身女性的集体效能(communal effectance)。预防方案包含 6 次小组聚会。聚会时小组领导者在现场放映录像,并通过引导想象、认知演练、角色扮演,以及与性伙伴协商和自我决断能力训练等方法进行干预。角色扮演的背景直接来自参与者的个人体验。干预结果表明,与在集体效能干预中聚焦于一般健康促进的女性相比,接受艾滋病预防干预的女性随后报告了更多的安全性行为,如更频繁地购买和使用安全套。为期 6 个月的跟踪调查显示,艾滋病干预组中那些曾经患有性传播疾病的妇女的继发性感染比率比一般健康促进组要低。无论是非裔美国女性(占到样本的一半)还是欧裔美国女性,无论她们是否怀孕,预防艾滋病的干预方案都具有可推广性。除影像放映的有效使用之外,这项预防方案采取的小组干预模式,具有文化敏感性,基于互相支持和赋权。这些特点与互助团体类似,后者将是我们下一章讨论的主题。

外展计划。小团体干预属于劳动密集型工作,需要向外拓展服务范围。干预服务常常很难覆盖某些高危个体,如流浪汉、娼妓、公共住房计划中的临时居民、未接受治疗的静脉注射毒品者及其性伴侣等。还有一些人对干预工作持不合作或反抗的态度。对于这些 316
个人和群体,艾滋病预防需要联合其他外展方案实施干预。在纽约市区的一家收容所,罗瑟拉姆-博勒斯等人(Rotheram-Borus, Koopman, Haignere, & Davies, 1991)针对青少年流浪者实施了一项高强度干预,包括教授他们有关艾滋病的知识、在高危情境中需要使用的应对技能、如何寻求健康与心理卫生服务等,努力减少他们对安全性行为的心理障碍。分别于 3 个月和 6 个月之后开展的跟踪调查发现,接受干预的青少年报告了更少的高危性行为。干预次数似乎很重要。那些接受了 15 次及更多干预的青少年与少于 15 次干预的青少年相比，风险行为发生得更少。

齐默尔曼及其同事(Zimmerman et al., 1997)评估了一项赋权定向的(empowerment-oriented)艾滋病预防方案。在该方案中，由墨西哥裔男同性恋者自己控制对干预计划的设计和实施。结果发现，项目显著促进了参与者对艾滋病毒的认识，强化了他们的预防性行为，并且引发了社区水平的变化。

米勒、克洛茨和艾克霍尔德特(Miller, Klotz, & Eckholdt, 1998)对另一项艾滋病毒预防方案进行了评估。这个方案基于创新扩散理论(diffusion of innovation theory)与社会影响理论(social influence theories)，针对男妓和"皮条客"酒吧("hustler" bars)中的顾客开展研究。方案设计通过培养和训练"意见领袖"来向他们的同伴推广更为安全的行为方式和静脉药物注射规范。尽管在不同酒吧和种族中，预防效果并不完全相同，但总体上还是降低了无保护的性交和口交行为。其中，白人和拉丁裔男性被试的无保护性行为明显减少，但方案对非裔美国人的影响似乎并不显著。

艾滋病与意外事件预防模型。即使在那些对艾滋病毒感染高风险行为有足够认识的人群中，艾滋病毒的感染率依然居高不下。意外事件预防模型为干预提供了另一种观点。除了必要的信息，人们还必须认识到，被病毒感染的风险几乎完全取决于自己的行为选择。他们更需要有效的技巧(如管理好人际关系，以安全行为代替危险行为)、在危险处境中(如性诱惑、毒品诱惑)运用这些技巧的动机和具体行动，以及支持低危行为和制止不健康行为的新规范(Coates, 1990)。

在针对大多数年轻人使用意外事件预防模型时，我们需要认识到，亲密关系是一步一步建立起来的。拖延每个阶段开始的时间有助于降低风险。其中一个选择是，等到青春后期再开始约会，然后推迟亲密接触的时间，再然后要求延迟性行为的发生，在采取安全措施之后再发生性行为，并保持性伴侣的单一性，这样便能有效降低感染的风险。

对于静脉吸毒者，在某些场所比其他场所更有可能共用针头。行为—背景理论(参见
317 本书第五章)有助于解释这种现象，即现场情境会增加或减少危险行为发生的可能性。拉特金等人(Latkin et al., 1994)发现，与以下三种地方——朋友家中、"毒品注射处"(提供注射器出租服务的地方)、"半公共"场所(如建筑废墟)相比，当吸毒行为发生在吸毒者自己家中时，与其他人共用针头的可能性更小，且更有可能对针头进行消毒。在自己家以外的背景中，共用针头行为似乎已经成为规范，吸毒者大都有过这样的经历。有些背景允许对针头进行消毒，有些则不太可能。在自己家中，吸毒者独自一人，不必迫于社会性压力而与他人共用针头。从意外事件预防模型的视角来看，对艾滋病的预防还包括通过治疗减少或阻止对毒品的使用；对采用安全方法提供培训；开展早期教育以防止直接注射毒品的行为等。所有这些预防措施都取得了一定成效(Des Jarlais, Friedman, & Casriel, 1990)。

变革社会规范。鉴于艾滋病毒感染的影响范围很大，以及正式预防存在的局限性，非

正式的支持和对各种资源的充分利用对于提高预防效果十分重要。有证据表明，建立新的行为规范能够起到良好的预防作用(Catania et al., 1991; Ekstrand & Coates, 1990)。近几年，青少年堕胎和分娩率有所下降，这意味着青少年性行为已经在发生变化(Levine, 1998)，静脉吸毒行为同样如此(Des Jarlais et al., 1990)。

有些研究利用同伴教育(Peer educators)，树立正面榜样，向伙伴传递有效的信息和应对技巧。在公共住房计划中(public housing projects)，西柯玛等人(Sikkema et al., 2000)依托社区开展干预，成功降低了少数民族低收入妇女感染艾滋病毒的风险。研究者首先安排当地的意见领袖(opinion leaders)依托社区举办降低风险的工作坊(neighborhood-based risk-reduction workshops)，然后，借助支持性的社区活动，帮助社区居民发展能够降低风险的技能，并建立新的行为规范，以强化已经发生的行为改变。研究结果显示，与未接受干预的妇女相比，干预组妇女发生无保护性行为的可能性更小，她们使用安全套的次数更多。

由疾控中心(Centers for Disease Control, CDC)资助的艾滋病社区示范项目研究组(AIDS Community Demonstration Projects Research Group, 1999)对活跃的静脉吸毒者和他们的性伴侣、性交易者、男同性恋者和性传播疾病高发区的居民进行了社区层面的干预，试图改变他们的行为规范和行为习惯。该项目在美国五个不同城市，安排受过训练的本地社区居民向人们发放有关行为改变的资料，并努力促进社区中的高危居民使用这些资料。这些宣传资料的内容包括有关安全套、消毒用具的介绍和一些讲述社区居民如何改变艾滋病毒感染高风险行为的真实案例。在3年多的时间里，研究者将这些受干预的 318
社区与另外5个作为对照组的社区进行了比较，对超过1.5万名社区居民进行了访谈。研究结果显示，在干预社区：(1)超过一半的受访者报告自己曾与预防工作者有过面对面交谈或曾经收到过干预资料；(2)在与主要性伴侣或其他人发生性行为时，使用安全套的人数比例显著高于对照组社区；(3)在干预组中，访问对象在受访期间携带安全套的人数显著多于对照组。

在目标人群中，很多人不愿意参与机构性(facility-based)的预防项目，而这项研究的一个很重要的特点就在于社区志愿者的加入。由社区志愿者将这些持久、可信、与本土文化相匹配的信息传递给自己的邻居和同伴的策略说明了一个生态学原理，那就是，即便在社会和经济发展处于劣势的社区，也有其自身的优势和资源。妥善发挥这些优势和资源的作用，可以让整个社区变得更安全。

结构性与政治变革。到目前为止，许多研究都包括向风险比较大的性行为活跃人群免费发放安全套。同样，使用洁净的针头注射也能有效阻止艾滋病毒、肝炎和其他血液传染性疾病的传播。斯托弗等人(Stover, et al., 2002)估计，推行以使用过的针头免费换取经过消毒的无菌针头这一干预方案，在美国之外的其他高风险国家已经减少了60%的吸毒者共用针头的行为。

欧洲人的研究同样表明，为吸毒者提供干净的针头能有效降低艾滋病毒和肝炎的感染率,并且不会导致吸毒人数的增加。但是,在纽约市推行的一个类似方案遭遇了失败。有政客反对说,推行这样的方案意味着官方赞成吸毒,将导致吸毒人数的增加。将“兑换针头”方案政治化,削弱了方案的效果(Lichtenstein, 1996)。艾滋病毒感染及其预防并非单纯的技术问题,还涉及道德层面,这一点对方案的实施具有重要影响。预防方案无法脱离目标人群的社会、政治和道德背景(Anderson, 1991)。

开展多渠道预防的必要性。鉴于艾滋病毒蔓延的形势异常严峻,有必要通过多种渠道,将个体预防(如加强媒体宣传、提高行为技能、改变行为规范等)与对政策和环境的变
319 革结合起来,从而获得广泛、持久的预防效果(Choi et al., 1998)。在不同性别、不同种族和其他类别的群体中,基本的风险性因素类似,但是,适合不同群体的最佳预防方案却不尽相同(Reppucci et al., 1999)。不同群体对性行为的期待和涉毒行为习惯、对信息和资源的获取,以及对向他们提供服务和帮助的权威机构的信任都相去甚远。

我们需要了解更多的保护性因素,如影响动机改变的认知和社会因素,有利于行为改变的措施(如提供随时可用的安全套或干净针头),应对技能的获得与使用,对行为改变的支持,等等(Kelly, Murphy, Sikkea, & Kalichaman, 2993; Kelly & Kalichman, 2002)。此外,我们还需要确定影响干预有效性的关键因素,努力将更多的预防聚焦于市区贫穷的少数民族人群,因为他们面临的风险正日益增加。除在正式情境中(如学校和工作场所)实施的预防方案之外,我们还需要更多针对家庭的预防方案。同样,在提供降低风险的服务时,我们还需要大量的基础设施建设(如治疗项目、发放安全套等防止性传播疾病的工具、消毒盒、艾滋病毒抗体测试、就业项目等)。基于上述原因,研究者与当地社区领导人的合作尤为重要。从积极方面看,增加有关性行为的知识对减少意外怀孕、控制性传播疾病具有重要意义。

预防作为一个社区问题。风险行为是个人问题,但是,艾滋病毒的广泛传播及其与社会权利剥夺之间的关系、艾滋病毒预防的规模效应等又使它成为一个社区问题。社区心理学提醒我们,除了借助教育开展个体能力建设之外,各种社会因素(如家庭的稳定与支持、内群体规范的改变等)也是促进和维持个体行为改变的重要方面(Shinn & Toohey, 2003)。鉴于艾滋病在少数民族群体和妇女中的发病率越来越高,为了能让风险性个体最大可能地参与和接受干预,社区领导者和社区层面的组织工作便显得尤为重要。托马斯和奎因(Thomas & Quinn, 1991)介绍了他们自己作为预防工作者在应对由塔斯基吉研究造成的不信任方面的经验。他们与非裔美国人社区签订协议,为当地社区提供艾滋病毒预防教育。

此外,艾滋病毒预防项目应该更加充分地考虑妇女群体的现状。艾滋病毒预防干预的成效取决于性关系的背景。在正常的一夫一妻制婚姻关系中,如果要求采取更安全的性行为,往往意味着对伴侣的不信任。因此,与偶然发生的“露水夫妻”关系相比,在稳定的一夫一妻关系中更难实现行为的改变。然而,并不是所有的性关系都百分之百发生在
320 夫妻之间。传统的男权主义意识形态、性别角色行为,以及男女两性在社会权利和地位上

的差异等，都可能影响妇女对风险行为的防范。提升妇女的社会与经济地位并采取由妇女主导的预防模式有望带来长远的效益（Amaro，1995）。然而，目前指导预防工作的流行病学研究却受到了很多政治因素的制约，尤其是对性行为和涉毒行为的预防（如针头兑换等），另外还有对男同性恋者和注射吸毒者的偏见。

对于青少年，明确针对性行为和吸毒行为开展的预防方案要比单纯提供信息的预防方案更为有效，尤其是对那些还没有开始尝试高危行为的年幼儿童而言。但是，这种干预措施大多会遭到家长和社区的反对。同其他社区干预一样，对艾滋病毒感染的预防工作与周围的社会和政治背景是分不开的。

总之，目前掌握的证据显示了在社区背景下实施艾滋病预防干预的必要性。预防干预的范围既要覆盖目前尚未感染艾滋病毒的风险性人群，也要包括艾滋病毒感染者，防止他们将病毒传染给其他人（Kelly & Kalichan，2002）。在发展中国家，减少艾滋病毒传播不仅需要传授和支持新的行为规范，还需要完善和加强卫生保健基础设施建设。如果预防干预能够促进社区开展支持性服务，开发其他资源，引导政策乃至社会结构发生持续性改变，这种预防效果就是令人期待的。有些努力可能要到十几年后才能见效。因为艾滋病毒难以根除，未来几代人仍将面临被感染的风险。

因此，我们需要维持和发展社会各阶层对艾滋病预防的政治承诺。按照斯托弗等人（Stover，et al.，2002）提出的方案，预计到2010年，全世界范围内能够减少2 900万艾滋病毒感染新增病例，而实施这些方案需要政府投入几十亿美元的资金，所耗费的预防成本约为每个病例1 000美元。社区心理学是承担这项工作的最佳候选者，因为它关注社会和社区层面的变革及其效果（如社区居民对健康保健和其他资源的获得），关注赋权、减少污名化与支持网络建设等问题，同时也关注对文化敏感性方案的实施。

学校作为预防工作开展的重要场所

学校为几乎所有学生提供了公开参与预防工作的有效途径。从许多方面来看，学校都是开展预防工作最自然、最便利的场所（Durlak，1995）。杜尔拉克和韦尔斯（Durlak & Wells，1998）对177项初级预防项目进行了综合研究，发现其中129项（73%）是在学校进行的。学校是少数几个既可以直接针对个体进行预防（区别于媒体宣传），又可以实施全员性预防的地点之一（参见前文“能力建设”）。在学校里，几乎所有学生都有可能在高危 321
性行为和涉毒行为发生之前获得及时干预。

在纽约市和密西西比州，针对城市少数民族青少年开展的学校预防项目成功地提高了这些青少年对艾滋病的认识和应对技能，降低了危险行为的发生率（St. Lawrence et al.，1995）。从长远来看，即便采取了安全措施，也不意味着绝对安全（Kelly et al.，1991）。而对于艾滋病的预防，有时仅仅一次失误（相对于吸烟或酗酒而言）就足以致命。

通过学校实施干预，尤其是在涉及性行为问题时，可能会遇到政治麻烦。当前美国的联邦政策仅仅支持禁欲教育。一个更加全面的性教育计划（如发放安全套）有可能获得成功，但是，一旦方案威胁到当地习俗，这种成功并不足以消除社区的抵制(Koo, Dunteman, George, Green, & Vincent, 1994)。

在学校开展的毒品预防项目受到普遍欢迎，尤其是在1986年和1988年联邦政府颁布“反毒品法案”(Anti-Drug Abuse Acts)之后。本章我们并没有重点介绍这些预防方案，因为它们的整体效果受到严重挑战(Gorman, 1998)。最广为人知的抵制药物滥用教育方案(Drug Abuse Resistance Education, D.A.R.E)并没有产生持续性的效果(Clayton, Cattarello, & Johnstone, 1996)。甚至有人担心，信息干预的危害可能大于其益处。以学校为基础的毒品预防倡导者认为，1980—1992年青少年吸毒行为的减少可以证明该方案的有效性。但是，在方案实施前的几年时间里，青少年吸毒行为其实已经开始减少。实际上，20世纪90年代中期，青少年吸毒行为又有再次回升的趋势，而那时正是联邦政府在毒品预防项目上投入最多的时候(Gorman, 1998)。对于学校毒品预防方案，最令人感兴趣的一点是，为什么大量否定性的研究证据未能对政治决策造成影响(Gorman, 1998)。这或许是因为，政府在面对社区要求解决问题的压力时，做一些相对容易做的事，哪怕是无效的事，多少算是一种权宜之计。

学校承担着多方面的责任。对于来自学生家庭、邻里和同伴群体的风险问题，不能奢望全部由学校解决。行为规范的改革需要来自多方面的信息，并且需要随时间的推移不断进行重复和检验。想一想，既然已知吸烟、健康饮食和运动习惯能够影响心脏病的发病率，那么，怎样才能改变那些不良习惯呢?

立足于社区的健康促进

在基于家庭和邻里的服务学习项目中(family-and neighborhood-based service learning projects)，学校对学生、教师、志愿者、本地企业和政府部门之间的沟通起到了桥梁作用。
322 这些项目聚焦于公共教育及环境和人的行为改变。例如，针对肥胖症和癌症在美国的流行，“带它回家”示范项目(“Bring it Home” demonstration project)选取了非裔低收入家庭的四年级学生，让他们在学校学习有关健康饮食的知识，然后将学习的录影带和其他资料带回家中与父母分享。与此同时，项目工作人员对学生家长开展有针对性的随访沟通。结果显示，与作为参照组的学校相比，那些被随机指定的项目学校的学生父母会食用更多的水果、果汁、蔬菜，而且在干预结束后，其平均体重也较轻(Davis et al., in press)。对于这种需要大量经费和人员支持的预防项目，要想在更大范围内推广，还需要更多学校员工和志愿者的参与(包括地方高校的大学生、企业、非营利组织等，参见 Elisa, 1997)。

立足社区开展多种促进身体健康的活动同样很有成效。这些活动包括信息干预(如利用广告宣传鼓励居民爬楼梯，并在社区范围内开展竞赛等)、开展校园体育活动、政府为社区提供多种支持，以及与信息宣传相结合进行环境干预(如加强对体育场馆的建设，提高对这些场馆的有效利用)等(Kahn et al., 2002)。

环境心理学家史托克尔(Daniel Stokols, 1992, 1996)基于社会生态学理论(social

ecology theory)构建了一个社区取向的干预框架，不仅可以促进个体健康，而且有利于创造和维持健康的社区环境。最近几十年，强化社区参与日渐成为卫生保健和健康促进政策与相关研究的突出目标(Checkoway, 1981)。然而直到最近，许多社区心理学家才开始深入社区，开展有关健康促进与毒品预防的合作研究(Altman, 1995; Fawcett et al., 1995; McMillan et al., 1995; Ribisl & Humphreys, 1998; Wandersman, Goodman, & Butterfoss, 1997; Zimerman et al., 1997;也可参见本书第十二章)。研究兴趣的明显提高，其原因可能部分在于这类研究有机会获得基金资助。

全世界有近70%的艾滋病毒感染者生活在非洲。布什总统已经提议向非洲大陆的艾滋病预防与干预项目提供150亿美元的资助(SIECUS, 2003)。在我们写作本书时，还不确定这项工作究竟能取得多大成效，但艾滋病传播对人类具有巨大威胁显然已成为事实。考虑到国际交往和旅行日益频繁，以及HIV病毒的高传染性，全球所有国家都要面对艾滋病毒蔓延的风险。美国政府已经认识到自己有责任投入公共资源，努力降低这一全球化问题的危害性。但是，真正的改变显然还需要时间。

本章小结 323

本章我们借助生态学隐喻和易感性概念引导出针对问题行为的预防取向。在实践过程中，我们遇到很多程序和伦理方面的难题。预防要求我们为并不完全清楚的事件提前承担责任，并且以更加长远的眼光来看待这些努力可能取得的最终成效。

指征性(二级)预防仅凭直觉就颇具吸引力，适用于对个体行为障碍进行早期识别与及时治疗。目前实施的二级预防存在两方面问题，一是早期识别的准确性和治疗程序问题，二是对于像家庭暴力之类的行为以及已经发生这类行为的那些人，二级预防干预的结果并不是很理想。初级预防旨在降低长期问题的发生率，在社区心理学中已经引发研究热潮。然而，正是它的吸引力和受欢迎程度提醒我们应保持谨慎。不少方案已得到推广和实施，但并没有足够证据证明其有效性，而且缺乏有充分远见的评估性研究(Weissberg & Elias, 1993)。当前，政府倾向于强调减少风险性因素、增强保护性因素，敦促收集更多有关人生发展过程的纵向数据，同时通过大量实验研究来证明具有直接因果关系的假设(Mrazek & Haggety, 1994)。

预防研究的方法论基础和概念模型已日渐成熟。预防延长了变革的时间跨度，最成功的预防方案不仅试图传递信息和引导新的行为，而且试图改变个体的生命轨迹。预防项目不仅改变着个体自身，同时也改变着他们周围的环境——家庭、学校和社区。不应该将对社会或行为问题的预防想象成可以一次性完成的疫苗接种，促进个体生命轨迹的改变需要社会的长期支持和技能培养，因为人总要不断面对新的情境和新的发展阶段。这使我们很难识别某些关键程序用以解释干预过程(如ICPS培训方案)的整体效果，因为动机、技能和支持实际上都非常重要。有效的预防方案需要经过一定范围的推广和不断评估，才能显示出预防在大幅降低发病率和流行率方面具有的优势。由于预防的目的在于(在统计上)降低未来患病的风险，而不是改善眼前的症状，因此，预防方案的成效往往较为抽象，研究者必须具体说明方案在成本—效益方面的优势。

为了维护研究的道德基础，我们需要谨记，预防是受价值驱动的(value-driven)，需要
324 从多种视角进行分析。预防工作会消耗大量的人力和环境资源，需要将受干预方案设计、实施和评估过程影响的所有人考虑在内。干预方案的目标是什么？价值何在？这些价值又如何摈弃了其他参与者的利益？是否从不同视角对方案实施的结果(包括意想不到的效果)和其他影响因素做过系统的测量评估？方案又如何改变了它的实施环境？

本章我们介绍了两种通用的初级预防策略。一种是能力建设，侧重于帮助风险人群学习相关技能，以成功适应重要情境。我们还介绍了这类方案在学前儿童和中学生中成功实施的案例。另一种策略被称为意外事件预防，它采用主动改变(如增加对安全套的使用)和被动保护(如强制系好安全带)等措施来降低不良后果发生的可能性。我们还介绍了受到舆论广泛关注的抢步计划。在相当长的时间内，它对弱势儿童适应学校和社区产生了积极的预防作用。最后，人们越来越多地认识到身心健康与幸福感之间的重要关系。在本章末尾，我们回顾了预防艾滋病、毒品滥用，以及促进健康生活方式的有关方案。

最近几十年，预防领域已经发生了重大变化。本章讨论的案例介绍了现有的预防研究，未来的活动还会随着该领域的发展而改变。预防并不是包治百病的灵丹妙药，即便再成功的方案、再敬业的努力也不可能解决所有问题，而同样的预防干预方案对每个人的影响及起作用的方式和途径也不一样。许多风险人群都拥有重要的非正式资源。下一章我们要介绍一种完全不同的问题解决方式——自助团体。

第九章 326

自助团体

- 自助团体的发展
  - 发展的现实原因
  - 自助团体的类型
- 自助团体的性质
  - 自助团体动力学
- 自助团体与理想家庭模型
  - 自助团体如何实现其功能?
  - 自助与生态学构念
- 自助团体是否有效
  - 匿名戒酒者协会与嗜酒者康复
  - 一项控制性实验
- 启动自助团体
- 倡议团体
- 本章小结

对日常生活“肥皂剧”的重要反应之一便是各种自发建立起来的自助组织。自助团体(self-help groups)的历史可以追溯到遥远的古代。目前,自助团体是发展最快的助人形式之一,是对社区资源的极大拓展。读者可以从报纸上看到各种自助或支持团体定期聚 327
会的公告。有些人更喜欢使用互助团体(mutual assistance group)这一术语,其中一些团体采用匿名戒酒者协会(Alcoholics Anonymous, AA)的工作模式,被称为12步计划(12-step programs)。

社区心理学之所以关注自助团体,是因为在平民化、非专业化的社区领域,自助团体是一种非常重要的本土资源。此外,自助团体为消费者提供了更多选择,对后者有更多赋权,这符合当代社会发展的大趋势(Levy, 2000;参见本书第十二章)。与传统心理治疗热衷为年轻、有魅力、善于表达、聪明能干的成功人士服务不同,自助团体更常为其他类型的求助者提供帮助。例如,某项调查显示,在类似匿名戒酒者协会或“单身父母”(Parents Without Partners)这样的社团中,其参与者大多是中年家庭妇女或蓝领,通常只有高中学历(Knight, Wollert, Levy, Frame, & Padgett, 1980)。当然,不同团体吸引的成员也不一样。根据网站发布的数据,匿名戒毒者协会(Cocaine Anonymous)中有2/3的成员是男性;而嗜酒者家庭成员互助会(Al-Anon)中85%的成员是女性,该团体主要为酗酒者的亲属提供服务。大约90%的匿名戒毒者协会成员年龄在18—44岁,而嗜酒者家庭成员互助会成员的平均年龄却高达51岁。因此,很难对它们一概而论。生活问题在全体人口中并不是随机分布的,而是集中发生在某些特定的人群中。例如,有匿名戒酒者协会专门为有听力障碍的人提供服务。同一组织在不同地区发展起来的团体可能会吸引来自不同社会经济地位、种族或文化背景的人。自助团体大部分是免费的,对那些既没有保险又没有钱支付服务费的人来说,自主团体的大门始终是敞开的。

自助团体作为一种重要的开放性社区资源,也要遵循心理干预的各项原则。本章我们首先描述自助团体这一现象,将其作为一类帮助资源加以介绍,然后讨论自助团体的动力学问题,对它们如何帮助弱势群体提高适应性给予理论解释。最后,本章还要指导社区心理学家通过"量身定制"自助团体直接帮助处于危险中的个体。我们首先考察最近几年自助团体的快速增长。

自助团体的发展

我们在第五章提到,社会资本(social capital)是人们在描述社会网络(social networks)时经常使用的一个概念,其中包含互惠和守信的规范(Putnam, 2000)。这个概念与社会支持概念(本书第七章)以及纳罗尔(Naroll, 1983)所谓的"道德网络"(moralnets)相似,后者是
328 指在彼此具有重要影响的人们之间所建立的面对面联系。帕特南(Putnam, 2000)通过各种资源收集到的大量数据显示,尤其是在 20 世纪的最后 25 年,各类组织的成员(包括教会信众、政治运动参与者甚至普通邻里在内)大量流失,反映出社会资本正在明显衰退,而自助运动的发展却与其他社区组织参与人数下降呈现出相反的趋势。帕特南揭示的社会资本的衰退很可能与自助组织的发展有关。

各类自助团体的数量飞速增长。1924 年,匿名戒酒者协会大约有 50 个左右的团体,而现在,仅美国领土范围内就有 5 万多个,成员超过 100 万。该协会在加拿大的成员大约有 10 万人,在其他国家还有 80 多万。类似匿名戒酒者协会模式的团体以惊人的速度增长,他们大多采用 12 步计划帮助成员解决各种不同类型的问题——麻醉品戒除协会(Narcotics Anonymous)、匿名戒毒者协会(Cocaine Anonymous)、情感自助会(Emotions Anonymous)、戒食者协会(Overeaters Anonymous)、色情互诫协会(Sexaholics Anonymous)等。这里所列举的还只是冰山一角。据帕特南估计,与匿名戒酒者协会类似的团体大约有 130 多种(Putnam, 2000)。嗜酒者家庭成员互助会和亲属嗜酒青少年互助会为那些家庭成员中有酗酒者的人提供服务。现在,嗜酒者家庭成员互助会在美国有 14 259 个团体,在世界 115 个国家中共有 27 103 个团体。嗜酒者家庭成员互助会宣称,仅在美国,他们就有将近 20 万名成员。亲属嗜酒青少年互助会为家庭中有人酗酒的青少年提供服务,该团体在美国有将近 1 600 个,另外还有 2 700 个团体分布于世界各地。酗酒者成年子女互助会(Adult Children of Alcoholics)是匿名戒酒者协会的另一个分支。

家长互助会(Parents Anonymous, PA)成立于 1969 年,最初只有两个成员。现在它声称拥有 2 200 个团体,分布于美国境内各州。家长互助会不同于大多数匿名戒酒者协

会，后者大多不寻求外来资金的帮助，而家长互助会接受来自州政府和类似美国联合慈善总会等地方机构的赞助。家长互助会还安排训练有素的帮助者与家长共同担任团体的领导者。

“单身父母”社团(Parents Without Partners)于1957年由两位女士创办，最初只有25人前来参加聚会。现在，该团体已经发展了400多个俱乐部，成员超过5万人。精神康复公司(Recovery Inc.)最初是由精神治疗专家洛(Abraham Low)领导的一个团体，目前有700多个社团活跃在美国和世界其他国家，他们每周开展活动。“执着的爱”(Tough Love)创立于1980年，现在大约有1 000个团体分布于世界各地。针对自助组织名称进行的调查研究发现，它们大多反映出团体致力解决的问题范围，如未婚父母与祖父母互助会(Unwed Parents and Grandparents)、近亲结婚受害者互助会(Partners and Friends of Incest Survivors)、同性恋者亲友社团(Parents and Friends of Gays and Lesbians, PFLAG)、致力于为失去信仰的人提供服务的摩门教互助会(Recovery from Mormonism)，以及为患有焦虑、沮丧及相关问题的基督徒提供服务的基督徒康复互助会(Christians in Recovery)等。许多专门为患有某种特殊疾病或者处于特殊环境下的个体提供服务的社团纷纷建 329 立，注意缺陷障碍儿童与成人协会(Children and Adults with Attention Deficit Disorders, CHADD)便是其中一例。

美国镜像。据卡茨(Katz, 1993)估计，目前在美国境内大约有50到75万个自助团体，成员人数达到1 000万到1 500万。而据雅各布斯和古德曼(Jacobs & Goodman, 1989)估计，在1987年，自助团体成员大约有625万人。帕特南(Putnam, 2000)引用的调查数据表明，目前有2%的美国成年人活跃在一些支持性或自助团体中。另有数据显示，大约3%的美国成年人在他们人生中的某一阶段曾经利用或参与过支持团体或自助团体。

尽管数据统计方面存在一些差异，但由于自助型组织的大量存在，用来发布各种相关信息的美国自助信息交换所(National Self-Help Clearing House)应运而生，其中包括自助团体当前的活动、新团体成立的消息、相关出版物、研究成果、基金资助，以及启动新团体的思路和方法等(White & Madara, 2002; Meissen, Gleason, & Embree, 1991)。怀特和马达拉(White & Madara, 2002)用列表形式呈现了大约1 100个美国独立自助团体、国际网络，以及以互联网为依托的支持团体，这些支持团体致力于帮助人们解决各种问题，如成瘾、虐待、丧亲之痛、精神和躯体疾病(包括375种罕见疾病)、残障、为人父母及其他生活压力等。自助团体经常以成员人数的增长来衡量自己的受欢迎程度和工作效果。鉴于自助团体的增长趋势，20世纪80年代中期，美国卫生总署(U.S.Surgeon General)在相关会议上正式承认了自助团体在卫生和健康领域具有的作用(Petrakis, 1988)。

1999年，精神卫生与消费和幸存者团体(mental health and consumers and survivors)在俄勒冈州的波特兰召开领导人会议，制定了团体活动计划。例如，他们对美国卫生总署将电休克疗法(electroconvulsive therapy, ECT)描述为“安全有效”提出抗议(The Key,

1999)。其他社区团体也在朝着联盟的方向发展(Butterfoss, Goodman, & Wandersman, 1993)。

美国自助信息交换所提供的名单中没有包括那些与未出生婴儿的“生命权”相关的团体,如救援行动团体(Operation Rescue)及其地方性分会、支持堕胎组织等,也不包括大量与路易斯·吉布斯卫生、环境和司法中心(Lois Gibbs' Center for Health, Environment and Justice)有联系或接受该组织资助的民间环保社团。严格说来,许多涉及环境问题的官方组织并不属于拥有大量地方分会并积极开展活动的会员组织。它们往往由专业人士
330 倡导和管理,并拥有大量资金支持(Putnam, 2000)。自助团体的发展为人们提供了更多面对面交流的机会,作为重要的社会资本形式,这类组织与帕特南描述的20世纪后半叶美国社会的离散趋势相比,构成了另一种截然相反的发展潮流。

历史前身。自助在美国并不是一种新的社会现象(Lee & Swenson, 1994)。托克维尔(Alexis De Tocqueville)1831年访问美国时曾指出:“美国人不分年龄、身份和性格,时常结成联盟……上千种……类型——宗教的、道德的、重要的、不重要的、大型的、小型的……它们通过榜样的激励效应向人们灌输某些事实,培养某种感觉,就此而言,可以说,它们构建了美国社会。”(De Tocqueville, 1956, p.198,初版于1835年)在托克维尔看来,这些联盟对于维护美国社会的民主秩序发挥了重要作用。

克罗波特金(Kropotkin, 1972,初版于1902年)指出,合作是人类最重要的生存机制。他列举了历史上许多自发形成的合作型企业和协会。这些组织的目的在于互相保护和创造更高的生产力。例如,在中世纪,人们以行会或同业公会(guilds)的形式组织起来,统一管理他们的贸易。行会成员彼此之间结下了兄弟般的情谊,每个人不仅自觉维护常规贸易,而且为其他会员谋取福利,如照顾病患、帮助孤寡、庆祝生日和婚典。在当代社会生物学家出现之前,克罗波特金早已指出,有一种社会本能驱使着人们互相帮助:“人类心理学的要点是,除非人们在战场上失去理智,否则他们不会听到乞求帮助的声音而不作回应……大脑的狡辩无法抵制这种互相帮助的感觉,因为在人类长期的进化过程中,这种感觉一直被孕育、滋养。”(Kropotkin, 1972, p.234)

发展的现实原因

正如克罗波特金所言,或是出于某种社会本能,或是作为理性应对能力的体现,人们往往相互组织起来满足彼此的需要(Hurvitz, 1976)。由于现存的满足需要的支持系统存在明显不足,人们于是以新的方式重新组织起来以满足各自的社会性需求。

在我们看来,近期自助团体的快速增长同某些变化有关,这些变化反映出现有社会组织与互助方式中存在的问题。自助或者互助团体的成长或许反映了更为传统的其他团体形式的变化,这些传统团体曾经可以满足人们的需求。我们在第一章讨论过家庭生活的变化,包括单亲家庭数量的增长。美国社会具有很高的流动性,很多美国人每年都在更换
331 住址,许多人搬到很远的地方生活,因此与家人、故交失去联系。这促使他们努力建立新

的社会关系，并成为新的社交网络中的一员，以适应新的环境。地理上的流动性给核心家庭带来了明显的压力，而职业女性的增加进一步强化了这种压力，即使她们的工作收入部分缓解了家庭的经济困难。

有很多独居者无法从朋友或家人那里得到帮助。另有案例显示，朋友和家人资源已经不足以帮助个体处理生活问题，尤其是那些与日常经验无关的问题。纳罗尔（Naroll, 1983）和帕特南（Putnam, 2000）同样认为，在世界范围内，初级团体（primary groups）（面对面规范参照群体）的衰退与各种社会变化及由此造成的很多人的不适有关。

医疗模式与互利互惠。我们之前已经讨论过，为人们提供服务的传统医疗模式有很多缺陷。当我们考察克罗波特金有关慈善的观点时，医疗模式的另一个缺点又凸显出来。克罗波特金站在无政府主义的立场上指出，中央集权国家的存在阻碍了人与人之间的互助。只有在无政府条件下，这些行为才能得到自主发展。他还将这种观点扩展到有组织的慈善事业。

> 尽管基督教和其他宗教一样，产生于人类普遍具有的相互帮助和同情的诉求，但随后基督教会帮助国家摧毁了所有在它之前或在其外部发展起来的互助和支持机构，而不是像未开化的野蛮人那样，相互帮助只因为他们是自己的同类。基督教颂扬源自耶稣基督的慈善精神，却又随即暗示施者相对于受者具有某种优越性。(p.238)

关于教会的作用，我们不一定接受克罗波特金的观点。但是，在有组织的慈善和专业服务之间作一类比，我们可以说，医疗模式本质上是一种单向度的涓滴式（trickle-down）帮助模式。无论它有多少优点，基于我们对日常生活中特定问题的经验，这种模式限制了互惠和互助的可能性。它很专业，当然也有许多优势，但这同时也意味着施者比受者更为优越，而且在他们的关系中不允许互惠存在。

我们在这里不想重复对医疗模式的其他批评。但是，有必要重申一点，即尽管一个专业人士可以提供很多帮助，但他（或她）未必能够详尽了解某个问题对当事人而言究竟意味着什么，以及个体在日常生活中该如何应对这些问题。我们的医疗哲学和医疗方式告诉我们，不能让来访者产生依赖，不要对他们的请求（如“告诉我该怎么办？”）作出回应。 332
来访者每天都要面对那些不得不应对的问题，然而，大部分治疗专家并不关心那些日常应对技巧。专业医护人员并不经常传播实用、简单、有效的问题处理方式。从某种意义上说，几乎所有知识都驻留在专业领域，很少有人关注在日常生活中能够学到的智慧。自助模式试图弥补这类缺陷。

喜欢看报纸的人都会意识到生理或心理卫生保健支出的日益增长，问题越来越严重。鉴于精神健康服务的费用之昂贵，以及一些精神治疗的过程冗长不堪，保险公司已经对住院和门诊病人接受服务增加了很多限制条件。如果医疗保险改革限制了对心理治疗服务的保险赔偿，那么，我们很快将会看到，自助组织及其成员的进一步发展。

对于那些需要自费接受治疗的人来说，除非特别富裕，否则大多数人都负担不起长程治疗的花费。公共医疗机构出于对病人支付能力的考虑，会在一个弹性区间内收费。但即使只是这些费用，累加起来也相当可观。而且，大部分医疗专家认为，要想绝对公平地交易很难，每一项花费都对应于某种治疗进展。昂贵的医疗费并不一定能带来等价的有效治疗，也难以消除求助者和医疗专家之间关系的不平等，而自助团体的成员之间却是平等的互惠关系。

自助团体以极其低廉的收费向人们提供大量无期限的服务。我们曾在水牛城都市圈针对定期聚会的自助团体进行过一次电话调查，结果显示，在一个月内，大约有 1 000 人接受过服务，其花费仅仅相当于他们日常喝咖啡的费用。当时 1 000 人大约相当于水牛城最大的精神卫生中心一个月就诊的病人数量，而该中心提供的专业服务每年收费高达几百万美元。

对所有需要帮助的人来说，那些参加自助团体的人算不上是一个典型的代表性样本。据调查对象估计，在大部分自助组织中，2/3 以上的参加者是女性。让我们印象同样深刻的是，大部分参加者是白人，跨种族团体的例子很少。埃姆里克(Emrick，1987)认为，其他影响个人选择的因素也很重要。例如，匿名戒酒者协会成员可能比一般人更善于交际并富有亲和力。另外，与没有参加匿名戒酒者协会的酗酒者相比，参与者的问题可能更为严重，并因为酗酒而体验到更多的内疚感。

与医疗模式相比，自助团体还有一个有趣的特点：当某个特定的自助团体存在不止一
333 个分会时，那些潜在的会员可以在他们之间“货比三家”，从而促进了双向选择这一生态化过程。这种选择承认人与人之间的多样性，并以提高个人—环境的适配度为目的。虽然在这方面目前还缺乏具体数据，但可以推测，自助团体对潜在会员“货比三家”的宽容是专业团体做不到的。有些病人总要时不时地更换治疗师，难道这些都是因为病人的心理问题吗？能否将这种改变视为客户为提高人—环境的适配度而进行的尝试呢？

自助团体的类型

到目前为止，我们讨论过的自助团体在目标和心理治疗方法上似乎都具有相似性。赫维茨(Hurvitz，1976)将这些组织称为朋辈心理治疗团体(peer psychotherapy groups)。与常见的心理治疗一样，这些团体的目标是帮助个体应对由生活问题导致的不良情绪和困境。病理学的诊断指向个体，自助团体能帮助个体更好地适应自我和周围世界，从而促进个体发展。

萨格林(Sagarin，1969)指出，自助团体有两种常见的类型。其中之一——

> 个体试图减少自己的偏常行为，以避免越轨……这类团体视偏常者为需要帮助的人，其灵魂需要被拯救，而将偏常行为本身视为是不道德的、有罪的和自

> 我挫败的……另一种类型的偏常者团体由那些试图修改对偏常行为的定义的人组成……这类团体试图改变公众对他们的特异行为的态度……他们往往对社会嗤之以鼻，以强化自己作为离经叛道者的自豪感。(p.21)

改变个体。匿名戒酒者协会是第一种类型自助团体的典型。它的目标是通过成员之间的互相帮助，共同克服酗酒问题。匿名戒酒者协会告诉酗酒者，嗜酒是一种自我挫败的行为。匿名戒酒者协会并不是禁酒组织，它并不关注普通人的饮酒行为，在有关饮酒的立法问题上也没有公开的立场。法律是否应该加强对饮酒者的年龄限制，或者对酒驾采取更为严厉的惩罚措施，匿名戒酒者协会既不表示支持，也不表示反对。它从不为酗酒者博同情，也不致力于减少公众对酗酒者的谴责和歧视。除了让“嗜酒是一种疾病”这一概念更加深入人心，匿名戒酒者协会对改变社会对酗酒者的看法毫无兴趣。它从不作为一个组织对外发表言论，也不允许它的成员以组织的名义在这些问题上公开发表意见。

改造社会。在第二种类型的自助团体中，最典型的例子是那些从事民权运动的组织。334
民权运动家利用各种政治和社会活动，采取诉讼策略，为非裔美国人和其他少数民族成员创造机会，提升他们的自尊。民权运动组织对其他受压迫团体(即所谓“离经叛道者”)起到了榜样示范的作用，即通过改变社会对本团体成员的态度和行为来改善自己的生活。米尔纳(Milner, 1987)描述了精神病患者维权运动(Chamberlin, 1990)如何以民权运动为榜样，通过诉讼、立法和直接的社会行动来促进社会变革。20世纪70年代的女性意识提升团体(Women's consciousness raising groups)①同样仿照民权运动，一方面帮助女性积极适应不断变化着的社会，另一方面试图改变社会对女性的态度和待遇。

另一个典型的例子是同性恋者权力运动。同性恋激进主义开始于1969年。这一年，在纽约格林尼治村石墙酒吧(the Stonewall bar in Greenwich Village)发生了一个著名事件：一群同性恋者对自己仅仅因为光顾同性恋酒吧而遭到逮捕一事提出强烈抗议。这件事引发了长达一周的骚乱，最终成为一个标志性事件。从那时开始，同性恋团体除了向成员灌输作为同性恋者的自豪感，还积极尝试改变更加广阔的社会层面(Duberman, 1993)。对同性恋团体而言，同性恋仅仅是一种非传统的生活方式，不应该遭到社会、经济或刑事上的处罚。同性恋团体不断游说并致力于改造对其成员造成影响的法律。他们希望将同性恋纳入反歧视法，并试图改变相关法律(sodomy laws)中对男同性恋者性交行为的刑事处罚。同性恋者抗议法律仅仅因为性取向而剥夺他们对子女的监护权。一些同性恋者希望国家以立法的形式让同性恋者的婚姻合法化，并要求同性婚姻能够享受与异性婚姻一样的健康保险计划和其他工作福利。

多年以来，同性恋团体一直非常活跃，而且很有说服力，致力于将同性恋从精神疾病

① 本书在1987年的第一版中用一章篇幅专门介绍了20世纪70年代的女性自我意识提升团体。由于相关资料已经过时，加上受篇幅所限，这次修订我们删除了那一章，将相关案例缩编后并入本章，对该问题感兴趣的读者可以再去查阅本书1987年版。

或偏常行为列表中剔除。现阶段美国《精神障碍诊断与统计手册(第四版)》(DSM-IV)中仅仅提道:“有关性取向的持久而显著的痛苦”可以作为诊断“尚未明确的”性心理异常的依据(p.538)。用于指导诊断实践的这一版本的手册是社会和政治运动的成果,这些运动改变了对行为异常的定义和对偏常个体的看法。从那以后,另外一些团体陆续组织了针对美国《精神障碍诊断与统计手册》中特定条款的抗议,如某些损害女性利益的带有性别偏见的条款,或者虽然支持堕胎合法化,却未能把流产列为有可能导致创伤后应激障碍(Post-Traumatic Stress Disorder)的创伤刺激(Kirk & Kutchins, 1992)。

同性恋者亲友社团(Parents and Friends of Lesbians and Gays, PFLAG)发起了一个
335 教育项目,要求对青少年学生中的同性恋者给予更多宽容。青少年同性恋者常常遭受歧视、欺凌和孤立,处在自杀和精神失控的危险中,学校中严苛的社会环境令他们感觉压力重重。

要想实现这些目标,仅仅依靠帮助人们解决生活中的个人问题是远远不够的。这些变革需要协调一致的团体行动,以改变社会对团体成员的认知和行为。这种社会认知通常将这类团体成员定义为异常,并对这类团体成员造成巨大的精神压力和创伤。

这类社会和政治活动的主旨在于改善那些面临着一些问题或者感到不满的个体的生活,这为许多自助团体提供了动力。有些团体的目标仅在于通过募捐来引发公众对某种特殊疾病的关注与研究。其他各种自发建立的团体也大多与特定问题有关。例如,爱渠业主协会(The Love Canal Homeowners Association)成立于1978年。当时,一些业主居住的社区附近隐藏着一个有毒的化学废料堆。这些业主认为,他们没有从负责处理该问题的国家机构获得公平的对待。这些业主有组织地持续斗争了好几年,把现实情况公之于众,并以多种方式不断将诉求传达给公务人员。最终,他们成功地使自己的要求得到了满足,而且在这个过程中,提升了民众关于有毒废品问题的公共意识(Gibbs, 1998; A.Levine, 1982)。这一组织还帮助减轻了很多人的无助感,他们在家庭和社区生活中陷于严重问题而难以自拔(Gibbs, 1998; Stone & Levine, 1985—1986)。

自助团体的性质

我们还没有给自助团体下过正式的定义。显然,追求较高的精确度很难,因为我们想要涵盖许多不同类型的团体,而其中很多团体具有某些混合性特征。萨格林所划分的两种类型不足以涵盖所有团体,这些团体具有足够多的共同特征而被视为相关现象。许多权威人士试图对自助团体进行描述和分类,但没有一个看上去令人满意(Levy, 1976; 2000)。以下提供我们自己的分类,只是为了说明各种不同类型团体的范围,以及他们针对团体成员所设置的目标。为便于阐述,以下列出五种类型的自助团体。

“不正常”人群。成员自身的某些状态或特点致使他们被部分取消了“正常人”的资

格。这类团体成员表现出来的某些行为或具有的某些特征导致他们被社会孤立，遭到侮辱、轻蔑、怜悯甚至惩罚。尽管被降级的社会身份(degraded social identity)之类的概念 336
(Sarbin, 1970)时不时地被用在这里，但我们不能认为，所有这些人都必然被限制在先赋角色之中。导致他们被视为“异常”的行为或心理特征包括精神病、酒精成瘾、犯罪前科、赌博、吸毒和同性恋等。那些因为生理特征或疾病而被视为“异常”的例子有：矮人(侏儒)、癌症病人、结肠造口术病人、有其他生理缺陷的人(参见 Hinrichsen, Revenson, & Shinn, 1985)，以及肥胖者和老年人等(Stangor & Crandall, 2000)。尽管可能错不在己，但陷于这一分类中的个体仍会遭到不同程度的非难和排斥。他们中的很多人顶着各种形式的社会歧视，被限制了各种机会，自尊遭受贬损。非裔美国人、妇女、同性恋者都是容易遭到歧视的人群。

被污名者的亲属。第二类自助团体由被污名者的亲属构成。这些人很可能遭遇次级污名，或者因为污名亲属的问题受到影响。酗酒者或赌徒的配偶及子女，以及精神病患者的家属都属于这种类型(Grosser & Vine, 1991)。这就像孩子有责任照顾家中老年人一样。智力缺陷者、学习障碍者以及自闭症患者的父母需要应对许多问题，那些与青春期子女发生严重冲突的父母也是一样，有些不得不寻求法律帮助，以管教自己的子女(York & York, 1987)。

遭社会隔离的人群。第三类团体的成员或许没有被污名化，却由于某些特殊问题遭到社会孤立。没有类似问题的人很难理解他们及其家庭的处境。例如，寡居妇女协会(Lieberman, 1989)、“单身父母”社团、糖尿病或癌症儿童父母互助会等(Chesler & Chesney, 1995)。

互助社团。第四种类型是为了相互帮助而基于民族、宗教或者种族身份建立的团体，其中包括提供教育、娱乐、文化保护、保险、医疗费预付以及类似服务的兄弟会组织。这一类型的组织在移民人口中得到发展，其中有许多起源于丧葬互助社团(Howe & Libo, 2000)。这类组织在犹太人社区十分重要，同样也对非裔美国人的生存作出了重要贡献。杰克和吉尔(Jack and Jill)是1938年成立的一个社交俱乐部，为非裔美国人家庭子女提供
下午茶、正式舞会和泳池派对，因为提供这些娱乐的白人机构不允许非裔美国人加入。杰 337
克和吉尔曾经是一个非裔美国人的精英社团，现在该社团由生活在白人社区的非裔美国人家庭组成，为这些家庭的孩子提供同其他非裔美国人相处的机会和经历。这些父母担心自己的孩子与黑人文化传统渐行渐远，甚至同非裔美国人及其儿童在一起都会让他们感觉不自在(Edwards, 2001)。

准政治型组织。第五种类型是为保护特定利益而按照准政治范畴组建的自助团体。其中包括力图减少税赋的纳税人团体、旨在保护本社区特色以及致力于社区发展的居民组织。每当有社会问题出现，类似这样的团体就会纷纷建立。例如，爱渠业主协会就是这样一个自发形成的组织。反对堕胎团体和支持生育选择权团体也都是这种类型的范例。现在男权团体也开始组织起来，作为对如火如荼的妇女运动的回应(参见 *The Liberator*, 1994)。

混合型。对社团的分类系统很难真正得到应用,因为很少有纯粹的单一类型,大部分社团都符合一种以上的分类,如先前提到的非裔美国人协会。我们以一个历史相对不长的团体为例,以说明这种混合性特征。父权平等团体(Equal Rights for Fathers)由因为离婚而失去监护权的父母组成,其成员主要为男性,但也包括继任妻子、女友以及在儿子离婚之后仍希望与孙辈保持联系的祖父母。父权平等团体既有政治目标也有自助目标,他们认为法律对男人是有偏见的。纽约的父权会(Fathers Rights Metro)作为类似团体,对纽约州社会服务部(New York Department of Social Services)和纽约行政法院(New York Office of Court Administration)提起集体诉讼,声称男人也是受害者——在社会服务和家事法庭中遭到性别歧视(见 The Liberator, 1994)。这些团体通过多方游说,已经成功获准在机场的男性盥洗室内设置婴儿更衣处,以方便父亲在旅途中照顾婴儿和年幼的孩子。

这一团体的成员感到自己受了侮辱,因为有些公众舆论认为他们这样做仅仅是因为不想支付子女的抚养费。还有一个原因是,当他们试图维护自己对子女的爱、希望保留或分享对孩子的抚养权时,他们感到自己的男子汉气概受到质疑。这些社团要求制定共同抚养权法案。他们承认男人应该承担支付子女抚养费的责任,但同时也声称,在他们这样
338 做的时候,法院并没有在保护他们的探视权方面表现出同样的决心和魄力。这些团体成员积极参与信息发布(如发表电视演讲,给编辑写信,筹划父亲节活动以引起媒体注意等),相互分享对有关法律条文的解释,组织起来干预立法,相互介绍好的法官和律师,以及分享如何有效利用和孩子相处的时间等经历。他们举办座谈会,帮助彼此接受各自的处境,调整自己对前配偶、法律制度和许多其他问题的情感与态度,而这些问题几乎无法从其他方面得到帮助,只能靠他们自己来适应。社团成员也在团体聚会之外互相帮助,一些核心成员经常发现自己介入了其他成员的个人危机。20 世纪 60 年代末 70 年代初快速发展起来的女性意识提升团体也具有类似功能(Levine & Perkins, 1987)。

自助团体动力学

以理论术语对自助团体作一些描述有助于我们理解自助团体如何帮助其成员适应社会生活。加兰特(Galanter, 1990)将自助团体同具有神秘魅力的某些宗教团体加以比较,发现二者有许多共同特征,都能对成员的思想和行为产生巨大影响,统一教会(Unification Church)和哈瑞·克里希纳教派(Hare Krishna)可以作为例子。我们下面先简要讨论自助团体成员所具有的某些共同特征,之后再讨论自助团体如何通过项目规划和活动帮助其成员应对不断出现的问题和不良处境。

偏离正轨。自助团体的准成员或是长期与生活中的某种问题做斗争,或是身处某种偏离了常规理想的(normative ideal)生活环境。从文化的视角看,这些个体的生存条件或面对的境况"很不好"。不论寻求怎样的救济,这些问题和状况都不会在短期内得到解决。其结果便是,个体不得不在相当长的时间内面对适应问题。因为核心问题是对生活常规

的偏离，个体倾向于自我隔绝，把自己看作失败的、不正常的或某种不可控因素（如命运）的倒霉受害者。

疏离感。这一点非常重要，由于问题被定义为偏离正轨，因此个体会感到很孤独，似乎这些特殊的问题、情感和经历只有他们自己才有。即便他们身处社交网络的一部分，可以从中获得多种帮助，这种疏离感也会始终存在。由于日常支持机构提供的服务不足、不 339
恰当，有时甚至是惩罚性的，因此往往会导致这些个体的困难进一步恶化。

生命哲学及应对策略的发展困难。由于被社会孤立以及支持机构的服务不当，这些个体看待和处理问题的生命哲学得不到发展，也没有机会（无论间接或直接）学习有用的策略以应对大量与核心困难相关的日常问题。由于生命哲学的发展以及向他人学习应对策略存在困难，个体只能孤军奋战，没有明确的方向。我们将这种与应对策略有关的人生哲学称为意识形态（ideology）。

自助团体与理想家庭模型

对于正面临风险、心理脆弱或处于应激状态中的人来说，加入某个自助团体能获得什么呢？同其他重要的社会支持系统一样，自助团体给予成员的帮助可以通过与一个理想的家庭模型对比进行说明。我们假设给定的团体中或多或少拥有几位有经验的成员，这一构想为我们提供了一个视角，通过它我们可以观察和解释自助团体的活动。回顾我们之前对社会支持的讨论，卡普兰描述过理想的家庭如何以其多种功能满足其成员的需要。

传播信息（disseminate information）。正如家庭中年长成员收集并传播有关世界的信息，为年幼成员提供学习和模仿的榜样，自助团体中那些富有经验的成员同样如此，他们提供与团体成员的共性问题相关的信息，为缺乏经验的成员提供示范。

例如，20 世纪 70 年代的女性意识提升团体明确提出了一些新的思考问题的方式，如与丈夫分担家务，共同承担照顾孩子的责任；制定与未婚伴侣一起生活的规范；妥善处理工作场所的歧视问题等。团体中的妇女相互分享她们解决问题的经验和办法。最终，参加运动时间较长的成员和那些看起来已经把问题想得比较透彻的成员成为了其他成员的榜样，其他成员往往也在斗争，却不知道该如何应对自己当前的处境（Levine & Perkins，1987）。自助团体的成员彼此分享有关医生、律师、社会服务机构的信息。根据不同情况，相互交流如何与影响他们的官僚机构打交道等。每当有新的药物出现，美国精神病患者联盟（National Alliance for the Mentally Ill，NAMI）的成员便相互告知，并讨论其副作用。

反馈与指导（feedback and guidance）。自助团体还可以作为反馈和指导系统帮助成 340
员理解自己与其他成员之间的互动。例如，妇女自我意识提升团体讨论的话题范围，从穿衣打扮到人际关系、吸引力以及女性自信的缺乏。在讨论各种话题和反思以往经历的过程中，团体成员不仅提供了她们对自身经历的解释，还给出了如何回应他人的新的思路和方式。美国精神病患者联盟帮助其成员理解所谓“正常人”面对他们的“异常”症状会有怎样的经验和反应。例如，有些成员会向其他人解释当他们“出现状况”时可能会发生什么，以此传授在社会互动过程中应对困难的经验。

明智行为处方(prescriptions for wise conduct)。自助团体为其成员提供了一种生活哲学，一种对问题处境的观点。通过对具体问题进行反复讨论，自助团体的哲学观和意识形态开始在成员生活中发挥作用。正如卡普兰所言，通过将意识形态的原理应用于解决日常问题，团体为其成员提供了明智行为的处方。女性意识提升团体对符合团体目标的行为予以强化，消除明显不符合成员需要的行为。团体意识形态促生了改善社会环境的行动，为那些符合团体意识形态的问题处理方式提供原理、激励和具体方法建议。美国精神病患者联盟的团体成员相互分享经验，发展出看待精神疾病的方式，并被鼓励参与政治和社会活动。重要的是，他们都不接受家庭关系会引发精神疾病这一观点。

分享与互助(sharing and mutual assistance)。家庭成员之间分享问题，相互提供建议和指导，彼此帮助寻找外部资源和支持，甚至亲自安排这样的资源和支持。类似情况同样出现在自助团体中。团体成员既分享快乐，也分享问题。在一些团体中，大家一起庆祝某位伙伴的生日、升职和其他成功的生活变化。回想你自己有好消息却没人分享时是什么感受。在许多自助团体中，成员还为彼此提供具体的服务和物质帮助。例如，无论是反对堕胎的妇女团体还是支持堕胎合法化的妇女团体，其内部成员都会保持密切交往。一旦出现问题，女性意识提升团体会为成员提供帮助，如帮忙照顾婴儿等。在某个伙伴决定离婚而需要一个落脚之处时，其他成员也会帮她安排临时住处。

341 **休憩的港湾**(haven for rest and recuperation)。自助团体作为一个休息与疗养的避风港，为其成员提供了一个场所，他们在这里可以做自己，可以得到理解和被接受。在这里，他们不需要对任何人隐瞒或解释自己的问题。所有人都能相互理解，因为大家都有类似的需要和情感。自助团体在许多方面都成为其成员的参照群体。例如，在一个女性意识提升团体中，成员表达了自己因身体达不到时尚杂志规定的理想标准而引发的担忧。那些同伴于是直接向其他人显露自己的乳房，尽管每个人都觉得自己的胸部不够完美，却从其他成员那里得到肯定，即她的胸部其实是非常合适的。至于其他问题，诸如对住院家庭成员的反应等，因为团体中的其他人都曾经历过，因此没必要作任何解释或辩护。

发展和维护自尊(develop and maintain self-esteem)。当团体成员遵守了规则、满足了团体的要求时，他们会感觉良好。同样可以推测，当他们无法达到团体要求时也会感到难过。得到其他同伴认可和支持的愿望会激励成员努力达到团体规定的标准。然而，就像在家庭中一样，就算他们没能解决核心问题也不会受到驱逐。可以这么说，尽管不那么光荣，犯错的人只要愿意再次尝试，仍然可以回归团体，并在那里受到欢迎。在所有成功的自助团体中，成员之间都会相互认同，彼此发展信任感、社区感、归属感和友谊，而且这些感情和关系经常会延伸到互助团体活动的范围之外。

强化自我认同(enhance personal identity)。当团体成员分享他们共同的问题时，在

"偏常者"的身份之外,个体自我认同的基础也被建立起来。事实上,这些成员既是帮助的接受者,也是帮助的施予者,他们的角色不断发生变化。把自己的弱点暴露出来,对自己和他人都有帮助。仅仅通过分享失败的经历,个体成员便能发现自己对他人的价值。而因为感受到自己有价值,个体效能感和价值感由此得到提升。

情绪掌控(emotional mastery)。最后,家庭成员之间分享问题和情感,能够帮助家人控制情绪。在自助团体中,分享问题和情感体验也能起到类似的作用。对某些人来说,参加自助团体尤为重要,这不仅是因为自助团体能够帮助他们实现对情绪的控制,而且还因为个体能够意识到自己是某个社会团体不可分割的一部分。用纳罗尔(Naroll, 1983)的话来说,参与互助团体相当于加入了某个具有保护性和修复性的道德网络(moralnet),从而有助于改善人的处境。

自助团体如何实现其功能 342

卡普兰的理想家庭模型有助于我们推测自助团体的重要特征。过去几年的心理学研究大大拓展了我们的认知,我们现在已经可以确定自助团体为其成员提供的六个方面的服务,包括:(1)提升成员的社区心理意识;(2)提供某种可以作为哲学解毒剂的意识形态;(3)为忏悔、宣泄和相互批评提供机会;(4)提供榜样示范;(5)传授应对日常问题的有效策略;(6)提供社交关系网络。这些方面综合在一起,构成了可供测试的自助团体理论。

社区心理意识(见本书第五章)。自助团体将面临相同困境的个体聚集起来,以克服孤独或自我隔离的困境。换个角度说,自助团体促进了社区心理意识的形成。发现他人有同样的问题并有着同样的感受,个人危机便转化为一种社会经验。用萨格林的话说:"看起来怪人不只我一个。"例如,孤独并对自我表露感到恐惧的青年同性恋者现在可以通过互联网发现彼此、建立联系。可以这么说:"当你看到世界各地都有人在做着同样的事,就会觉得自己并不是孤单一人,……你与很多人的心理距离或许已经超出调制解调器的工作范围,但是你终于可以走出去了。'哦,天哪,那正是我的感觉。'"(Gabriel, 1995)个体开始觉得自己不那么"反常"了,因此不再感觉被社会隔绝。

此外,如果互助团体的成员将他们的不满归因为现有的社会条件,个人问题就不仅成了社会问题,而且变成了政治问题。他们不再感到孤单,互助团体的意识形态为他们忍受和克服核心问题提供了行动计划。随着团体成员疏离感的降低,以及同他人建立起更多的联系,他们会对自己的处境作出不同的解释,并为行动做好准备。有时是想改变自己,有时是要改变世界。一些团体鼓励成员尝试去改变世界,或改变世界对他们的看法。对许多女性意识提升团体、民权运动组织和同性恋团体来说,这种描述十分贴切。它们的目标既包括个人的改变,也包括社会的改变。

意识形态作为哲学(认知)解毒剂。自助团体都有着自己这样或那样的意识形态,用以充当哲学或认知解毒剂,为成员偏离正轨的生活状态赋予意义。意识形态在词典里被定义为"有关于现象(特别是社会生活现象)的一种思想体系,代表了某个阶层或个体特有

343 的思维方式。”意识形态以价值观为基础，这些价值观为许多人所共享，用来解释日常生活。一种意识形态往往还和某种与之契合的行动方案有关。通过解释人应该相信什么，意识形态促进了自我认同感的形成，并由此减少了有关世界的模糊性和不确定性，为人们的日常生活决策提供了基础。《解放者》(*Liberator*，1994)是一份新闻通讯，体现了男权运动的意识形态。其中许多文章是对男权意识的表达，源于对成功的女权运动的回应。《解放者》的刊头语是这样写的："我们对男性解放的定义是：让男人获得自由，而不是脱离人的自由。”这些文章教会男性反观自己，思考作为男人在变化多端的现代世界所面临的种种问题。

正如每个宗教团体都有自己的文字著述，许多自助团体也以专门的著作来定义本团体的信仰，并向成员传授解决常见问题的方法。匿名戒酒者协会的 12 步计划(Twelve Steps)和“大书”(Big Book)便是这类著作的代表。有些团体或许没有像匿名戒酒者协会那样被系统、精确阐释的信仰，但一般而言，即便不十分详尽，也总会存在某些可以辨认的信仰。韦斯(Weiss，1987)为那些因为嗜酒而失去子女的家庭写过一本治疗手册，其中便描述了反酒驾母亲社团(Mothers Against Drunk Driving，MADD)的意识形态。

关于自助团体意识形态的作用，安茨(Antze，1976)提供了一个非常有用的假设。他认为，团体教义原本就是自助的实质所在，并且，社会科学家往往因为有些教义看似十分杂乱且相互矛盾而忽视了它们的作用。例如，匿名戒酒者协会呼吁成员把问题交给某种更为强大的力量，暗示成员个人无力控制局面；而主要由“精神紧张的人”组成的精神康复公司则教导成员，通过意志力练习可以克服自己面临的困境。这两种教义怎么可能同时正确呢？

安茨认为，自助组织总是为解决特定问题而建立的，由此回答了自助团体意识形态相互冲突的问题。对于本团体面对的特殊问题，“某个团体的意识形态会以更加精确的方式起作用，为那些面临该类问题的成员提供心理解毒剂”(p.327)。鉴于社会组织的性质，任何面临特定问题的个体都：

> 生活在被规范化的社会情境中……无论一个人一开始是怎么遇到问题的，一旦走到那一步，他便在很大程度上和其他受害者上了同一条船。他开始用和其他人类似的方式应对生活，用同样的方式思考自己和他人。在试图改变的过程中，他也面临与其他人相同的问题……在应对由规范影响带来的伤害方面，朋
> 344 辈治疗团体的意识形态似乎极其敏锐，并富有洞察力。如果说它们具有疗愈功能，那是因为每个成员都在设法打破维持现状的一系列事件链，并对可能造成的伤害提供有效防御。(pp.328—329)

安茨以嗜酒者和“焦虑者”(如精神康复公司的成员)在核心问题上的差异为例子。在他看来，嗜酒者的核心问题在于：

> 他喜欢夸大自己作为生活事件创作者的身份。无论是清醒还是醉酒，他都倾向于认为世界主要是由自己的行动塑造的。不知为何，他总觉得自己仿佛站在舞台的中央……这一系列态度构成了其不切实际的意志……嗜酒者对维护自己对他人和环境的控制权异常执着……面对失败，他们也同样认为自己是唯一原因……加入匿名戒酒者协会让他学着较少把自己看作生活事件的创作者和愤怒的斗士，而更多地把自己视为一个有智慧的人，接受局限性，耐心等待事态在未来的发展。(pp.331—332)

精神康复公司的成员大多是"精神焦虑的"心理健康求助者。其中，大部分成员体验到的症状是自我疏离(ego alien)。在抑郁或惊恐发作的时候，个体感到他(或她)不再是自己。这种症状似乎来自自我之外，让他(或她)无力面对。精神康复公司强调的意识形态信念是，无论症状多么棘手，它们仍然存在于个体的意识之中，因此可以得到控制。精神康复公司教授其成员一项重要能力——意志力，可以用来克服自我疏离的症状。精神康复公司还强调采取具体行动(无论这些行动多么微弱)，运用意志力来对抗各种症状(Low, 1997)。虽然看起来"匿名戒酒者协会和精神康复公司的意识形态之间存在对立……然而，这种对立通过联系他们面对的同样相反的问题得到了现象学的解释"(Antze, 1976, p.337)。

意识形态作为解毒剂的另一个例子来自美国精神病患者联盟。该团体的成员主要由严重精神病患者的家属构成。作为解决成员问题的一种认知解毒剂，美国精神病患者联盟的意识形态信念包括：(1)精神病患者的家属既不是精神病患者，也不是致病的原因，相反，他们都是努力应对异常事件和情境的正常人；(2)各种生物学和心理学理论不恰当地将精神分裂症和其他严重精神病患者的病因与责任归咎于患者父母和家庭成员；(3)求助者和家庭成员有责任与专业人员一起努力，共同提高对精神病患者服务的质量(Levine, Toro, & Perkins, 1993, p.540)。

文化与特殊语言。自助团体发展了一套自己的内部文化和特殊语言，以便意识形态能够通过这些载体得到应用。 345 精神康复公司的特殊语言包括识别症状的发作(如了解"愤怒情绪"爆发的征兆)，以及采取某些行动消除或降低由症状带来的影响(如"换位思考"和"缓解肌肉紧张")。每次聚会要求成员介绍他们运用康复方法克服困难的经历，其他成员则使用康复语言来分析这些经历。在此过程中，团体内部的特殊语言会以某种仪式化的方式得到反复练习。附着在具体经验之上的那些概念标签因此得到发展。成员将这些标签带回去，每天不断地练习和使用它们。

嗜酒者家庭成员互助会是为嗜酒者亲属提供帮助的组织。除了学习匿名戒酒者协会的方法之外，嗜酒者家庭成员互助会还发展了自己的理念，如"超然的爱"。这种理念教导嗜酒者的配偶真正关爱嗜酒者，而不是帮他们消除过度饮酒带来的不良后果。嗜酒者家庭成员互助会还教导其成员"认真过好每一天"，并在适当的时候"学会放手"。既然无法让酗酒者放弃饮酒，自己就必须学会独自生活。成员在团体中讨论彼此的经历，学会使用这些标语。后者具有普遍意义，有助于个体作出某种选择或决定，不仅针对作为嗜酒者配偶所面对的日常问题，也包括其他可能的生活问题。这个过程可以与宗教布道活动进行比较，后者借助圣经中的经文教会人们如何将其中的智慧应用于解决现代生活问题。

理论假设。由此引申出几个可供检验的假设。互助团体成员对团体意识形态的承诺和理解应该随着其获得会员资格的时间增长而得到强化。越是新入会的成员，越是缺乏对团体意识形态的理解。与老成员相比，新成员在解决生活问题的时候较少使用那些教义。采用意识形态帮助成员解决其他日常问题有助于降低绝望感、提高自我效能感和提升自尊。

来自美国精神病患者联盟和精神康复公司的数据为这些假设提供了证据支撑。在美国精神病患者联盟的成员中，随着对团体的卷入度和对意识形态的接受度提高，成员报告的耻辱感和内疚感越低，个体责任感越强，与精神病患儿的互动也愈加舒适（Medvene & Krauss, 1989）。加兰特（Galanter, 1988）同样发现，精神病患者加入精神康复公司的时间越长，其心理越健康，他（或她）对药物和其他专业服务的需求相对越少。其他研究也得出
346 了类似的结果（Kurtz, 1990）。当然，这些结果也可能反映出某些人的自我选择。那些在团体中坚持了更长时间的人或许本来就是更坚强的人。或者他们发现，比起那些中途离开的人，自己对这个团体、团体成员及其活动有着更高的适应性。无论怎样，研究结果与理论假设一致，即在某种程度上，意识形态的应用与积极应对相关，理论的预测性令人满意。

忏悔、宣泄和相互批评。许多团体都有某种仪式化的程序，包括忏悔、宣泄和相互批评。团体凝聚力在成员相互分享各自感受和经历的过程中得到发展。成员被鼓励说出他们的失败和问题，以及可能与低自尊和内疚相关的那些经历。女性意识提升团体的描述为我们提供了许多例子，包括承认个人的不足与困境，以及对不尽如人意的性关系的诚实描述，或者对自己把时间都用于技能和专业发展而忽视了孩子和丈夫的内疚。通过与其他有类似经历的妇女分享这些经验，成员卸下了不必要的心理包袱，并获得宽恕。

索茨指出（Thoits, 1986），人们更容易接受那些彼此相互认同的人所提供的建议和同情。与那些只会说“我想我能理解你的感受”的人相比，同“经历过”的人交流会得到更多帮助。例如，使用同性恋网络平台（Internet gay bulletin board）的青年同性恋者更愿意接受那些有着类似处境的人提供的建议，而不愿意接受来自其他方面的帮助（Gabriel, 1995）。

一般而言，与专业人士领导的治疗团队相比，自助团体的氛围更具支持性（Toro et al., 1988）。有研究者观察了药物滥用自助团体并报告称，他们看到了灵活、富有经验、善解人意的团队管理实践（Woff, Toumbourou, Herlihy, Hamilton, & Wales, 1996）。随着团体内聚力的提高，成员之间可以自由争论。这种互相批评（Levine & Bunker, 1975）是控制偏常行为的有效方式，也是提升自尊的一种有效方法。如果成员按照团体的理念

行事，显然会变得更好。此外，在分享经验的时候，团体还会帮助每个成员学会使用教义来解决问题。团体成员学习“明智行为处方”，练习与这些观点相一致的行为。例如，精神康复公司教导其成员：你只需要做一个“普通人”，不需要为了自尊而强求自己成为完美的人或超人。面对某些可望而不可即的目标，团体意识形态可以帮助成员避免自我贬损。例如，女性自我意识提升团体的成员相互帮助，放弃作为“女强人”而被强加的那些需求。此外，不再奢望自己同时成为优秀的妻子、母亲和雇员，避免因追求完美而疲惫不堪、精疲力竭。

榜样示范。团体成员相互为对方提供榜样示范。自助团体为团体内的个体创造了表 347
现的场所和角色。那些努力践行团体教义并取得较大成功的成员成为其他人的榜样。因为成员之间没有正式的等级差别，一个新成员很容易对更有经验的老成员产生认同，并且相信“如果她能解决好这些问题，那么我也能”。即便某个成员没能成功地解决问题，也能让其他人了解应对问题的困难，并意识到有可能会犯的错误，因而成为其他成员的前车之鉴。以往让人感到羞耻的事件在此转化为团体成员可以相互分享的有价值的经验。吉布斯(Lois Gibbs)为成千上万受到有毒废料和其他污染威胁的人们提供了行动榜样。她习惯于以自己的经验作为例子，包括她曾经犯过的错误，以及从中获得的教训和相关感受。

助人者治疗原则。实施帮助和接受帮助这两种角色可以互换。因为每个成员都在生活中面临相同的问题，说不定什么时候哪个人就会遇到困难。即便是很成功的团体成员，也可能需要向其他成员寻求情感寄托或支持，或是帮助解决新出现的一些难题。任何“优”“劣”之类的等级观念都需要消除，因为每个成员可能在不同时间段扮演截然不同的角色。梅顿(Maton, 1988)发现，与一味接受别人帮助的成员相比，那些在团体中既得到支持又给予帮助的成员具有更低水平的抑郁和更高水平的自尊。

赖斯曼(Reissman, 1965)提出了一个重要概念，称为助人者治疗原则(helper-therapy principle)。这意味着最有效的学习方式是去教别人，施以帮助的人能从中得到最大的帮助(Roberts et al., 1999)。虽然该原理在自助语境中尚未开展研究，但李(Li, 1989)的调查发现，随机选择一些中国儿童，让他们去教年纪更小的儿童如何为加入红卫兵(曾经很多中国孩子想要加入的青少年组织)做准备，结果这些充当小老师的儿童不仅学会了演讲，增强了自信，而且与缺乏相同经验的控制组相比，他们的语文成绩也得到了提高。这一原理的有效性来自角色理论，即扮演某种角色的个体会努力满足对该角色的要求。

> 实际上，作为一个助人者，个体需要表现出对痛苦处境的掌控能力——例如，扮演一个非成瘾者(nonaddict)——并由此获得相应的技能、态度、行为和心理定势。通过在他人面前模仿这些角色，个体能够看到他(或她)自己如何以一种新的方式行事，并最终承担起新的角色。(Gartner & Reissman, 1977, p.103)

有些人在自助组织中成为积极的领导者，这相当于围绕成员角色建立起新的身份认 348

同和生活方式。有些妇女加入自我意识提升团体后，积极参与相关的妇女运动和政治活动，而这些明显改变了她们的穿着、外貌、行为举止、语言、交往对象、参与的活动和人生目标。匿名戒酒者协会或嗜酒者家庭成员互助会中参加过 12 步计划的成员后来成了其他团体争相邀请的演讲嘉宾，也充分证明了上述观点。那些曾经深陷困境的人通过自己过往的亲身经历，向他人传递有用的信息，从而获得他人的尊重。一位父权运动的领导人告诉我们，因为他太受欢迎，受到太多邀请，甚至他的家人都已经学会了和其他社团成员分享他的经历。家人开始意识到，他在团体中的角色对于他的身份认同非常重要。

应对策略。通过分享每天的经历，成员们发现并分享有效的应对策略。由于个体生活在某种规范化的情境（standardized situation）中，他们的问题往往会反复出现，由某个成员教给其他成员的解决方法与接受者的处境具有高度的适切度。专业人员很少有机会观察这些日常应对策略，也不会在研究中加以记录。在自助团体中，文化与智慧的习得是以口头而不是以书面方式传递的。

嗜酒者家庭成员互助会的成员相互教导不要对配偶的老板说谎，很多人曾经为因宿醉而旷工的配偶“打掩护”。这些成员学着去保护自己的诚实，并意识到自己掩盖事实等于助长配偶的嗜酒行为。然后，她们开始采取行动，不再将自己的行为解释为对配偶的“背叛”，反而认为是出于对配偶的爱。该团体的成员相互鼓励，尝试新的解决办法，互相支持以面对失败，并一起庆祝成员的成功，哪怕只是取得很小的成效。当成员在团体之外遇到困难时，精神康复公司鼓励成员使用团体内部的特殊语言提醒自己采取适当的行动。爱渠业主协会的成员经常需要与媒体打交道。通过反复练习和互相批评，他们学会了怎样在几分钟甚至更短的时间内让记者了解自己的主要观点。

社交关系。团体为成员提供了不太容易获得的朋友圈或社交关系网络，这对那些被社会贴上“异常”标签而在适应性需求中苦苦挣扎的人而言非常重要，没有类似经历的人无法体会这种痛苦。由于社交网络的扩展，成员能够获得更多资源。他们相互分享和庆祝欢乐的时刻，开展社交活动，举办晚会，相互陪伴。据塞勒姆、塞德曼和拉帕波特报告（Salem, Seidman, & Rappaport, 1988），“GROW”作为精神病患者自助团体为其成员提供了一个能够充分满足其需要的社交网络。汉弗莱斯和诺凯（Humphreys & Noke,
349 1997)对参与过住院病人药物滥用研究项目的 2 337 名退伍老兵做了一项跟踪调查。这些人在治疗过程中参与了 12 步计划。在一年后的随访中，84.4%的人报告仍在以某种方式参与 12 步计划活动；17.3%的人在调查之前的三个月内参加过 20 次或更多的聚会。采用复杂的结构方程模型探索发现，调查对象卷入 12 步计划的程度越深，其拥有的亲密朋友也越多，其中包括在 12 步计划中结识的朋友。对 12 步计划的卷入程度与朋友网络、亲密朋友的数量、朋友之间交往的频率以及不支持药物滥用的朋友数量等多个因素相关。和同样参加 12 步计划的朋友一起活动对个体能够戒除药物和酒精滥用具有正向预测作用。与那些从未参加 12 步计划的对照组成员相比，参与者的朋友网络中滥用药物和酒精的人更少。那些参加了 12 步计划的人倾向于选择以同样参加了该计划的朋友来取代没有参与的朋友，因此，更容易受到建设性的影响，并获得更多的帮助资源。

在有些团体中，成员之间还会相互提供进一步的具体帮助。例如，瑞奇(Reach)是某个由精神病患者的亲属组成的自助团体的成员。该团体由美国国家心理健康协会在水牛城和伊利县的分会提供赞助。团体成员为彼此提供临时看护帮助。那些需要短期度假或休息的成员可以请其他有精神病问题处理经验的团体成员帮助照顾其患病家属。这些成员互相报答，随时随地为彼此提供帮助。许多团体(如匿名戒酒者协会或某些减肥团体)都会为新成员提供服务。无论在哪里，无论在什么时间，只要有困难，只要有需要，就有帮助者出现并提供服务，“随叫随到”。

自助与生态学构念

正如本章开篇所说，自助团体合理使用了我们之前讨论过的生态学原理和构念，是一种已被广泛应用的干预模式。例如，他们基于人类需要的多样性这一生态学事实，提供适合不同问题条件的相对精确的意识形态治疗。在这方面，自助团体阐释了我们在第七章“社会支持”中提到的一个观点——与团体的规模及结构相比，支持网络提供的具体帮助往往更为重要，也更加有效。

生态环境。从生态学的角度看，自助团体的作用也是可以理解的。它作为一种生态背景，改善了人与环境之间的适配度，从而促进了个体行为对社区环境的适应性。匿名戒 350
毒者协会(Narcotics Anonymous)的成员承认，以前的朋友会引诱他们再次吸毒，他们因此建议其他戒毒者更换“游戏场所和玩伴”。这些具体行为可以被理解为人与环境之间相互作用的结果。我们前面把易感性解释为个体的行为反应与周围环境的需要匹配不良(其结果是导致酗酒、压迫感、回避或隔离等)。参与新的环境丰富了个体的行为反应模式，而且拓展了他们的社区生态位，增加了原有的生态位宽度。有些自助团体的成员被邀请担任政府机构的咨询顾问，有些出席公开听证会，并受邀在会上作证。嗜酒者家庭成员互助会鼓励成员外出寻找工作，并参与各种娱乐活动以关爱和照顾自己。

心理社会气氛与关系。生态学有关实践的两个原则彼此相关。团体成员的行为通过什么机制发生改变？这种改变又怎样得以持续？寻找这些问题的答案可以回顾本书第五章中有关环境的五个心理学构念。在穆斯的主观社会气氛(perceived social climate)构念中，关系定向是评估环境的一个重要维度(relationship-oriented dimension)。因为大多数自助团体的成员资格是对外开放的(例如，匿名戒酒者协会对入会成员的唯一要求是本人有戒酒的愿望)，自助团体对参与者的支持度和认可度很高(Toro，Rappaport，& Seidman，1987)。这种支持和认可有助于成员减少自我排斥，强化他们的社区心理意识。通过角色互换、相互支持和团体聚会之外的各种联系，参与者的友谊网络得以拓展，心理社会气氛中的关系定向也因此不断被强化。

心理社会气氛与个人发展。在穆斯的心理社会气氛构念中，第二个重要的环境评估维度指向环境促进参与者个人发展的程度，即个人发展维度（personal-development dimension）。正如相互支持和赖斯曼的助人者治疗原则所暗示的，强化团体社会气氛中的个人发展维度是自助团体的重要责任。至于促进个人哪些方面的发展，不同团体之间则存在明显差异，这种差异反映出个体加入不同团体所获得的理想发展方向不一（例如，个体生活中的意志控制对精神康复公司的成员来说十分重要，而相比之下，学会平静地接受一个已知无法改变的事实对匿名戒酒者协会成员而言更加重要）。嗜酒者家庭成员互助
351 会之类的团体经常强调，其成员来自各行各业，具有不同的社会经济地位和受教育背景等，却仍能在团体中体会到强烈的公平感并互相理解。在穆斯看来，这表明是社会气氛（而不是某些成员个人）定义着团体经验，并对其效果作出说明。

自助与角色理论。按照萨宾的角色理论，自助团体在易感者周围建构了多样化的生态环境。在社会生态学看来，自助团体为成员提供了平等的同伴关系网络，降低了成员的疏离感，并帮助缓解了现实世界强加于他们的模糊性和不确定性。自助团体的成员彼此尊重，并帮助个体获得自尊。自助团体的意识形态还为个体对超我的需求提供了完整的意义感。假如成员在团体聚会之外还能提供某些物质帮助，如提供可供临时栖居的住所，他们甚至强化了个体可自我维持的生态环境。

一般而言，自助团体成员的身份为个体提供了新的重要角色，这些人曾因某些污名而被剥夺了正常社会成员的身份。新的角色回避了个体处境中的消极方面，取而代之的是给予承担责任和发展能力的机会。这些机会依个体希望卷入的程度而不同，具有灵活性和无限性。尽管这些因素改变了个体的自我认知，但是，它们对自助团体成员公共身份的影响尚未看到研究结果，因为自助团体成员的身份通常是件很私密（甚至完全匿名）的事情。

自助作为社会资本。自助团体作为一种社会资本，在社区和社会层面发挥作用，为团体成员提供了一张安全网络。对这些团体成员来说，无论是非正式的社交网络，还是昂贵并超负荷运转的社会和医疗卫生服务部门，都未能向他们提供充足的服务（Putnam，2000）。在个体和组织层面，这些自助团体充当了理想的范例，它们为身陷危机的人提供机会，赋予他们权利（Maton & Salem，1995）去做一些具有建设性（如参与）、富有社区意识和效能感、可以互相帮助（如邻里互助）之类的事情。例如，某个支持团体为直接或间接感染艾滋病毒的家长和儿童提供服务。对该团体的调查研究发现，它之所以能够成功，其中的影响因素包括：成员持续且日益增长的参与、被赋权、凝聚力以及互相支持（Melvin & Appleby，1995）。其中每一项构成社会资本的因素都有助于成员应对各种复杂变化，降低发病的可能性。

自助与物理环境。梅尔文和阿普尔比（Melvin & Appleby，1995）的研究发现，是否选择了安全、可靠的活动或聚会场所，以及在团体活动过程中是否提供监管到位的儿童照
352 料是影响自助团体能否成功的重要因素。聚会地点的交通是否便利也是影响团体发展的一个重要条件。自助团体与物理环境之间更大的关联性在于，很多已经建立的市民团体

其目标就是解决污染及其他环境威胁问题，如爱渠业主协会（本书第三章和第十三章）。同其他类型的自助团体一样，在成员感到压力和困惑的时候，这类团体为他们提供支持和相关信息。他们对使用专业术语的“专家”或其他专业人士并不十分信任，更关心对个人、团体和社区的赋权问题。（Rich et al.，1995）

自助团体作为行为背景。在巴克的行为背景（behavior settings）概念中，自助团体以不同的背景形式构成一项重要的社区资源，参与了团体成员对时间的重构。也就是说，在某种程度上，团体活动在与其他行为背景竞争团体成员有限的时间。他们在自助团体中执行的行为模式（借助行为-环境适应原则）降低了先前适应性不良的风险。当某个成员首次参与匿名戒酒者协会计划，他（或她）在未来一周的时间内每晚都要来参加聚会，有时白天也要参加活动。这个人开始在新的行为背景中生活，至少，他（或她）需要把一部分生活转移到新的背景中。

此外，作为新的行为背景，自助团体为了成功应对核心问题，需要向成员传授特定的应对策略和适应性反应。回想一下巴克在定义行为背景时对人—环境反馈回路的描述。首先，目标代表着成员寻求改变的内在动机（如希望戒酒）。团体聚会中的仪式化过程构成一个完整的程序回路，其中包括忏悔（如“大家好，我的名字叫简，我是一个嗜酒者”）、宣泄（如“这就是我的故事”）和接纳（掌声、握手和拥抱）等。这种类似对抗或角力的过程在个体生活的其他背景中很少能够见到，起到了“偏离—矫治”的作用。团体背景为成员学习、演练和应用新的反应方式提供了多重机会，从而提高了易感个体对重要社区情境的适应性。

除非个体的行为反应能得到长期稳定的改变，否则，多数问题情境的反复性反而会增加个体退回到原有适应不良行为模式的可能性。临床治疗费用昂贵，因此只能选择短程治疗。由此导致的“旋转门”综合征，使得病人不得不频繁地接受新一轮的治疗。而另一方面，自助团体构成了一种稳定的社区背景，是社区群落中一种长期性的存在。正因为适应不良具有长期性和复发性，自助团体的聚会需要持续不断地进行。

自助团体的局限性在于，作为一种行为背景它受到时间和空间的限制。仅仅存在于 353
纸上或电话簿里的团体，并不能让每一个需要它的人真正获得帮助。回顾人生“肥皂剧”的隐喻，鉴于很多人身处危险处境，社区需要为他们提供多重行为背景。在这种意义上，齐默尔曼（Zimmerman et al.，1991）借助行为背景原理解释了自助团体（GROW）为什么在精神病患者中受到欢迎。与其等到正在运行的团体发展壮大之后再成立新的团体，“GROW”的组织者与专家、教育机构及宣传媒体商议，选择在潜在成员的大量需求尚未完全反映出来之前建立新的团体。这样做的后果之一是，新的团体作为行为背景“成员稀少”（参见本书第五章），每个成员因此不得不承担多重角色（既是受助者，又是帮助者），由此给成员带来压力。而与此同时，这也凸显了每一个成员的重要性，有助于成员对团体作出承诺，并确保团体发展的延续性。

自助团体是否有效

准确评价自助团体的有效性很难，大多数时间我们只能依据团体成员的反馈意见。研究自助团体的难点正在于其成员的变动性或不稳定性，同时还在于有些自助团体对这类研究毫无兴趣，根本不愿意配合研究。团体成员认为，他们加入团体主要是为了彼此帮助，以应对共同面对的问题，不想成为被研究的对象。而团体领导者认为，成员的个人成长以及自助团体的发展已经证明了团体的有效性。我们很少获得成员退出自助团体或有关团体失败的信息。很少有实质性研究在自助团体和专业帮助机构之间作出比较，我们因此也不能说，某种治疗模式或多或少地比另一种更有效。

尽管该领域的研究在方法学方面存在某些困难，但大量非控制性的、评估标准不一的研究都得出了积极的结果。在对专业帮助和团体自助进行比较的研究中，通常都强调自助团体成员的状况得到改善，极少看到专业帮助更为优越或自助和专业帮助的效果差别不大之类的报告(Levine, Toro, & Perkins, 1993)。库尔茨(Kurtz, 1990)基于文献研究认为，“大多数参与研究的团体成员声称自己有较高的生活满意度，再次入院时住院的时间缩短，对专业人士的依赖性减少，自尊得到了提升，对待生活的态度得到改善”(p.110)。但她同时也注意到，并没有研究者使用标准化的研究工具证明自助团体成员的症状得到
354 了消除。她因此对研究者提出警告，不要诱导求助者对团体抱有太高期望。

最初于澳大利亚成立的“GROW”组织(精神病患者网络自助团体)采用了经过改进的匿名戒酒者协会模式。该组织在伊利诺伊州落地时接受过多方评估。拉帕波特(J.Rappaport)、塞德曼(E.Seidman)、托罗(P.A.Toro)及其同事在研究中发现，一个成员参加“GROW”聚会的次数越多，表现出的积极变化就越大；越是频繁出席活动的成员，越能够发展出有效的应对策略。相比只是短期参与活动的成员，那些参加“GROW”聚会九个月以上的成员拥有更多的社会关系和更高的职业成就，心理功能相对更健全。与患有类似精神疾病的对照组样本相比，“GROW”成员的入院率更低。在澳大利亚，一项有关“GROW”组织的类似评估报告已经发布(Young, 1992)。针对其他同类组织(如精神康复公司)的研究也得出了类似的结果(Galanter, 1988)。

但是，同其他异质性团体一样，精神病患者的个人需求具有很大的差异性，任何团体都无法满足所有患者的要求(Young & Williams, 1988)。尽管“GROW”组织明显帮助了那些参与者，但是第一次聚会后25%的成员退出率还是显示出选择性偏差，并且暗示那些并不过于强调针对性或特点不那么突出的团体可能从中受益(Levine, Toro, & Perkins, 1993)。而且，与专业心理治疗的退出率相比，自助团体成员的流失率并不存在显著差异。

专业帮助与自助。据很多曾经接受过专业服务的自助团体成员报告，他们在自助团

体得到的帮助与专业人士提供的帮助有所不同(Videka-Sherman & Lieberman, 1985)。对其中有些人来说,这种差异极其显著。甚至有人断言,专业帮助对他们来说一点作用都没有,有时甚至让他们感到内疚,因为自己有问题而不得不寻求帮助。但是,也有人声称,他们重视一切解决问题的机会,包括由专业人士提供的帮助。

很多女性自我意识提升团体的成员也曾接受心理治疗。从测量结果来看,该团体的成员不满意自己的生活。在抑郁、焦虑和其他心理症状的标准化测量中,与从未参加该团体的控制组妇女相比,她们表现出更多的痛苦。但是,她们痛苦的程度要轻于那些正在接受门诊治疗的妇女(Videka-Sherman & Lieberman, 1985)。自助团体成员中那些有更多痛苦的人可能需要专业帮助。精神康复公司的有些成员经常服用处方药物,团体鼓励他们尊重医学权威,并听从专家的意见。

我们没有必要接受非黑即白的观点,即认为某种帮助形式绝对好,而另一种帮助形式 355
绝对坏,或者一种形式肯定优于另一种。理想条件下,我们应该仔细研究治疗过程中的各种变化,看看两种帮助形式彼此能够学到些什么。一些专业人士相信,联邦授权将精神病患者、家属以及其他自助团体的代表纳入心理健康中心规划委员会(the planning councils of mental health centers),将迫使专业机构学习如何让自己的服务更能满足客户的需求(Segal, Silverman, & Temkin, 1993)。

匿名戒酒者协会与嗜酒者康复

酗酒作为一种灾难性障碍影响着数千万美国人(见本书第一章)。社会每年为此付出的各项成本包括卫生保健和针对酗酒的医疗费用(188 亿美元),另有超过 10 万例死亡是由酒精引起的。除了由此产生的死亡赔偿金(313 亿美元),据专家估计,丧失生产力(包括工作表现不佳、失去收入等)还将导致另外 680 亿美元的损失。酒精还造成了许多机动车事故。这些损失大约为 247 亿美元,而且还不包括伤者的治疗费用。酒精还涉及许多犯罪案件。与酒精有关的犯罪活动的损失总计为 197 亿美元,其中包括罪犯在服刑期间收入的减少,被害人的损失(失去工作、财产损坏和被害人的死亡赔偿金),以及刑事司法系统的支出。据专家估计,1995 年,酒精滥用让美国社会损失了大约 1 665 亿美元(Harwood, Fountain & Livermore, 1998)。

酗酒问题的影响范围和严重程度构成了对所有助人职业(help-giving professions)的最严峻挑战。许多专业人员坦陈,针对酒精中毒人群服务的有效性还有很大的提升空间。正因如此,医院和监狱都很欢迎匿名戒酒者协会去他们那里招募和培训成员。酗酒已被视为顽疾,对于由酗酒导致的酒精中毒病案,通过正规治疗手段最终达到稳定恢复的概率仍然很低(Vaillant, 1995)。

瓦利恩特研究(Vaillant Study)。对这个现象的最好解释来自瓦利恩特所做的大规模追踪研究(Vaillant, 1995)。瓦利恩特的数据来自最初正常的两组男性,一组来自上层中产阶级(N=5 204),另一组来自工人阶级(N=5 456)。两组被试同时接受追踪研究,时间

从20世纪30年代末一直持续到20世纪80年代初。瓦利恩特使用了综合、复杂的测量
356 方法，对这两个样本中的酗酒发生率和其他行为特征进行研究。前瞻性的纵向研究设计使瓦利恩特能够在大量相关事件中理清特定的时间顺序（例如，该研究发现，对嗜酒者而言，关系的破裂往往发生在酗酒行为之后，而不是像人们通常想象的那样，作为原因发生在酗酒之前）。

改变的条件。嗜酒者要想得到稳定的康复效果需要一些相关条件，包括生活方式和环境的变化，具体有以下几方面：(1)发展一种替代性依赖，如糖果、镇静剂、大量吸烟、强迫性工作或其他嗜好；(2)对饮酒行为作出新的限制，约束或来自外部（如配偶、雇主或法官的严格监督），或来自内部（如健康受到威胁、服用安塔布司等戒酒药物）；(3)确立宗教信仰，或寻求某种类似的精神或意识形态体验（这种体验往往能帮助嗜酒者用新的希望、自尊和强有力的信念取代失败感、无用感、无助感以及内疚感，最终放弃不良的生活方式，开始新的生活）；(4)聚焦性的社会支持，常常表现为一段新的（或重新开始的）情感关系（支持可能来自新的配偶或其他家人，或某个已经康复的嗜酒者）。

加入匿名戒酒者协会。瓦利恩特研究样本中的许多人后来改变了他们的生活，或多或少凭借自己的努力从酗酒中康复。鉴于改变所需要的条件，毫不奇怪，对许多酗酒者来说，匿名戒酒者协会是唯一可选择的有效干预方式（参见Johnson，1996）。尽管没有什么灵丹妙药，但匿名戒酒者协会确实体现了自然康复的完整过程。从某种程度上说，目前还没有其他的治疗程序可以做到这一点。匿名戒酒者协会促进了嗜酒者信念体系的改变，为这种心理障碍提供了明确的概念解释（疾病理论），这对嗜酒者而言是有意义的，并给他们带来了康复的希望。因此，嗜酒者过去的信念（如酒精是快乐的源泉）转变为对酒精的“诅咒”，酒精变成了生活中一切痛苦的根源，而坚持戒酒成为唯一可接受的康复之路，新的态度因此得到强有力的贯彻执行。

认同的机会。无论是在团体聚会场合，还是在其他被需要的时间和地点，匿名戒酒者协会为其成员提供的友谊和支持成为被孤立的嗜酒者生活中的有力支撑，并引发强烈的归属感和认同感。

与专业治疗师相比，嗜酒者更容易对其他同样处在康复过程中的团体成员产生认同。这不仅是因为那些从相同境遇中康复的人与自己有着明显的相似点，还因为专业心理治疗中关系的不对等性（如自我暴露和改变的动机总是由求助者向治疗师提出，而有效的帮
357 助和支持只能由治疗师作用于求助者）。作为瓦利恩特研究的样本，由匿名戒酒者协会提供的社会支持在某位中产阶级嗜酒者的一段自我剖白中得到了清晰的表述：

> 我相信，多数嗜酒者生活在他们自己建造的一个透明的玻璃罐里，好让自己与其他人隔离开来……匿名戒酒者协会告诉我们如何溶解掉自己周围的玻璃幕墙，让我们意识到自己身边还有其他人，充满爱心的人……我喜欢匿名戒酒者协会的聚会，喜欢当我感到紧张时能叫朋友出来陪我的感觉。偶尔也会有人向我

> 求助，这让我感觉良好。比起过去几十年的精神治疗，我从这里得到的更多。我同精神治疗专家的关系似乎总是令人痛苦的冷漠。我讨厌那些没完没了的账单。每小时50美元的治疗，医生不断地向我保证，没必要为钱烦恼。然而，那时我实际上已经无法维持自己的医疗保险。我希望能有一些与匿名戒酒者协会类似的组织来帮助那些处于其他困境中的人。和他们相比，我们这些老酒鬼们还算是幸运的。(p.208，1983年版)

容易获得。在美国，加入匿名戒酒者协会的嗜酒者已经有116.2万，这比到医院、诊所和医生那里寻求帮助的人数加起来(772 578人)还要多(U.S.Bureau of the Census, 1997, Table 219)。在这个国家有超过50 000个匿名戒酒者协会团体。在一个大城市，每时每刻都有匿名戒酒者协会团体在聚会，这使得匿名戒酒者协会的服务比专门为酗酒者提供的正规治疗更容易获得。这种易得性的特点在瓦利恩特研究中的被试看来是很重要的，他们曾经因为这样或那样的原因不负责任地对待本该严肃的事情(如健康问题、感情关系等)，现在，他们利用匿名戒酒者协会的易得性来帮助自己巩固那些正在发生的改变。

长期参与。另一个能够解释为什么匿名戒酒者协会比正规治疗更有效的例子是，求助者参加匿名戒酒者协会的时间通常比接受正规治疗的时间更长。与只进行几周的治疗不同，成员参加匿名戒酒者协会的时间往往可能持续数月、数年，甚至一生。例如，53%的匿名戒酒者协会成员参加该项目已达5年以上，32%的成员已超过十年(Al-Anon, 1999; http://www.alanon.org/surveyx.html)。其结果是，嗜酒者与匿名戒酒者协会建立的关系具有完全不同的意义：他们不是"拜访"治疗机构的人，而是"属于"匿名戒酒者协会的人。匿名戒酒者协会集体分享的仪式持续了一年又一年，执行了一次又一次，其影响可以用巴克的生态学概念解释。在巴克看来，若想让个体行为在时间上保持延续性，只需要他(或她)卷入的情境具有连续性。匿名戒酒者协会的成员经常以参加团体聚会来填充从前喝酒的时间，尽管这可能演变成一种新的"瘾"，但无论如何，匿名戒酒者协会成瘾比酗酒的危险要小得多。

以教会为模型。匿名戒酒者协会成瘾的问题体现了医疗模式的假设。医疗模式让我 358
们觉得，我们应该治愈病人，然后让他们出院，以便他(或她)能够完全独立地生活，不需要再依靠任何起辅助作用的"拐杖"。这种期望在一定程度上体现了我们对治疗成本及其价值回报的关注。匿名戒酒者协会则体现了另一种完全不同的模式。在匿名戒酒者协会的拥护者看来，如果某个人在他全部的生涯中一直接受精神分析，我们会认为很荒唐，但是，如果某个人一直是教会成员，并且一生都在参加教堂的活动，我们会认为他是值得尊敬的。与专业治疗机构相比，匿名戒酒者协会模式更像教会或兄弟会。加兰特(Galanter, 1990, 1999)将匿名戒酒者协会描述为一个拥有神赐能力的康复组织。他认为，尽管匿名戒酒者协会的特征与拥有神赐能力的宗教派别有些类似，但是它在许多维度上仍然与宗教派别有所区别。匿名戒酒者协会成员之所以与该组织建立联系是因为他们有共同的酗酒问题。除了戒酒，匿名戒酒者协会对成员应该如何生活不作任何要求。匿名戒酒者协会的目标只是帮助成员戒除酗酒行为，对劝服他人改变宗教信仰没有兴趣。

成本低廉。我们在第四章提到，与专业指导方案相比，自助团体能够使资源得到更有效的循环利用。例如，加入匿名戒酒者协会几乎不需要花钱，对健康保险不构成负担。匿名戒酒者协会的成员自愿捐款，他们可以花费仅仅比喝咖啡多一点的钱来参加聚会，偶尔也需要购买匿名戒酒者协会的书籍。有关匿名戒酒者协会的终生依赖问题以及对其他类似团体的永久性成员身份的质疑，只是基于某些假设才能成立。我们质疑终身会员制难道不是因为医疗模式假设，一项治疗技术应该能够完全治愈某种疾病，然后让患者享受他（或她）自己的生活？如果是这样，从社会的视角出发，我们就需要重新考虑这一假设。

上述特点使得匿名戒酒者协会成为对生态学原理最好的说明，即干预最好能够作为社区的一个自然部分长期维持（见本书第四章）。换言之，匿名戒酒者协会始于一种自然资源，即社区原居民，并将成员的加入定义为在无限长的时间内参与一种象征性收费的情境。尽管严重的危险状况时有发生，但成员对匿名戒酒者协会（作为一种行为背景）的基本需求将长期持续存在。因此，易感人群中的许多人认为，维护自己与匿名戒酒者协会的关系，其意义不亚于加入教会或兄弟会。

一项控制性实验

作为匿名戒酒者协会的衍生物，嗜酒者家庭成员互助会是为嗜酒者的配偶及其他亲属提供帮助的自助团体，这个团体的成员自己并不是嗜酒者。嗜酒者家庭成员互助会的
359 运作方式与匿名戒酒者协会很相似。吉利克（Gillick，1977）在 VA 医院完成了一项控制性实验。他将酗酒住院病人的配偶随机分成两组，其中一组加入嗜酒者家庭成员互助会六个星期，另一组在此期间按原有方式生活。超过 2/3 的嗜酒者配偶在六个星期中参加了六次及以上的嗜酒者家庭成员互助会聚会。吉利克采用社区适应量表（Community Adaptation Scale）作为研究工具，这是一个包含 217 个项目的自陈式问卷，用于对个体在不同领域参与社区活动的情况作出评估，这些领域包括工作、家庭、个人、公民、商业、专业服务等（见 Roen & Burns，1968）。之所以选择这份量表，是因为之前有针对嗜酒者妻子的研究发现，她们大多与社会相脱节。

六个星期之后，与控制组相比，参加嗜酒者家庭成员互助会聚会的嗜酒者配偶表现出许多变化。他们报告称自己与家人、朋友有了更好、更频繁的互动，并在社区适应方面有了全面的积极改善。而在相同时间内，控制组在量表某些维度上的指标却进一步恶化。在测量之后的访谈中，15 位参加嗜酒者家庭成员互助会的受访者中有 14 人认为，这段经历对他（或她）很有帮助或极有帮助；15 人都能够描述参加聚会的多种好处。他们在表达自己想法的过程中，不时反映出嗜酒者家庭成员互助会的意识形态：“我喜欢‘过好每一天’以及‘学会放手’这两个观点。”“嗜酒者家庭成员互助会让我意识到，一旦他开始喝酒，

我实际上是没有办法阻止他的。”除 2 人外，剩余 13 人都表示会继续参加嗜酒者家庭成员互助会的聚会。这项短期实验的结果与嗜酒者家庭成员互助会的长期会员所反映的情况基本一致。这个实验证明，与那些仅仅陪伴病人在医院待过一段时间的嗜酒者配偶相比，参加聚会能带来系统性的好处。

与专业机构合作。瓦利恩特认为，到目前为止的研究发现，酗酒康复中自然疗愈的过程(natural healing processes)比正规专业治疗提供的服务更重要。大约有 50%的嗜酒者最终得以康复。长期以来，自然疗法一直被医生用于治疗创伤和其他主动干预弊大于利的情况。因为很显然，如果没有自然疗法的力量，仅仅依靠正规治疗，不可能让嗜酒者永久性康复。现阶段，正规治疗最大的作用不是为有限的求助者个人提供日益强化的、昂贵的服务，而是尽可能促进更多嗜酒者自愈的过程。

由瓦利恩特本人主持的剑桥和萨默维尔酗酒康复计划(Cambridge and Somerville Program for Alcohol Rehabilitation, CASPAR)就是这样一个综合性社区服务系统。它提供医疗服务、支持团体、临时过渡居所、教育计划等一系列综合服务，旨在降低酗酒问题的发生率和流行率。一般情况下，剑桥和萨默维尔酗酒康复计划每年的门诊访问量大约为 360
20 000 人次；为 2 500 人实施戒酒治疗；新增注册求助者 1 000 人，总的花费只有大约 100 万美元(Vaillant, 1995)。与之前的结论一致，剑桥和萨默维尔酗酒康复计划的长期目标是与匿名戒酒者协会一起共同为酗酒者提供帮助。

角色逆转。如果这些可以被视为减少酗酒问题发生的综合性努力的一部分，那么，匿名戒酒者协会的服务还有另外一种潜在的功能。吉利克的研究显示，专业人员可以和自助项目开展合作，提供建议并鼓励自己的病人参与自助团体。有 51%的嗜酒者家庭成员互助会成员同时接受专业人员的指导。基于助人者治疗原则，加特纳和赖斯曼(Gartner & Reissman, 1977)指出，有助于解决人手问题(见本书第一章)的最有效方式是：

> 使受助者转变为新的施助者，从而转变他们的角色，并建构新的情境，以便受助者承担施助者的角色。当然，助人者治疗原则可以被广泛应用于各类朋辈帮助的情境，如学校的朋辈心理辅导、儿童教育儿童或者类似的互助团体中。因此，所有涉及人类服务的情境都需要重构，使得该原则能够更充分地发挥作用。(p.106)

瓦利恩特研究是在患者大量使用其他药物之前进行的，药物的使用让酗酒康复变得复杂。1995 年，在酒精与药物滥用治疗机构的 1 008 626 名求助者中，46%的人同时存在酗酒和药物滥用两个问题(U.S.Bureau of the Census, 1997, Table 219)。双重诊断使得对包括自助在内的各种疗法的有效性评估变得异常复杂，对此还需进行更多研究。

启动自助团体

专业人员和自助团体之间应该保持什么样的关系，这个问题俨然已成为讨论的焦点。令人欣喜的是，许多自助团体和各类支持团体已在专业人员的帮助下建立起来。自助团体在它们的网站上提供有关如何启动新的自助团体的信息。专业人员则致力于建立和维持自助团体，以此作为对医疗机构的可靠替代。例如，家长互助会（Parents Anonymous）的每个分会都有自己的专业支持者，以促进其团体功能的发挥。另一种选择是，专业人士仅仅帮助和促进自助团体的建立，之后便把大部分或全部操作过程移交到团体成员手中。

361 专业人员的积极参与可能改变团体的性质。由专业人员领导的家长互助团体不会与成员分享管理权，并且会采用医疗服务的模式。例如，他们很少从事外联活动（Cherniss & Cherniss，1987）。托罗等人（Toro et al.，1988）也认为，与那些由求助者领导的团体相比，专业人员领导下的团体气氛有所不同。西格尔等人（Segal et al.，1993）指出，由求助者领导的团体和机构能够增强对成员的赋权，帮助成员克服耻辱感。而专业人员领导的机构无意中支持了这样一种观点，即求助者的自我管理能力有限。除了匿名戒酒者协会，在成功率方面，在专业人员帮助下建立的团体似乎并不比由成员自己建立的团体更高。但无论如何，专业人员确实在建立新的团体过程中起到了重要作用（Leventhal，Maton，& Madara，1988；Galanter，1990）。

倡议团体

美国精神病患者联盟的建立旨在为精神病患者的家属提供支持，并通过政治和社会行动来影响精神卫生制度（Levine，Toro，& Perkins，1993）。20 世纪 60 年代和 70 年代的去机构化运动大大增加了精神病患者的家庭负担，美国精神病患者联盟的成立既是为了应对这种变化，也是对精神卫生消费者运动的响应。精神卫生消费者和市民大量参与该团体，使得面对同样问题的人能够相互接触。美国精神病患者联盟在 1979 年成立时只有 284 个会员。到 1989 年，它已经在全国拥有 1 050 个分会，成员人数达 13 万人。除了提供相互支持，美国精神病患者联盟还倡导（advocate）更好的地方性服务（如危机干预、姑息照料等），大力宣传将重症精神病患者纳入残疾人社会保障金和保险覆盖范围，并为强制严重精神病患者入院治疗寻求法律依据。（后一目标并未得到患者权力运动的支持，该运动认为精神卫生制度具有压迫性。）

美国精神病患者联盟还致力于降低氯氮平的价格。对那些使用其他治疗方式无效的病人，该药物是一种选择。美国精神病患者联盟在政治上很有影响力，它接受美国国家心理健康研究所(National Institute of Mental Health, NIMH)的资助,参与对精神分裂症的治疗研究。此外,它还拥有自己的基金会,每年支出大约一百万美元用于以生物学为基础的精神病研究。该团体还积极与污名化作斗争,努力改变专业培训机构和专业人员对精神病患者家属的看法。

专业人士在美国精神病患者联盟和它的地方分会都没有领导权,除非他们本人是精 362 神病患者的亲属。否则,他们只能以顾问或者专业咨询团成员的身份加入。美国精神病患者联盟的多数成员是精神病患者的家属,虽然一些现在或曾经的患者同样表现积极。地方分会作为支持性团体,鼓励成员分享他们的共同经历,组织有助于成员适应的活动。例如,有些精神病患者的父母与孩子疏远,错过了同孩子一起庆祝圣诞节等重要节日的机会。这时,当地的美国精神病患者联盟分会便出面为残疾儿童或患有精神疾病的孩子组织圣诞晚会,由团体成员参与主持晚会,并向孩子们赠送礼物,以这种细致入微的方式帮助成员弥补他们生活中的缺憾。

地方性团体同样组织起来,争取来自基层民众的支持,并努力促使国家和地方机构提高服务水平。对于哪些服务是最需要的,患者家属和精神卫生官员有不同的看法。93%的美国精神病患者联盟成员认为,能够获得精神卫生办公室认证的社区居所是理想的居住方式,然而,只有21%的精神病患者家庭能幸运地在这样的地方生活(Grosser & Vine, 1991)。

团体成员还接收与精神病、药物、康复及其他替代性服务相关的最新科学信息,以增加对重度精神疾病的认识。他们也接收官方有关社会保险方面的信息。我们之前对美国精神病患者联盟的意识形态作过描述,团体成员正是通过集会和文字材料吸收这些思想观念。

尽管美国精神病患者联盟非常成功,但它也存在一些局限性。当前,美国精神病患者联盟的成员主要是白人、中产以上阶层、受过良好教育的精神病患者父母等。该组织也试图扩大自己的受众基础,但很难跨越来自社会、经济、文化方面的障碍。有时候,住院精神病患者与他们的父母也会发生利益冲突。在这方面有一个例子,美国精神病患者联盟主张降低精神病患者被强制入院的门槛,那些担心子女流落街头的患者父母希望相关制度能够更多考虑他们的需求,让病人住院治疗变得相对容易;而对强制住院有着糟糕体验的患者本人希望获得正当的程序保障,正是这些程序令强迫病人住院,以及维护病人要求出院的权利变得困难。

有关倡议团体(advocacy group)成立和发展的另一个例子,可参见莱文(Levine, 1981)对爱渠业主协会的介绍,以及吉布斯(Gibbs, 1998)从局内人视角出发,针对爱渠业主协会和卫生、环境与司法中心发表的观点(Center for Health, Environment and Justice)。

网络作为自助的资源。互联网及家用电脑的普及正在以不可预见的方式影响我们的 363 生活。我们已经看到很多有关居家办公或远程办公的报道,这些发展将影响周围环境以及我们生活和工作的方式。专业人员视互联网为新的资源,积极发展线上医疗服务,使患者摆脱管理式医疗的束缚，提高服务水平，其中包括获取有关患者病情的信息、了解患者对服务的需求，以及制定处理和解决问题的计划方案等(Rabasca, 2000)。

自助运动已经开始在互联网开展。几乎每一个大的自助团体都有自己的网页，用以发布有关团体的信息，包括集会的时间和地点，以及如何启动新的团体。有些团体还向成员提供电子邮箱和聊天室，方便成员在团体聚会之外进行交流。

加布里埃尔(Gabriel, 1995)指出，电子公告栏、聊天室和多媒体网站为青年同性恋者提供了相互交流的场所。“出柜(公开承认自己的同性恋者身份)”对青年同性恋者来说是一件很严肃的事(D'Augelli & Hershberger, 1993)，互联网为他们表达自己的担心提供了一个安全的场所。一个在网上“出柜”的男青年收到了100多封鼓励他的邮件，其中有些人分享了自己克服困难将实情告知父母的经历。他最终使用这些应对策略将实情告诉了自己的母亲。对居住在小地方的人们来说，互联网显得特别重要。“还有没有其他人和我一样，觉得自己是世界上或者至少是得克萨斯州阿林顿唯一一个男同性恋者呢?”一个家住蒙大拿州的15岁同性恋者不可能在与周围人的交流中暴露自己的同性恋倾向，因为身边的朋友不仅不会同情他，还有可能歧视他，甚至更糟。互联网还可以提供危机干预热线。一个青年同性恋者登录了一个聊天网页，透漏他在约会时被强暴。他很害怕，以至于不敢把这件事告诉家长和警察。这个心烦意乱的青年似乎已经处于自杀的边缘。但是，经过一个半小时的网聊，他平静了下来。第二天他再次登录时，说他自己已经没事了。

有些人担心，互联网可能会被人利用进而误导青年，让他们变成同性恋者，或成为老同性恋者的猎物。通过立法控制色情淫秽信息在网络上传播或许能够影响人们使用媒介的方式。至于面对面交流提供的帮助是否更为有效，则仍需进一步观察。

无论如何，互联网作为新的媒介才刚刚开始使用。自助团体内部或外部的网络聊天室给他们提供了尝试不同角色的机会。苏勒尔(John Suler)认为:“对于那些希望尝试不同角色、声音和身份的人，网络是一个安全的地方。网络可以为他们想要在现实生活中表现出来的身份提供一种训练。”(引自Murray, 2000, p.17)网络拥有的革命性潜能是巨大的，但是，在网上尝试新的自我究竟是利还是弊，或者在什么样的条件下可以尝试新的身
364 份，心理学家在这些问题上还存在分歧。有人担心，与强化人际关系相比，互联网或许制造了更多的社会疏离。此外，随着创造“虚拟环境”的能力不断发展，人们有望借助网络实现“面对面”交流，这在未来可能造成更大的改变(Clay, 2000)。

研究者是否应该对自助团体成员参与在线讨论，甚至尝试新的身份可能产生的心理后效进行监测和评估? 有关研究的知情同意原则是否会产生新的道德问题? 有些人喜欢在网上“潜水”(旁观但不主动参与)，研究者能否同样“潜水”，不告诉别人自己在做什么呢? 显然，网络作为一种新的媒介有它自己的问题。但是，它的潜力实在令人兴奋。多年以前，心理剧的创始人莫雷诺(Jacob Moreno)曾经设想，社区心理剧(community psychodramas)能够在一个巨大的舞台上演出，拥有成千上万名观众。互联网和通信技术革命或许能够实现莫雷诺的梦想，其规模甚至会远远超出他的想象。

本章小结

在社区心理学产生与发展的同时，自助团体的数量及用途激增。许多例证表明，自助团体能够满足人们的很多需求。与专业治疗相比，自助团体的优势之一在于它可以有效利用当地的社区资源，为易感个体提供费用低廉甚至完全免费的帮助。

我们将自助团体划分为五种不同类型，每一种类型为下列一种或多种人群提供服务：(1)由于行为或身体外貌缺陷，社会身份被贬低或被视为“不正常”的人；(2)与第一类人有关或者生活被卷入，体验到与日俱增的压力或应对方式高度受限的人；(3)由于某些原因而被社会隔离的人，如离婚或寡居的妇女；(4)以道德、种族、宗教为线索组织起来相互提供帮助的人；(5)基于更加纯粹的政治目的，试图保护某些特殊利益的组织成员。

理论上说，自助团体有很多优势，包括提供支持性的和关系定向的社会氛围，减少疏离和自我排斥，促进社区心理意识的形成。自助团体还起到行为背景的作用。自助团体通过对日常仪式和程序的反复练习，向成员灌输实用的应对策略和技巧。自助团体还提供新的角色，允许成员获得重要的机会和承担新的责任。所有角色(如施助者和受助者) 365
都是可逆的，可以互相转换。有趣的是，自助团体使用特殊的认知解毒剂帮助成员解决问题，为不良适应制定有针对性的解决方案。而正是这种不适应困扰着求助者，令他们感到脆弱和痛苦不堪。自助团体很重要，随着对它的理解日渐加深，我们可以发展出更多的自助形式，作为新的选择或替代品。

366

第十章 变革问题

20 世纪 60 年代，心理卫生工作者、社会活动家、律师、法官、行政管理者、社会科学家以及其他想要为现有服务机构引进新的变革性方案的人都频繁遭遇系统问题（Bennis,
367 1966）。那些官僚主义者面对即将发生的变革手足无措，他们既没有能力对问题作出解释，又拿不出适当的解决方案，很快便陷入“强迫型人格”和焦虑的状态。

由于我们对系统问题的认识不足，无法领会社会组织的复杂性，同时也缺乏相应的概念工具来理解问题和评估变革所需要的资源，因此往往把握不好变革的时间节点。尽管存在这些问题，但人们付出的很多努力仍然富有成效，并从理论和实践上为更好地理解变革作出了贡献（Zigler & Styfco，2000）。本章关注如何引入计划性变革的问题。

我们在前面几章讨论过不少有计划地在社区开展变革的例子，包括为重度精神病患者提供服务的费尔韦瑟旅社（本书第五章）、针对弱势学前儿童开展的抢步计划（本书第八章），以及纽约州罗切斯特市的初级心理卫生项目（Primary Mental Health Project, PMHP）（本书第八章）等。初级心理卫生项目的主持人科文等人（Cowen et al.，1996）在总结了该项目的早期历史及数十年的经验积累之后写道：

> 首先总要由某个局内人对在新的环境中实施某项新的计划可能遭遇的问题和困难作出诊断性描述。至于可信度如何，用伯恩斯（Robbie Burns）的话来说：“再周密的计划也难免有失误。”完成一项变革并不只是想个好点子或拟定一个看似合理的计划那样简单。（p.97）

任何事物都与周围事物相联系(相互依存原理),一切计划性变革都必然受到社会现实的影响。另一方面,无论周围环境如何变迁,任何社会组织都有其长期稳定的结构和存在方式,以确保其发展的延续性。例如,一个公司的存续时间可能比任何相关个体的寿命都要长,即便有些个体股东去世了,公司仍会继续保持自己的个性。无论总裁是谁,公司都会按部就班地运行,不会轻易消亡。

从另一方面看,那些为社会组织带来延续性的结构和方式也会引发对变革的抵制。无论是面对某个单独的部门,还是面对机构"共同体",我们的问题原则上没有太大的不同。

从生态学的视角看,将一个新的方案或组织引入社区与尝试改变一个现有组织所面临的变革问题很相似。变革总会引起抵制,尽管抵制并不意味着变革一定会被终止。新的事物若想幸存下来,就必须适应环境,而环境反过来也会被新的事物改变。

这些原理似乎不言而喻,但我们仍需花费很长时间去学习和研究。20 世纪 60 年代和 70 年代的经验有助于我们将变革问题概念化。例如,每当我们希望在某种特定的环境 368
中成功地引进一项预防计划,总会面临类似问题(参见本书第八章)。尽管变革现有组织与创造新的计划这两类任务包含很多相似的概念,但我们还是选择分开讨论。

创设新的环境

萨拉森(Sarason, 1972)有关社会组织的著述具有重要贡献,他明确指出了在环境创设过程中可能遇到的核心问题。他说,历史对如何创设新的环境这一话题几乎只字未提,而人们在 20 世纪 60 年代创造的新环境似乎比有记录以来整个人类历史创造的都要多。①因此,当新的环境被证明不过是重蹈覆辙时,参与者们往往将问题简单归因于激励他们创造新的环境的那些愿景的失败。萨拉森则希望我们理解和避免隐藏于这句习语中的问题,即"万变不离其宗"。

萨拉森将环境(setting)定义为"两个或更多的人在一段持续的时间内以某种新的关系聚合在一起,以实现某一特定目标"(p.1)。萨拉森的环境概念可应用于诸如离婚或结婚(这些可能是最频繁出现的新环境)、革命,以及对新社会的创造等方面。他自己则重点关注对公共事业服务环境的创造。

---

① 萨拉森当时正在反思大规模反贫困计划、社区心理卫生中心的建立、抢步计划,以及在 20 世纪 60 年代至 70 年代早期出现的各种可供选择的服务环境。创设新环境的步伐一直持续至今。新的问题、新的议题仍在吸引着我们的注意力。在罗伊诉韦德案(Roe v.Wade)之后,社会保护妇女生育决策权的意识逐渐觉醒,堕胎诊所以及随之而来的咨询机构大量涌现。强暴危机中心、受虐妇女之家以及大量类似组织纷纷建立。最近这些年,又出现了数以千计的自助团体。例如,爱渠业委会揭露出的真相让许多市民自发组织起来,反对把有毒垃圾掩埋场建设在居民区和饮用水源附近。公众舆论强化了政府对环境污染问题的重视,促使联邦和州政府为发现与治理有毒废料和垃圾堆问题作出努力(Gibbs, 1998; Levine, 1982)。

当两个或更多的人对创造新环境(不同于他们以往所熟悉的环境)的需求达成一致时,他们之间的协定往往是以抽象的观念为基础的,其中反映了他们的经验和对新环境的愿景。抽象的价值协定和追求成功的强烈动机并不足以保证他们在具体行动上具有一致性,分歧和差异几乎总是难以避免的。萨拉森指出,参与者们大多抱有某种幻想,即一旦所有重要的目标得以实现,所有冲突得到解决,新的环境就会形成。这种幻想可能会对现实起到干扰作用,因为问题和冲突永远都会存在。

抽象的价值协定,渴望成功的强烈动机,以及对未来一帆风顺的幻想都会遮蔽人们的双眼,导致关键问题被忽略。借鉴 1787 年美国宪法公约(U.S.Constitutional Convention of 1787)确立的经验,萨拉森认为,创造新的环境需要制定参与者共同遵守的明确规则。为了解决那些不可避免的问题,必须采取某些方法和手段。既然问题的发生不可避免,那么,创设的环境就需要具备感知问题的能力或足够的问题敏感性,以及相应的问题解决策略。

“无限多的可能性”这一概念——认识到对任何问题来说都存在多种潜在的解决方
369 案——隐含着某种开放性和一种有利于潜在方案生成的社会气氛,其中一些方案严重挑战了我们平时很少会怀疑的某些假设。提出问题本身并不是目的,而是要允许和促进那些适用于新的环境或语境的解决方案的产生。

创设新的环境不能脱离历史背景,萨拉森称之为“开始之前”(before the beginning)(Sarason, 1972, chap.2)。新的环境不可能于真空中创造,总会有一些事发生在创设环境之前。因为资源总是有限的,所以新环境总会与既有环境相互竞争,以争取有限的资源,这个问题不可避免。竞争常常是以意识形态的形式出现。对新环境的创造隐含着对旧环境的批评。新环境的创造者常常公开批评既有环境的运行是多么糟糕,并憧憬新的环境将会更加美好。对资源的竞争和意识形态的批判所带来的后果是,即便不与既有环境发生激烈冲突,仅凭对现存机构的厌恶也能促进对新环境的创设,至少对后者具有支持作用(见 Graziano, 1969, 1974)。

鉴于主要参与者之间存在共同利益,并且能够意识到问题的重要性,我们完全有可能创造出一个不带敌意且相互合作的新环境。为了帮助那些受到性虐待的儿童和他们的父母,纽约州伊利县(Erie County, New York)最近成立了一个“一站式服务”中心。该中心的成员包括心理卫生工作人员、医务人员、儿童保护机构的工作者以及警方和检察院的代表。当意识到他们在服务儿童及其家庭上存在着共同利益时,这些部门便组织起来,共同致力于建立一个中心机构,以实现他们的目标,并满足这些家庭的需要。项目主要负责人最先发现了既有环境中存在的问题。他们提出,通过建立服务中心可以令这些问题得到解决。从这种意义上说,该项目的设计者们无疑是在“面对现实”。

创设新的环境要求我们必须正视历史。新环境总是在原有环境中逐渐发展起来的。这一结构性背景包括很多历史性因素和人们对未来的展望,我们必须理解并重视这一点。有鉴于此,新环境的创造者不得不对现存背景进行反复考量,斟酌它们如何与自己希望实现的那些价值或理念相背离，从而对新环境的创设造成阻碍。

萨拉森尤其关注在新环境创设之初的那些领导者，但重点不是领导者的个性。这种创造新环境的游戏是如此的结构化，以致领导者虽以不同的方式处理问题，却都面对着相同的困境。例如，尽管他们都按照计划开始创设新的环境，但同样承受着某些压力，因为他们与其他领导者以及他们的下属仍处在建立人际交往和达成协商关系的过程之中，这可能导致对新环境的创设出现某些妥协或原本不希望看到的一些变化。

萨拉森把加入一个新的环境类比为以浪漫爱情为基础开始一段新的恋情。领导者以最好的面貌迎接新的历险，以便吸引那些最令他们感到满意的同伴。如果新人只想看到 370
过程中美好的一面，而忽略其问题和弊端，最终难免把事情搞砸。正如萨拉森(Sarason, 1972)所说，"一次又一次的观察发现，领导者和团队的核心成员往往怀着(泛滥的)热情和善意开始一段持久性关系，并天真地认为他们未来的合作也将一帆风顺"(p.76)。

在这种情况下难免会出现理想与现实的差距。正如当一部学术著作即将出版时，作者排名、稿酬分配、数据的所有权，以及刊登和解释数据的责任等都可能造成纠纷。这时，理想和现实的差距就会暴露无遗。一旦冲突发生，任何善意都代替不了对问题的明确认识(Fairweather & Tornatzky, 1977)。

可以预料的是，领导者与核心小组成员之间，以及核心小组成员内部也同样会出现问题，因为他们与组织的关系各不相同，并且成员与领导者之间的关系也在不断变化。我们很少会事先考虑或者讨论这类问题，部分原因在于这种关系常常是在一种类似浪漫爱情的氛围中开始的，还有部分原因在于缺乏某种理论构想，即在问题发生之前便提醒人们提前作好面对问题的准备。

当萨拉森(Sarason, 1972)在问"某个环境为谁而存在?"的时候，他挑战了一个核心假设。他并不满意那种显而易见的答案——即"环境是为服务客户而存在的"。他认为，服务环境的确应该关心其客户的福祉，但也要奉行这样一种理念，即"使其成员在专业和个人发展方面有所获益，并且成员之间的互动过程可以促进这种成长和变化"(p.86)。萨拉森认为，当环境能给所有成员(包括职员)提供个人发展的机会时，其客户才能得到更好的服务，因为这种方式可以避免成员的职业倦怠和其他不良后果：

> 功能的僵化以及与更大范围内的社会变革脱节，使环境内部及不同环境之间对资源的竞争愈发激烈。随着对职业地位和金钱利益的追逐不断加强，工作满意度相应减少，环境内部的社区心理意识渐渐丧失。(Sarason, 1972, pp.124—125)

在萨拉森(Sarason, 1974)看来，最重要的是维持成员之间的社区心理意识。

有时候，领导者其实很清楚资源的有限性。那么，领导者应该怎样向其他人传递资源有限这一信息呢？为了促进本部门的发展，核心小组成员会去竞争这些资源吗？对资源的竞争必然会引发价值观上的差异，因为每一个小团体都想证明他们提出的资源分配方

371 案是合理的,并为这些方案进行辩护。对资源(包括职员)的分配至关重要。通过这些选择及其结果,价值观逐渐变得清晰起来,回避价值问题不利于实现创造新的环境这一目的。

萨拉森(Sarason, 1972)对领导者面临的困难处境作过总结:

> 一开始他还心存幻想,享受各种可能性,沉迷于新晋地位和权力带来的快乐中,以为未来会一帆风顺。而现在他很清楚,自己已经成为(或不得不变成)一个"现实主义者",必须依靠被他吸引过来的那些人。他也知道周围世界不一定对他所创造的环境感兴趣,甚至会苛责、充满敌意。今天和明天的现实问题摧毁了他对未来的幻想。没有问题是孤立存在的,相反,每件事情都与其他所有事情相关联。现实性与可能性之间、自己的需求与其他人的需求之间、自己的观点与其他人的观点之间不断冲突,给他带来了巨大的压力。(pp.214—215)

哈格罗夫和格莱德韦尔(Hargrove & Glidewell, 1990)有关公共事业服务机构管理者的叙事(narratives)回应了萨拉森提出的许多问题,而萨拉森有关新的环境成功或失败的讨论——例如,宏观社会历史背景的影响、领导者作用的发挥,以及对新环境可能遇到的问题的预测和规划等——也已经被彻尼斯和迪根(Cherniss & Deegan, 2000)证实。

总而言之,萨拉森的观点微妙而复杂,很难对其加以总结。他分析了新环境创设的动力以及整个过程中遇到的最常见的问题与困境。任何一个参与创造新环境的人都可能面对这些问题。这些问题可以被概述,却不能事先谋划。萨拉森因此认为,参与这种工作的人与其说是工程师,不如说更像艺术家。他的这些观点很有用。由于创造新环境所遇到的问题往往具有结构性,所以,萨拉森等人探讨的困境往往可以被识别,策略也可以被复制。戈登堡(Goldenberg, 1971)在《为我建一座山》(*Build Me a Mountain*)一书中描述了一个青少年生活中心(Residential Youth Center, RYC),这一环境便是基于萨拉森的观点而创设的。

专栏 10-1 青少年生活中心

戈登堡(Ira Goldenberg)曾是耶鲁大学心理教育诊所(Yale Psychoeducational Clinic)的一名成员(Sarason, Levine, Goldenberg, Cherlin, & Bennett, 1966)。该组织接受萨拉森的领导,并为其观点提供第一手的经验材料。戈登堡同时还在纽黑文市的先锋扶贫机构——社区进步公司(Community Progress, Inc., CPI)担任顾问。

在美国联邦政府宣布启动职业教育培训计划之前,社区进步公司已经先期开展了两年同类性质的活动。他们在农村建立营地,选拔城里的年轻人去那里帮助开展职业
372 培训。在纽黑文市,许多接受职业教育项目培训的对象与项目团队保持着长期联系。几个月之后,戈登堡和几个领队回访了他们之前的工作营地,结果令人失望。既然有

机会开展职业技能培训，就应该把这个项目做得更好。带着这样的想法，他们回到了纽黑文市。

新的计划与社区进步公司的关系，以及反贫困运动的支持增加了公众对他们的信任，并给他们带来了一项新的事业。尽管戈登堡关于创建新的职业培训机构的申请被机构官员否决，后者把这一建议视为意识形态的竞争和对自己工作的批评，但在那之后不久，戈登堡申报的青少年生活中心项目得到了联邦政府劳工部的资助。

在“开始之前”，他们还有许多其他问题需要解决。核心团队用两个月的时间设计项目规划。他们希望找到一处适于居住的场所，以便为学员提供住宿。而在项目推进过程中，社区进步公司官员打算租用一个大型办公楼。为了节省租赁费，他们要求青少年生活中心项目改造办公大楼的几个楼层进行再利用。而青少年生活中心项目的设计者希望能在一个真实的社区中打造更加舒适的居住环境。幸运的是，社区进步公司最终放弃了它的要求。这一事实为我们提供了一个好的案例，让我们看到前期历史背景是如何影响项目进展的。

紧接着，更多的历史问题浮出水面。出资方急于看到项目的成果，希望戈登堡尽快开启项目，而不是在计划、培训以及其他一系列准备工作完成之后再正式启动。尽管戈登堡竭力反对，但准备工作的节奏还是明显加快了。戈登堡在书中还描述了与现有机构相关的一系列问题。例如，尽管当地社区心理卫生中心愿意接收青少年生活中心项目转介过去的客户，但是他们的服务与青少年生活中心项目的文化特点不相适应（如他们忽视赴约守时的重要性）。此外，尽管该社区心理卫生中心位于纽黑文市非裔美国人居住区的边缘地带，但与青少年生活中心项目成员的心理距离仍然很远。戈登堡还需要得到当地警方的理解。虽然警方表示对该项目很感兴趣，但因为青少年生活中心项目的许多参与者都曾有过违法记录，警方建议青少年生活中心项目在工作人员或参与者中安插一名线人。戈登堡拒绝了这一提议。以上过程充分说明，萨拉森所说的“开始之前”这一阶段确实存在。新环境创设的背景或许会促使事情朝着设计者完全预料不到或者不希望看到的方向发展。

为了提高成员的社区意识（见 Sarason, 1974），戈登堡建议以水平组织结构代替人们更为熟悉的金字塔结构（见 Riggio, 1990）。水平结构和矩阵型组织（matrix organizations）以责任分担的方式为全体员工提供重要的技能练习机会，有利于他们的自我发展。不管工作的具体内容是什么，这给予了他们极大的满足感，正如矩阵型组织通常 373
做的那样（Riggio, 1990）。

为了营造自我反省、自我修正和开放性的组织氛围，核心团队早在计划阶段便启动了敏感性训练（sensitivity training）。在定期举行的敏感性专题研讨会上，任何一个成员都可以自由地提出问题，只要这些问题与团队、某个成员或者青少年生活中心项目有关。敏感性专题研讨会每六个月举行一次，定期回顾青少年生活中心项目进展到哪一阶段，并讨论下一步该如何发展等问题，以克服阶段性危机。这一做法类似于美国企业常见的质量研讨小组模式，后者参考了日本工厂的实践活动，以及19世纪宗教团体内部的相互批评模式（Riggio, 1990；见下文“组织变革”）。这种开放性的组织氛围还有助于避免领导者被孤立。

参与精神在中心的年轻人中逐渐扩散。宿舍委员会负责制定舍规，并提供相应的娱乐、教育和社区服务。中心的家具都是居民在木工课上在领班的指导下自己制作的。居民家属利用青少年生活中心项目提供的材料、遵照操作指南来缝制窗帘和其他装饰品。中心的很多房间并不符合公共机构的一般要求。其中有个房间（包括天花板）被刷成了充满光泽的黑色，天花板上贴满了《花花公子》的插页。这个装饰抢眼的房间反映出了居住者的个性。

青少年生活中心项目的第一批居民是从社区进步公司的社区外展中心招募的被认为最难管教的青少年。六个月之后的评估显示，该中心在帮助居民维持就业和学业方面取得了很大成功，并且改善了这些青少年的态度，减少了警方对他们的调查。因为青少年生活中心项目的居民和管理者并不是随机抽取的，而是挑选那些最不易相处的青少年给予教育，因此，随着时间的推移，其改善效果受到一些技术性质疑。也就是说，由于中心所选择的都是一些问题特别多、特别严重的青少年，来到中心之后，他们除了向好或向均数回归，已经没有其他的改变路径。此外，由于缺乏后期追踪报告，因此无法判断该项目的长期效果。

对既有环境的变革

普雷斯曼和魏达夫斯基（Pressman & Wildavsky, 1984）指出，如果某项变革需要10个独立的行动者共同参与，那么，每件事都正常运转并且变革获得成功的先验概率为
374 $1/2^{10}$，也就是说，只有1/1 024的可能性！如果我们不想任命运摆布，那应该如何解决这个问题呢？

系统理论

开放系统理论可以用来分析公共服务组织的变革（Kelly, Ryan, Altman, & Stelzner, 2000）。我们可以把公共服务组织（human service organizations）看作与其所处环境之间不断进行资源交换的开放系统。精神治疗中心接受公共财政资助，通过接收那些需要帮助的人解决社区问题，再让那些恢复了生产力的居民重返社区。一个开放式系统会保留部分资源，用以自我维持和发展。在交换过程中，那些具有高度市场反应性的系统可能会将相当一部分资源直接用于交换。但是，公共服务组织由公费支持，只能间接性

地从交换过程中获取资源，因此，它们更有可能从组织利益出发来转换资源，也就是说，它们更有可能将资源用在改善员工的工作环境或提高其薪资报酬上面，而不是使病人受益。例如，有些儿童保护专业团体的员工将40%的时间用于文本工作，29%的时间用于与同事讨论，20%的时间用在与其他机构的员工磋商，只有11%的时间用来帮助求助家庭（Crittenden, 1992）。尽管在理想情况下，这些工作之间并不存在冲突，但在实际工作中，这些机构自身的需求与服务对象的需求之间存在对立。这些机构很难快速对环境变化作出回应，因为它们获取资源的方式并非直接的市场交换。

一个开放系统需要依靠环境中的许多因素，包括：(1)收购“原材料”（如客户）；(2)资本（年度计划以及资本预算分配）；(3)生产要素（如服务技术、员工培训）；(4)劳动力（例如，雇用足够数量的员工，他们拥有能胜任工作的技能，受过教育，有相应资质）；(5)产品输出（让客户回归社区）。虽然这些术语很有用，但它们更适合用在工业生产中，一旦将其用于公共服务组织就显得不够准确。

系统理论家将变革看作系统对扰动（turbulence，或译“动荡”）作出的回应。当组织与其依赖的一个或多个因素之间的关系发生改变时，变革就有可能发生。费尔韦瑟等人（Fairweather et al., 1974）指出，如果没有某种形式的外部干预，精神病院很少会发生变革。但是，如果扰动来自某个与组织相关联并被组织高度依赖的机构（如控制基金的立法机构），那么，组织就必须适应这种动荡。

在心理卫生领域，倡议团体的诉求、媒体的报道或立法者的重要议案都有可能造成扰动。有时候，对某机构侵犯病人权利的法律诉讼也会引起变革（Miller & Iscoe, 1990）。375
在这种情况下，组织必须积极适应，满足新的需要，否则它很可能会因僵化而宣告解体。一个组织究竟能否适应环境的改变，或陷入僵化，其实是许多变量的函数，其中的影响因素包括可资利用的资源、知识以及领导力等。

一阶变革与二阶变革

瓦茨拉维克、奥克兰和菲什（Watzlawick, Weakland, & Fisch, 1974）将变革划分为两大类。其中一类称为一阶变革（first-order change），即只有系统的一部分（如员工、客户或工具）受到变革的影响，而系统的绝大部分不会发生变化。另一类是二阶变革（second-order change），即针对系统整体的变革。也就是说，系统各部分之间的关系或者组织的基本目标、结构或工作过程发生了改变。一阶变革的一个简单例子就是在不减少任何东西的基础上增加某些新的事物，虽然这种单纯的增加也会带来一些复杂性。例如，新招聘进来的教职工需要配备办公室和实验室，同时还要满足他们对相应的服务和物品的需求。通过取消预算而终止某个项目的运作同样属于一阶变革。取消一件事看似简单，这种变革却可能引发严重的后果。密歇根州政府为了节约开支，削减了州综合援助（福利）计划，此项变革对那些曾经接受该项资助的人造成了很大影响。这部分人失去了援助，被迫居住在拥挤的住宅或避难所里，有些人甚至因为交不起租金而流落街头。

二阶变革需要对组织的资源或功能进行重组或再分配，显然比一阶变革要复杂得多。任何社会组织如果想要长期存在下去，就必须拥有某种结构，以保证组织能够应对周围环境的变迁，确保组织生命的延续性。而这种确保其延续性的结构同时也会构成变革的阻力。

从社会福利(welfare)到工作福利(workfare)的变革，在观念层面很简单，实施起来却很复杂(Lynn, 1990)。工作福利制度的设计者要求对福利制度实施激进式变革。享受社会福利的人数急剧下降，从这个意义上说，变革是成功的。然而，就其整体效果而言，包括积极影响(对享受福利者的污名效应消失，他们恢复了自尊)和消极影响(例如，社会忽视和必须外出工作的压力导致父母无力抚养他们的孩子等)，仍有待进一步评估。

即便是那些明显对民众有益的简单变革，有时也会激起意想不到的强烈抵制。以至于对用不洁针头换取消毒针头这样一个小小的建议都长期存在争论。数据显示，通过针头置换可望有效控制艾滋病和肝炎的传播。但那些能证明该项目有效的数据无力解决相关的道德与政治冲突。在有些人看来，这类公共项目和行动似乎是对吸毒行为的纵容和支持(Lawlor, 1990; Anderson, 1991)。

376 组织的变革、发展与学习

变革可能发生在不同层面，从个体层面提高预防问题发生或恶化的技能技巧(本书第八章)，到形成支持性的自助团体(本书第九章)，再到积极为社区和社会层面的变革而努力(分别见本书第十一章和第十二章)。本节重点关注组织、机构和环境层面的干预。目前，有关组织变革的大多数理论和行动策略都来自心理学中的其他领域(如工业心理学和组织心理学)，或者心理学之外的领域(如企业管理和行政管理)。这些理论和策略大都建立在组织顾问和管理者的实践经验基础上，而不是基于科学研究的结果。然而，本书的参考文献中蕴含了大量对社区心理学有用的信息，包括如何影响各类组织的变革，其中不仅包括大型企业，还包括在各类组织中工作或受到组织影响的那些人(Shinn & Perkins, 2000)。

工作压力。工作总会给人带来压力。但是，最近几十年，社区和组织心理学家以及其他领域的研究者对工作压力、职业倦怠的来源及应对等已经进行了很多研究(见本章第三章和第七章；Cherniss, 1980; Shinn, Rosario, Mørch, & Chestnut, 1984)。与工作压力相关的风险性因素包括风险性职业(如各种法律的执行人)、玻璃天花板(glass ceiling)①，以及其他形式的职场歧视和骚扰、竞争性企业文化、消极社会气氛、员工技能与工作内容不匹配、物理或化学性病因(如“室内不良空气综合征”)、新的技术(如重复动作损伤、腕管综合征以及长期使用电脑带来的问题)、社会和经济变革(如裁减员工)和公司重组等。

① 玻璃天花板指在公司企业和机关团体中，限制某些群体(如女性、少数民族)晋升到高级职位的障碍。——译者注

工作压力对员工及其家庭造成了严重影响，包括心理障碍（如抑郁和焦虑）、创伤后应激和累积效应、家庭和朋友关系不良、暴力，以及一系列的健康问题，包括药物滥用/依赖、心血管疾病和免疫系统问题等。此外，工作压力还会对组织产生影响，包括缺勤率升高、人员流动频繁、医疗保健费用和工伤补偿增加，以及生产效率低下等。

那些旨在预防或降低与工作相关的压力的项目包括工作再设计、职业安全与健康计划、压力管理、健康与健身促进、员工援助计划（EAP）、管理者/员工培训、家庭度假、工作团队支持，以及弹性工作时间等（Shinn, Wong, Simko, & Ortiz-Torres, 1989）。

公共服务组织的许多问题都源于这样一个事实，即这类组织的结构通常以大型官僚机构为摹本。大工业化的生产方式对工作场所和生活质量有很多消极影响（同样的情形 377
也出现在服务型组织中；Toch & Grant, 1982）。正如辛克莱（Upton Sinclair）和其他改革家揭示的那样，工人们在不健康、不人道、十分压抑的环境中工作，令人感到可悲。对生产底线和效率的强调形成了严重的军事化管理和独裁主义，员工的需求和他们关注的事情往往被忽视，即便这些需求和关心与生产有关。由于以外部激励（如工资和福利）取代了内部激励（如以自己的技艺为荣），工作的内在动机（即意义和创造性）丧失了，疏离与倦怠感大量滋生。在一个等级制度中，不同的工作岗位和级别意味着不同的声望和权力，这让员工愈发愤世嫉俗。在公共服务事业中这一问题尤为明显，虽然同伴保护是基于社会支持原则，但在这里，它不仅不利于对组织的管理和评估，还会导致排外行为，以至于出现"多数人无知"的现象和监视性亚文化。

组织发展（organization development）隶属于职业和行动研究领域。组织发展理论为前述问题的解决提供了方案，具体干预方案包括成人教育工作坊、组织咨询（对组织运行进行分析并提供建议）、对冲突各方进行调解、调查意见和数据反馈、问题识别与诊断、解决方案的生成与实施等。这些方案大多建立在卢因（Kurt Lewin）的"行动研究"理论基础上。

组织发展被许多公共部门和私营企业用来促进员工改变（如工作方式、价值观、技能等方面），以及组织文化、流程和结构方面的变革（Burke, 1994）。组织发展重视员工的士气、满意感和参与度，尤其是工作氛围。有些组织发展取向关注如何减少组织架构中的层层监督，并积极推动决策权的下放（工作场所的民主参与），但是它们很少卷入基层草根组织（如工会合同谈判）或真正意义上的员工赋权（见下文），更不用说包含基本目标、结构或过程在内的二阶变革了，无论这种变革多么重大或影响深远。

一般来说，组织发展理论关注"工作的丰富化"以及那些有助于改善沟通、增进工作的社会心理因素。组织发展理论认为，丰富的工作应该能够提供：(1)充足的物理和心理空间（例如，管理者不会时刻紧盯着员工）；(2)给予员工反馈的机会（如尽可能减少监管，给予员工较大的自主权）；(3)在工作中学习并接受挑战的机会；(4)不太多也不太少、恰如其分的多样性；(5)同事的尊重和帮助；(6)对自身工作的意义感和对自己所在社区的贡献感（或使命感）；(7)富含新的可能性的理想未来（不是"死胡同"）；(8)能够满足工作要求的胜任
感；(9)对目标设定和实现路径的掌控感（或归属感）；(10)自尊和对同事的尊重感；(11)获 378

得新知识的途径和沟通渠道；(12)能够帮助自己解决问题的团队支持(Toch & Grant, 1982)。

尽管这类非结构性变革对多数组织来说已经是不小的壮举，沃尔顿(Walton, 1977)仍进一步指出，存在七个常见问题制约着组织变革的成功：(1)与最初的设计不一致，导致项目关键环节出现混乱；(2)缺乏管理层的支持；(3)对与项目直接相关的领导者或顾问草率作出人事变动；(4)压力和危机导致更加专制的组织管理；(5)创新团队与组织中的其他团队(如其他部门的员工、管理者和工会)之间关系紧张；(6)对革新团队的过度宣传导致其他团队感到嫉妒，或者当革新效果达不到预期时感到失望；(7)不能把变革成果扩展到组织的其他部分，以致最初的实验变革及其领导者受到孤立。

根据伯克(Burke, 1994)的观点，组织发展要求组织能够站在参与组织变革计划制定与实施的当事人立场上，对现实的或感知到的变革需求作出回应，并引导组织文化发生变革。组织文化是指成员必须遵守的那些行为准则，包括管理者如何行使权力、占主导地位的价值观念、奖励和分配规则，以及沟通模式。作为对沃尔顿提出的七个问题的回应，伯克总结了创新和高效组织具有的七个特征：(1)较少的层级结构，更多借助"网络"来完成工作，实现沟通；(2)吸收组织成员参与决策，制定由他们参与实施的方案；(3)强调以人为本；(4)工作方式具有灵活性，允许员工拥有尽可能多的自主权；(5)鼓励所有员工参与创新；(6)促进组织内外的信息流通；(7)为员工提供发展和参与组织活动的机会。

组织赋权(见本书第五章)。大部分组织发展目标的实现需要增强员工、志愿者和客户的控制感与决策权，因此涉及赋权问题(Klein, Hamilton, McCaffrey, & Stecher, 2000)。梅顿和塞勒姆(Maton & Salem, 1995)分析了三种类型的组织，包括一个宗教团体、一个精神病患者互助团体和一个内城非裔美国人教育项目。他们发现，在不同背景下，赋权性组织具有四个共同特点：(1)激发团队成员的积极信念，鼓励挑战；(2)提供有意
379 义的角色建构机会，以充分发挥成员的个人优势；(3)一系列的经济和社会支持；(4)拥有组织和人际交往方面的领导人才。一旦缺乏个体和组织层面的有效赋权策略，二阶(结构性)变革便几乎不可能实现(Zimmerman, 2000)。同样道理，社区层面的变革也需要个体、组织和社区三种水平的赋权(见本书第十二章；Speer, Hughey, Gensheimer, & Adams-Leavitt, 1995)。

学习型组织。组织的发展是阶段性的，就像人的发展一样，而学习是发展的关键。如果说组织等价于其包含的人力资本(技术、知识)和对人力资本的利用，那么，应如何把握住学习和决策的机会，以促进组织的革新或二阶变革？学习型组织的观点源于组织行为学和组织发展领域，已被证明在改善团队与组织的沟通、文化、职业满意度和绩效方面很有成效(Argyris, 1993)。学习型组织有助于员工和志愿者对以下方面作出批判性分析：(1)组织的目标和价值观(不只是组织的宣言)；(2)隐含于决策实践过程中的权力关系；(3)作为一个复杂社区或更大系统的一部分，参与其中的利害相关者与组织之间的相互依存作用；(4)如何对上述各方面开展根本性变革。根据马席克、比特曼和范德维恩

(Marsick, Bitterman, & van der Veen, 2000)的研究,学习型组织还有一些特征,包括强调对知识的创造和分享、系统思维、更加广泛的员工参与和责任分担,以及一种有利于快速沟通和学习的组织文化与结构。马席克等人还描述了学习型组织的几种重要实践,包括不断地创造学习机会,促进探究和对话,鼓励合作和团队学习,创建能够激发学习兴趣和促进共同学习的系统(包括跨系统的反馈回路),赋予人们共同的组织愿景,加强组织与其所处环境之间的联系,提供学习策略指导,等等。总而言之,通过批判性反思、团队合作和快速而有效的沟通,组织学习得到了强化。

青少年组织(参见专栏 10-1)。[①]学校和为青少年提供服务的其他组织通过积极努力可以为青少年的学习和发展提供更为有利的环境(Evans & Bess, 2003)。此外,那些将青少年纳入发展计划的组织可以在强化内部学习的同时提高组织的整体效能。但是,青 380
少年组织也并不总是能够促进批判性反思、开放性交流或团队学习。出于多方面原因(如资金、领导素质、人员流动等),这些组织往往停留在低水平发展阶段,缺乏对组织工作过程的反思。青少年组织和学校理应成为学习型组织的典范,以更好地促进青少年的发展。组织的领导者和高层管理者在其个人和职业发展中需要帮助。对组织发展和领导者的双重关注会影响组织文化,并最终促进学习型组织的发展。成年人尊重差异性,重视价值公平、公正,并在社会上扮演着积极角色。他们的大部分时间都在组织中度过,需要以组织为学习和获得良性发展的背景。这一点对那些长期生活在不良环境中的青少年尤为重要,他们从来没有被视为组织的资源或贡献者。关注青少年生活于其中的系统文化以及领导者素质,有助于青少年各种技能和品格的发展。

变革的成果与满意度目标

变革的目标通常可以分为两种——成果目标和满意度目标。成果目标往往与环境中的那些明确的目的有关。成就测验分数、逮捕和定罪率、累犯率、病人出院率或博士生毕业率等都可以作为成果目标的例子。在系统理论中,每一项成果都可以用来兑换资源,但是,在公共服务组织中,这些成果和资源的关系并不十分明确。管理者试图强化这种关系,他们通过签署合约,尽可能让预算与成果挂钩。这些契约中往往清楚地规定了员工需要与客户接触的时间长短,以及在规定的时间内要让多少病人治愈出院等。[②]

---

① 这一部分内容基于埃文斯和贝斯(Evans & Bess, 2003)的研究。

② 坎贝尔(Donald T.Campbell,与作者私下交流)谈到研究评价体系存在的问题。他指出,无论何时,当研究项目被或多或少地以不确定的标准随意评估,并且政治和对资源的分配取决于这种评估的结果,则必然出现以下后果:要么指数生成的过程产生腐败,要么指数本身失去原有的意义。因此,如果用成绩测验的结果来评价某个学校计划,则整个教育过程都可能遭到破坏,因为全部的努力都会集中于如何帮助学生在考试中表现得更加出色。在一个著名的例子中,由于教育承包商的收入与学生的测验成绩直接挂钩,导致他们实际上是在教学生做题,以提高其测验成绩。很多人了解官僚机构对统计数据的偏好。对这些人而言,指数舞弊(index corruption)这一概念并不陌生。很多时候,人们提供的数据极不可信。例如,管理者对学术机构的评价部分基于教师发表论文的数量,而教师最常见的做法是将一年内即将发表的论文都统计在内,并在论文正式发表之后再次列入当年成果,这样做使得成果可以翻倍。读者可以根据自己的经验举出更多类似的例子。

员工、客户或其他与公共服务组织存在资源交换关系的参与者都有着各自的满意度目标。某个团队成员的满意度与其他团队成员的满意度不一定成正相关。成果和满意度评估的结果倾向于正交(orthogonal)。我们可以想象一下成果(绩效)与满意度水平的各种组合。员工可能是高效的,他们完成了很多项目,却仍然感到不满意。比方说,他们虽然工作十分努力,但所得报酬却很低,或者其他工作条件不够完善等。精神病院可以通过减少住院病人的数量来提高其治疗"成果",但是,如果病人从医院回归社区后仍然需要帮
381 助,那么治疗不过是被从医院转移到了其他地方。因此,让州立精神病院的住院患者人数减半这个成果目标未必能得到社会公众的一致赞誉。

满意度目标比我们想象的更为重要。有些政策虽然已被证明是有害的,却仍被保留了下来。例如,尽管有 70 多年的研究表明,让孩子们留级有害无益(Levine & Graziano, 1972),但还是有不少教育者支持实施严格的留级制度。有些教师和市民对学生自动升级这一方案提出批评。他们相信,除非施加留级的压力,否则孩子们不会努力学习。而这种让某些学生留级的提议却不包含任何后补计划,可以第一时间帮助他们避免留级事件的发生,也没有提供任何有效的方法,帮助这些学生消除留级带来的低自尊和耻辱印记。

创造一种"在做善事"的感觉有助于提升满意度。科文(Cowen et al., 1975)指出,一个项目是否能够获得基金资助,并不是由项目有效性的科学证据决定的,而是由赞助者对项目的满意度决定的。满意的赞助者可能来自四面八方。对福利机构的委员们来说,最重要的赞助者是政府官员或有影响力的州议员。

变革的社会语境

变革方案总是在特定的社会语境(social context)中起作用,后者包括组织内部的一系列职位和角色,以及构成组织外部环境的那些机构和选民(如学童家长)等(Sarason, 1996)。以上这些个人和团体统称为利害关系人(stakeholders)。变革不仅需要改变公共服务组织内部成员与团体之间的关系,而且需要改变它们与外群体及其成员之间的关系。

提出或实施任何一项变革方案,团体成员都既可能获得利益,也可能受到损害。潜在的受损者会以各种方式主动或被动地抵制变革,但他们很多时候不具备挫败或延缓变革发生的能力。而潜在的获利者通常都会支持变革。

对变革涉及的利益存在多种形式的划分。为了便于阐述,我们将这些利益大致归为以下七类:

1. 耗能(钱、工作时间和工作量)。
2. 权力(地位和影响)。
3. 文化(信念、规范和价值观)。
4. 胜任力(能力以及对完成工作任务的满意感)。
5. 关系(通常是指对在工作场合内发生的社会互动的满意度)。

6. 法律与行政的考量。 382

7. 信息与沟通(知道正在发生什么)。

在对公共服务组织变革的相关案例作深入分析之前,我们先对这七个维度作一些解释。

1. 耗能(energy)。组织员工在工作中总要消耗一定的能量。工作量、时间、金钱以及其他利益都属于这一类相关变量。如果某项变革要求员工投入更多时间或精力,而在金钱和其他利益方面又不给予相应补偿,员工肯定会反对这一变革。教师联盟之所以大力支持纽约市高效教育计划(New York City More Effective Schools program),部分是因为这一变革为教师和助教预留了更多的空闲时间以支持他们的班级工作,尽管事实证明这一投入巨资的项目并不能提高学生的学业成绩(Levine & Graziano, 1972)。此外,由于教师拒绝参加任何没有报酬的研究,研究者不得不使用预算资金来补偿教师在工作之外花费的时间。

个体承担的工作量有一个最佳范围。那些需要显著增加或减少工作量的变革都有可能遭到抵制。如果某项变革削减了某个岗位的大部分职能,即便处在这一岗位上的人能够继续获得全额报酬,他也会觉得不自在。多数人喜欢内心坦然的感觉。即便某些人可能工作懒散,或者经常泡在茶水间或休息室里"磨洋工",但他们仍会维持工作的假象。如果一个人没有足够的工作量,就很容易丧失作为社会成员的自尊或价值感。

2. 权力(power)。权力是指能够向他人发布命令并要求他人执行,以及能够控制资源分配的能力。权力通过对资源(物理空间、材料、物资供应)、人员(雇佣、辞退、晋级或规定职责)或领域(如进入某个机构的许可)等方面的调配和控制得以行使。一个人的权力通常与其在社会组织中的地位有关,并伴随能够得到下属尊重和服从的预期。在职官员通过行使权力对变革项目和其他人施加影响。通过变革得到权力增长的官员通常会支持这项变革,而权力受到削减的官员可能反对这一变革。

对于变革中人们感受到的无力感,以及以分享和对权力的适应来克服无助和疏离感的尝试已经有不少研究文献(Moynihan, 1969)。由地方、州、联邦和私营机构之间的分裂带来的权力斗争问题,导致对社区心理卫生中心法案(Community Mental Health Centers Act)的执行不得不延期,并遭遇种种困难(Levine, 1981)。克里滕登(Crittenden, 1992)描述了某个儿童保护专业团体在改变了自己的实践之后,由于对其他组织、法院和资助机构造成影响,而引发的类似现象。

雅各布斯(Jacobs, 1980)注意到,当法院允许囚犯起诉监狱时,监狱里的看守感觉自 383
己失去了权利。同样,当法院承认病人拥有拒绝治疗的权利时,医护人员也会感到自己失去了对病人的控制权。提高某些角色的权利可能对变革过程产生积极的影响。戈登堡青少年生活中心项目实际上增加了基层员工的权利,从而获得了这些员工对项目的大力支持。当某些医院将病房转变成为一个小型的治疗社区,让不同角色的人在其中分享权利以及共同参与活动时，类似的情况也会发生(Colarelli & Siegel, 1966)。

3. 文化(culture)。文化是对某个团体特有的一套信念、意识形态、价值观和行为规范系统的简称。在这些概念中隐含着行为模式，后者存在于社会关系之中。那些符合社会期望的行为会得到相应的奖励，不符合社会期望的行为则会受到制裁。在制度化变革的过程中，信念体系或意识形态非常重要(见 Crittenden, 1992)。

变革很可能会挑战当前的意识形态。支持囚犯权力的司法变革改变了监狱中对好人/坏人角色的划分。在狱警看来，他们提供的服务必不可少，而且是有价值的，而法院却把他们视为阻止囚犯行使其合法权利的压迫者(Jacobs, 1980)。奥康纳诉唐纳森一案(*The O'Connor v.Donaldson*, 1975)的判决结果隐含着这样一条信息，即对按照精神病学的诊断标准被鉴定为"精神病患者"但其行为并未达到法定危险标准的那一部分人来说，精神科医生强制他们住院是对病人权利的一种侵犯。米勒和伊斯科(Miller & Iscoe, 1990)同样注意到，法院对某些与精神病院相关的诉讼结果进行调查发现，医院员工并没有给予病人应有的关怀，这一判决令精神病院的员工感到不满。

对某些行为方式或规范的坚持来源于教育、文化背景、个人直接经验以及有关什么是好的、什么是善的事物的坚定信念。当塞麦尔维斯(Semmelweiss)告诉医生，由于他们手上沾染了细菌，在接生过程中导致产妇感染并最终死亡时，我们完全可以理解这些医生听到这一消息后的沮丧反应。当科佐尔(Kozol, 1985)在《英年早逝》(*Death at an Early Age*)一书中对教师提出指控，教师因此而感到愤怒；或者，当罗森汉恩(Rosenhan, 1973)提供证据表明精神治疗专家不能辨别出伪患者，医生们谴责这一说法所带来的破坏性时，我们会不会因为教师或精神病医生的反应而对他们抱以同情？批评家(如 Dawes, 1994)认为，心理治疗师收费高昂，治疗简单，治疗效果甚微，求助者多为中产阶级，而辅助性专业人员(paraprofessionals)只需接受几个星期的培训就可以取代他们做完全相同的工作。在这种情况下，我们无法想象治疗师会作出积极的反应，或感谢批评家对他们的"启示"。毕竟，当一种行为严重挑战了个体的信念，我们不能指望个体会充满感激地说："感谢您告
384 诉我，在这些年中我毁了客户的生活。在此之前我从未想到事情会是这样。现在我准备听从您的全部建议。"

无论如何，并非所有抵制都不合理。有时候，可能有足够充分的理由来维护在职者对角色的认知和专业人员的需求。我们需要从他们的视角和所处的语境中来理解变革究竟意味着什么。

所有与变革项目相关的群体都信奉某种强有力的信念或理论，就如心理健康理论对于心理卫生工作者的意义一样。这些概念立足的资料并不完善，但往往有某些经验作为参照，正如职业心理卫生工作者秉持的概念中也有很多经验参照一样。

在某个案例中，智力缺陷儿童的父母被告知，他们的孩子将从一个条件尚可的精神病院被转介到一个开放性的、以社区为基础的儿童之家，这些父母感到非常愤怒。尽管心理卫生工作者相信，新的环境更有利于这些孩子的康复，但父母还是坚决反对这一方案

(Miller & Iscoe，1990)。标签理论在一定程度上证明了精神病人去机构化的合理性(见本书第六章)。该理论的支持者们认为，患者在精神病院的异常行为表现与诊断标签和医院的管理体制有关。他们相信，如果改变患者所处的环境，他们的病情将会得到相应的改善。而那些具有严重机能紊乱和失能方面专业知识的人并不认同这种观点。

在组织变革过程中，变革的倡导者优先考虑的价值并不一定与其他团体成员优先考虑的价值相一致。心理卫生工作者往往会将心理健康视为首要价值，却没有考虑到别人可能更看重其他行为结果。“他在学校里也许会过得更开心，但是他的阅读水平落后同龄人两年。”“当坏孩子有所改变时，你不能给予他们特殊的待遇，因为这对那些好孩子来说不太公平。”“你不应用奖赏的方式引导孩子做他们本就该做的事情，那等于行贿。”“让民众参与和制定民主决策是很好，但这容易导致对权威的蔑视。”这些熟悉的语句反映出不同的价值等级结构，而界定和测量价值等级的方法还不完善，变革的推动者常常会忽略这个问题。

4. 胜任力(competence)。在美国社会，有关一个人的最重要的信息是他(或她)的职业头衔。职业地位占据了个人身份和社会存在的核心地位。除了职业带来的物质报酬和社会报酬，对职业技能的掌握和运用对于个体的自尊和幸福感至关重要。高峰体验常常出现在个体运用职业技能的过程中(Maslow，1998)。对个体而言，做自己擅长的事是一种享受。而变革可能让员工失去运用那些能够为个体带来满足感的专业技能的机会。

变革要求个体学习新的技能或履行新的职责。对老员工来说，这种挑战可能更为严 385
峻。克里滕登(Crittenden，1992)曾经为一个富有革新精神的儿童保护团队招募成员。由于经验丰富的专业人员拒绝参与，于是他招聘了一批缺乏经验却富有热情的年轻员工。不同的经验和训练决定了个体在地位及相关职级方面的差别。基于此，社会地位的不平等被合理化。但是，一旦组织中处在不同职位的人都必须开始新的学习，谁也不能保证基于新的胜任力产生的排序能让原来的职级保持不变。

学习新的技能并不是一件容易的事情。基于多年的教育经验，人们往往预期学习是件痛苦的事，我们不得不接受绩效评估，一旦评估结果不好，我们的自尊便会遭到削弱。出于以上原因，“老手”往往不愿意学习新的技能。

变革不仅需要个体掌握和运用新的能力，而且需要组织对这些能力的运用提供支持。例如，接受过生活空间访谈法(methods of lifespace interviewing)培训的教师不大会去使用这种方法，因为他们所在学校的校长和其他教师没有接受过类似培训，后者不会给他们提供足够的支持。波伊思雷斯(Poythress，1978)证实了这一点。他对律师进行培训，教他们如何盘问作为证人出庭的精神科专家，但是很少有律师会在庭审听证的过程中使用这种方法，因为在常规性的听证会上，法官对多样化的辩护不感兴趣。

如果要改变某种正在开展着的服务，我们必须首先对变革需要的新的能力作出界定，评估参与变革的目标人群是否能够掌握这种能力，以及预计获得这种能力所必需的时间和训练量(Fairweather et al.，1974)，思考如果新的能力得以运用，组织需要作出哪些相应的变革。变革可能引发新的人与环境匹配问题，这里所说的人不仅包括项目服务的客户，还包括即将执行新计划的员工。

5. 关系（relationships）。工作中的社会关系是员工满意感和痛苦感的一个重要来源。人们的情绪状态高度依赖办公室政治（office politics）和员工间的竞争状况。对那些缺少机会或者没有野心去获得晋升的人而言，工作中的社会关系非常重要（Kanter，1993）。

要求人们放弃对同事或工作场所的依恋的变革将会是很困难的。变革可能要求对管理者和管理者、管理者和机构、员工和管理者、员工和员工、员工和客户、员工和机构，
386 以及其他排列组合的关系作出相应的调整。让某个人感到兴奋的变革，可能会破坏周围的许多关系。因此，我们应该对那些可能受到影响的工作关系进行分析，并将其作为变革努力的一部分。如果变革能够终止一段充满矛盾的关系，便可被视为一种积极因素。

6. 法律与行政考量（legal and administrative considerations）。社会组织的稳定性部分取决于具有法律效力的规章制度与合同协议的调节，同时也依赖于成员之间相互分享的愿景。

法律既可能限制也可能授权采取某种行动，这样的例子很多。例如，在精神病院里，只有护士或其他完成了培训课程的员工才可以配发药物。当一个涉嫌性虐待的嫌疑人来寻求治疗时，就可能引发治疗关系中的一系列问题：一方面，心理治疗师有责任为当事人保密；另一方面，法律又不支持治疗师为任何涉嫌虐待儿童的嫌疑人保密。在有些案例中，已经签署的合同可能会制约变革。有一个监狱负责人想要发展一项周末康复计划，但他发现自己必须调整几个同事的值班时间，而劳工合同中的限制条款规定，他在这样做之前必须进行长时间的谈判。

有些规章制度能够保护变革，并为开展变革提供方法和手段。荣军精神病院的条件明显优于州立精神病院，可能是因为具有对病人护理标准的详细规定，以及对标准的强制实行。在沃里案（Wuori case）中（本章后续讨论；Levine，1986），通过法律诉讼取得的变革一旦被写入各州的法律条文，就会永久生效。

法律或行政规章制度也可能构成变革的障碍，并被那些具有风险偏好的领导者视为改革道路上必然会遇到且不得不克服的挑战。这些领导者希望用“百折不挠”的精神促进变革目标的实现（Levine，1980b；Sarason，1982b）。官僚制度作为变革的障碍似乎无需赘言，但这一点常常在变革的风险中被忽略。对于那些因规则限制而出现的问题，我们不应视而不见。

7. 信息与沟通（Information and communication）。信息具有重要的心理意义。人们利用信息来维持、计划、重新调整自己的活动或满足自己的好奇心。当涉及共同利益时，人们彼此交换信息和意见，那些“知情者”带着一种归属感参与沟通。在行动之前提供相关信息可以预防突发性事件的发生，还可以防止人们因误解而采取错误的行动。此外，事先提供相关消息和说明是对人作为个体所给予的基本尊重。不了解真实情况可能导致某

些人失去声望，因为在别人看来他们应该知道那些事件可能造成的影响。

提前获取信息有利于变革的开展。然而，反对者同样可以利用信息提前组织活动。 387
从变革者的角度来看，他们有时更愿意造成既成事实的局面。某机构想在社区建立一个团体之家，是否应该提前告知社区邻居？这个问题很重要(Zippay, 1997)。有一种观点认为，社区邻居应该被纳入计划，以便赢得他们对团体之家的支持(Miller & Iscoe, 1990)。戈登堡(Goldenberg, 1971)在书中报告了这一过程，包括他如何同那些与计划相关的市民洽谈，以及为将他们纳入计划而付出的努力。

提前获知相关信息同样会造成反对力量的活跃(Wenocur & Belcher, 1990)。得克萨斯州某地区通过地方性条例要求那些为智力缺陷青少年提供服务的团体之家在开业之前必须获得许可，但是为老年人服务的养老院或为青少年罪犯服务的青少年之家则不需要这种许可。团体之家的经营者因此认为，获取许可证这一规定是对智力缺陷者的歧视，美国最高法院认可了这种说法(*City of Cleburne, Texas v. Cleburne Living Center, Inc.*, 1985)。一般来说，一旦某个团体之家成功开业，社区对它的反对不会持续太长时间。但是，没有人知道究竟有多少团体之家因为社区的反对而根本无法开业(Miller & Iscoe, 1990)。

总而言之，变革都是在特定语境中发生的，后者包括与变革方案有关且彼此通过七个不同方面的利益相互联系着的社会团体。这些团体的成员会考察拟实施的方案是否会影响他们的利益，并据此对变革作出评估。每一种角色的代表在对各自利益进行一系列评估和权衡之后，会最终在彼此之间达成某种平衡。那些能够从变革中获利的团体将会支持变革，反之则会拒绝变革。反对派或许有、或许没有力量阻挡变革的发生。然而，社会语境的力量往往会把变革拉回原地，变革者不得不正视这种拉力，并因此对变革计划作出一些调整。我们无法精确计算各类利益关系者的能量，或其相对权重，我们描述的图式只是针对变革问题的一系列大致的指导方针。每一类变量的内部还可以划分出许多不同的维度。借用普雷斯曼和魏达夫斯基(Pressman & Wildavsky, 1984)的观点，变革必须触及一系列“开关”，而且这些“开关”必须排列恰当。变革失败很正常，值得研究的是那些最终获得成功的变革。

有关环境变革的案例研究

一个州立精神病院的改革

通过为期四年的改革，纽约市哈林谷精神病医院(Harlem Valley Psychiatric Center)
由以对病人的监管为主的机构变成了一个真正的现代化精神医疗中心(Levine, 1980b)。 388
在中心负责人哈维利瓦拉(Yoosuf Haveliwala)的领导下，住院人数快速减少。中心还专门为门诊和出院病人建了一个服务性网站，在预算减少的情况下，通过对资源的再分配，实现了对中心的系统变革，在当时技术水平允许的条件下尽可能为病人提供优质服务。这一变革有很多值得我们学习的地方。

根据当时的人口普查统计，截至 1974 年 7 月 1 日，哈林谷精神病院共有病人 2 652 名，其中 1 862 名（占比 69%）是住院病人，他们的平均住院时长为 19.5 年。其余（790 名）是门诊病人。大多数全职员工负责对住院病人的治疗和监护，另有几个诊所部分时间开放，为出院病人提供后续服务。该院当时主要定位于对病人的看管。除了让病人保持干净并参与日常的治疗工作和娱乐活动，员工没有任何其他使命。这里无法吸引那些受过良好职业教育、身怀抱负的专业医生加盟。此外，医院员工从不参与任何研究，只接受例行公事的在职培训。社区从不参与中心的项目，医院对社区也没有积极的公共关系方案。

1977 年，美国医院资格认证联合委员会（Joint Commission on the Accreditation of Hospitals, JCAH）更新了对该中心的认证，赞扬它在医疗服务和病案记录等方面的改革和进步，并认为这是一个很好的范例。当时医院的住院病人已经减少到 590 人，而登记在册的门诊病人增加到 2 478 人。医院在当地七个不同社区为病人提供 30 余种不同的服务项目，包括个人、团体及家庭治疗、日间护理、日间住院（day hospitalization）、危机干预、生活料理（housing and sheltered living）、呵护工作坊与工作安置、宣传服务等，从而使病人与其他社区机构建立联系。医院的服务范围还拓展到提供家庭治疗等方面。医院接收的住院病人从 1974 年全年大约 1 000 人下降到 1977 年的 350 人。医院还大张旗鼓地对外招募人员，吸引医生和更多心理卫生专业工作者加盟，并对在职的专业及医辅人员开展有针对性的在职培训。有 8 个心理学专业的实习医生和 20 个其他专业的学生正在该院接受培训或开展田野研究。

全面监测与评估系统是促进变革的重要工具。监测方案能够提供有关病人病情和服务质量的各种数据。此外，医院还建立了一个流行病学部门，以便评估不同类型病人的护理需求，并以这些数据为基础制定新的服务方案。医院还设立了一个小型研究机构，利用政府和医药公司提供的赞助资金开展临床研究，并支持员工参加国内外的专业会议。

哈维利瓦拉 1974 年 7 月以负责人身份接管这家医院，但它有一个“开始之前”的背景。为了响应纽约州政府去机构化的政策，医院规模必须缩小，而这威胁到中心的生存，
389 因为一个乡村医院不再被需要。（作为一家精神病院，哈林谷最终还是没能逃脱被关闭的命运。）周边社区对该机构的依赖程度很高。可以想象，如果它在 1974 年就倒闭，会给周围社区及其成员带来更加严重的经济困难。

哈维利瓦拉作为第一代州立精神治疗中心负责人之一，接受了有关社区心理卫生理论和实践的正式培训，并且有清晰的变革规划。他很快宣布，要将病人安排进社区，根据每个病人的需求进行安置，并承诺为病人提供优质服务。他还表示，基于社区的服务和去机构化方案，医院员工的工作岗位仍会保留。就这样，他给去机构化提供了一套意识形

态，从而理顺了变革。哈维利瓦拉削减了医院管理委员会(executive committee，EC)的人数，从 50 人减少到 14 人，并改变了委员会的人员构成，让更多基层科室的主管而不是中心员工作为代表进入管理委员会。

受到公务员系统和工会部门的制约，哈维利瓦拉没有随意招聘和解雇员工的权力。因此，他只能利用朋辈群体的压力。管理委员会变成了审议和决策机构，同时也是公共论坛，帮助审查每个科室主管在达成部门目标方面的成功和失败。科室主管需要与员工协商，制定出妥善安置病人的数量指标。这些指标需要经过管理委员会讨论，并获得医院负责人的认可。一旦指标被分配下去，科室主管就必须对指标的完成负责，这类似于工业企业中的目标管理(Riggio，1990)。

项目评估部门不断发布报告，让员工了解各科室在实现目标方面的成功，而这些报告同时也被提交给管理委员会成员。有些科室能够完成甚至超额完成任务，另一些科室却以失败告终。所有这些信息都是公开的，医院通过向主管及科室施加竞争性压力来促使他们达到标准。其他监测计划也都以类似方式运行。科室主管必须对成功或失败的原因作出公开解释。医院负责人对这种高效感到满意，并根据业绩来重新分配资源和报酬。员工的工作量和压力虽然增加了，但是报酬(包括晋升空间在内)也提高了，从而弥补或抵消了其他问题。

哈维利瓦拉的变革方案要求让资源先于病人进入社区。他一方面小心翼翼地避免打破规则，另一方面通过创造性的变通方案来调整资源。与此同时，还要考虑法律和机构行政方面的因素。例如，他先将病人暂时集中到一些病房，关闭其他病房，让原本在病房提供服务的部分员工去参与社区建设项目。基于情境理论，他认为回归社区才是病人真正康复的开始。准备出院并不能预测病人还需在社区接受多长时间的治疗，关键在于后续治疗。他因此重点致力于开发社区资源，而不只是为病人离开医院作准备。

对哈林谷的评估研究显示，72%的出院病人继续在社区生活了一年。与其他方案相 390
比，这个结果已经相当不错。病人总体上对将他们安置到社区感到满意。我们找不到任何证据显示当时的社区安置存在问题。门诊中心与几乎所有被安置的病人长期保持联系，至少在病人出院之后的几个月内是这样。

令人惊讶的是，在哈林谷改革试验之后的二十年中，在缩减州立精神病院规模方面几乎再没有任何新的进展。足够数量和质量的社区服务(如自信社区治疗，见本书第二章)和生活支持(见本书第七章)显然是必不可少的。同样，要将资源从州立机构转移到社区环境，其内在的运转机制也很重要。或许当下的精神医疗实践与哈林谷的最大不同在于，现在州立医院病人的入院和出院通常是由社区服务提供者(或社区心理卫生中心)控制，而不再由医院的员工决定。社区心理卫生中心必须对病人入院、出院进行积极管理，以保证每年的住院床位数维持在一个相对稳定的范围内(参见 Rapp & Moore，1995)。

案例研究无法确定因果关系。在这种情况下，变革需要借助有效的工具和方法，从系统或社会组织的视角出发进行合理设计，坚持应用基本原理，才能最终实现预期效果。①

关爱智障人士的司法判决

20 世纪 70 年代，公益律师与一些支持性组织认为，某些机构（如精神病院、为智障人士提供服务的机构、监狱等）提供的照顾服务不符合标准，因此向联邦法院提起诉讼（Chayes，1976）。美国的公共服务事业植根于三权分立（行政、立法、司法）的政治结构。在这些极其复杂的诉讼案中，大量由三权分立和联邦制（各州与联邦的关系）引发的问题浮出水面。在早期的诉讼案中，违反医护标准的问题比较突出，责任问题（即谁应对此负责）退居其次。一旦被告（州立机构）败诉，法院便会要求他们整改，并保留司法权，以监督被告实施整改措施。这些诉讼一直持续了很多年。怀亚特诉斯蒂克尼案（*Wyatt v.Stickney*）是最早的诉讼案之一，它于 1972 年立案，直到 2003 年 12 月才宣告结案。法官判决亚拉巴马州立心理卫生系统“履行 2000 年和解协议中承诺的义务，在社区为客户提供必要的服务，并维护客户的尊严”（Rawls，2003）。

391 1975 年的沃里诉齐塔奈案（Wuori v.Zitnay cont’d sub nom Wuori v.Concannon，又称沃里诉康坎农案）是一个不同寻常的成功案例（Levine，1986）。②在此之前，法院已判决，要求缅因州改进为智障患者提供服务的精神卫生机构，创建或改善社区的服务设施和规划。这项裁决基于一个昂贵、复杂、高度细致的和解协议。但在这项裁决作出之后的几年内，法院没有对判决执行情况进行有效的监督。沃里诉齐塔奈案是一起集体诉讼，原告是来自缅因州派恩兰中心（Pineland Center in Maine）的居民沃里（Martti Wuori），由公益律师伍德拉夫（Neville Woodruff）代理，代表该中心所有居民诉派恩兰中心不合格的环境条件和消费者受到的恶劣待遇。

不久之后，齐塔奈（George Zitnay）被任命为缅因州心理卫生及其整改工作的项目负责人。他与当地智障医疗服务局的局长康坎农（Kevin Concannon）及本案的原告律师共同协商，制定了整改计划。两年之后，他们借助精神卫生立法项目的支持，提出了一项综合性整改方案。由齐塔奈和康坎农共同建议，并获得了缅因州政府的批准，美国地方法院法官吉纽（Edward T.Gignoux）作为一名令人尊敬的法律专家，在 1978 年 7 月以法庭判决的方式通过了这项计划。

---

① 在哈林谷案例研究结束后不久，哈维利瓦拉便离开了那里，接管了纽约州另一家规模更大的医院。新环境中的问题和任务与哈林谷当初的情况完全不同。哈维利瓦拉与州政府官僚机构发生了激烈冲突，后者控诉他管理不当。媒体公开披露的事实并不十分清楚，但哈维利瓦拉最终还是辞职了。有人相信他是被迫的，因为他在纽约时报刊登公开信反对州长和政府的某些政策。无论如何，在新的岗位上，情况与以往不同，他是否可以采取完全相同的做法值得反思。后来的历史表明，任何变革都必须顺应时代背景和现有条件。正如萨拉森（Sarason，1981a）所说，心理学坚持非历史和去情境化的原则（ahistorical and focused on contextless principles）。而案例研究告诉我们，对于任何理论和原则的应用而言，忽视历史和语境都是十分危险的。

② 该研究是在美国国家科学基金法律与社会科学项目（National Science Foundation Law and Social Science Program）的支持下完成的，项目号：SES8023954。本节内容引自长篇研究报告（Levine，1986）。

该计划要求对服务机构进行深入改革，加强对以社区为基础的服务设施的建设，并制定相应的方案，其中包括数百条细则和标准，几乎覆盖了病人在机构或社区生活、治疗的方方面面。该计划还要求任命一位特别专家和一名由法院指派的政府官员负责监督计划的落实，并在必要的时候提出建议(Nathan，1979；D.Levine，1984)。

格雷戈里(David Gregory)作为对民事诉讼有着丰富经验的法律专家得到了法院的任命，任期为两年。但是他对智障医护所知寥寥。起初，他以为监管任务简单明了，但很快便意识到组织和政治的复杂性。新州长没有继续任命齐塔奈为州议员，于是他接管了派恩兰中心负责人的职位，同格雷戈里密切合作，借助司法支持来改善派恩兰中心。通过行使创新性的领导力和法院判决，齐塔奈很快便成功地将一个落后的机构转变为可以骄傲地向任何参观者展示的场所。该机构的生活区个性十足并富有吸引力，就连最严重的残障人士都衣着整洁。齐塔奈以一种创新的方式把富有工作热情的员工安排在适当的岗位上，员工与消费者的人数配比也对这个富有生机的项目给予了支持。

格雷戈里两年的任期结束时，法院判决还没有得到完全落实。他建议法院继续保留司法权。克拉克(Lincoln Clark)于是接替格雷戈里成为特别专家。克拉克一开始就将精 392
力集中在派恩兰中心，因为它离完成法院判决的要求仅剩一步之遥。在一位顾问确认该机构已完成法院的整改要求之后，克拉克建议法院撤销对该机构的监管。他们先后用了两年多的时间，最终完成了这项社区改革计划。

“调解和施压相结合”的策略出自克拉克的报告(该报告受到了新闻界的广泛关注)，以这种方式推动了美国州立精神卫生系统的改革。1983年，克拉克作为独立顾问发布报告，认为该整改方案中的目标要么已经完全落实，要么建立了工作机制以确保要求能够得到满足。原告律师认可了该计划的成果，但坚持要求落实长期、独立的监控方案。消费者咨询委员会因此全面介入那些与居民照顾有关的方案和记录中，该委员会有权了解有关消费者医疗方面的投诉。州政府也同意将该问题纳入公开听证的范围，并将对机构的年度审查结果公之于众，同时提交给倡议性组织(advocacy organizations)。审计员的报告将被公开，如果他们认为需要整改，负责心理卫生和智障医疗事务的州议员就必须制定和发布整改计划。

监控已部署到位。审查过程的第一步也已在进行中，即举行公开听证会来明确服务体系中存在的问题。消费者咨询委员会通过内部重组强化了对机构的监控功能。它任命了约130名“通信员”，负责和那些没有家人或被抛弃的人交朋友。这些“通信员”以小组的形式向协调员汇报工作。“通信员”是系统的眼睛，要看到那些需要照顾的人得到了适当的帮助。

法院的裁决为变革提供了蓝图和杠杆支撑，那些有着成熟领导能力的坚定的改革者利用诉讼和法院判决提供的机会，为医护系统带来了实质性的变革和现代化的改变。现在，该系统已经发生了显著变化。在诉讼和整改方案实施阶段，缅因州改变了许多有关智障病人医护方面的规定，以便符合法庭判决，并将改变的结果以立法的形式保留下来。虽然法院最终撤销了对机构的主动监管，但该计划仍在继续执行。消费者咨询委员会在联邦法院的支持下执行监控职能(*Consumer Advisory Board v.Glover*, 1993)。司法判决继续为变革者提供支持，以维持变革的完整性。

这些案例通过对机构的诉讼成功实现了对系统的变革。米勒和伊斯科(Miller & Iscoe, 1990)站在机构改革诉讼案被告人的立场上，对由法院判决强制开展的变革提出了
393 一些反对意见。他们认为，某些激进分子的苛求具有破坏性。那些报酬丰厚、服务于自身利益的律师和特别专家在变革过程中得到了好处。他们注意到，如果这些人不能在机构为病人提供的照顾中发现任何问题，就有可能被停职，甚至失业。

州范围内的计划性变革：得克萨斯教育奇迹

乔治·布什总统致力于开展教育改革。他于2001年签署了一项联邦教育法案，名为《不让一个孩子掉队》(*No Child Left Behind Act of 2001*)，旨在有计划地促进全国性教育体制改革。美国教育部时任部长是来自得克萨斯州的教育家佩奇(Rod Paige)。按照教育部的相关文件：

> 新的法案将改变美国的校园文化，学校是否成功应该由学生的成绩以及学校为每一个孩子成长作出的贡献来评估。该法案建立在四个基本原则之上：强调对结果的问责制；增加灵活性和地方控制权；赋予家长更多的选择权；重视实践证明行之有效的教学方法。

新的法案及得克萨斯州教育改革的一个核心要素是确定一个州立标准，让每个孩子都知道，并使用结构性测验评价每个学生的发展以及学校对州立标准的执行情况。三到八年级的所有学生都要接受年度测评。作为问责制的一项措施，测验成绩以学校为单位对外公布。理论上，公众、批准向学校投资的政治家、学校领导、教师和家长都可以根据公布的结果评估教育进展。以此为基础，教育工作者会努力提高测验成绩，而政府也会将资源用于帮助学校和孩子获得提高，尤其是那些考核不达标的学校。

2001教育法案是以得克萨斯州多年以来的教育改革经验为基础的。得克萨斯州的改革最早由佩罗(Ross Perot)领导的公共教育特别委员会(Select Committee on Public Education, SCOPE)于1984年发动。(佩罗是个亿万富翁，他曾以第三方政党独立候选人的身份参与1992年和1996年两次美国总统大选，不幸败北。)得克萨斯州的教育投入排名在美国各州一直垫底。当时，它的主要工业、石油和农业发展也困难重重。得克萨斯州的领导人相信，在即将到来的高科技时代，要想提高竞争力，就必须对学校作出变革。佩罗作为一名企业高管，敦促州政府采取措施，加强对学校的管理，并对学校的教育结果进行评估。他相信管理方法的有效性，也相信只要政府官员能够保证结果，学校和教师便可获得更多的资金支持(Mcneil, 2000)。

得克萨斯州的教育改革经历过几次迭代，但将年度学业成绩测验作为其核心要素却 394
始终没变(McAdams，2000；Mcneil，2000)。20 世纪 90 年代，得克萨斯州被誉为全国绩效问责运动的引领者，得克萨斯州的改革方案成为其他各州竞相效仿的对象。得克萨斯州奇迹广为流传(Haney，2000)，并成为影响 2000 年美国总统大选的一个重要因素。总统候选人布什(George Bush)主张将得克萨斯州的测验模式作为全国教育改革计划的一个核心要素。2001 年的联邦教育法案规定，联邦教育提供的经费额度取决于各州对该法案的执行情况。布什总统还建议，将测验方案推广到抢步计划。得克萨斯教育奇迹为我们提供了一个案例研究的范本，有助我们理解计划性变革的过程及其结果，无论在预料之中，还是预料之外。

得克萨斯教育奇迹部分基于对标准化学业成绩测验的改进，即得克萨斯州学业技能评估项目(Texas Assessment of Academic Skills，TAAS)。该项目获得得克萨斯州立法机构授权，于 1990—1991 学年被引入学校系统。这套标准参照测验(criterion-referenced test)作为得克萨斯州教育改革尝试的一部分，用来测试州立教育标准所规定的那些学业技能。测验主要针对学生在阅读、数学和写作等方面的学习进度，考核通过每门测验的学生百分比，以及通过全部测验的学生百分比。及格分数线由得克萨斯州统一设定，学生能够正确回答每门测试中 70%的题目就算通过。另外，对高年级的学生来说，该测验“利害攸关”。在中学阶段，无论学生的课堂成绩如何，除非他能够通过得克萨斯州学业技能评估项目，否则将无法毕业(Haney，2000)。

麦克亚当斯(McAdams，2000，Table15.1，p.253)是一名历史学家，得克萨斯州教育改革期间她是休斯顿校董会的一名成员。她提供的一些测验数据反映了变革的影响。在三至八年级和十年级学生中，通过全部三门测验的学生比例从 1994 年的 40%上升到 1998 年的 66%。同一时期，黑人学生通过所有考试的比例从 29%上升到 55%，而西班牙裔学生从 35%上升到了 59%。1998 年，有 85%的白人学生通过了所有测验(Haney，2000)。这些数据表明，学生的进步十分明显，但其中也夹杂着批评的声音。

变革过程不仅包括对学生进行年度测验并以学校为单位公布成绩。得克萨斯教育行政部门(Texas Education Agency，TEA)还开设了州立课程，并尝试采用多种方式衡量和评估教师的工作表现。这些实验是建立在某种理论基础上的，后者认为得克萨斯州教育的问题不在于资源不足，而是由监管不力造成的(McNeil，2000)。与此同时，得克萨斯州
还引进了另外两项针对教师的变革。新教师在试用期结束后不再接受永久性聘用，学校 395
与他们签订的是需要续签的合同，并根据他们的表现决定是否续签。他们还对解聘教师的行政程序进行了修改，使得解聘教师变得更加容易。教师薪资的增长很大程度上取决于学校在得克萨斯州学业技能评估项目中的表现，以此激励教师努力工作，进而提高学生的学业成绩(McAdams，2000)。

休斯顿学区对教育行政长官和校长同样施行“私营合同制”，将他们的薪资和收入增长与学校取得的成就挂钩，而后者在很大程度上是基于年度测验中的成绩增量进行评价的。

> 校长任期……已经被“绩效合同”取代。校长不再有任期，而是在两年一签的合同约定下开展工作。根据绩效合同的条款，合同续签、住房分配以及年终奖励都取决于校长任职学校学生的考试通过率……校长成了受得克萨斯州学业技能评估项目指挥的教学促进官员。(McNeil, 2000, p.233)

佩奇当时是休斯顿学区的主要负责人，他曾多次利用自己手中的权力解雇校长和其他学校领导。用麦克亚当斯的话来说，“失去职业安全感明显提高了校长们对学生学业成绩的关注度”(McAdams, 2000, p.252)。校长开始尝试“更好的课程设计”，将课堂教学与州立课程相衔接，而后者又与得克萨斯州学业技能评估项目紧紧捆绑在一起。

黑尼(Haney, 2000)对报告的变革效果有所怀疑。他认为，成绩的部分增长可能与某些因素有关。例如，改变对低分特教生的定义，从而把这些学生的分数排除在报告之外；降低后续测验的难度梯级；甚至有时候，教师或校长公然舞弊。得克萨斯州学业技能评估项目虽然是集中评分的，但是考试每年都在自己的学校进行。虽然测验的形式每年都不同，试题的内容却年年相似(Klein, Hamilton, McCaffrey, & Stecher, 2000)。黑尼并不认为所有的成绩增长都是虚假的，他提出一个竞争性假设，即测验成绩的虚高是“由于为测试作了大量准备”(Part 7, p.14)。

为了验证这个假设，黑尼考查了得克萨斯州学生在其他标准化测验中的成绩表现。如果学生的学业技能确实得到了提高，那么，他们在其他测验中也应该表现出相应的提高。通过将得克萨斯州学业技能评估项目成绩与国家标准测验(SAT)的成绩进行比较，黑尼得出的结论是，国家标准测验成绩并未反映出得克萨斯州学生在得克萨斯州学业技能评估项目上的进步。如果学生的学业技能真的得到了提升，那么这种收益并没有在国家标准测验成绩上体现出来。

396 兰德研究(Rand study)对得克萨斯州学生在美国国家教育进步评估测验(National Assessment of Educational Progress, NAEP)中的成绩进行了考查(Klein, Hamilton, McCaffrey, & Stecher, 2000)，其结论支持黑尼的假设，即学生的得克萨斯州学业技能评估项目成绩的提高并不能迁移到其他测验中。虽然在1992—1996年，得克萨斯州学生的学业进步明显，但美国其他州的学生也有同样的表现。实际上，得克萨斯州学生在美国国家教育进步评估测验中表现出来的进步要显著小于其在得克萨斯州学业技能评估项目中的进步，人们因此质疑得克萨斯州学生究竟学到了什么。

黑尼还对得克萨斯州的辍学儿童数据进行了评估。他发现，得克萨斯教育行政部门(TEA)用于统计辍学生的方法实际上是错误的。得克萨斯教育行政部门承认，在七年级到十二年级的学生中有14.7%的辍学率，在教育改革的10年间，辍学率急剧下降。黑尼检查了另外两个独立来源的数据，它们使用的方法大同小异。但这两个数据给出的辍学率都比得克萨斯教育行政部门的要高。在独立来源的统计中，白人的平均辍学率是25%，而少数族裔学生的平均辍学率更是接近50%，引进得克萨斯州学业技能评估项目之后，辍学现象事实上还进一步恶化了。根据审计机构给出的报告，得克萨斯教育行政部门的统计数据只覆盖了大约一半的辍学儿童，并且他们对辍学儿童的定义随时间不断变化。得克萨斯教育行政部门的辍学率统计数据来源于学区报告，而辍学率又是考核学区的一项重要指标。黑尼揭示了学区报告中隐含的欺诈行为，许多"离校生"并没有被纳入辍学统计。例如，有个学生由于未能通过十年级的得克萨斯州学业技能评估项目考试而离开学校，但他为了得到普通教育证书而正在学习相当于高中水平的学习课程，这个学生没有被纳入辍学生名单。黑尼写道："很明显，得克萨斯教育行政部门在辍学率的计算问题上制造了一个得克萨斯州式骗局。"(Part 7, p.11)费尔普斯(Phelps, 2000)则认为，黑尼的分析有问题，他用来比较的时间段是刻意选择的。

为了验证学生的学业成绩是否真正得到提高，兰德团队建议使用"审计测验"(audit testing)对成绩进行评估。他们提出的问题包括：(1)学生虽然接受了学业技能指导，但这些技能专门针对州测验中可能出现的那些问题(换言之，与一般意义上的阅读、数学或其他科目的学习内容有区别)；(2)州考成绩的提高是以减少对其他同样重要但不在考试范围内的科目和技能的学习为代价的(Klein, Hamilton, McCaffrey, & Stecher, 2000, p.13)。

费尔普斯(Phelps, 2000)是小布什总统的教育顾问，他严厉批评了兰德团队的研究和黑尼的研究。费尔普斯认为，兰德公司在总统大选期间发布这个报告是有预谋的，想借此干扰总统大选的结果。费尔普斯指出，与美国整个国家的测评结果相比，兰德团队有意曲解了得克萨斯州学生在美国国家教育进步评估测验中的成绩。对于学生得克萨斯州学业技能评估项目的成绩增长远远高于美国国家教育进步评估测验的成绩增长这一事实，费尔普斯解释这是由测验的不同导致的。他同时还为"应试教学"(teaching to the test)辩 397
护："只有当测试的内容教师从未教过，应试教学才会成为问题。"(p.7)至于学生在应试教育中学到的知识缺乏实践效度，无从推广，费尔普斯未予置评。

麦克尼尔和巴伦苏埃拉(McNeil, 2000; McNeil & Valenzuela, 2000)对得克萨斯州的一些中学进行了广泛的观察研究。他们最初的研究兴趣是在英才中学观察创新项目，但在实际观察过程中，他们的兴趣发生了转移。他们选择了几所卓越的创新学校，观察在那儿工作的教师，结果发现，这些教师不得不放弃创造性教学方法，以应对考试的压力。有观察员估计，这些教师平均每周需要花费 8 至 10 个小时带领学生进行备考演练，而那些需要通过提高学生测验成绩来增加收入的校长们则不断给教师施压，以迫使他们投入更多的时间和精力帮助学生为应试作准备(Weisman, 2000)。教育过程因此受到影响：

> 大量课堂时间被用来教授学生如何在多项选择中挑选出正确答案或剔除"干扰项"(即明显不正确的答案)。学生不得不钻研答题策略，类似于……如果你发现自己一连回答了三次"b"，你就应该想到("不、不、不")，其中至少有一个答案很可能是错的……这种建议最早来自备考资料的出版商。许多出版商以优惠的价格在学校安排辅导顾问，帮助教师组织安排考前动员，训练教师使用得克

> 萨斯州学业技能评估项目备考资料，以避免由于教师抵制而导致他们出版的得克萨斯州学业技能评估项目备考资料被其他教学内容替代。(McNeil，2000，p.235)。

麦克尼尔(McNeil，2000)由此得出结论，校长越来越多地将教学预算花在购买备考资料和聘请顾问上。特别是在那些少数族裔学生比较多的穷学校，校长更是将大部分资源用于“以备考为目的的资料、活动、会议、员工发展日、顾问等方面，而不是用来提高学术质量”(p.244)。学区管理者召集的校长会议，交流和探讨的都是与得克萨斯州学业技能评估项目有关的问题。而学生考试分数的提高又证明了得克萨斯州学业技能评估项目备考资料的价值，以及以备考为中心取代一般课程教学的合理性。一些学校从九月份就开始安排备考，一直持续到第二年的三月份，即得克萨斯州学业技能评估项目考试结束(p.238)。有些教师希望致力于更大范围的课程教学，但他们只能把这类计划延迟并压缩到三月至学年结束的这段时间内进行。

麦克尼尔(McNeil，2000)质问年复一年地使用备考资料代替课程学习和其他教学方式，除了考试之外是否还有其他的教育意义。有些教师认为，强调对备考资料的学习可能会损害学生长篇阅读的能力。因为在应试教育中，学生被引导去阅读那些篇幅较短、内容
398 无关的段落，并学会在答案列表中选出某个正确答案。有研究者指出，学生甚至不用阅读整个段落，仅仅通过浏览就能发现答案要求的关键性短语，并作出相应的选择。在这里，学生学习阅读并不是为了了解文章的意义，而仅仅是为了找出某个特定的答案。即使测验分数很高，学生的阅读能力仍然很差。有些教师告诉麦克尼尔：

> 很少有学生有能力通过阅读完成文学、自然科学或历史课的作业；很少有学生愿意选择阅读；很少有学生理解文献资料的真正意义，或者将阅读、讨论与写作联系起来。(McNeil，2000，p.237)

写作教学也存在类似的问题。教师每天教学生如何通过五段话、每段话五个句子写出“有说服力的文章”，即五段式作文。得克萨斯州学业技能评估项目的写作测验就是要考查学生能否写出有说服力的文章。据麦克尼尔的观察(p.239)，学生写作的内容变得不再重要，重要的是格式，那才是测验评分的要点。据说，阅卷人通过数段落前的缩进来检查一篇文章是否有五段，并通过对每一段的句子进行计数来评分。他们并不在意文章到底写了什么。数学教师也遇到了同样的问题。学生被鼓励在不会解题的情况下从5个选项中猜出正确答案。学生不需要解释他们的答案，也不被鼓励去寻找答案背后的原因。那些非考试科目的任课教师也很难过。例如，据有些教自然科学的教师反映，他们被要求暂时停课，以便为学生参加得克萨斯州学业技能评估项目的数学测验让路。

麦克尼尔(McNeil，2000)指出，对于那些少数族裔学生占比较大的学校，“应试教学”

的负面影响更大，这些学生通常在测验中得分较低。与其他学校相比，这些学校的校长和教师不得不花费更多的时间去提高学生的考试成绩。有些学校的大部分学生家庭都有着较高的社会经济地位，他们自己通常能在考试中取得较好的成绩。这些学校相对较少强调应试教育，有着更为丰富的课程设置，教师的教学方法更加多元，包括“课外阅读、批判性写作、研究性论文、角色扮演……以学生为主导的讨论、演讲活动、口述历史、多媒体活动、科学实验、图书馆时间等”(p.246)。在麦克尼尔看来，强调考试结果以及对教师的问责转移了公众的注意力，使人们不再关注不同学校之间的资源分配不均等重要问题。

那些质疑得克萨斯州教育改革政策的人们受到了攻击。他们被指责“不想给予少数族裔学生得高分的机会”(McNeil, 2000, p.237)。教育部长佩奇认为：“任何反对儿童年度测验的人都是落后教育体制的维护者，他们将某些儿童或某些阶级的儿童视为不可雕的朽木，并对他们不屑一顾。”(U.S.Department of Education, n.d., p.3)

针对争议，有人制作了一张表，列举了有关测验的“神话”与“现实”。美国联邦教育部 399
对此发表了一份声明，回应了其中的一些问题，其中的观点包括：测验是教学的一部分，测验结果能够帮助教师和家长了解学生的需要，年度测验类似于每年例行的身体检查等。该声明对“测验通过奖励应试技巧窄化了课程学习”这一说法予以了否认，并强调“严格遵循国家标准的测验为考查学生的知识和技能提供了一种方法。如果学术标准真的很严格，那么学生的学习也会同样如此”。声明否认测验助长了应试教育之风，坚持认为“测验是教师教、学生学的一部分。有才华、善于激励学生的教师可以利用测验激发学生的学习积极性，并对学习效果进行评估。好教师都认同测验的价值，并知道如何在教学中使用测验。”“优秀教师在一学年中会使用各种方式对他们的学生作出评价。他们这样做不仅监测了学生的成绩，而且有助于确保学生在年度考试中出类拔萃。”

声明还指出，测验对少数族裔的学生有利，因为它“使人们无法忽视现实存在的成绩差距”。声明说：“事实上，在那些实行测验制度的地方，低收入和少数族裔学生表现得更加优秀。最近一份研究报告显示，有 4 500 多个贫困和少数民族学生占比高的学校在国家考试中进入了全国排名的前 1/3。”该声明认为，学生辍学往往是因为他们觉得自己没有能力学好并因此感到挫败。而测验能够帮助这些学生尽早认识到自己的问题所在，为他们取得所需要的成功提供帮助。

教育部的声明并没有提到，是否有必要为学校提供充足的资源以确保每个孩子都能获得他们需要的帮助。麦克尼尔(McNeil, 2000)回顾了得克萨斯州实施问责制的历史，指出公众之所以接受教育改革和问责制，是因为这将有助于改变社会气氛，使教育得到更多的资源分配。麦克尼尔还讨论了问责制的实施问题。一旦经济环境和预算紧张导致之前承诺的资源供应不足，问责制的施行便会陷于停滞。

问题在于，测验被不加批判地当作“黄金标准”使用。而作为评估学习效果的一种手段，测验本身的有效性尚未得到有效检验。如果测验分数的提高只是由于学校强化了“应试教育”，那么，以成绩提高作为检测学生知识掌握水平的指标还有意义吗？有人提出，这种新的强化教学相对于以前不够严格的教学管理体制而言，让学生学到了更多的知识。需要指出的是，这种观点隐含着一种假设，即以考试成绩作为测量学生学习效果的方法是合法有效的。

得克萨斯州的教育改革让我们想到坎贝尔法则(Don Campbell's law)，即无论何时，只要资源分配取决于某个任意的量化指数，那么，就极有可能出现以下两种后果中的一
400 种：要么指数本身被破坏(如作弊或让测验更容易)，要么指数生成的过程被破坏(如强化应试教学，将其他教学方法排除在外)。在得克萨斯州教育改革这一案例中，两种后果我们都看到了。

只重视考试很容易让人脱离变革的大背景，后者促使课程和教学方法与国家标准和统一测验保持一致。我们在这里简要介绍了其他方面的一些变革(例如，校长和其他行政官员的绩效合同，以及新教师的聘任协议等)。测验对那些没有实施这类变革的学校是否具有同样的影响？此外，将学业成绩的变化完全归因于学年测验，这种观点忽略了教育的复杂背景。

这里所说的背景包括政治制度及其高度依赖的税收分配制度。联邦税收来自纳税的公民，后者有权对学校预算和提高税率等方面作出表决。许多群体可以对变革施加影响，包括选举产生的教育委员会、有职业兴趣的管理者、关心学校税收和教育质量的商界领袖、社区活动家、家长、没有子女就读而关心财产税收缴的老年市民、教师工会、市长和州长、地方和国家立法机关以及教育当局等。美国的种族冲突政策和私有化倾向同样对变革造成了影响(McNeil, 2000)。麦克亚当斯(McAdams, 2000)对变革的动态过程作了详细而坦率的描述。正如我们试图强调的那样，实施一场变革比表面看上去要艰难得多。我们需要全面考虑一项计划性变革可能产生的各种后果，其中有些在意料之中，有些可能完全出乎意料。

变革过程向我们揭示了服务系统如何深深地嵌入国家的政治和管理体系。理解和实施一场变革需要学习和掌握法学、政治学、社会学、经济学、心理学、医学、康复学、教育学、组织和管理学、协调和谈判评估研究，以及公共关系等诸多学科的理论，并将这些理论付诸实践。

本章小结

如果我们要改善现有的帮助服务(helping services)，实施新的计划方案，就必须创造新的社会组织，或对现有的服务型组织进行改革，以便能够提供新的服务。无论哪一种情况，创造新的背景或改变现有的服务型组织，都离不开基本原理的指导。这些原理来自历经失败教训而获得的宝贵经验，能够帮助我们理解和解决在创造新的环境或变革既有环境过程中遇到的普遍性问题。

创造新的环境所需要的不只是一个好的创意、抽象的价值观念或强烈的成就动机。401
通过青少年生活中心的建设这一案例，我们希望揭示创造新的环境所面临的各种问题。

对现有组织的变革存在其他一些问题。一阶变革与二阶变革最根本的差别在于一阶（或增量式的）变革只是改变系统的一部分，而二阶（或革命性的）变革所要改变的是整个系统的结构、目标或过程。为了应对工作压力与其他问题，社区和组织心理学家对组织变革进行了研究，提炼出许多管理策略，包括组织发展和学习型组织。有关组织赋权问题的研究，社区心理学已经走在前沿。

任何一项新的变革都发生于特定的情境中，其中包括项目涉及的彼此利益相关的各种社会团体。我们识别了七种利益类型，包括耗能、权力、文化、胜任力、关系、法律和行政考量，以及信息和沟通。每一个社会团体的成员都会对变革方案如何影响自己的利益作出判断。经过权衡，那些能够从变革中获得利益的团体会支持变革，而那些将在变革中失去利益的团体会选择抵制变革。社会语境的力量倾向于将新的项目或概念往回拉，以期恢复原初状态，变革促进者需要了解并努力克服这种阻力。

我们简要介绍了几个案例研究，包括一个精神病院的改革，以及司法判决对智障病人医护系统变革的影响等。在第一个案例中，变革由富有经验的领导人发起。在第二个案例中，同样能干和富有经验的领导者利用司法判决纠正了服务系统的错误。我们还讨论了得克萨斯州教育制度改革所引发的问题。

下一章我们将探讨由学校废除种族隔离而引发的全国性变革。我们将再一次看到法律、社会科学以及实施大规模变革的复杂性三者之间的相互作用。

403

第十一章

学校废除种族隔离：社会层面的干预

- 奴隶制、种族隔离与美国宪法
- 美国有色人种协进会及其诉讼策略
- 社会科学理论与种族融合
- 学校废除种族隔离的成功：一个研究案例
- 废除种族隔离之后
- 未来的问题
- 本章小结

在我们生活的这个时代，美国社会废除种族隔离无疑是一场深刻的社会变革。我们将学校废除种族隔离列入社区心理学讨论的范畴，部分是因为美国社会科学家在废除种族隔离这项事业中发挥了重要的推动作用。另一部分原因在于，学校废除种族隔离作为重要历史事件，影响了美国全社会，是一项极佳的干预例证。此外，在学区和学校层面，责任当局必须制定相应的程序，以适应由法庭判决引发的改变。社区心理学家利用自己的知识经验（如项目评估的方法）和专业地位，为涉及公共利益的司法过程提供帮助（参见
404 Perkins，1988）。而在司法保守时期，社区心理学家通过介入各级行政和立法部门的工作，对变革作出了很多有益的贡献（Perkins，1995）。

从社区心理学的视角看，有一点非常重要，即社会科学家创立了一套知识和理论体系，将非裔美国人的困境归因于他们生存于其中的环境条件（即从法律上被强制与白人隔离），而不是个体的人格因素。黑人与白人学者、文学家以及社会活动家分别从不同角度发展自己的理论体系，但在反对种族压迫这一点上，他们具有内在的统一性。其后，在努力废除学校种族隔离的过程中，社区心理学家从专业的角度出发，在法庭上为种族隔离产生的心理危害性提供了大量证据，同时证明了废除隔离对已经造成的心理危害的补救作用。

美国社会废除种族隔离受到多种力量的推动，也可视其为一项影响广泛而有计划的社会层面的干预，其目的在于解决复杂的道德、社会、经济和心理问题。种族隔离作为一项由法制力量强制执行的社会实践，建立在这样一个为多数美国人所接受的假设基础上，即非裔美国人天生劣于白种人，为了这两个种族的利益，必须将这两类人严格隔离开。这一假设将对非裔美国人的剥削合理化。但是，作为少数族裔的非裔美国人并不认同这一假设。在他们看来，隔离就是一种压迫。最终，有一批学术研究开始支持这一观点，并进

一步指出,隔离是导致非裔美国人出现各种社会问题、经济问题和心理问题的根本原因。如果种族隔离真是造成这些问题的元凶,那么,消除种族融合的障碍、控制问题之源便有了充分的根据。

将种族隔离这样一种社会和法律实践视为各种社会、经济和心理问题的根源是一种情境导向理论。由该理论进一步推论,移除种族融合的障碍将有机会消除这些不良后果。该理论和干预的目的不在于改变任何个人,而在于改变外部环境,并假设人的行为、态度和自我会随着外部环境的改变而发生改变。

在学校层面,解决这些问题的方法便是废除种族隔离。这样做部分也是基于心理学对偏见问题的研究结论。通过尝试改变这种根深蒂固的社会模式,我们发现,我们所知道的比我们自认为知道的要少得多,而潜藏在现象背后的那些东西远比我们想象的更为复杂。

自布朗诉教育委员会案(*Brown v.Board of Education*)作为学校废除种族隔离的标
志性事件发生以来,在过去的50年中,发生了很多事情。种族隔离已经在法律意义上被 405
废除,人们在废除隔离或促进融合方面也付出了大量努力,但由于很多社会力量的掣肘,如居住模式以及美国联邦法院对学校废除种族隔离的措施予以了很多限制等,许多学校已经重新恢复隔离(Orfield, 1993, 2001)。特别是最近几年,联邦法院虽然认可有关废除种族隔离的社会科学观点,却拒不承认制度性的种族主义和社会体制对隔离的促进作用。联邦法院坚持认为,除非原告能够出示证据,证明行政人员有意制造种族隔离,否则法院将不予出面干涉。法院不会对种族隔离的回归采取强制措施,理由在于这是“个人选择”(*Belk v.Charlotte Mecklenburg Board of Education*, 2001)。批判种族主义的理论家们认为,挑战种族主义制度必须引导法院继续关注这一类争议,尽管其中有些并不具有重要的法律意义(Gutierrez, 2001)。

由于种族问题不断制造麻烦,有些人开始重新考虑将融合作为解决种族问题的方法。各种观点的更迭,以及政治和观念上对校车同乘的强烈抵制(Ravitch, 2000)提醒我们:我们只能在特定的社会和历史条件下发挥作用。适用于某个时代和环境的解决方案换一个历史时期可能不再是最佳的解决方法。不同种族的人同乘校车在过去曾是一种解决方案,但是,如果学校隔离更加严重,而法院又不作任何干预(除非政府官员有意区别对待而造成隔离),那么,我们就可能需要采取新的措施,包括社区发展和社会行动(参见本书第十二章),以帮助少数族裔学生获得公平的资源分配。基于过去的历史判断,少数族裔学校对社会服务和特殊教育的强烈需求从未获得足够的满足。在那些种族隔离日益严重的社区,为学校争取更多资金分配的政治努力和法律诉讼的迫切性与重要性不断加强(Swenson, 2000)。让我们先回顾美国种族隔离制度的发展历史。

奴隶制、种族隔离与美国宪法[①]

美国的奴隶制和种族关系问题自开国之初便存在，是重大且具有历史争议的问题。《独立宣言》一方面宣布政治自由——“人生而平等”，另一方面又规定——每个奴隶只能按照3/5个白人的比例折算税收和代表权资格。这两种说法在价值标准上显然是相互矛盾的。[②]这种矛盾在形式上通过“视非裔美国人在智力、道德和社会属性上不足以作为一个完整的人对待”这种方式得到解决。

406 在美国南北战争爆发之前，社会每向前发展一步都不得不面对奴隶制问题。无论一个新的州（或一片领土）是作为自由州还是蓄奴州加入美国，奴隶制永远是政治和武装冲突的重要起因。这种状况一直持续到南北战争爆发。非裔美国人长期被当作下等人对待，生活极其穷困潦倒。奴隶没有权利，他们甚至对自己的身体和劳动力都没有所有权。奴隶主训诫奴隶，甚至可以杀害他们而不必为自己的行为负责。在臭名昭著的德雷德·斯科特案（Dred Scott case）中，美国最高法院的首席大法官托尼（Taney）写道：“黑人无权享受白人的尊重。”（*Scott v.Sanford*，1856，p.407）非裔美国人没有受教育权，在北部各州，公共场所、教堂和学校里的种族隔离十分普遍。直到南北战争爆发前，黑人自由民仍然没有选举权，或者说他们的选举权被彻底限制。

1865年，南北战争结束后，林肯的《解放宣言》作为第十三修正案成为美国宪法的永久性组成部分，明确要求废除奴隶制和强迫劳役。然而，第十三修正案并不足以保护刚刚被解放的非裔美国人的政治和公民权利。美国南部许多州通过了《黑人法典》（Black Codes），虽然名义上不承认，事实上却恢复了奴隶制。1868年，美国宪法第十四修正案出台，提出所有公民（无论是非裔美国人还是白人）受到平等保护，各州政府不经过适当的法律程序，不得剥夺任何人的生命、自由和财产。第十四修正案旨在保护刚刚获得自由的奴隶，但在有关政治自由和社会平等的表述上措辞笼统而含糊（tenBroek，1965）。在1870年出台的宪法第十五修正案中，保护非裔美国人的选举权被写入宪法，正式成为美国宪法的组成部分。

之后的三十年，针对非裔美国人的暴力和经济压力，以及美国最高法院对战后颁布的修正案的“曲解”，使得修正案中作出的许多承诺大打折扣。[③]“保护”在美国成为重要的法律问题。如果国家允许私人歧视，或者不真正执行抵制暴力的法律，那么“保护”便只是一纸空文。非裔美国人不断面临被处以私刑的威胁。

---

① 本章从克卢格（Kluger）的伟大著作《简单正义》（*Simple Justice*，1976）中借鉴了很多资料。

② 美国宪法第1条第2款。关于奴隶制度，宪法还有另外两项条款。在1808年之前，国会不禁止进口奴隶（第1条的第9款）；逃跑的奴隶即便已经到达了自由区，也要被强行遣返（第4条的第2款）。

③ 公民权案：Civil Rights Cases，109 U.S.3（1883）；联邦诉克鲁克香克案：U.S.v.Cruickshank 92 U.S.542（1875）。

1890年,路易斯安那州众议院通过了一项法案,要求本州的所有铁路公司在运送旅客时,必须为白人和有色种族提供平等但相互隔离的设施。可以为每列客车设置两节以上的车厢,也可以把同一节车厢分为两个部分,以保证设施的隔离。“隔离但平等”的说法符合宪法第十四修正案中“平等保护”条款的规定。在新奥尔良州,非裔美国公民与铁路官员共同检查这条法案的执行情况。铁路官员对不得不增加火车车厢而感到严重不满。1892年,拥有7/8高加索白人血统的旅客普莱西(H.A.Plessy)在乘坐火车时拒绝去被隔离的黑人车厢[这与70年后帕克斯(R.Parks)拒绝坐到巴士后部的著名事件非常类似]。在被逮捕和接受罚款后,普莱西将为他定罪的弗格森法官告到联邦刑事地方法院。最终, 407
在1896年,这一案件被上诉到美国最高法院。

美国最高法院因此不得不对“隔离但平等”这条臭名昭著的法律条款作出说明。他们提出,宪法第十四修正案中的平等保护条款并没有废除所有的社会区分,也不能“在其中任何一方不情愿的情况下”强行要求种族融合。美国最高法院接着解释说:

> 我们认为,原告的观点中隐含一种错误的假设,即对两个种族实行强制隔离就是给有色人种印上劣等标记。如果真的有损害后果发生,那也不是由强制隔离这一措施本身造成的,而是因为有色人种自己要对强制隔离作出这样的解释。(Plessy v.Ferguson, 1896)

哈伦法官(Harlan)反对高院的裁决和解释,并指出了其中的问题:法律并未禁止白人进入非裔美国人车厢,而是只禁止非裔美国人进入白人车厢。哈伦还批评宪法是“色盲”,“要么看不到,要么明明知道却假装看不到公民之间存在等级划分”。

在那之后,普莱西案的决议被用来支持和维护歧视性法案,该法案影响了美国社会的各种机构。①最高法院对普莱西案的判决建立在当时的社会心理学观点之上,即强制隔离的行为本身并不具有污名性,法律条文并不包含任何带有污蔑性的字眼。根据最高法院的解释,问题出在那些受害者自己的认知上。美国最高法院在普莱西案判决中运用了社会心理学的观点,这使得对种族关系的研究在之后的58年里不断取得进展。但是,普莱西案中使用的社会心理学观点随后遭到大批研究数据的质疑。更多研究结果表明,强制隔离确实具有污名性和危害性。

美国有色人种协进会及其诉讼策略

布朗诉教育委员会案(Brown v.Board of Education, 1954)最终作出在学校废除种族

① 为支持密西西比教育委员会将一个在美国出生的中国女孩送进种族隔离学校的决议,美国最高法院引用了普莱西案件。美国最高法院由此发现,各州政府拥有对其公民实施隔离的权力(Gong Lum v.Rice, 275 U.S.78, 1927)。

隔离的决议，标志着平民社区组织有计划的自助式努力的高潮。在针对非裔美国人的强烈憎恨情绪和暴力阴影笼罩下，美国有色人种协进会（National Association for the Advancement of Colored People, NAACP）于1909年成立。该组织的宗旨在于借助社会、政治和法律的力量保护非裔美国人的权利（Hughes, 1962），并以诉讼作为实现组织目标的重要手段。1929年以后，哈佛大学法学院成为民权法研究中心，许多为争取和保护非裔美国人合法权益而斗争的非裔美国律师都曾在那里接受教育，其中包括已故美国最高法院大法官马歇尔（T.Marshall），他也是第一位担任如此要职的非裔美国人。

408 对学校种族隔离的抨击始于1929年。到1935年，已有超过100个诉讼案质疑学校种族隔离的合法性。然而，在法庭上对学校种族隔离的挑战总是以失败告终。相较于废除种族隔离这一政策本身，对法律的执行似乎更应该成为法庭攻击的直接目标。与接收白种儿童的学校相比，为非裔美国儿童提供教育的学校获得的资金少得可怜，这种情况在美国南方尤为突出。

通过起诉学校之间所获资源的不平等，美国有色人种协进会的领导者相信，维持两类学校系统之间的财政平衡可以减轻种族隔离。

20世纪30年代后期，马歇尔（Thurgood Marshall）开始领导美国有色人种协进会的法律斗争。战后反对种族隔离的斗争是从对大学研究生院和专业院校的抨击开始的。这些机构接受国家财政税收的支持，却将非裔美国人拒之门外。马歇尔与哈佛大学的一个非裔律师团以及少数白人律师一起工作，坚持在研究生院和专业院校实行“隔离但平等”（separate-but-equal）政策。①这些诉讼帮助非裔美国人进入之前只招收白人的学校。因为如果不这样做，政府要么就得为非裔学生建造与白人条件同等的学校，要么就得关闭白人学校。小学反对种族隔离的斗争在战后几年又重新开始。有色人种协进会在诉讼案摘要中更加强调种族隔离的侮辱性和对儿童教育的副作用。尽管最高法院在有关高等教育的诉讼案中要求取消隔离障碍，但它始终没有正面回应这一争论，即教育设施的隔离本身就意味着不平等。

如何针对“隔离但平等”这一假设本身直接开展诉讼？马歇尔和有色人种协进会对此进行了仔细考虑。当时，除了缺乏相关的法律依据，律师代理由非裔美国人作为原告的案件还会面临人身和经济的双重风险。如果非裔美国人提起诉讼，他们将面临暴力、失业、生意损失以及银行撤回贷款等威胁。在南方，律师代理非裔美国人公民权利诉讼的案件是很危险的。在那里，人身暴力的威胁持续不断，但这些律师仍然英勇地下定决心继续前行。马歇尔开车在南方各城镇收集证词时，车的副驾驶位总要放一把枪。克拉克（Kenneth Clark）在南方收集数据时，暴力威胁一直在他身边徘徊。“非裔美国人较低的社会和经济地位不是种族隔离的结果，而是他们天生劣等的结果”——这种社会观念开始

① 参见斯皮尤尔诉俄克拉何马州教育委员会案（Sipuel v.Oklahoma State Board of Regents, 332 U.S.631, 1948）；麦克劳林诉俄克拉何马州政府有关高等教育案（McLaurin v.Oklahoma State Regents for Higher Education, 337 U.S.637, 1950）；斯韦特诉佩因特案（Sweatt v.Painter, 339 U.S.629, 1950）。

受到严峻挑战。

普莱西事件发生若干年之后，有一篇所谓的“科学文献”将种族存在优劣之分的观念合理化。[1]到 20 世纪 20 年代后期，有社会科学家对此提出反对，认为社会环境才是造成非裔美国人无法取得成功的主要原因。有关种族主义影响的社会科学文献在不断积累，这些文献提供了一个富有逻辑的理论基础，即隔离本来就是不平等的，因为它会对被隔离者造成严重的心理损害。

克拉克是非裔美国社会心理学家。他本科毕业于哈佛大学，后来成为美国心理学会主席。克拉克通过实验证明，隔离会导致非裔美国儿童的自我印象受损。该研究实际上是克拉克与他的妻子玛米(Mamie)合作完成的。马歇尔高度评价了这项研究。他认为，克拉克用极其巧妙的实验方法向人们证实，隔离严重损害了非裔美国儿童的自尊。 409

那些质疑“隔离但平等”的诉讼官司从地方法院一直打到美国最高法院。克拉克和其他一些社会科学家在一部分案件中出庭作证。在布朗诉托皮卡教育委员会案(Brown v. Board of Education of Topeka, 1954)[2]中，社会科学家霍尔特(L.P.Holt)的证词促使初审法院作出对“种族隔离会产生消极作用”的事实裁定。后来，最高法院在其裁决中引用了这份事实裁定报告。在有色人种协进会的请求下，尚(I.Chein)、克拉克和库克(S.Cook)率领一群社会科学家提交了一份有关隔离的证据报告(后称“社会科学声明”)。该报告被附在有色人种协进会的案件摘要之后，最终因布朗法案的判决而闻名。

1954 年，布朗法案作出判决，沃伦(E.Warren)大法官阐述了法庭意见。可以看出，社会学家和心理学家的观点在其中起到了重要作用：

> 在公立学校中，将白人儿童和有色人种的儿童隔离开将会对后者造成不良影响。当这种隔离得到法律认可时，其带来的伤害会更大，因为在黑人群体中种族隔离政策通常被解读为将他们视为劣等的标志。而劣等感会影响孩子的学习动机。所以，以往被法律认可的种族隔离会阻碍对黑人儿童的教育，造成他们心理发展的迟缓，并剥夺他们在种族融合学校中所能获得的一些益处。不管普莱西诉弗格森案(Plessy v.Ferguson)时代的心理学知识达到什么程度，本判决得到了现代学术权威的充分支持。

法庭随后传讯了多位权威专家，参考和引用了大量现代社会科学的研究结果，并在现今著名的“脚注 11”[3]中列出这些成果的研究者，这等于否定了普莱西案判决中法庭所依

---

① 参见米达尔(Myrdal, 1944,第 2 卷第 28 章)对这篇文献的讨论。

② 参见布里格斯诉埃利奥特案：Briggs v.Elliott, 347 U.S.497(1954)；戴维斯诉爱德华王子县学校董事会案：Davis v.County School Board of Prince Edward County, 347 U.S.483(1954)；贝尔顿诉格布哈特案：Belton v. Gebhart, 347 U.S.483(1954)。

③ 尽管仍有许多问题有待解决，自布朗法案之后，各级法院在对各种案件的审理中越来越重视社会科学的研究证据(参见 Levine & Howe, 1985; Monahan & Walker, 1986)。

据的社会心理学论断，为推翻1896年的决议提供了重要的理论根据。

法庭一致同意沃伦法官的意见，宣告学校种族隔离违反宪法。但是，对于如何执行判决，法院直到一年之后才再次作出决议。对于联邦地区法院应如何监督修正方案的执行，最高法院并未提供具体指导方针，只要求“以十分谨慎的速度”逐步在学校实行解除种族隔离的措施。最高法院的谨慎是有原因的。毕竟在此之前，还没有任何一项法庭决议像布朗法案这样直接影响如此多的美国家庭和社区。

410 在布朗法案的最终决议中，尽管许多措辞彻底颠覆了美国两百多年的历史和传统，但最高法院的文书便是法律。联邦政府强制执行法律的力量暗藏于这些语词的背后。1957年，阿肯色州的地方长官调用国民警卫队阻止非裔美国儿童进入白人学校。艾森豪威尔总统（D.D.Eisenhower）不得不派遣联邦军队来保护非裔美国儿童的权利（Bickel，1962）。军队的参与并没有结束法律争端。一个又一个社区对布朗法案的执行采取拖延的态度。莫特利（C.B.Motley）是一名非裔美国妇女，刚从哥伦比亚大学法学院毕业不久。为了废除不同社区的种族隔离，她穿越了整个南部地区为有色人种协进会代理案件。在当时的美国，一名黑人女律师在南方的法庭上出庭还是一件非常稀有的事。但她坚定而勇敢地克服了各种困难、辱骂和恐吓，并且不断胜诉。莫特利女士现在已是联邦法院的一名法官（Brenner，1994）。

从法律上讲，废除种族隔离意味着非裔和白人的孩子、非裔和白人教师以及管理人员可以在种族融合的学校里并肩学习和工作。这些改进措施——包括用校车接送学区内和跨学区的学生、学校配对以及反歧视性雇用（affirmative action hiring）等——要求背离街区学校的观念（the concept of neighborhood schools），改变以往旧的雇用惯例。①不同种族的人在一起接受教育得到一项全国性大规模研究的支持。该研究表明，与在种族隔离学校接受教育的非裔学生相比，在融合学校（兼收白人与非裔子弟的学校）接受教育的非裔学生表现得更好，而对学校投入资金的多少则并未显示出对学生的表现造成显著影响（Coleman et al.，1966；Ravitch，2000）。

不仅南方学校存在种族隔离，生活在北部地区的非裔美国人也不得不到种族隔离学校上学。其中部分原因是第二次世界大战以后郊区日渐城市化，而内城的非裔美国人口越来越集中。北方学校的种族隔离不仅缘于人口的代际自然演替（见第四章），而且在许多城市，当局还通过学区划分或增设新的学校来维持和促进学校之间的隔离。例如，在克利夫兰市，81%的学校要么全是白人，要么全是黑人。非裔美国人就读的学校非常拥挤，而白人子弟学校却余有空间。新学校的选址也在一定程度上促进了种族隔离（Ravitch，2000）。1973年，在凯斯诉丹佛案（Keyes v.Denver）中，最高法院作出判决：只要某所学校有一部分隔离被证明是因为学校当局采取了歧视政策，那么，就必须在全校系统内强制推

① 参见斯旺诉夏洛特梅克伦堡教育委员会案（Swann v.Charlotte-Mecklenburg Board of Education，402 U.S.1，1971）。此前有人质疑，要求各州采取纠正种族隔离的措施本身就构成一种歧视。而法院表示，出于对种族问题的考虑而提出的纠正方案是合法的。

行纠正措施，即便该校从来没有公开推行种族隔离。

在那些非裔美国学生占学生总人数半数以上或接近半数的学校，如果没有校车跨学区接送学生，种族融合就不可能实现。但是，法院却拒绝批准跨学区的校车接送，因为在 411
法院方面看来，没有证据表明，城郊学区的学校当局对内城学校的种族隔离产生了影响。法院拒绝承认，郊区政府间接促进了学校的种族隔离。在城郊居住需要购买大片土地或昂贵的住房，这种房地产销售策略，强迫非裔美国人与白人居所保持一定距离的、歧视性的抵押贷款政策，以及白人对非裔美国人试图在自己居住的郊区购房的敌意态度等，都促进了非裔美国人家庭在城市中心地带的集结。换句话说，法院拒绝承认制度层面的种族主义。尽管如此，法院仍然批准了原告的一些请求，包括通过资源分配弥补教育财政赤字，以及促进城市学区的一体化等（Milliken v.Bradley, 1974）。

米利肯决议（Milliken decision）不仅限制了在特定学区内实现废除种族隔离的可能性，而且几乎可以肯定，它促成了所谓“白人的逃离”（White flight，即白人家庭搬离城市运动，意图逃避促进学校种族融合的校车同乘）。校车同乘事实上起到了双刃剑的作用，既引发对要求种族融合一方的反击，也抵制了那些反对学校种族融合的势力的发展（Ravitch, 2000；可参见 Orfield, 2001，奥菲尔德相信，校车同乘对促使白人逃离的作用并不像有些人想象中的那样明显）。此外，有一些政治家意识到大量家长对校车同乘的抵制，便把这些观点和力量整合起来，并最终转变成选票（Ravitch, 1983）。尽管强制推行校车同乘的确激起了一些暴力抵抗（例如，the Boston schools; Smith, 1978; Metcalf, 1983），但在其他一些社区，校车同乘项目和种族融合政策仍在向前和平推进（Willie, 1984）。

最高法院废除种族隔离的命令影响了全国范围内的所有学区。联邦法官或专业人士负责监督法令的执行，并向颁布者报告执行情况。这种状况持续了很多年。30 年以后，根据克莱格（Clegg, 2000）的报告，在联邦法院审理的案件中，大约有 450 个案件多多少少牵涉联邦政府，后者被控侵犯了地方特权。批评者声称，联邦法官“正在操纵学校”，这一控诉基于学校应该由地方自主控制这一传统价值。最近，最高法院又颁布决定，如果联邦法官发现某学区是“一体化的”（unitary），即遵从了废除种族隔离的法令，或者受居住模式影响仍存在隔离，而非学校官员或立法机关的行动所致，那么，联邦法院授权法官可以放弃对这些学校的管辖权（D.Levine, 1993）。这些决定与北方地区废除跨学区校车接送的决定一起，对学校恢复种族隔离起了推波助澜的作用（Orfield, 1993; 2001）。

20 世纪 70 年代以后，布朗法案对减少学校种族隔离产生了很大影响。尤其是在南方，这种影响更为突出。1954 年，布朗法案颁布之前，南方地区仅有 0.001% 的非裔学生 412
在以白人为主的学校就读。1988 年，这个数字上升到 43.5%，尽管 1998 年这个数字又回落到 32.7%。在城市郊区，由于白人选择迁入某些社区，而非裔美国人搬进了其他一些社区，又出现了新的隔离。那些更加贫穷的非裔美国人则聚集在了城区。但这些被认为是“私人决定”之行为带来的后果，并不在司法干预的范围之内。

多数人赞同社区融合。但不管是白人还是非裔美国人，当自己所属的种群在融合社区占多数时，他们会感觉更舒适。为了分享社区感，白人迁居到白人社区，非裔美国人则寻找中产阶级非裔美国人社区，其中部分原因是居住在融合社区所感受到的生活和心理压力(Cashin, 2001)。

由人口迁移导致的居住地隔离，使学校的种族融合变得愈加困难。根据奥菲尔德(Orfield, 2001)的报告，在美国最大的 26 个内城学区，白人学生所占百分比的区间由底特律和华盛顿的 4%，到新墨西哥州的阿尔布开克的 42%。白人学生在这些学区所占百分比的中位数只有 12.2。1999 年，70%的非裔学生和 75.6%的拉丁裔学生在少数民族学生占比 50%—100%的学校中就读。其中，36.5%的非裔学生和 36.6%的拉丁裔学生在少数民族学生占比 90%—100%的学校中就读。

除了受居住模式和司法决议的影响，美国的人口结构也在发生变化。在郊区的很多地方，拉丁美洲人和亚洲人所占的人口比例已经超过白种人。奥菲尔德总结了这种趋势：

> 我们会越来越多地看到，在整个大都市地区和美国各州，将不再有占半数以上的族群，或者，多数族群将变成拉丁裔或非裔美国人。这将是美国教育史上一种全新的经验。在学校系统，我们或许将看到多元主义达到前所未有的水平，成千上万的美国白人不得不作出调整，以适应自己作为少数民族的身份；或者可能面临民族和种族严重对立的情况，这种情况被不公平的教育强化，尤其当多数学生被排除在由接受教育而获得社会地位的流动趋势之外时。在这一过程中，我们将影响这种关系和体验，以便人们能够适应多种族融合的公民生活和工作场所。(Orfield, 2001, p.20)

学校废除种族隔离的过程中出现了一些令人失望的事件，其中包括能力跟踪项目(ability-tracking)——其结果使得已经融合的学校又重新隔离(Linehan, 2001)，以及非裔儿童在特殊教育班级的比例过高(Stashenko, 1999; Simon, 1999)等。这些事件促使一些非裔美国人领袖反思融合教育的价值(Hill, 1993)。他们质疑，即便一体化(integration)可
413 以促生融合(assimilation)，而这又是否真是一个值得追求的目标？他们要求以自愿接受取代政府强制隔离，并设置以非洲问题为核心的课程，这些课程对非裔男性和女性的同一性发展都有价值(Cummings, 1993)。然而，更大的问题在于，这种全部招收非裔学生的学校是否能够获得公平分配的公共资源。

社会科学理论与种族融合

那些上诉到最高法院的案件所引用的社会科学证据表明，种族隔离是错误的、有害的，而废除种族隔离能够消除或减少这些伤害。至于采取哪些措施补救，社会科学的研究

成果并没有给出具体答案。正如布朗案引用的社会科学声明(Social Sciences Statement)的作者之一——库克指出(Cook, 1984)，布朗案中的法律问题涉及种族隔离对儿童的终身影响，却没有详细规定整改措施。尽管如此，在对这些证据的报告和意见中仍隐含着一系列的情境假设。

斯蒂芬(Stephan, 1978)分析了那些证据，从中获得了一个因果模型：白人对非裔美国人的偏见导致了非裔美国人较低的自尊和成就，从而造成后者对白人的偏见；作为一个反馈环，又再次刺激和强化了白人对非裔美国人的偏见。如果强制隔离作为这一反馈环的制度基础被打破，那么，非裔美国人的自尊和成就将得到提升；非裔美国人有可能对白人形成更为积极的态度，白人也会以同样积极的态度对待非裔美国人。斯蒂芬的模型暗示了可能发生的快速变化，但没有将时间变量正式包含进来。

很多研究试图进一步检验来自社会科学声明的那些假设，斯蒂芬对这些研究作了文献分析。在种族态度的改善方面，这些研究的结果模棱两可。例如，关于非裔美国人对白人的偏见，有一半研究的结果是增加，而另一半研究的结果是减少。至于白人对非裔美国人的偏见，却有更多的研究结果表明存在增加的趋势。

种族融合问题不只是非裔美国人与白人之间的争端。当一些白人学生被一所以亚裔学生为主体的精英学校录取以平衡种族时，这些白人学生同样经历了作为少数群体成员的身份问题。亚裔学生指责白人学生，因为他们是以相对较低的成绩获得进入这样一所精英高中学习的机会的。白人学生了解自己的特殊地位，但他们似乎并没有像人们预期的那样苦恼，而是倾向于我行我素，自我隔离，并组建“纯粹美国人俱乐部”(All American Club)，以回应颂扬各种亚洲种族的俱乐部(Chuang, 2001)。这些例子说明种族融合问题 414
很复杂。随着西班牙裔和各种非欧移民群体人口比例的相对增长，又会出现新的问题。在当今美国社会，只关注非裔美国人和白人的关系显然是不够的。

奥菲尔德(Orfield, 2001)回顾了一些较新的研究成果。这些研究表明，在种族融合环境中，非裔学生和白人学生学会了与对方和睦相处，并对未来生活中跨越种族界限的互动感到更加适应。然而，对学校来说，废除种族隔离带来的后效却是复杂的。根据斯蒂芬的总结，与种族隔离学校的非裔学生相比，在融合学校就读的非裔学生的表现要稍微好一些，而白人学生的成绩在废除种族隔离的学校并未受到不良影响。之前有些研究表明，年龄越小，非裔儿童和白人儿童在成就测验分数上的差距也越小。最近又有研究显示，随着学校隔离程度的提高，非裔青年和白人青年在成就测验上的差距也随之增大(Orfield, 2001)。

成就测验分数并不是衡量教育成果的唯一指标。融合学校非裔学生的高中毕业率得到了提升，尽管这个比率在最近几年又有所下降。与就读于种族隔离较为严重的学校的非裔学生相比，从融合学校毕业的非裔学生选择上大学的人更多，在大学阶段的成绩更好，也更有可能进入权威的法学院就读(Orfield, 2001)。

融合学校是否一定会更成功？鉴于执行废除种族隔离法所面临的挑战，废除隔离的系统改革要达到怎样的程度？杰勒德(Gerard, 1983)对社会科学声明提出的实现融合的条件作了总结。只有具备了这些条件，才能真正实现融合，达到预期效果。这些条件包括：

> (1)当局对废除种族隔离持坚定而一贯的支持态度；(2)不同种族群体的代表之间不存在竞争；(3)在废除种族隔离的情境中，所有参与者的地位和作用平等；(4)允许个体之间相互学习的跨种族交往方式。(p.870)

社会科学声明出自对社会偏见研究的结果，这种偏见已经延伸到学校情境中(Cook, 1984)。然而，上述条件在大多数地方根本无法满足，多数学校当局也不具备社会工程学的知识和技能来从事这项种族融合工作。

回顾以往的研究，杰勒德得出结论：数据并不能保证社会科学声明预测的可靠性。那些社会科学家甚至对他们从文献中提取出来的抽象原则将要被贯彻执行这一点都缺乏充
415 分的认知。事实上，杰勒德认为，那些社会科学家根本不了解学校系统的文化(参见 Sarason, 1982b)。

有些研究者(如 Cahn, 1955)认为，完全基于社会心理学实验的结果来解决道德问题是一种错误。那么，难道仅仅因为废除种族隔离所预期的种种益处不能通过实验证明，我们就要允许各州再次推行种族隔离政策吗？尽管强制实行校车同乘已经获得了一些支持，用法官布伦南(William Brennan)的话来说，除了在学校和员工中进一步实现种族融合，以便"连根带叶"地彻底消除歧视，我们还能做什么？在下一节，我们将简要考察学校废除种族隔离相对成功的一个案例。

在校车同乘之外。作为后见之明，有评论员指出，废除种族隔离背后的假设有问题。仅仅简单地将非裔美国人和白人安排在同一栋建筑里是不够的，要使非裔孩子和白人孩子真正地位平等，还需要更多实质性的变革。

> 实质性的变革应该包括以下方面：对不同筹资水平的审查；了解学校种族融合的真实情况(换言之，在没有任何法律干预的情况下)，是否完全达到法律对学校系统废除种族隔离的要求；多样化的课程设置；在可行范围内尽可能消除考试偏差；影响少数族群儿童的决策权要掌握在这些少数族群儿童父母的手中。鉴于种族主义已成为美国社会文化结构中根深蒂固的一部分，学校环境的每一个方面都必须反复接受检查，以评估种族主义对占主导地位的多数群体和被排斥的少数族裔学生的影响。(Hill, 1993, p.723)

有些研究者总结了一些条件，他们相信这些条件可以增加非裔学生的课堂参与。在这些研究者看来，非裔美国人会在课堂上和更广泛的社会环境中遭到各种公开或隐晦的贬低，而这导致了非裔学生厌学并最终学业失败。过于强调这些孩子的缺陷并提供补救

措施,其实是对他们的一种指责。斯蒂尔(Steele, 1992)认为,补救措施可能会在无意中强化非裔学生的易感性,他因而提出"明智的教育"(wise teaching),肯定非裔美国学生具有学习能力,努力营造出所有学生都是有价值的、都可以追求成功的课堂氛围,以预防学生因厌学而学业失败和辍学。

卡根(Kagan, 1990)也认为,课堂环境会造成学生之间的疏离。在卡根和斯蒂尔看来,解决问题需要将课堂作为一个能够"迫使"学生学习和参与的情境重新加以分析。他们都认同萨拉森(Sarason, 1990)的观点,即除非改变课堂中的师生关系,否则没有学校改革能够成功。斯蒂尔和卡根还提出了更多的目标,他们相信,"明智的教育"不只适用于种 416
族隔离的环境。卡根试图通过改变课堂教学实践来减少疏离。斯蒂尔(1992, p.78)则希望"在我们的孩子身上培养希望感,让他们有资格享受美国主流文化和教育……"如果课堂教学不能取得成功,那么,通过诉讼的方式也不大可能解决问题。在对令人不满的教育条件进行改造的过程中,社区参与有助于我们实施对所有人而言都更为理想的教育计划。

学校废除种族隔离的成功:一个研究案例①

废除种族隔离需要对组织进行变革,联邦法官对在废除种族隔离进行监督的过程中可能存在的问题缺乏清晰意识(Kirp & Babcock, 1981)。但是,随着时间的推移,法官、原告和学校董事会的官员们已经学会了如何应付司法对废除种族隔离的监督。[参见贝尔克诉夏洛特梅克伦堡教育委员会案(Belk v. Charlotte Mecklenburg Board of Education, 2001),从中可以了解南方学校董事会对废除种族隔离的抵制及其不断进步的历史。]对校车同乘的批评进一步暴露出废除种族隔离的重重困难。这些批评包括道德问题、识别种族歧视的困难,以及纠正歧视本身也可能产生新的歧视等(如 Glazer, 1975)。除此之外,还有一个问题,即用于废除种族隔离的 17.5 亿美元是否还有更好的分配方式(Ravitch, 2000)? 尽管如此,正如奥菲尔德(Orfield, 2001)所言,至少在某些案例中,废除种族隔离的努力已经从总体上对学校系统起到改善作用。

我们接下来要讨论一个案例,从中可以了解纽约市布法罗区学校成功废除种族隔离的历史。1976 年,联邦地方法院的法官柯廷(J. T. Curtin)发现,布法罗区的学校官员、市议会和市长在维持和促进种族隔离方面具有不良作用。为了维持学校之间的相互隔离,学校董事会重新划分了学区;允许白人学生从融合学校向外转学;在有许多非裔美国学生的高中停止开设波兰语(这样可以促使选修波兰语的白人学生转学到其他学校);在允许种族隔离的地区设立初中;制定歧视政策以影响好的技术类中学的招生。此外,1964 年

① 本节内容基于对以下资料的整理:莱文(Adeline Levine)对校监雷维尔(Eugene Reville)和副校监默里(Joseph Murray)公开演讲的记录,西纳特拉(Lewis Sinatra)的演讲;莱文(Murray Levine)对西纳特拉的访谈,以及瓦恩里普(Winerip)发表在《纽约时报》上的文章(1985)。

遭到投诉之后由教育专员制定的校车同乘方案也被认定为是不恰当的。市议会试图阻止一项由公民自愿投资的校车接送方案，并通过控制财务拒绝支持一栋新楼房的建设计划，而该计划有助于减少种族隔离。①美国最高法院在凯斯案(Keyes, 1973)中明确指出，如果学校行政官员的行为导致了学校任何一个部门存在种族隔离问题，就必须在全校范围
417 内强制推行废除种族隔离的纠正措施。换言之，一旦发现某个城市的学校和行政管理部门在一定程度上主导了种族隔离，就必须实行整改措施。由于布法罗区之前在学校管理方面存在很多问题，法官坚持必须实施一项综合性的变革计划。

白人和非裔父母双方都很生气。他们对通过校车同乘来达到种族平衡的观点感到愤怒，担忧自己孩子的安全以及他们是否有机会接受好的教育。等到大家对种族融合面临的困难有了充分的认识，由校监雷维尔(E.Reville)领导的学校官员和支持者们一致赞同开发高质量的教育计划，以增强学校对家长的吸引力，同时建立相应的制度以实现种族融合。柯廷法官坚持，应该联合社区共同商讨种族融合方案。副校监默里(J.Murray)也在废除种族隔离的计划中发挥了重要作用，他曾是落后地区一所中学颇有影响力的校长。

学校官员与社区团体先后召开了40多次公开会议。学校管理者决定不在社区之外聘请对本社区情况不了解的顾问。他们派出由当地非裔美国人和白人教育工作者以及律师组成的团队到附近街区组织召开家长会，告知家长废除种族隔离的工作即将展开，并且让家长明白这同时也是改善学校的一个机会。家长们坦率地发表意见，会议常常开得很激烈。他们还和布法罗区宗教事务部(Buffalo Area Metropolitan Ministries)合作，每当有可能出现困难的时候，牧师都会及时赶到救场。在布法罗，社区领导对废除种族隔离方案达成了一致性意见。

会议最终决定，首先将工作计划下发到各个学区和全市范围内的磁石学校(magnet school)。磁石学校的特殊性在于它们具有强烈的吸引力，以至于整个学区的学生都被这类学校吸引，哪怕必须乘坐公交车，也要选择去这类学校就读。换言之，这些学校具有如同磁石一般的吸引力。会议还决定，将有助于废除种族隔离计划的社区团体组织起来，强调公民的受教育权和对教育的选择权，以这种方法避免强制推行校车同乘。最终，通过家长会议，提出了更具建设性的方案。这些方案不仅能够改善学校，而且还帮助学校当局反思了各种不同的教育观点。

布法罗区一共有22所磁石学校，分别位于种族融合地区和市区中心地段。这些项目方案一方面是为了满足各街区的需要，另一方面也是为了吸引白人和非裔父母让他们的孩子乘校车来种族融合校上学。项目方案的设计必须让学校的教育理念对家长们具有吸引力。例如，有一所学校是按蒙台梭利教育原理来管理的；另一所学校则是高度结构化和
418 传统化的；一所由白人家长创办的、曾经是非正统的学校，现在由学校系统来接管，但仍然

① 参见阿瑟诉尼奎斯特案(Arthur v.Nyquist, 415 F.Supp.904, W.D.N.Y.1976)；参见塞列尔(Seller, 1979)“关于布法罗种族团体与教育的历史”。

按照以前非正式的、个性化的教学原则来管理；此外，还有一所学校，位于一栋新的敞开式平面布局的建筑里，适合实施开放性的教育项目。这些学校各具特色，有的突出美国本土化教育；有的强调用英语和西班牙语进行双语教学；有的专门为天才儿童（gifted children）制定培养方案；还有的则从学前班到 8 年级的教学过程中一贯注重科学研究。夏洛特·梅克伦伯格（Charlotte Mecklenberg）学区也有一些学校开展特色教学，作为去种族隔离项目的一部分。

布法罗区的磁石学校接收来自全区范围内的学生。除了基础教育学校，有 3 所在城区范围内招生的磁石学校拥有高中，分别是一所视觉和表演艺术专科学校、一所传统高中和一所专门为具有学术天赋的学生设置的城市荣誉学校（City Honors）①。原来的初中被幼儿园加八年一贯制基础教育取代。经过一段时间的改革，早期教育计划不仅能够为学前儿童提供优质的照顾和教育，还能为那些单亲妈妈家庭提供日托服务。因为很多人认为，学区划分应该对学校种族隔离承担责任，他们将种族意识（race-conscious）的相关内容作为磁石学校的准入条件之一，以便维持各校内部的种族平衡。

社区领导人积极参与变革，他们中的有些人在自己协助制定方案的学校承担有偿职务。有一位草根领导人，过去曾公开强烈反对校车同乘，随后却成为校车同乘的拥护者。非裔和白人家长共同组成团队，在即将废除种族隔离的学校帮助调解纠纷。

柯廷法官以非正式的方式倾听社区成员的心声。他收到很多恐吓信，但这些并不能阻止他行动。观察家们认为，虽然柯廷法官明确支持种族融合计划，但他也愿意聆听人们正在经历的问题，让双方都了解沟通正在进行，任何计划都不会粗暴地强加给他们。

虽然学校行政当局并不情愿把某些有关公共教育的权力让渡给法官和家长，但他们发现，执行废除种族隔离的法令可以帮助学校获得发展所需的财政支持，因此变得富有激情。教师和家长的利益同样没有被忽视。如果教师的观念与学校的教育理念相冲突，行政当局允许他们调到其他学校任教。家长则积极参与对方案的执行。学区在报纸和电视上刊登广告，宣传种族融合方案的价值。媒体也对种族融合计划持赞成态度。学校各部门有义务随时让市议会了解计划的进展情况。布法罗区的政治家们很守信用，没有利用 419
种族融合这件事为他们自己捞取资本。

社区在废除种族隔离项目的早期就已经参与了进来。校监雷维尔还要求布法罗区宗教事务部为废除种族隔离项目提供支持。另外，还成立了废除种族隔离市民委员会（Citizens Commission on Desegregation），成员由各选区的代表组成。1978 年，在布法罗区宗教事务部的支持下，另一个市民组织——素质教育公民委员会（Citizens for Quality Education, C4QE）成立，并获得财政资助，支持社区领导在学校系统废除种族隔离。该组织与学校和司法系统共同工作，致力于支持和帮助平民领导者。

---

① 近年来，城市荣誉学校向西屋科学人才选拔赛（Westinghouse Science Talent Search）输送了三名入围选手，这些学校及其所在城市因此而闻名全国。——译者注

素质教育公民委员会还建立了城市顾问委员会，委员来自市内各个学区，包括市长办公室和学校董事会的代表，其中大部分成员是学生家长。前布法罗区教师西纳特拉（L. Sinatra）担任顾问委员会的执行理事。素质教育公民委员会通过了一项赋权战略——与邻里街区合作。该组织告知学生家长他们有权参与变革，并帮助这些家长制定具体计划。素质教育公民委员会做了大量深入而细致的工作和研究，然而，每当需要向政府官员正式报告时，该组织总会退居幕后。布法罗区的废除种族隔离计划堪称典范（Winerip，1985），废除种族隔离工作以和平方式相对平稳地进行。在一定时期内，学校的种族成分并未发生显著变化。布法罗区的白人居民不但没有逃离，反而高度支持学校的做法。家长的参与度和对学校的满意度都在提高，学生成绩的总体水平上升，可选择的课程大大增加，学生和家长都更加积极地参与学校的各种课外项目（参见 Baud，1982）。

并不是说布法罗区的学校不存在问题，相反，他们的内城学校系统就有许多问题。尽管如此，当废除种族隔离在其他地方造成了消极的社会和学校教育后果时，在布法罗区却产生了更多积极的影响。这些积极影响不仅归功于具体方案的实施，而且归功于该项目的负责人对社区流程的合理使用，正是这一过程带来了改变，并使整个社区获益。

废除种族隔离之后

布朗案过去四十年之后，仍有数百个涉及学校种族隔离的案件迟迟结不了案（Clegg，
420 2000）。包括美国最高法院法官在内的很多人对这些案件的长期拖延感到不满，他们希望将对学校的控制权交还给地方当局。1976 年，美国最高法院指示，如果学区边界的变化是由人口比例的改变引起的，那么，联邦法庭的法官并没有权力以种族融合为名干涉这种改变（Pasadena Board of Education v.Spangler，1976）。在接下来的案件中，最高法院又提出，如果“过去曾发生过的种族歧视残余在可行范围内已经消除”，案子便可以了结（Board of Education v.Dowell，1991）。如果学区已经实现“种族融合状态”，就可以申请解除联邦法院的监督。最高法院还进一步规定，学校如果在“学生录取、教师委派、设备和资源、员工雇用及课外活动”等方面都不存在非法隔离的残余，便可以认定已经达到“种族融合状态”（Freeman v.Pitts，1992，p.492）。

法院并不强求学校在种族融合方面能做到同等程度。法院认为，一所学校能够在多大程度上实现种族融合是由很多复杂因素决定的，无法证明其中有哪些是非法歧视的残留。法院从未明确说明“非法歧视的残留”是什么样子，或者，应如何对它们进行认定。除了对某些相对客观的指数进行测量，如学生录取、教学设施、教职员工的种族成分以及其他类似数据，我们还能评估哪些指标？这些指标又如何能证明测量得到的差异是否属于非法歧视的残留？对那些研究废除种族隔离的社会科学家而言，这些问题无疑充满了挑战性。

法院决议现在允许学区恢复邻里学校的招生方式,只要这么做是学区自己的选择,并且这样做并非出于有意歧视。在大多数社区,磁石学校作为废除种族隔离运动的永久性遗产仍然存在。有些学区仍旧在法院的监督下纠正某些非法歧视行为,他们可以采取具有种族意识的纠正措施(race conscious remedies)适当平衡生源。这样一来,学区管理当局可以根据种族划分将学生分配到不同学校,以维持学校的种族平衡。这意味着可以将种族偏好和其他认证信息作为根据,选择一些学生分派到他们所希望的学校计划中去。

一旦某学区被宣布实现了种族融合,它过去的历史将被抹除。那些从未发现种族歧视的学区不能将种族作为分配学生的依据,即使这些学区自愿承担或维持学校的种族融合。而那些过去曾经被发现种族歧视,并且现在仍有可能存在种族偏好的学区,则不得再以种族为名接收或拒绝学生进入他们理想中的磁石学校。

有些学区的磁石学校在招生时使用具有种族差别的录取标准,以便满足政策对种族平衡的要求。例如,在布法罗,有两所磁石学校在录取学生时采用种族差异性标准,甚至 421
是在法官已宣布该学区实现了种族融合之后。第二年,有一个白人学生声称她被城市荣誉学校拒收,尽管她的条件要好于其他一些被该校录取的少数民族学生。该学区当局很快意识到自己很可能在法庭上败诉,因此迅速修改入学标准。新的入学标准更多地基于测验成绩。结果在接下来的那一年,被城市荣誉学校录取的少数民族学生明显减少。新入学的少数民族学生占新生总人数的比例从 52%下降到 40%,尽管该地区少数民族学生人数实际占到了学生总数的 60%。在另一所以招收天才儿童为主的很有竞争力的小学,新入学的少数民族学生占新生总人数的比例则从 57%下降到了 34%(Heaney, 1998)。

有白人学生质疑夏洛特梅克伦堡地区一所磁石学校在入学标准上存在种族差异,而这违反美国宪法的平等保护原则。作为诉讼的一部分,这一质疑的目的在于促使夏洛特梅克伦堡公开宣布学校已经实现种族融合(Belk v. Charlotte Mecklenburg Board of Education, 2001)。磁石学校有一长串正在等候被录取的申请人名单,这些申请人都是白人学生。为了维持种族平衡,即使学校还有空缺名额,学校董事会还是拒绝了一些白人学生的申请。在学区被宣布已达到种族融合的标准之后,更多的白人学生才获得入学的机会,但此时学校种族平衡的水平下降了。

在旧金山的多民族聚居区,亚裔学生同样质疑罗威尔精英高级中学(elite Lowell High School)的录取标准。中国学生称,为了平衡种族,罗威尔中学为亚裔学生设置的入学门槛比白人学生要高。而罗威尔中学回应说,对中国学生采用更高的入学标准相对于白人学生来说是一种平权行动。罗威尔中学这样做带有歧视性(D.Levine, 2000)。这些质疑致使罗威尔高级中学不得不修改入学标准,以便让中国学生和白人学生的入学录取分数(初中学业测验成绩和年级平均绩点)相当。

1999 年,旧金山审理有关种族隔离案的法官废除了该地区学校学生中的种族标签(D.Levine, 2000)。新的入学标准(只计算年级平均绩点和测验分数,取消了"附加在种族或民族之上的加权指数")使中国学生受益,他们入学登记人数的占比从 1996 年的 40.0%

上升到了1999年的51.9%。在新的入学标准下，白人学生登记入学的人数占比也略微有所上升，从17.5%上升到19.8%；非裔学生登记入学的人数占比则从6.3%下降到了3.8%；拉丁裔学生的登记入学人数占比从12.2%下降到了4.5%；菲律宾裔学生的登记入学人数占比从6.3%下降到3.5%。非裔学生和拉丁裔学生只占美国学生总人数中的一小
422 部分，但相对而言，非裔学生和菲律宾裔学生的人数下降了近一半，拉丁裔学生的人数则下降了2/3(Chuang, 2001, p.47)。由于本民族伙伴的减少，少数民族学生在学校会感到更加孤单。

这些经验表明，种族偏好(race-based preferences)的变化产生了复杂的影响效果，尤其是在多民族的环境里。问题并不仅仅局限在白人学生和非裔学生之间。我们也注意到，在每一个案例中，尽管少数民族学生的人数比例有所下降，但是精英学校仍保持着种族的多样性。至于"基于优势"的选拔标准对社会更有利，还是坚持为少数民族学生提供精英教育会带来更多的益处，这还是一个未知数。最近，美国最高法院在判决中支持将多元化价值观作为教育目标应用于大学和法学院。类似的观点是否能在中学或小学教育中推广应用，以促进某些实际行动，增加小学和中学教育的多样性，还有待进一步观察。(Grutter v. Bollinger 2003 U.S. Lexis 4800, 2003; Gratz v. Bollinger 2003 Lexis 4801, 2003)。

未来的问题

随着美国社会贫富差距的扩大，对住房、邻里和私立学校的个人选择将导致富人和穷人之间的疏离感进一步增加。由于非裔美国中产阶级更喜欢居住在非裔社区(Cashin, 2001)，种族隔离仍会加剧。似乎其他族群也表现出类似的偏爱，更喜欢居住在相对同质的社区。另外，非裔美国人中，富人和穷人的收入差距也在不断扩大。这意味着社会中最贫穷的群体将变得更加孤立，威尔逊(Wilson, 1987)描述的全部后果将接踵而至。城郊社区的种族融合很可能只是短期的(Cashin, 2001)，因为以往居多的白人不再增多，而非裔美国人却在不断涌入。此外，贫穷的非裔美国人倾向于搬到较老的城市中心一环附近，相对富有一些的非裔美国人则担心本地区学校的标准太低、犯罪率不断增长，从房东那里租住的二手住宅维护较差等，大多愿意搬到更远的郊区，将他们的孩子送入私立学校。

这些因素都加深了不同种族和社会阶层之间的隔离。为非裔学生提供特殊教育和社会服务的学校可能会失去大多数美国白人的政治支持，这些特殊教育和服务需要花费巨
423 额资金。种族和社会阶层的疏离可能会为贫困学生带来严重后果。优质教育能够提供的各种机会和社会流动性减少。贫困学区的学校物质条件匮乏，缺少电脑等先进教学设备，缺少优质课程和班级。这一切又使得学生被信誉好、有竞争力的大学录取的机会相应减少。

目前,在美国大多数州,学校的资金部分来源于当地的房地产税收、部分来源于州政府的支持。有些学区拥有大量有价值的固定资产,其中包括昂贵的大型购物中心和其他轻工业或商业地产。这些学区即使维持较低的不动产税率,也依然能为学校提供可观的资金。而那些拥有许多免税的非营利性机构、宗教或政府的房产及廉租房的学区,就必须通过较高的税率以维持学校的运转。斯温森(Swenson, 2000)引用了一组有代表性的数据:"在加利福尼亚州的鲍德温帕克市(Baldwin Park),居民在资产估价中每100美元需要支付5.48美元的教育税,而号称'全世界最尊贵住宅区'的比弗利山庄(Beverly Hills),公民花费在教育上的税收还不及鲍德温帕克的一半,每100美元只需支付2.38美元。"在纽约州,最贫困地区的学校花在每个学生身上的钱是7 000美元,而最富裕地区的学校花在每个学生身上的钱达到43 000美元(Swenson, 2000, n.4, p.1147)。

以往美国最高法院并没有把受教育权纳入宪法,作为公民受保护的基本权利(圣安东尼奥独立学区诉罗德里格斯案,*San Antonio Independent School District v.Rodriguez*, 1973)。同样,司法也拒绝将教育税均等纳入宪法"平等保护"的范围。由于对学校资金投入不平等的法律诉讼得不到国家宪法的支持,有些律师便转而求助于本州立法,以谋求在州范围内的学校都能获得均等的资金。这些诉讼很多已经取得成功(参见Swenson, 2000)。在相互隔离的学校与社区,诉讼恐怕是实现教育机会和教育设施均等化的唯一途径。如果重新考虑种族融合的目标,正如穆尔教授(Thom Moore)质疑的,社区心理学家能够在解释新的目标和达成这些目标方面发挥怎样的作用?这类社会行动需要组织和资源才能实现。它同样需要一些政治团体对州立法机关施加影响,对教育资金给予立法保护,而不是不断向法院提起诉讼,再由法院来判令教育机会均等。少数民族学生不能仅仅依靠多数民族的善意,而是需要更多家长参与行动。如果希望学校能够满足所有学生的需求,就必须通过社会行动和社区发展来影响司法,让后者为所应为,促进学校教育的发展。

莱文(David Levine)代表旧金山的中国儿童这样写道:

> 在未来几年,随着司法强制学校废除种族隔离时代的结束,以及对平权法案
> 更加广泛的争论,我们必须不断寻求新的方法,以便在不同的环境中实现平等和 424
> 公平。(D.Levine, 2000, p.143)

对社区心理学而言,这既是新的舞台,也是新的挑战。下一章有关社区发展与社会行动的讨论将再次回到这一主题。

本章小结

回顾学校废除种族隔离运动的历史让我们认识到,种族关系作为美国社会问题一直

要追溯到美国建国之初。我们与这个问题已经斗争了 200 多年，但只是在最近 40 年，我们才走向一个开放的社会。深刻的社会变革来自人们协调一致的自助努力。社会科学家参与其中，通过收集数据和发展理论，猛烈抨击了当时的传统观念。这种观念体现在法律中便是认为种族隔离不但没有危害，反而积极有益。社会科学研究及其理论证实了司法强制实施种族隔离的有害性和压迫性，并为废除种族隔离的措施提供了部分基本原理。

有些事件远远超出了我们能够掌控的范围。废除种族隔离的失败可部分归咎于我们对问题过于简单的理解，包括职业和住房的变化、相关社会经济问题以及美国最高法院决议对允许使用的纠正措施的多种限制。与 20 年前相比，学校如今的隔离甚至更加严重。绝大多数非裔和拉美裔学生就读的学校都是少数民族占主体，且多为贫困家庭的学生。这些学校的学生比在更加多元化的学校里就读的少数民族学生表现更差。在北方的郊区学校，种族隔离甚至更为严重。几乎没有白人学生会去以少数民族学生为主的学校。由于居住模式的关系，住在郊区的少数民族学生往往集中于几所学校（Orfield, 1993; 2001）。

我们还没有学会在一个多元文化的社会里如何平衡和相互尊重各自的民族尊严。我们很容易谴责种族融合的失败，但也不能忽视已经发生的积极变化。最近，本书作者之一在佛罗里达一家酒店的餐厅与两位年轻的非裔美国教授共进午餐。我们当时在参加同一个专业研讨会。话题谈到了民权运动和种族融合的失败。然而，有一点我们都承认，即不管是在南方还是其他靠近边界的各个州，在多年之前，像我们现在这样几个不同种族的人
425 坐在酒店的餐厅里共进午餐是不可能的事。我们现在能坐在一起就是民权运动的成就，这些成就不会被历史轻易抹杀。

很显然，理解学校废除种族隔离这样复杂的社会现象，仅靠单一学科的视角是远远不够的。我们需要对自己工作和生活于其中的复杂的历史、社会、政治、法律和经济环境有更充分的认识。

有人可能会说，正如杰勒德（Gerard, 1983）指出，社会科学家在他们的学科发展得更加成熟之前还无力发表言论，不应介入公共事务。而另一方面，社会科学家确实已经拥有一些可以有效解决现实问题的分析方法、概念、理论和知识体系。萨拉森（Sarason, 1974）呼吁，社会科学家不仅要从事相关研究，而且要参与社会行动，以此作为一条研究途径。在他看来，通过“持续不断地与社会现实相结合”，社会科学将会从中受益（p.261）。他认为，如果“一个人尽了最大努力，并凭借自己的努力，接受他人的批评，在下一次做得更好”，那么，建立在不确定的学科基础上的社会行动研究便是正当、合理的（p.267）。我们认为，无论是社会科学还是社会现实都没有因为社会科学家投入于废除种族隔离的运动而蒙受损失，相反，可以肯定地说，两者都从中获益。

本书最后两章，我们将讨论参与社会行动的基本原理，以及将科学用于政治化环境可能出现的一些问题，并进一步探讨社会行动和社区干预中的伦理。

第十二章 427

社区发展与社会行动

在第十一章,我们讨论了学校废除种族隔离的问题,阐释了现实情境中社区对行动和变革的需求,以及社区变革的复杂性,尽管我们对变革进程的了解还不十分深入。本章我们将借助生态学类比的方法,结合本书前面介绍的其他视角,继续讨论这一方面的问题。428
我们将聚焦两种主要的行动模式。这两种行动模式主要用于解决因无能为力和权力差异而产生的社会问题。其中,第一种是社区发展,体现了促进共识和达成合作的行为策略。第二种是社会行动,即以冲突和对抗的方式解决社会问题的行动模式。虽然我们对两种模式加以区分,但事实上并不存在绝对单一的模式。大多数群体可能会根据具体情况选择两种策略并用。那些试图改变社会的人倾向于将问题归因于社会环境,而不是正在被问题折磨的个体的内心缺陷。个体适应困难被解释为是由获取资源的障碍引起的。本章让我们从对问题的定义开始。

问题定义的政治学

定义问题是理解和解决问题的基础。对问题的定义深深扎根于我们的世界观假设,后者我们常常意识不到。对问题的定义制约着备选方案的可能性和多样性(Sarason, 1972; Levine & Levine, 1992)。例如,假设我们希望通过调查贫困人口来理解贫困,我们便对贫困作了以个体为中心的解释,譬如教育或技能不足、缺少文化、家庭功能不健全,或自己懒惰,等等。然后,我们再试图去纠正这些不足。但是,如果我们以政治和经济系统作为背景来定义贫困,那么我们也可以通过调查富人来理解贫困。这样我们的解释便会涉及整个资本主义制度体系,如何更加公平地分配社会财富便可能成为我们解决问题的备选方案之一。

汉弗莱斯和拉帕波特(Humphreys & Rappaport, 1993)指出,定义问题的方式影响着联邦政府在心理疾病和药物滥用项目中所起的作用,并因此产生了不同的政治和权利后果。他们以社区心理卫生项目为例,将定义问题描述为在理解和解决问题的过程中提出某种具体诉求(claim)。在政治进步的20世纪60年代,联邦政府解决行为障碍问题的相关政策聚焦于改善城市和医疗体系。从1981年开始,政治上相对保守的里根和布什政府对用于社区医疗服务的大量联邦资金进行了重新分配,转而投入有关精神类疾病的生物医学基础研究。伴随着心理卫生项目的大量缩减,里根政府将大量资金投入那些将药物滥用定义为个体缺陷问题的研究。药物滥用是一个公认的社会问题,新的定义为公众理解该问题提供了新视角,一方面鼓励人们面对某些个体"直接说不",另一方面加大了对执
429 法资金的投入。将药物滥用问题重新定义为是由不法分子、有心理缺陷者或意志软弱者个人导致的问题,这就给了联邦政策制定者以机会,去实现政府在行为障碍问题上的作用。把药物滥用完全看作个体问题,对联邦研究资金使用的优先权产生了实质性影响。新的研究和新的知识又会进一步影响解决问题的方法。汉弗莱斯和拉帕波特告诫我们,受价值取向的影响,我们很容易陷入对政策的片面分析。为了防止这种倾向,从定义问题开始,我们就应纳入不同的视角——譬如,药物滥用既有一部分个体自身缺陷的原因,也有将人们置于危险中的社会环境的责任。

指责受害人

在大多数人的眼里,财富和权力在我们这个社会是成功适应的重要标志。财富和权力是有限的,不可能平均分配。总有一些人比其他人更富裕,拥有更多的权力。不论是自由党人还是保守党人,那些享有大量财富和权力的人很自然地会认为,自己拥有的都是应得的,是他们以个人的才能和努力换来的。这种逻辑让他们将那些运气不是那么好的人视为懒惰者和无知者。所有的报偿,无论是好的还是坏的,都被视为公平、公正的,他们因此抵制重新进行更加平等的分配。由于获取财富、权力,以及控制重要社区资源的途径受到限制,那些缺乏机会的人很容易产生无力、绝望和挫败感——这些情绪体验与各种社会问题和相关生活环境压力联系密切。鉴于每个人都有不同程度的脆弱性,生活"肥皂剧"中的压力和困境会给那些缺少资源的人造成更为严重的影响。大多数美国人具有同样的价值观,许多人虽然身处有利的地位,但同样对贫穷、犯罪、精神障碍和其他社会问题的大量存在感到骇然,并坚持应该对此作出改变(Ryan, 1976)。

在瑞安(Ryan)看来,以个体为中心来定义问题,一种解决方式便是"指责受害人"。最初的越轨(primary deviance)可能与精神疾病一样被归因于某种生物性的机能障碍,由此导致在个体水平上对人进行分类或贴标签。这样一来,解决问题的尝试便被局限在某一个方向,不会对现存权力和财富分配机制造成威胁。一旦将问题定义为某些个体的病

理性人格特征，那么，解决办法自然就应该是对个体人格的干预和治疗。我们一面庆幸自己生活在一个富有同情心的社会，一面又集体避免从经济和政治角度定义社会问题。简单来说，即指责受害人允许那些处于有利地位的公民将人道主义的价值观和他们的个人 430
利益相调和。

一旦受害者接受了以个体为中心的解释，认可自己应对所面临的困境负责，便强化了对个体的谴责过程。举一个例子来说，在石墙暴动（Stonewall riots，即同性恋者权利运动）发生之前，大部分同性恋者都接受了对自身处境的传统定义，即同性恋是基于个体精神障碍的一种异常行为表现。其结果是，很多同性恋者选择顺从外界的看法，长期隐瞒自己的身份，而不是公开追求个人权利。但是，在石墙暴动发生之后，他们开始重新将自己定义为“拥有与众不同的生活方式的正常人”（Duberman，1993）。

指责受害人是临床干预由来已久的一种观念。这种观念通常只能简单地鼓励受害者不要对自己的境遇过度悲观。有些预防项目暗含着对受害人的指责。例如，对于“高危”个体（“high-risk” individuals）的能力培养方案，在这个方案中，需要改变的显然是这些个体，而不是他们周围不利的经济和政治环境。这与声称缺陷是由社会或认知造成的而不是由遗传造成的观点并无本质差异。如此一来，对受害者的指责便成了专业活动不可避免的副产品，这些活动很少明确指向改变周围环境或重新分配资源。

指责受害人的这种做法缺乏生态学取向的思考，或者说没有理解我们在多大程度上受到周围环境的影响。它与社区心理学家通常采取的优势取向（strengths orientation）相对立。无论是优势还是劣势，都应该从生态学的视角进行反思。生态学视角将个体、家庭和社区纳入“上下文语境”（context），后者包含多重系统、机构和环境，与人相互依存，既影响着人，又受到人的影响（参见本书第四章）。

悖论与赋权

需要政治性地解决社会问题的一个理由是，现有的治疗和预防、干预措施被证明效果十分有限。而且人们逐渐认识到，对许多社会问题而言，并没有一种完美的解决方式（Sarason，1978）。拉帕波特（Rappaport，1981）指出，我们离彻底解决社会问题还很遥远。社区心理学家现有的知识使我们面临一系列悖论——这些观点看起来自相矛盾。例如，有这样一个悖论：一些所谓的专家在专业领域拥有很高的威望，但他们对某些行为问题的理解仍然需要向那些正在尝试着克服问题的普通人（如匿名戒酒者协会或其他自助团体的成员）学习。在这种情况下，谁才是真正的专家？如果谁都可以充当这个角色，悖论就 431
产生了。

意识形态的不同也会导致悖论。在有关需求（needs）和权利（rights）问题的争论中存在这样一个问题。如果肯定穷人有需求（needs），认识到这些人感觉不足（deficiencies），消除这种不足就意味着让他们和所有人一样，这样他们才感到平等（equal）。相反，承认富人拥有权利，即拥有某种优势（或力量，strengths），支持他们就应该允许他们与其他人不同，只有这样，这一部分人才认为平等。

另一个有关悖论的例子是，人们已经认识到，通过鉴定和治疗精神病学意义上的“病案”来帮助个体，我们可能会因为医源性影响（如贴标签或污名化）而伤害到他们。治疗或预防个体心理问题的传统方式与其说是在有效地帮助病人，不如说更像是专业人员对社会弱势群体施行的家长式殖民主义(paternalistic colonialism)(Rappaport, 1981)。

在很大程度上，心理健康和其他为人类服务的专家实际上是在强迫社区接受他们的产品和服务。他们拥有受人尊敬的职业，领取丰厚的薪酬。另一方面，社区居民变得日益依赖他们，不能自主决定如何更好地生活和实现自己的目标。专业干预对当事人到底有益还是有害？虽然表面上相互矛盾，但两种视角都能带来有效的观察和对问题的不同定义，并由此产生不一样的解决方案。

认识到社会问题及其相应解决方案具有悖论本质，我们可以得出一个结论：并不存在某种一蹴而就的解决社会问题的方式(Sarason, 1978)。今天的“解决”往往会为明天埋下问题隐患。例如，道德治疗(Moral Treatment)在19世纪中期曾被认为是成功解决社会问题的方法，后来却成为监管式精神病院的一个问题(Levine, 1981)。拉帕波特指出，由于社会问题同人与人之间不可调和的个体差异相互交织，导致问题的性质和解决方法只能是辩证的，而不是绝对的，也就是说必须从多重视角看问题才能产生更好的理解。基于皮亚杰对客观性的定义，我们可以认为，从不同视角看问题时，看到的现象会有所不同。

辩证地看问题意味着会有多种不同的问题解决方式，其共同之处在于去中心化和地方性公民赋权。在拉帕波特的价值等级表中，去中心化和赋权处于较高的层级。向人们赋权等于增强他们对生活的控制能力，同时也意味着专家的作用更像是合作者，而不是象征意义上的父母。从这个观点来看，专家可以提供一些东西，但他们与当事人的关系不应该是医疗模式中的医患关系。

432 抢步计划隐含的“需求 vs.权利”辩证法可能是该计划相对于其他反贫困计划能够维持更久的原因。抢步计划既为贫困家庭儿童提供了教育预防，同时也通过创造就业机会、培养父母对生活的控制感来对弱势群体赋权。所以，抢步计划是从多角度解决贫困问题的一个十分生动的例子。

类似的观点也出现在科恩和汤普森(Cohen & Thompson, 1992)的文章里，他们针对患有长期慢性或严重精神疾病的无家可归者所做的分析很具启发性。是什么导致这些人无家可归？因为他们是“疯子”？还是因为他们不能正常履行职责？或仅仅是因为经济贫困？无家可归是因为他们自身缺乏认知能力或有情感缺陷、适应不了外部环境而造成的直接后果吗？还是说，无家可归只是一种偶然性的巧合，是他们作为弱势群体，以及其他没有精神疾病的个体——陷入家庭危机或单亲失业的父母、处境不利的少数民族——在低收入住房供应不断减少的情况下所能占据的唯一生态位？

对那些患有精神疾病的无家可归者而言，划拨专项资金让精神健康专家为他们提供高强度的治疗服务，包括重新入院治疗——是最好的解决方法吗？或者让专业人员和其他人合作，为他们提供安全、舒适的住房，让他们融入健康人生活的社区，以这种方式支持他们自己应对和解决问题——这种解决方式是不是更好呢？

希恩和特森贝瑞斯(Shinn & Tsemberis, 1998)报告了一项针对无家可归家庭进行的大规模、长期追踪调查的结果。在与该项目的研究人员第一次接触之后的5年内，这些家庭中有80%住进了属于自己的公寓，平均用时35个月。住房长期稳定的最好预测指标是这些家庭可以获得五种形式的住房补贴之一，而家庭成员患有精神疾病、药物滥用或健康问题的经历并未影响他们居住的稳定性，接受心理健康医疗和其他社会服务并没有对安居起到促进作用。希恩和特森贝瑞斯因此得出一个比较极端的结论：

> 我们认为，从许多案例来看，接受住房补贴便足以让一个家庭摆脱无家可归的处境，专业化服务在促进安居方面的附加值并不明显。(Shinn & Tsemberis, 1998, p.61)

希恩和特森贝瑞斯比较了两种模式：一种是线性连续模式(linear continuum model)，由专家对病人的需求和问题作出诊断，然后为病人安排那些在专家看来是"恰当的服务"。另一种是社区服务优先模式，重视消费者的选择权，允许他们独立生活。在后一种模式中，无家可归者可享受住房补贴福利，并被赋权选择自己想要的服务。在接受第一种治疗 433
模式的病人中有62%在一个月内便退出了治疗，而接受第二种服务的病人中有86%在四年之后仍有稳定的住房。

总而言之，根据拉帕波特的判断，社区心理学家应该澄清存在于社会问题定义中的那些悖论，鼓励和促进多样化的问题解决方式。意识到问题及其解决方法具有辩证性或存在悖论，会让人们看到更多的选择，让自己的基本假设暴露于建设性的批判之下。我们既不应该指责受害者，也不应该一味地批判外部环境。我们应该努力创造环境，通过对社区居民赋权，让他们自己控制资源，而不是谋求一次性地解决全部问题。

众望所寄的社区

通过分析我们发现，社区心理学家的工作就是通过让那些可能受到决策影响的人更多地参与决策，帮助建设众望所寄的合格社区。虽然社区参与并不总能带来理想的结果(Moynihan, 1969)，但最近几年，对基金和项目的控制权之争逐渐平息，许多以社区为基础和受社区主导的研究项目得到了公众认可(Ladner, 2001)。

社区能力建设(community competence building)要求我们通过社会和政治行动促进社区变革，从而为社区自决(self-determination)创造机会。社区能力建设有两种常用策略，即社区发展和社会行动。两者在基本假设上存在显著差异(Heller & Monahan, 1977)。社区发展策略假设，社区拥有丰富的知识、资源和组织与领导潜能，可以通过达成共识来实现建设性的社区变革。相反，社会行动则假定资源有限，且分布不均，社区内部多种利益冲突难以调和，因此，社会问题的解决在本质上只能依靠政治行动。同样，不存在单一的社区建设模式。在不同时期，组织机构可能分别采取社区发展或社会行动两种策略。

社区发展

社区发展(community development)是一个过程，旨在基于社区居民的创造性和积极参与，为社区经济、社会、政治和环境的发展创造有利条件(参见图 12-1；Perkins, Crim, Silberman, & Brown, 2003)。

434

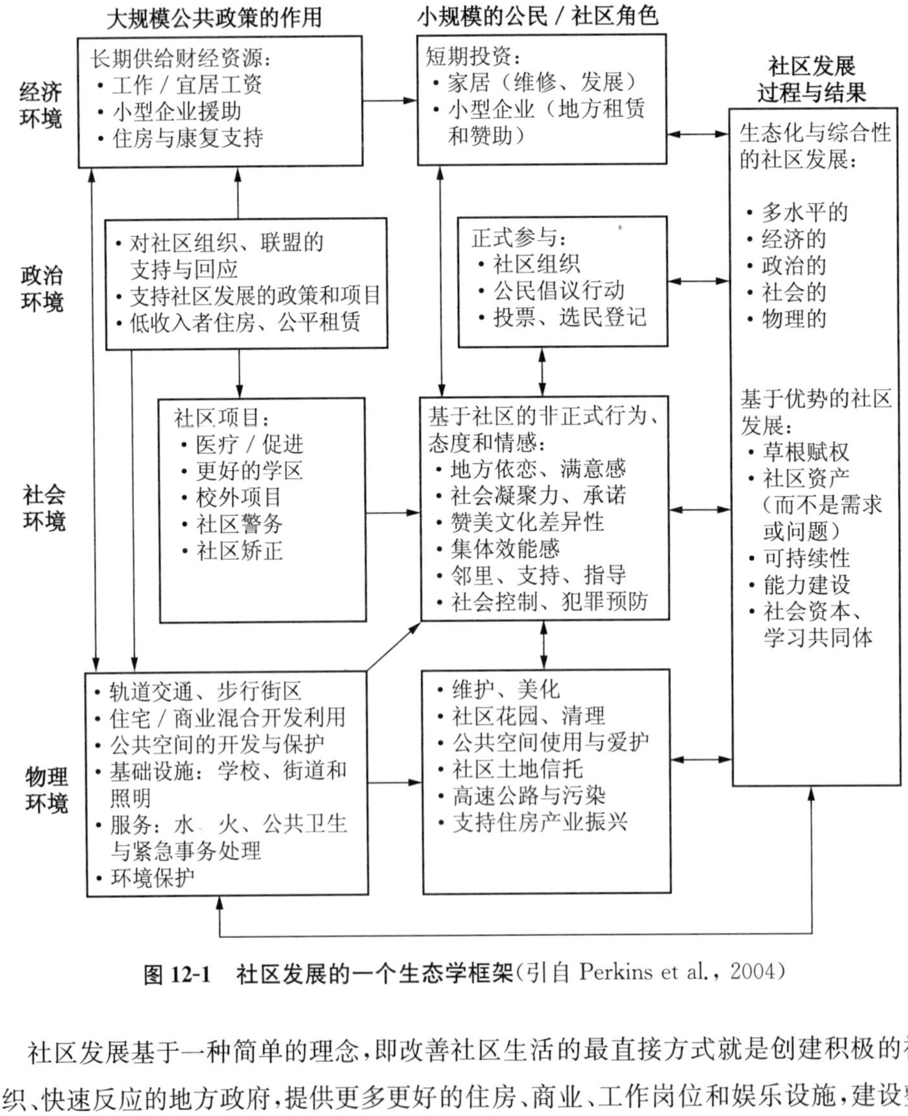

图 12-1 社区发展的一个生态学框架(引自 Perkins et al., 2004)

435 社区发展基于一种简单的理念，即改善社区生活的最直接方式就是创建积极的社区组织、快速反应的地方政府，提供更多更好的住房、商业、工作岗位和娱乐设施，建设整洁安全的公共空间，以及形成和睦的邻里关系。社区发展涉及政府政策、非营利性及其他非政府组织(nongovernmental organizations, NGOs)。例如，社区发展公司(Community Development Corporations, CDCs)、公民志愿者协会、公私合营企业等。

基于地理位置划分，社区发展有三种主要类型，包括城区和城郊住宅小区的复兴、城市中心大型商业与公共空间的开发和农村社区的发展，重点在于应对世界经济(如农业)的发展和基础设施(如住房、道路、学校、公用事业、医疗设施)的建设问题。另外，草根行动(通常规模较小)和大规模的发展项目之间存在根本性差异。前者拥有广泛的群众基础，是自下而上组织起来的，而后者通常由政府或国际组织的代理机构进行规划和管理，自上而下运作，受其影响最大的当地居民几乎没有任何参与权或控制权。

根据克里斯滕松、芬德利和鲁宾逊(Christenson, Fendley, & Robinson, 1989)的观察，不仅是美国，在世界范围内，政府的财政紧缩已经给地方和私人机构在满足当地居民需求方面造成了巨大压力。他们提出了影响社区发展的六个重要因素，包括：(1)有消息灵通并能获取外部资源的领导者；(2)能在世界经济发展的大背景下理解社区当前的经济体制；(3)有公众参与；(4)了解本社区的独特之处(例如，明确社区在本地、州和世界经济体系中的生态位)；(5)愿意创新，能够接受新方案；(6)对人力资源和金融资本的组织，并努力使其最大化。

基于优势的五个社区发展概念。首先，社会资本(social capital)可以在一定程度上弥补经济资本的不足，这种观念已成为草根社区发展的流行理论之一。社会资本是指居民通过非正式网络和相互信任、履行公民义务或直接服务组织，以及与这些组织建立联系而融入社区的水平(Putnam, 2000；参见本书第五章)。最近，社区发展的研究者强调非正式团体的学习过程在社区和组织内部社会资本建设中的作用(Falk & Kilpatrick, 2000)。社会资本概念与社区心理学的生态学取向相契合。与相对陈旧的“人力资本”(human capital)概念相比较，社会资本关注相互依存的社区网络优势，而不是仅仅关注某些个体
优势，如受教育水平。然而，需要提醒的是，如果缺乏政治、经济和物质资本的参与，社会 436
资本能够单独达成的目标极其有限(Perkins, Hughey, & Speer, 2002)。

可持续性(sustainability)作为第二个概念是指社区以再生性资源为基础，随着时间的推移而获得的生态化健康发展(Rao, 2000)。其最初目标是经济发展的可持续性，或在没有外部资金或定期贷款注入的情况下也能维持和发展当地经济。最近，可持续性发展又新增加了一层环保含义。也就是说，生产发展过程不能污染生态系统或耗尽自然资源。可持续性概念也可以应用于社区发展的政治和社会领域(Perkins et al., 2003)。政治的可持续性(political sustainability)无论在本地层面还是社会层面都很重要。在本地层面，政治的可持续性意味着在社区决策过程中发动基层积极参与；在社会层面，政治的可持续性则意味着政府发展和维持一项政策必须得到广泛的支持，并且能够在政权更迭的过程中延续下来。社会的可持续性(social sustainability)可以被理解为社区在多大程度上能够发展和维持社会资本。

社区发展的第三个重要概念是基层赋权(grassroots empowerment),即社区成员组织起来,集体干预对他们产生影响的制度和问题(Speer & Hughey, 1995;参见本章前文和第五章)。赋权可以发生在多种水平上,从心理层面到组织层面,再到社区层面(Perkins et al., 1996)。在心理层面,基层赋权让个体认识到通过努力,自己能够让事情有所不同,因此发展了个体的自我效能感、控制感和自我价值感。在组织层面,决策是通过民主协商自下而上进行的(参见第十章的组织赋权)。随着社区发展的成效开始显现,社区自身也获得了赋权,即社区不再被成员和其他人忽视,并且被认为是在朝着正确的方向发展(Saegert & Winkel, 1996)。在国际上,赋权已成为社区发展组织工作的一项指导性原则(Friedmann, 1992; Perkins, 1995)。赋权要基于社区优势,聚焦个人和社区的权利、能力、财富和资源,而不是一味强调他们的需求和问题。

社区发展的第四个概念是能力建设(capacity building)。能力建设同样需要在多种水平上实现,具体包括个体技能和知识、有组织的资源或某个社区内部组织与联盟的发展(Perkins, et al., 2003)。社会资本描述了共同体内部的资源和网络,正是这些使得基层社区组织的发展成为可能。能力建设则是应用于现存社区发展组织的资源开发过程。能力建设和社会资本这两个概念基于相同的理念,即每个社区都拥有自己本土化的人力资源,可以被开发和使用,以解决社区问题。

437 第五个以优势为基础的社区发展概念是基于资产的社区发展(asset-based community development),指动员公民和地方性组织来发现和开发社区资产,而不过多强调不足和问题。如图 12-1 所示,与社区发展的生态学取向一致,对于资产有着广泛的定义,包括:(1)物质资产(如那些未被充分利用的土地,可以开发成社区花园、停车场、草坪、公共会议或娱乐中心、日托所等);(2)社会资产(如社区凝聚力、志愿者);(3)经济资产(如消费者、创业者和工人、投资机构);(4)政治资产(如选民、律师、本地官员、社区领导者)等。

社区发展作为一种预防和自助。经济窘迫和社区解体都属于很严重的压力性生活事件,社区发展可以有效避免或减少此类事件的发生,因而具有心理预防作用。此外,社区发展可以创造更多资源,促进积极适应,提供支持以减少由士气低落带来的心理和社会问题,这些同样能起到心理预防的作用。

一个重要假设是,吸引当地居民参与对目标的制定和执行可以有效促进社区变革。社区发展的重要议题包括民主程序、自愿合作、自助、本土化领导的发展和社区教育等。社区发展有必要与那些掌控资源的人开展合作。"真正的弱势"(truly disadvantaged)群体聚集的区域应该是社区着力发展的目标。这些社区目前看上去可能较为稳定,其资源的匮乏被贫困群体继承。社区发展的目标单位不拘大小,在大都市地区可以缩小到某个独立的街区(Perkins et al., 1990)。

经济发展、住房政策和学校是社区发展的重要目标。领导者努力创建社区中心和组织,以帮助减少居民的孤独感,创造"邻里共谋合作"的社区心理气氛。从这一视角看,维护社区秩序有助于减少犯罪、暴力、毒品交易、儿童忽视和虐待、心理绝望和道德败坏现象的发生。

社区发展取向认为，人们都具有潜能，善于抓住机遇，并展现出领导力。正如危机理论认为，人们都拥有应对危机的力量。社区发展取向假设，一旦赋予其资源，人们将会利用机遇并参与社会组织，创造出能够充分发挥自我优势的角色和环境。有些组织和领导 438
承担与处境不利青年和帮派打交道的工作，为他们提供榜样示范和非法活动之外的选择。这些示范和选择包括提供工作岗位和培训，吸引年轻人参与社区发展和企业经营活动等(Ladner，2001)。

社区发展公司(Community Development Corporation)最早的动力来自肯尼迪总统20世纪60年代中后期对城市暴乱的担忧。肯尼迪走访了纽约当地的许多社区，试图了解在反贫困计划实施过程中究竟是哪里出了问题。但是，和总统交谈的那些人只想得到具体的帮助，如修建一个超市或购物广场，他们不愿意只是被当成调查研究的对象。1966年，肯尼迪和他以前在纽约州的参议员同事贾维茨(Jacob Javits)成功地修改了为社区发展项目提供支持的反贫困法案。福特基金会的灰色地带(gray areas)项目对此也作出了贡献。社区运动整体建立在社区参与的理念基础上，由阿林斯基(Alinsky，1971)提出的组织发展策略同样发挥了作用。当地教堂主动参与，私募基金和公共基金联合，帮助机构发展壮大起来。

皮尔斯和斯坦巴克(Peirce & Steinbach，1987)针对社区发展公司作了一些研究，其中有些公司位于看起来毫无希望的街区。20世纪80年代中期，美国大约有3 000—5 000个社区发展公司，分布在各个州的都市和乡村。多数社区发展公司在此前的25年中已经得到一定发展。虽然社区发展公司在规模和资源方面差异很大，但它们也有一些共同特征。例如，大多建在城市贫困街区或农村社区，倾向于为地理位置处于低收入地区的居民提供服务。生活在这种生态位的人们自己管理着社区发展公司。根据皮尔斯和斯坦巴克的描述，社区发展公司是农村低收入者最重要的住房供应商，它们同时还提供其他一系列生意和服务。虽然社区发展公司的服务面向所有族群，但最成功的社区发展公司往往服务于非裔美国人社区，我们下面将聚焦于这一类型的组织和机构。

非裔美国人社区的社区组织。社区发展公司并不是凭空出现的，它有着自己的发展历史(Sarason，1972)。非裔美国人社区的许多社区发展公司都是与教会和其他非营利性组织合作发展起来的。泰勒(Taylor，1990)指出，在纽约州布法罗市，非裔美国人社区的一个显著优势就在于社会组织的数量(大约600个)及其多样性——教会、邻里街区俱乐部、文化团体、青年中心、公民权利组织、联谊会、兄弟会以及各种正式的或非正式的政治组织。这些组织为社区发展公司的发展提供了基础。由于大多数人还没有意识到这类组 439
织在非裔美国人社区生活中的角色和作用，我们将简要地讨论其中的一些问题。

教会。教会是非裔美国人社区历史最悠久的机构。它的产生源于种族歧视下不允许非裔美国人进入白人教堂。教会在非裔美国人生活中具有重要地位，非裔美国人从教会获得生计、成长和发展。很多知名的、有影响力的非裔美国人领袖包括马丁·路德·金

(Martin Luther King, Jr.)、杰西·杰克逊(Jesse Jackson)等都来自教会。教会为那些难以通过其他途径获取资源的非裔美国人提供了一个生态位、一份工作或社会角色。一个昔日的奴隶可以成为教会信众的主席、受托人、牧师或执事,从而能够与社区属地的当局对话,多数时候也能与白人社区属地的当局对话。这些已经获得的角色强化了非裔美国人的自尊,锻炼了他们的组织技能,是他们领导经验的来源。

拉德纳(Ladner, 2001)描述了一群新的都市领导人,他们都曾在非裔美国人教会中担任牧师。当帮派势力入侵教堂时,非裔美国人教会的牧师们对此感到恐惧,于是,他们在波士顿组建了十点联盟(Ten Points Coalition),此举导致他们邻里社区的枪支暴力事件急剧减少。然后,他们又开始步行街头,与那些帮派青年接触。他们一方面主动与波士顿警方合作打击犯罪,另一方面也为年轻人提供各种服务,尽量防止这些年轻人因参与犯罪活动而被起诉。里弗斯(Eugene Rivers)是一位牧师,他领导了一个意图稳定社区的项目。该项目隶属于阿苏萨基督教社区(Azusa Christian Community)和埃拉贝克之家(Ella Baker House),强调个体和社区的责任及社区参与理念。里弗斯牧师反对"受害者文化"(culture of victimization)。埃拉贝克之家为会员提供户外活动、暑期学校和音乐夏令营等服务。

在团结整个社区方面,非裔美国人教会在过去和现在都发挥了重要作用。它为来自不同社会阶层的人们相互认识创造了条件,并通过组织多种活动满足教会成员的社交和娱乐需求(Pattillo McCoy, 1998)。非裔美国人教会作为一个组织机构为其成员提供了有关社区发展的活动体验。例如,筹建一个教会需要人们募集大量资金、商议购买土地和修建教堂建筑等事宜(Davis & Nelson, 1980)。

互助组织。非裔美国人教会发展出很多互助团体和慈善协会,为教区范围内的病人、残疾人、寡妇和缺少父亲的家庭提供帮助。非裔美国人妇女俱乐部就是这样一支社区发展
440 的重要力量(Carson, 1993)。有些互助组织创立于18、19世纪,后来发展成为保险公司,为非裔美国人社区提供服务。这些组织中的有些人,因为种族主义对非裔美国人获取资源的限制(时常发生内部竞争),并不总是能够信守和兑现诺言,但其他人仍会履行承诺。

20世纪早期,美国黑人商业联盟(National Negro Business League)、美国有色人种协进会和城市联盟(Urban League)等互助组织纷纷成立(Davis & Nelson, 1980),伴随着需求的变化,社区内部各种成分的发展运动开始兴起。加维(Marcus Garvey)为自助型组织的发展作出了贡献,如他在全球黑人进步协会(Universal Negro Improvement Association)创建的合作经济计划。天父和平使命运动(Father Divine's Peace Mission Movement)的会员多达200万名,该组织拥有房屋租赁和小型企业,如杂货店、理发店、农产品销售平台、干洗和缝纫店、皮毛加工店,同时还经营酒店和旅馆。自20世纪30年代以来,全美伊斯兰教联盟(Nation of Islam)已联合形成一个商业企业网络。除了公民权利组织,机遇产业化中心(Opportunities Industrialization Center, OIC)和杰克逊(Jesse Jackson)牧师发起的推进行动(Operation PUSH)仍在积极促进互助与经济发展的传统(Davis & Nelson, 1980)。

非裔美国人的慈善活动对社区稳定、管理、问题解决和个人成长而言都是一支重要的促进力量(Carson, 1993)。

拉德纳认为,在以非裔美国人为主的社区,新任都市领袖大多从公民权利组织起步,然后参与反贫困项目。这些项目是肯尼迪总统发起的向贫困宣战计划的一部分。当反贫困项目的资金面临枯竭,拥有组织经验、管理才能、业绩记录和新项目计划的领导人往往会利用地方投资或私募基金来发展新的机构。

选任官员。社区发展需要政治支持,但多数情况下非裔美国人社区在这方面无能为力,这些社区的绝大多数居民被挡在选举的大门之外。1964 年通过的选举权法案(voting rights act)消除了其中的一些障碍。在这项法案通过之前,由选举产生的非裔官员少到可以忽略不计。到 1988 年,在美国各级政府部门任职的非裔官员已达到 6 793 人,与 1980 年相比,人数翻了一番(Fisher, 1992)。截至 2000 年 1 月,非裔美国人当选政府官员的人数已超过 9 000(Ladner, 2001)。这些非裔官员的当选,以及非裔美国人选举权的获得为社区发展争取更多资源拓宽了渠道。

领导者。新型社区发展公司的领导者有着广泛的社会背景,来自许多种族。社区发 441
展公司的很多领导者是女性,其中有些人之前几乎没有任何与任职岗位相关的专业知识储备,甚至有些人之前还是福利救济的对象。与此同时,也有一些人拥有杰出的学历背景和经验。

拉德纳(Ladner, 2001)描述过很多非裔美国人领导,其中有男性也有女性,他们一生都在致力改善非裔美国人和他们邻里社区的条件。大学毕业生阿莫斯(Kent Amos)曾是一名越战指挥官,担任过施乐公司(Xerox Corporation)副总裁。离开这一岗位后,他将自己所有的时间都奉献给了青少年工作。他将许多青少年(其中有的甚至有严重暴力倾向)带回自己的家,为他们创建"家庭"环境。他的工作不断取得进展,创办了多所城市家庭学院(Urban Family Institute),提供父母培训、成人教育、儿童之家和学校教育项目。他的工作目标是"让这些家庭变得更健康、更稳定和更独立——愿意留在自己原来的社区,重建社区,而不是逃到城市郊区去"(Ladner, 2001, p.23)。

并不是所有城市社区领导者都是非裔美国人。1958 年,卡普兰(Marvin Caplan, 1999)创办了一家"邻里"公司(Neighbors, Inc)。他住在华盛顿,自称是白人自由和民权活动家。当时许多社区都在施行变革,大量非裔美国人涌进种族融合社区,原来的白人居民反而成为少数民族,他们周围的大部分邻居都变成了非裔美国人。在公平住房法案(fair-housing laws)颁布之前几年,一些不法房地产商以不道德的手段"空手套白狼"(block busting)。自从有非裔美国人家庭希望搬入社区开始,这些房地产商便鼓励白人居民赶在社区邻里冲突变得尖锐之前卖掉自己的房子。白人业主以低价将房子卖给房地产商,房地产商再加价许多卖给非裔美国人家庭。卡普兰和他的非裔美国人邻居、白人邻居共同努力,鼓励白人不要搬离社区,并鼓励其他社区的白人家庭搬进来,以维持社区种族融合的特性。

为了促进社区稳定,“邻里”公司努力将社区打造成富有吸引力的、生机勃勃的宜居环境。公司利用社区居民的才能来丰富学校活动。他们组建儿童合唱团,举办年度艺术和图书展,组织年度家庭园艺巡展。他们还在圣诞节组织到每一户家庭门口唱赞美诗的活动,建立以青少年辅导计划与种族融合为特点的女童子军,后者在当时还十分罕见。他们努力平息邻里间的滋扰行为,强化治安管理。这些做法取得了一些成功,但社区的非裔人口最终还是上升到了 63%,当地公立学校的学生中接近 90%都是非裔美国人。卡普兰和
442 他的家人则一直住在原来的社区。他的子女们开始感到害怕,由于他们是白人,所以常常被捉弄。卡普兰夫妇不得不让孩子转学到另外一所主要为中产阶级服务的学校。但是家庭之间的矛盾冲突所造成的痛苦仍大量存在。与拉德纳报告的那些新的城市领导人一样,献身于这样一项事业会给个人和家庭生活带来巨大影响,其中有些积极,有些消极。

亚当斯(Paul Adams)是一位美国非裔教育家,也是芝加哥一所独立学校的前任校长。他筹资买下了一所濒临关闭的天主教教会学校,将其改造成私立学校,并命名为普罗威斯登-圣梅尔(Providence-Saint Mel)学校。该校现有非裔学生约 700 名。学校要求家长参与对学生的教育。亚当斯和他的校董会组建了一个社区发展公司,他们在学校附近建造了 26 个排屋以供出租,并将一栋建筑改造成了公寓。该公司还在社区开了一家麦当劳餐厅,雇用学生当餐厅员工。

社区发展公司与生态学类比。社区发展公司及其类似组织为第四章讨论的生态学原则和第五章中的背景与角色概念提供了很好的范例。首先,社区发展公司提供了组织这样一个小型生态环境和社会角色,在其中,成员可以通过努力获得一定的社会地位。社区发展公司雇用工人,帮助他们通过自己的劳力资产(sweat equity)获取更好的住房条件,实际上是为改善这些人的适应性提供资源。当社区条件得到改善,居民从中获得了利益,新的生态位便促进了个人的成长与发展,提升了他们的满意感。那些通过参与社区活动改善了住房条件的居民,在这一过程中知道自己可以做得很好,从而增强了自尊。这个项目还提供职业训练、工作经验和晋升机会。随着新资源和更多资金注入社区,居民获得了更多能量(energy),从而为自己和孩子维持一种比较理想的生活方式。获得这些结果并不需要改变社区居民的个性特征,个体士气和生活满意度的提升源自邻里和社区环境的改变。后者为居民带来了更多的资源和发展机会,而不是试图通过专业帮助改变居民内在的人格特质和心理感受。

对社区产生的影响。皮尔斯和斯坦巴克(Peirce & Steinbach, 1987)为我们描述了贝德福德-斯特维森特复兴公司(Bedford-Stuyvesant Restoration Corporation)对临近社区的影响:

> 贝德福德-斯特维森特复兴公司可以作为社区发展公司早期发展阶段的代表。位于布鲁克林五平方英里范围内的贝德福德-斯特维森特地区居住着 45 万人口,这里是美国第二大非裔社区,曾饱受房屋颓败、学生辍学、瘾君子吸毒和暴

> 力抢劫的困扰，现在却迎来了大批投资。这些投资不是典型的政府扶贫计划，而是实实在在的商业性“硬投资”(hard investment)，是旨在促进社区发展的一项全新的商业计划。联邦政府和福特基金会向贝德福德-斯特维森特复兴公司注资数百万美元，银行和公司纷纷入驻，IBM也在临近街区开设了一家重要工厂。 443
>
> 20年后，人们再来贝德福德-斯特维森特参观时，看到的已不再是满目萧条，而是充满活力、欣欣向荣的社区景象。社区的中心位置是新建的复兴广场商业中心，那里商铺林立，有很多公司办事处和餐饮企业，有两家商业银行、一个大型超市、一个溜冰场和一个假日影院。贝德福德-斯特维森特复兴公司一共新建或修葺了1 600多套住房，为150个街区的4 200户家庭提供了房屋外墙维修，为1 700个业主提供了住房抵押贷款，并为130家地方企业提供了商业贷款和技术支持。与此同时，公司创造了16 000个就业岗位。该公司雇用1 500名青年工人——他们身穿T恤，头戴安全帽，爬上梯子和脚手架，仅在一个夏季就为10个街区的褐石建筑粉刷好了外墙。
>
> 确实，很多病态的社会现象并未完全消失，而且也出现了许多新的问题，如未成年少女怀孕、新型毒品(“溜冰”)出现等。失业问题仍然很严重。曾经被社区发展公司翻新并引以为傲的一些建筑物再次遭到涂鸦。但是，贝德福德-斯特维森特地区仍有很多方面值得我们关注，其中包括一个新的中产阶级的出现。年轻的专业人员购买了那些褐石建筑，决定恢复其原貌，并妥善保护它们。这一群人正在成为社区生活的楷模。从修建居民住宅到建设商业中心，贝德福德-斯特维森特复兴公司在重建社区、重建生活方面作出了突出贡献，并且仍在继续工作。(p.19)

在华盛顿特区工作的阿莫斯(Kent Amos)同样描述了社区发展的成就：

> 我们的任务是将以往萧条的社区改造成富有朝气的社区。我们用新的窗户取代了过去的硬纸板，在以前没有围栏的地方竖起了新的围栏；我们在油漆剥落的地方刷上新漆，将被涂鸦的墙壁清扫干净；……我们用新的希望代替了以前的绝望，用新的愿景代替了过去的噩梦。我们让几代人共同参与，过去孩子们害怕成人，现在他们可以和成人愉快地交谈。只要我们作为人类彼此信任，所有美好的一切终将到来。(Kent Amos，转引自 Ladner，2001，p.15)

社区发展公司并没有解决所有问题，在有些方面是失败的。有些组织由于管理不善，甚至发生了一些丑闻。单个社区发展公司所能达成的目标其实十分有限，建立成功的商业或企业并不容易，至少需要一支有经验且训练有素的人力资源团队。有些社区发展公司其实很想建造高品质的住宅，但是工会制度和其他一些限制，使得他们的建设工作无法长期停留在某个社区。

444 有些企业服务于社区居民的需要，如各种社会服务机构、儿童保育中心等。它们对社区生活的贡献很大。但是，儿童保育工作的待遇很低，员工几乎没有什么福利，晋升的机会也很少。皮特戈夫(Pitegoff, 1993)因此建议，这类企业应该重视与那些大型的社区发展公司发展关系，以便通过多种途径获取资源，从而减少对政府基金的依赖。

社区发展公司的发展模式日臻成熟，发展出大量支持性网络组织。在拉德纳描述的项目中，有许多社区发展公司提供进一步接受教育的机会、丰富的课外活动、家长培训、住房租售和其他商业服务。对“那些长期被排除在美国经济体制之外的个人和社区来说，社区发展公司运动为他们带来了发展机遇”。但这一切显然还只是开始(Center for the Future of Children, 1992, p.85)。

社会行动

社会行动是社群团体(community groups)经常采用的一种策略。这些团体认为，政府、组织的领导者或其他对自己关心的事务应该负责的人并没能负起责任。自认为受到侵害的社团成员于是会感到愤怒和焦虑，这取决于侵害威胁到他们利益的程度。社会行动常常可以奏效。有证据表明，即便只是作为不得已而最后使用的手段，参与抗议和示威游行也会让人们感到兴高采烈并获得社会支持，这些对人的生理和心理健康都是有益的(Drury, 2002)。社会行动取向的变革策略往往包括冲突、对抗和直接行动。阿林斯基(Saul Alinsky, 1971)明确阐述了社会行动的原则(rules)，包括使用大规模的群众组织和压力策略，向那些掌控资源的人施压，迫使他们与那些确实有需要的人分享资源。20世纪60年代和70年代，民权运动团体曾经通过静坐罢工的方式抗议种族隔离。事情起因于非裔美国人帕克斯(Rosa Parks)乘坐公共汽车时对非裔美国人只能坐在车厢后部的规定十分反感，因此发起联合抵制乘坐公共汽车运动。人们过去曾经通过联合抵制购买商品给零售企业施压，迫使他们对少数民族人口开放工作岗位。此后，联合抵制运动便成为其他组织效仿的一个范例。最近又有一个例子，即反堕胎组织通过联合抵制策略向实施堕胎手术的诊所施压，反对这些诊所的医生及其员工为妇女实施堕胎手术。然而，阿林斯基强烈反对使用暴力，他认为反堕胎协会的种种暴力行径，如枪杀实施堕胎手术的医生、制造火灾和爆炸事件、破坏诊所财物等行为不应该得到纵容。在阿林斯基看来，最基本的策略不是使用暴力，而是发挥社会和政治的力量，向那些掌控着受侵害群体成员所需资源的人施压。

向社区居民赋权，允许他们采取社会行动，这在意识形态上是一种应该被肯定的社区
445 变革方式。为了说明这种方式如何发挥作用，我们下面介绍一则案例，借用纽约上州爱渠社区(Love Canal in upper New York State)居民如何应对环境灾难这一事件说明问题。爱渠事件为美国其他社区(Roberts & Toffolon-Weiss, 2001; Mertig, Dunlap, & Morrison, 2001)，甚至其他国家的社区(如巴西)提供了一个在遭遇环境危害时如何与公司、工厂和地方政府做斗争的范例。

社会行动的一个范例：爱渠业主协会[①]

爱渠业主协会(Love Canal Homeowners Association，LCHA)是为了应对社区危机而自发建立的。社区居民发现一处被废弃的有毒废料垃圾场，其中的有害物质渗入了附近居民区，严重危及社区居民的健康。在受到影响的周边区域内，居民们不断抱怨。与社区毗邻的一块大约16英亩的垃圾场中有很多坑洞，里面充斥着难闻的黑色物质，甚至有臭烘烘的东西渗入到周围居民的院子和地下室，但地方当局从未对此采取过任何行动。尽管很久以前，垃圾场就已被填埋，并且在上面建了一所小学，还有好几百户居民住在附近，但直到1976年人们的抱怨才开始受到关注。那一年，在调查安大略湖的鱼类遭受化学污染的过程中，一位当地的公务员注意到爱渠垃圾处理场的问题，并提醒了美国国会议员拉法尔斯(John LaFalce)先生，要求环境保护局(Environmental Protection Agency，EPA)调查这个情况。

1978年，关于爱渠垃圾处理场的调查范围进一步扩大，有好几个州和联邦政府的机构都被卷入进来，当地新闻报道的强度也在不断增加。最开始，吉布斯女士(Lois Gibbs)只是在不经意间看到过这些报道。那一年她才25岁，接受过高中教育，是两个孩子的母亲。她的家距离爱渠垃圾处理场有几个街区，之前她从未想到自己的生活可能因此受到影响。然而，她的儿子上幼儿园之后不久便开始出现过敏反应、肾病和神经系统症状。这个幼儿园就建在以前的爱渠垃圾处理场上面。吉布斯于是不停地将两件事放在一起比较。她知道的相关信息越多就越担心，怀疑学校建筑地的化学污染物很可能是导致她儿子生病的原因。但是，学校当局却拒绝了她为儿子转学的请求。他们根本不承认学校存在任何危险。

1978年夏天，吉布斯女士开始挨家挨户动员她的邻居在一份请愿书上签字，要求政府关闭附近的爱渠学校。她发现很多邻居都患有严重疾病。此时，吉布斯已深度卷入爱渠污染事件。她开车到州议会大厦参加会议。会上，卫生署官员宣布，孕妇和幼童应该搬离爱渠社区。

吉布斯和她的同伴开车回家，一路上非常沮丧。令她们没想到的是，附近社区的街道 446
上聚集了很多人，他们已经通过电视或收音机听到了消息。他们既害怕又愤怒，感到自己的健康、孩子的生命都受到了威胁，房产严重贬值。但是，没有一个卫生部门的官员或代表来与他们沟通。有人焚烧了象征性的抵押贷款文件，并扬言要采取极端行动。

由于吉布斯之前曾经发动大家在请愿书上签字，社区大部分居民都认识她，于是她被推到了人群的前面。有人递给她一个与自制的公放系统相连的麦克风，让她谈谈去纽约

① 本节内容大部分摘自莱文(A.Levine，1982)和吉布斯(Gibbs，1998)的文章。

州首府奥尔巴尼(Albany)开会的情况。吉布斯说自己当时非常害羞，她以前还从未有过在公众场合演讲的经历。但她还是勇敢地接过了麦克风，试图给人们带去一点点希望。当天晚上，业主团体公布了行动计划。仅仅几天时间，爱渠业主协会便宣告正式成立了。

这是第一起有毒废物污染周围居民小区的事件，因此公众的关注度很高。时任纽约州长的凯里(Hugh Carey)宣布，州政府将立即着手收购毗邻爱渠①垃圾场最近的街道以及位于街道对面的住宅。但是对于其他街道，政府则只给了一个含糊的承诺，说调查还将继续。吉布斯很快判断，政客们对她要说的话并不感兴趣，政府所说的允许公民参与对影响他们生活的事物作出决定只是一种表象。吉布斯同时得出结论，即其他街道居民的利益要想被纳入政府决策的考虑之中，唯一的办法只能是积极行动，通过媒体争取更多的公众支持，敦促政府官员重视。

一天晚上，吉布斯坐在厨房，思考着下一步该怎么办。她突然想到一个主意，用大头针在街道地图上将她所知道的存在健康问题的家庭标识出来。当她以自己特有的方式标记完成之后，她发现大头针的排列似乎遵循某种规律。疾病很像是沿着一条路径分布的，而经过老住户们的确认，这一路径是一条地下排水沟，曾经用于将爱渠的水引流至附近几个街区。吉布斯因此判断，地下沟渠很有可能为化学渗漏物质的迁移提供了优选通道。这一发现令她感到兴奋，她将标记后的地图交给了生物学家帕伊根(Beverly Paigen)先生。

帕伊根是纽约州卫生部门的雇员，他冒着得罪雇主的风险，教爱渠社区的家庭主妇们使用电话对该地区居民的健康状况进行调查访问。在将调查结果绘制成地图之后，他们发现疾病集中发生在那片“历史上潮湿的区域”(historically wet areas)。帕伊根将调查结
447 果提交给了公共卫生部门的官员，后者却以这只是由家庭主妇们完成的调查为由，宣布调查结果不可信。尽管如此，这份家庭调查所产生的公众影响力依旧迫使卫生部门重新回顾了以往的数据。又过了几个月，到1979年2月，卫生部门宣布，在原本潮湿的地下排水沟附近居住确实增加了孕妇流产的风险。因此，至少在对运河进行矫正性覆盖的工作完成之前，将由纽约州政府出资，让居住在这些街道的孕妇及两岁以下的幼儿撤离该片区域。

但是，这个解决方案并不能让爱渠居民满意，它暗示着污染只对未出生的胎儿造成了伤害，而对其他人无害。其中另一个含义是，对想要生育的夫妇来说，居住在这个地区是不安全的。这导致该地区的房产价格暴跌，小区的业主出售不了房屋，便无钱另觅新宅。

---

①　爱渠原本是一条短程水道，在1942年之前的40年中仅被用于附近居民的休闲娱乐。之后胡克化学公司(Hooker Chemical Company)开始向其中倾倒化学废料。到了1953年，爱渠已经被完全塞满。胡克公司于是以一美元的象征性价格将这块地出售给了尼亚加拉瀑布城教育委员会(Niagara Falls School Board)。该教育委员会当时正需要土地创建一所新的学校，以容纳当地不断增长的学龄人口。双方签订的土地买卖契约中包含了一项免责条款，即胡克公司将不对埋藏于此的化学废品可能导致的任何伤亡或财物损失承担责任。而对那些被低廉的房价吸引前来购买这所新学校附近产业的业主来说，买卖契约中并没有包含同样的警告。当然，市民们做梦也不会想到，政府会允许在这样危险的地方修建学校和居民住宅。

购买这一套住房已经占用了他们大部分的生活积蓄。吉布斯领导业主们通过一系列行动让爱渠社区的情况不断在媒体前曝光，保持新闻报道持续受到关注。此外，他们还在普及性宣传方面努力，向任何愿意倾听的人群发表演讲，写信给议会代表和州立法委员，更极端的行动还包括在尼亚加拉瀑布地区举行游行示威活动，甚至将小孩的棺材带到奥尔巴尼市交给纽约州州长，以及焚烧地方长官和卫生署官员的肖像。所有这些事件都受到了媒体的关注。吉布斯专程到奥尔巴尼和华盛顿，试图说服纽约州和联邦政府的官员关注爱渠的情况。但那些官员一再告诉她，并没有任何决定性的证据表明那一地区存在危险，或必须撤离更多的人。

业主不断向政府施压，该事件也在继续吸引着媒体的关注。无论何时，只要有机会，业主们就会要求面见政府官员。有一次，州长凯里访问布法罗，一位爱渠居民在街上遇见了他，并设法从他口中得到消息：州政府将要收购更多的房屋。在州立法机关批准使用政府资金买下爱渠社区剩余房屋的全部产权之前，这个消息已不胫而走。

为了对胡克化学公司向爱渠运河倾倒有害垃圾的行为提起诉讼，环境保护署（Environmental Protection Agency, EPA）针对爱渠居民染色体的受损程度开展了一项小型研究。因为环境保护署不想花费更多资金来做一个更全面的研究，所以，当时并没有招募另一个对照群体作为实验的控制组来对实验结果施加严格检验。1980 年 5 月，该研究的数据结果表明，居民的染色体确实受到了一定程度的损害。这个尚未明确的结果很快被泄漏给了新闻媒体，这一事件立刻成了头条新闻，来自世界各地的媒体记者蜂拥而至。环境 448
保护署先是根据这些数据宣布，支持当地居民撤离，但很快又摒弃了这一立场，这显然是受到来自联邦管理和预算办公室（Federal Office of Management and Budget）方面的压力。按照常规，在诸如洪水、龙卷风等“普通”灾害中都是由政府出资安置居民，联邦管理和预算办公室现在担心，会有大量资金被要求投入这种新型的、前所未闻的灾难。政府机构这种前后不一的言行让居民们感到愤怒和恐惧。他们发现，只能从媒体报道中了解这个对自己及家人的健康造成严重影响的事件的进展。

有传闻称，白宫改变了安排居民撤离爱渠社区的态度，失望和担心的居民们在爱渠业主协会办公楼前面的草坪上大量聚集。有人在街道对面的草坪上画出字母“传闻称”，往这些字母上浇汽油，并将其点燃。很多平日遵纪守法的中产阶级市民把车停在街道上，有人开始来回摇晃汽车，并威胁要将车翻过来。到下午 3 点左右，吉布斯设法找到了两位在镇上的环境保护署官员，他们同意到爱渠业主协会办公室和居民进行协商。当这两位环境保护署官员进入办公楼时，草坪上集结了大约 100 名居民。吉布斯和其他人告诫这两位官员暂时不要离开大楼。因为对他们来说，现在走出大楼很不安全。

出于对联邦官员的安全保护，到了傍晚，FBI 向这些群众喊话，限他们在 2 分钟内释放“人质”。在这种威胁下，环境保护署官员立即得到释放。他们在警察的护送下穿过愤怒的人群。居民强有力地表达了自己的态度，这件事又登上了新闻栏目的头条。

然而，解决方案还是没有马上出台。爱渠居民被告之政府还在研究这个问题。当时，美国总统大选刚刚开始。卡特总统对自己能否赢得纽约州的初选并获得连任没有绝对的把握。随后的一系列事件都发生在这一政治背景下。吉布斯和其他许多被告知染色体受损的爱渠居民受邀参加了多纳休(Phil Donahue)电视脱口秀节目。爱渠居民还跑到纽约市围堵民主党的总统竞选提名大会，有意让政府难堪，陷入尴尬。9 月，吉布斯在早安美国(Good Morning America)电视节目中接受专访，她指责卡特总统在向居民提供联邦政府援助方面非常失败。两周之后，纽约州政府和联邦政府联合发表公告，同意收购爱渠社区剩余的房屋，并重新安置居民。卡特总统亲自来到尼亚加拉瀑布城发布了这份公告。最终，所有爱渠居民都如愿卖掉了他们的房子，并搬离这一片区。爱渠业主协会在与纽约
449 州政府和联邦政府抗争了 2 年之后，终于成功地敦促政府采取行动，实现了自己当初承诺的目标。

评论。爱渠事件之所以意义重大，有以下几方面原因。首先，它将对有害垃圾的处理问题上升到了国家意识层面。虽然爱渠居民是在为自己的利益而斗争，但他们的斗争唤起了公众和政府对有害物处理这一重要问题的高度关注。他们的抗争使得长期被搁置的规章条例得以发布，使得美国现有的环境保护法案得以实施，同时还促使联邦立法机关创建了“超级基金”(Superfund)，以彻底清理被废弃的有毒废物堆积点。在爱渠事件的激励下，成千上万的公民团体纷纷组织起来，抗议在自家或学校附近以及可能污染水源的地方设置垃圾填埋场(Mertig, Dunlap, & Morrison, 2001)。

有些企业家和地方官员担心，更加严格的法律法规会大大提高垃圾处理的成本。所以，当地的企业家利用自己手中的经济、政治和科学技术方面的资源与居民团体展开对抗。有些公司明明很清楚有毒废物的危险性，却仍然利用各种手段欺瞒社区民众(Grunwald, 2001)。有些工业组织甚至还组建了他们自己的居民团体，成员包括一些担心因为实施环境法规而导致自己失去工作的人(Mertig et al., 2001)。在政治化环境中，对科学数据及其在决策中的重要性一直存在争议(参见专栏 12-1)。尽管如此，居民对影响他们生活的社区决策正在发挥越来越大的干预作用(Roberts & Toffolon-Weiss, 2001)。

其次，吉布斯的个人经历表明，普通公民在危机事件中能够发挥重要作用，并表现得非常出色和坚强。从一个害羞的家庭主妇，只关心自己和家人，到后来能够不卑不亢地与州长、参议员、记者和政府官员打交道，吉布斯最终成了全国知名的草根英雄。她现在领导着由自己创建的健康、环境与司法中心(Center for Health, Environment, and Justice, CHEJ)。该中心是一个以华盛顿为基地的非营利性组织，其资金大部分来自私募，旨在为陷入有毒废物突发事件的社区居民提供帮助。罗伯茨和托福隆-魏斯(Roberts & Toffolon-Weiss, 2001)报告了发生在路易斯安那州的 4 个案例。在这些案例中，当地社区的普通公民联合起来，阻止危险产业的发展，或者要求他们清理被污染的场地。许多参与基层组织的女性“从对政府和工业效能一无所知且没有任何参政议政经验的家庭妇女，到后来彻底转变为成熟的、被赋权的(地区或国家)领导者”(Mertig et al., 2001, p.471)。

专栏 12-1 “健康、环境与司法中心”和环境公正运动 450

在爱渠居民获得重新安置之后，吉布斯和她的家人搬到了华盛顿特区。这时她已经闻名全国，收到了几千封求助信件，求助者都面临与爱渠居民相似的境况。吉布斯因此决定创建一个组织，以帮助草根团体与有害的废物垃圾、焚烧炉以及其他威胁人们安全和健康的问题做斗争。这便是健康、环境与司法中心建立的初衷。吉布斯获得了很多市民的拥护，并在这些人的帮助下争取到了一些私募基金以支持这项事业。健康、环境与司法中心的另一部分收入来自会员对中心出版物的订阅和出售，但是它从不接受来自政府部门或那些生产污染性产品的企业的捐赠。

现在，20 多年过去了，健康、环境与司法中心依然坚守着为环境正义而斗争的初衷。它为面临有害垃圾污染问题的地方团体提供科技信息和组织援助，提供如何寻求律师和技术专家帮助的建议，为他们安排领导能力培训。吉布斯和健康、环境与司法中心的组织者们接受邀请，参与地方斗争，在各种场合作报告，鼓励草根团体结成联盟。借助这样的机会，健康、环境与司法中心的组织者们为地方团体注入了力量和勇气。他们拒绝在国会为支持或反对某项立法而作证。

许多类似的中心相继建立，特别是在南方的某些非裔聚集区，不受管制的有害垃圾或监管不利的危险化学品生产对那里的社区居民造成了严重危害，环境公正运动(the movement for environmental justice)由此引发了普遍关注(Bullard, 1990; Wright, Bryant, & Bullard, 1994)。1991 年 10 月，草根组织的领导人主持召开了有色人种领导人峰会(People of Color Leadership Summit)，会议提出环境公正的口号，并要求“作为平等的伙伴参与环境决策的每一步，包括需求测评、规划、实施、执行和效果评估”(引自 Roberts & Toffolon-Weiss, 2001, p.57)。

这次峰会促进了非裔美国人领导中心(African American-led centers)的成立。这个组织的功能和健康、环境与司法中心类似。赖特(Beverly Wright)是一位哲学博士和社会学家，他领导着位于新奥尔良市萨维尔大学的南部环境公正中心。布勒德(Robert Bullard)是环境公正运动的另一位先驱，他领导着位于佐治亚州亚特兰大市某大学的环境司法研究中心(Environmental Justice Research Center)。这些中心和社区团体一
起工作，他们协同努力，培训社区成员采取社会行动，帮助社区组织就特定问题开展研 451
究。当企业针对某项开发计划申请召开监管听证会时，这些中心的成员或帮助当地社区居民作证，或亲自出席作证。

二 噁 英

健康、环境与司法中心的工作还包括组织全国性抵制二噁英的运动(Gibbs & CCHW, 1995)。二噁英是一种毒性很强的化学物质。由于触及多方利益，有关二噁英的讨论引发了许多争议。二噁英产生于对塑料、杀虫剂和纸张等废旧物品的加工处

埋，它不容易降解，进入食物链后会储存在生物体的脂肪内。二噁英之所以有毒是因为它会干扰化学信号和荷尔蒙分泌，从而影响正常的细胞生长和调节。流行病学研究和动物实验已经表明，与极少接触二噁英的个体相比，经常接触二噁英的个体患各种癌症及其他障碍性疾病的风险要高得多(Gibbs & CCHW, 1995)。

经济、社会与科学的复杂性。既然二噁英造成了那么多可怕的后果，为什么不尽一切努力禁止二噁英，将它从环境中清除，防止它在工业生产过程和焚烧过程中产生呢？因为禁用二噁英及其相关化学物品会对经济和社会的发展造成重大影响。二噁英产品对许多企业都很重要，包括塑料、杀虫剂和造纸业，以及垃圾处理企业等。具有讽刺意味的是，焚烧医疗垃圾是产生并向环境中排放二噁英的一个主要原因。

彻底禁止二噁英需要制造商和医院付出昂贵代价来改变他们的生产方式和对医疗垃圾的处理办法。根据外部效应的经济原则可以预测，如果成本能够被转嫁到其他人肩上，就一定会被转嫁。阻止成本转嫁的方式之一是施加一种反向的作用力(countervailing force)。诉讼威胁就是这样一种抵制力量，社区行动则是另一种抵制力量，特别是当社区行动迫使政治家通过立法对制造业予以限制，或对垃圾处置不当导致的污染进行处罚时。为了能让社区行动达到预期效果，社会活动家们除了参与示威游行，还需要学习相应的科学技术和法律知识。

由于可能对经济和社会发展造成严重影响，除非有明显的证据表明二噁英对很多人的健康造成了危害，否则那些垃圾制造者和处理者以及管理这一过程的环境保护署都不会愿意接受那种成本极高的变革。在某种意义上，我们是在处理统计推断中的Ⅰ
452 类/Ⅱ类错误问题。当我们强调避免Ⅰ类错误时，我们会说，只有当结果在0.05水平上达到统计显著时，我们才会拒绝虚无假设。这等于说，除非每100次中出现超过5次的差异，否则我们不会接受差异性的结果，这样做显然有利于维持现状。政府和企业所说的维持现状是指处理二噁英的程序——不需要改变，除非我们能百分百确定危害已经发生，或在不久的将来必然会发生。另一方面，关心自身及儿童福利的社区居民更希望避免Ⅱ类错误。Ⅱ类错误是指在正常生化波动和测量误差的“噪声”中，未能正确识别出二噁英具有的毒性危害。社区居民通常认为，只要存在任何危害的可能性，就应该对其严加防范。

有人建议使用风险和利益/成本分析来解决这些利益争端。分析结果将显示减少个体对二噁英的接触需要花费多少成本，以及每增加一个单位成本能够在多大程度上减少新增病例。但是，这类分析的结果大多会支持研究者预先的假设。这种分析的作用在于，让支持某一行动方案、反对另一种行动方案的假设看起来更为公正客观，对市民的影响也变得更为隐蔽或不那么明显。吉布斯(Gibbs, 1994)质疑了以下三种假设：对损害的阈值能够准确测定；通过管理规则可以将释放到环境中的有害物质控制在危险水平以下；科学家能够及时识别出那些意料之外的可能后果，并尽早令其终止。吉布斯指出,将风险分析作为解决问题的重要途径会分散人们对问题的注意力,甚至让我们偏离问题的实质,而真正的问题就在于我们正在制造过多的垃圾。吉布斯的观点代表了对问题的另一种定义,这将导致完全不同的解决思路。

关于二噁英的研究一直充满争议,并引发了多起诉讼。社会活动家必须学会使用科学的语言,他们需要学习和了解技术问题,并与同情和支持他们的专家一起工作。企业也在努力利用科学研究成果来支持自己的立场,即二噁英的毒性并不像有些人宣称的那样危险。它的危害性并不足以令其被禁止,或受到过于严格的管理(Grunwald, 2001)。

行动主义与科学。环境保护署的官员重新对相关科学文献进行评估,并在全国范围内举行听证会,以确定何种水平的二噁英接触会是安全底线,以及应该制定什么样的管理规则。与此同时,独立于环境保护署的一个科学家小组则对环境保护署作出的某些结论提出了批评(Stone, 1995),但他们的报告被长时间地搁置,迟迟不能发布。 453
于是,健康、环境与司法中心向环境保护署施压,要求发表科学家有关二噁英的研究报告,要求披露参与制定管理规则的专家组成员和研究顾问之间的利益关系背景(Planin, 2001)。例如,健康、环境与司法中心组织了几名妇女去参加环境保护署的听证会,这些女人在裙子底下绑着枕头假扮孕妇。她们举着牌子,要求专家组成员公开他们背后的各种利益关系。(学术期刊已普遍采取一致性做法,要求科学家在发表论文时公开与研究相关的利益背景——例如,化学或烟草企业对该研究的资助,或作者正在为某组织进行有偿咨询等。)

这些争议带给我们很多启示和教益。那些居住在垃圾场、焚烧炉或其他二噁英污染源附近的居民常常需要面对政府的科学家、企业的科学家以及各类组织的公共关系专家,这些人总是宣称,没有什么可担心的或不存在任何危险。当企业管理者、科学家或政府代表说"没有任何证据表明存在严重危险"时,他们的意思可能是说,有一项研究(很可能是一项有缺陷的或有偏见的研究)显示,没有证据表明存在风险。或者,他们的意思也可能是,到目前为止还没有开展过任何相关研究(A. Levine, 1982,第六章)。就像爱渠居民那样,有时他们刚刚从同情他们遭遇的科学家那里得到一些建议,但很快又会因政府方面的遮遮掩掩而变得更加焦虑、敏感。一旦涉及专业技术问题,社区居民便需要依靠那些能够理解和支持他们立场、观点的科学家来给他们提供准确信息。拥有自己信任的顾问,等于再次引入了科学研究的对抗性结构(Levine, 1974)。

许多人曾倾向于相信,如果企业和政府官员知道事实真相,他们就会作出正确的选择。但现在多数人不再对此抱有幻想。他们开始意识到,真相难求,权威人物不一定可信。决策不仅受科学的影响,还会受到政治和金融等诸多因素的影响。当社区居民意识到他们并不是在公平正义的前提下与企业管理者竞争时(Grunwald, 2000),便有可能求助于法律、政治或采取社会行动以达成自己的目的。

吉布斯和市民有害垃圾清理公司(Citizens Clearinghouse for Hazardous Waste, 1995)

出版了一本书，总结并评估了关于二噁英的危害性证据，号召大家采取行动。其中，部分章节告诉社区居民如何获取有关二噁英的信息以及如何组织活动。这本书还就参加公众会议、给企业和政府官员写信、采取对抗性“行动”以获得媒体和公众的关注等问题提供了很多建议。

454 二噁英运动触及了许多重要的利益关系，因此成为有效的案例，可以阐释社区行动的复杂性，告诫人们不能从单一视角来定义或理解社区问题。与大多数社会运动一样，环境公正运动依赖于不同团体和利益关系的联盟，而利益又常常让伙伴之间同床异梦，难以真正团结一致。该运动的参与者包括贫困的白人、少数民族社区、在有害环境中工作的工人、专家学者、职业说客以及被贴上“环保人士”标签的社会活动家。部分出于对资金的竞争，环境公正运动内部发生分裂和矛盾是常有的事。与外部对手相比，运动常常因内部派系之间的争斗而遭受损害。

社会运动给我们的另一个教训是，从来没有“一劳永逸”的成功（至少在没有真正消除社会环境问题背后所隐藏的政治和经济利益的情况下），必须提前对意想不到的后果作好心理准备。佩洛（Pellow，2002）记录了他本人参与环境公正运动的经历。该运动前后持续了6年，成功地关闭了一处固体垃圾焚化炉，后者长期向芝加哥地区低收入的非裔社区排放有毒气体。社区领导者希望建立废品回收工厂以取代焚化炉，以便为当地居民提供急需的工作岗位。事实上他们的确这样做了，也达到了预期的效果。但是，让佩洛和社区领导者没有料到的是，低薪工作——对包含传染性医疗垃圾和危险性生活垃圾等在内的大量垃圾物品进行分类——不过是用一种新的“环境种族主义”替代了以往的形式。佩洛因此指出，环境公正运动必须树立更加长远的眼光，不仅要考虑“垃圾场不能建在哪里”这类简单的问题，而且要处理在各种工作场所和家庭中存在的更为棘手和普遍的环境危害问题。存在于社会经济领域的歧视甚至比种族歧视更为严重。

最后，作为由社区环境危机引发的一次群众性社区行动，爱渠业主协会为我们提供了以自己的名义采取有力行动的成功范例。更有意思的是，爱渠业主协会向我们展示了那些平时比较保守的、从事非政治性工作的中产阶级在遭遇挫折时是如何采取行动，并变得越来越激进的。一个社区的成员集体参与抗争，表明这个区域内的居民承受了相当大的压力，换成其他社区也会如此（Roberts & Toffolon-Weiss，2001）。对爱渠社区的许多家庭而言，爱渠业主协会不仅为他们提供了社会支持，而且唤醒了一种社区意识，使得他们能够应对问题出现后接踵而来的一系列应激性生活事件（Stone & Levine，1985—1986；
455 Roberts & Toffolon-Weiss，2001）。爱渠事件在美国具有国家意义。这一事件说明社区活动家的努力具有正向的积极作用。看上去他们是在拯救自己，但他们在为自己的利益进行斗争的同时，也在为我们所有人作出了榜样。

同样，超级基金法案（superfund legislation）也是社区活动家努力的结果。该法案为清除有毒害的垃圾场所提供资金。2001年11月，环境保护署要求通用电气公司投资4.6亿美元，用来清除多氯联苯（一种有毒的工业冷却剂，多用于电气设备）。长期以来，该公司向纽约州和新泽西州的哈德逊河中倾倒了大量的多氯联苯。与有害垃圾排放相关的诉讼还在不断增多。许多诉讼案表明，很多公司对自己释放到环境中的那些废物的有害性心知肚明，却仍然坚持这样做，并想方设法隐瞒自己的行为或自己对危害性完全知情这一事实，又或是打擦边球，仅仅以最低限度遵守法规，即释放的有毒物质刚好踩着相关法律法规允许的底线（Grunwald，2001；Moyers，2001）。

本章小结

本书第十章至第十二章发展出一个重要议题，即尽管社会变革具有复杂性，很难给予清楚的阐释，但这不应该被当作无所追求的借口。正如本章强调的，通过行动实现变革，其出发点是对问题的定义。传统的临床取向的定义问题的方式有时被认为是指责受害者——即以陷入痛苦中的个体的人格特点为中心来概念化问题。这种方法制造了很多悖论，即对同一个问题存在两种（甚至多种）相互矛盾的解释或完全不同的理解，其中每一种解释或理解方式都可以引导出在逻辑和经验上同样令人信服并且有效的行为方式。例如，对于那些高危人群，是通过特殊手段干预他们的行为举止直到他们变成与其他人一样，还是为他们提供更多的资源，以维护他们拥有与其他人行为举止不同的权利？

社区心理学对问题的定义采取生态学取向。这种取向假设，存在不止一种看待问题的观点，它们可能都是合理的，对问题的定义以及解决问题的方法具有多样性。生态学隐喻促使我们从情境和系统的视角（而不是仅仅从个体本身）来定义问题和寻找解决办法。它拓展了变革可能发生的多重方向性和可供选择的范围，有助于解释悖论问题。例如，抢步计划作为一项干预措施，在满足儿童个体强烈的认知和营养需求的同时，还为他们处于弱势地位的父母提供了就业机会，从而保障了这些家庭最基本的经济权利。

社区心理学还假设，变革和促进适应的最有效途径是赋权，即帮助高危人群获取更多 456
的资源。其中一类资源是社会组织（例如，在定义问题和制定决策的过程中，提高成员的参与度）；另一种资源是信息，包括适应环境的策略和获取资源所需的重要知识（Pilisuk，McAllister，& Rothman，1996）。对社区心理学家而言，意识到赋权过程中同样存在悖论，并不断发展出新的赋权策略，以批判和建设性的眼光明确自己在周围生态化背景中所处的位置，等等，这些都会产生有益的结果。

在帮助个体和社区适应环境的过程中，社区心理学崇尚在专业系统之外的积极行动。本章我们讨论了在社区水平上实施干预的两种主要方式。其中，社区发展是指通过识别和利用本土资源来改善社区环境（包括社会、物理、经济和政治环境），并强调社会资本、可持续性、赋权、能力建设、资产测绘和社区发展等概念。社会行动则以资源的不公平分配来定义问题，强调以新的资源分配方案作为解决问题的途径。

爱渠事件和在它之后建立起来的健康、环境与司法中心等组织有助于人们理解上述观点。在爱渠事件这个案例中，正如很多生活“肥皂剧”中的情形，对于严重社区问题的定义指向周围情境而不是个体弱点。爱渠业主协会通过社区行动和其他方式（包括媒体宣传）努力争取公共资源，并最终以生态化的方式解决了问题。

在下面最后一章，我们将进一步考察在社区干预过程中科学、政治与伦理的相互作用。

第十三章 457

科学、伦理和社区心理学的未来

在前面的章节中，我们已经了解了社会科学研究对学校废除种族隔离政策所起到的推动作用，以及在爱渠事件中社会科学研究者扮演的重要角色。我们同时注意到，即便技术方面可以做到精准测量，政治问题仍然会为科学研究带来麻烦或危害。在本章第一部分，我们将进一步探究科学、政治、伦理与社会语境（social context）之间的关系。每一种文化产品都是与周围环境相妥协的产物。以此为前提，我们将提供一个模型，并以实例说明社会语境在以科学方式解决社会问题的过程中所发挥的作用，然后再讨论社区工作中出现的伦理问题。 458

社区心理学既有自己的历史，也一定会有自己的未来。在本章后半部分，我们将列举当代先行者以及其他国家的社区心理学家关心的方向性问题。之所以讨论这些，是因为进入这个领域的学生将不得不面对和处理这些问题，包括如何实现真正意义上的跨学科研究，对权力问题的清晰聚焦，全球化视野中的社区心理学，以及对世界其他国家那些有思想、有创建的社区心理学家观点的吸收。

生态与科学

社区心理学家相信，科学方法有助于社会和心理问题的解决，有助于我们认识自己和社会。社区心理学家参与对社会问题的定义，并以此为基础实施干预，对结果作出评估。价值中立（value free）模型甚至并不适用于纯科学（pure science）。如果要用科学方法来解决社会问题，价值中立更是不可能的。对科学研究而言，任何一个文化产品都是与其所处的社会环境相妥协的结果。之所以这么说，是因为我们大多数人了解的纯科学研究与社会现实中的应用科学是两种完全不同的语境。

举个简单点的例子来说，电影和小说是由艺术家、投资商、发行人、评论家和观众共同创造出来的艺术产品（Huaco, 1965）。与此类似的一些角色同样影响着社会科学研究。在纯科学研究中，研究者、资助机构、期刊编辑、出版商、评论家和读者都倾向于站在科学的立场，分享着共同的参考框架。然而，一旦研究涉及社会问题，周围便出现了各种角色，他们拥有与科学家不同的假设和价值观（Gardner & Wilcox, 1993）。除了专门从事研究的社会科学家，这些人中可能还包括政府雇员、私企主管、政客、受影响的市民、评论家和某些大人物的支持者。如果涉及某个社会项目，那么受雇于这个项目的那些人同样也会卷入进来（Levine & Levine, 1977）。

我们生活在一个理性的社会。我们不可以说，我要某个东西，就因为"我们喜欢它"，
459 而必须用证据证明"它应该属于我"。关于这个问题，有一种观点将科学视为某种政治性话语（discourse），追求对资源的重新分配。科学研究在爱渠论战中被运用于许多方面，而在当前有关二噁英的争论中，科学研究同样正站在风口浪尖。

保利（Pauly, 1994）曾描述过科学研究如何介入对美国第十八修正案的争论，这条修正案禁止"对酒类产品的制造、销售、运输"。作为争论的一部分，禁令的支持者们委托心理学家迈尔斯（Walter Miles）完成了一系列精心设计的实验，结果证明人们在喝了低度啤酒之后工作表现会持续下降。这项研究于是成为第十八修正案禁止任何形式的酒精饮料的根据。

经济大萧条给美国社会和政治大环境带来了剧烈变革。很多政客因此开始支持撤销禁酒令，声称让酒精产品合法化有助于经济复苏，并能减轻应对集团犯罪的社会和经济压力。美国啤酒协会于是资助了另外一个大学的研究者来重复迈尔斯的实验。该研究者修改了迈尔斯的实验程序，让实验被试在人口统计学意义上的分布范围更广，酒精的摄入量更低，对被试的测试方式更简单。这些改变导致的结果是，无论是否饮酒，被试之间的反应差异都增大了。此外，在对饮酒前后反应的差异性进行检验时，该实验的研究者采用了比迈尔斯实验更为严苛的显著性水平（$p \leqslant 0.01$）。

一般而言，某个公司生产有风险的产品（如含酒精、烟草或有毒废物的产品）时，其利益基于对零假设（null hypothesis）的证据支持，即不同曝光水平下的接触者之间不具有反应的差异性。低到中等水平的毒性作用，在采用非常严苛的标准拒绝零假设的条件下，其结果往往不值得信任。鉴于在喝酒与不喝酒两种实验条件下被试间差异的方差增大，以及更为严格的统计学标准，第二次研究得出的结论是，被试少量饮酒和没有饮酒获得的实验结果没有统计学意义上的显著性差异。这一实验结果不足为奇。尽管这项研究受到酿酒公司的资助，但实验结果似乎是客观的，胜过任何雄辩。同一类研究于是又为废除第十八修正案扫清了障碍。

使用科学来实现政治目的的方式之一是简化问题的价值负载性，将一项复杂的社会决定缩减为在貌似客观的"对"与"错"之间作出简单抉择。例如，翁和格兰斯（Ong &

Glantz，2001)的研究描述了烟草公司如何共同努力,建立非常严苛的科学标准,以至于许
多流行病学领域的研究都难以达到。具体而言,烟草公司利用手里的资源,组织了一批来 460
自欧洲和美国的有声望的科学家,在流行病学研究的各个领域建立并维持严格“可靠的科学”(sound science)标准。任何研究报告其效应如果低于这一标准,便被贴上“垃圾科学”的标签,被认为不值一提,因此无法获得公众支持,其中包括有关地球变暖、空气污染、吸二手烟以及其他造成环境公害的大部分证据。烟草公司的一系列做法得到公众的认可,既是因为其标榜的可靠科学似乎具有合理性,也是由于著名科学家在各种科学论坛上的阐述偷换概念,将人们的关注焦点成功导向一般意义上的流行病学实践,从而忽视了那些直接与烟草相关的研究。

正如这些案例所揭示的,科学法则从来都不是在真空中被应用的。科学工作从来都是在利益竞争的环境下进行的,因此科学研究的过程在本质上具有对抗性(Levine，1974)。从问题如何被定义,由谁来定义,哪些研究能得到资助,需要收集哪些数据,到如何解释这些数据等,知识的获得以及基于此而制定的政策并不仅仅体现了科学对真理的追求,而是会受到很多因素的影响。

实验设计。实验设计可以通过使效果检验变得更容易或更困难来支持科学争论的其中一方。在许多情况下,被试的随机分配是很难实现的,并由此造成了上述事实。纽约卫生署的一个研究团队考察了居住在爱渠社区附近妇女的流产率,并将研究结果与之前针对生育过缺陷儿童的妇女所做的研究相比较。后面这项研究中的流产率来自妇女的自我报告,而在确定爱渠妇女的流产率时,卫生部门却只认可有过病历记录的流产案例。两者之间的比较使得研究朝着尽可能低估爱渠社区妇女流产率的方向偏离。尽管如此,爱渠社区妇女的流产率仍然很高,以至于在统计学上的差异十分显著。但卫生部门的官员和某些专家对此仍然解释说,爱渠社区妇女的流产率“仅仅(only)只是对照组样本的一倍或者一倍半”。事实上,如果和一个正常的控制组样本相比,爱渠妇女的流产率可能早已经是三倍甚至四倍于控制组的了(A.Levine，1982)。

一类错误和二类错误。在研究中,我们认为的许多理所当然的事情都具有重要含义。
在纯科学研究中,我们总是希望尽力避免一类错误。所谓一类错误是指实际成立的零假 461
设被拒绝。在禁酒的案例中,受酿酒公司资助的研究者将拒绝零假设的显著性标准由0.05修改为0.01,其结果便不大可能证明在饮酒状态下有何异常。当然,在通过修改显著性水平来避免一类错误时(这在科学研究中是可以任意发生的行为),研究者也可能犯二类错误,即接受实际上并不成立的零假设,使得原来存在的差异被证明不存在。研究者由此得出结论,少量饮酒不会对人的行为造成影响,而事实上饮酒是有影响的。

在爱渠事件中,卫生部门的科学家和市民之间的争议体现了在这两类错误之间所作的权衡。卫生部门的官员担心,发布有关某一地区的环境状况有损居民健康的报告将导致大量人口迁移和资源消耗,因此希望尽量避免一类错误。他们采用了常规的科学标准,因此,认为并没有足够强有力的证据可以说明该地区存在难以遏制的大量疾病。与此同

时，市民们则想要避免二类错误。他们认为，只要存在危险他们就会搬离，无论有关危险存在的证据在多大程度上令人信服。期刊编辑总是希望即将发表的文章能在 0.05 的水平上证明胎儿发病率和死亡率的增长，而孕妇更感兴趣的是如何减轻自己对腹中胎儿可能受到伤害的焦虑，不管是否存在确凿证据可以证明埋藏在爱渠的那些化学物质是造成人体伤害的原因。

在这个例子中，采纳常规的科学标准似乎更合政府心意，因为政府想要避免大规模的房屋收购。社区居民则热切希望政府回购他们的房屋。他们质疑卫生部门所谓的“中立”立场，对希望避免一切可能存在的风险的居民而言，这种立场绝对不受欢迎（A. Levine, 1982）。

书面报告。评估报告及其解释也会反映出研究者或资助者的系统性偏差。在加里学校项目中（Gary schools program），某位行政官员基于自己对该校的参观写了一篇报告。校董事会要求他重写，以便项目通过审查（Levine & Levine, 1977）。这篇报告中反映出的赤裸裸的权力干预虽不常见，但一般而言，研究报告（尤其是那些评估性报告）的作者，大多会将读者和赞助者的立场和情感考虑在内。2002—2003 年，环境保护署从两份独立
462 的科学环境报告中删减了部分与全球变暖的危害性相关的内容，意图与白宫的政治观点保持一致（Revkin & Seelye, 2003），而为 2003 年伊拉克战争辩护的“客观性”情况报告也受到了类似指控。

科研工作的正直与诚实是不能靠参与者的头衔或科学声誉得到保证的。我们都听说过一些例子，有些资深教授签过名的论文最终被证明是骗人的。在许多实验室里，资深科学家的名字被附在研究报告上，而他（或她）却与这些研究几乎毫无关系。有时，甚至社会高层也会受到这些不科学的研究报告影响。在爱渠事件中，纽约州政府任命了一个由声誉极高的医学专家组成的委员会，审查当时与爱渠事件相关的所有研究。这个委员会的五名成员中除一人外，其余四人均为纽约卫生管理局下属部门的行政官员。（卫生部门事实上有权设定各医院的床位数和政府补偿比例，决定教育投资，批准对医疗设备的引进，这其中也包括实验室设备。）尽管我们没有确凿的证据表明委员会成员会直接受到这些因素的影响，但其中潜在的利益冲突导致人们以明显不信任的态度看待委员会给出的结论。后者认为，没有证据显示爱渠社区的居民中出现了重大的系统性失调或紊乱（A. Levine, 1982）。

报告发布的时间节点同样重要。在加里学校事件中，有证据显示，负面报道被人为延迟到市长选举之后才发布，从而避免了让曾经支持过该项目的现任市长陷入尴尬（Levine & Levine, 1977）。我们已经注意到，爱渠事件中由一份研究报告被泄露引发的秩序混乱，最终导致了大量民众迁居。设想一下，如果那份报告的内容没有被泄露，真相很有可能被长期隐瞒。若由官方正式发布，其结果往往伴随着被精心设计过的批评，以减轻市民的反应。

被影响者受到的冲击。研究结果可能对研究者产生影响。佩金（Beverly Paigen）的

雇用者因为她和爱渠社区居民一起工作而对她实施骚扰。最终，她不得不离开纽约州，去其他地方谋职(A.Levine，1982)。在加里学校事件中，得出负面结果的研究团队同样受到了校董会的报复。负责在纽约实施加里项目的学校管理者很难获取连任，这明显与他们直接参与了加里实验有关(Levine & Levine，1977)。

研究同样会对那些参与实验的被试产生直接或间接的影响。在20世纪早期，大批研究成果指向非裔美国人具有天生的劣势。那些研究被用来支持种族隔离，并证明非裔美国人极低的社会地位具有其合理性。推动反种族隔离实践需要另一批学者提出相反的证据。詹森(Arthur Jensen，1969)提出，智力差异大部分由遗传决定，非裔美国人和白人的学习方式在根本上存在不同。这种观点当时在政治上被用来证明切断对非裔美国人的教育援助是正当合理的。而只要站在普通人的立场上想一想就能明白，当儿童和青少年知道科学研究表明他们天生不够聪明，或者没有足够强的学习能力时，他们的成就动机和自尊会遭受怎样的消极影响(Steele，1992)。 463

研究偏好。由于研究涉及重大利益，参与者的差异性很大，潜在影响因素很多。我们应该认识到，错误并不在于不相信有些研究“存在偏见”，而在于相信有些研究可以“毫无偏见”。将研究设计背后的概念和逻辑系统的封闭性应用于现实世界的争论是不合适的(Toulmin，1958)。社会环境影响并调整着研究的程序、推理过程、报告、参与者以及研究可能发挥的效用。坎贝尔(Donald Campbell)揭示并讨论了评估性研究中存在的问题，以及研究者在应对这些问题时产生的许多“创造性发明”(Campbell，1969，1979)。我们缺乏一个具有自我批判精神的科学共同体，用以批评并重现其他人的工作。这是当前评估研究面临的重要问题。多数时候，一项所谓独立的研究是受委托进行的，而正是这些研究为有关资源分配的政治决策提供了“独一无二”的证据。

我们需要认识到，在这个领域，公平性和准确性同样重要。任何研究都应该让那些可能被影响的人受到公平对待。我们还需要认识到，无论研究的出发点多么善良，许多研究最终只能得出模棱两可或有争议的结果。不管我们作为社会科学家有着怎样的良好愿望，如何坚信研究结果应该由可靠的实验证据作为基础，最终的结论仍是权力、政治以及与此相关的各种价值博弈的结果。

与文化环境中的其他因素一样，政治价值塑造了对科学“事实”的发现、组织和解释，研究者的政治立场影响着他们选择做什么研究、用什么方法做研究，以及最终得出什么样的结果。美国社区心理学家中占优势地位的自由民主观点是否有可能增加科学知识被扭曲、失真、不完善的可能性？雷丁(Redding，2001)认为，在诸如社区心理学这样的与政策相关的领域，政治保守主义者的票数不足阻碍了科学的进一步发展以及科学在政策制定和实施中的作用。雷丁进一步指出，自由主义意识形态在这些学科中的支配地位具有自我维持和延续性(self-perpetuating)，容易在选拔和训练研究生、同行评阅论文和项目申请书时产生偏见。社区心理学中的自由偏见有可能降低其在政策制定者眼中的可信度。例如，由于政策制定者们(如国会议员)预期在任何一个问题上至少会存在两种以上的观点， 464

组织心理学(美国心理学会)在枪支管理、反歧视运动等问题上表现出的高度一致性立场就明显令他们感到怀疑。

正如本书所强调的,社会问题是复杂的、多维度的。各种不同价值、议程安排、历史前见以及其他的环境因素都会影响社区对问题的应对方式和解决。雷丁将政治立场划分为“自由”和“保守”两类,似乎过于简单。再者,雷丁将社区心理学的特征描述为对自由主义价值观的响应,即便不能算错,也未必就真的如其所说的那样,纯粹就是一个缺点。在定义问题、提出解决方案和对方案进行评估的过程中,因为商业,政府和纳税人的利益通常是保守或中立的,在坚持自由主义(社区取向)的过程中,引导或形成利益相关者的对比性观点,便丰富了立场的代表性。最终,与其他大多数利益相关者相比,社区心理学家会在更大程度上以科学证据为基础确定和修改自己的立场。所有社区心理专业的学生都必须学习和掌握收集与解释证据的基本原则和方法。研究者利用相同的策略和法则,政策制定者有足够的机会去思考科学证据在决策过程中所起的作用,这样一来,即便价值中立在社区心理学中不能完全实现,但作为一个以科学证据为基础、追求客观性目标的学科,社区心理学仍可以为政治谱系中的各种利益相关者作出有价值的贡献。

社区干预的伦理

临床心理学家需要执行一套伦理规则,后者在很大程度上定义了咨询师与患者、公众之间的关系(American Psychological Association, 2002)。自称继承科学衣钵而进入社区干预领域的专业人士并没有这样一套指导方针,却面临着同样的伦理问题。例如,这个问题听起来似乎很简单:“谁要你做的?”社区心理学家或其他社会科学家有没有权力影响或
465 改变他人的生活?在医学模式中,患者寻医求治,由医生给出在特定情况下的治疗方案。而在社区模式中,政策发展和资源配置属于政治问题,由当选的官员和他们任命的部下来决定施行什么政策。当然,这些政策很可能是基于社会科学家的意见形成的。

当一个专业人士进入社区领域,并声称具有某些专业知识和技能,这个人对社区或所学的专业负有怎样的责任呢?只是简单地报告数据就可以了吗?专业人员是否有责任公开他(或她)自己的价值取向?毕竟,数据的意义取决于问题如何被定义,以及对该问题有着怎样的解释。

奥尼尔(O'Neill, 1989)提供了一个案例。一位心理学家为了支持赞助商的意图,在解释数据时做了一点点手脚(slanting),最终产生了意想不到的结果。这位心理学家同一个妇女团体一起工作,希望对受家暴妇女居住的临时性过渡房屋进行扩建。该团体需要一些数据,以便让需要为这项工程出资的政府官员相信扩建在经济上是可行的。他们因此邀请心理学家对市场需求作一个评估,确定有多少人、出于哪些原因需要使用这个扩建中心。由于设计随机抽样的调查不太可行,社区心理学家只好从关键知情人处寻求信息,

那些有过类似经验的人可以提供一些合理的评估。但是，他们最终获得的信息是模棱两可的。实际上，这个社区受虐妇女的人数并不多，不足以论证扩建中心的必要性。如果这名心理学家假定，由这些知情人提供的案例之间不存在重复，那么案例的数量就足以支持这个项目了。尽管受委托的心理学家实际上对这些数字，以及是否每个受虐妇女都会申请使用这个中心持保留态度，但她最后还是给出结论，认为有足够的需求支持这项投资计划。

中心建成了，来访者却寥寥无几，中心资源被严重浪费。尽管这个中心最终还是住满了人，但几乎没有人是因为身体受到虐待。中心员工因此重新定义了受虐（battered），将情感虐待也纳入其中。于是，许多分居妇女来到这个中心居住。这位心理学家明明知道，投资者最初的意图是服务于那些在身体上受到虐待的妇女。同时，她也明白，员工们对投资者隐瞒了他们对中心功能的擅自改变，而只报告了大量妇女和儿童接受服务这一结果，以便从投资者那里获取日常补贴，维持这个机构的运营。

这位心理学家由此陷入一种两难困境。对这种情况她应该承担什么责任？她约中心的管理者谈话，管理者则为自己的行为辩护：中心正在提供有价值的服务，如果得不到资金支持将难以为继。而如果中心关闭了，少数确实因受到身体虐待而正在使用它的妇女将无家可归。这位心理学家似乎已经履行了自己的伦理义务，即提醒了那些负有责任的 466
人注意某些不当行为。但是管理者并没有对此作出恰当回应。这位心理学家是否应该进一步履行道德义务，告知投资者到底发生了什么呢？奥尼尔文中并未提及现实情况，而是继续探讨在这种情形下的伦理法则。当我们需要平衡投资者、客户与有需求的人们之间的利益和价值竞争时，事情往往变得不那么简单。

假如一个社区心理学家不赞成咨询师的立场，或者接受了某项需要隐瞒专业动机的研究任务，或者在哪些人应该接受服务、应该提供怎样的服务以及应该由谁来提供服务等方面隐瞒了个人动机，那会是什么情况（O'Neill，1989；Heller，1989）？鉴于知识的限度，专业人员对坦白自己对某些领域的专业知识的缺乏以及个体在决策方面的经验不足应承担怎样的责任？专业人员是否有权贸然介入（invade）某个机构去了解或改变那里的人们呢？甚至有时这一切还是秘密进行的（Heller，1989）？如果对这个机构的干预模式只是实验性的，而实践的有效性并未通过检验呢？

有一种回答是，考虑到特殊情境中所有参与者的利益，任何干预都应该在合作框架内进行。但是，这一简单的答案难以具体描述各类卷入者的利益，以及在各种环境中出现的利益冲突。源于社区干预背景对任何问题的解决都是复杂和有难度的。对伦理问题的讨论仍然太少（参见 O'Neill's，1989，文中包括案例简介，同期《美国社区心理学》杂志还发表了其他心理学家对该问题的回应；Serrano-Garcia，1994；Dokecki，1996）。

到目前为止，我们并没有正式讨论过社区干预伦理的内涵，我们的思考和讨论以伯曼特、克尔曼和沃里克（Bermant，Kelman，& Warwick，1978），以及奥尼尔（O'Neill，1989）的论文及其评论为线索，主要基于某种对社区心理学概念和实践的综合性理解。社区干预的某些特征引发了不同于临床干预的一些问题。专业的伦理规范只是一般意义上的，并不能为特定情境下的选择提供精确指导。由美国心理学会颁布的专业伦理规范（American Psychological Association，2002）直接定义和保护从业者与来访者之间的信托关系，但这种规范对复杂情境无可奈何。后一种情况下，从业者得到的承诺和承担的责任往往并不十分清楚，或需要随环境的变化而不断改变。

伯曼特等人（Bermant，Kelman，& Warwick，1978）指出，对伦理问题的考量会影响社区干预的许多方面，其中隐含的问题首先是专家干预是否受到居民的邀请。在良好的咨访关系建立之前，很多问题都可能是模糊的，每一次邀请和每一个问题都需要心理学家
467 基于个人和专业价值作出判断。他们可能因此面临艰难抉择。例如，如果自己最初的假设没有得到证明，继续行动又有可能会给客户造成不利影响，那么，接下来该怎么办呢？当研究者在某个环境中发现了一些问题，他们是否应该成为告密者（whistle-blower）？

干预面临的首要问题是对目标的选择。具体而言，我们选择改变什么？是改变个体？还是各种社会要素之间的关系？这类选择很少会是简单或显而易见的，又或是可以遵循某种套路实现的。科学家必须能够识别并质疑自己的意识形态和研究范式，以便有助于解决较大范围内的问题，并和最有可能受到该目标影响的那些人进行沟通。

第二个问题涉及我们对干预目标或目标人群（如"受害者"）的定义或对其他切入点的选择（明显的需求并不总是最有效的干预点）。我们先前已经指出，对于那些初级或二级预防项目招募的研究对象，存在污名化的可能性。研究者因此又一次陷入两难。更大的伦理问题在于，污名化的标签对个体心理健康的损害累积起来是否超过了预防性干预的获益？而谁又有权对此下断语呢？

第三个问题是我们选择的干预手段预期能产生怎样的效果？哪些效果令人满意，可能产生哪些副作用？参与者是出于被迫还是自愿的？如果我们一开始就有理由相信社区干预最多只能产生微弱的效果，是否还要继续？在这种环境下实施知情同意环节，特别是考虑到被试所承担的诸如隐私泄露或者被贴标签的风险，我们还能够直接或间接地向参与者描述他们可能获得的利益吗？鉴于社区干预对因果关系的假设无法得到实证研究的证实，任何可以给予参与者直接利益的承诺都无异于虚假广告（Campbell & Kimmel，1985）。如果对自己付出努力之后可能出现的后果缺乏自信，我们又怎能负责任地参与呢？有没有一个地方，可以允许我们"负责任地放纵"？有没有一个地方，可以在缺乏可靠数据的情况下让我们"尝试着"去解决问题？

最后一个问题是对干预结果的评估。我们选择的观测变量和测量方式将最终决定研究结果的性质，包括那些意料之外的结果。相互依存原理告诉我们，我们的所作所为很可能产生辐射效应。就伦理问题而言，我们需要始终对意外后果发生的可能性以及我们对应付这些后果的责任保持敏感，不论这种后果是消极的还是积极的。对某些预防、干预项目的长期追踪研究表明，对某些参与者而言，干预确实产生了不良影响，尽管有证据显示，
468 积极作用同样存在（Campbell & Kimmel，1985）。有些消极作用即便明显具有医源性

(iatrogenic),也为我们提供了有关干预过程的重要信息。然而,除非调查者在理论和方法上已经作好准备去观察它们,并愿意为收集这些信息承担伦理上的责任,否则它们可能永远都不会被观察到。

我们在本章描述的这些活动及伦理立场与那些普通的"好市民"参与社区活动有什么区别呢? 在某种程度上,答案可能就是"没有区别"。我们因此遭遇职业活动的另一个悖论。每个公民都有义务随时了解附近社区的情况。专业的社区心理学家有义务从多方面认识和了解社区,并在社区论坛中传播相关知识。尽力从不同视角促进人们对社区的理解,有助于维护并发展公民的社区感,这一点对所有人来说都非常重要。萨拉森(Sarason, 1975a)提醒我们,虽然社区心理学家只能站在特定的立场、在特定的时空框架内看问题,但相比于普通人,他(或她)的行为应该更加专业,更加具有自觉意识(p.328)。社区心理学家因此有责任遵守职业道德规范,并提供最好的专业服务,这一点与普通公民显然不同。最后,虽然有一点点矛盾,我们终于得出令人安心的结论,即社区心理学家与社区其他成员既相似,又有所不同。

跨学科的社区心理学

社区心理学的跨学科性质在1965年的斯万姆斯柯特会议(Swampscott Conference,见第二章)以及1971年在得克萨斯州奥斯汀举办的国家培训会议①上已经明确。社区心理学家将这一领域定义为:

> 关注并参与对社会变革的规划及组织实施;设计和运行服务项目以满足由社会变革引发的各种心理需求;重视对社会资源的开发并积极应对社会变迁对未来可能产生的影响。我们意识到,这些行为需要很多不同领域的人共同努力。社区心理学家应该对与社区人员和其他学科进行合作予以高度重视……与会者……提出社区心理学知识体系的三个焦点问题:
>
> 1. 社会过程分析,包括有关过去和当前社会制度、社会运动的知识,以及对 469
> 有关经济、社会和政治之间相互作用过程的探讨……
>
> 2. 特定社会系统中的相互作用研究……
>
> 3. 社会干预设计……(Mann, 1978, pp.18—19)

1978年,多伦温德发表了一个详尽的压力模型,作为社区心理学的指导性框架(见本

① 这是在奥斯汀举办的三场社区心理学家培训会中的第二场,另外两场分别于1967年和1975年举办(Iscoe, Bloom, & Spielberger, 1977)。

书第三章）。尽管压力似乎是高度个体化的，甚至该模型是从临床的视角来看社会问题的，总之，这个模型不仅包括后期的矫正治疗和危机干预，而且包括系统性的预防干预。例如，通识教育、社区和组织发展以及政治行动——这些策略绝对需要一种跨学科取向的理论、研究和实践。1988 年，社区研究与行动学会（Society for Community Research and Action, SCRA）①成立，一方面希望帮助社区心理学家从美国心理学会独立出来，另一方面也是为了鼓励该领域的跨学科发展。

40 年来，社区心理学家如何作出跨学科的努力，让这一定义在该领域逐渐变成现实？就奥斯汀会议提出的三个主题而言，我们在对特定社会系统中的相互作用进行研究方面，以及在对社会干预的设计和评估方面都已经有了很大进展。然而，其他领域的心理学家们也在做这类事情。对社会机构、社会运动以及经济、社会和政治过程之间相互作用的分析既是我们能力所及的领域，也是我们的职责所在，真正体现了社区心理学跨学科的性质。我们不得不说，到目前为止，社区心理学家们在跨学科工作方面明显是雷声大、雨点小，说得多、做得少。

然而，尽管进展缓慢，但这个领域依然在悄然发生变化。1998 年，后来当选社区研究与行动学会主席的梅顿（Kenneth Maton）组织了一次“高峰论坛”，与会者都是来自其他学科和心理学其他分支专业委员会的领导。这次会议建立了社区研究与行动学会跨学科计划工作组，并于 2003 年正式成立跨学科委员会。梅顿调查了 51 位社区心理学家后发现，平均而言，他们认为有超过两个以上的学科或专业组织对其研究或者干预工作非常重要（Maton, 1999）。这个小样本调查最引人注目的地方在于调查对象提及的学科及组织的多样性。心理学中的绝大部分分支都与其他至少一到两种相关领域紧密相连（例如，生物心理学，法律和临床心理学，工业心理学和企业管理，发展心理学和老年医学等）。社区心理学家们和任何一门社会科学以及几乎所有的专业都有关联。在这次调查中被提及最多
470 的学科包括公共健康、发展心理学、教育学、社会学、人类学、政治学、政策/公共事务、审计评估和社会工作等。其中，很多社区心理学家学过法律。

几乎所有被调查的对象都认为，进一步发展与其他学科或组织的联系对社区心理学或社区研究与行动学会的发展是很有益的。社区心理学家们从属的其他一些机构包括：美国公共卫生协会（American Public Health Association）、美国评估协会（American Evaluation Association）、儿童发展研究会（Society for Research in Child Development）、心理学研究与社会问题学会（Society for the Psychological Study of Social Issues）、公共卫生教育学会（Society of Public Health Education）、社区发展协会（Community Development Society）、大都市公共事物协会（Urban Affairs Association）、环境设计研究会（Environmental Design Research Association）、美国行为精神病学协会（American Orthopsychiatric Association）、应用人类学会（Society for Applied Anthropology）以及美国学校心理学家协会

① SCRA 由美国心理学会第 27 分会（社区心理学）的会员创立，是一个独立、平行的研究实体。

(National Association of School Psychologists)。社区研究与行动学会现在与这些组织以及美国心理学会的其他分会之间都有官方联系。

社区研究与行动学会的跨学科计划中包含很多合作项目，包括招募少数民族被试参与社区心理学研究或社区行动；举办各学科联席会议，至少是联合资助会议；联合出版著作；促进对人类发展和社区心理学的政策研究(Maton et al., 2004)等。其他计划仍在讨论阶段。例如，围绕共同感兴趣的问题出版学术刊物，联合发表对各项政策的声明，等等。

许多社区心理学家服务于各种学术期刊的编委会，甚至他们本人就是跨学科期刊的主编。期待社区心理学期刊下一步能够邀请更多的非心理学家加盟。社区心理学家较多参加由前述诸多组织发起的各种会议，但是几乎没有非心理学家来参加社区心理学会议。因此，我们所做的跨学科工作很像是一种离心力，或者说是一条单行道，除了我们自己从外面吸收进来的一些想法，几乎没有任何向外的回报。

为了破除这种局限性，2004 年 5 月，范德堡大学主办了一场跨学科的社区研究会议，倡导包括心理学在内的多学科合作。这次会议具有示范性。鉴于人们对此已达成共识，即跨学科的社区心理学作为一种学科理想距离现实还很遥远，因此这次会议关注的重点不是具体的研究成果，而是如何实现有效的跨学科合作，以及在此过程中可能存在的问题。

生态与心理政治效度

前文已经指出，社区心理学具有跨学科的性质，而且在这方面还需要进一步强化，以 471
避免该领域的知识发展停滞不前。大范围的跨学科合作甚至还有更为重要和迫切的原因。世界上那些最严重的问题——贫穷、疾病、饥饿、暴力、战争、压迫、环境污染、资源枯竭以及第一章中提到的所有生活“肥皂剧”——都源自复杂的政治、经济、环境和社会文化问题，并在这些语境中得到解决。社区心理学家要想为解决这些问题作出贡献，必须有更加生态化的思考和更具政治性的行动，积极参与各学科的研究，从不同视角来理解这些问题，或者至少是这些问题的特定方面。这些学科包括政治科学、经济学、社会学、人类学、公共健康、法律、城市规划、社区发展，等等。

健康跨越四个生态领域发展的阶段和水平分析：一个综合性模型。①普利莱滕斯基(Prilleltensky, in press)指出，心理学家不仅要考虑科学效度，而且要考虑心理政治效度(psycho-political validity)，后者被定义为心理学研究能够解决权力、压迫和解放问题的程度，以及社区干预能够超越轻微改良而开展结构性变革的程度。普利莱滕斯基的观点很重要，既是对社区心理学的批评，也是对学科未来发展的展望。然而，同所有的愿景一样，

---

① 本节内容基于布莱恩·D.克里斯坦斯(Brian D.Christens)和道格拉斯·D.珀金斯(Douglas D.Perkins)即将正式发表的论文(Christens & Perkins, in press)。

还需要进一步考虑在分析和干预的不同水平上每个问题发生和存在的生态环境，以及这些问题随着时间推移可能发生的种种变化。只有这样，才能实现愿景。过于宏大的愿景可能会让那些工作在底层、只能看到“小胜利”的人们感到士气低落（Weick，1984）。我们需要宏大的愿景，但是，我们更需要支持那些从事日常工作的个体。

图 13-1 呈现了一个综合性框架，我们试着将普利莱滕斯基对社区心理学的愿景情境化，放在一个三维系统中加以说明。生态效度要求分析必须尽可能清晰而具体。如图 13-1 所示，纵轴代表干预的三种水平，首先，在微观或个体层面（Microsystem or Individual level），包括人的行为、情绪、认知和信念，以及人与人之间的微系统关系（Bronfenbrenner，1996）；其次，在中观或组织层面（mesosystem or organizational level），包括群体、志愿者组织，以及其他本地组织和支持性网络；最后，在宏观或“集体”层面（macrosystem or “collective” level），包含社区、机构和各种社会结构。

472 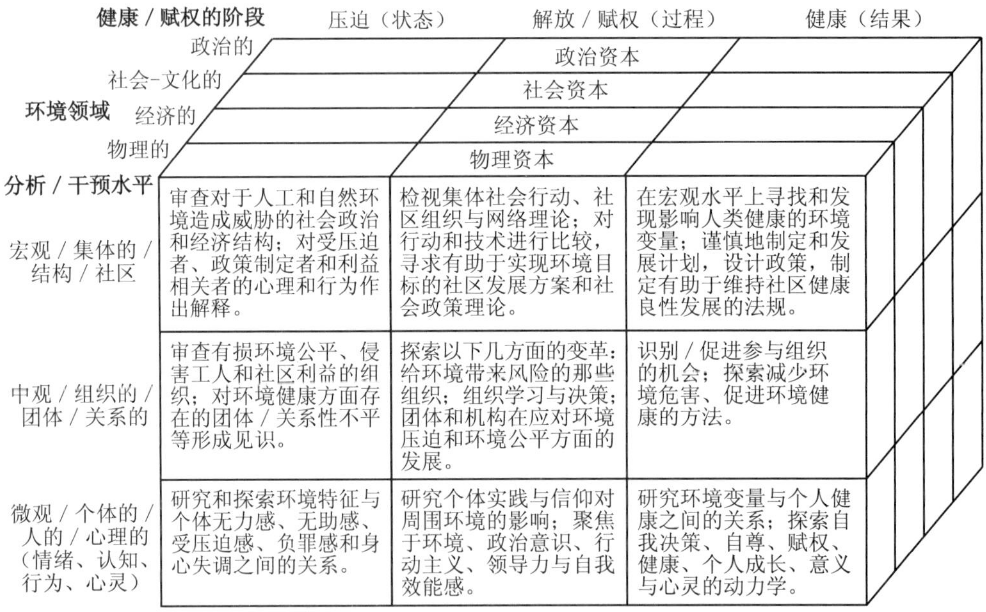

图 13-1 社区行动研究的生态和心理政治效度：一个综合性分析框架（引自 Prilleltensky，in press）

图 13-1 中，从左到右的平行轴代表时间维度，可以将压迫（oppression）、解放（liberation）和健康（wellness）分别视为时间轴上的三个不同发展阶段，或者至少是一个目标。被压迫者得到解放，从而在社会性、物质生活、生理和精神方面获得健康。但是，我们不应忘记非洲精神病学家法农（Franz Fanon）说过的发人深省的话。他说，被压迫者的梦想并
473 不是获得解放，而是成为压迫者。我们需要平衡理想主义与现实生活，脚踏实地地去理解我们的观念究竟如何受到周围事物的影响。无论多么老生常谈，无论为了解放的艰苦奋斗需要以何种程度的健康为前提，事物总是随时间而改变，这是一个重要的生态学维度。这一点已得到有关人类、组织和社区发展的各种理论的一致认同。

图 13-1 中的深度轴代表不同的环境，反应出社区心理学对跨学科研究的强烈需求，包括对社会文化的（心理学、社会学和人类学）、物理的（环境规划与设计研究、工程学、心理学的环境分支、社会学、经济学等）、经济的、政治的生态系统有充分的理解。阅读与吸收其他领域的文献大有裨益，但这还只是第一步。在来自不同学科的研究者深入合作并发展出一个跨学科的新领域之前，我们很难有实质性的进步。（根据我们的经验，向其他领域的同事寻求个人建议或合作相对简单，也更容易成功。而一旦我们试图将合作进一步纳入某个制度性框架，问题便接踵而至。学分如何分配？大量经费如何在各部门与学术组织之间划拨？院长或系主任需要哪些额外的权限？当我们跨越不同专业组织的界线时总会面临同样的问题。这些问题比适应不同规范或在合作过程中对相似或不同学科语言的理解要棘手得多，尽管其他问题的解决同样并非易事。）

通过在不同领域、不同水平和不同发展阶段系统性地关注权力现象，某些问题会自然凸显。[①]这些问题很棘手，常常被心理学家忽视，但往往可以通过追根溯源找到解决方案，切忌一味责怪受害者，那样做没有任何意义（Ryan，1976）。与压迫相关的问题包括：哪些人是操纵者？在每一种分析水平上的权力关系怎样？劳动力、资源和操纵者的权力之间如何实现互换？这类操纵者和操纵集团之间的权力关系导致了怎样的后果？与自由或赋权相关的问题包括：要改变权力压迫关系，在不同分析水平上可以使用哪些策略？哪些因素会促进或妨碍这些策略的实施？在什么情况下个人或团体会抵制或阻止赋权意识的发展？他们使用了哪些具体的策略？与人们期待的健康结果相关的问题包括：个体、团体、社区对解放/赋权之类的理想结果怀着怎样的憧憬？在短时间内和现有条件下，我们如何 474
在追求理想结果的同时实现"小的进步"？使用策略与战术的现实结果怎样？影响可以持续多久？各种水平的权力关系是否都有所变化？如何解释这些结果？虽然社区心理学家很少直接讨论权力问题，但是，他们经常做评估研究，因此，这些问题对他们而言实际上并不陌生，使用这个分析框架只需作一点点方向上的改变。

社区心理学家承诺用科学的方法来解决社会和个体心理问题，可是多数时候他们的实际能力达不到这一点。那些数据并不总是以我们想要的方式或让合作者感到理想的方式出现。其他人对客观性并不像研究者那样感兴趣。某个卷入诉讼案的律师曾对我们说："必须确保调查结果是我们想要的。"这一要求在法律对抗的模式下可能是对的，却违背了科学的实践标准。当社区心理学家处于积极的工作状态，特别是遵从某种特定的意识形态时，他们会发现真正坚持所谓"科学"的方法其实很难，他们往往为两种因素所掣肘，一是他们自己的承诺，二是与数据相悖的立场。这种窘境并不会因为你的立场是对的就能得到妥善解决。

---

① 感谢艾萨克·普利莱滕斯基（Isaac Prilleltensky）和艾德里安·费希尔（Adrian Fisher）提出了很多这一类的问题。有关社区权利的博弈论的经典分析，可参见朗（Long，1985）的文章。

专栏 13-1 生态-心理政治模型应用于物理环境

我们以物理环境为例，说明图 13-1 中描述的不同环境领域如何与社区心理学家感兴趣的那些现象相互作用(参见本书第五章)。图 13-1 中的 9 个方框诠释了环境与行为理论、物理环境预防与干预努力，以及环境赋权运动如何应用于普利莱滕斯基在不同水平上对压迫、解放和健康的分析。与经济、社会文化和政治领域一样，物理环境往往也是权力与关系问题在个体、组织和集体层面的体现。识别不同水平和不同领域中的问题，了解它们如何关联和相互作用，有助于社区心理学家和其他社会科学家发现问题，共同开展合作干预。

475 在个体水平上，许多人正感受到环境恶化的压力。我们需要开展更多对环境设置的特点和条件与个体内在的无助感和身心障碍之间关系的研究。与此同时，个体积极的、解放性的环境行为(如回收、保护、循环利用、消费决策)以及信念/认知(如控制点)(Geller, 2002; Werner, 2003)需要得到更多的理解和促进。环境心理学已经在研究物理环境特点与人的行为和健康之间的关系。此外，对那些有利于自我决定、荣誉、赋权、个体成长及意义的环境条件需要给予更多关注。

在组织水平上，环境压迫是指某些组织侵害工人和社区的利益，导致环境公平和公民健康受到损害。这一层面的解放要求改变组织决定与组织实践，因为正是这些决定与实践造成了对环境的危害，进而引发环境压力与公正问题。其他策略还包括发展基层草根组织(如爱渠业主协会)、其他社区团体和倡议性组织等，以减少环境威胁，促进环境幸福。

在集体水平上，环境公平力图改变对人为环境和自然环境造成压力的那些社会因素。集体解放必须以对社区组织、行动、赋权和政策的变革为基础(见本书第十一章和第十二章)。以集体环境健康为目标则要求我们考虑社区和社会水平的规划、开发和设计策略，以及影响社区幸福感的各种保护性规章条例。

世界各国的社区心理学

必须承认，本书呈现的社区心理学观点和视野十分有限，至少在这种意义上——它主要基于美国社区心理学的历史和最新发展。了解社区心理学在世界其他国家发展的全景还需要读更多的书。事实上，目前英国(Oxford, 1992)、澳大利亚(Thomas & Veno, 1992)、南非(Seedat & Duncan, 1992)、加拿大和澳大利亚(Nelson & Prilleltensky，出版中)都已经有社区心理学教科书出版，而这还只是英语国家的情况。

476 温根费尔德和纽伯勒(Wingenfeld & Newbrough, 2000)为国际社区心理学提供了一个很好的纲领性框架，其中包括社区心理学的起源，基本概念，当前的教学、研究与实践，以及未来的发展前景等方面。除了上述国家，他们还回顾了社区心理学在新西兰、意大利、德国、波兰、以色列、波多黎各、委内瑞拉、墨西哥、古巴和南非等国的发展，并简要介绍了其中一些国家当前的情况。另外，还有人回顾了拉丁美洲国家(Wiesenfeld, 1998)和亚洲(Levine, 1989)社区心理学的发展。由社区研究与行动学会组织通讯和定期出版的《社区心理学家》(*The Community Psychologist*)同样致力于对国际社区心理学的研究。

无论对美国来说，还是对于那些社区心理学已经获得立足之地的其他国家，国际社区心理学的成长对于该领域的发展十分重要。温根费尔德和纽伯勒指出，社区心理学在美国的发展为其他国家提供了一个蓝本，奠定了基础，尤其是对北美洲和加勒比海区域。然而，在过去的15年时间里，社区心理学在这些地方——以及在欧洲、亚洲、澳大利亚和新西兰等相对更加独立的国家(Francescato & Tomai, 2001)——已经发展出非常不一样的理论和研究方法，其中有很多值得美国社区心理学家学习。例如，出于被长期殖民的历史，拉丁美洲的社区心理学家(Serrano-García, 1984)和教育家(Freire, 1970)具有非常强烈的受压迫感和更为激进的政治意识。

同样，美国社区心理学家自认为是平等主义者(egalitarian)，但欧洲和其他地方社区取向的心理学则更偏向集体主义，他们较少关注自由、自治和其他个体主义对健康的定义(Francescato & Tomai, 2001)。总的来说，美国之外的社区心理学家倾向于重理论而轻实践(不像美国那样重视项目评估研究)。另外，有些国家的社区研究者倾向于采取后现代和反实证主义的立场，其完成的质化研究比量化研究多。当然，这种概括也存在许多例外。

与社区心理学的跨学科发展相似，社区心理学的国际化发展同样带来了思想、方法和干预策略的多样化，并可望在全球范围内各种不同文化背景下得到检验。我们现在需要对社区理论和行动进行更直接的跨文化比较，以了解不同政治和文化环境如何对相同的
问题与解决方案产生影响。我们之前阐释的生态-心理政治模型是由美国、澳大利亚和拉 477
丁美洲(以及其他愿意加入国)的社区心理学家组成的一个国际化团队目前正在研究和探索的一个框架，用于对这些国家的社区权利、压迫、解放、赋权和健康问题进行比较。

本章小结

科学研究为价值服务。社区研究不可避免地是对所在地的社会政治环境相妥协的产物。价值观直接影响选择什么问题进行研究，问题如何被定义，测量哪些方面，以及如何对数据进行评估、解释和报告等。本章我们通过几个例子，试图说明调查研究发生的社会语境如何改变和影响了研究的方法、程序、推理、报告及参与者，以及结果如何被使用。由于一切决策都是在权利、政治和相关价值的基础上作出的，因此社区心理学家致力于明确各种利益相关者的观点，通过替他们代言，促进社会的公平正义。

价值问题引发伦理思考。从社区的视角来看，社区心理学家常常面临多重伦理抉择，包括是否决定干预、在多种可能的干预目标中作出选择、干预对象的改变、选择何种干预手段、与各种努力相关的后果（包括意料之外的后果）等。

社区心理学具有多种分析水平（从个体应对到广泛的社会变迁），这让社区心理学的跨学科视角显得异常重要。尽管跨学科工作的成果迄今为止依然有限，但我们正在努力让社区心理学的跨学科潜能更加清晰可见。这样做的结果让我们对不同的生态环境与社会行动如何影响权力、金钱和其他资源的分配有了更加系统、深入的思考，从而更加重视对环境的干预和变革。这些过程在普利莱滕斯基模型中得到了讨论，我们还通过一个专栏检验了该模型在物理环境中的应用。

最后我们承认，本书几乎将全部注意力集中于美国的工作，但世界其他地方的社区心理学家也很活跃，并且做得也很出色。国际研究者为社区心理学打上了他们自己的烙印，
478 尤其是在政治意识形态和集体主义价值观的影响方面。未来看起来充满希望，通过国际交流可以激发出很多新的思路、方法和干预策略，也为对社区理论和干预行动的跨文化比较研究提供了更多机会。

在本书开篇，我们曾描述社区心理学家的工作目标，这里再重复一遍：

> ……他们的使命在于帮助创建或改变服务组织和其他机构，促使它们为有需要者提供更加有效、更符合人性、更少污名化的服务，从而促进人的成长和发展。

我们都有责任参与社区。作为其中的一员，我们既是专业人士，也是普通公民。

参考文献

Abram, K. M., & Teplin, L. A. (1991). Co-occurring disorders among mentally ill jail detainees: Implications for public policy. *American Psychologist, 46*(10), 1036–1045.

Academy of Leisure Sciences. (n.d.). White Paper #3: Leisure: The new center of the economy? http://www.cas.ualberta.ca/elj/als/alswp3.html

Acierno, R., Brady, K., Gray, M., Kilpatrick, D. G., Resnick, H., & Best, C. L. (2002). Psychopathology following interpersonal violence: A comparison of risk factors in older and younger adults. *Journal of Clinical Geropsychology, 8*(1), 13–23.

Acosta, O. M. (1998). Resilience among Latin-American children and adolescents: An examination of individual and family variables as moderators of stress. Dissertation: State University of New York, Buffalo, NY.

Acs, G., & Loprest, P. (2001). The status of TANF leavers in the District of Columbia: Final report. Washington, DC: Urban Institute. http://www.wkap.nl/journalhome.htm/1079-9362

Addams, J. (1910). *Twenty years at Hull House.* New York: Macmillan.

Adler, N. E., Boyce, T., Chesney, M. A., Cohen, S., Folkman, S., Kahn, R. L., & Syme, S. L. (1994). Socioeconomic status and health: The challenge of the gradient. *American Psychologist, 49,* 15–24.

Administration on Children, Youth and Families. (2002). *Making a difference in the lives of infants and toddlers and their families: The impacts of Early Head Start, 1.* Final Technical Report.

Adoption and Safe Families Act, PL 105-89 (1997).

AFSCME. (2002). http://www.afscme.org/pol-leg/opendo2.htm

Alan Guttmacher Institute. (1999). Facts in brief. Teen sex and pregnancy. http://www.agi-usa.org/pubs/tb_teen_sex.html

Alba, R. D., Logan, J. R., & Stults, B. J. (2000). How segregated are middle-class African Americans? *Social Problems, 47*(4), 543–558.

Albee, B. W. (1995). Ann and me. *The Journal of Primary Prevention, 15,* 331–349.

Albee, G. W. (1959). *Mental health manpower trends.* New York: Basic Books.

Albee, G. W. (1998). The politics of primary prevention. *Journal of Primary Prevention, 19*(2), 117–127.

Albee, G. W., Faenza, M. M., & Gullotta, T. P. (1997). Introduction. In Albee, G. W., & Gullotta, T. P. (Eds.), *Primary prevention works* (pp xi–xiv). Thousand Oaks, CA: Sage.

Albee, G. W., & Gullotta, T. P. (Eds.). (1997). *Primary prevention works.* Thousand Oaks, CA: Sage.

Alinsky, S. (1971). *Rules for radicals.* New York: Vantage Press.

Altman, D. (1995). Sustaining interventions in community systems: On the relationship between researchers and communities. *Health Psychology, 14,* 526–536.

Altman, I. (1975). *The environment and social behavior: Privacy, personal space, territory and crowding.* Monterey: Brooks/Cole.

Altman, I., & Rogoff, B. (1987). World views in psychology: Trait, interactional, organismic, and transactional perspectives. In D. Stokols & I. Altman (Eds.), *Handbook of environmental psychology* (pp. 1–40). New York: Wiley.

Amaro, H. (1995). Love, sex, and power. Considering women's realities in HIV prevention. *American Psychologist, 50,* 437–447.

American Academy of Pediatrics. (2000). Reducing the number of deaths and injuries from residential firs (RE9952). *Pediatrics, 105*(6), 1355–1357.

American Bankruptcy Institute. (2003). ABI World. http://www/abiworld.org.stats/1980annual.html

American Psychological Association. (2002). Ethical principles of psychologists and code of conduct. *American Psychologist, 57,* 1060–1073.

American Public Health Association. (1991). Large percent of Americans exposed to alcoholism in the family. *Nation's Health, 11,* 1–24.

Anderson, W. (1991). The New York needle trial: The politics of public health in the age of AIDS. *American Journal of Public Health, 81,* 1506–1517.

Angel, B., Hjern, A., & Ingleby, D. (2001). Effects of war and organized violence on children: A study of Bosnian refugees in Sweden. *American Journal of Orthopsychiatry, 71*(1), 4–15.

Annals of the American Academy of Political and Social Science, 577. (2001, September). (Whole issue).

Anthony, K. H., & Watkins, N. J. (2002). Exploring pathology: Relationships between clinical and environmental psychology. In R. B. Bechtel & A. Churchman (Eds.), *Handbook of environmental psychology* (pp. 129–146). New York: John Wiley & Sons.

Antonucci, T. C., Lansford, J. E., & Akiyama, H. (2001). Impact of positive and negative aspects of marital relationships and friendships on well-being of older adults. *Applied Developmental Science, 5*(2), 68–75.

Antze, P. (1976). The role of ideologies in peer psychotherapy organizations: Some theoretical considerations and three case studies. *Journal of Applied Behavioral Science, 12,* 323–346.

Appleyard, D. (1981). *Livable streets, protected neighborhoods.* Los Angeles: University of California Press.

Aral, S. O., VanderPlate, C., & Magder, L. (1988). Recurrent genital herpes: What helps adjustment? *Sexually Transmitted Diseases, 15*(3), 164–166.

Argyris, C. (1993). *Knowledge for action: A guide to overcoming barriers to organizational change.* San Francisco: Jossey-Bass.

Arthur v. Nyquist 415 F. Supp. 904 (W. D. N. Y. 1976).

Auerbach, J. S. (1976). *Unequal justice.* New York: Oxford University Press.

Ault, A. (2002). New Mexico first to let psychologists give meds. Reuters, March 7, 2002.

Bachrach, L. L. (1983). *Deinstitutionalization.* San Francisco: Jossey-Bass.

Barbarin, O. A., Richter, L., & deWet, T. (2001). Exposure to violence, coping resources, and psychological adjustment of South African children. *American Journal of Orthopsychiatry, 72*(1), 16–25.

Barker, R. G. (1968). *Ecological psychology: Concepts and methods for studying the environment of human behavior.* Stanford, CA: Stanford University Press.

Barker, R. G. (1993). *Habitats, environments, and human behavior* (2nd ed.). San Francisco: Jossey-Bass.

Barker, R. G., & Gump, P. V. (1972). *Big school, small school: High school size and student behavior* (2nd ed.). Stanford, CA: Stanford University Press.

Barker, R. G., & Schoggen, P. (1973). *Qualities of community life: Methods of measuring environment and behavior applied to an American and an English town.* San Francisco: Jossey-Bass.

Barker, R. G., & Wright, H. F. (1970). *Midwest and its children. The psychological ecology of an American Town* (2d ed.). Evanston, IL: Row Peterson.

Barnett, W. S. (1993). Benefit-cost analysis of preschool education: Findings from a 25-year follow-up. *American Journal of Orthopsychiatry, 63,* 500–508.

Barrera, M., Jr. (1986). Distinctions between social support concepts, measures and models. *American Journal of Community Psychology, 14,* 413–445.

Barrera, M., Jr. (2000). Social support research in community psychology. In J. Rappaport & E. Seidman (Eds.), *Handbook of community psychology* (pp. 215–245). New York: Kluwer Academic/Plenum.

Bateman, H. V. (2002). Sense of community in the school: listening to students' voices.

In A. Fisher, C. Sonn, & B. Bishop (Eds.), *Psychological sense of community: Research, applications, and implications* (pp. 161–179). New York: Plenum.

Baud, R. K. (Ed.). (1982). *Parent power: A handbook for Buffalo public school parents.* Buffalo, NY: Citizens for Quality Education.

Baum, A., & Fleming, I. (1993). Implications of psychological research on stress and technological accidents. *American Psychologist, 48*(6), 665–672.

Baum, A., & Paulus, P. B. (1987). Crowding. In D. Stokols & I. Altman (Eds.), *Handbook of environmental psychology* (pp. 533–570). New York: Wiley.

Baum, S., & Saunders, D. (1998). Life after debt: Summary results of the National Student Loan Survey. In *Student Loan Debt: Problems and Prospects* (pp. 77–96). Proceedings from a National Symposium sponsored by Sally Mae Education Institute, Reston, VA.; Institute for Higher Education Policy, Washington, DC; Education Resources Institute, Boston, MA.

Bauman, L. J., Stein, R. E. K., & Ireys, H. T. (1991). Reinventing fidelity: the transfer of social technology among settings. *American Journal of Community Psychology, 19,* 619–639.

Baxtrom v. Herald 383 U. S. 107 (1966).

Bazelon Center. (2003). Landmark mental disability law suit ends after 33 years. http://www.bazelon.org/newsroom/12-15-03wyatt.htm

Bechtel, R. B. (1977). *Enclosing behavior.* Stroudsburg, PA: Dowden, Hutchinson & Ross.

Beck, J. C. (1998). Legal and ethical duties of the clinician treating a patient who is liable to be impulsively violent. *Behavioral Sciences and the Law, 16*(3), 375–389.

Becker, M., Stiles, P. G., & Schonfeld, L. (2002). Mental health service use, and cost of care for older adults in assisted living facilities: Implications for public policy. *Journal of Behavioral Health Services and Research, 29,* 91–98.

Beers, C. W. (1933). *A mind that found itself.* (originally published in 1908). New York: Doubleday Doran.

Beiser, M., Shore, J. H., Peters, R., & Tatum, E. (1985). Does community care for the mentally ill make a difference? A tale of two cities. *American Journal of Psychiatry, 142,* 1047–1052.

Belk v. Charlotte Mecklenburg Board of Education 269 F.3rd 305 (4th Cir 2001).

Belsky, J. (1980). Child maltreatment: An ecological integration. *American Psychologist, 35,* 320–335.

Belton v. Gebhart 347 U.S. 483 (1954).

Bennett, C. C., Anderson, L. S., Cooper, S., Hassol, L., Klein, D. C., & Rosenblum, G. (1966). Community psychology. A report on the Boston Conference on the Education of Psychologists for Community Mental Health. Boston: Department of Psychology, Boston University.

Bennis, W. G. (1966). *Changing organizations.* New York: McGraw Hill.

Berg, I., & Nursten, J. (Eds.). (1996). *Unwillingly to school* (4th ed.). London: Gaskell.

Bermant, G., Kelman, H. C., & Warwick, D. P. (1978). *The ethics of social intervention.* New York: Halstead Press.

Berrueta-Clement, J. R., Schweinhart, L. J., Barnett, W. S., Epstein, A. S., & Weikart, D. P. (1984). *Changed lives. The effects of the Perry preschool program on youths through age 19.* Ypsilanti, MI: The High/Scope Press.

Bickel, A. M. (1962). *The least dangerous branch: The Supreme Court at the bar of politics.* Indianapolis: Bobbs-Merrill.

Bickman, L., Guthrie, P. R., Foster, E. M., Lambert, E. W., Summerfelt, W. T., Breda, C., & Heflinger, C. A. (1995). *Managed care in mental health: The Fort Bragg Experiment.* New York: Plenum Press.

Blazer, D. G. (1982). Social support and mortality in an elderly community population. *American Journal of Epidemiology, 115,* 684–694.

Bloch, A. (1984). Twenty-year follow-up of pupils in a special class for the mentally retarded: A study of a complete school community. *American Journal of Orthopsychiatry, 54,* 436–443.

Bloom, B. L. (1984). *Community mental health. a general introduction.* 2nd Ed. Monterey, CA: Brooks/Cole.

Bloom, B. L. (1992). Stressful life event theory and the prevention of psychopathology.

In M. Kessler & S. E. Goldston (Eds.), *The present and future of prevention: In honor of George W. Albee* (pp. 115–124). Newbury Park: Sage.

Bloom, B. L. (2000). Planned short-term psychotherapies. In C. R. Snyder & R. E. Ingram (Eds.), *Handbook of psychological change: Psychotherapy processes & practices for the 21st century* (pp. 429–454). New York: Wiley.

Bloom, B. L., Asher, S. J., & White, S. W. (1978). Marital disruption as a stressor: A review and analysis. *Psychological Bulletin, 85,* 867–894.

Bloom, B. L., & Hodges, W. F. (1988). The Colorado separation and divorce program: A preventive intervention for newly separated persons. In R. H. Price, E. L. Cowen, R. P. Lorion, & Ramos-McKay, J. *14 Ounces of prevention.* Washington, DC: American Psychological Association.

Board of Education v. Dowell 498 U. S. 237 (1991).

Bond, G. R. (1992). Vocational rehabilitation. In R. Liberman (Ed.), *Handbook of psychiatric rehabilitation* (pp. 244–275). New York: MacMillan.

Bond, G. R., Witheridge, T. F., Dincin, J., & Wasmer, D. (1990). Assertive community treatment for frequent users of psychiatric hospitals in a large city: A controlled study. *American Journal of Community Psychology, 18,* 865–891.

Bond, M. A., & Mulvey, A. (2000). A history of women and feminist perspectives in community psychology. *American Journal of Community Psychology, 28*(5), 599–630.

Bonnes, M., & Bonaiuto, M. (2002). Environmental psychology: From spatial-physical environment to sustainable development. In R. B. Bechtel, & A. Churchman (Eds.), *Handbook of environmental psychology* (pp. 28–54). New York: John Wiley & Sons.

Bouchard, T. J. (1994). Genes, environment, and personality. *Science, 264,* 1700–1701.

Bourdieu, P. (1985). The forms of capital. Pp. 241–258 in J. Richardson (Ed.), *Handbook of theory and research for the sociology of education.* New York: Greenwood.

Braginsky, B. M., Braginsky, D. D., & Ring, K. (1969). *The mental hospital as a last resort.* New York: Holt, Rhinehart & Winston.

Brand, R. S. Jr., & Claiborn, W. L. (1976). Two studies of coparative stigma: Employer attitudes and practices toward rehabilitated convicts, mental and tuberculosis patients. *Community Mental Health Journal, 12,* 168–175.

Breakey, W. R., & Fischer, P. J. (1990). Homelessness: The extent of the problem. *Journal of Social Issues, 46*(4), 31–47.

Brenner, M. (1994). Judge Motley's verdict. *The New Yorker,* May 16, 1994, 65–71.

Breslau, N., & Prabucki, K. (1987). Siblings of disabled children: Effects of chronic stress in the family. *Archives of General Psychiatry, 44,* 1040–1046.

Briggs v. Elliott 347 U. S. 497 (1954).

Briggs, X. S. (1998). Brown kids in white suburbs: Housing mobility and the many faces of social capital. *Housing Policy Debate, 9,* 177–221.

Brissette, I., Cohen, S., & Seeman, T. E. (2000). Measuring social integration and social networks. In S. Cohen, L. G. Underwood and B. H. Gottlieb (Eds.), *Social support: Measurement and intervention* (pp. 53–85). New York: Oxford.

Brodsky, A. E. (1999). "Making it.": The components and process of resilience among urban African-American single mothers. *American Journal of Orthopsychiatry, 69*(2), 148–160.

Brodsky, A. E., O'Campo, P. J., & Aronson, R. E. (1999). PSOC in community context: Multi-level correlates of a measure of psychological sense of community in low-income, urban neighborhoods. *Journal of Community Psychology, 27,* 659–679.

Broman, C. L., Hamilton, V. L., & Hoffman, W. S. (1990). Unemployment and its effect on families: Evidence from a plant closing study. *American Journal of Community Psychology, 18,* 643–659.

Broman, C. L., Hamilton, V. L., & Hoffman, W. S. (2001). *Stress and distress among the unemployed: Hard times and vulnerable people.* New York: Kluwer Academic/Plenum.

Bronfenbrenner, U. (1996). *The ecology of human development: Experiments by nature and design.* Cambridge, MA: Harvard University Press.

Bronzaft, A. L. (2002). Noise pollution: A hazard to physical and mental well-being. In R. B. Bechtel & A. Churchman (Eds.), *Handbook of environmental psychology* (pp. 499–510). New York: John Wiley & Sons.

Brown v. Board of Education of Topeka 349 U. S. 294 (1955).

Brown v. Board of Education, 347 U. S. 483 (1954).

Brown, B. B., Burton, J. R., & Sweaney, A. (1998). Neighbors, households, and front porches: New urbanish community tool or mere nostalgia? *Environment and Behavior, 30*, 579–600.

Brown, B. B., & Cropper, V.L. (2001). New urban and standard suburban subdivisions: Evaluating psychological and social goals. *Journal of the American Planning Association, 67*, 402–419.

Brown, B. B., & Perkins, D. D. (1992). Disruptions in place attachment. In I. Altman & S. Low (Eds.), *Place attachment* (pp. 279–304). New York: Plenum.

Brown, B. B., & Werner, C. M. (1985). Social cohesiveness, territoriality and holiday decorations: The influence of cul-de-sacs. *Environment and Behavior, 17*, 539–565.

Browne, A. (1993). Violence against women by male partners: Prevalence, outcomes, and policy implications. *American Psychologist, 48*, 1077–1087.

Browne, K. (1993). Home visitation and child abuse: The British experience. *The ASPA Advisor, 6*, 11–12, 28–31.

Bruene-Butler, L., Hampson, J., Elias, M. J., Clabby, J. F., & Schuyler, T. (1997). In. G. W. Albee and T. P. Gullotta (Eds.), *Primary prevention works* (Ch. 11, pp. 239–267). Thousand Oaks, CA: Sage.

Bullard, R. (1990). *Dumping in Dixie.* Boulder, CO: Westview Press.

Bureau of Justice Statistics. (1998). *Alcohol and crime.* Washington, DC: U. S. Department of Justice.

Bureau of Labor Statistics (2000–2001). Occupational Outlook Handbook. http://www.bls.gov

Bureau of Labor Statistics (2001). Report on the American labor force, 2001. Washington, DC: U. S. Department of Labor, Bureau of Labor Statistics.

Bureau of Labor Statistics. (2003). http://www.bls.gov

Burgess, A. W., & Holmstrom, L. L. (1979). Rape: Sexual disruption and recovery. *American Journal of Orthopsychiatry, 49*, 648–657.

Burke, W. W. (1994). *Organization development: A process of learning and changing.* Reading, MA: Addison-Wesley.

Burnette, D. (1999). Physical and emotional well-being of custodial grandparents in Latino families. *American Journal of Orthopsychiatry, 69*(3), 305–318.

Burt, R. S. (1999). The social capital of opinion leaders. *Annals of the American Academy of Political and Social Sciences 566*, 37–64.

Buss, T. F. (1992). *Mass unemployment: Plant closings and community mental health.* Beverly Hills, CA: Sage.

Butterfoss, F. D., Goodman, R. M., & Wandersman, A. (1993). Community coalitions for prevention and health promotion. *Health Education Research. Theory and Practice, 8*, 315–330.

Byrne, D., Kelley, K., & Fisher, W. A. (1993). Unwanted teenage pregnancies: Incidence, interpretation, and intervention. *Applied and Preventive Psychology, 2*, 101–113.

Cahn, E. (1955). Jurisprudence. *NYU Law Review, 30*, 150–169.

Caldwell, R. A., Bogat, G. A., & Davidson, W. S. II. (1988). The assessment of child abuse potential and the prevention of child abuse and neglect: A policy analysis. *American Journal of Community Psychology, 16*, 608–624.

Campbell, D. T. (1969). Reforms as experiments. *American Psychologist, 24*, 409–429.

Campbell, D. T. (1979). Assessing the impact of planned social change. *Evaluation and Program Planning, 2*, 67–90.

Campbell, D. T., & Kimmel, H. (1985). Guiding preventive intervention research centers for research validity. Unpublished manuscript, Department of Social Relations, Lehigh University, Bethlehem, PA.

Campbell, R., & Wasco, S. M. (2000). Feminist approaches to social science: Epistemological and methodological tenets. *American Journal of Community Psychology, 28*(6), 773–791.

Capizzano, J., Tout, K., & Adams, G. (2000). *Child care patterns of school-age children with employed mothers.* Washington, DC: The Urban Institute.

Caplan, G. (1964). *Principles of preventive psychiatry.* New York: Basic Books.

Caplan, G. (1970). *The theory and practice of mental health consultation.* New York: Basic Books.

Caplan, G. (1976). The family as a support system. In G. Caplan & M. Killilea (Eds.), *Support systems and mutual help.* New York: Grune & Stratton.

Caplan, M. (1999). *Farther along: A civil rights memoir.* Baton Rouge, LA: Louisiana State University.

Caplan, R. D., Vinokur, A. D., & Price, R. H. (1997). From job loss to reemployment: Field experiments in prevention-focused coping. In. G. W. Albee and T. P. Gullotta (Eds.), *Primary prevention works.* (Ch. 15, pp. 341–379). Thousand Oaks, CA: Sage.

Caplan, R. D., Vinokur, A. D., Price, R. H., & van Ryn, M. (1989). Job seeking, reemployment, and mental health: A randomized field experiment in coping with job loss. *Journal of Applied Psychology, 74,* 759–769.

Carling, P. J. (1990). Major mental illness, housing, and supports: The promise of community integration. *American Psychologist, 45,* 969–975.

Carson, E. D. (1993). *A hand up. Black philanthropy and self-help in America.* Washington, DC: Joint Center for Political and Economic Studies Press.

Cashin, S. D. (2001). Middle-class black suburbs and the state of integration: A post-integrationist vision for metropolitan America. *Cornell Law Review, 86,* 729–776.

Cassidy, L., Meadows, J., Catalan, J., & Barton, S. (1997). Are reported stress and coping style associated with frequent recurrence of genital herpes? *Genitourinary Medicine, 73*(4), 263–266.

Catania, J. A., Coates, T. J., Stall, R., Bye, L. Kegeles, S. M., Capell, F., Henne, J., McKusick, L., Morin, S., Turner, H. (1991). Changes in condom use among homosexual men in San Francisco. *Health Psychology, 10*(3), 190–199.

Ceballo, R. (2000). The neighborhood club: A supportive intervention group for children exposed to urban violence. *American Journal of Orthopsychiatry, 70*(3), 401–407.

Center for Health, Environment, and Justice. (2002). *Creating safe learning zones: Invisible threats, visible actions.* Falls Church, VA: author.

Center for Mental Health Services and National Institute of Mental Health. Mental Health, United States, 1996. Manderscheid, R. W., & Sonnenschein, M. A. (Eds). DHHS Pub. No. (SMA) 96-3098. Washington, DC: U. S. Government Printing Office, 1996.

Center for the Future of Children. (1992). *The future of children. School linked services, 2*(1) (Whole Issue).

Centers for Disease Control. (1999). Achievements in public health, 1900–1999: Healthier mothers and babies. *MMWR Weekly, 48*(38), 849–858.

Centers for Disease Control. (2001a). National overview of sexually transmitted diseases, 2000. http://www.cdc.gov/std/stats/2000NatOverview.htm

Centers for Disease Control. (2001b). National Vital Statistics Reports, December 28, 2001.

Centers for Disease Control and Prevention. HIV/AIDS Surveillance Report, 2002, 14. http://www.cdc.gov/hiv/stats/hasrlink.htm

Chamberlin, J. (1990). The ex-patient's movement: Where we've been and where we're going. *The Journal of Mind and Behavior, 11,* 323–336.

Chayes, A. (1976). The role of the judge in public law litigation. *Harvard Law Review, 89,* 1281–1316.

Checkoway, B. (1981). *Citizens and health care: Participation and planning for social change.* Elmsford, NY: Pergamon.

Chen, E., Matthews, K. A., & Boyce, W. T. (2002). Socioeconomic differences in children's health: How and why do these relationships change with age? *Psychological Bulletin, 128*(2), 295–329.

Cheng, S. -T. (1993). The social context of Hong Kong's booming elderly home industry. *American Journal of Community Psychology, 21,* 449–467.

Cheng, S. -T., & Chan, A. C. M. (2003). An ecological model of industrial regulation: Nursing homes for the elderly in Hong Kong. *Law and Policy,25*(4), 403–423.

Cherniss, C. (1980). *Professional burnout in human service organizations.* New York: Praeger.

Cherniss, C., & Cherniss, D. S. (1987). Professional involvement in self-help groups for parents of high risk newborns. *American Journal of Community Psychology, 15,* 435–444.

Cherniss, C., & Deegan, G. (2000). The creation of alternative settings. In J. Rappaport, & E. Seidman (Eds.), *Handbook of community psychology.* New York: Kluwer Academic/ Plenum Publishers.

Chesler, M. A., & Chesney, B. K. (1995). *Cancer and self-help: Bridging the troubled waters of childhood illness.* Madison, WI: University of Wisconsin Press.

Choi, K. H., Yep, G. A., & Kumekawa, E. (1998). HIV prevention among Asian and Pacific islander American men who have sex with men: A critical review of theoretical models and directions for future research. *AIDS Education and Prevention, 10* (Suppl 3), 19–30.

Chow, S. L. (1987). Science, ecological validity and experimentation. *Journal for the Theory of Social Behaviour, 17*(2), 181–194.

Christens, B., & Perkins, D. D. (in press). Interdisciplinary, multilevel action—research to enhance ecological and psychopolitical validity. *Journal of Community Psychology.*

Christenson, J. A., Fendley, K., & Robinson, J. W., Jr. (1989). Community development. In J. A. Christenson & J.W. Robinson, Jr. (Eds.), *Community development in perspective.* Ames: IA State University Press (pp. 1–25).

Chuang, D. K. (2001). Power, merit and the imitations (sic) of the black white binary in the affirmative action debate: The case of Asian Americans at Whitney High School. *Asian Law Journal, 8,* 31–70.

Churchman, A. (2002). Environmental psychology and urban planning: Where can the twain meet? In R. B. Bechtel & A. Churchman (Eds.), *Handbook of environmental psychology* (pp. 191–200). New York: John Wiley.

Cicirelli, V. G. (1969). *The impact of Head Start: An evaluation of the effects of Head Start on children's cognitive and affective development.* Washington, DC: National Bureau of Standards, Institute for Applied Technology.

City of Cleburne, Texas v. Cleburen Living Center, 473 U. S. 432 (1985).

Civil Rights Cases, 109 U. S. 3 (1883).

Clay, R. A. (2000). Linking up online. *Monitor on Psychology, 31*(4), 20–23.

Clayton, R. R., Cattarello, A. M., & Johnstone, B. M. (1996). The effectiveness of Drug Abuse Resistance Education (Project D.A.R.E.): 5-year follow-up results. *Preventive Medicine, 25,* 307–318.

Clegg, R. (2000, May 29). Gavels down. *New Jersey Law Journal.*

Clingempeel, W. G., & Reppucci, N. D. (1982). Joint custody after divorce: Major issues and goals for research. *Psychological Bulletin, 91,* 102–127.

Cloward, R., & Piven, F. F. (1971). *Regulating the poor: The function of public welfare in America.* New York: Random House.

Coates, T. J. (1990). Strategies for modifying sexual behavior for primary and secondary prevention of HIV disease. *Journal of Consulting and Clinical Psychology, 58,* 57–69.

Cohen, C. I., & Thompson, K. S. (1992). Homeless mentally ill, mentally ill homeless? *American Journal of Psychiatry, 149,* 816–823.

Cohen, S. Gottlieb, B. H., & Underwood, L. G. (2000). Social relationships and health. In S. Cohen, L. G. Underwood, and B. H., Gottlieb (Eds.), *Social support measurement and intervention* (pp. 3–25). New York: Oxford University Press.

Cohen, S., Gottlieb, B. H., & Underwood, L. G. (2001). Social relationships and health: Challenges for measurement and intervention. *Advances in Mind Body Medicine, 17*(2), 129–141.

Cohen, S., & Wills, T. A. (1985). Stress, social support, and the buffering hypothesis. *Psychological Bulletin, 98,* 310–357.

Coie, J. D., Watt, N. F., West, S. G., Hawkins, J. D., Asarnow, J. R., Markman, H. J., et al. (1993). The science of prevention: A conceptual framework and some directions for a national research program. *American Psychologist, 48,* 1013–1022.

Colarelli, N. J., Siegel, S. M., & Ward, H. (1966). *An adventure in innovation.* Princeton, NJ: Van Nostrand.

Coleman, J. S., Campbell, E. Q., Hobson, C. J., McPartland, J., Mood, A. M., Weinfeld, F. D., & York, R. L. (1966). *Equality of educational opportunity.* Washington, DC: U.S. Government Printing Office.

Collins, N. L., Dunkel-Schetter, C., Lobel, M., & Scrimshaw, S. C. M. (1993). Social support in pregnancy: Psychosocial correlates of birth outcomes and postpartum depression. *Journal of Personality and Social Psychology, 65,* 1243–1258.

Comer, J. P. (1997). *Waiting for a miracle.* NY: Plume.

Compas, B. A., Connor, J., & Wadsworth, M. (1997). Prevention of depression. In R. P. Weisberg, T. P. Gullotta, R. L. Hampton, B. A. Ryan, & G. R. Adams, (Eds.), *Enhancing children's wellness* (pp. 129–174). Thousand Oaks, CA: Sage.

Comptroller General of the United States. (1977). Report to Congress. Returning the mentally disabled to the community: Government needs to do more. Washington, DC: Author.

Consumer Advisory Board v. Glover 989 F. 2d 65 (First Cir. 1993).

Cook, R. L., Pollock, N. K., Rao, A. K., & Clark, D. B. (2002). Increased prevalence of herpes simplex virus type 2 among adolescent women with alcohol use disorders. *Journal of Adolescent Health, 30*(3), 169–174.

Cook, S. W. (1984). The 1954 Social Science statement and school desegregation: a reply to Gerard. *American Psychologist, 39*, 819–832.

Cowen, E. L. (1973). Social and community interventions. *Annual Review of Psychology, 24*, 423–472.

Cowen, E. L. (1982). Help is where you find it: Four informal helping groups. *American Psychologist, 37*, 385–395.

Cowen, E. L. (1983). Primary prevention in mental health: Past, present, and future (pp. 11–25). In R. Felner, et al. (Eds.), *Preventive psychology*. New York: Plenum.

Cowen, E. L. (1997). Schools and the enhancement of children's wellness: Some opportunities and some limiting factors. In R. P. Weissberg & T. P. Gullotta (Eds.), *Healthy children 2010: Establishing preventive services* (pp. 97–123). Thousand Oaks, CA: Sage.

Cowen, E. L. (2000). Community psychology and routes to psychological wellness. In J. Rappaport & E. Seidman (Eds.), *Handbook of community psychology* (pp. 79–99). New York: Kluwer Academic/Plenum.

Cowen, E. L., Hightower, A. D., Pedro Carroll, J. L., & Work, W. C. (1996). *School-based prevention for children at risk: The Primary Mental Health Project*. Washington DC: American Psychological Association.

Cowen, E. L., Trost, M. A., Izzo, L. D., Lorion, R. P., Dorr, D., & Isaacson, R. V. (1975). *New ways in school mental health*. New York: Human Sciences Press.

Coyne, J. C., Kessler, R. S., Tal, M. Turnbull, J., Wortman, C. B., & Greden, J. F. (1987). Living with a depressed person. *Journal of Consulting and Clinical Psychology, 55*, 347–352.

Coyne, J. C., Thompson, R., & Palmer, S. C. (2002). Marital quality, coping with conflict, marital complaints, and affection in couples with a depressed wife. *Journal of Family Psychology, 16*(1), 26–37.

Crawford, I., Jason, L. A., Riordan, N., Kaufman, J., Salina, D., Sawalski, L., et al. (1990). A multimedia-based approach to increasing communication and the level of AIDS knowledge within families. *Journal of Community Psychology, 18*(4), 361–373.

Crittenden, P. M. (1992). The social ecology of treatment: Case study of a service system for maltreated children. *American Journal of Orthopsychiatry, 62*, 22–34.

Cronkite, R. C., Moos, R. H., Twohey, J., Cohen, C., & Swindle, R., Jr. (1998). Life circumstances and personal resources as predictors of the ten-year course of depression. *American Journal of Community Psychology, 26*(2), 255–280.

Cronon, W. (1991). *Nature's metropolis: Chicago and the great west*. New York: Norton.

Crouter, A. C., & McHale, S. M. (1993). Temporal rhythms in family life: Seasonal variation in the relation between family work and family processes. *Developmental Psychology, 29*, 198–205.

Cummings, R. (1993). All-male black schools: Equal protection, the new separatism and Brown v. Board of Education. *Hastings Constitutional Law Quarterly, 20*, 752–782.

Cutrona, C. E., & Cole, V. (2000). Optimizing support in the natural network. In Cohen, Underwood, & Gottlieb (Eds.), *Social support measurement and intervention* (pp. 278–308). New York: Oxford University Press.

Darling-Hammond, L., Ancess, J., & Ort, S. W. (2002). Reinventing high school: Outcomes of the coalition campus schools project. *American Educational Research Journal, 39*(3), 639–673.

Darlington, R. B., Royce, J. M., Snipper, A. S., Murray, H. W., & Lazar, I. (1980). Preschool programs and later school competence of children from low-income families. *Science, 208*, 202–204.

D'Augelli, A.R. (1982). Historical synthesis of consultation and education. In D. R. Ritter (Ed.), *Consultation, education and prevention in community mental health*. Springfield, IL: Charles C. Thomas.

D'Augelli, A. R., & Hershberger, S. L. (1993). Lesbian, gay, and bisexual youth in community settings: Personal challenges and mental health problems. *American Journal of Community Psychology, 21,* 421–448.

Davis v. County School Board of Prince Edward County 347 U. S. 483 (1954).

Davis, L. G., & Nelson, W. E. (1980). The politics of black self-help in the United States: A historical overview. In L. S. Yearwood (Ed.), *Black organizations: Issues on survival techniques: A historical overview* (pp. 37–50). Lanham, MD: University Press of America.

Davis, M., Baranowski, T., Hughes, M., Warneke, C., deMoor, C., Baranowski, J., Cullen, K., & Mullis, R. (in press). Using children as change agents to increase fruit and vegetable consumption among lower-income African American parents: Outcome results of the Bringing It Home program. *Preventive Medicine.*

Davis, R. C., Brickman, E., & Baker, T. (1991). Supportive and unsupportive responses of others to rape victims: Effects on concurrent victim adjustment. *American Journal of Community Psychology, 19,* 443–451.

Dawes, R. M. (1994). *House of cards: Psychology and psychotherapy built on myth.* New York: Free Press.

DeFilippis, J. (2001). The myth of social capital in community development. *Housing Policy Debate, 12,* 781–806.

DeGrazia, S. (1962). *Of time, work and leisure.* New York: Twentieth Century Fund.

Des Jarlais, D. C., Friedman, S. R., & Casriel, C. (1990). Target groups for preventing AIDS among intravenous drug users: 2. The "hard" data studies. *Journal of Consulting and Clinical Psychology, 58,* 50–56.

De Tocqueville, A. ([1835] 1956). *Democracy in America.* New York: Mentor Books.

DeYoung, A. (1977). Classroom climate and class success: A case study at the university level. *Journal of Educational Research, 70,* 252–257.

Dickens, W. R., & Flynn, J. R. (2001). Heritability estimates versus large environmental effects: The IQ paradox resolved. *Psychological Review, 108,* 346–369.

Dincin, J., Wasmer, D., Witheridge, T. F., & Sobeck, L. (1993). Impact of assertive community treatment on the use of state hospital inpatient bed-days. *Hospital and Community Psychiatry, 44*(9), 833–838.

Doctor's Guide, 1997. Two-thirds of psychiatric hospitals transfer patients for economic reasons. http://www.palgroup.com/dg/4d30s.htm

Dohrenwend, B. P., & Dohrenwend, B. S. (1969). *Social status and psychological disorder.* New York: Wiley.

Dohrenwend, B., P., Levav, I., Shrout, P. E., Schwartz, S., Naveh, G., Link, B. G., et al. (1992). Socioeconomic status and psychiatric disorders: The causation-selection issue. *Science, 255,* 946–952.

Dohrenwend, B. S. (1978). Social stress and community psychology. *American Journal of Community Psychology, 6,* 1–14.

Dokecki, P. (1996). *The tragi-comic professional: Basic considerations for ethical reflective-generative practice.* Pittsburgh, PA: Duquesne University Press.

Dokecki, P. R., Newbrough, J. R. & O'Gorman, R. T. (2001). Toward a community-oriented action research framework for spirituality: Community psychological and theological perspectives. *Journal of Community Psychology, 29,* 497–518.

Dooley, D., Catalano, R., & Wilson, G. (1994). Depression and unemployment: Panel findings from the epidemiological catchment area study. *American Journal of Community Psychology, 22,* 745–765.

Downs, M. W., & Fox, J. C. (1993). Social environments of adult homes. *Community Mental Health Journal, 29,* 15–23.

Dressler, W. W. (1991). *Stress and adaptation in the context of culture.* Albany, NY: State University of New York Press.

Drury, J. (2002). Protesting may be good for your health. http://www.reutershealth.com/archive/2002/12/23/eline/links/20021223elin022.

Duberman, M. (1993). *Stonewall.* New York: Dutton.

Du Bois, W. E. B. (1903). *The souls of black folk.* Chicago: McClung.

Dumas, L. J. (2002). Is development an effective way to fight terrorism? *Philosophy and Public Policy Quarterly, 22*(4), 7–12.

Dunn, B. (1993). Growing up with a psychotic mother: A retrospective study. *American Journal of Orthopsychiatry, 63,* 177–189.

Durlak, J. A. (1995). *School-based prevention programs for children and adolescents.* Newbury Park, CA: Sage.

Durlak, J. A., & Wells, A. M. (1998). Evaluation of indicated preventive intervention (secondary prevention) mental health programs for children and adolescents. *American Journal of Community Psychology, 26,* 775–802.

Dykens, E. M. (2000). Psychopathology in children with intellectual disability. *Journal of Child Psychology and Psychiatry and Allied Disciplines, 41*(4), 407–417.

Eckenrode, J. H., & Hamilton, S. (2000). One-to-one support interventions. In Cohen, Underwood, & Gottlieb (Eds.), *Social support measurement and intervention* (pp. 246–277). New York: Oxford University Press.

Edelstein, M. R. (1988). *Contaminated communities. The social and psychological impacts of residential toxic exposure.* Boulder, CO: Westview.

Edelstein, M. R. (2001). *Contaminated communities: Psychosocial impacts from the contamination of home and place* (2nd ed.). Boulder, CO: Westview Press.

Edwards, T. M. (2001). A twist on Jack and Jill: Blacks turn to an old social club for a new reason. *Time,* July 2, 2001, p. 53.

Egolf, B., Lasker, J., Wolf, S., & Potvin, L. (1992). The Roseto effect: A fifty-year comparison of mortality rates. *American Journal of Public Health, 82,* 1089–1092.

Ekstrand, M. L., & Coates, T. J. (1990). Maintenance of safer sexual behaviors and predictors of risky sex: The San Francisco Men's Health study. *American Journal of Public Health, 80,* 973–977.

Elias, M. J. (1997). Reinterpreting dissemination of prevention programs as widespread implementation with effectiveness and fidelity. In R. P. Weisberg, T. P. Gullotta, R. L. Hampton, B. A. Ryan, & G. R. Adams (Eds.), *Establishing preventive services* (pp. 253–289). Thousand Oaks, CA: Sage.

Elias, M. J., Gara, M. A., Schuyler, T. F., et al. (1991). The promotion of social competence: Longitudinal study of a preventive school-based program. *American Journal of Orthopsychiatry, 61,* 409–417.

Elias, M. J., Gara, M., Ubriaco, M., Rothbaum, P. A., Clabby, J. F., & Schuyler, T. (1986). Impact of a preventive social problem solving intervention on children's coping with middle school stressors. *American Journal of Community Psychology, 14,* 259–275.

Elrod, L. D. (2001). Reforming the system to protect children in high conflict custody cases. *William Mitchell Law Review, 28,* 495–549.

Emery, R. E. (1982). Interparental conflict and the children of discord and divorce. *Psychological Bulletin, 92,* 310–330.

Emrick, C. D. (1987). Alcoholics Anonymous: Affiliation processes and effectiveness as treatment. *Alcoholism: Clinical and Experimental Research 11,* 416–442.

Ennis, B. J., & Litwack, T. R. (1974). Psychiatry and the presumption of expertise: Flipping coins in the courtroom. *California Law Review, 62,* 693–752.

Erikson, E. H. (1950). *Childhood and society.* New York: Norton.

Evans, G. W., & Cohen, S. (1987). Environmental stress. In D. Stokols & I. Altman (Eds.), *Handbook of environmental psychology: Volume 2* (pp. 571–610). New York: Wiley.

Evans, S., & Bess, K. (2003). Preliminary content analyses: Youth and neighborhood service organizations. Presented in symposium on learning communities and learning organizations at the Biennial Conference of the Society for Community Research and Action, Las Vegas, New Mexico.

Fairweather, G. W. (1980). *The Fairweather Lodge: A twenty-five year retrospective.* Chicago: Aldine.

Fairweather, G. W., Sanders, D. H., Maynard, H., & Cressler, D. L. (1969). *Community life for the mentally ill.* Chicago: Aldine.

Fairweather, G. W., Sanders, D. H., & Tornatzky, L. G. (1974). *Creating change in mental health organizations.* New York: Pergamon.

Fairweather, G. W., & Tornatzky, L. G. (1977). *Experimental methods for social policy research.* New York: Pergamon Press.

Falk, I., & Kilpatrick, S. (2000). What is social capital? A study of interaction in a rural community. *Sociologia Ruralis, 40,* 87–110.

Farkas, M. D., & Anthony, W. A. (1989). *Psychiatric rehabilitation programs: Putting theory into practice.* Baltimore: Johns Hopkins University Press.

Fawcett, S. B., Paine-Andrews, A. L., Francisco, V. T., Schultz, J. A., Richter, K. P., Lewis, R. K., Williams, E. L., Harris, K. J., Berkley, J. Y., Fisher, J. L., & Lopez, C. M. (1995). Using empowerment theory in collaborative partnerships for community health and development. *American Journal of Community Psychology 23*, 677–697.

Felner, R. D., & Adan, A. M. (1988). The School Transitional Environment Project: An ecological intervention and evaluation (pp. 111–122). In R. H. Price, E. L. Cowen, R. P. Lorion, & J. Ramos-McKay. *14 ounces of prevention: A casebook for practitioners.* Washington, DC: American Psychological Association.

Felner, R. D., Favazza, A., Shim, M., Brand, S., Gu, K., & Noonan, N. (2001). Whole school improvement and restructuring as prevention and promotion: Lessons from STEP and the Project on High Performance Learning Communities. *Journal of School Psychology, 39*(2), 177–202.

Felner, R. D., Ginter, M., & Primavera, J. (1982). Primary prevention during school transitions: Social support and environmental structure. *American Journal of Community Psychology, 10*, 277–290.

FEMA (2002, February 4). *Federal/state disaster assistance tops $1 billion.* Press release.

Fields, J., & Casper, L. M. (2001). America's families and living arrangements. Current population reports. Washington, DC: U.S. Census Bureau. (pp.520-537).

Finch, J. F., Okun, M. A., Barrera, M. Jr., Zautra, A. I., & Reich, J. W. (1989). Positive and negative social ties among older adults: Measurement models and the prediction of psychological distress and well-being. *American Journal of Community Psychology, 17*, 585–605.

Finkel, N. J., & Jacobsen, C. A. (1977). Significant life experiences in an adult sample. *American Journal of Community Psychology, 5*, 165–177.

Finkelhor, D. (1990). Early and long-term effects of child sexual abuse: An update. *Professional Psychology: Research and Practice, 21*(5), 325–330.

Finkelhor, D., & Dziuba-Leatherman, J. (1994). Victimization of children. *American Psychologist, 49*, 173–183.

Finkelhor, D., & Hashima, P. Y. (2001). The victimization of children and youth. A comprehensive overview. In S. White (Ed.), *Handbook of youth and justice* (Chapter 4, pp. 49–78). NY: Kluwer Academic/Plenum.

Fisher, A. T., & Sonn, C. C. (2002). Psychological sense of community in Australia and the challenges of change. *Journal of Community Psychology 30*, 597–610.

Fisher, G. M. (1992). *Social Security Bulletin, 55*(4), 43–46.

Fisher, J. D., & Fisher, W. A. (1992). Changing AIDS-risk behavior. *Psychological Bulletin, 111*, 455–474.

Fleishman, J. A., Sherbourne, C. D., Crystal, S., Collins, R. L., Marshall, G. N., Kelly, M., Bozzette, S. A., Shapiro, M. F., & Hayes, R. D. (2000). Coping, conflictual social interactions, social support, and mood among HIV-infected persons. *American Journal of Community Psychology, 28*, 421–453.

Flippen, C. A. (2001). Racial and ethnic inequality in homeownership and housing equity. *Sociological Quarterly, 42*(2), 121–149. URL: http://www.ucpress.edu/journals/tsq/

Flora, J. L., Sharp, J., Flora, C., & Newlon, B. (1997). Entrepreneurial social infrastructure and locally initiated economic development in the non-metropolitan United States. *Sociological Quarterly 38*, 623–645.

Folkman, S. (1984). Personal control and stress and coping processes: A theoretical analysis. *Journal of Personality and Social Psychology, 46*, 839–852.

Folkman, S. (2001). Revised coping theory and the process of bereavement. In M. S. Stroebe & R. O. Hansson (Eds.), *Handbook of bereavement research: Consequences, coping, and care* (pp. 563–584). Washington, DC: American Psychological Association.

Folkman, S., & Lazarus, R. S. (1980). An analysis of coping in a middle aged sample. *Journal of Health and Social Behavior, 21*, 219–239.

Folkman, S., & Lazarus, R. S. (1988). Coping as a mediator of emotion. *Journal of Personality and Social Psychology, 54*, 466–475.

Francescato, D., & Tomai, M. (2001). Community psychology: should there be a European perspective? *Journal of Community and Applied Social Psychology, 11*(5), 371–380.

Frankl, V. E. (1992). *Man's search for meaning: An introduction to logotherapy* (4th ed.). Boston: Beacon Press.

Freeman v. Pitts 503 U.S. 467 (1992).

French, S. L., Knox, V. J., & Gekoski, W. L. (1992). Confounding as a problem in relating life events to health status in elderly individuals. *American Journal of Community Psychology, 20,* 243–252.

Friedman, R. M., & Duchnowski, A. J. (1990). Service trends in the children's mental health system: Implications for the training of psychologists. In R. R. Magrab and P. Wohlford (Eds.), *Improving psychological services for children and adolescents with severe mental disorders: Clinical training in psychology.* Washington, DC: American Psychological Association.

Friedmann, J. (1992). *Empowerment: The politics of alternative development.* Cambridge, MA: Blackwell.

Fuchs, V. R. (1968). *The service economy.* New York: National Bureau of Economic Research.

Furlong, M., Morrison, G. M., Austin, G., Huh-Kim, J., & Skager, R. (2001). Using student risk factors in school violence surveillance reports: Illustrative examples for enhanced policy formation, implementation and evaluation. *Law & Policy, 23*(3), 271–295.

Furstenberg, F. F., Jr., Moore, K. A. & Peterson, J. L. (1985). Sex education and sexual experience among adolescents. *American Journal of Public Health, 75,* 1331–1332.

Gabriel, T. (1995). Some on-line discoveries give gay youth a path to themselves. *New York Times,* July 2, 1995, A-1, 16.

Galanter, M. (1988). Zealous self-help groups as adjuncts to psychiatric treatment: A study of Recovery, Inc. *American Journal of Psychiatry, 145,* 1248–1253.

Galanter, M. (1990). Cults and zealous self-help movements: A psychiatric perspective. *American Journal of Psychiatry, 147,* 543–551.

Galanter, M. (1999). *Cults: Faith, healing, and coercion* (2nd ed.). New York: Oxford University Press.

Galbraith, J. K. (1998). *The affluent society* (40th anniversary ed.). Boston: Houghton Mifflin.

Garbarino, J., Kostelny, K., & Dubrow, N. (1991). *No place to be a child: Growing up in a war zone.* Lexington, MA: Lexington Books.

Garbarino, J. (1995). *Raising children in a socially toxic environment.* San Francisco: Jossey-Bass.

Garcia, I., Giuliani, F., & Wiesenfeld, E. (1999). Community and sense of community: The case of an urban barrio in Caracas. *Journal of Community Psychology, 27,* 727–740.

Gardner, W., & Wilcox, B. L. (1993). Political intervention in scientific peer review: Research on adolescent sexual behavior. *American Psychologist, 48,* 972–983.

Garfinkel, I., McLanahan, S. S., Meyer, D. R., & Seltzer, J. A. (Eds.). (1998). *Fathers under fire: The revolution in child support enforcement.* New York: Russell Sage.

Garland, A. F., & Zigler, E. (1993). Adolescent suicide prevention: Current research and social policy implications. *American Psychologist, 48,* 169–182.

Gartner, A., & Reissman, F. (1977). *Self-help in the human services.* San Francisco: Jossey-Bass.

Gebhard, C., & Levine, M. (1985). Does membership in Alcoholics Anonymous reduce the stigma of alcoholism? Paper presented at the annual meeting of the Eastern Psychological Association, Boston, MA, March 22, 1985.

Geller, E. S. (2002). The challenge of increasing proenvironmental behavior. In R. B. Bechtel & A. Churchman (Eds.), *Handbook of environmental psychology* (pp. 525–540). New York: John Wiley & Sons.

Geller, J. L., & Fisher, W. H. (1993). The linear continuum of transitional residences: Debunking the myth. *American Journal of Psychiatry, 150,* 1070–1076.

Gerard, H. B. (1983). School desegregaton: The social science role. *American Psychologist, 38,* 869–877.

Gergen, K. J. (1973). Social psychology as history. *Journal of Personality and Social Psychology, 26,* 309–320.

Gesten, E. L., Rains, M. H., Rapkin, B. D., Weissberg, R. P., de Apocada, R. F., Cowen, E. L., & Bowen, R. (1982). Training children in social problem-solving competencies: A first and second look. *American Journal of Community Psychology, 10,* 95–115.

Giannarelli, L., & Barsimantov, J. (2000). *Child care expenses of America's families.* Washington, DC: The Urban Institute.

Gibbs, L. (1994). Risk assessments from a community perspective. *Environmental Impact Assessment Review, 14,* 327–335.

Gibbs, L., & Citizens Clearinghouse for Hazardous Waste (now the Center for Health, Environment and Justice). (1995). *Dying from dioxin. A citizen's guide to reclaiming our health and rebuilding democracy.* Boston, MA: South End Press.

Gibbs, L. M. (1998). *Love Canal: The story continues.* Gabriola Island, B.C.: Stony Creek, CT.

Gibbs, L. M. (1983). Community response to an emergency situation: Psychological destruction and the Love Canal. *American Journal of Community Psychology, 11,* 116–125.

Gifford, R. (2002). Making a difference: Some ways environmental psychology has improved the world. In R. B. Bechtel & A. Churchman (Eds.), *Handbook of environmental psychology* (pp. 323–334). New York: John Wiley & Sons.

Gillick, J. (1977). Al-Anon: A self-help group for co-alcoholics. Unpublished doctoral dissertation, Department of Psychology, State University of New York at Buffalo.

Giordano, J., & Giordano, G. P. (1976). Ethnicity and community mental health. *Community Mental Health Review, 1,* No. 3.

Gist, R., & Stolz, S. (1982). Mental health promotion and the media: Community response to the Kansas City hotel disaster. *American Psychologist, 37,* 1136–1139.

Glazer, N. (1975). *Affirmative discrimination: Ethnic inequality and public policy.* New York: Basic Books.

Godemont, M. (1992). 600 years of family care in Geel, Belgium: 600 years of familiarity with madness in town life. *Community Alternatives: International Journal of Family Care,* 4(2), 155–168.

Goffman, E. (1961). *Asylums.* New York: Doubleday.

Goffman, E. (1963). *Stigma.* Englewood Cliffs, NJ: Prentice-Hall.

Goffman, E. (1990). *Asylums: Essays on the social situation of mental patients and other inmates.* New York: Doubleday.

Goldberg, L. R. (1993). The structure of phenotypic personality traits. *American Psychologist, 48,* 26–34.

Goldenberg, I. I. (1971). *Build me a mountain. Youth, poverty and the creation of new settings.* Cambridge, MA: MIT Press.

Goldenberg, I. I. (1978). *Oppression and social intervention.* Chicago: Nelson-Hall.

Gong Lum v. Rice 275 U. S. 78 (1927).

Gordon, J. S., & Curtin, S. (2000). *Comprehensive cancer care: Integrating alternative, complementary, and conventional therapies.* Cambridge, MA: Perseus.

Gordon, M. (1982). Attitudes toward mental illness held by two disadvantaged inner city ethnic groups. Unpublished doctoral dissertation, Department of Psychology, SUNY at Buffalo.

Gorman, D. M. (1998). The irrelevance of evidence in the development of school-based drug prevention policy, 1986–1996. *Evaluation Review, 22,* 118–146.

Gottesman, I. I. (1991). *Schizophrenia genesis.* New York: Freeman.

Gottlieb, B. H. (2000). Selecting and planning interventions. In Cohen, Underwood, & Gottlieb (Eds.), *Social support measurement and intervention* (pp. 195–220). New York: Oxford University Press.

Gove, W. R. (Ed.). (1980). *The labelling of deviance* (2nd ed.). Beverly Hills, CA: Sage.

Gove, W. R. (Ed.). (1982). *Deviance and mental illness.* Beverly Hills, CA: Sage.

Gratz v. Bollinger 539 U. S. 244 (2003).

Graziano, A. M. (1969). Clinical innovation and the mental health power structure: A social case history. *American Psychologist, 24,* 10–18.

Graziano, A. M. (1974). *Child without tomorrow.* New York: Pergamon Press.

Graziano, A. M. (1977). Parents as behavior therapists. *Progress in Behavior Modification, 4,* 251–298.

Green v. County School Board, 391, U. S. 430 (1968).

Green, J., & Kocsis A. (1997). Psychological factors in recurrent genital herpes. *Genitourinary medicine, 73*(4), 253–258.

Greene, J. M., Ennett, S. T., & Ringwalt, C. L. (1999). Prevalence and correlates of survival sex among runaway and homeless youth. *American Journal of Public Health, 89,* 1406–1409.

Grob, G. N. (1994). *The mad among us: A history of the care of America's mentally ill.* New York: The Free Press.

Grosser, R. C. , & Vine, P. (1991). Families as advocates for the mentally ill: A survey of characteristics and service needs. *American Journal of Orthopsychiatry, 61,* 282–290.

Grunebaum, L., & Gammeltoft, M. (1993). Young children of schizophrenic mothers: Difficulties of intervention. *American Journal of Orthopsychiatry, 63,* 16–27.

Grunwald, M. (2001). Monsanto hid decades of pollution. *Washington Post,* Dec. 31, 2001. http://www.washingtonpost.com/wp-dyn/articles/A46648-2001Dec31.html

Grutter v. Bollinger 124 S. Ct. 35 (2003).

Gutierrez, G. S. (2001). Taking account of another race: Reframing Asian-American challenges to race-conscious admissions in public schools. *Cornell Law Review, 86,* 1283–1333.

Hacker, A. (2000). The case against kids. *New York Review of Books, 47*(19) Nov. 30, 2000, 12–16.

Hacsi, T. A. (2002). *Children as pawns: The politics of educational reform.* Cambridge, MA: Harvard University Press.

Hammen, C. (1992). Life events and depression: The plot thickens. *American Journal of Community Psychology, 20,* 179–193.

Hammond, W. R. & Yung, B. (1993). Psychology's role in the public health response to assaultive violence among young African-American men. *American Psychologist, 48,* 142–154.

Handler, J. F., & Satz, J. (Eds.). (1982). *Neither angels nor thieves: Studies in deinstitutionalization of status offenders.* Washington, DC: National Academy Press.

Haney, W. The myth of the Texas miracle in education. *Education Policy Analysis Archives, 8*(41). http://olam.ed.asu.edu/epaa/v8n41.

Hargrove, E. C., & Glidewell, J. C. (1990). *Impossible jobs in public management.* Lawrence, KS: University Press of Kansas.

Harrell, S. P. (2000). A multi-dimensional conceptualization of racism-related stress: Implications for the well-being of people of color. *American Journal of Orthopsychiatry, 70*(1), 42–57.

Harrington, M. (1962). *The other America: Poverty in the United States.* New York: Macmillan.

Harrison, P. M., & Karberg, J. C. (2003). Prison and jail inmates at midyear 2002. *Bureau of Justice Statistics Bulletin.* NCJ 198877.

Harwood, H., Fountain, D., & Livermore, G. (1998). The economic costs of alcohol and drug abuse in the United States, 1992. Washington, DC: National Institute on Drug Abuse (NIH Publication Number 98-4327). http://www.nida.nih.gov/EconomicCosts/Intro.html

Haskins, R., Sawhill, I., & Weaver, K. (2001). *Welfare reform: An overview of effects to date.* Washington, DC: The Brookings Institute.

Hatfield, A. (1993). Involuntary commitment: A consumer perspective. *Innovations & Research, 2,* 43–46.

Hayes, L. M. (1983). And darkness closes in . . . A national study of jail suicides. *Criminal Justice and Behavior, 10,* 461–484.

Healthy People 2010: http://www.health.gov/healthypeople/Document/pdf/Volume2/15Injury.pdf

Heaney, J. (1998). Life after quotas. *Buffalo News,* August 31, A-1,4.

Hecker, D. E. (2001). Occupational employment projections to 2010. *Monthly Labor Review,* November 2001.

Heflinger, C. A., & Northrup, D. (2000). What happens when capitated behavioral health comes to town? The transition from Fort Bragg Demonstration to a capitated managed behavioral health contract. *Journal of Behavioral Health Services and Research 27*(4), 390–405.

Heller, K. (1989). Ethical dilemmas in community intervention. *American Journal of Community Psychology, 17,* 367–378.

Heller, K. (1996). Coming of age of prevention science: Comments on the 1994 National Institute of Mental Health–Institute of Medicine prevention reports. *American Psychologist, 51,* 1123–1127.

Heller, K., Jenkins, R. A., Steffen, A. M., & Swindle, R. W., Jr. (2000). Prospects for a viable community mental health system: Reconciling ideology, professional traditions, and political reality. In J. Rappaport & E. Seidman (Eds.), *Handbook of community psychology* (pp. 445–470). New York: Kluwer Academic/Plenum.

Heller, K., & Monahan, J. (1977). *Psychology and community change.* Homewood, IL: Dorsey Press.

Heller, K., Thompson, M. G., Trueba, P. E., Hogg, J. R., & Vlachos-Weber, I. (1991). Peer support dyads for elderly women: Was this the wrong intervention? *American Journal of Community Psychology, 19,* 53–74.

Henggeler, S. W., Schoenwald, S. K., Borduin, C. M., Rowland, M. D., & Cunningham, P. B. (1998). *Multisystemic treatment of antisocial behavior in children and adolescents.* New York: Guilford.

Henwood, D. (1995). Race and money. http://www.panix.com/-dhenwood /Race-and-money.html

Herrenkohl, E. C., Herrenkohl, R. C., & Egolf, B. (1994). Resilient early school-age children from maltreating homes: Outcomes in late adolescence. *American Journal of Orthopsychiatry, 64,* 301–309.

Hildingh, C., Fridlund, B., & Segesten, K. (1995). Social support in self-help groups, as experienced by persons having coronary heart disease and their next of kin. *International Journal of Nursing Studies, 32*(3), 224–232. http://www.elsevier.com/inca/publications/store/2/6/6/

Hill, D. D. (1993). Afrocentric movements in education: examining equity, culture, and power relations in the public schools. *Hastings Constitutional Law Quarterly, 20,* 681–724.

Hilts, P. J. (1992). Mentally ill jailed on no charges, survey says. *New York Times,* Thursday, September 10, 1992, A–18.

Hinrichsen, G. A., Revenson, T. A., & Shinn, M. (1985). Does self-help help? An empirical investigation of scoliosis peer support groups. *Journal of Social Issues, 41,* 65–87.

Hobbs, N. (1964). Mental health's third revolution. *American Journal of Orthopsychiatry, 34,* 822–833.

Hobfoll, S. E., Jackson, A. P., Lavin, J., Johnson, R. J., & Schroder, K. E. E. (2002). Effects and generalizability of communally oriented HIV-AIDS prevention versus general health promotion groups for single, inner-city women in urban clinics. *Journal of Consulting and Clinical Psychology, 70*(4), 950–960.

Hobson, C. J., Kamen, J., Szostek, J., Nethercut, C. M., Tiedmann, J. W., & Wojnarowicz, S. (1998). Stressful life events: A revision and update of the Social Readjustment Rating Scale. *International Journal of Stress Management, 5*(1), 1–23.

Hoge, S. K., Lidz, C., Mulvey, E., Roth, L., Bennett, N., Siminoff, L., Arnold, R., & Monahan, J. (1993). Patient, family, and staff perceptions of coercion in mental hospital admission: An exploratory study. *Behavioral Sciences and the Law, 11,* 281–293.

Holahan, C. J., & Wandersman, A. (1987). The community psychology perspective in environmental psychology. In D. Stokols & I. Altman (Eds.), *Handbook of Environmental psychology: Vol. 1* (pp. 827–861). New York: Wiley.

Hollingshead, A. B., & Redlich, F. C. (1958). *Social class and mental illness.* New York: Wiley.

Holmes, T. H., & Rahe, R. H. (1967). The Social Readjustment Rating Scale. *Journal of Psychosomatic Research, 11,* 213–218.

Holmes-Eber, P., & Riger, S. (1990). Hospitalization and the composition of mental patients' social networks. *Schizophrenia Bulletin, 16,* 157–164.

Holtzworth-Munroe, A., Markman, H., O'Leary, K. D., Neidig, P., Leber, D., Heyman, R. D., Hulbert, D., & Smutzler, N. (1995). The need for marital violence prevention efforts: A behavioral-cognitive secondary prevention program for engaged and newly married couples. *Applied & Preventive Psychology, 4,* 77–88.

Horan, S., Kang, G., Levine, M., Duax, C., Luntz, B., & Tasca, C. (1993). Empirical studies on foster care: Review and assessment. *Journal of Sociology and Social Welfare, 20,* 131–154.

Hotaling, G. T., & Sugarman, D. B. (1986). An analysis of risk markers in husband to wife violence: The current state of knowledge. *Violence and Victims, 1,* 101–124.

House, J. S., Landis, K. R., & Umberson, D. (1988). Social relationships and health. *Science, 241,* 540–545.

Howe, I., & Libo, K. (2000). *World of our fathers: The journey of the East European Jews to America and the life they found and made there.* London: Phoenix.

Howell, J. C. (1996). Juvenile transfers to the criminal justice system: State of the art. *Law & Policy, 18*, 17–60.

Huaco, G. (1965). *The sociology of film art*. New York: Basic Books.

Hudnall, C. E. (2001). "Grand" parents to get help. *AARP*, November 2001, 9–13.

Hughes, L. (1962). *Fight for freedom: The story of the NAACP*. New York: W. W. Norton.

Hughey, J., & Speer, P. W. (2002). Community, sense of community, and networks. In A. T. Fisher, C. C. Sonn, & B. J. Bishop (Eds.), *Psychological sense of community: Research, applications, and implications* (pp. 69–84). New York: KluwerAcademic/Plenum.

Hughey, J., Speer, P. W., & Peterson, N. A. (1999). Sense of community in community organizations: Structure and evidence of validity. *Journal of Community Psychology, 27*, 97–113.

Hughey, J. B., & Bardo, J. W. (1987). Social psychology dimensions of community satisfaction and quality of life: Some obtained relations. *Psychological Reports, 61*, 239–246.

Humphreys, K., & Noke, J. M. (1997). The influence of posttreatment mutual help group participation on the friendship networks of substance abuse patients. *American Journal of Community Psychology, 25*(1), 1–16.

Humphreys, K., & Rappaport, J. (1993). From the community mental health movement to the war on drugs: A study in the definition of social problems. *American Psychologist, 48*, 892–901.

Hunt, J. McV. (1968). Toward the prevention of incompetence. In J. Carter (Ed.), *Research contributions from psychology to community mental health*. New York: Behavioral Publications.

Hurvitz, N. (1976). The origins of the peer self-help psychotherapy group movement. *Journal of Applied Behavioral Science, 12*, 283–294.

Hyman, I. A. (1995). Corporal punishment, psychological mlatreatment, violence, and punitiveness in America: Research advocacy, and public policy. *Applied & Preventive Psychology, 4*, 113–140.

Innovations & Research. (1993). Special section: Mental illness and the law. *Innovations & Research, 2*, 3–54.

Institute of Medicine. (1989). *Research on children & adolescents with mental, behavioral & developmental disorders*. Washington, DC: National Academy Press.

Irvine, M. (2002). Abusing trust, parents dip into children's credit. *Buffalo News*, November 26, p.A4.

Iscoe, I. (1974). Community psychology and the competent community. *American Psychologist, 29*, 607–613.

Iscoe, I., Bloom, B. L., & Spielberger, C. D. (1977). *Community psychology in transition*. New York: Halsted Press.

Iscoe, I., & Harris, L. C. (1984). Social and community interventions. *Annual Review of Psychology, 35*, 333–360.

Itzhaky, H., & York, A. S. (2000). Sociopolitical control and empowerment: An extended replication. *Journal of Community Psychology, 28*, 407–415.

Jacob, H. (1989). Another look at no-fault divorce and the post-divorce finances of women. *Law & Society Review, 23*, 95–115.

Jacobs, J. B. (1980). The prisoners' rights movement and its impacts, 1960–1980. In N. Morris & M. Tonry. (Eds.), *Crime, and justice: An annual review of research*. Chicago: University of Chicago Press.

Jacobs, M. K., & Goodman, G. (1989). Psychology and self-help groups: Predictions on a partnership. *American Psychologist, 44*, 536–545.

Jacobs, S. J., Evans, G. W., Catalano, R., & Dooley, D. (1984). Air pollution and depressive symptomatology: Exploratory analyses of intervening psychological factors. *Population and Environment, 7*(4), 260–272.

Jacobson, N. S., & Addis, M. E. (1993). Research on couples and couple therapy: What do we know? Where are we going? *Journal of Consulting and Clinical Psychology, 61*, 85–93.

Janis, I. L. (1983). The role of social support in adherence to stressful life decisions. *American Psychologist, 38*, 143–160.

Jensen, A. R. (1969). How much can we boost I. Q. And scholastic achievement? *Harvard Educational Review, 39*, 1–123.

Johnson, E. (2000). Differences among families coping with serious mental illness: A qualitative analysis. *American Journal of Orthopsychiatry, 70*(1), 126–134.

Johnson, J. (1996). Addiction and recovery for individuals and society. In J. Chesworth (Ed.), *The ecology of health: Identifying issues and alternatives* (pp. 234–246). Thousand Oaks, CA: Sage.

Johnson, S. D., Stiffman, A., Hadley Ives, E., & Elze, D. (2001). An analysis of stressors and co-morbid mental health problems that contribute to youths' paths to substance-specific services. *Journal of Behavioral Health Services and Research, 28*(4), 412–426.

Joint Commission on Mental Illness and Health. (1961). *Action for mental health.* New York: Basic Books.

Joint Commission on the Mental Health of Children. (1969). *Crisis in child mental health: Challenge for the 1970's.* New York: Harper & Row.

Jones, R. K., Darrach, J. E., & Henshaw, S. K. (2002). Contraceptive use among U.S. women having abortions in 2000–2001. *Perspectives on Sexual and Reproductive Health, 34,* 294–303.

Julnes, G., & Foster, E. F. (2001). Outcomes of Welfare reform for families who leave TANF. *New Directions for Evaluation, 91(Fall)* (Whole issue).

Kadushin, A. (1980). *Child welfare services* (3rd ed.). New York: Macmillan.

Kagan, D. M. (1990). How schools alienate students at risk: A model for examining proximal classroom variables. *Educational Psychologist, 25,* 105–125.

Kahn, E. B., Ramsey, L. T., Brownson, R. C., Heath, G. W., Howze, E. H., Powell, K. E., Stone, E. J., Rajab, M. W., & Corso, P. (2002). The effectiveness of interventions to increase physical activity: A systematic review. *American Journal of Preventive Medicine, 22*(Suppl. 4), 73–106.

Kaniasty, K., Norris, F. H., & Murrell, S. A. (1990). Received and perceived social support following natural disaster. *Journal of Applied Social Psychology, 20,* 85–114.

Kantaras v. Kantaras (2003). Case No: 98-5375CA. Circuit Court of the Sixth Judicial Circuit, Pasco County, Florida.

Kanter, R. M. (1993). *Men and women of the corporation* (2nd ed.). New York: Basic Books.

Katz, A. H. (1993). *Self-help in America: A social movement perspective.* New York: Maxwell Macmillan International.

Katz, D., & Kahn, R. L. (1978). *The social psychology of organizations* (2d ed.). New York: Wiley.

Katz, S. (1994). Twenty years later: A follow-up study of graduates of two sheltered workshop programmes in Israel. *British Journal of Developmental Disabilities, 40*(78, Pt 1), 4–14.

Kazdin, A. E. (1993). Adolescent mental health: Prevention and treatment programs. *American Psychologist, 48,* 127–141.

Keefe, F. J., Lefebvre, J. C., Egert, J. R., Affleck, G., Sullivan, M. J., & Caldwell, D. S. (2000). The relationship of gender to pain, pain behavior and disability in osteoarthritis patients: The role of catastrophizing. *Pain, 87*(3), 325–334.

Keil, T. J., Usui, W. M., & Busch, J. A. (1983). Repeat admissions for perceived problem drinking: A social resources perpsective. *Journal of Studies on Alcohol, 44,* 95–108.

Kelly, J. A., & Kalichman, S. C. (2002). Behavioral research in HIV/AIDS primary and secondary prevention: Recent advances and future directions. *Journal of Consulting and Clinical Psychology, 70,* 626–639.

Kelly, J. A., Kalichman, S. C., Kauth, M. R., Kilgore, H. G., Hood, H. V., Campos, P. E., Rao, S. M., Brasfield, T. L., St. Lawrence, J. S. (1991). Situational factors associated with AIDS risk behavior lapses and coping strategies used by gay men who successfully avoid lapses. *American Journal of Public Health, 81*(10), 1335–1338.

Kelly, J. A., Murphy, D. A., Sikkema, K. J., & Kalichman, S. C. (1993). Psychological interventions to prevent HIV infection are urgently needed. *American Psychologist, 48,* 1023–1034.

Kelly, J. G. (1966). Ecological constraints on mental health services. *American Psychologist, 21,* 535–539.

Kelly, J. G. (1979). *Adolescent boys in high school: A psychological study of coping and adaptation.* Hillsdale, NJ: Erlbaum.

Kelly, J. G., Ryan, A. M., Altman, B. E., & Stelzner, S. P. (2000). Understanding and changing social systems: An ecological view. In J. Rappaport & E. Seidman (Eds.), *Handbook of community psychology* (pp. 133–159). New York: Kluwer Academic/Plenum.

Kennedy, J. F. (1963). Mental illness and mental retardation. Message from the President of the United States relative to mental illness and mental retardation. House of Representatives, 88th Congress, 1st Session, Document No. 58, February 5, 1963.

Kessler, R., Price, R. H., & Wortman, C. (1985). Social factors in psychopathology: Stress, social support, and coping processes. *Annual Review of Psychology, 36,* 531–572.

Keyes v. Denver School District, No. 1, 413 U. S. 189 (1973).

Kiernan, M., Toro, P. A., Rappaport, J., & Seidman, E. (1989). Economic predictors of mental health service utilization: A time series analysis. *American Journal of Community Psychology, 17,* 801–820.

Kiesler, C. A. (2000). National mental health issues. In C. R. Snyder & R. E. Ingram (Eds.), *Handbook of psychological change: Psychotherapy processes & practices for the 21st century* (pp. 681–688). New York: Wiley.

Killian, T. M., & Killian, L. T. (1990). Sociological investigations of mental illness: A review. *Hospital and Community Psychiatry, 41,* 902–911.

Kilpatrick, D. G., Veronen, J. J., & Resick, P. A. (1979). The aftermath of rape: Recent empirical findings. *American Journal of Orthopsychiatry, 49,* 658–669.

King, J. E. (1998). Student borrowing: Is there a crisis? In *Student Loan Debt Problems and Prospects* (pp. 1–14). Proceedings from a National Symposium sponsored by Sally Mae Education Institute, Reston, VA.; Institute for Higher Education Policy, Washington, DC; Education Resources Institute, Boston, MA.

Kinney, J., Haapala, D., & Booth, C. (1991). *Keeping families together: The Homebuilders Model.* Hawthorne, NY: Aldine de Gruyter.

Kirk, M. O. (1995). When surviving just isn't enough when seeking reemployment. *New York Times,* Sunday, June 25, 1995, Sec. 3, p. 11.

Kirk, S. A., & Kutchins, H. (1992). *The selling of DSM: The rhetoric of science in psychiatry.* Hawthorne, NY: Aldine de Gruyter.

Kirkby, R. J. (1994). Changes in premenstrual symptoms and irrational thinking following cognitive-behavioral coping skills training. *Journal of Consulting and Clinical Psychology, 62,* 1026–1032.

Kirp, D. L., & Babcock, G. (1981). Judge and company: Court-appointed masters, school desegregation, and insitutional reform. *Alabama Law Review, 32,* 313–397.

Klaus, P. A. (1994). The costs of crime to victims. Crime Data Brief. Washington, DC: Department of Justice.

Klein, S. P., Hamilton, L. S., McCaffrey, D. F., & Stecher, B. M. (2000). What do test scores in Texas tell us? Rand Corporation Issue Paper. http://www.rand.org/publications/IP/IP202

Kleist, D. M. (1996). *Counselor educators' explanations for a disparity between a philosophy of prevention in mental health and prevention training and practice in counselor education.* Southern Illinois University, Carbondale, IL.

Kluger, R. (1976). *Simple justice.* New York: Knopf.

Knight, B., Wollert, R. W., Levy, L. H., Frame, C. L., & Padgett, V. P. (1980). Self-help groups: The members' perspectives. *American Journal of Community Psychology, 8,* 53–65.

Knitzer, J. (1984). Mental health services to children and adolescents: A national view of public policies. *American Psychologist, 39,* 905–911.

Knobloch, H., & Pasamanick, B. (1961). Some thoughts on the inheritance of intelligence. *American Journal of Orthopsychiatry, 31,* 454–73.

Kobasa, S. C. (1979). Stressful life events, personality, and health: An inquiry into hardiness. *Journal of Personality and Social Psychology, 37,* 1–11.

Koo, H. P., Dunteman, G. H., George, C., Green, Y., & Vincent, M. (1994). Reducing adolescent pregnancy through a school- and community-based intervention: Denmark, SC revisited. *Family Planning Perspectives, 26,* 206–211, 217.

Koss, M. P., Goodman, L. A., Browne, A., Fitzgerald, L. F., Keita, G. P., & Russo, N. F. (1994). *No safe haven: Male violence against women at home, at work, and in the community.* Washington, DC: American Psychological Association.

Kozol, J. (1985). *Death at an early age: The destruction of the hearts and minds of Negro children in the Boston public schools.* New York: New American Library.

Kretzmann, J. P., & McKnight, J. L. (1993). *Building communities from the inside out: A path toward finding and mobilizing a community's assets.* Chicago: ACTA.

Krizan, L. (1982). A descriptive study of the Niagara Falls Christian Fellowship from a social intervention perspective. Unpublished manuscript, Department of Psychology, SUNY Buffalo, Buffalo, NY.

Kroeker, C. J. (1995). Individual, organizational, and societal empowerment: A study of the processes in a Nicaraguan agricultural cooperative. *American Journal of Community Psychology, 23,* 749–764.

Kropotkin, P. (1972). *Mutual aid. A factor of evolution.* New York: New York University Press (originally published 1902).

Kubler-Ross, E. (1969). *On death and dying.* New York: Macmillan.

Kuhn, T. S. (1996). *The structure of scientific revolutions* (3rd ed.). Chicago, IL: University of Chicago Press.

Kuo, F. E., Sullivan, W. C., Coley, R. L., & Brunson, L. (1998). Fertile ground for community: Inner-city neighborhood common spaces. *American Journal of Community Psychology, 26*(6), 823–851.

Kurtz, L. F. (1990). The self-help movement: Review of the past decade of research. *Social Work with Groups, 13,* 101–115.

Labrecque, M. S., Peak, T., & Toseland, R. W. (1992). Long-term effectiveness of a group program for caregivers of frail elderly veterans. *American Journal of Orthopsychiatry, 62,* 575–588.

Ladner, J. (2001). *The new urban leaders.* Washington, DC: Brookings Institution Press.

Lamb, H. R. (Ed.). (1984). *The homeless mentally ill.* Washington, DC: American Psychiatric Association.

Latkin, C., Mandell, W., Vlahov, D., Oziemkowska, M., Knowlton, A, & Celentano, D. (1994). My place, your place, and no place: Behavior settings as a risk factor for HIV-related injection practices of drug users in Baltimore, Maryland. *American Journal of Community Psychology, 22*(3), 415–430.

Lawless, R. A. (2001). The relationship between nonbusiness bankruptcy filings and various basic measures of consumer debt. Version 1.1. http://www.law.missouri.edu/lawless/bus_bkr/body_filings.htm

Lawlor, E. F. (1990). When a possible job becomes impossible: Politics, public health and the management of the AIDS epidemic. In E. C. Hargrove &J. C. Glidewell (Eds.), *Impossible jobs in public management.* Lawrence KS: University Press of Kansas.

Lazar, I., & Darlington, R. B. (1982). *Lasting effects of early education: A report from the Consortium for Longitudinal Studies.* Chicago: University of Chicago Press.

Lazarus, R. S. (1991). *Emotion and adaptation.* New York: Oxford University Press.

Leclerc, C., Lesage, A. D., Ricard, N., Lecombe, T. , & Cyr, M. (2000). Assessment of a new rehabilitative coping skills module for persons with schizophrenia. *American Journal of Orthopsychiatry, 70*(3), 380–388.

Lee, C. M., & Hunsley, J. (2001). Empirically informed consultation to parents concerning the effects of separation and divorce on their children. *Cognitive and Behavioral Practice, 8*(1), 85–96.

Lee, J. A. B., & Swenson, C. R. (1994). The concept of mutual aid. In A. Gitterman & L. Shulman (Eds.), *Mutual aid groups, vulnerable populations, and the life cycle* (2nd ed.; pp. 413–429). New York: Columbia University Press.

Lehmann, S. (1971). Community and psychology and community psychology. *American Psychologist, 26,* 554–560.

Leichter, H. M. (1991). *Free to be foolish: Politics and health promotion in the United States and Great Britain.* Princeton, NJ: Princeton University Press.

Leighton, D. C., Harding, J. S., Macklin, D. B., Macmillan, A. M., & Leighton, A. H. (1963). *The character of danger: Psychiatric symptoms in selected communities.* New York: Basic Books.

Lemann, N. (1991). *The promised land. The great black migration and how it changed America.* New York: Alfred A. Knopf.

Lemke, S., & Moos, R. H. (1987). Measuring the social climate of congregate residences for older people: Sheltered Care Environment Scale. *Psychology and Aging, 2,* 20–29.

Leventhal, G. S., Maton, K. I., & Madara, E. J. (1988). Systematic organizational support for self-help groups. *American Journal of Orthopsychiatry, 58,* 592–603.

Levine, A. (1982). *Love Canal: Science, politics and people.* Lexington, MA: Heath.

Levine, A., & Levine, M. (1977). The social context of evaluative research: A case study. *Evaluation Quarterly, 1*, 515–542.

Levine, A. G. (1977). Women at work in America: History, status and prospects. In H. Kaplan (Ed.), *American minorities and economic opportunity.* Itasca, IL: Peacock.

Levine, D. (2000). The Chinese American challenge to court-mandated quotas in San Francisco's public schools: Notes from a (partisan) participant-observer. *Harvard Black Letter Law Journal, 26*, 39–145.

Levine, D. I. (1984). The authority for the appointment of remedial special masters in federal institutional reform litigation: The history reconsidered. *U.C. Davis Law Review, 17*, 753–805.

Levine, D. I. (1993). The latter stages of enforcement of equitable decrees: The course of institutional reform cases after Dowell, Rufo and Freeman. *Hastings Constitutional Law Quarterly, 20*, 579–648.

Levine, M. (1969). Some postulates of community psychology practice. In F. Kaplan & S. B. Sarason (Eds.), *The Psycho-Educational Clinic papers and research studies.* Springfield, MA: Department of Mental Health.

Levine, M. (1973). Problems of entry in light of some postulates of practice in community psychology. In I. I. Goldenberg (Ed.), *Clinical psychologists in the world of work.* New York: Heath.

Levine, M. (1974). Scientific method and the adversary model: Some preliminary thoughts. *American Psychologist, 29*, 661–677.

Levine, M. (1980a). Investigative reporting as a research method. An analysis of Bernstein and Woodward's All the President's Men. *American Psychologist, 35*, 626–638.

Levine, M. (1980b). *From state hospital to psychiatric center: The implementation of planned organizational change.* Lexington, MA: Lexington Books.

Levine, M. (1981). *The history and politics of community mental health.* New York: Oxford University Press.

Levine, M. (1982). Method or madness: On the alienation of the professional. *Journal of Community Psychology, 10*, 3–14.

Levine, M. (1986). The role of special master in institutional reform litigation: A case study. *Law & Policy, 8*, 275–321.

Levine, M. (1989). Community psychology in Asia. *American Journal of Community Psychology, 17*, 67–71.

Levine, M. (1998). Prevention and community. *American Journal of Community Psychology, 26*, 189–206.

Levine, M. (2000). The family group conference in the New Zealand Children, Young Persons and Their Families Act (CYP&F) of 1989. *Behavioral Sciences & the Law, 18*(4), 517–556.

Levine, M. & Bunker, B. B. (Eds.). (1975). *Mutual criticism.* Syracuse, NY: Syracuse University Press.

Levine, M., Compaan, C., & Freeman, J. (1994). Maltreatment-related fatalities: Issues of policy and prevention. *Law & Policy, 16*, 449–471.

Levine, M., Doueck, H. J., Anderson, E. M., Chavez, F. T., Dietz, R. L., George, N. A., Sharma, A., Skinberg, K. L., & Wallach, L. (1995). *The impact of mandated reporting on the therapeutic process. Picking up the pieces.* Thousand Oaks, CA: Sage.

Levine, M., & Graziano, A. M. (1972). Intervention programs in elementary schools. In S. E. Golann & C. Eisdorfer (Eds.), *Handbook of community mental health* (pp. 541–573). New York: Appleton-Century-Crofts.

Levine, M., & Howe, B. (1985). The penetration of social science into legal culture. *Law & Policy, 7*, 173–198.

Levine, M., & Levine, A. (1992). *Helping children: A social history.* New York: Oxford University Press.

Levine, M., & Perkins, D. V. (1980a). Tailor-making a life events scale. In D. Perkins (Chair), New developments in research on life stress and social support. Symposium presented at the American Psychological Association Convention, Montreal.

Levine, M., & Perkins, D. V. (1980b). Social setting interventions and primary prevention: Comments on the Report of the Task Panel on Prevention to the President's Commission on Mental Health. *American Journal of Community Psychology, 8*, 147–158.

Levine, M., & Perkins, D. V. (1987). *Principles of community psychology.* New York: Oxford University Press.

Levine, M., Reppucci, N. D., & Weinstein, R. S. (1990). Learning from Seymour Sarason. *American Journal of Community Psychology, 18,* 343–351.

Levine, M., Toro, P. A., & Perkins, D. V. (1993). Social and community interventions. *Annual Review of Psychology, 44,* 525–588.

Levine, M., & Wallach, L. (2002). *Psychological problems, social issues and law.* Boston: Allyn and Bacon.

Levy, C. J. (2002). State to survey mentally ill in residences. *New York Times,* December 13, pp. B1, B6.

Levy, L. H. (1976). Self–help groups: Types and psychological processes. *Journal of Applied Behavioral Science, 12,* 310–322.

Levy, L. H. (2000). Self-help groups. In J. Rappaport & E. Seidman (Eds.), *Handbook of community psychology* (pp. 591–613). New York: Kluwer Academic/Plenum.

Levy, R. M., Rubenstein, L. S., Ennis, B. J., & Friedman, P. R. (1996). *The rights of people with mental disabilities: The authoritative ACLU guide to the rights of people with mental illness and mental retardation.* Carbondale: Southern Illinois University Press.

Lewin, K. (1935). *Principles of topological psychology.* New York: McGraw-Hill.

Lewin, K. (1946). Action research and minority problems. *Journal of Social Issues, 2,* 34–46.

Li, C. (1998). The contribution of common land to sense of community. In J. Sanford & B. R. Connell (eds.), *People, places and public policy* (pp. 57–70). Edmond, OK: Environmental Design Research Association.

Li, D. (1989). The effect of role change on intellectual ability and on the ability self-concept in Chinese children. *American Journal of Community Psychology, 17,* 73–81.

Lichtenstein, B. (1996). Needle exchange programs: New Zealand's experience. *American Journal of Public Health, 86,* 1319.

Lidz, C. W., Mulvey, E. P., Arnold, R. P., Bennett, N. S., & Kirsch, B. L. (1993). Coercive interactions in a psychiatric emergency room. *Behavioral Sciences & the Law, 11,* 269–280.

Lieberman, M. A. (1989). Group properties and outcomes: A study of group norms in self-help groups for widows and widowers. *International Journal of Group Psychotherapy, 39*(2), 191–208.

Light, D. W. (1982). Learning to label: The social construction of psychiatrists. In W.R. Gove (Ed.), *Deviance and mental illness.* Beverly Hills, CA: Sage.

Lindemann, E. (1944). Symptomatology and management of acute grief. *American Journal of Psychiatry, 101,* 141–148.

Lindsay, W. R. (1982). The effects of labelling: Blind and nonblind ratings of social skills on schizophrenic and nonschizophrenic control subjects. *American Journal of Psychiatry, 139,* 216–219.

Linehan, P. (2001). Guarding the dumping ground: Equal protection, Title VII, and Justifying the use of race in the hiring of special educators. *Brigham Young University Education and Law Journal, 2001,* 179–212.

Long, N.E. (1958). The local community as an ecology of games. *American Journal of Sociology, 64,* 251–261.

Lorion, R. P., & Ross, J. G. (Eds.). (1992). Programs for Change: Office of Substance Abuse Prevention demonstration models. *Journal of Community Psychology,* OSAP Special Issue.

Low, A. A. (1997). *Mental health through will-training: A system of self-help in psychotherapy as practiced by Recovery, Incorporated* (3rd ed.). Glencoe, IL: Willett.

Lubeck, S., DeVries, M., Nicholson, J., & Post, J. (1997). Head Start in transition. *Early Education and Development, 8*(3), 219–244.

Luce, A., Firth Cozens, J., Midgley, S., & Burges, C. (2002). After the Omagh bomb: Post-traumatic stress disorder in health service staff. *Journal of Traumatic Stress, 15*(1), 27–30. http://www.wkap.nl/journalhome.htm/0894-9867

Luepnitz, D. A. (1991). A comparison of maternal, paternal, and joint custody: Understanding the varieties of post-divorce family life. In J. Folberg (Ed.), *Joint custody and shared parenting* (2nd ed., pp. 105–113). New York: Guilford Press.

Luke, D. A., Rappaport, J., & Seidman, E. (1991). Setting phenotypes in a mutual help organization: Expanding behavior setting theory. *American Journal of Community Psychology, 19,* 147–167.

Luthar, S. S., & Zigler, E. (1991). Vulnerability and competence: A review of research on resilience in childhood. *American Journal of Orthopsychiatry, 61,* 6–22.

Lynn, L. E. Jr. (1990). Managing the social safety net: The job of social welfare executive. In E. C. Hargrove & J. C. Glidewell (Eds.), *Impossible jobs in public management.* Lawrence KS: University Press of Kansas.

MacLean, M. G., Embry, L. E., & Cauce, A. M. (1999). Homeless adolescents' paths to separation from family: Comparison of family characteristics, psychological adjustment, and victimization. *Journal of Community Psychology, 27,* 179–187.

Madara, E. J., & Meese, A. (1988). *The self-help sourcebook. Finding and forming mutual aid self-help groups.* Denville, NJ: St. Clares-Riverside Medical Center.

Malloy, M. (1995). *Mental illness and managed care: A primer for families and consumers.* Arlington, VA: National Alliance for the Mentally Ill.

Mann, P. A. (1978). *Community psychology: Concepts and applications.* New York: Free Press.

Manne, S., & Sandler, I. N. (1984). Coping and adjustment to genital herpes. *Journal of Behavioral Medicine, 7,* 391–410.

Manne, S., Sandler, I. N., & Zautra, A. (1986). Coping and adjustment to genital herpes: The effects of time and social support. *Journal of Behavioral Medicine, 9,* 163–177.

Marchetti, A. G. (1987). Wyatt v. Stickney: A consent decree. *Research in Developmental Disabilities, 8*(2), 249–259.

Markman, H. J., Renick, M. J., Floyd, F. J., Stanley, S. M., & Clements, M. (1993). Preventing marital distress through communication and conflict management training: A 4- and 5-year follow-up. *Journal of Consulting and Clinical Psychology, 61,* 70–77.

Marrow, A. J. (1969). *The practical theorist: The life and work of Kurt Lewin.* NY: Basic Books.

Marsick, V. J., Bitterman, J., & van der Veen, R. (2000). From the learning organization to learning communities toward a learning society. Ohio State U. Info. Series No. 382. ERIC. http://www.ericacve.org/mp_marsick_01.asp

Maslow, A. H. (1998). *Toward a psychology of being* (3rd ed.). New York: Wiley.

Masterpasqua, F. (1989). A competence paradigm for psychological practice. *American Psychologist, 44,* 1366–1371.

Maton, K. (Spring, 1999). SCRA moving onwards: Social policy, multidisciplinary linkages, diversity, and updates. *The Community Psychologist, 32*(2), 4–7.

Maton, K. I. (1988). Social support, organizational characteristics, psychological well-being, and group appraisal in three self-help groups. *American Journal of Community Psychology, 16,* 53–77.

Maton, K. I., & Salem, D. A. (1995). Organizational characteristics of empowering community settings: A multiple case study approach. *American Journal of Community Psychology, 23,* 631–656.

Maton, K. I, Schellenbach, C. J., Leadbeater, B. J., & Solarz A. L. (Eds.). (2004). *Investing in children, youth, families and communities: Strengths-based research and policy.* Washington, DC: American Psychological Association.

McAdams, D. R. (2000). *Fighting to save our urban schools . . . and winning! Lessons from Houston.* New York: Columbia University Press.

McCarroll, J. E., Ursano, R. J., Wright, K. M., & Fullerton, C. S. (1993). Handling bodies after violent death: Strategies for coping. *American Journal of Orthopsychiatry, 63,* 209–214.

McCord, J. (1978). A thirty-year follow-up of treatment effects. *American Psychologist, 33,* 284–289.

McCord, J. (1992). The Cambridge-Somerville Study: A pioneering longitudinal experimental study of delinquency prevention. In J. McCord & R. E. Tremblay (Eds.), *Preventing antisocial behavior: Interventions from birth through adolescence* (pp. 196–206). New York: Guilford Press.

McCurdy, K., & Daro, D. (1993). Current trends in child abuse reporting and fatalities: The results of the 1992 annual fifty state survey. Working Paper No. 808, National Committee for the Prevention of Child Abuse, Chicago, IL.

McGaughey, W. H., & Whalon, M. E. (1992). Managing insect resistance to Bacillus thuringiensis toxins. *Science, 258,* 1451–1455.

McIntosh, J. L. (1999). *1999 Official final statistics.* Washington, DC: American Association of Suicidology.

McLaurin v. Oklahoma State Regents for Higher Education 337 U. S. 637 (1950).

McMillan, B., Florin, P., Stevenson, J., Kerman, B., & Mitchell, R.E. (1995). Empowerment praxis in community coalitions. *American Journal of Community Psychology, 23,* 699–727.

McMillan, D. W., & Chavis, D. M. (1986). Sense of community: A definition and theory. *Journal of Community Psychology, 14,* 6–23.

McNeil, L. M., & Valenzuela, A. (2000). The harmful impact of the TAAS system of testing in Texas: Beneath the accountability rhetoric. The Civil Rights Project, Harvard University. http://www.law.harvard.edu./groups/civilrights/conferences/testing98/drafts/mcneil_valenzuela.html

McNeil, L. M. (2000). *Contradictions of school reform. Educational costs of standardized tests.* New York: Routledge.

Medvene, L. J., & Krauss, D. H. (1989). Causal attributions and parent-child relationships in a self-help group for families of the mentally ill. *Journal of Applied Social Psychology, 19,* 1413–1430.

Meehl, P. E. (1954). *Clinical versus statistical prediction.* Minneapolis: University of Minnesota Press.

Meissen, G. J., Gleason, D. F., & Embree, M. G. (1991). An assessment of the needs of mutual help groups. *American Journal of Community Psychology, 19,* 427–442.

Melvin, D., & Appleby, S. (1995). A sharing experience: Development of a group of families affected by HIV infection. *British Journal of Guidance and Counselling, 23*(1), 7–17.

Merry, S.E. (1987). Crowding, conflict, and neighborhood regulation. In I. Altman & A. Wandersman (Eds.), *Neighborhood and community environments.* New York: Plenum.

Mertig, A. G., Dunlap, R. E., & Morrison, D. E. (2001). In R. E. Dunlap and W. Michelson (Eds.), *Handbook of Environmental Sociology* (pp. 448–481). Westport, CT: Greenwood Press.

Metcalf, G. R. (1983). *From Little Rock to Boston. The history of school desegregation.* Westport, CT: Greenwood Press.

Mezey, S. G. (1998). Systemic reform litigation and child welfare policy: The case of Illinois. *Law & Policy, 20*(2), 203–231.

Milazzo-Sayre, L. J., Henderson, M .J., Manderscheid, R. W., Bokossa, M. C., Evans, C., & Male, A. A. (2001). Persons treated in specialty mental health care programs, United States, 1997. http://www.mentalhealth.org/publications/allpubs/SMA01-3537?chapter15.asp

Milburn, N., & D'Ercole, A. (1991). Homeless women: Moving toward a comprehensive model. *American Psychologist, 46,* 1161–1169.

Miller, G. E., & Iscoe, I. (1990). A state mental health commissioner and the politics of mental illness. In E. C. Hargrove & J. C. Glidewell (Eds.), *Impossible jobs in public management.* Lawrence, KS: University Press of Kansas.

Miller, H. L., Coombs, D. W., Leeper, J. D., & Barton, S. N. (1984). An analysis of the effects of suicide prevention facilities on suicide rates in the United States. *American Journal of Public Health, 74,* 340–343.

Miller, R. L., Klotz, D., Eckholdt, H. M. (1998). HIV prevention with male prostitutes and patrons of hustler bars: Replication of an HIV preventive intervention. *American Journal of Community Psychology, 26,* 97–131.

Milliken v. Bradley, 418 U.S. 717 (1974).

Milner, N. (1987). The right to refuse treatment: Four case studies of legal mobilization. *Law and Society Review, 21*(3), 447–485.

Minnesota Public Radio. (2000). Jailing the mentally ill. http://www.American radioworks.org/features/mentally_ill/poll/stats.html

Mirowsky, J., & Ross, C. E. (1989). *Social causes of psychological distress.* Hawthorne, NY: Aldine de Gruyter.

Mirowsky, J., & Ross, C. E. (1995). Sex differences in distress: Real or artifact? *American Sociological Review, 60*(3), 449–468.

Mischel, W. (1973). Toward a cognitive social learning reconceptualization of personality. *Psychological Review, 80,* 252–283.

Mishara, B. L., & Daigle, M. (2001). Helplines and crisis intervention services: Challenges for the future. In D. Lester (Ed.), *Suicide prevention: Resources for the millennium* (pp. 153–171). Philadelphia: Taylor & Francis.

Monahan, J. (1976). The prevention of violence. In J. Monahan (Ed.), *Community mental health and the criminal justice system.* New York: Pergamon Press.

Monahan, J., & Walker, L. (1986). Social authority: Obtaining, evaluating and establishing social science in law. *University of Pennsylvania Law Review, 134,* 477–517.

Monroe, S. M., & Steiner, S. C. (1986). Social support and psychopathology: Interrelations with preexisting disorder, stress and personality. *Journal of Abnormal Psychology, 95,* 29–39.

Moore, T. (1982). Blacks: Rethinking service. In L. R. Snowden (Ed.), *Reaching the underserved. Mental health needs of neglected populations.* Beverly Hills: Sage.

Moos, R. H. (1973). Conceptualizations of human environments. *American Psychologist, 28,* 652–665.

Moos, R. H. (1976). *The human context: Environmental determinants of behavior.* New York: Wiley.

Moos, R. H. (1979). Social climate measurement and feedback. In R. Munoz, L. Snowden, & J. Kelly (Eds.), *Social and psychological research in community settings.* San Francisco: Jossey-Bass.

Moos, R. H. (1987). Person-environment congruence in work, school, and health care settings. *Journal of Vocational Behavior, 31,* 231–247.

Moos, R. H. (2002). The mystery of human context and coping: An unraveling of clues. *American Journal of Community Psychology, 30*(1), 67–88.

Moos, R. H., & Van Dort, B. (1979). Student physical symptoms and the social climate of college living groups. *American Journal of Community Psychology, 7,* 31–43.

Morell, M. A., Levine, M., & Perkins, D. V. (1982). Study of behavioral factors associated with psychiatric rehospitalization. *Community Mental Health Journal, 18,* 190–199.

Morrow, K. B., & Sorell, G. T. (1989). Factors affecting self-esteem, depression, and negative behaviors in sexually abused female adolescents. *Journal of Marriage and the Family, 51*(3), 677–686.

Morse, S. J. (1978). Crazy behavior, morals and science: An analysis of mental health law. *Southern California Law Review, 51,* 527–564.

Morse, S. J., Roth, L. H., & Wettstein, R. M. (1991). The concept of normality in the law. In D. Offer & M. Sabshin (Eds.), *The diversity of normal behavior: Further contributions to normatology* (pp. 275–301). New York: Basic Books.

Mothers in the Labor Force, 1955–2001. U.S. Department of Labor, Bureau of Labor Statistics. Web: data.bis.gov

Mowbray, C. T., Greenfield, A., & Freddolino, P. P. (1992). An analysis of treatment services provided in group homes for adults labeled mentally ill. *Journal of Nervous and Mental Disease, 180,* 551–559.

Moxley, D. P., Mowbray, C. T., & Brown, K. S. (1993). Supported education. In R. Flexer & P. Solomon (Eds.), *Psychiatric rehabilitation in practice* (pp. 137–153). New York: Butterworth.

Moyers, B. (2001). Trade secrets. A Moyers Report. Produced by Public Affairs Television in association with Washington Media Associates.

Moynihan, D. P. (1965). *The Negro family: The case for national action.* Washington, DC: Office of Planning and Research, U.S. Department of Labor.

Moynihan, D. P. (1969). *Maximum feasible misunderstanding. Community action in the War on Poverty.* New York: Free Press.

Mrazek, P. J., & Haggerty, R. J. (Eds.). (1994). *Reducing risks for mental disorders: Frontiers for preventive intervention research.* Washington, DC: National Academy Press.

Mulvey, E. P., & Cauffman, E. (2001). The inherent limits of predicting school violence. *American Psychologist, 56,* 797–802.

Mulvey, E. P., Geller, J. L., & Roth, L. H. (1987). The promise and peril of involuntary outpatient commitment. *American Psychologist, 42,* 571–584.

Mumford, E., Schlesinger, H. J., Glass, G. V., Patrick, C., & Cuerdon, T. (1998). A new look at evidence about reduced cost of medical utilization following mental health treatment. *Journal of Psychotherapy Practice and Research, 7*(1), 68–86.

Murphy, J. M. (1964). Psychotherapeutic aspects of shamanism on St. Lawrence Island, Alaska. In A. Kiev (Ed.), *Magic, faith and healing.* New York: The Free Press of Glencoe.

Murphy, J. M. (1982). Cultural shaping and mental disorders. In W. R. Gove (Ed.), *Deviance and mental illness.* Beverly Hills, CA: Sage.

Murray, B. (2000). A mirror on the self. *Monitor on Psychology, 31*(4), 16–19.

Murray, H. A. (1938). *Explorations in personality.* New York: Oxford University Press.

Murray J. P. (Ed.). (1983). *Status offenders. A sourcebook.* Boys Town, NE: The Boys Town Center.

Myers, J. K., Weissman, M. M., Tischler, G. L., Holze, C. E., III, Leaf, P. J., Orvaschel, H., Anthony, J. C., Boyd, J. H., Burke, J. D., Jr., Kramer, M. (1984). Six-month prevalence of psychiatric disorders in three communities: 1980–1982. *Archives of General Psychiatry, 41*(10), 959–967.

Myrdal, G. (1944). *An American dilemma* (2 vols). New York: Harper & Row.

Namir, S., & Weinstein, R. S. (1982). Children: Facilitating new directions. In L. R. Snowden (Ed.), *Reaching the underserved: Mental health needs of neglected populations.* Beverly Hills, CA: Sage.

Naroll, R. (1983). *The moral order. An introduction to the human situation.* Beverly Hills, CA: Sage.

Narrow, W. E., Regier, D. A., Rae, D. S., Manderscheid, R. W., & Locke, B. Z. (1993). Use of services by persons with mental and addictive disorders: Findings from the National Institute of Mental Health Epidemiological Catchment Area program. *Archives of General Psychiatry, 50,* 95–107.

Nasar, J. L., & Julian, D.A. (1995). The psychological sense of community in the neighborhood. *Journal of the American Planning Association, 61,* 178–184.

Nathan, V. M. (1979). The use of masters in institutional reform litigation. *Toledo Law Review, 10,* 419–464.

National Academy of Sciences. (1984). *Bereavement: Reactions, consequences, and care.* Washington, DC: National Academy Press.

National Adoption Information Clearinghouse. (2000). http://www.calib.com/naic/pubs/s_number.htm

National Advisory Mental Health Council. (1990). National plan for research on child and adolescent mental disorders. DHHS Publication No. ADM 90-1683. Washington, DC: Alcohol, Drug Abuse, and Mental Health Administration.

National Alliance for the Mentally Ill. (1993). 'Critical need' cited for employment data. *NAMI Advocate, 14,* 1.

National Alliance for the Mentally Ill Staff, & Public Citizen Health Research Group Staff. (1992). *Criminalizing the seriously mentally ill: The abuse of jails as mental hospitals.* Washington, DC: Public Citizen, Inc.

National Association of Psychiatric Health Care Systems. (2001). http://mentalhealthy.about.com/library/sci/0201/bishop0102.htm

National Center for Education Statistics. (2001). http://nces.ed.gov/pubs2002(digest2001) tables/pdf/table_052.pdf

National Center for Health Statistics. (1997). Americans less likely to use nursing home care today. http://www.cdc.gov/nchs/releases97/news/nurshome.htm

National Center for Health Statistics. (2001). http://www.cdc.gov/nchs/fastats/

National Center for HIV, STD and TB Prevention. (2000). STD Surveillance. National Profile, Other Sexually Transmitted Diseases. http://www.cdc.gov/std/stats/2000 OtherSTDs.htm

National Center for HIV, STD and TB Prevention. (2002). Tracking the hidden epidemics 2000. Trends in STDs in the United States. http://www.cdc.gov/nchstp/od/news/RevBrochure1pdfHerpes.htm

National Clearinghouse on Child Abuse and Neglect Information. (2001). Foster care national statistics, April, 2001. http://www.calib.co/nccanch/pubs/factsheets/foster.cfm

National Institute of Mental Health. (1999). Statement on the NIMH AIDS research program responding to the report released on December 6, 1999, by the National Alliance for the Mentally Ill and the Stanley Foundation Research Program. http://www.nimh.nih.gov/events/aidsnamifinal.cfm

National Research Council. (1993). *Understanding child abuse and neglect.* Washington, DC: National Academy Press.

Nelson, B. J. (1984). *Making an issue of child abuse.* Chicago, IL: University of Chicago Press.

Nelson, G., & Prilleltensky, I. (Eds.). (in press). *Community psychology: In pursuit of well-being and liberation.* New York: Palgrave Macmillan.

Newbrough, J. R. (1967). The Corresponding Committee of Fifty: An experiment in organizational innovation. *The Clinical Psychologist, 20,* 71–73.

Newbrough, J. R. (1995). Toward community: A third position. *American Journal of Community Psychology, 23,* 9–37.

Norris, F. H., & Murrell, S. A. (1988). Prior experience as a moderator of disaster impact on anxiety symptoms of older adults. *American Journal of Community Psychology, 16,* 665–683.

Norris, F. H., Phifer, J. F., & Kaniasty, K. (1994). Individual and community reactions to the Kentucky floods: Findings from a longitudinal study of older adults. In R. J. Ursano, B. G. McCaughey, & C. S. Fullerton (Eds.), *Individual and community responses to trauma and disaster: The structure of human chaos* (pp. 378–400). London: Cambridge University.

Norris, F. H., & Thompson, M. P. (1995). Applying community psychology to the prevention of trauma and traumatic life events. In J. R. Freedy & S. E. Hobfoll (Eds.), *Traumatic stress: From theory to practice* (pp. 49–71). New York: Plenum.

Norris-Baker, C. (1999). Aging on the old frontier and the new: A behavior setting approach to the declining small towns of the Midwest. *Environment and Behavior, 31,* 240–258.

Novaco, R. W., Kliewer, W., & Broquet, A. (1991). Home environment consequences of commuter travel impedence. *American Journal of Community Psychology, 19,* 881–909.

O'Connor v. Donaldson, 422 U.S. 563 (1975).

O'Donnell, C. R. (2001). School violence, trends, risk factors, prevention, and recommendations. *Law & Policy, 23*(3), 409–415.

Odum, E. P. (1971). *Fundamentals of ecology* (3d ed.). Philadelphia: Saunders.

Ogburn, W. F. (1966). *Social change with respect to cultural and original nature.* New York: Dell Publishing (originally published 1922).

Olasky, M. N. (1995). *Tragedy of American compassion.* Wheaton, IL: Crossway Books.

Olfson, M. (1990). Assertive community treatment: An evaluation of the experimental evidence. *Hospital and Community Psychiatry, 41,* 634–641.

O'Neill, P. O. (1989). Responsible to whom? Responsible for what? Some ethical issues in community intervention. *American Journal of Community Psychology, 17,* 323–341.

Ong, E. K., & Glantz, S. A. (2001). Constructing sound science" and good epidemiology": Tobacco, lawyers, and public relations firms. *American Journal of Public Health, 91,* 1749–1757.

Orfield, G. (1993). *The growth of segregation in American schools: Changing patterns of separation and poverty since 1968.* Cambridge, MA: Harvard Project on School Desegregation.

Orfield, G. (2001). *Schools more separate: Consequences of a decade of resegregation.* Cambridge, MA: The Civil Rights Project, Harvard University.

Orford, J. (1992). *Community psychology: Theory and practice.* Chichester, England: Wiley.

Osipow, S. H., & Fitzgerald, L. F. (1993). Unemployment and mental health: A neglected relationship. *Applied and Preventive Psychology, 2,* 59–64.

O'Sullivan, M. J., Peterson, P. D., Cox, G. B., & Kirkeby, J. (1989). Ethnic populations: Community mental health centers ten years later. *American Journal of Community Psychology, 17,* 17–30.

Pagani, L., Tremblay, R. E., Vitaro, F., Boulerice, B., & McDuff, P. (2001). Effects of grade retention on academic performance and behavioral development. *Development and Psychopathology, 13*(2), 297–315. http://uk.cambridge.org/journals/dpp/

Page, R. (1992). *Data reference book.* San Francisco: California Commission on the Future of the Courts.

Page, S. (1977). Effects of the mental illness label in attempts to obtain accommodations, *Canadian Journal of Behavioural Science, 9,* 85–90.

Page, S. (1983). Psychiatric stigma: Two studies of behaviour when the chips are down. *Canadian Journal of Community Mental Health, 2,* 13–19.

Pakenham, K. I., Dadds, M. R., & Terry, J. (1994). Relationships between adjustment to HIV and both social support and coping. *Journal of Consulting and Clinical Psychology, 62,* 1194–1203.

Parad, H. J., & Parad, L. G. (Eds.). (1999). *Crisis intervention, the practitioner's sourcebook for brief therapy.* Canada: Manticore Publishers.

Pargament, K. I., & Maton, K. I. (2000). Religion in American life: A community psychology perspective. In J. Rappaport & E. Seidman (Eds.), *Handbook of community psychology* (pp. 495–522). New York: Kluwer Academic/Plenum.

Parham v. J.R. and J.L. 442 U.S. 584 (1979).

Pasadena Board of Education v. Spangler, 427 U. S. 424 (1976).

Pattillo McCoy, M. (1998). Church culture as a strategy of action in the Black community. *American Sociological Review, 63*(6), 767–784.

Pauly, P. J. (1994). Is liquor intoxicating? Scientists, Prohibition, and the normalization of drinking. *American Journal of Public Health, 84*, 305–313.

Pearlin, L. I., & Schooler, C. (1978). The structure of coping. *Journal of Health and Social Behavior, 19*, 2–21.

Pedro-Carroll, J. (1997). The children of divorce intervention program: Fostering resilient outcomes for school-aged children (Ch. 10, 213–238). In. G. W. Albee and T. P. Gullotta (Eds), *Primary prevention works.* Thousand Oaks, CA,: Sage.

Peek, L. A., & Mileti, D. S. (2002). The history and future of disaster research. In R. B. Bechtel & A. Churchman (Eds.), *Handbook of environmental psychology* (pp. 511–524). New York: John Wiley & Sons.

Peirce, N. R., & Steinbach, C. F. (1987). *Corrective capitalism. The Rise of America's Community Development Corporations.* New York: Ford Foundation.

Pellow, D. N. (2002). *Garbage wars: The struggle for environmental justice in Chicago.* Cambridge, MA: MIT Press.

Perkins, C. A., Stephan, J. J., & Beck, A. J. (1995). Jails and jail inmates, 1993–1994. *Bureau of Justice Statistics Bulletin*, April, 1995.

Perkins, D. D. (1988). The use of social science in public interest litigation: A role for community psychologists. *American Journal of Community Psychology, 16*, 465–485.

Perkins, D. D. (1995). Speaking truth to power: Empowerment ideology as social intervention and policy. *American Journal of Community Psychology 23*, 765–794.

Perkins, D. D., Brown, B. B., & Taylor, R. B. (1996). The ecology of empowerment: Predicting participation in community organizations. *Journal of Social Issues, 52*, 85–110.

Perkins, D. D., Crim, B., Silberman, P., & Brown, B. B. (2004). Community development as a response to community-level adversity: Ecological theory and research and strengths-based policy. In K. I. Maton, C. J. Schellenbach, B. J. Leadbeater, & A. L. Solarz (Eds.), *Investing in children, youth, families and communities: Strengths-based research and policy* (pp. 321–340). Washington, DC: American Psychological Association.

Perkins, D. D., Florin, P., Rich, R. C., Wandersman, A., & Chavis, D. M. (1990). Participation and the social and physical environment of residential blocks: Crime and community context. *American Journal of Community Psychology, 18*, 83–115.

Perkins, D. D., Hughey, J., & Speer, P. W. (2002). Community psychology perspectives on social capital theory and community development practice. *Journal of the Community Development Society, 33*, 33–52.

Perkins, D. D., & Long, D. A. (2002). Neighborhood sense of community and social capital: A multi-level analysis. In A. T. Fisher, C. C. Sonn, & B. J. Bishop (Eds.), *Psychological sense of community: Research, applications, and implications* (pp. 291–318). New York: Kluwer Academic/Plenum Publishers.

Perkins, D. D., Meeks, J. W., & Taylor, R. B. (1992). The physical environment of street blocks and resident perceptions of crime and disorder: Implications for theory and measurement. *Journal of Environmental Psychology, 12*, 21–34.

Perkins, D. D., & Taylor, R. B. (1996). Ecological assessments of community disorder: Their relationship to fear of crime and theoretical implications. *American Journal of Community Psychology, 24*, 63–107.

Perkins, D. D., & Zimmerman, M. A. (1995). Empowerment theory, research, and application. *American Journal of Community Psychology, 23*, 569–579.

Perkins, D. V. (1982). The assessment of stress using life events scales. In L. Goldberger & S. Breznitz (Eds.), *Handbook of stress.* New York: Free Press.

Perkins, D. V., & Baker, F. (1991). A behavior setting assessment for community programs and residences. *Community Mental Health Journal, 27*, 313–325.

Perkins, D. V., Burns, T. F., Perry, J. C., & Nielsen, K. P. (1988). Behavior setting theory and community psychology: An analysis and critique. *Journal of Community Psychology, 16*, 355–372.

Perkins, D. V., & Perry, J. C. (1985). Dimensional analysis of behavior setting demands in a community residence for chronically mentally ill women. *Journal of Community Psychology, 13,* 350–359.

Perrotta, P. (1982). The experience of caring for an elderly family member. Unpublished doctoral dissertation, Department of Psychology, SUNY at Buffalo.

Perrow, C. (1984). *Normal accidents: Living with high-risk technologies.* New York: Basic Books.

Peterson, L., & Mori, L. (1985). Prevention of child injury: an overview of targets, methods, and tactics for psychologists. *Journal of Consulting and Clinical Psychology, 53,* 586–594.

Peterson, R. L., Larson, J., & Skiba, R. (2001). School violence prevention: Current status and policy recommendations. *Law & Policy, 23*(3), 345–371.

Petrakis, P. L. (1988). *The Surgeon General's workshop on self-help and public health.* Washington, DC: U.S. Government Printing Office.

Phelps, R. P. (2000). Test bashing part 14. The "new" Rand report. EducationNews.org. http://www.educationnews.org/test_bashing_part_14.htm

Physicians Committee for Responsible Medicine. http://www.pcrm.org/issues/ETHICS_IN_HUMAN_RESEARCH/ethics_human_birthdefects.html

Pilisuk, M. (2001). A job and a home: Social networks and the integration of the mentally disabled in the community. *American Journal of Orthopsychiatry, 71*(1), 49–60.

Pilisuk, M., McAllister, J., & Rothman, J. (1996). Coming together for action: The challenge of contemporary grassroots community organizing. *Journal of Social Issues, 52*(1), 15–37.

Pillow, D. R., Sandler, I. N., Braver, S. L., Wolchik, S. A., & Gersten, J. C. (1991). Theory-based screening for prevention: Focusing on mediating processes in children of divorce. *American Journal of Community Psychology, 19,* 809–836.

Pincus, H. A., Tanielian, T. L., Marcus, S. C., Offson, M., Zarin, D. A., Thompson, J., & Zito, J. M. (1998). Prescribing trends in psychotropic medications. Primary care, psychiatry and other medical specialties. *Journal of the American Medical Association, 279*(7), 526–531.

Pitegoff, P. (1993). Child care enterprise, community development, and work. *The Georgetown Law Journal, 81,* 1897–1943.

Pit-Ten Cate, I. M., & Loots, G. M. P. (2000). Experiences of siblings of children with physical disabilities: An empirical investigation. *Disability and Rehabilitation: An International Multidisciplinary Journal, 22*(9), 399–408.

Planin, E. (2001). Toxic chemical review process faulted. Scientists on EPA advisory panels often have conflicts of interest, GAO says. *Washington Post,* Monday, July 16, p. A-2.

Plas, J. M., & Lewis, S. E. (1996). Environmental factors and sense of community in a planned town. *American Journal of Community Psychology, 24*(1), 109–143.

Plessy v. Ferguson, 163 U.S. 537 (1896).

Poythress, N. G. (1978). Psychiatric expertise in civil commitment: Training attorneys to cope with expert testimony. *Law and Human Behavior, 2,* 1–24.

President's Commission on Mental Health. (1978). *Report to the President from the President's Commission on Mental Health.* Washington, DC: U. S. Government Printing Office.

Pressman, J. L., & Wildavsky, A. B. (1984). *Implementation* (3rd ed.). Berkeley: University of California Press.

Pretty, G. M. H. (1990). Relating psychological sense of community to social climate characteristics. *Journal of Community Psychology, 18,* 16–65.

Pretty, G. M. H. (2002). Young people's development of the community-minded self: considering community identity, community attachment and sense of community. In A. Fisher, C. C. Sonn, & B. Bishop (eds.), *Psychological sense of community: Research, applications, and implications* (pp. 183–203). New York: Plenum.

Prezza, M., Amici, M., Roberti, T., & Tedeschi, G. (2001). Sense of community referred to the whole town: Its relations with neighboring, loneliness, life satisfaction, and area of residence. *Journal of Community Psychology, 29,* 29–52.

Price, R. H., & Moos, R. H. (1975). Toward a taxonomy of inpatient treatment environments. *Journal of Abnormal Psychology, 84,* 181–188.

Prilleltensky, I. (in press). The role of power in wellness, oppression, and liberation: The promise of psychopolitical validity. *Journal of Community Psychology.*

Psychosocial Rehabilitation Journal. (1992). Special issue on clubhouses. *Psychosocial Rehabilitation Journal, 16,* No. 2, October.

Puddifoot, J.E. (1995). Dimensions of community identity. *Journal of Community and Applied Social Psychology, 5,* 357–370.

Putnam, R.D. (2000). *Bowling alone: The collapse and revival of American community.* New York: Simon & Schuster.

Quick, J. C., Barab, J., Hurrell, J. J., Jr., Ivancevich, J. M., Mangelsdorff, A. D., Pelletier, K. R., Raymond, J., Smith, D. C. Vaccaro, V., et al. (1992). Health promotion, education, and treatment. In G. P. Keita, & S. L. Sauter (Eds.), *Work and well being: An agenda for the 1990s* (pp. 47–61). Washington, DC: American Psychological Association.

Rabasca, L. (2000). Self-help sites: A blessing or a bane? *Monitor on Psychology, 31*(4), 28–30.

Rabkin, J. G., & Streuning, E. L. (1976). Life events, stress and illness. *Science, 194,* 1013–1020.

Rabow, J., Hernandez, A. C., & Newcomb, M. D. (1990). Nuclear fears and concerns among college students: A cross-national study of attitudes. *Political Psychology, 11*(4), 681–698.

Rainwater, L., & Yancey, W. L. (1967). *The Moynihan Report & the politics of controversy.* Cambridge, MA: M.I.T. Press.

Rao, P. K. (2000). *Sustainable development: Economics and policy.* Malden, MA: Blackwell.

Rapp, C. A., & Moore, T. D. (1995). The first 18 months of mental health reform in Kansas. *Psychiatric Services, 46,* 580–585.

Rappaport, J. (1977). *Community psychology: Values, research, and action.* New York: Holt, Rinehart & Winston.

Rappaport, J. (1981). In praise of paradox: A social policy of empowerment over prevention. *American Journal of Community Psychology, 9,* 1–26.

Rappaport, J. (1987). Terms of empowerment/exemplars of prevention: Toward a theory for community psychology. *American Journal of Community Psychology 15,* 121–148.

Rappaport, J. (1992). The dilemma of primary prevention in mental health services: Rationalize the status quo or bite the hand that feeds you. *Journal of Community and Applied Social Psychology, 2,* 95–99.

Ravitch, D. (1983). *The troubled crusade: American education, 1945–1980.* New York: Basic Books.

Ravitch, D. (2000). Frank J. Battitsti Memorial Lecture: School reform, past, present, and future. *Case Western Reserve Law Review, 51,* 187–200.

Rawls, P. (2003). 33-year-old Alabama mental health suit ends. Associated Press State and Local Wires.

Redding, R. E. (2001). Sociopolitical diversity in psychology: The case for pluralism. *American Psychologist, 56,* 205–215.

Redding, R. E., & Shalf, S. M. (2001). The legal context of school violence: The effectiveness of federal, state and local law enforcement efforts to reduce gun violence in schools. *Law & Policy, 23*(3), 297–343.

Regehr, C., Cadell, S., & Jansen, K. (1999). Perceptions of control and long-term recovery from rape. *American Journal of Orthopsychiatry, 69*(1), 110–115.

Regier, D. A., Narrow, W. E., Rae, D. S., Manderscheid, R. W., Locke, B. Z., & Goodwin, F. K. (1993). The de facto U.S. mental and addictive disorders service system: Epidemiological Catchment Area prospective 1-year prevalence rates of disorders and services. *Archives of General Psychiatry, 50,* 85–94.

Reinecke, M. A., & DuBois, D. L. (2001). Socioenvironmental and cognitive risk and resources: Relations to mood and suicidality among inpatient adolescents. *Journal of Cognitive Psychotherapy, 15*(3), 195–222.

Reinhardt, J. P. (2001). Effects of positive and negative support received and provided on adaptation to chronic visual impairment. *Applied Developmental Science, 5*(2), 76–85.

Reiss, B. F., & Brandt, L. W. (1965). What happens to applicants for psychotherapy? *Community Mental Health Journal, 1,* 175–180.

Reissman, F. (1965). The 'helper-therapy' principle. *Social Work, 10,* 27–32.

Rennison, C. (2002). Criminal victimization 2001. Changes 2000-01 with trends 1993–2001. Bureau of Justice statistics. National Crime Victimization Survey. NCJ 194610.

Reppucci, N. D., Woolard, J. L., & Fried, C. S. (1999). Social, community, and preventive interventions. *Annual Review of Psychology, 50,* 387–418.

Revkin, A. C., & Seelye, K. Q. (6/19/2003). Report by the E.P.A. leaves out data on climate change. *New York Times.*

Rhodes, J. E. (1998). Family, friends, and community: The role of social support in promoting health. In P. M. Camic & S. J. Knight (Eds.), *Clinical handbook of health psychology: A practical guide to effective interventions* (pp. 481–493). Seattle: Hogrefe & Huber.

Ribisl, K. M., & Humphreys, K. (1998). Collaboration between professionals and mediating structures in the community: Toward a "third way" in health promotion. In S. A. Shumaker, E. B. Schron, J. K. Ockene, & W. L. McBee (Eds.), *The handbook of health behavior change* (2nd ed.). (pp. 535–554). New York: Springer.

Rich, R. C., Edelstein, M., Hallman, W. K., & Wandersman, A. H. (1995). Citizen participation and empowerment: The case of local environmental hazards. *American Journal of Community Psychology, 23,* 657–676.

Richardson, L. A., Keller, A. M., Selby-Harrington, M. L., & Parrish, R. (1996). Identification and treatment of children's mental health problems by primary care providers: A critical review of research. *Archives of Psychiatric Nursing, 10*(5), 293–303.

Riggio, R. E. (1990). *Introduction to industrial/organizational psychology.* Glenview, IL: Scott, Foresman/Little, Brown.

Rind, B., Tromovitch, P., & Bauserman, R. (1998). A meta-analytic examination of assumed properties of child sexual abuse using college samples. *Psychological Bulletin, 124,* 22–53.

Roberts, A. R. (Ed.). (2000). *Crisis intervention handbook: Assessment, treatment and research* (2nd ed.). New York: Oxford University Press.

Roberts, J. T., Toffolon-Weiss, M. M. (2001). *Chronicles from the Environmental justice frontline.* New York: Cambridge University Press.

Roberts, L. J., Salem, D., Rappaport, J., Toro, P. A., Luke, D. A., & Seidman, E. (1999). Giving and receiving help: Interpersonal transactions in mutual-help meetings and psychosocial adjustment of members. *American Journal of Community Psychology, 27*(6), 841–868.

Robins, L. N. (1974). *Deviant children grown up.* Huntington, NY: Krieger.

Robins, L. N., & Rutter, M. (1991). *Straight and devious pathways from childhood to adulthood.* New York: Cambridge University Press.

Roe v. Wade 410 U.S. 113 (1973).

Roen, S. R., & Burnes, A. J. (1968). *The community adaptation schedule: Preliminary manual.* New York: Behavioral Publications.

Roessler, W., Salize, H. J., & Voges, B. (1995). Does community-based care have an effect on public attitudes toward the mentally ill? *European Psychiatry, 10*(6), 282–289.

Rogers, A. (1993). Coercion and "voluntary" admission: An examination of psychiatric patient views. *Behavioral Sciences & the Law, 11,* 259–267.

Rogler, L. (1994). International migrations: A framework for directing research. *American Psychologist, 49,* 701–708.

Rook, K. S. (2001). Emotional health and positive versus negative social exchanges: A daily diary analysis. *Applied Developmental Science, 5*(2), 86–97.

Roosens, E. (1979). *Mental patients in town life. Geel—Europe's first therapeutic community.* Beverly Hills, CA: Sage.

Rosenberg, M. S., & Reppucci, N. D. (1985). Primary prevention of child abuse. *Journal of Consulting and Clinical Psychology, 53,* 576–585.

Rosenhan, D. L. (1973). On being sane in insane places. *Science, 179,* 250–258.

Ross, C. E. (1993). Fear of victimization and health. *Journal of Quantitative Criminology, 9*(2), 159–175.

Rossi, A. M. (1969). Some pre–World War II antecedents of community mental health theory and practice. In A. J. Bindman & A. D. Spiegel (Eds.), *Perspectives in community mental health* (pp. 9–28). Chicago: Aldine.

Rossman, M. (1976). Self-help marketplace. *Social Policy, 7,* 86–91.

Rotheram-Borus, M. J., Koopman, C., Haignere, C., & Davies, M. (1991). Reducing HIV sexual risk behaviors among runaway adolescents. *Journal of the American Medical Association, 266,* 1237–1241.

Rothman, D. J. (1982). The courts and social reform: A postprogressive outlook. *Law and Human Behavior, 6,* 113–19.

Ryan, W. (1969). *Distress in the city.* Cleveland, OH: Press of Case Western Reserve University.

Ryan, W. (1976). *Blaming the victim* (Rev., updated ed.). New York: Vintage Books.

Sabin, J. E., & Daniels, N. (2001). Managed care: Strengthening the consumer voice in managed care: I. Can the private sector meet the public-sector standard? *Psychiatric Services, 52*(4), 461–464.

Saegert, S., & Winkel, G. (1996). Paths to community empowerment: Organizing at home. *American Journal of Community Psychology, 24,* 517–550.

Saegert, S., & Winkel, G. (1998). Social capital and the revitalization of New York City's distressed inner city housing. *Housing Policy Debate, 9,* 17–60.

Sagan, L. A. (1987). *The health of nations.* New York: Basic Books.

Sagarin, E. (1969). *Odd man in: Societies of deviants in America.* Chicago: Quadrangle Books.

St. Lawrence, J. S., Brasfield, T. L., Jefferson, K. W., Alleyne, E., O'Bannon, III, R. E., & Shirley, A. (1995). Cognitive-behavioral intervention to reduce African American adolescents' risk for HIV infection. *Journal of Consulting and Clinical Psychology, 63,* 221–237.

Sakaguchi, Y. (2001). Secondary stressors and mental health after bereavement: Comparison between spouses and children. *Japanese Journal of Family Psychology, 15*(1), 13–24.

Salem, D. A., Seidman, E., & Rappaport, J. (1988). Community treatment of the mentally ill: The promise of self-help organizations. *Social Work, 33,* 403–410.

Salzer, M. S., Blank, M., Rothbard, A., & Hadley, T. (2001). Adult mental health services in the 21st Century. In R. W. Manderscheid, and M. J. Henderson (Eds.), Mental Health, United States, 2000 (Chapter 11). DHHS Pub. No. (SMA) 01-3537. Washington, DC: Supt. of Docs., U.S. Government Printing Office.

Sampson, R. J. (1991). Linking the micro- and macro-level dimensions of community social organization. *Social Forces, 70,* 43–64.

San Antonio Independent School District v. Rodriguez 411 U.S. 1 (1973).

Sarason, I. G., & Sarason, B. R. (1981). Teaching cognitive and social skills to high school students. *Journal of Consulting and Clinical Psychology, 49,* 908–918.

Sarason, S. B. (1972). *The creation of settings and the future societies.* San Francisco: Jossey-Bass.

Sarason, S. B. (1974). *The psychological sense of community: Prospects for a community psychology.* San Francisco: Jossey-Bass.

Sarason, S. B. (1976). Community psychology, networks, and Mr. Everyman. *American Psychologist, 31,* 317–328.

Sarason, S. B. (1978). The nature of problem solving in social action. *American Psychologist, 33,* 370–380.

Sarason, S. B. (1981a). *Psychology misdirected.* New York: Free Press.

Sarason, S. B. (1981b). An asocial psychology and a misdirected clinical psychology. *American Psychologist, 36,* 827–836.

Sarason, S. B. (1982a). *Psychology and social action: Selected papers.* New York: Praeger.

Sarason, S. B. (1982b). *The culture of the school and the problem of change.* 2nd ed. Boston, MA: Allyn & Bacon.

Sarason, S. B. (1990). *The predictible failure of educational reform.* San Francisco: Jossey-Bass.

Sarason, S. B. (1996). *Barometers of change: Individual, educational, and social transformation.* San Francisco: Jossey-Bass.

Sarason, S. B., Carroll, C. F., Maton, K., Cohen, S., & Lorentz, E. (1977). *Human services and resource networks.* San Francisco: Jossey-Bass.

Sarason, S. B., & Doris. J. (1969). *Psychological problems in mental deficiency* (4th ed.). New York: Harper & Row.

Sarason, S. B., & Klaber, M. (1985). The school as a social situation. *Annual Review of Psychology, 36,* 115–140.

Sarason, S. B., Levine, M., Goldenberg, I. I., Cherlin, D. L., & Bennett, E. M. (1966). *Psychology in community settings.* New York: Wiley.

Sarbin, T. R. (1970). A role theory perspective for community psychology: The structure of social identity. In D. Adelson & B. Kalis (Eds.), *Community psychology and mental health: Perspectives and challenges.* Scranton, PA: Chandler.

Sareyan, A. (1994). *The turning point: How men of conscience brought about major change in the care of America's mentally ill.* Washington, DC: American Psychiatric Press.

Scales-Trent, J. (1995). *Notes of a white black woman.* University Park, PA: The Pennsylvania State University Press.

Schacter, J. (2001). Geographical mobility. Current Population Reports P20-538, U.S. Census Bureau, May 2001.

Scheff, T. J. (1966). *Being mentally ill: A sociological perspective.* Chicago: Aldine.

Scheff, T. J. (1984). *Being mentally ill. A sociological theory.* (2nd ed.). New York: Aldine.

Scheff, T. J. (1999). *Being mentally ill: A sociological theory* (3rd ed.). New York: Aldine de Gruyter.

Scherschel, P. M. (1997). Reality bites: How much do students owe? In Student Loan Debt: Problems and Prospects. Proceedings from a National Symposium, December 10, 1997. Washington, DC, pp. 15–38.

Schmuckler, M. A. (2001). What is ecological validity? A dimensional analysis. *Infancy, 2*(4), 419–436.

Schoggen, P., Barker, R. G., & Fox, K. A. (1989). *Behavior settings: A revision and extension of Roger G. Barker's ecological psychology.* Stanford, CA: Stanford University Press.

Schulz, R., & Hanusa, B. H. (1978). Long-term effects of control and predictability-enhancing interventions: Findings and ethical issues. *Journal of Personality and Social Psychology, 36,* 1194–1201.

Schuster, T. I., Kessler, R. C., & Aseltine, R. H., Jr. (1990). Supportive interactions, negative interactions, and depressed mood. *American Journal of Community Psychology, 18,* 423–438.

Schwartz, C. E., & Rogers, M. (1994). Designing a psychosocial intervention to teach coping flexibility. *Rehabilitation Psychology, 39,* 57–72.

Schwebel, M., & Schwebel, B. (1981). Children's reactions to the threat of nuclear plant accidents. *American Journal of Orthopsychiatry, 51,* 260–270.

Scott v. Sanford 60 U.S. 393 (1856).

Scull, A. T. (1977). *Decarceration: Community treatment and the deviant—A radical view.* Englewood Cliffs, NJ: Prentice-Hall.

Seedat, M., & Duncan, N. (Eds.). (2001). *Community psychology: Theory, method and practice: South African and other perspectives.* Cape Town: Oxford University Press Southern Africa.

Segal, S. P., Silverman, C., & Temkin, T. (1993). Empowerment and self-help agency practice for people with mental disabilities. *Social Work, 38,* 705–712.

Seidman, E. (1990). Pursuing the meaning and utility of social regularities for community psychology (pp. 91–100). In P. Tolan et al. (Eds.), *Researching community psychology: Issues of theory and methods.* Washington DC: American Psychological Association.

Select Committee on Children, Youth and Families, U. S. House of Representatives. (1990). *No place to call home: Discarded children in America.* Washington, DC: U. S. Government Printing Office.

Seligman, M. E. P. (2002). *Authentic happiness.* New York: Free Press.

Seller, M. S. (1979). Ethnic communities and education in Buffalo, New York: Politics, power and group identity 1838–1979 (Occasional paper #1). Buffalo Community Studies Graduate Group. Buffalo: SUNY at Buffalo.

Serrano-García, I. (1994). The ethics of the powerful and the power of ethics. *American Journal of Community Psychology, 22*(1), 1–20.

Shinn, M. (1992). Homelessness: What is a psychologist to do? *American Journal of Community Psychology, 20,* 1–24.

Shinn, M., & Felton, B. J. (Eds.). (1981). Institutions and alternatives. *Journal of Social Issues, 37,* 1–176.

Shinn, M., & Perkins, D.N.T. (2000). Contributions from Organizational Psychology. In J. Rappaport, & E. Seidman (Eds.), *Handbook of Community Psychology* (pp. 615–641). New York: Kluwer Academic/Plenum Publishers.

Shinn, M., Rosario, M., Mørch, H., & Chestnut, D.E. (1984). Coping with job stress and burnout in the human services. *Journal of Personality and Social Psychology, 46,* 864–876.

Shinn, M., & Toohey, S. M. (2003). Community contexts of human welfare. *Annual Review of Psychology, 54,* 427–459.

Shinn, M., & Tsemberis, S. (1998). Is housing the cure for homelessness? In X. Arriaga & S. Oskamp (Eds.), *Addressing community problems: Psychological research and interventions* (pp. 52–77). Thousand Oaks, CA: Sage.

Shinn, M., Wong, N.W., Simko, R.A. & Ortiz-Torres, B. (1989). Promoting the well-being of working parents: Coping, social support, and flexible job schedules. *American Journal of Community Psychology, 17,* 31–55.

Shure, M. B. (1997). Interpersonal cognitive problem solving: Primary prevention of early high-risk behaviors in the preschool and primary years (Ch. 8, 167–188). In. G. W. Albee and T. P. Gullotta (Eds.), *Primary prevention works.* Thousand Oaks, CA: Sage.

SIECUS. (2003). Policy update—April 2003. http://www.siecus.org/policy/PUpdates/pdate0056.html#REL.

Sikkema, K. J., Kelly, J. A., Winett, R. A., Solomon, L. J., Cargill, V. A., Roffman, R. A., McAuliffe, T. L., Heckman, T. G., Anderson, E. A., Wagstaff, D. A., Norman, A. D., Perry, M. J., Crumble, D. A., Mercer, M. B. (2000). Outcomes of a randomized community-level HIV prevention intervention for women living in 18 low-income housing developments. *American Journal of Public Health, 90*(1), 57–63.

Silverman, D. C. (1992). Male co-survivors: The shared trauma of rape. In G. C. Mezey & M. B. King (Eds.), *Male victims of sexual assault* (pp. 87–103). New York: Oxford University Press.

Simon, P. (1999). Report on special education troubles administrators. *Buffalo News,* February 5, A-1, 9.

Singer, S. I. (1996). *Recriminalizing delinquency. Violent juvenile crimes and juvenile justice reform.* Cambridge, UK: Cambridge University Press.

Sipuel v. Oklahoma State Board of Regents 332 U. S. 631 (1948).

Skaff, M. M., Finney, J. W., & Moos, R. H. (1999). Gender differences in problem drinking and depressions: Different vulnerabilities? *American Journal of Community Psychology, 27*(1), 25–54.

Slack, P. (1995). *The English poor law, 1531–1782* (1st Cambridge University Press ed.). New York: Cambridge University Press.

Slaikeu, K. A. (1984). *Crisis intervention: A handbook for practice and research.* Boston: Allyn and Bacon.

Smith, K. E., & Bachu, A. (1999). Women's labor force attachment patterns and maternity leave: A review of the literature. Washington, DC: Population Division, U.S. Bureau of the Census.

Smith, R. R. (1978). Two centuries and twenty-four months: A chronicle of the struggle to desegregate the Boston public schools. In H. Kalodner & J. J. Fishman (Eds.), *Limits of justice: The courts' role in school desegregation.* Cambridge: Ballinger.

Smock, P. J., Manning, W. D., & Gupta, S. (1999). The effect of marriage and divorce on women's economic well-being. *American Sociological Review, 64*(6), 794–812. http://www.jstor.org/journals/00031224.html

Snell, T. L., & Morton, D. C. (1994). Women in prison. Bureau of Justice Statistics Special Report. Washington, DC: U.S. Department of Justice.

Snowden, L. R. (Ed.). (1982). *Reaching the underserved: Mental health needs of neglected populations.* Beverly Hills: Sage.

Snowden, L. R. (1993). Emerging trends in organizing and financing human services: Unexamined consequences for ethnic minority populations. *American Journal of Community Psychology, 21,* 1–13.

Snyder, H. (2000). Juvenile arrests 1999. Washington, DC: Office of Juvenile Justice and Delinquency Prevention.

Socall, D. W., & Holtgraves, T. (1992). Attitudes toward the mentally ill: The effects of labels and beliefs. *The Sociological Quarterly, 33,* 3, 435–445.

Social Security Online. (2003). Supplemental Security Income. http://www.socialsecurity.gov

Sommer, R., & Wicker, A. W. (1991). Gas station psychology: The case for specialization in ecological psychology. *Environment and Behavior, 23,* 131–149.

Sorotzkin, B. (2003). The denial or child abuse: The Rind et al. controversy. NARTH, http://www.narth.com/docs/denial.html

Spaulding, J., & Balch, P. (1983). A brief history of primary prevention in the Twentieth Century: 1908 to 1980. *American Journal of Community Psychology, 11,* 59–80.

Speer, P. W., & Hughey, J. (1995). Community organizing: An ecological route to empowerment and power. *American Journal of Community Psychology, 23,* 729–748.

Speer, P. W., Hughey, J., Gensheimer, L. K., & Adams-Leavitt, W. (1995). Organizing for power: A comparative case study. *Journal of Community Psychology, 23,* 57–73.

Speer, P. W., Jackson, C. B., & Peterson, N. A. (2001). The relationship between social cohesion and empowerment: Support and new implications for theory. *Health Education and Behavior, 28,* 716–732.

Spence, S. H., Sheffield, J. K., & Donovan, C. L. (2003). Preventing adolescent depression: An evaluation of the Problem Solving for Life program. *Journal of Consulting and Clinical Psychology, 71,* 3–13.

Spitzer, R. L., & Williams, J. B. W. (1982). The definition and diagnosis of mental disorder. In W. R. Gove (Ed.), *Deviance and mental illness.* Beverly Hills, CA: Sage.

Spivack, G., & Shure, M. B. (1974). *Social adjustment of young children.* San Francisco: Jossey-Bass.

Spivack G., & Shure, M. B. (1985). ICPS and beyond: Centripetal and centrifugal forces. *American Journal of Community Psychology, 13,* 226–243.

Spivack, G., & Shure, M. B. (1989). Interpersonal Cognitive Problem Solving (ICPS): A competence-building primary prevention program. *Prevention in Human Services, 6,* 151–178.

Spivack, G., & Shure, M. B. (1993). *Social adjustment of young children: A cognitive approach to solving real-life problems* (3rd ed.). San Francisco: Jossey-Bass.

Spreitzer, G. M. (1995). An empirical test of intrapersonal empowerment in the workplace. *American Journal of Community Psychology, 23*(5), 601–629.

Srebnik, D. S., & Elias, M. J. (1993). An ecological, interpersonal skills approach to dropout prevention. *American Journal of Orthopsychiatry, 63,* 526–535.

Srole, L., Langner, T. S., Michael, S. T., Opler, M. K., & Rennie, T. A. C. (1962). *Mental health in the metropolis: The midtown Manhattan study.* New York: McGraw-Hill.

Stack, L. C., Lannon, P. B., & Miley, A. D. (1983). Accuracy of clinicians' expectancies for psychiatric rehospitalization. *American Journal of Community Psychology, 11,* 99–113.

Stahl, A. L. (2001). Delinquency cases in juvenile courts, 1998. OJJDP Fact Sheet #31.

Stangor, C., & Crandall, C. S. (2000). Threat and the social construction of stigma. In T. F. Heatherton & R. E. Kleck (Eds.), *The social psychology of stigma* (pp. 62–87). New York: Guilford Press.

Stashenko, J. (1999). Regents ask why so many nonwhite students are in special ed. *Buffalo News,* February 3, A–5.

Steele, C. M. (1992, April). Race and the schooling of Black Americans. *The Atlantic Monthly,* 68–78.

Stefan, S. (2001). *Unequal rights: Discrimination against people with mental disabilities and the Americans with Disabilities Act.* Washington, DC: American Psychological Association.

Stein, L. I., & Test, M. A. (1985). *The Training in Community Living model: A decade of experience.* (New Directions for Mental Health Services, No. 26). San Francisco: Jossey-Bass.

Steinberg, J. (2002). For Head Start children, their turn at testing. *New York Times,* December 4, A-27.

Stepfamily Association of America. (2000). http://www.saafamilies.org/faqs/index.htm

Stephan, W. G. (1978). School desegregation: An evaluation of predictions made in Brown v. Board of Education. *Psychological Bulletin, 85,* 217–238.

Stokols, D. (1992). Establishing and maintaining healthy environments: Toward a social ecology of health promotion. *American Psychologist, 47,* 6–22.

Stokols D. (1996). Translating social ecological theory into guidelines for community health promotion. *American Journal of Health Promotion, 10,* 282–298.

Stone, R. (1995). Panel slams EPA's dioxin analysis. *Science, 268,* 1124.

Stone, R. A., & Levine, A. G. (1985). Reactions to collective stress: Correlates of active citizen participation at Love Canal. *Prevention in Human Services, 4,* 153–177.

Stott, M. W. R., Gaier, E. L., & Thomas, K. B. (1984). Supervised access: A judicial alternative to noncompliance with visitation arrangements following divorce. *Children and Youth Services Review, 6,* 207–217.

Stover, J., Walker, N., Garnett, G. P., Salomon, J. A., Stanecki, K. A., Ghys, P. D., Grassly, N. C., Anderson, R. M., Schwartlander, B. (2002). Can we reverse the HIV/AIDS pandemic with an expanded response? *Lancet, 360,* 73–77.

Stroul, B. A. (1986). *Models of community support services: Approaches to helping persons with long-term mental illness.* Boston: Center for Psychiatric Rehabilitation.

Substance Abuse and Mental Health Services Administration. (2001). www.samhsa.gov/oas/NHSDA/2kNHSDA/chapter3.htm

Suttles, G. D. (1968). *The social order of the slum: Ethnicity and territory in the inner city*. Chicago: University of Chicago Press.

Swann v. Charlotte-Mecklenburg Board of Education 402 U. S. 1 (1971).

Swanson, J. M., & Chenitz, W. C. (1990). Psychosocial aspects of genital herpes: A review of the literature. *Public Health Nursing, 7*(2), 96–104.

Sweatt v. Painter, 339 U. S. 629 (1950).

Swenson, K. (2000). School finance reform litigation: Why are some state supreme courts activist and others restrained? *Albany Law Review, 63*, 1147–1182.

Swindle, R. W., Heller, K., Alexander, D. B., Allen, S. J., & Wyman, M. F. (2001). Sources of stressor-specific negative transactions and depressive symptoms among White and African-American older women. *Applied Developmental Science. 5*, 98–111.

Szasz, T. S. (1963). *Law, liberty and psychiatry*. New York: Macmillan.

Szasz, T. S. (1974). *The myth of mental illness: Foundations of a theory of personal conduct* (Rev. ed.). New York: Harper & Row.

Task Panel on Prevention. (1978b). Report of the Task Panel on Prevention. Task Panel Reports Submitted to the President's Commission on Mental Health, vol. 4. Washington, DC: U. S. Government Printing Office.

Taussig, H. N, Clyman, R. B., & Landswerk, J. (2001). Children who return home from foster care: A 6-year prospective study of behavioral health outcomes in adolescence. *Pediatrics, 108*(1)(July) p. e10 Electronic Article.

Taylor, H. L., Jr. (1990). *African Americans and the rise of Buffalo's post-industrial city, 1940 to present. Volume 1: An introduction to a research report*. Buffalo, NY: Buffalo Urban League, Inc.

Taylor, R.B. (2002). Crime prevention through environmental design (CPTED): Yes, no, maybe, unknowable, and all of the above. In R. B. Bechtel & A. Churchman (Eds.), *Handbook of environmental psychology* (pp. 413–426). New York: John Wiley & Sons.

Taylor, S. E., Kemeny, M. E., Reed, G. M., Bower, J. E., & Gruenewald, T. L. (2000). Psychological resources, positive illusions, and health. *American Psychologist, 55*(1) 99–109.

Tebes, J. A. (1983). Stigma and mental disorder: A review and analysis. Unpublished doctoral qualifying paper, Department of Psychology, SUNY at Buffalo.

Tebes, J. A., & Perkins, D. V. (1984). Converting stress to positive mental health: Evidence from students coping with parental death. Paper presented at the Eastern Psychological Association Convention, Baltimore.

Tebes, J. K., & Kraemer, D. T. (1991). Quantitative and qualitative knowing in mutual support research: Some lessons from the recent history of psychology. *American Journal of Community Psychology, 19*, 739–756.

Telch, C. F., & Telch, M. J. (1986). Group coping skills instruction and supportive group therapy for cancer patients: A comparison of strategies. *Journal of Consulting and Clinical Psychology, 54*, 802–808.

tenBroek, J. (1965). *Equal under law*. London: Collier.

Teplin, L. A. (1983). The criminalization of the mentally ill: Speculation in search of data. *Psychological Bulletin, 94*, 54–67.

Teplin, L. A. (1984). Criminalizing mental disorder: The comparative arrest rate of the mentally disordered. *American Psychologist, 39*, 794–803.

Teplin, L. A. (2001). Police discretion and mentally ill persons. In G. Landsberg & A. Smiley (Eds.), *Forensic mental health: Working with offenders with mental illness* (pp. 28.21–28.11). Kingston, NJ: Civic Research Institute.

Teplin, L. A., Abram, K. M., & McClelland, G. M. (1994). Does psychiatric disorder predict violent crime among released jail detainees? A six-year longitudinal study. *American Psychologist, 49*(4), 335–342.

Teplin, L. A., Abram, K. M., & McClelland, G. M. (1996). Prevalence of psychiatric disorders among incarcerated women: Pretrial jail detainees. *Archives of General Psychiatry, 53*(6), 505–512.

Teplin, L. A., Abram, K. M., & McClelland, G. M. (1997). Mentally disordered women in jail: Who receives services? *American Journal of Public Health, 87*(4), 604–609.

Test, M. A. (1991). The Training in Community Living Model: Delivering treatment and rehabilitation services through a continuous treatment team. In R. Liberman (Ed.), *Handbook of psychiatric rehabilitation.* New York: Pergamon.

The Key. (1999). Successful national summit leads to action plans. *The Key, 5*(3), 1–7.

The Liberator, Defender of Men, 1994, 21.

Thoits, P. A. (1986). Social support as coping assistance. *Journal of Consulting and Clinical Psychology, 54,* 416–423.

Thomas, D., & Veno, A. (1992). *Psychology and social change.* Palmerston, NZ: Dunmore.

Thomas, S. B., & Quinn, S. C. (1991). The Tuskegee syphilis study, 1932 to 1972: Implications for HIV education and AIDS risk education programs in the Black community. *American Journal of Public Health, 81,* 1498–1505.

Timko, C., & Moos, R. H. (1991). A typology of social climates in group residential facilities for older people. *Journal of Gerontology, 46,* S160–169.

Toch, H., & Grant, J. D. (1982). *Reforming human services: Change through participation.* Beverly Hills: Sage.

Tomkins, A. J., Steinman, M., Kenning, M. K., Mohamed, S. & Afrank, J. (1992). Children who witness woman battering. *Law & Policy, 14,* 169–184.

Tönnies, F. (1887/2001). *Community and civil society: Gemeinschaft und gesellschaft* (J. Harris, Ed., J. Harris & M. Hollis, Transl.). New York: Cambridge University Press.

Toro, P. A. (1990). Evaluating professionally operated and self-help programs for the seriously mentally ill. *American Journal of Community Psychology, 18,* 903–908.

Toro, P. A., Rappaport, J., & Seidman, E. (1987). Social climate comparison of mutual help and psychotherapy groups. *Journal of Consulting and Clinical Psychology, 55,* 430–431.

Toro, P. A., Reischl, T. M., Zimmerman, M. A., Rappaport, J., Seidman, E., Luke, D. A., & Roberts, L. J. (1988). Professionals in mutual help groups: Impact on social climate and members' behavior. *Journal of Counseling and Clinical Psychology, 56,* 631–632.

Toro, P. A. & Wall, D. D. (1991). Research on homeless persons: Diagnostic comparisons and practice implications. *Professional Psychology: Research and Practice, 22,* 479–488.

Torrey, E. F. (1990). Economic barriers to widespread implementation of model programs for the seriously mentally ill. *Hospital and Community Psychiatry, 41,* 526–531.

Torrey, E. F., Bowler, A., Taylor, E., & Gottesman, I. I. (1994). *Schizophrenia and manic-depressive disorder.* New York: Basic Books.

Torrey, E. F., Wolfe, S. M., & Flynn, L. M. (1988). *Care of the seriously mentally ill: A rating of state programs* (2nd ed.). Arlington, VA: National Alliance for the Mentally Ill, and Public Citizen Health Research Group.

Toulmin, S. (1958). *The uses of argument.* London: Cambridge University Press.

Travers, J., White, R. E., Boscoe, A. N., & McDonnell, D. D. (2001). Mental well being among caregivers of people with schizophrenia. http://www.nimh.nih.gov/ncdeu/abstracts2001/ncdeu1015.cfm

Trickett, E. J. (1978). Toward a social-ecological conception of adolescent socialization: Normative data on contrasting types of public school classrooms. *Child Development, 49,* 408–414.

Trickett, E. J., Kelly, J. G., & Vincent, T. A. (1985). The spirit of ecological inquiry in community research (pp. 283–333). In E. C. Susskind & D. C. Klein (Eds.), *Community research: Methods, paradigms, and applications.* New York: Praeger.

Trickett, E. J., & Moos, R. H. (1974). Personal correlates of contrasting environments: Student satisfactions in high school classrooms. *American Journal of Community Psychology, 2,* 1–12.

Trussel, J., Koenig, J., Ellerston, C., & Stewart, F. (1997). Preventing unintended pregnancy: The cost-effectiveness of three methods of emergency contraception. *American Journal of Public Health, 87,* 932–937.

Tuckman, J., & Lavell, M. (1959). Attrition in psychiatric clinics for children. *Public Health Reports, Public Health Service, 74,* 309–315.

Tuckman, J., & Lavell, M. (1962). Patients discharged with or against medical advice. *Journal of Clinical Psychology, 13,* 177–180.

Turner, J. C. (1999). Some current issues in research on social identity and self-categorization theories. In N. Ellemers & R. Spears & B. Doosje (Eds.), *Social identity: Context, commitment, content* (pp. 6–34). Malden, MA: Blackwell Publishers, Inc.

Twigger-Ross, C. L., & Uzzell, D. L. (1996). Place and identity processes. *Journal of Environmental Psychology, 16*(3), 205–220.

Uhl, G., & Levine, M. (1990). Group homes and crime. *Hospital and Community Psychiatry, 41*, 1028.

Unger, D. G., & Wandersman, A. (1983). Neighboring and its role in block organizations. *American Journal of Community Psychology, 11*, 291–300.

Unger, D. G., & Wandersman, A. (1985). The importance of neighbors: The social, cognitive, and affective components of neighboring. *American Journal of Community Psychology, 13*, 139–169.

U.S. Advisory Board on Child Abuse and Neglect. (1990). Child abuse and neglect: Critical first steps to a national emergency. Washington, DC: Office of Human Development Services.

U.S. Advisory Board on Child Abuse and Neglect. (1993). Neighbors helping neighbors: A new national strategy for the protection of children. Washington, DC: Administration for Children and Families.

U.S. Advisory Board on Child Abuse and Neglect. (1995). A nation's shame: Fatal child abuse and neglect in the United States. Washington, DC: Administration for Children and Families.

U.S. Bureau of Justice Statistics. (1990). Jail inmates. Washington, DC: U.S. Department of Justice.

U.S. Bureau of the Census. (1997). Statistical abstract of the United States, 1997 (117th ed.). Washington, DC: U.S. Department of Commerce.

U.S. Bureau of the Census. (1998). Statistical abstract of the United States, 1998 (118th ed.). Washington, DC: U.S. Department of Commerce.

U. S. Bureau of the Census. (2002). Statistical Abstract of the United States, 2002 (122 ed.). Washington, DC: U.S. Department of Commerce.

U. S. Bureau of the Census, Census 2000 Summary File, accessed on the internet through the U. S. Census Bureau site.

U. S. Department of Education. (1990). 12th annual report to Congress on the implementation of the Education of the Handicapped Act. Washington, DC: U.S. Department of Education.

U. S. Department of Education. (n.d.). Stronger accountability. Testing for results. Helping families, schools and communities understand and improve student achievement. http:/www.ed.gov/ncbl/accountability/ayp/testingforresults.html

U.S. Department of Health and Human Services. (2000). Healthy People 2000: National health promotion and disease prevention objectives. Washington, DC: U.S. Government Printing Office.

U.S. Department of Health and Human Services. (2001). Child Maltreatment 1999. Washington, DC: U.S. Government Printing Office.

U. S. Department of Justice. (1999). Juvenile offenders in residential placement for 1997. Washington, DC: U.S. Department of Justice.

U.S. Department of Labor, Bureau of Labor Statistics. (2004). Current Population Survey. www.bls.gov

U.S. General Accounting Office. (1993). Foster care. Services to prevent out-of-home placements are limited by funding barriers. Washington, DC: Author.

U.S. House of Representatives Select Committee on Children, Youth and Families. (1990). No place to call home: Discarded children in America. Washington, DC: U.S. Government Printing Office.

U. S. Office of Special Education and Rehabilitative Services. (1990). "To assure the free appropriate education of all handicapped children." 12th Annual Report to Congress on the Implementation of the Education of the Handicapped Act. Washington, DC: U. S. Department of Education.

U.S. Surgeon General. (2001a). Mental Health: A Report of the Surgeon General. http://mentalhealth.about.com/library/sg/

U.S. Surgeon General. (2001b). Report of the Surgeon General's Conference on Children's Mental Health: A National Action Agenda. http://www.surgeongeneral.gov/childreport.htm#fore

U.S. v. Cruickshank 92 U. S. 542 (1875).

Urban Institute. (2000). Millions still face homelessness in a booming economy. http://www.urban.org/news/pressrel/pr000201.html

Vaillant, G. E. (1995). *The natural history of alcoholism revisited.* Cambridge, MA: Harvard University Press.

Vaillant, G. E., & Davis J. T. (2000). Social/emotional intelligence and midlife resilience in schoolboys with low tested intelligence. *American Journal of Orthopsychiatry, 70*(2), 215–222.

van Ryn, M., & Vinokur, A. D. (1992). How did it work? An examination of the mechanisms through which an intervention for the unemployed promoted job-search behavior. *American Journal of Community Psychology, 20,* 577–597.

van Uchelen, C. (2000). Individualism, collectivism, and community psychology. In J. Rappaport & E. Seidman (Eds.), *The handbook of community psychology* (pp. 65–78). New York: Plenum.

Varady, D. (1986). Neighborhood confidence: A critical factor in neighborhood revitalization? *Environment and Behavior, 18,* 480–501.

Varmus, H. E. (1998). *NIMH parity in financing mental health services: Managed Care effects on cost, access and quality.* Washington, DC: National Institutes of Health. http://www.nimh.nih.gov/research/prtyrpt/qualityofcare.html

Veneman, A. M. (2001). Testimony of Secretary of Agriculture Ann M. Veneman before the Senate Committee on Agriculture, Nutrition and Forestry, September 26, 2001.

Videka-Sherman, L. & Lieberman, M. (1985). The effects of self-help and psychotherapy on child loss: The limits of recovery. *American Journal of Orthopsychiatry, 55,* 70–82.

Vincent, T. A., & Trickett, E. J. (1983). Preventive interventions and the human context: Ecological approaches to environmental assessment and change. In R. Felner, L. Jason, J. Moritsugu, & S. Farber (Eds.), *Preventive psychology.* New York: Pergamon.

Vinokur, A. D., Price, R. H., Caplan, R. D., van Ryn, M., & Curran, J. (1995). The Jobs I preventive intervention for unemployed individuals: Short- and long-term effects on reemployment and mental health. In L. R. Murphy & J. J. Hurrell (Eds.), *Job stress interventions* (pp. 125–138). Washington, DC: American Psychological Association.

Vinokur, A. D., van Ryn, M., Gramlich, E. M., & Price, R. H. (1991). Longer-term follow-up and benefit-cost analysis of the Jobs Program: A preventive intervention for the unemployed. *Journal of Applied Psychology, 76,* 213–219.

Vivian, D., & O'Leary, K. D. (1990). Physical aggression in marriage. In F. D. Fincham & T. N. Bradbury (Eds.), *The psychology of marriage: Basic issues and applications* (pp. 323–348). New York: Guilford Press.

Vogel, W. (1991). A personal memoir of the state hospitals of the 1950s. *Hospital and Community Psychiatry, 42,* 593–597.

Vriens, L. (1999). Children, war, and peace: A review of fifty years of research from the perspective of a balanced concept of peace education. In A. Raviv & L. Oppenheimer (Eds.), *How children understand war and peace: A call for international peace education* (pp. 27–58). San Francisco, CA: Jossey-Bass.

Vyner, H. M. (1988). *Invisible trauma: The psychosocial effects of the invisible environmental contaminants.* Lexington, MA: Lexington Books.

Wald, A., Langenberg, A. G. M., Link, K., Izu, A. E., Ashley, R., Warren, T., Tyring, S., Douglas, J. M. Jr., & Corey, L. (2001). Effect of condoms on reducing the transmission of herpes simplex virus type 2 from men to women. *Journal of the American Medical Association. 285,* 3100–3106.

Walter, H. J., & Vaughn, R. D. (1993). AIDS risk reduction among a multiethnic sample of urban high school students. *Journal of the American Medical Association, 270,* 725–730.

Walton, R. E. (1977). The diffusion of new work structures: Explaining why success didn't take. In P. H. Mirvis & D. N. Berg (Eds.), *Failures in organization development and change: Cases and essays for learning.* New York: Wiley.

Wandersman, A., & Florin, P. (Eds.). (1990). Citizen participation, voluntary organizations and community development: Insights for empowerment through research (Special Section). *American Journal of Community Psychology, 18,* 41–177.

Wandersman, A., & Florin, P. (2000). Citizen participation and community organizations. In J. Rappaport & E. Seidman (Eds.), *Handbook of community psychology* (pp. 247–272). New York: Plenum Press.

Wandersman, A., Florin, P., Friedmann, R., & Meier, R. (1987). Who participates, who does not, and why? An analysis of voluntary neighborhood associations in the United States and Israel. *Sociological Forum, 2,* 534–555.

Wandersman, A., Goodman, R. M., & Butterfoss, F. D. (1997). Understanding coalitions and how they operate an open systems" organizational framework. In M. Minkler (Ed.), *Community organizing and community building for health* (pp. 261–277). New Brunswick, NJ: Rutgers University Press.

Wandersman, A. H., & Hallman, W. K. (1993). Are people acting irrationally? Understanding public concerns about environmental threats. *American Psychologist, 48,* 681–686.

Watzlawick, P., Weakland, J. H., & Fisch, R. (1974). *Change: Principles of problem formation and problem resolution.* New York: Norton.

Weick, K. E. (1984). Small wins: Redefining the scale of social problems. *American Psychologist, 39,* 40–49.

Weikart, D. P., & Schweinhart, L. J. (1997). High/Scope Perry Preschool program. In G. W. Albee & T. P. Gullotta (Eds.), *Primary prevention works: Issues in children's and families' lives* (pp. 146–166). Thousand Oaks, CA: Sage.

Weisman, J. (2000). The Texas education myth. Only a test. The New Republic Online. http://www.thenewrepublic.com/041000.html

Weiss, R. S. (1987). Principles underlying a manual for parents whose children were killed by a drunk driver. *American Journal of Orthopsychiatry, 57,* 431–440.

Weissberg, R. P., Barton, H. A., & Shriver, T. P. (1997). The social competence promting program for young adolescents. In G. W. Albee and T. P., Gullotta (Eds.), *Primary prevention works* (pp. 268–290). Thousand Oaks, CA: Sage.

Weissberg, R. P., & Elias, M. J. (1993). Enhancing young people's social competence and health behavior: An important challenge for educators, scientists, policymakers, and funders. *Applied & Preventive Psychology, 2,* 179–190.

Weissberg, R. P., Gullotta, T. P., Hampton, R. L, Ryan, B. A., & Adams, G. R. (Eds.). (1997a). *Enhancing children's wellness.* Thousand Oaks, CA: Sage.

Weissberg, R. P., Gullotta, T. P., Hampton, R. L, Ryan, B. A., & Adams, G. R. (Eds.). (1997b). *Establishing preventive services.* Thousand Oaks, CA: Sage.

Weithorn, L. A. (1988). Mental hospitalization of troublesome youth: An analysis of skyrocketing admission rates. *Stanford Law Review, 40,* 773–838.

Wenocur, S., & Belcher, J. R. (1990). Strategies for overcoming barriers to community-based housing for the chronically mentally ill. *Community Mental Health Journal, 26*(4), 319–333.

Werner, C. M. (2003). Changing homeowners' use of toxic household products: A transactional approach. *Journal of Environmental Psychology, 23,* 33–45.

Werner, C. M., Voce, R., Openshaw, K.-G., & Simons, M. (2002). Designing service-learning to empower students and community: Jackson Elementary builds a nature study center. *Journal of Social Issues, 58,* 557–579.

White, B. J., & Madara, E. J. (2002). The self-help group sourcebook: Your guide to community and online support groups (7th ed). Cedar Knolls, NJ: American Self-Help Group Clearinghouse.

White, R. E., Travers, J., Boscoe, A. N., & McDonnell , D. D. (2001). Healthcare resource use among caregivers ot people with schizophrenia. http://www.nimh.nih.gov/ncdeu/abstracts2001/ncdeu1014.cfm

Whitehead, B. D. (1994). The failure of sex education. *The Atlantic Monthly,* October, 1994. Reprinted in *American Educator, 18,* 22–29, 46–52.

Whyte, W. W. (2001). *The social life of small urban spaces.* New York: Project for Urban Spaces.

Wicker, A. W. (1972). Processes which mediate behavior-environment congruence. *Behavioral Science, 17,* 365–277.

Wicker, A. W. (1984). *An introduction to ecological psychology* (2nd ed.). Cambridge, MA: Cambridge University Press.

Wicker, A. W. (2002). Ecological psychology: Historical contexts, current conception, prospective directions. In R. B. Bechtel & A. Churchman (Eds.), *Handbook of environmental psychology* (pp. 114–126). New York: Wiley.

Wiener, D., Anderson, R. J., & Nietupski, J. (1982). Impact of community-based residential facilities for mentally retarded adults on surrounding property values using realtor analysis methods. *Education and Training of the Mentally Retarded, 17*(4), 278–282.

Wiesenfeld, E. (1998). Paradigms of community social psychology in six Latin American nations. *Journal of Community Psychology, 26,* 229–242.

Wiesenfeld, E., & Sanchez, E. (2002). Sustained participation: A community based approach to addressing environmental problems. In R. B. Bechtel & A. Churchman (Eds.), *Handbook of environmental psychology* (pp. 629–643). New York: Wiley.

Willie, C. V. (1984). *School desegregation plans that work.* Westport, CT: Greenwood Press.

Wills, T. A., & Shinar, O. (2000). Measuring perceived and received social support. In S. Cohen, L. G. Underwood, and B. H,. Gottlieb (Eds.), *Social support measurement and intervention* (pp. 86–135). New York: Oxford University Press.

Wilson, B. D. M., Hayes, E., Greene, G. J., Kelly J. G., & Iscoe, I. (2003). Community psychology. In D. K. Freedheim and I. B. Wiener (Eds.), *Handbook of psychology, Vol. 1: History of psychology* (Chapter 21, pp. 431–449). New York: Wiley.

Wilson, W. J. (1987). *The truly disadvantaged: The inner city, the underclass, and public policy.* Chicago: University of Chicago Press.

Winerip, M. (1985, May 13). School integration in Buffalo is hailed as a model for U.S. *New York Times,* pp. A1, B4.

Wingenfeld, S., & Newbrough, J. R. (2000). Community psychology in international perspective. In J. Rappaport & E. Seidman (Eds.), *Handbook of community psychology.* (pp. 779–810). Dordrecht, Netherlands: Kluwer Academic Publishers.

Witheridge, T. F. (1990). Assertive community treatment: A strategy for helping persons with severe mental illness to avoid rehospitalization. In N. L. Cohen (Ed.), *Psychiatry takes to the streets: Outreach and crisis intervention for the mentally ill* (pp. 80–106). New York: Guilford Press.

Woff, I., Toumbourou, J., Herlihy, E., Hamilton, M., & Wales, S. (1996). Service providers' perceptions of substance use self-help groups. *Substance Use & Misuse, 31*(10), 1241–58.

Wolchik, S. A., Ruehlman, L. S., Braver, S. L., & Sandler, I. N. (1989). Social support of children of divorce: Direct and stress buffering effects. *American Journal of Community Psychology, 17,* 485–501.

Wong, A., Escobar, M., Lesage, A., Loyer, M., Vanier, C., & Sakinofsky, I. (2001). Are UN peacekeepers at risk for suicide? *Suicide and Life Threatening Behavior, 31*(1), 103–112.

Woodward, B. & Bernstein, C. (1976). *The final days.* New York: Simon & Schuster.

Woodworth, T. (2000). DEA Congressional Testimony, U.S. Congress Committee on Education and the Workforce: Subcommittee on Early Childhood, *Youth and Families,* May 16, 2000.

Wright, B., Bryant, P, & Bullard, R. D. (1994). Coping with poisons in Cancer Alley. In R. D. Bullard (Ed.), *Unequal protection: Environmental justice and communities of color.* San Francisco: Sierra Club.

Wyatt v. Stickney 344. F. Supp. 387 (M.D. Ala. 1972); Wyatt v Aderholt 503 F.2d 1305 (5th Cir 1974).

York, P., & York, D. (1987). *Toughlove* (Rev. ed.). Doylestown, PA: Toughlove.

Young, J. (1992). An evaluation of the mutual help organisation, GROW. In D. Thomas and A. Veno (Eds.), *Psychology and Social Change.* Palmerston North, New Zealand: Dunmore.

Young, J., & Williams, C. L. (1988). Whom do mutual-help groups help? A typology of members. *Hospital and Community Psychiatry, 39,* 1178–1182.

Zaff, J., & Devlin, A. S. (1998). Sense of community in housing for the elderly. *Journal of Community Psychology, 26*(4), 381–397.

Zahner, G. E. P., Kasl, S. V., White, M., & Will, J. C. (1985). Psychological consequences of infestation of the dwelling unit. *American Journal of Public Health, 75,* 1303–1307.

Zane, N., Sue, S., Castro, F. G., & George, W. (1982). Service system models for ethnic minorities. In L. R. Snowden (Ed.), *Reaching the underserved: Mental health needs of neglected populations.* Beverly Hills: Sage.

Zapata, B. C., Rebolledo, A., Atalah, E., Newman, B., & King, M. C. (1992). The influence of social and political violence on the risk of pregnancy complications. *American Journal of Public Health, 82,* 685–690.

Zigler, E., & Muenchow, S. (1992). *Head Start: The inside story of America's most successful educational experiment*. New York: Basic Books.

Zigler, E., & Styfco, S. J. (Eds.). (1993). *Head Start and beyond*. New Haven, CT: Yale University Press.

Zigler, E., & Styfco, S. J. (2000). Pioneering steps (and fumbles) in developing a federal preschool intervention. *Topics in Early Childhood Special Education, 20*(2), 67–70, 78.

Zigler, E. F. & Finn-Stevenson, M. (1997). Policy efforts to enhance child and family life: Goals for 2010. In Weisberg, R. P., Gullotta, T. P., Hampton, R. L, Ryan, B. A., & Adams, G. R. (Eds.), *Establishing preventive services* (pp. 27–60). Thousand Oaks, CA: Sage.

Zimmerman, M.A. (2000). Empowerment theory: Psychological, organizational and community levels of analysis. In J. Rappaport & E. Seidman (Eds.), *Handbook of community psychology* (pp. 43–63). New York: Kluwer Academic/Plenum.

Zimmerman, M. A., Israel, B.A., Schulz, A., & Checkoway, B. (1992). Further explorations in empowerment theory: An empirical analysis of psychological empowerment. *American Journal of Community Psychology, 20*, 707–727.

Zimmerman, M. A., Ramirez-Valles, J., Suarez, E., de la Rosa, G., & Castro, M. A. (1997). An HIV/AIDS prevention project for Mexican homosexual men: An empowerment approach. *Health Education and Behavior, 24*(2), 177–190.

Zimmerman, M. A., Reischl, T. M., Seidman, E., Rappaport, J., Toro, P. A., & Salem, D. A. (1991). Expansion strategies of a mutual help organization. *American Journal of Community Psychology, 19*, 251–278.

Zippay, A. (1997). Trends in siting strategies. *Community Mental Health Journal, 33*(4), 301–310.

Zremski, J. (2002). Starting over? President's plan to revamp the federal Head Start program for poor children is drawing mixed reviews. *Buffalo News*, May 24, pp. A-1, 7.

Zusman, J., & Simon, J. (1983). Differences in repeated psychiatric examinations of litigants to a law suit. *American Journal of Psychiatry, 140*, 1300–1304.

人名索引①

① 人名索引后的页码为英文版页码，现为中文版的边页码；人名由英文版按字母顺序排列改为中文版按拼音顺序排列。——译者注

主题索引[①]

① 主题索引后的页码为英文版页码，现为中文版的边页码；顺序由英文版按字母排列改为中文版按拼音排列。——译者注

译者后记

2011年我在美国范德堡大学做访问学者，跟随本书的作者之一道格拉斯·D.珀金斯先生研修社区心理学。考虑到国内大学缺乏社区心理学教材，在征得三个原作者同意之后，我与上海教育出版社签订了出版合同，希望尽快将这本《社区心理学原理：观点与应用》翻译成中文出版。到2014年底初译稿已基本完成，但后续修改和出版的过程比较长。其间每遇原作者和友人垂询，总让我陷入深深的焦虑和内疚。如今这个中译本终于面世，希望得偿所有关心者所愿，对于中国学生研习社区心理学这门课程以及社区心理学作为一门学科在中国大陆地区的发展切实起到推动作用。

全书内容共十三章，分为三个部分。第一部分介绍社区心理学的产生与发展。其中，第一章“生活是一出肥皂剧”揭示了各种心理障碍和疾病在美国社会的发生率和流行率，其严重程度和普遍性似乎也是中国当前社会现实的写照，反映出社区心理学研究的迫切性和必要性。第二章是一段简史，着重介绍美国社区心理学的发端，从中可以看出社区心理学作为一门学科得以建立和发展的社会背景和历史逻辑。

第二部分阐释社区心理学的理论。其中，第三章介绍多伦温德模型，正如标题所言，它为读者提供了一张“社区心理学的概念路线图”，便于一览社区心理学理论研究和实践应用的全貌和主要路径，从中可以找到每一类或每一项研究的具体位置。第四章引入生态学原理，将心理问题生态化。心理学长期习惯于将人的心理问题向内作个体归因，以对个体人格的改造作为心理治疗的主要方式，其结果是问题很难得到彻底解决。生态学取向（对问题采取生态学的定义、解释及生态化的治疗方式）是社区心理学最重要的学科特点。第五章是第四章内容的逻辑递进。生态学取向强调人与环境的相互作用，这一章便介绍了心理环境的具体分类，其中主观社会气氛、社会资本、集体赋权、社会角色、社区意识、公民参与、邻里互助等都是社区心理学中最核心的概念，本章不仅呈现了这些概念之间的关系，还介绍了一些很实用的测评工具和有重要参考价值的研究实例。第六章标签理论原本是社会心理学的经典理论，这里将标签理论作为个体疾病模型的替代品从社区心理学的视角重新予以解读，深入讨论了标签（特别是污名化标签）如何产生作用的过程和机制。第七章“适应、危机、应对与支持”同样是从多伦温德模型和生态学理论引申出来的一组概念，其内在逻辑联系在于：人必须适应环境；适应的失败造成危机；个体需要学会应对危机；应对需要社会支持。

第三部分介绍社区心理学的应用。预防是社区心理服务的重要内容。第八章介绍了全员性（一级）预防和指征性（二级）预防工作的开展，并通过几个实例讨论了心理卫生预防的局限性和面临的困难。第九章介绍各种类型的自助团体，引入团体动力学的原理，分析了自助团体的作用机制及组织技巧。第十章和第十一章分别在组织和社会两个层面讨论对环境的变革问题。第十二章介绍了解决社区心理问题的两种实践模式，即社区发展与社会行动。第十三章是对社区心理研究效度和研究伦理的反思，以及对国际社区心理学未来发展的展望。

英文原著在每一章的结尾使用尾注，中文版为了更方便阅读改成了页下脚注。原著是为以英语为母语的学生写的，其中省略了很多在西方文化背景下不言而喻的常识。为便于中国学生阅读和理解，我在翻译时适当增添了一些译者注。因此，中文版部分章节中注释的序号与英文原版可能有出入，在此予以说明。

本书翻译和出版的时间跨度很大，其间发生了一件大事，即中国心理学会社区心理学专业委员会于2015年10月成立，这让译者深受鼓舞。翻译过程中，承蒙心理学界老前辈黄希庭先生垂询和鼓励，得到社区心理学专业委员会主任陈红教授、副主任时堪教授和吕厚超教授以及专业委员会全体同仁的关心和支持，在此致谢！原著在"中文版前言"中述及作者曾几次访问中国的经历，其中有一些已是几十年前的陈年往事，时过境迁，物是人非，将其中提到的中国人名由英文回译成中文很困难，需要一一核实。北京师范大学的许燕教授和刘力教授为我提供了重要线索和帮助。书中提到刘力老师于2008年发表的论文"占有与存在:中国人生活质量的社会表征"，该文在中国社区心理学研究和发展史上具有重要意义。就该文的内容特别是关键词的翻译我曾多次请教过刘力老师，他总是耐心地给予指导。凡此种种，点点滴滴，每每忆起，心中总是充满温暖和感激，也因此获得负重前行的力量。

向所有参与本书翻译和出版的人员致谢！很多研究生参与了对本书初稿的翻译，他们是:张秀敏(第一章、第二章)、宗兆霖(第三章、第四章)、王颖和万鹏涛(第五章、第六章)、刘甜芳和陈尹(第七章、第八章)、王冬和肖瑞(第九章)、王冬和黎迪韧(第十章)、白福宝和温燕(第十一章、第十二章)、刘怡萍和纪薇(第十三章)。黄天婧、李阳、马友益、陈诗颖和陈丽利同学参与了对书后人名索引的翻译。这些同学中大部分现在都已经博士或硕士毕业，奔赴各自的工作岗位。其中一部分留在高校，一部分在政府和各类组织机构从事与心理学专业相关的工作。希望他们当初的努力能够有助于师弟、师妹们对社区心理学的学习、研究和实践，促进中国大陆社区心理健康和服务工作的开展。在读研究生陈尹、姚进、黄宇箭、黎迪韧和万鹏涛同学试读了全书或部分章节的译稿，对某些细节问题提出过修改意见。谭梦鸽同学协助我完成了对书稿的清样和校对工作。本书的出版得到江苏高校品牌专业"应用心理学"建设工程项目资助，感谢南京师范大学心理学院前任院长傅宏教授、院长邓铸教授和书记周红教授的倾力支持！翻译和出版过程自始至终得到上海教育出版社教育与心理出版中心谢冬华主任的支持和帮助，他也是本书的责任编辑，对他在此过程中付出的辛劳和努力深表谢忱！还要向为本书的出版和发行作出不懈努力的上海教育出版社其他工作人员致谢！

社区心理学在中国大陆还是一个新的研究领域，教学和研究仍处在起步和奠基阶段。受个人能力所限，我对原著的理解难免存在问题，中文表述也多有不尽人意之处，恳请读者多多批评指正！

杨莉萍

2018年4月于南京随园

Principles of Community Psychology: Perspectives and Applications
Murray Levine, David V. Perkins and Douglas D. Perkins
ISBN:9780195144178

图书在版编目(CIP)数据
社区心理学原理：观点与应用：第三版/(美)默里·莱文(Murry Levine)，(美)道格拉斯·D.珀金斯(Douglas D.Perkins)，(美)戴维·V.珀金斯(David V.Perkins)著；杨莉萍译.—上海：上海教育出版社，2018.9
(上教心理学教材系列)
ISBN 978-7-5444-8763-4

Ⅰ.①社…　Ⅱ.①默…　②道…　③戴…　④杨…　Ⅲ.①社区服务-心理学-教材　Ⅳ.①C916-05

中国版本图书馆 CIP 数据核字(2018)第 214472 号

责任编辑　王佳悦　谢冬华
封面设计　王　捷

上教心理学教材系列
社区心理学原理：观点与应用(第三版)
[美]默里·莱文　[美]道格拉斯·D.珀金斯　[美]戴维·V.珀金斯　著
杨莉萍　译

出版发行　上海教育出版社有限公司
官　　网　www.seph.com.cn
地　　址　上海市永福路 123 号
邮　　编　200031
印　　刷　上海展强印刷有限公司
开　　本　787×1092　1/16
印　　张　28.75　插页　1
字　　数　610 千字
版　　次　2018 年 10 月第 1 版
印　　次　2018 年 10 月第 1 次印刷
印　　数　1—5 000 册
书　　号　ISBN 978-7-5444-8763-4/B·0149
定　　价　78.00 元

如发现质量问题，读者可向本社调换　电话：021-64377165